ARCHE

JOHN BOYNE

Der freundliche Mr Crippen

ROMAN

Aus dem Englischen
von Werner Löcher-Lawrence

ARCHE

Die Originalausgabe erschien 2004 unter dem Titel
Crippen bei Penguin Books, London

ISBN 978-3-7160-2700-4

© 2004 by John Boyne
© der deutschsprachigen Ausgabe
2013 by Arche Literatur Verlag AG, Zürich–Hamburg
Alle Rechte vorbehalten
Gesetzt aus der DTL Dorian
Satz: Greiner & Reichel, Köln
Druck und Bindung: CPI – Clausen & Bosse, Leck
Printed in Germany 2013

www.arche-verlag.com

Für Lily und Tessie Canavan

Inhalt

1. Die *Montrose*
2. Jugend
3. Mrs Louise Smythsons erster Besuch bei Scotland Yard
4. Der erste Fehler
5. Die Passagiere der *Montrose*
6. Der zweite Fehler
7. Die Smythsons und die Nashs
8. Der Dentist
9. Mrs Louise Smythsons zweiter Besuch bei Scotland Yard
10. An Bord der *Montrose*
11. Mit der Geduld am Ende
12. Die Jagd beginnt
13. Die Abendgesellschaft
14. Inspector Dew besucht 39 Hilldrop Crescent – mehrere Male
15. Die Jagd
16. Der Mörder
17. Schiffe, die am Morgen vorbeiziehen
18. Das Leben nach Cora
19. Die Gefangennahme
    Epilog

Anmerkung des Autors
Danksagung

1 Die Montrose

Antwerpen: Mittwoch, 20. Juli 1910

Sie war über einhundertfünfundsiebzig Meter lang und fast ein Achtel so breit. Sie wog etwa sechzehntausendfünfhundert Tonnen und hatte Platz für über achtzehnhundert Passagiere, auch wenn sie heute nur zu drei Vierteln belegt war. Sie bot einen prächtigen, imposanten Anblick, der Rumpf, die Farben strahlten in der Julisonne, und sie schien ungeduldig darauf zu warten, endlich ablegen zu können. Aus ihren Schornsteinen stieg leichter Rauch, und das Wasser der Schelde schlug geräuschvoll gegen ihre Flanke. Die SS *Montrose* war ein Schiff der Canadian Pacific und sollte vom belgischen Antwerpen ins kanadische Quebec fahren, was einer Entfernung von rund dreitausend Meilen oder fünftausend Kilometern entsprach.

Über zwei Wochen hatte die *Montrose* in der Schleuse von Berendrecht gelegen, während die Mannschaft aus Seeleuten und Ingenieuren sich auf die nächste Reise vorbereitete. Die Bewohner der kleinen belgischen Stadt waren stolz darauf, dass noch nie ein Schiff von ihren Ufern zu einer verhängnisvollen Fahrt aufgebrochen war. Fast zweihundert Angestellte der Canadian Pacific Company würden auf dem Schiff sein, wenn es den Hafen verließ, vom Steuermann am Ruder über die kohlenhäutigen muskulösen Einsiedler, die unten in den Maschinen das Feuer schürten, bis zu den Waisenjungen, die, nachdem die abendlichen Unterhaltungen beendet waren, den großen Bankettsaal ausfegten. Nur wenige von ihnen waren länger im Hafen geblieben. Die *Montrose* hatte Anfang Juli dort festgemacht, und sie wollten ihren Landurlaub lieber im geschäftigen Antwerpen verbringen, wo es genug Wirtshäuser und Huren gab, um alle zufriedenzustellen.

Ein Taxi hielt neben einer Reihe großer Stahlcontainer, Mrs Antoinette Drake öffnete die Tür und stellte vorsichtig einen ihrer Filzpantoffeln aufs glitschige Pflaster. Voller Abscheu verzog sie den Mund, so schmutzig waren die Steine. Der Pantoffel war dunkellila, genau wie ihr Hut und wie der extravagante Reisemantel, der ihren mächtigen Körper umhüllte wie eine Plane ein Rettungsboot. »Fahrer«, sagte sie ungeduldig, beugte sich vor und klopfte dem Mann mit ihrem behandschuhten Finger auf die Schulter. Sie rollte das »r« in »Fahrer« mit hoheitsvollem Ton. »Fahrer, Sie können doch sicher ein wenig näher ans Schiff heranfahren? Niemand kann von mir erwarten, dass ich da durchlaufe. Da ruiniere ich mir ja die Schuhe. Sie sind neu, wissen Sie. Sie vertragen das Wasser nicht.«

»Nicht weiter«, antwortete er, ohne ihr eigens das Gesicht zuzuwenden. Sein Englisch war schlecht, aber er machte sich nicht die Mühe, es zu verbessern. Über die Jahre hatte er festgestellt, dass er bei Ausländern nur ein paar feste Ausdrücke brauchte, und bei denen blieb er. »Nicht weiter« gehörte dazu, und schon folgte der nächste: »Drei Shilling, bitte.«

»Nicht weiter? Was für ein Unsinn! Was redet er da, Victoria?« Mrs Drake sah ihre Tochter an, die in ihrer Geldbörse nach dem Fahrpreis suchte. »Der Mann ist ein Narr. Warum kann er uns nicht näher hinbringen? Das Schiff liegt da drüben. Meinst du, er ist schwer von Begriff? Versteht er mich nicht?«

»Er darf nicht weiter, Mutter«, sagte Victoria, fischte das Geld aus ihrer Börse und gab es dem Fahrer, bevor auch sie ihre Tür öffnete und ausstieg. »Warte«, fügte sie hinzu, »ich helfe dir. Es ist völlig sicher.«

»Ach wirklich, das ist doch zu arg«, murmelte Mrs Drake verärgert, während sie darauf wartete, dass ihre siebzehnjährige Tochter um das Taxi herumkam. Victoria war für eine Reise weitaus zweckmäßiger gekleidet und schien sich wegen des nassen Pflasters nicht zu sorgen. »Hören Sie mich, Fahrer? Es geht nicht, dass Sie unser Geld nehmen, ohne Ihre Aufgabe zu erfüllen. Um die Wahrheit zu sagen, das ist eine Schande. Wenn wir in England wären, würden Sie aus dem Auto geholt und ausgepeitscht. Eine Dame meines Alters und Standes hier so ihrem Schicksal zu überlassen!«

»Aussteigen, bitte«, antwortete der Fahrer in einem angenehmen Singsang. Das war ein weiterer seiner nützlichen Ausdrücke.

»Wie bitte?«

»Aussteigen, bitte«, wiederholte er. Er fuhr jeden Tag Touristen zum Hafen und hatte wenig Zeit für ihre Beschwerden, insbesondere wenn es Engländer waren, vor allem Upperclass-Engländer, die zu glauben schienen, sie sollten nicht nur bis ganz ans Schiff herangefahren, sondern auch noch in einer Sänfte an Bord getragen werden.

»Das ist doch unglaublich!«, sagte Mrs Drake und konnte über die Unverschämtheit des Mannes nur staunen. »Jetzt hören Sie mir mal zu, Sie …« Sie machte Anstalten, ihr Körpergewicht weiter vorzuwuchten, um ihren Protest zu unterstreichen, vielleicht sogar ein wenig Gewalt anzuwenden, aber da hatte Victoria die Seitentür schon geöffnet. Sie griff hinein, fasste ihre Mutter am Arm und zerrte sie, den Fuß gegen den Reifen gestemmt, aus dem Wagen. So fand sich die massige Antoinette Drake auf dem Pflaster des Antwerpener Hafens wieder, bevor sie sich weiterhin beschweren konnte, dafür war aus dem Inneren des Wagens ein Geräusch wie von einem sich füllenden Vakuum zu hören. »Victoria, ich …«, keuchte Mrs Drake mit eingezogenem Kopf und vorgerecktem Busen, doch der Rest des Satzes wurde ihr aus dem Mund gerissen. Gnädigerweise stieg er ungehört zum Himmel auf. »Victoria, vorsichtig! Kannst du nicht …«

»Vielen Dank, Fahrer«, sagte Victoria, als ihre Mutter sicher aus dem Wagen war. Mrs Drake versuchte, ihre Würde wiederherzustellen, indem sie sich mit dem Wildlederhandschuh die Falten aus dem Kleid strich.

»Schau mich bloß an«, murmelte sie. »Sich in so einem Zustand sehen lassen zu müssen!«

»Es ist alles in Ordnung«, sagte ihre Tochter, ohne ganz bei der Sache zu sein. Sie ließ den Blick über die anderen Passagiere gleiten, die auf das Schiff zustrebten, und schlug die Tür zu. Der Wagen setzte sich sofort wieder in Bewegung.

»Victoria, ich wünschte, du würdest diese Leute nicht mit solcher Ehrerbietung behandeln«, sagte Mrs Drake und schüttelte mürrisch den Kopf. »Dem Mann auch noch zu danken, nachdem er so mit mir geredet hat. Begreif doch, dass viele von diesen Ausländern Menschen wie dich und mich ausnutzen, sobald wir ihnen gegenüber auch nur die kleinste Schwäche zeigen. ›Schone die Rute nicht‹, das ist mein Wahlspruch, Liebes, und er hat mir immer gute Dienste erwiesen.«

»Ich weiß«, antwortete Victoria.

»Diese Menschen verstehen es nicht anders. Tatsächlich respektieren sie dich dann.«

»Wir sind hier die Ausländer, Mutter«, stellte Victoria fest und studierte die Umgebung. »Nicht die anderen. Wir befinden uns in Belgien, erinnerst du dich? Der Mann wollte nicht unfreundlich sein. Es lohnt sich nicht, sich wegen so unwichtiger Dinge aufzuregen.«

»Es lohnt sich nicht? Drei Shilling haben wir ausgegeben für ein Taxi zum Schiff, und wo sind wir jetzt? Noch eine Meile müssen wir über nasses Pflaster gehen, und wer wird an Bord den Saum meines Kleides reinigen? Ich wollte es zu einer Abendgesellschaft tragen, draußen auf See. Das ist jetzt nicht mehr möglich. Und meine Beine sind auch nicht mehr die eines jungen Mädchens. Du weißt, wie sehr ich es hasse, zu Fuß zu gehen.«

Victoria lächelte, hakte sich bei ihrer Mutter unter und führte sie in Richtung Schiff. »Es ist längst keine Meile«, sagte sie geduldig, »es sind vielleicht zweihundert Meter, mehr nicht.« Sie überlegte, ob sie die ältere Frau darauf hinweisen sollte, dass es tatsächlich vier Shilling waren, die sie ausgegeben hatten, und nicht drei, denn sie hatte dem Mann noch ein Trinkgeld gegeben, aber sie entschied sich dagegen. »Wenn wir erst an Bord sind, musst du elf Tage lang keinen Schritt tun, wenn dir nicht danach ist, und ich bin sicher, es gibt ein Zimmermädchen, das dir mit deiner Garderobe helfen wird. Unser Gepäck sollte längst in der Kabine und ausgepackt sein. Wer, denkst du, hat das getan? Ein Mäuschen?«

Mrs Drake schniefte, weigerte sich aber, ihrer Tochter recht zu geben. Stumm näherten sie sich der Gangway. »Sei nicht so vorlaut«, sagte sie schließlich. »Ich meine nur, dass es eine korrekte und eine inkorrekte Art gibt, etwas zu erledigen, und wenn man es mit einem Untergebenen zu tun hat, sollte man das nicht aus dem Blick verlieren.«

»Ja, Mutter«, sagte Victoria und hörte sich an wie jemand, der an die Klagen eines kleinen Kindes gewöhnt war. »Aber jetzt sind wir da, also wollen wir uns nicht länger den Kopf darüber zerbrechen.«

»Und du darfst auch nicht vergessen, wir sind Engländerinnen, noch dazu aus einer bestimmten Gesellschaftsklasse. Wir dürfen uns nicht schikanieren oder ausnutzen lassen, von so einem … *Europäer*.« Sie spuckte das Wort aus wie eine Fliege, die ihr in den Mund geraten war. »Daran müssen wir während unserer Reise immer denken. Schau mal, da möchte ein Junge unsere Fahrkarten. Oh, sieh dir nur sein Gesicht an. Der hat sich ja seit Wochen nicht gewaschen. Was für ein Dreckspatz!« Sie hob ihren Stock und wedelte damit in Richtung des jungen Mannes, als wollte sie einen vorbeifahrenden Kraftfahrer stoppen. »Halte die Karten bereit, Victoria. Keine unnötigen Höflichkeiten, und komm ihm um Himmels willen nicht zu nahe, er könnte ansteckend sein. Oh, was ist das nur für ein Lärm? Himmel noch mal, bring mich hier weg!«

Der »Lärm« kam von Bernard Leejik, dem Taxifahrer der

Drakes, der heftig auf die Hupe seines Wagens drückte und beinahe einige der *Montrose* zustrebende Reisende auf die Haube genommen hätte. Mr John Robinson musste zur Seite springen, als das Fahrzeug an ihm vorbeischoss, wobei seine Beine um einiges beweglicher schienen als die eines durchschnittlichen siebenundvierzigjährigen Gentlemans. Als ein Mann ruhigen Feingefühls, der jede Art von Aufruhr und Ärger verabscheute, starrte er dem Fahrzeug hinterher. »Diese neuen Automobile werden uns noch alle den Tod bringen«, sagte er, fand sein Gleichgewicht wieder und wandte sich seinem jugendlichen Begleiter zu. »Ich denke, jemand sollte etwas gegen sie unternehmen, bevor wir alle überfahren und getötet werden. Meinst du nicht auch?«

»Ich bin noch nie in so etwas gefahren … Vater«, kam die Antwort des Jungen so vorsichtig, als probierte er das Wort zum ersten Mal aus.

Mr Robinson lächelte und schien sich gleichzeitig unwohl zu fühlen. »Na also«, sagte er leise und legte dem Jungen einen Moment lang die Hand auf die Schulter. »Gut gemacht. Du hast doch die Fahrkarten?« Gedankenverloren fuhr er mit der Hand über seine glatt rasierte Oberlippe, wo fast dreißig Jahre lang ein Schnauzbart gewachsen war. Dafür ließ er sich jetzt auf Wangen und Kinn einen Bart stehen, der sich nach vier Tagen bereits bestens entwickelte. Das Gefühl war allerdings noch ungewohnt, und so musste er immer wieder sein Gesicht befühlen. »Nicht wahr, Edmund?«, sagte er genauso merkwürdig formell, wie der Junge gerade »Vater« gesagt hatte.

»Sie sind in meiner Tasche«, antwortete sein Sohn.

»Ausgezeichnet. Wenn wir an Bord sind, sollten wir gleich in unsere Kabine gehen. Uns eingewöhnen und ein wenig ausruhen. Ohne großes Aufheben. Auf See können wir dann vielleicht etwas frische Luft schnappen.«

»Ach nein«, sagte Edmund enttäuscht. »Können wir nicht den Leuten auf dem Kai zuwinken, wenn wir ablegen? Als wir England verlassen haben, hast du es mir schon nicht erlaubt. Können wir es nicht diesmal tun? Bitte!«

Mr Robinson legte die Stirn in Falten. In den letzten Tagen war er auf fast schon übertriebene Weise darauf bedacht gewesen, keine unnötige Aufmerksamkeit auf sich und Edmund zu lenken. »Das sind doch nur Leute«, sagte er und hoffte, die Begeisterung des Jungen etwas zu dämpfen. »Leute, die langsam kleiner werden. So aufregend ist das nicht.«

»Nun, wenn du lieber nicht …«, murmelte Edmund und sah verzagt zu Boden. »Aber es würde mir viel bedeuten. Ich verspreche auch, mit niemandem zu reden. Ich würde nur gerne etwas von der Atmosphäre miterleben. Mehr nicht.«

»Also gut.« Mr Robinson gab mit einem Seufzen nach. »Wenn es dir so viel bedeutet, weiß ich nicht, wie ich es dir verweigern sollte.«

Edmund lächelte seinen Vater an und drückte ihm den Arm. »Danke«, sagte er, fügte gleich noch ein »Schau doch nur!« hinzu und deutete nach vorn, wo sich zwei Frauen bei einem uniformierten Besatzungsmitglied zu beschweren schienen. »Da geht der Trubel schon los.«

»Achte nicht weiter auf die beiden«, sagte Mr Robinson. »Wir zeigen unsere Fahrkarten und gehen an Bord. Es besteht kein Grund, sich in irgendwelche Querelen hineinziehen zu lassen.«

»Da ist noch eine zweite Schlange«, sagte Edmund, griff in die Tasche und hielt einem anderen Mitglied der Besatzung ihre Tickets hin. Der Mann studierte sie sorgfältig, sah Vater und Sohn eingehend ins Gesicht und hakte ihre Namen auf einer Liste ab.

»Sie haben Kabine A4 auf dem Erste-Klasse-Deck«, erklärte er und ahmte ohne großen Erfolg die mühsam eingeübten affektierten Vokale der Oberschicht nach. Mr Robinson hörte gleich, dass der Mann aus dem Londoner East End kam und sich in der Canadian Pacific Company hochgearbeitet hatte. Nun wollte er vorgeben, aus einem besseren Stall zu stammen, als das tatsächlich der Fall war. Das kam davon, wenn man sich der Laufbahn halber unter die Reichen mischte und zu ihnen aufsteigen wollte. »Sind hübsche Räumlichkeiten, Sir«, fügte der Mann mit einem freundlichen Lächeln hinzu. »Ich denke, Sie werden sich bei uns wohlfühlen. Wir haben jede Menge Stewards, falls es ein Problem geben sollte.«

»Danke«, sagte Mr Robinson und schob Edmund vor sich her. Er wollte nicht in ein längeres Gespräch verwickelt werden.

»Soll Ihnen einer der Jungs den Weg zeigen, Sir?«, fragte der Mann noch, aber Mr Robinson schüttelte den Kopf, ohne sich noch einmal umzudrehen.

»Wir kommen schon zurecht«, rief er. »Ich bin sicher, wir finden es.«

»Ich habe *ausdrücklich* ein Zimmer auf der Steuerbordseite bestellt«, sagte Mrs Drake, schlug mit den Armen wie eine Möwe im Seewind und verdrehte den Hals, um auf die Blätter zu spähen, die der junge Seemann auf einem Klemmbrett vor sich hatte. Als sich Mr Robinson und Edmund an ihr vorbeischoben, sah sie sich so verärgert um, als könnte sie nicht verstehen, dass andere an Bord durften, während sie mit dieser kümmerlichen Person hier reden musste. »Ich finde das einfach ungeheuerlich. Victoria, sag dem Jungen, dass wir ein Steuerbordzimmer bestellt haben.«

»Eine Kabine, Ma'am.«

»Was?«

»Ma'am, Sie haben eine Erste-Klasse-Kabine gebucht. Wir vermerken nicht extra, auf welcher Schiffsseite sie liegen soll. So einen Service bieten wir nicht an.«

»Ist schon gut«, sagte Victoria und griff nach dem Schlüssel, den der junge Mann in der Hand hielt.

»Gar nichts ist gut«, sagte Mrs Drake mit fester Stimme. »Wo ist der Kapitän? Es muss doch einen *Erwachsenen* geben, der für diesen Jungen verantwortlich ist? Man wird ihm doch kaum erlauben, sich allein um solche Dinge zu kümmern, mit einem so schmutzigen Gesicht. Und dabei wohnt er auf dem Meer. Hat er denn noch nie etwas von Wasser gehört?«

»Der Kapitän ist im Moment beschäftigt«, antwortete der Seemann mit zusammengebissenen Zähnen und überhörte die Kommentare. Tatsächlich arbeitete er seit dem frühen Morgen, und die Drakes gehörten zu den letzten Passagieren, die an Bord kamen. Stundenlang auf dem Kai des Antwerpener Hafens zu stehen, bedeutete, dass einem einiges an Staub und Schmutz entgegenschlug. Er wollte verdammt sein, wenn er sich jetzt auch noch dafür entschuldigte, kein Tuch in der Tasche zu haben, um sich für jeden einzelnen der an Bord kommenden Passagiere erneut das Gesicht zu säubern. »Glauben Sie mir, Mrs Drake, sobald wir auf See sind, unterscheidet sich der Ausblick nicht mehr sonderlich, ganz egal, ob Sie nun auf der Backbord- oder der Steuerbordseite sind. Dann gibt es überall nur Wasser – und keinen Tropfen zu trinken«, fügte er mit falscher Heiterkeit noch an, als ließe sich die Situation damit lösen. Wenn diese beiden Frauen doch nur endlich an Bord gehen würden! Er selbst machte die Reise nicht mit, und je früher die *Montrose* ablegte, desto eher kam er zurück nach Hause. Etwa ein halbes Dutzend Leute standen jetzt hinter ihnen an, und Mrs Drake wurde sich ihrer Anwesenheit bewusst; allerdings war Verlegenheit ein Gefühl, das sie nicht kannte. Stirnrunzelnd wandte sie sich den beiden Ersten zu, einem gut gekleideten Ehepaar in den Sechzigern, das starr nach vorn schaute und so tat, als gäbe es diesen kleinen Zwischenfall gar nicht. Mrs Drake schob die Lippen vor und nickte den beiden so diskret zu, als würden sie schon verstehen, wie ärgerlich es war, sich als Angehöriger der Oberklasse mit diesen kleinen Leuten auseinandersetzen zu müssen.

»Tut mir leid, dass wir Sie aufhalten«, sagte sie unterwürfig und verzog das Gesicht zu einem breiten Lächeln. »Es gibt ein kleines Durcheinander wegen unseres Zimmers. Mrs Antoinette Drake, freut mich sehr, Sie kennenzulernen«, erklärte sie und sprach jedes Wort perfekt aus.

Bevor ihre neuen Bekannten jedoch etwas erwidern und sich ebenfalls vorstellen konnten, hatte Victoria schon den Schlüssel genommen. »A7«, sagte sie, die Gravur lesend. »Ist das eine schöne Kabine?«, fragte sie, hob den Saum ihres Rockes an, damit er nicht über den Boden strich, und ging die Gangway hinauf.

»Eine der schönsten, Miss«, kam die Antwort. »Ich garantiere Ihnen, sie ist bequem und bietet Ihnen jeden Komfort. Alle Kabinen im Bereich A und B sind für unsere vornehmsten Ladys und Gentlemen reserviert.«

»Damit ist das noch nicht ausgestanden, das versichere ich Ihnen«, sagte Mrs Drake, gab endlich nach und machte sich bereit, ihrer Tochter an Bord zu folgen. Vorher klopfte sie dem jungen Mann aber noch zweimal mit dem Stock auf die Schultern, so kräftig, als wollte sie ihn zum Ritter schlagen. »Es tut mir leid, Sie aufgehalten zu haben«, sagte sie zu den Leuten hinter sich, den Ton ein weiteres Mal wechselnd, um eine Art Gemeinsamkeit mit ihnen herzustellen. »Ich nehme doch an, wir sehen uns an Bord wieder.«

»Sehr erfreut«, sagte der alte Mann trocken, und es war klar, dass er sie möglichst schnell loswerden wollte.

»*Wirklich*, Mutter«, sagte Victoria.

»*Wirklich*, Victoria«, sagte Mrs Drake im selben Moment. »Ich glaube einfach, dass man bekommen sollte, wofür man bezahlt. Nicht mehr und nicht weniger. Ist das so falsch? Wenn man für eine Steuerbordkabine bezahlt, sollte man auch eine Steuerbordkabine bekommen. Und jetzt ist es gut.« Sie kletterten an Bord und sahen ein Schild mit der Aufschrift »Erste-Klasse-Kabinen A1-A8«, das in Richtung eines Niedergangs zeigte.

»Dort entlang, Mutter«, sagte Victoria. Sie gingen einen schmalen Gang hinunter und musterten die Türen, an denen sie vorbeikamen. Mrs Drake seufzte verdrossen und wusste nicht recht, ob sie nun den Zustand ihrer Knie oder die mangelnde Sauberkeit des Teppichs beklagen sollte.

Vor einer der Türen stand ein älterer Mann mit seinem heranwachsenden Sohn und schien Schwierigkeiten mit der Tür zu haben.

»Lass es mich versuchen«, sagte Edmund, nahm Mr Robinson den Schlüssel aus der Hand und schob ihn vorsichtig ins Schloss. Er drehte ihn mehrmals hin und her, rüttelte und wäre fast hineingefallen, so abrupt gab die Tür nach. Die Kabine war angenehm groß, enthielt ein Etagenbett, ein Sofa und einen Ankleidetisch, dazu ein kleines Bad. Ein Bullauge bot einen schönen Blick auf das Meer.

»Ein Etagenbett«, sagte Mr Robinson und sackte ein wenig in sich zusammen.

»Macht nichts«, sagte Edmund.

»Ich bitte um Entschuldigung«, sagte Mrs Drake und beugte sich durch die Tür. Ihr massiger Körper überraschte die beiden. Mr Robinson schob den Kneifer etwas höher, um dieses mächtige lilafarbene Wesen ganz in den Blick zu nehmen. »Ich habe mich gerade gefragt, ob die Kabinen auf der Steuerbordseite so schön sind wie die auf der Backbordseite. Ich habe eine Steuerbordkabine bestellt und eine Backbordkabine bekommen. Was sagen Sie dazu? Haben Sie so etwas je gehört?«

»Ich war mir nicht bewusst, dass man eine Präferenz angeben konnte«, sagte Mr Robinson. »Oder dass jemand das überhaupt will.«

»Offenbar kann man es nicht«, sagte Mrs Drake und antwortete damit auf seinen ersten Satz, nicht aber auf den zweiten. »Mrs Antoinette Drake«, fügte sie hinzu. »Freut mich sehr, Sie kennenzulernen.«

»John Robinson«, sagte er leise. So schnell hatte er mit niemandem Bekanntschaft machen wollen, er bedauerte, die Tür nicht gleich hinter sich geschlossen zu haben. Er verbeugte sich höflich. »Mein Sohn Edmund.«

»Wie schön, Sie beide kennenzulernen«, sagte sie und musterte Vater und Sohn von Kopf bis Fuß, verengte die Augen dabei etwas und schien bestimmen zu wollen, ob es sich um ihresgleichen handelte oder nicht. Schließlich entschied sie nach dem Buchstaben auf der Kabinentür. »Edmund, was für einen entzückenden Anzug Sie tragen«, sagte sie, beugte sich vor und strich wie beiläufig über den Rockaufschlag, worauf der junge Mann überrascht zurückwich. »Oh, ich beiße Sie schon nicht«, sagte Mrs Drake mit einem Lachen. »Keine Angst. Das ist ein neuer Anzug, ohne Frage.«

»Wir haben ihn gestern gekauft«, bestätigte Edmund ihr, wurde etwas rot und sah auf seine Schuhe.

»Nun, er ist entzückend, und ich lobe Ihren Geschmack. Wie alt sind Sie? Siebzehn, achtzehn? Wie schön für Sie. Und so zarte Züge. Sie müssen meine Tochter Victoria kennenlernen. Wir sehen uns nach angemessener Begleitung für die Reise um.«

»Wir wollten uns gerade auf die Abfahrt vorbereiten«, sagte Mr Robinson nach einer kurzen Pause, trat vor und schob sie auf den Gang hinaus.

»Jetzt muss ich aber weiter«, sagte sie sofort. »Meine Tochter und ich haben die Kabine A7. Backbord, wie ich zu meinem Bedauern sagen muss. Ich bin sicher, wir freunden uns im Laufe der Reise schnell an.«

»Ohne Zweifel«, sagte Mr Robinson.

Sie verschwand aus ihrem Blick, und Mr Robinson und Edmund sahen sich nervös an. »Mach nicht so ein Gesicht«, sagte Edmund. »Das Schiff ist voller Passagiere. Wir werden uns darauf einstellen müssen, mit ihnen zu reden. Hier kennt uns niemand.«

»Vielleicht«, sagte Mr Robinson mit zweifelnder Stimme.

Während Mrs Drake Kabine A7 bezog und versuchte, so viele Dinge wie nur möglich zu finden, an denen sich etwas aussetzen ließ, saß gut zehn Meter unter ihr in Kabine B7 Miss Martha Hayes auf dem Rand ihrer schmalen Koje und nahm alle Kraft zusammen, um nicht in Tränen auszubrechen. Martha war neunundzwanzig, sah aber aus wie knapp vierzig. In ihrem Haar zeigten sich die ersten grauen Strähnen, und ihre Haut wurde allmählich spröde. Trotz allem konnte man sie als hübsche Frau bezeichnen.

Sie befand sich jetzt seit fast einer Stunde an Bord und hatte die Zeit damit zugebracht, recht gut gelaunt ihre Kleider und Besitztümer in der kleinen Kabine unterzubringen. Das war nun jedoch geschafft, und sie hatte nichts mehr, um sich zu beschäftigen. Sie reiste allein und hatte noch keine Bekanntschaften gemacht. In Antwerpen hatte sie überlegt, ob sie nicht einfach ein Dutzend Romane kaufen und sich die Reise über in ihrer Kabine einschließen sollte, sich am Ende aber gegen diese menschenfeindliche Idee entschieden und sich mit drei Büchern und einem neuen Sonnenhut begnügt, der sie ermutigen sollte, sich auch an Deck aufzuhalten. Martha holte eine goldene Uhr aus der Tasche, öffnete sie und sah in das Gesicht von Léon Brillt, einem belgischen Lehrer, mit dem sie fast achtzehn Monate liiert gewesen war. Sie starrte in sein dunkles Gesicht und seine karamellfarbenen Augen und biss sich auf die Lippe. Dann schloss sie den Deckel wieder, stand auf und schüttelte sich heftig.

»Ein neuer Anfang, Martha«, sagte sie laut. »Schluss mit diesem Unsinn.«

In genau diesem Moment fuhren Martha Hayes, Mrs Antoinette Drake, ihre Tochter Victoria, Mr John Robinson, der junge Edmund Robinson und die eintausenddreihundertdreiundzwanzig übrigen Passagiere der *Montrose* zusammen, als das würdevolle Schiffshorn über ihnen ein langes, tiefes Schnauben ertönen ließ und die Stimmen der Besatzung in einem einzigen himmlischen Chor riefen: »Alles an Bord! Alles an Bord!«

Die *Montrose* war reisefertig.

Henry Kendalls Liebe zur See reichte zurück bis in seine Kindheit, als sein Vater Arthur ihm Geschichten vom Leben an Bord eines Schiffes vorgelesen hatte, aus der kleinen Büchersammlung auf dem Kaminsims. Vater und Sohn hatten eine gemeinsame Lieblingsgeschichte, die von Admiral Bligh und seinen Abenteuern an Bord der HMS *Bounty*, allerdings aus sehr unterschiedlichen Gründen. Arthur hasste Sadismus und aufgeblasenes Machtgehabe und war auf der Seite von Fletcher Christian und den Meuterern. Für Henry dagegen erwachte die Geschichte erst in dem Moment wirklich zum Leben, als Bligh das kleine Boot bestieg und mit Hilfe eines Kompasses und der Sterne übers Meer navigierte; alles davor war nur der Prolog. Henry verabscheute die Meuterer und ihre unverfrorene Missachtung der Autoritätsregeln auf See. Für ihn hätte der ideale Schluss der Geschichte darin bestanden, Fletcher Christian hängen zu sehen, statt ihn für den Rest seines Lebens als freien Mann auf den Inseln der Südsee zu wissen.

Im Alter von fünfzehn Jahren ging Henry zur Marine. Er blieb Junggeselle, widmete sein Leben vollständig dem Meer und diente sich langsam, aber stetig durch die Offiziersränge der Navy nach oben. Zu seiner großen Enttäuschung blieb ihm jedoch ein eigenes Kommando versagt. Im Alter von zweiundvierzig erfuhr er, dass eine unabhängige Reederei, die Canadian Pacific Company, unter erfahrenen Ersten Offizieren nach Kapitänen für ihre neue Flotte von sechs Transatlantikschiffen suchte. Selbst erstaunt über seine Bereitwilligkeit, die Navy Ihrer Majestät zu verlassen, bewarb er sich für eines der Kommandos. Seine Erfahrung und Verlässlichkeit kamen ihm bei den Einstellungsgesprächen zugute, und er wurde der Kapitän der *Perseverance*, mit der er drei Monate später schon regelmäßige Fahrten zwischen Calais und New York unternahm. Nun war er fünfzig Jahre alt, Kapitän des Passagierdampfers SS *Montrose* und fuhr zwischen Antwerpen und Quebec hin und her. Es war Mittwoch, der 20. Juli 1910, und er sah sich im Spiegel seiner Kabine an und fragte sich traurig, was aus der Welt der Seefahrt geworden war.

Wie gewohnt war er zwei Stunden vor Auslaufen an Bord gekommen, um in Ruhe die Karten zu studieren und entsprechend der zu erwartenden Winde die genaue Reiseroute festzulegen. Ein junger Mann Ende zwanzig hatte ihn begrüßt und sich gut gelaunt als Billy Carter vorgestellt, der neue Erste Offizier.

»Der neue was?«, hatte Kendall überrascht gefragt, wobei es ihn schon ärgerte, den Mund öffnen, seine Lunge mit Luft füllen und die Energie aufbringen zu müssen, um mit diesem unverfrorenen Burschen zu reden. Dieser Billy Carter war ein dreist wirkendes Individuum mit üppigen sandbraunen Locken, dunkelblauen Augen, beeindruckenden Grübchen und einer Ansammlung Sommersprossen auf der Nase. All das ließ ihn weniger wie einen Mann, sondern eher wie eine zum Leben erwachte Comicfigur aussehen, und Kendall hasste es, mit anderen als den ältesten, ranghöchsten Offizieren an Bord kommunizieren zu müssen. Es gab eine Befehlskette, die niemals durchbrochen werden sollte, und für Kendall galt das sowohl in Bezug auf die Pflichten als auch für jede Form der Konversation.

»Der Erste Offizier, Sir«, antwortete Carter mit einem Zwinkern und schüttelte die Locken. »Billy Carter, zu Ihren Diensten. Freut mich, Sie kennenzulernen.«

Kendall legte die Stirn in Falten, die Aufdringlichkeit des Burschen setzte ihm zu. »Und wo ist Mr Sorenson?«, fragte er in herrschaftlichem Ton und weigerte sich, dem Mann in die Augen zu sehen.

»Mr Sorenson?«

»Der Erste Offizier Sorenson«, erklärte Kendall verärgert. »Wir fahren seit sieben Jahren zusammen, und soweit ich es verstanden habe, sollte er auch diese Reise mit mir unternehmen. Er steht auf der Besatzungsliste, und so frage ich noch einmal: Wo ist er?«

»O Gott, haben Sie das nicht gehört, Sir?«, fragte Carter und kratzte sich heftig den Kopf, als lauerte in seiner Wolle ein ganzes Läusevolk, das er sich wegzukratzen versuchte. »Er ist gestern Abend ins Krankenhaus eingeliefert worden, schreiend wie ein Baby, dem man die Rassel gestohlen hat. Nach allem, was ich gehört habe, war es ein Blinddarmdurchbruch. Keine schöne Sache. Ich habe in aller Frühe eine Nachricht von der Zentrale bekommen, in der ich aufgefordert wurde, seine Aufgaben auf dieser Reise zu übernehmen. Es hieß, Sie seien ebenfalls informiert worden. Haben Sie keine Nachricht erhalten?«

»Mir hat niemand etwas gesagt«, antwortete der Kapitän, der eine plötzliche Leere in sich fühlte. Sorenson war sein zuverlässigster Kollege, und die Nachricht von seinem Verlust erfüllte Kendall mit großer Sorge. In sieben Jahren gemeinsamer Seefahrt waren zwischen ihm und Sorenson großes gegenseitiges Vertrauen und beruflicher Respekt gewachsen. Im Übrigen waren sie gute Pokerfreunde geworden und hatten oft bis spät in die Nacht noch bei einer Flasche Whisky gespielt. Sorenson war, wie Kendall oft bewusst wurde, sein einziger wirklicher Freund. »Zum Teufel mit diesen Leuten. Wer sind Sie überhaupt? Welche Erfahrung haben Sie?«

»Wie ich schon sagte, ich heiße Billy Carter«, begann der Jüngere und wurde gleich wieder von seinem Vorgesetzten unterbrochen.

»*Billy* Carter?«, fragte der und spuckte die Worte wie ungegartes Fleisch aus. »*Billy*? Was für ein Name ist das für einen Offizier, wenn ich fragen darf?«

»Er steht für William. So hießen schon mein Vater und dessen Vater. *Dessen* Vater aber nicht. Der hieß James. Vor ihm gab es noch einen ...«

»Ihre Familiengeschichte interessiert mich nicht«, fuhr Kendall ihn an.

»Sie haben mich als Jungen immer Billy genannt«, sagte Carter.

»Aber jetzt sind Sie ein Mann, oder?«

»Wenigstens sagt das meine Frau.« Wieder zwinkerte er.

»Sie sind verheiratet?«, sagte Kendall. Er missbilligte es, wenn Offiziere sich Frauen nahmen: widerliche, riechende Kreaturen.

Kendall war nie einer Frau begegnet, die ihn interessierte, und er vermochte sich die Gräuel kaum auszumalen, die ihm ein Leben als Ehemann auferlegen würde. Er fand es unglaublich, dass sich jemand freiwillig auf solch einen Pfad begab. Tatsächlich missbilligte er die Frauen insgesamt und betrachtete sie für seine Bedürfnisse als vollkommen überflüssig.

»Seit zwei Jahren jetzt«, antwortete Carter, »und wir erwarten ein Kind. Es sollte so gegen Ende August kommen. Ich bin nicht sicher, ob ich mich freuen oder fürchten soll.« Er schüttelte lachend den Kopf, als bestünde das Leben an Bord aus nichts als ungezwungenem Geplauder. »Haben Sie auch Kinder, Sir?«, fragte er höflich.

»Mr Carter, ich bin sicher, Sie werden ein ausgezeichneter Erster Offizier für die *Montrose* sein, aber ich sehe nicht ganz, wie …«

»Übrigens, Käpt'n.« Billy Carter griff in die Tasche und holte den Brief hervor, den die Canadian Pacific Company ihm am Morgen geschickt hatte, »hier sind die Anweisungen, die ich, wie gesagt, heute bekommen habe. Ich war Erster Offizier auf der *Zealous* und der *Ontario*, einmal zwei Jahre, einmal achtzehn Monate. Wir sind die meiste Zeit in Europa geblieben, damit ich öfter nach Hause kam. Ich glaube nicht, dass ich allzu viel Zeit damit zubringen möchte, übern großen Teich zu fahren – jetzt, wo wir ein Kind erwarten, sowieso nicht –, aber sie haben mich gefragt, und mir blieb kaum was anderes übrig. Sie haben versprochen, ich bin zur Geburt von Carter junior wieder da. Aber keine Angst, Käpt'n, ich habe Erfahrung, und ich weiß, was ich tue. Ehrlich gesagt, wäre ich auch lieber auf meinem gewohnten Schiff, genau wie Sie, da bin ich sicher, lieber Mr Sorenson als mich an Bord hätten. Aber so ist das Leben nun mal.«

Kendall las den Brief ohne ein Wort und hörte nur Fetzen von Carters Erklärung, speicherte die Information, die er brauchte, und vergaß den Rest gleich wieder, ohne weiter darüber nachzudenken. Er seufzte und strich sich den schweren weißen Bart.

Ihm blieb kaum eine Wahl, als die Umstände so zu akzeptieren, wie sie waren. »Und Mr Sorenson?«, fragte er nach einer Weile. »Für wie lange bleibt er außer Dienst?«

»Gut sechs Wochen, wie man mir gesagt hat. Wie es scheint, war es eine ziemlich vertrackte Operation. Ein geplatzter Blinddarm ist kein Spaß, wissen Sie. Aber machen Sie sich keine Sorgen, Sir, Sie werden nicht sonderlich lange mit mir auskommen müssen. Mr Sorenson sollte in ein paar Wochen wieder einsatzfähig sein.«

»Sehr gut, Mr Carter«, sagte Kendall und fand sich mit der Situation ab, war jedoch entschlossen, von Beginn an die Richtung vorzugeben. »Allerdings hielte ich es für angemessen, wenn Sie sich noch vor unserer Abreise zum Schiffsfriseur begäben. Ihr Haar ist verwildert, und ich dulde keine Schlampigkeit an Bord, schon gar nicht bei meinen höheren Offizieren, die den Männern ein Beispiel sein sollten.«

Carter zögerte, nickte dann aber. Er fuhr sich mit der Hand durch die lockige Mähne, als würde ihn ein Haarschnitt seiner Kräfte berauben, wie bei Samson. »Verstehe, Sir«, murmelte er.

»Im Übrigen wäre ich Ihnen dankbar, wenn Sie an Deck Ihre Mütze immer dabeihätten, entweder auf dem Kopf oder diskret unter dem Arm, wenn Sie mit einem weiblichen Passagier sprechen. Das sind Kleinigkeiten, wissen Sie, doch ich glaube, sie sind von entscheidender Bedeutung für unser berufliches Auftreten. Disziplin. Geschlossenheit. Gehorsam. Das sind wichtige Leitworte hier auf der *Montrose*.«

Der Erste Offizier nickte wieder, sagte jedoch nichts. Kendall fuhr sich mit der Zunge über die Lippen und war überrascht, wie trocken und rissig sie sich anfühlten. Sollte er sie zu einem plötzlichen Lächeln verziehen, würden sie wohl aufspringen und bluten.

»Vielleicht wären Sie auch so gut, mir eine vollständige Passagier- und Besatzungsliste zu bringen, nur für den Fall, dass es noch andere Überraschungen gibt, über die mich unser Arbeitgeber versehentlich nicht informiert hat. Wir stechen um vierzehn Uhr in See, richtig?«

»So ist es, Sir.«

»Dann müssen wir dafür sorgen, dass alle Besucher das Schiff bis spätestens dreizehn Uhr dreißig verlassen haben, und versichern Sie sich, dass sämtliche Passagiere an Bord sind. Sie werden mich als pünktlichen Mann kennenlernen, Mr Carter, der kein Verständnis für unnötige Verzögerungen hat. Das Geschäft der Atlantiküberquerungen wird von Pünktlichkeit und Geschwindigkeit bestimmt. Wir konkurrieren jeden Tag aufs Neue mit schnelleren und besseren Schiffen, und ich habe den Passagieren und der Flotte der Canadian Pacific Company gegenüber die Pflicht, dafür zu sorgen, dass es nicht zu Verspätungen kommt. Deswegen erwarte ich so viel von meinen Offizieren und Seeleuten, Mr Carter. Deswegen erwarte ich viel von Ihnen.«

»Ich bringe Ihnen die Liste sofort in Ihre Kabine, Sir«, sagte Carter jetzt mit leiserer Stimme. Er war die Art von strenger Autorität, wie Kapitän Kendall sie ihm gegenüber zeigte, nicht gewohnt.

Eine Stunde später saß Kendall allein in seiner Kabine und hörte, wie das Schiffshorn erklang und alle auf dem Schiff, die nicht nach Kanada wollten, dazu aufforderte, sofort an Land zu gehen. Er sah auf die Uhr. Es war dreizehn Uhr. Gewöhnlich dauerte es eine halbe Stunde, die Besucher von den Decks zu holen und die letzten Passagiere an Bord zu nehmen, womit es genau dreizehn Uhr dreißig wäre, gerade so, wie er es Carter aufgetragen hatte. Aus ihm unerfindlichen Gründen ärgerte ihn das, obwohl es genau seinem Befehl entsprach. Ihm wurde bewusst, dass er bei diesem Billy Carter mit etlichen Fehlern rechnete und gleich dagegen angehen wollte. Wenn der Mann seine Schwächen jedoch auch weiterhin zu verstecken vermochte, würde es schwer werden, ihn zu disziplinieren.

»Ein Bursche wie der«, erklärte er laut, obwohl sich kein Zuhörer in seiner Kabine befand, »hätte in der Navy niemals überlebt.« Und dann stand er auf und betrachtete sich im Spiegel, setzte die Mütze auf, zog sich die Jacke gerade und ging hinaus, um der Mannschaft seine navigatorischen Anweisungen zu geben.

Nachdem sie ihr Gepäck in der Kommode und dem kleinen Schrank gegenüber vom Etagenbett untergebracht hatten, ließ sich Mr John Robinson von seinem Sohn Edmund dazu überreden, das Verschwinden Antwerpens vom Deck der *Montrose* aus zu verfolgen, obwohl er gern in seiner Kabine geblieben wäre und sein Buch *Der Hund der Baskervilles* angefangen hätte. Er betrat das kleine Bad und spritzte sich etwas Wasser ins Gesicht. Ein graues Handtuch, das sich rau anfühlte und nach Waschmittel roch, hing auf der Stange neben dem Waschbecken, und er betrachtete sich im Spiegel, als er sich damit das Gesicht abtrocknete. Wie Kapitän Kendall erschrak auch er angesichts seines Spiegelbilds, das ihm ungewohnt fremd vorkam. Es war nicht allein die rasierte Oberlippe und der sprießende Backen- und Kinnbart. Seine Züge wirkten noch abgespannter als in London, die Haut ein wenig teigiger und die Tränensäcke unter den Augen dunkler als je zuvor.

»Das ist nur der fehlende Schlaf«, sagte Edmund, als sein Vater ihn besorgt darauf aufmerksam machte. »Wir hatten viel zu tun in Antwerpen und sind kaum zur Ruhe gekommen. Aber jetzt können wir uns elf Tage lang erholen. Wenn wir in Quebec ankommen, fühlst du dich wie neugeboren.«

»Ich habe die Zeit in Belgien ziemlich genossen«, sagte Mr Robinson mit ruhiger Stimme und klopfte sich leicht auf die Wangen, um so vielleicht etwas Farbe in sie zu bekommen, eine Erinnerung an die Jugend. »Vermisst du unser Zuhause noch nicht?«

»Natürlich nicht. Ich muss mich sowieso umgewöhnen. Kanada wird ganz anders sein als London, denke ich.«

Mr Robinson nickte zustimmend.

»Meinst du, wir kehren je zurück?«, fragte Edmund.

»Nach England?«

»Ja.«

»Vielleicht eines Tages. Aber zunächst mal müssen wir ein neues Leben anfangen, und es ist das Beste, sich darauf zu konzentrieren. In ein paar Wochen schon wirst du gar nicht wieder zurückwollen, und England wird nichts weiter für dich sein als eine schlimme Erinnerung. In ein paar Monaten schon werden wir die Namen unserer alten Freunde vergessen haben. *Meiner* alten Freunde, meine ich«, verbesserte er sich nach einer kurzen Pause.

Edmund war sich da nicht so sicher, doch er widersprach seinem Vater auch nicht. Er schob den letzten der Koffer unter das untere Bett, und die fest verschlossene Hutschachtel, die in einem von ihnen gewesen war, kam auf den Schrank. Edmund hatte sie mit Pflaster und Schnur gesichert, damit nichts aus ihr herausfiel.

»Warum musstest du unbedingt dieses Ding mitnehmen?«, fragte Mr Robinson und sah kopfschüttelnd zu ihr hinauf. »Es ist so eine Last.«

»Ich habe es dir doch erklärt. Die Schachtel enthält meine ganz persönlichen Besitztümer, und sie hat genau die richtige Größe und Form.«

»Gott sei Dank war sie im Koffer«, sagte Mr Robinson. »Stell dir einen Jungen vor, der mit der Hutschachtel einer Dame herumläuft. Da hätten wir im Hafen einige verwunderte Blicke auf uns gezogen.« Er klopfte leicht gegen die Seite der Kommode und sah nervös zur Tür hinüber. Das tiefe Tuten des Schiffshorns ertönte jetzt alle paar Minuten und bereitete ihm Kopfschmerzen.

»Wir legen bald ab«, sagte Edmund.

»Du kannst gerne schon an Deck gehen«, sagte Mr Robinson, »wenn du das Ablegen mitverfolgen willst. Dazu brauchst du mich doch sicher nicht?«

»Ich *brauche* dich nicht, aber ich *wünsche* mir, dass du mit dabei bist. Ich möchte, dass wir Europa gemeinsam in der Ferne verschwinden sehen. Es würde Unglück bringen, wenn ich allein da oben stünde. Im Übrigen werde ich nervös, wenn ich allein bin, das weißt du. Ich bin …« Er streckte die Hände aus, um zu unterstreichen, dass er nicht einmal die richtigen Worte fand, um die Situation zu beschreiben. »Ich bin das alles nicht gewöhnt«, sagte er endlich.

Mr Robinson nickte. Er lächelte. »Also gut. Wenn es dir so viel bedeutet, gehen wir zusammen. Ich brauche nur noch meinen Mantel.«

Edmund grinste. Seine Überredungskünste waren unübertroffen, und selbst bei kleinen Dingen wie diesen gab ihm sein Sieg ein wohliges Machtgefühl.

Der Wind blies kräftig über das Deck des Schiffes, und da sich viele Passagiere entschlossen hatten, unten zu bleiben, bekamen sie problemlos einen Platz an der Reling. Das Erste-Klasse-Deck war im Übrigen vom Zwischendeck getrennt, sodass sie ausreichend Raum hatten, um sich die Beine zu vertreten oder in den Liegestühlen auszuruhen. Von ihrer erhöhten Position aus sahen sie den gesamten Antwerpener Hafen vor sich liegen. Tausende Menschen schienen geschäftig darin herumzulaufen, Arbeiter, Reisende, Menschen, die Verwandte abholten oder verabschiedeten, und sicher auch einige, die sich verlaufen hatten.

»So schön wie Paris ist es nicht, oder?«, sagte Edmund und knöpfte sich den Mantel zu.

»Was?«

»Antwerpen. Die Stadt hat mir nicht so gefallen wie Paris. Da hatten wir mehr Spaß.«

»Weil Paris die Stadt der Liebe ist, wenigstens sagt man das so.« Mr Robinson lächelte. »Ich glaube nicht, dass es viele Städte auf der Welt gibt, die mit Paris konkurrieren können. Irgendwo habe ich gelesen, dass gute Amerikaner, wenn sie sterben, nach Paris kommen.«

Edmund lachte. »Bist du einer von ihnen?«, fragte er. »Bist du ein guter Amerikaner?«

»Eins von beidem schon«, sagte er, »da bin ich sicher.«

Eine Windböe erfasste sie von hinten, und ohne dass er darüber nachgedacht hätte, ließen Mr Robinsons Reflexe seine Hand vorschnellen und einen Damenhut auffangen, bevor er über die Reling geblasen wurde und ins Wasser unter ihnen fiel. Er bestaunte seinen Fang, eine dunkelblaue Haube, und drehte sich zu einer Frau um, die ein paar Schritte hinter ihnen stand und die Hände an den Kopf gedrückt hielt, auf dem eben noch der Hut gesessen hatte.

»Ist das Ihrer, Madam?«, fragte er überrascht.

»Vielen Dank«, sagte die Frau und lachte sanft, setzte ihn wieder auf und band ihn mit einer doppelten Schleife unter dem Kinn fest. »Der Wind hat ihn erfasst, bevor ich ihn festhalten konnte. Ich glaubte ihn schon verloren. Wie geistesgegenwärtig von Ihnen, ihn zu fangen.«

Er deutete eine höfliche Verbeugung an und berührte die Krempe seines eigenen Huts, um ihre Freundlichkeit zu erwidern. Er wusste nicht recht, was er sagen sollte, und überlegte, ob es unhöflich wäre, wenn er sich wieder dem Hafen und ihr damit den Rücken zuwandte. Sie befreite ihn jedoch aus seiner Unsicherheit, indem sie selbst an die Reling trat, die Arme vor sich verschränkte und in die Ferne starrte, als sich das Schiff zu bewegen begann.

»Ich hatte mir vorgestellt, es wären mehr Leute«, sagte sie, den Blick unverwandt geradeaus gerichtet.

»Wirklich?«, sagte Mr Robinson. »Ich glaube, ich habe noch nie so viele Menschen gesehen. Es heißt, auf dem Schiff haben achtzehnhundert Seelen Platz.«

»Ich meine Leute, die uns verabschieden. Ich hatte mit Unmengen Männern und Frauen gerechnet, die mit Taschentüchern winken und Tränen über den Verlust ihrer lieben Verwandten vergießen.«

»Ich glaube, das gibt es nur in Büchern«, sagte Mr Robinson. »In Wirklichkeit sind sich die Menschen nicht so wichtig wie in Romanen.«

»Dem Himmel sei Dank«, sagte sie. »Ich persönlich mag keine

Menschenansammlungen. Eigentlich wollte ich in meiner Kabine bleiben, bis wir auf See sind, doch dann dachte ich, vielleicht sehe ich Europa nie wieder und bedauere es irgendwann einmal, meinen letzten Blick darauf verpasst zu haben.«

»Genau das habe ich auch gesagt«, meldete sich jetzt Edmund zu Wort. Er beugte sich vor und sah die Dame leicht argwöhnisch an. Sollte es tatsächlich zu einem Gespräch kommen, wollte er daran teilhaben. »Ich musste ihn überreden, mit heraufzukommen, mit genau dem Argument.«

Die Frau lächelte und sah ihre beiden Gesellschafter an. »Entschuldigen Sie«, sagte sie. »Ich hätte mich längst vorstellen sollen. Martha Hayes.« Sie reichte beiden die Hand. »Es freut mich, Sie kennenzulernen.«

»John Robinson«, kam die Antwort. »Und mein Sohn Edmund.« Als er seinen Namen nannte, warf er dem Jungen einen Seitenblick zu, der besagte, dass genau so etwas der Grund war, warum er lieber unter Deck geblieben wäre. Obwohl die Reise elf Tage dauerte, war er überzeugt, je weniger Menschen sie kennenlernten, umso besser, selbst wenn sie sich deswegen ständig in der Kabine aufhalten mussten.

Martha ihrerseits hatte sich gleich zu Mr Robinson hingezogen gefühlt, umgab ihn doch jene Aura ruhiger Ehrbarkeit, die sie an Männern so mochte. Sie hatte gehört, Atlantiküberquerungen seien berühmt für die Zahl der Don Juans an Bord, aber sie spürte, dass dieser Mann nicht dazugehörte. Sein gesenkter Blick und die leicht verzagte Miene standen im Gegensatz zur erregten Aufgekratztheit der anderen Passagiere.

»Bleiben Sie in Kanada, oder reisen Sie von dort aus weiter?«

»Höchstwahrscheinlich reisen wir weiter«, sagte Mr Robinson, auch wenn das nicht der Fall war.

»Wohin?«

Er leckte sich die Lippen, stellte sich die Karte Nordamerikas vor und fragte sich, welches Ziel er nennen konnte, das einen Sinn ergab. Er war versucht, New York zu sagen, aber das würde zu der Frage führen, warum sie nicht direkt dorthin fuhren. Und nördlich von Kanada gab es keine Reiseziele mehr. Er schloss die Augen und spürte eine dumpfe Panik in der Brust aufwallen und die Kehle hinaufsteigen, wo alle Worte davonflimmerten und verpufften.

Zum Glück rettete Edmund die Situation, indem er das Thema wechselte. »Auf welchem Deck haben Sie Ihre Kabine?«, fragte er, und Miss Hayes zögerte nur einen kurzen Moment.

»Auf Deck B«, sagte sie und sah den Jungen an. »Alles in allem ein ganz netter Raum.«

»Wir sind auf Deck A«, sagte Edmund und fügte mit gefurchter Stirn noch hinzu: »Mit Etagenbetten.«

»Mr Robinson! Sie sind doch Mr Robinson, nicht wahr?« Eine laute Stimme von hinten zwang die drei, sich umzudrehen. Dort stand, grinsend wie eine Katze, die einen Becher Sahne entdeckt hatte, Mrs Drake aus Kabine A7 mit ihrer finster dreinblickenden Tochter Victoria. Mrs Drake trug einen anderen Hut als zuvor, eine weit aufwendigere Angelegenheit, und dazu einen völlig unnötigen Sonnenschirm. Ihr kreisrundes Gesicht strahlte vor Glück, Mr Robinson hier anzutreffen, wobei sie Miss Hayes von Kopf bis Fuß musterte, als argwöhnte sie, jemanden aus der Arbeiterklasse vor sich zu haben, der ganz und gar nicht in ihre vornehme Gesellschaft passte.

Victoria starrte Edmund misstrauisch an.

»Ich bin's«, sagte die ältere Frau nach einer Pause, um die Peinlichkeit eines möglichen Nicht-Wiedererkennens zu vermeiden. »Mrs Drake. Wir sind uns begegnet, als meine Tochter und ich nach unseren Zimmern suchten.«

»Ach ja«, sagte Mr Robinson. »Mrs Drake. Wie schön, Sie wiederzusehen.«

»Was für ein Zufall, dass wir uns erst unten treffen und dann, kaum dass wir an die Luft kommen, gleich wieder. Ich habe zu Victoria gesagt, ich habe gesagt: ›Sieh doch, da sind der nette

Mr Robinson und sein Sohn. Gehen wir hin und begrüßen wir sie. Sie werden sicher erfreut sein, uns wiederzusehen.‹ Habe ich das nicht gesagt, Victoria?«

»Ja, Mutter«, sagte Victoria brav und fuhr, ohne jemanden direkt anzusprechen, fort: »Ist die Stadt nicht schon ungeheuer weit weg? Wir sind kaum fünf Minuten unterwegs, und schon versinkt sie im Dunst.«

»Was nur gut ist«, sagte Mrs Drake. »Mir hat Antwerpen nicht gefallen, kein bisschen. Die Stadt stinkt, und ihre Bewohner sind Diebe, allesamt, bis zum letzten Mann. Finden Sie nicht auch, Mr Robinson? Ich nehme an, Sie haben es genauso empfunden. Sie scheinen mir ein Mann von guter Herkunft zu sein.«

»Antwerpen hat uns nicht so gut gefallen wie Paris«, gab Edmund zu.

»Oh. Dann waren Sie gerade in Paris?«, fragte Mrs Drake und drehte den Kopf, um den Jungen anzusehen. »Victoria und ich haben den Winter dort verbracht. Wo haben Sie gewohnt? Wir haben ein Appartement in der Stadt. Das ist angenehm, da wir jedes Jahr mindestens drei oder vier Monate dort sind. Mr Drake bleibt für gewöhnlich in London, wo er seinen Geschäften nachgeht. Ich mag vor allem das Theater. Könnte man nicht sterben für das Theater, Mr Robinson?«

»Das ist Miss Hayes«, antwortete er, lenkte die Aufmerksamkeit auf die fünfte Person in der Gruppe und überhörte Mrs Drakes Frage. Martha hatte sich während des bisherigen Gesprächs etwas unwohl gefühlt und sich gefragt, ob die vier wohl alte Freunde waren. Sie hatte sogar mit dem Gedanken gespielt, sich ohne ein Wort davonzuschleichen, vielleicht würden sie es ja gar nicht bemerken, oder es war ihnen egal. »Eine Mitreisende.«

»Sehr erfreut, Miss Hayes«, sagte Mrs Drake und streckte ihr die behandschuhte Hand mit so herrschaftlicher Geste entgegen, dass sich die jüngere Frau fragte, ob sie einen Knicks machen und sie küssen sollte. Sie widerstand dem Drang jedoch und schüttelte sie stattdessen kräftig. Mrs Drake schürzte die Lippen. »Was für einen festen Griff Sie haben«, sagte sie kritisch. »Sehr männlich. Reisen Sie allein?«

»Hier an Bord muss es außer uns noch mehr als tausend Leute geben«, versuchte Martha etwas Humor in die Unterhaltung zu bringen, was sich jedoch gleich gegen sie wandte, da Mrs Drake die Bemerkung für ungehobelt hielt.

»Ich meine, haben Sie eine Anstandsdame? Ihre Mutter vielleicht? Eine Lieblingstante? Oder auch einen bezahlten Begleiter? Es soll Damen geben, die so etwas mögen. Ich natürlich nicht, aber man hört derlei Dinge.«

»Ich bin allein«, sagte Miss Hayes nach einer Weile, und in ihrer Stimme lag eine solche Würde, dass Mr Robinson gezwungen war, sie näher zu betrachten, und sich fragte, ob ihre Worte nur ihren Status an Bord oder ihr Leben allgemein betrafen.

»Wie traurig für Sie, Sie armes, elendes, gottverlassenes Ding«, sagte Mrs Drake. »Ich selbst reise niemals allein und würde auch Victoria nicht erlauben, ohne mich ins Ausland zu fahren. Sie ist noch zu jung, wissen Sie. Erst siebzehn. Wie alt sind Sie, Edmund?«, fragte sie.

»Ebenfalls siebzehn«, antwortete Mr Robinson für ihn. »Und auch ich habe ihn lieber bei mir.«

»Ah, aber er ist ein Junge«, sagte Mrs Drake, als änderte das alles. »Praktisch ein Mann. Männer sind nicht so sehr in Gefahr, selbst wenn sie so zarte Züge haben wie Ihr Sohn.« Sie sah ihn näher an und verengte die Augen. »Waren Sie mal in eine Auseinandersetzung verwickelt, Edmund?«

»Nein«, antwortete er argwöhnisch.

»Aber die Narbe auf Ihrer Lippe«, sagte sie und musterte den schmalen rosafarbenen Schnitt, der vom rechten Nasenloch bis hinunter zum Mund führte. »Das ist doch sicher das Ergebnis einer kleinen Auseinandersetzung. Jungen können so mutwillig sein.«

Sie lächelte. »Kleine Lauser.« Edmund spürte, wie er rot wurde, und tastete unsicher nach der Stelle, die sie angesprochen hatte. Er war sich bewusst, dass die Blicke der anderen auf ihm lagen, und hasste Mrs Drake dafür. »Ich habe das Gefühl, junge Damen sind immer in Gefahr, wenn sie allein reisen«, fuhr Mrs Drake endlich fort, ohne etwas von seiner Verlegenheit zu bemerken. »Ich denke, da verstehen wir einander wohl, Mr Robinson.«

»Ich kann gut auf mich aufpassen«, sagte Martha, die bereits eine ziemliche Abneigung gegen diese massige Frau empfand, diese hochnäsige Tonne, die sie so von oben herab behandelte. »Ich bin es gewohnt.«

»Sind Sie das«, sagte Mrs Drake herablassend, voller Neugierde, wie die Verhältnisse der jüngeren Frau wohl aussahen, doch ganz und gar nicht gewillt, ihr mit noch mehr Aufmerksamkeit zu schmeicheln. »Wie schön für Sie. Nun, Mr Robinson, da wir praktisch Nachbarn sind, hoffe ich doch, dass wir einmal abends zusammen dinieren? Die Reise vergeht so viel schneller, denke ich, wenn man Freundschaften und Bekanntschaften schließt. Ich spiele am liebsten Fan Tan, bin aber ebenso gut in Whist und Baccara. Der Speisesaal der ersten Klasse nimmt Reservierungen an, und ich weiß aus bester Quelle, dass die Tische schon früh ausgebucht sind. Vielleicht sollte ich für morgen Abend einen Tisch für vier reservieren?« Sie würdigte Martha keines Blickes mehr, die sich angesichts der Brüskierung ein kurzes Lächeln erlaubte. Mr Robinson dagegen wirkte zunehmend nervös, und seine Hand wanderte zu seinem Schnauzbart, wie sie es in Augenblicken der Krise immer tat, nur war da kein Schnauzbart mehr. Er riss überrascht die Augen auf.

»Wo ist Ihre Mutter?«, fragte Victoria Edmund mit inquisitorischem Ton. Sie hatte sich von Mrs Drake gelöst und ein Stück die Reling hinabgeschoben, sodass sie und Edmund etwas abseits von den anderen standen, außer Hörweite, wenn sie nicht zu laut sprachen. »Ist sie tot?«

Edmund sah sie an, überrascht von der Direktheit ihrer Frage. »Ja«, sagte er endlich. »Sie ist vor ein paar Jahren gestorben.«

»Und woran?«

»Sie hat sich die Pest geholt«, sagte Edmund mit unbewegter Stimme. »Die hat sie dahingerafft.«

»Die Pest?«, fragte Victoria erschreckt und wich ein Stück zurück, als wäre er womöglich ansteckend. »Ernsthaft?«

»Nein, natürlich nicht. Das war nur ein Spaß. Himmel, wir leben im zwanzigsten Jahrhundert. Die Medizin hat sich ein bisschen weiterentwickelt. Nein, es war Tuberkulose.«

»Ah«, sagte Victoria erleichtert. »Es tut mir leid, das zu hören. Meine Tante Georgina hatte auch Tuberkulose, und sie musste die letzten zehn Jahre ihres Lebens in der Schweiz verbringen, wegen der Luft. Dann ist sie gestorben, weil ein Vogel auf sie gefallen ist.«

»Weil *was* auf sie gefallen ist?«

»Eines Tages ist ihr ein Vogel auf den Kopf gefallen. Als sie einen Spaziergang machte. Er muss im Flug gestorben sein und ist runtergefallen. Sie war gleich tot, es war ein ziemlich großer Vogel. So zu sterben ist sicher nicht angenehm. Besonders, weil sie dort hingezogen war, um am Leben zu bleiben. Ich meine, da hätte sie auch nach Hause kommen und ihre letzten Tage in England verbringen können, ohne Angst haben zu müssen, dass irgendwelche Sachen vom Himmel fallen und sie umbringen. Aber das sind die Schweizer, denke ich. Die sind ein komisches Volk, finden Sie nicht auch?«

Edmund nickte und hob die Brauen ein wenig. Er fragte sich, ob Vögel und Tiere tatsächlich eine nationale Identität annehmen konnten. »Wo ist Ihr Vater?«, fragte er nun seinerseits. »Ist er auch tot?«

»Er ist in … London«, antwortete sie und schüttelte den Kopf, als wäre es nicht so einfach, sich an seinen genauen Aufenthaltsort zu erinnern. »Er ist Bankier und reist manchmal herum, aber sein Büro ist in London. Wir machen Urlaub in Kanada und besuchen meinen Onkel und meine Tante. Die beiden sind vor zwanzig Jahren ausgewandert, und seitdem hat meine Mutter sie nicht mehr gesehen. Sie sind sehr wohlhabend.«

»Wie schön für sie«, sagte Edmund sarkastisch.

»Mutter *sagt*, dass sie mir nicht erlauben würde, allein zu verreisen«, fuhr sie fort und achtete nicht weiter auf seinen Ton. »Aber nächstes Jahr werde ich achtzehn, dann bekomme ich mein Geld, und wenn ich es habe, mache ich mich aus dem Staub, reise ein bisschen herum und lasse es mir gut gehen.«

Edmund lächelte und sah zu Mrs Drake hinüber, die bei Mr Robinson und Miss Hayes stand, aber ausschließlich mit seinem Vater redete, der aussah, als stünde er kurz davor, über Bord zu springen. »Das würde ich sie nicht hören lassen«, sagte er.

»Oh, sie hört mich nicht. Nicht durch den Lärm ihrer eigenen Stimme. Wenn sie es darauf anlegte, könnte sie die Schiffsmaschinen übertönen.«

»Wohin wollen Sie denn?«, fragte er. »Mit Ihrem Geld, meine ich.«

Victoria sah aufs Meer hinaus. Ihre Miene entspannte sich, und ein Lächeln überzog ihr Gesicht. Ihr langes dunkles Haar wehte anmutig nach hinten, und Edmund kam nicht umhin, ihre perfekte Haut und die blasse Schönheit ihrer Züge zu bewundern.

»Wohin der Wind mich trägt«, sagte sie dramatisch. »Und wo sich die passenden jungen Männer in mich verlieben werden.«

Edmund schnappte nach Luft und ließ ein leises Lachen hören.

»Schockiere ich Sie?«, fragte Victoria kokett, und ihre Augen wurden schmal.

»Nein«, sagte er mit fester Stimme, um ihr den Kitzel nicht zu gönnen.

Die Enttäuschung war ihr anzusehen. »Oh«, erwiderte sie ernüchtert. »Warum nicht?«

»Ich bin nicht so leicht zu schockieren.«

»Vielleicht fehlt Ihnen meine Abenteuerlust«, sagte sie.

»Vielleicht fehlt Ihnen meine Lebenserfahrung.«
»Sie reisen schließlich noch mit Ihrem Vater.«
»Und Sie mit Ihrer Mutter.«
»Aber Sie sind ein Junge«, sagte sie. »Wie meine Mutter sagte, praktisch schon ein Mann. Wollen Sie nicht ohne ihn verreisen? Selbst eine kleine Verführung versuchen?«
Edmund erlaubte sich ein Lächeln, sah Victoria aber nicht an. Er wusste bereits, dass sie die Art Mädchen war, die er nicht mochte, aber während er so neben ihr stand, spürte er, dass er die Macht hatte, sie zu reizen, was ihn um zehn Zentimeter wachsen ließ.

»Victoria, Liebes, häng nicht so über der Reling«, rief Mrs Drake, und sie sahen zu ihr hin. Edmund schlenderte zurück zu den dreien, und Victoria war gezwungen, ihm zu folgen. Sie ärgerte sich über seine offensichtliche Gleichgültigkeit ihr gegenüber, das war sie nicht gewohnt. In London, wo die Drakes wohnten, und in Paris, wo sie den Großteil ihrer Zeit verbrachten, galt sie als gute Partie und genoss es, unschuldige Jungen an der Nase herumzuführen, sie in sich verliebt zu machen und bei der nächsten Gelegenheit wieder abzuservieren. Von diesen Dingen hatte ihre Mutter natürlich kaum eine Ahnung. Im letzten Sommer hatte sich ein Junge besonders in sie verguckt, der neunzehnjährige Sohn eines Börsenmaklers namens Kenneth Cage, förmlich besessen war er von ihr und hatte damit gedroht, sich die Kehle aufzuschlitzen, sollte sie ihn nicht heiraten. Aber der junge Mann hatte künstlerische Ambitionen und neigte zu wilden, dramatischen Ankündigungen. Victoria hatte ihm daraufhin ungerührt mitgeteilt, dass sie sich, sollte sich bis zu ihrem zwanzigsten Lebensjahr *niemand* ihretwegen umgebracht haben, für eine absolute Versagerin halten würde. Am Ende hatte er zwei Töpfe emulgierter Farbe geschluckt, um sich zu vergiften, aber der Versuch war fürchterlich danebengegangen. Statt zu sterben oder Victoria ausreichend zu beeindrucken, dass sie seinem Charme erlag, hatte er zwei Wochen unter schlimmstem Durchfall gelitten und noch monatelang sämtliche Schattierungen der drei Grundfarben in die Schüssel gepinkelt. Und jetzt dieser Edmund, der in ihrem Alter war, fürchterlich gut aussah, mit markanten Wangenknochen, weichen roten Lippen, glatter Haut und den schönsten Augen, die sie je gesehen hatte. Er war schlank und hatte genau den Körperbau, den sie so teuflisch attraktiv fand, aber er tat nicht nur nichts, um sie für sich einzunehmen, sondern schien völlig gleichgültig zu sein. Er ließ sie stehen, ohne dass sie ihn weggeschickt hätte. Das würde sich ändern, beschloss sie. Sie würde dafür sorgen, dass er sich unsterblich in sie verliebte, noch bevor die Reise vorüber war. Und dann würde sie ihn benutzen, abservieren und ihm zeigen, wie es war, jemanden wie sie zu verlieren.

»Ich denke, ich werde in meine Kabine gehen«, sagte Martha Hayes, als alle wieder zusammenstanden. Sie hatte kaum ein Wort äußern können, während Mrs Drake auf Mr Robinson einredete, und war nicht gewillt, sich länger ignorieren zu lassen. Trotzdem war es schicklich, sich höflich zu verabschieden.

»Wie schön, Sie kennengelernt zu haben, Miss Hayes«, sagte Mr Robinson und lüftete den Hut.

»Das finde ich auch, und nochmals vielen Dank, dass Sie meinen Hut gerettet haben«, sagte sie und nickte den beiden Frauen zu. »Mrs Drake. Miss Drake.«

»Auf Wiedersehen, Miss Hayes«, sagte Mrs Drake mit lauter Stimme und sah der jüngeren Frau kopfschüttelnd hinterher. »Wie sich manche Menschen anziehen, wenn sie reisen«, sagte sie mit einem sanften Lachen und wandte sich wieder Mr Robinson zu. »Die Ärmste kann sich wahrscheinlich nichts Besseres leisten. Aber eine angenehme Art hat sie, meinen Sie nicht auch, Mr Robinson? Sehr anspruchslos.«

»Ich denke, vielleicht sollten Edmund und ich ebenfalls in unsere Kabine zurückkehren«, sagte er.

»Jetzt schon? Aber die Sonne kommt doch gerade erst heraus. Ich dachte, Sie drehen mit mir vielleicht eine kleine Runde über das Deck. Um das Territorium zu erkunden, wie man so sagt. Ich würde so gern mehr über Sie erfahren.«

»Das werden Sie ohne Zweifel«, sagte Mr Robinson und fasste Edmund beim Arm. »Wir haben noch etliche Tage vor uns, fürchte ich.«

»Das fürchten Sie?«, sagte sie überrascht.

»Ich bin nicht der beste Seefahrer dieser Welt«, erklärte er. »Ich denke, ich ruhe mich etwas aus.«

»Ah, Sie meinen, Sie müssen erst noch Ihre Seemannsbeine finden. Nun, aber sicher, Mr Robinson. Ich hoffe, wir sehen uns später. Bis dahin werden Victoria und ich erkunden, was es an Bord an Unterhaltungen für die Passagiere der ersten Klasse gibt.«

»Ausgezeichnet. Bis später dann«, sagte Mr Robinson und ging davon. »Was für eine Frau«, flüsterte er Edmund zu, als sie außer Hörweite waren. »Die könnte für England reden. Lass mich nicht noch einmal mit ihr allein. Am Ende werfe ich sie noch über Bord.«

»Ich werde dich im Auge behalten, wenn du mir die Tochter vom Leib hältst«, sagte Edmund. »So ein arrogantes ... Ich bringe es nicht über mich, das Wort auszusprechen.« Und einen Moment später fragte er noch: »Verträgst du die See wirklich nicht?«

»Doch, doch. Ich wollte nur zurück in die Kabine, das ist alles. Mit dir.«

Edmund lächelte. »Das hättest du nur zu sagen brauchen«, sagte er und holte den Schlüssel aus der Tasche.

Billy Carter stand schon seit einer Stunde im Salon des Friseurs, einer kleinen Kabine auf einer der unteren Decks des Schiffes, die nicht so edel aussah, wie die offizielle Bezeichnung klang. Jean Dupuis, der frankokanadische Friseur, der seit zehn Jahren bei freier Kost und Logis auf dem Atlantik hin- und herfuhr, ohne je einen Fuß auf die Kontinente hüben wie drüben zu setzen, war hier gewöhnlich in angenehmer Nähe zu einer Flasche Wodka anzutreffen. Es gab Besatzungsmitglieder, die Angst hatten, einen Mann, durch dessen Adern zur Hälfte Alkohol floss, mit einer scharfen Schere in die Nähe ihrer Ohren zu lassen, aber es war noch von keinen Unfällen berichtet worden, und so hatte Monsieur Dupuis seine Position samt freier Unterkunft seit so vielen Jahren inne, ohne dass sie jemals jemand infrage gestellt hätte.

Carter musste warten, bis der Friseur wieder auftauchte, denn der Mann stand stocknüchtern oben auf Deck und wartete nervös auf die Ankunft seiner Vorräte für die vor ihnen liegende Reise.

»Jetzt schon ein Haarschnitt?«, fragte Dupuis überrascht, als er beim Betreten seines Salons den jungen Ersten Offizier mit den Händen in den Taschen dastehen und seine Besitztümer inspizieren sah. »Wir sind noch nicht einmal aus dem Hafen. Kann das nicht noch etwas warten?«

»Kapitän Kendall besteht darauf«, antwortete Carter. »Er sagte, mein Haar sei zu lang, und hat mich energisch hierherbefohlen.«

Dupuis verengte die Augen und legte den Kopf leicht zur Seite, als wolle er selbst beurteilen, ob der Haarschnitt des jungen Mannes tatsächlich eine Verletzung des guten Geschmacks darstellte. »Es ist nicht so lang, dass es nicht noch ein, zwei Tage warten könnte«, sagte er. »Ich wollte meine Dinge noch ordnen, bevor wir in See stechen.« Mit »Dinge« meinte er den Wodka, der für ihn angekommen war und den er gerne an unterschiedlichen Stellen seiner Kabine verstaute, um sich im Laufe der Reise so systematisch durch die verschiedenen Verstecke zu arbeiten, dass das Leeren der letzten Flasche mit der Ankunft auf der anderen Seite des Atlantiks zusammenfiel. Er achtete sorgfältig darauf, nicht zu viel auf einmal zu trinken, weil das nur Tage der Nüchternheit zur Folge hatte.

»Der Kapitän besteht darauf«, wiederholte Carter in einem Ton, der nahelegte, dass er die Kabine erst nach erfolgreicher Indienstnahme der Schere wieder verlassen würde. »Es tut mir leid«, fügte er hinzu.

»Also gut, also gut«, seufzte Dupuis und wandte sich dem Stuhl vor dem Spiegel zu. »Nehmen Sie Platz, wenn es Ihnen denn so viel bedeutet.«

Carter setzte sich und betrachtete sich im Spiegel, während der Friseur ihm ein Handtuch um den Hals legte und in einer Zigarrenschachtel voller Friseurutensilien nach einer speziellen Schere suchte. »Ich denke, der Alte hat bereits eine Abneigung gegen mich entwickelt«, sagte Carter, um die leere Luft zu füllen. »Also hielt ich es für das Beste, ihm aufs Wort zu folgen. Sonst würde ich nicht darauf bestehen, sie sofort geschnitten zu bekommen.«

»Ist schon gut«, sagte Dupuis, der ihm einfach nur die Haare schneiden und ihn möglichst schnell aus seiner Kabine verschwinden sehen wollte. »Ich kenne Sie allerdings noch gar nicht. Sind Sie neu?«

»Billy Carter. Ich gebe den Ersten Offizier.«

»Den Ersten Offizier?« Dupuis hielt verblüfft inne und sah Carter im Spiegel an. »Was ist mit Mr Sorenson?«

»Ist krank. Blinddarm. Liegt im Krankenhaus«, sagte Carter schnell und stakkatohaft. Dupuis schnalzte mit der Zunge und umfasste mit seinen dicken nikotingelben Fingern ein Büschel Locken des jungen Mannes.

»Das wird dem Kapitän nicht gefallen«, sagte er.

»Es scheint ihn ... zu ärgern«, gab Carter zu.

»Nun, die beiden sind dicke Freunde«, sagte Dupuis. »Hängen ständig zusammen.« Er schnipselte schnell vor sich hin, ohne wirklich darauf zu achten, was er da machte, während die Locken zu Boden fielen.

»Nur ein bisschen kürzer«, sagte Carter nervös. Er war nicht einmal gefragt worden, was für einen Schnitt er wollte, und Dupuis schuf bereits vollendete Tatsachen.

»Nur etwas kürzer, natürlich«, sagte der Friseur. »À la Kendall. Ich denke, ich weiß, wie es der Alte mag.«

Carter versuchte, sich zu entspannen und den Friseur seine Arbeit machen zu lassen. Er dachte an seine Frau daheim und rechnete zum tausendsten Mal an diesem Tag die Termine in seinem Kopf durch. Wenn alles gut ging, würden sie Quebec am letzten Julitag, spätestens am 1. August erreichen. Die *Montrose* selbst sollte die Rückreise erst eine Woche später antreten, aber die Canadian-Pacific-Leute hatten ihm versprochen, dass er an Bord eines der Schwesterschiffe nach Europa zurückkehren könne, das Quebec am dritten August verlassen würde. Damit standen die Chancen gut, dass er in einem Monat, etwa Mitte August, wieder zu Hause war. Das Baby sollte ein paar Wochen später kommen, also würde er die Geburt keinesfalls verpassen. Hätte das auch nur entfernt im Bereich des Möglichen gelegen, hätte er den Auftrag abgelehnt, ohne Ansehen der Konsequenzen.

»Wie ist er denn so?«, fragte er, nachdem ein paar Minuten lang kein Wort gefallen war, und verfolgte mit skeptischer Miene, wie ihm seine braunen Locken büschelweise um die Füße fielen und mehr von seinem jungenhaften Gesicht freigelegt wurde, als er gewohnt war. »Der Kapitän, meine ich. Sie sind doch schon öfter mit ihm gefahren, oder?«

»Ich kenne ihn nicht sehr gut«, sagte Dupuis, der vor langer Zeit schon gelernt hatte, allem Tratsch, den die Seeleute ihm zutrugen, zu lauschen, selbst aber priesterhaftes Schweigen zu bewahren, damit am Ende nichts auf ihn zurückfiel. »Er führt ein strenges Regiment, hält auf Ordnung und Disziplin und gibt alles, um den Fahrplan einzuhalten. Es heißt, er glaubt nicht an Gott, aber er hat die Memoiren von William Bligh im Nachtschrank liegen und liest jeden Abend darin wie in der Bibel. Wenn er auf diesem Stuhl sitzt, hat er kaum fünf Worte für mich übrig.«

»Kapitän Bligh?«, fragte Carter und hob überrascht eine Braue. »Gute Güte, das fehlt mir gerade noch. Gott sei Dank leben wir mittlerweile im zwanzigsten Jahrhundert, mehr kann ich dazu nicht sagen. Ich bin nicht gerade ein Anhänger der Rum-und-Kielhol-Fraktion unter den Seefahrern. Mach deinen Job und lass dich dafür bezahlen, das ist mein Motto. Nicht mehr, nicht weniger. Kapitän Bligh!«, wiederholte er mit leiser Stimme noch einmal. »Ich fasse es nicht.«

»Fertig«, sagte der Friseur und trat zurück, um sein Werk zu betrachten. »Was sagen Sie dazu? Schnell und einfach.«

Carter nickte und stand auf, schob dem Mann ein paar Münzen in die Hand und trat auf den Gang. Er strich sich mit der Hand über den Hinterkopf und staunte darüber, wie uneben sein bis eben noch unter dem dichten Haarputz verborgener Schädel war. Ein kalter Luftzug fuhr ihm in den ungewohnt kurzen Schopf.

»Gott steh uns bei«, murmelte er leise, sah sich um und begriff, dass er sich während der nächsten vierundzwanzig Stunden ernsthaft mit den Decksplänen des Schiffes auseinandersetzen musste. Das Letzte, was er brauchen konnte, war, dass er sich auf der *Montrose* verlief. Sie war ähnlich konstruiert wie die *Zealous* und die *Ontario*, ihre Schwesterschiffe, auf denen er bereits gefahren war, aber etwas moderner, und etliche der Merkwürdigkeiten im Aufbau der beiden waren beim Bau der *Montrose* ausgebügelt worden. Auch technisch war sie moderner. Sie hatte als erstes Schiff der Flotte einen Marconi-Telegrafen an Bord, mit dem sich auch auf hoher See Nachrichten mit dem Festland austauschen ließen.

Gewöhnlich fand er mit geschlossenen Augen zurück nach oben, einfach nach dem Geruch und der Bewegung des Schiffes. Über die Jahre hatten sich seine Sinne so sehr verfeinert, dass sein Gehirn zu einem selbstständigen Navigator geworden war, doch etwas an diesem Schiff ließ ihn stocken. Das schimmernde Holz überall stand im Kontrast zu den dunklen Gängen, und das Knarzen des Schiffes schien seine Sinne derart zu betäuben, dass er seinen eigenen Fähigkeiten nicht mehr traute. Als er durchs Erste-Klasse-Deck kam, sah er endlich ein Stück entfernt einen Aufgang, und das Licht, das hindurchfiel, wies ihm den

Weg zurück aufs Hauptdeck. Ihm entgegen kam ein Endvierziger und direkt dahinter folgte ein jüngerer Mann, fast noch ein Junge. Gleich erinnerte er sich daran, dass er seine Mütze nicht aufhatte oder ordentlich unter dem Arm mit sich trug, wie Kendall es ihm gesagt hatte, und er biss sich auf die Lippe. Carter beschloss, schnurstracks zu seiner Kabine zu marschieren und sie zu holen.

»Guten Tag, die Herren«, sagte er und blieb stehen, um die beiden Passagiere zu begrüßen. Der Ältere wirkte leicht verärgert darüber, dass er angesprochen wurde. »Bereit für die Reise?«

»Ja, danke«, sagte Mr Robinson und sah zu der nur ein paar Meter entfernt liegenden Tür von Kabine A4 hinüber, einem heiligen Gral, der offenbar nicht zu erreichen war, ohne vorher mit der halben Christenheit kommuniziert zu haben.

»Billy Carter, Erster Offizier der *Montrose*«, sagte Carter mit einem Kopfnicken und fuhr in angenehmem Ton fort: »Sollten Sie irgendwelche Probleme an Bord haben, wenden Sie sich an mich oder einen meiner Männer. Scheint ein angenehmer Tag auf See zu werden. Das Meer ist recht ruhig.«

»Ich möchte mich nur etwas hinlegen«, sagte Mr Robinson und drängte an ihm vorbei. »Bitte entschuldigen Sie, wenn ich ...«

»Kein Problem, Sir«, sagte Carter und machte ihm Platz. »Sie spüren es ein bisschen, wie? Machen Sie sich keine Sorgen, Sie kommen bald schon darüber weg. Das tun alle. Und Sie, junger Mann? Waren Sie schon mal auf See?«

»Nur ein Mal«, sagte Edmund. »Es war eine kürzere Fahrt. So lange wie diesmal noch nie.«

»Als ich in Ihrem Alter war, hatte ich schon zwei, drei Jahre auf See auf dem Buckel. Konnte nicht genug davon kriegen. Am Anfang war mir allerdings hundeelend, also machen Sie sich nichts draus. Es geht vorbei.«

»Ich denke, ich komme zurecht«, sagte Edmund und fühlte sich merkwürdig bevormundet.

»So ist's recht.«

Mr Robinson drehte den Schlüssel in der Tür und trat in die Kabine. Er schloss kurz die Augen und genoss die Stille und den Frieden, die dort drinnen auf ihn warteten. Er drehte sich um, um Edmund notfalls in scharfem Ton hereinzurufen, aber der junge Seemann verschwand bereits aus dem Blick, und sein Begleiter betrat die Kabine.

»Endlich …«, sagte Mr Robinson mit erschöpfter Stimme. »Meinst du, alle hier an Bord sind entschlossen, mit uns zu reden? Diese Leute oben an Deck, der Seemann.«

»Das war der Erste Offizier«, sagte Edmund leicht abwesend und sah noch einmal auf den Gang hinaus, bevor er die Tür schloss. »Wir sollten uns geehrt fühlen.«

Mr Robinson schnaufte. »Unsinn«, sagte er gereizt, nahm den Hut ab, hängte ihn auf den Haken an der Wand und starrte durch das Bullauge aufs Meer hinaus. Seine Kopfschmerzen wurden stärker. Er massierte sich die Schläfen, schloss die Augen und spürte die Anspannung und die Angst, entlarvt zu werden. Da trat Edmund hinter ihn, legte ihm die Arme um die Brust und schmiegte sich an ihn. Mr Robinson wandte sich dankbar zu ihm um.

»Ist es zu schwer für dich?«, fragte er, trat ein Stück zurück und betrachtete den Aufzug des Jungen, den sie tags zuvor in Antwerpen gekauft hatten. »Findest du, ich habe dich zu einer Posse überredet?«

»Im Gegenteil«, sagte Edmund, öffnete seine Jacke und löste den eng gebundenen Stoff darunter. »Es macht Spaß, wirklich. Es ist ziemlich gewagt, so zu tun, als wäre man etwas, was man nicht ist.«

»Für mich nicht. Glaubst du, wir kommen damit durch?«

»Du musst dich entspannen«, sagte Edmund, knöpfte Mr Robinson das Jackett auf und ließ es zu Boden fallen. »Alles wird gut gehen. Da bin ich sicher.« Er beugte sich vor, ihre Lippen trafen sich, zart zuerst, dann mit mehr Kraft, und die Körper pressten sich gegeneinander, während sie unbeholfen auf das untere Bett glitten.

»Mein Ein und Alles«, sagte Mr Robinson zwischen den Küssen, und die Leidenschaft schien ihm den Atem und das Bewusstsein zu nehmen.

2 Jugend

Michigan: 1862 bis 1883

Als Mr Josiah Crippen und seine Frau Dolores die Heiligkreuzkirche in Ann Arbor, Michigan, betraten, um der Vermählung ihres Sohnes Samuel mit Jezebel Quirk, seiner Cousine zweiten Grades, beizuwohnen, waren sie in sehr unterschiedlicher Verfassung. Josiah lächelte während der gesamten Zeremonie, war er doch völlig betrunken, und Dolores zog einen solchen Schmollmund, dass ihre Lippen am Ende fast taub waren, so empört war sie, dass ihr teurer Junge einer anderen Frau und nicht ihr ewige Treue schwor. Sie hatte ihn dazu erzogen, seine Mutter anzubeten und zu verehren, wodurch sie jedoch nur erreicht hatte (ohne dass es ihr bewusst geworden wäre), dass er sie wegen ihrer Kälte verachtete. In seiner Braut dagegen hatte er ein liebevolles, schönes Mädchen gefunden, das ihm nach einem Jahr einen Sohn schenkte, den sie Hawley Harvey Crippen nannten.

Das Jahr zwischen ihrer Heirat und der Geburt war das einzige glückliche Jahr im gemeinsamen Leben der Crippens, denn als das Kind da war, änderte sich Jezebels Art von Grund auf. Sie verlor sämtliche Lebenslust und wurde regelrecht puritanisch. Hatte sie es früher genossen, mit Samuel tanzen zu gehen, betrachtete sie solche Abende nun als unziemlich und zügellos. Hatte sie früher gerne ihre Nachbarn, die Tennetts, zum abendlichen Kartenspiel eingeladen, so hielt sie derlei Unterhaltungen jetzt für unmoralisch und brach die Beziehung zu dem im Übrigen harmlosen Paar ab. Nachdem sie bis zur Geburt keinerlei moralischen Eifer bewiesen hatte, stellte Jezebel Crippen danach fest, dass die Schwangerschaft ihr nicht nur ein Kind, sondern auch einen neuen besten Freund beschert hatte: Jesus. Und Er mochte es nicht, dass sie sich amüsierte.

Hawley war von Beginn an ein ruhiges Kind. Er hatte keine Brüder oder Schwestern, war doch seine Geburt so anstrengend und schmerzvoll gewesen, mit Wehen, die nicht aufhören wollten, dass Jezebel anschließend ihren eigenen Namen verriet und ihrem Mann sogar verwehrte, in einem Bett mit ihr zu schlafen, von einem möglichen Liebesakt ganz zu schweigen.

»Du hast mich oft genug geschändet, Samuel Crippen«, sagte sie während der ersten Monate, als er noch glaubte, er könnte sie, wenn er es nur geschickt genug anstellte, dazu bringen, ihre Meinung zu ändern, so wie sein Vater es vor ihm geglaubt hatte, als er die Verteidigungslinien von Dolores Hartford durchbrochen hatte. »Ich werde niemals wieder einem Mann erlauben, mich in dieser schmutzigen Weise anzufassen.«

»Aber, meine Liebe«, protestierte er. »Unser Ehegelübde!«

»Ich habe nur noch einen wahren Ehemann, Samuel, und dessen Name ist Jesus. Ihn darf ich nicht hintergehen.«

Schließlich musste Samuel begreifen, dass sie nicht nachgeben würde, und dass ihm, dank ihres Messias, ein Leben in Enthaltsamkeit drohte. Er hätte auf die Grausamkeit ihrer Entscheidung geschimpft, erfuhr zum Glück jedoch von der Existenz eines Bordells etwa zehn Meilen außerhalb von Ann Arbor, wo er seinen romantischen Interessen mit weit weniger emotionaler Beschwernis nachgehen konnte, was eine ansprechende Aussicht war.

Als Junge wurde Hawley von seiner Mutter dazu ermutigt, seine Einsamkeit zu genießen. Die beiden saßen lange Stunden auf der Veranda und sahen zum Himmel hinauf, während sie die Gedanken ihres Sohnes auf den Herrn zu richten versuchte. Sie glaubte, solange sie beide für sich waren, gebe es weniger Gelegenheit für Sünde. Ihr einziges Lebensziel bestand darin, sicherzustellen, dass Hawley in den Himmel kam, selbst wenn sie ihn zu früh dort abliefern musste. »Gottes glorreicher Himmel«, sagte sie und lächelte das Lächeln einer geistig Gestörten, während sie den Blick auf die vorbeiziehenden Wolken geheftet hielt und die Sonne dahinter aufblitzen sah. »Danke dem guten Herrn, Hawley, für diesen so wunderschönen Tag.«

»Ich danke Dir, Herr«, sagte Hawley brav und blinzelte ins Licht.

»Gottes glorreiches Werk«, stellte sie fest, wenn sie fröhlich überall im Haus Staub wischte, Spinnweben wegfeudelte und mit einem schmierigen Lappen den Schmutz von den Fenstern wischte. »Danke dem guten Herrn, Hawley, dass er all den Schmutz um uns herum geschaffen hat, damit wir die Ehre haben, ihn in Seinem Namen zu entfernen.«

»Ich danke Dir, Herr«, antwortete Hawley misstrauisch, und der aufgewirbelte Staub ließ ihn husten.

Das gemeinsame Abendessen im Hause der Crippens war eine ruhige Angelegenheit. Samuel kam um sechs von der Arbeit im Lebensmittelladen zurück, und seine Frau bereitete ein spartanisches Mal für sie drei. Für gewöhnlich bestand es aus trockenem gekochten Gemüse und womöglich nicht ganz durchgegartem Hühner- oder Schweinefleisch, das ihnen Durchfall und Verdauungsprobleme bescherte. Für die armen Seelen im Fegefeuer.

»Gottes glorreiche Gaben«, sagte Jezebel, lächelte ihre Männer selig an und breitete die Arme aus, als wäre sie der wiedergeborene Jesus beim letzten Abendmahl. »Danke dem guten Herrn, Hawley, dass er uns mit so einem reichen Mahl beschenkt.«

»Ich danke Dir, Herr«, antwortete Hawley, und es rumorte in seinem Magen, und die Beine wurden ihm schwach, während sich sein Inneres Gottes glorreichen Verdauungsstörungen ergab.

Als Jezebel in ihre Dreißiger kam und Gottes Glorie in jedem einzelnen gesegneten Augenblick des Tages zu sehen begann, verbrachte Samuel immer weniger Zeit zu Hause. Er ging lieber in die örtliche Kneipe, wo er seinen Verdruss im Alkohol ersäufte. Seine Frau betrachtete das mit Missfallen, doch er hielt ausreichend Distanz, um ihre Beschwerden ignorieren zu können. Sie äußerte sie sowieso meist nur, wenn er betrunken war, und da störten sie ihn kaum. Einmal kam er etwa gegen Mitternacht nach Hause, wacklig auf den Beinen, das Gesicht aufgedunsen, die Nase so rot wie bei einem der Rentiere des Weihnachtsmanns. Er kam hereingestolpert und sang ein derbes Lied, das von den Abenteuern eines gut ausgestatteten Seemannes in einem schlecht beleumdeten Haus in Venedig erzählte.

»Du bist nicht der Mann, den ich geheiratet habe«, rief Jezebel voller Abscheu und holte den Wischeimer aus der Küche, da die blutunterlaufenen Augen und der unruhige Gesichtsausdruck ihres Gatten darauf hindeuteten, dass er bald schon seinen Magen auf den Wohnzimmerboden entleeren würde. »Um diese Zeit in solch einem Zustand nach Hause zu kommen, und das vor unserem Hawley. Was hast du alles getrunken? Whisky? Bier? Sag es mir, Samuel.«

»Gottes glorreichen Alkohol«, antwortete der mit leiernder Stimme, rülpste lautstark, machte ein erstauntes Gesicht und fiel bewusstlos zu Boden.

»Ich danke Dir, Herr«, intonierte Hawley fromm, wie er es gelernt hatte.

Es war Jezebels Idee, ihren Sohn aus der Dorfschule zu nehmen und ihn zu Hause zu unterrichten. Hawley hatte nichts dagegen. In der Schule wurde er aufgezogen, weil er so dunkle, förmliche Sachen trug, die ihn wie Oliver Twist in der Lehre beim Bestatter Sowerberry aussehen ließen, und seine zarten Züge brachten einige der Jungen dazu, zu behaupten, dass er keiner von ihnen, sondern ein lausiges Mädchen sei. Untersuchungen bewiesen das Gegenteil, worauf sich der Junge noch gedemütigter und verachteter vorkam.

»Fangen wir mit dem Studium der Bibel an«, erklärte Jezebel am ersten Morgen seines Heimunterrichts. »Und dann, vor dem zweiten Teil unserer Bibelstudien, wirst du richtig lesen lernen, was wir mit dem Buch der Psalmen üben. Nach einer inneren Einkehr zu den Geheimnissen des Kreuzes beenden wir den Unterricht schließlich mit einigen seelenbildenden Bibelstudien.« Als er neun war, vermochte Hawley alle einhundertfünfzig Psalmen in der richtigen Reihenfolge aufzusagen, und er kannte die genaue Ahnenreihe von Adam bis Jesus Christus. Niemand hatte irgendwen gezeugt, ohne dass Hawley mit dabei gewesen wäre. Jezebel machte einen Partytrick daraus, für Weihnachten, wenn die Crippens und die Quirks bei Gerstenwasser und trockenem Kuchen im Wohnzimmer zusammensaßen.

»Wer zeugte Enosch, Hawley?«, sagte sie, einen Namen aus ihrem Gedächtnis wählend, und der Junge zog die Stirn kraus und arbeitete sich durch die Schöpfungsgeschichte.

»Set«, sagte er.

»Richtig! Und wer zeugte Metuschelach?«

Hawley dachte wieder nach. »Henoch«, sagte er.

»Ganz sicher tat er das, das schmutzige Scheusal. Und Nimrod?«

»Kusch«, sagte Hawley triumphierend.

»Genau, es war Kusch! Und Nimrod war ein gewaltiger Jäger vor dem Herrn, und am Beginn seines Königreiches standen Babel und Erech und Akkad und Kalne im Land Schina«, fuhr sie freudig fort, klatschte mit orgiastischer Wonne in die Hände, und in ihren eingefallenen Augen blitzte das verrückte Feuer des religiösen Eifers.

Für eine Frau, die es nicht ertrug, von ihrem Mann angefasst zu werden, war Jezebel in Samuels Augen merkwürdig besessen vom Zeugungsakt. Zudem wünschte er seinem Sohn, ein aktiveres Leben außerhalb des Hauses zu haben, und war sicher, dass der Junge einige der klassischen Kindheitsfreuden verpasste.

»Er verpasst etwas?«, fragte Jezebel und lachte über die Geistesschwäche ihres Mannes. »Du denkst, der Junge verpasst etwas? Wie absolut lächerlich! Pass auf, du dummer Mann. Hawley: ›Denn es verdross mich der Ruhmredigen, da ich sah, dass es den Gottlosen so wohl ging.‹«

»›Denn sie sind in keiner Gefahr des Todes‹«, antwortete Hawley von seinem Platz am Wohnzimmerfenster, von dem er sinnierend zum Himmel hinaufsah. Er bewegte die Augen langsam von links nach rechts, als läse er die Worte geradewegs von den Wolken ab. »›Sondern stehen fest wie ein Palast.‹«

»Psalm Nummer?«

»Dreiundsiebzig, Mutter.«

»Die Verse?«

»Zwei und drei.«

Jezebel sah ihren Mann triumphierend an. Ihre gelblichen Zähne drängten durch die Lippen, als sie versuchte, ihre aufsteigenden Gefühle zu kontrollieren. »Samuel Crippen«, verkündete sie, »dein Sohn ist ein Wunderkind.«

Die frühen Jugendjahre brachten zusätzliche Unbill in Hawleys Leben. Um seinen dreizehnten Geburtstag herum befiel ihn eine plötzlich aufflammende Akne, begleitet von einer fast schon krankhaft starken Bettnässerei, was im Hause der Crippens Fassungslosigkeit hervorrief. Der Junge wachte jeden Morgen um fünf Uhr auf, das Bett durchtränkt infolge exotischer Träume. So lag er da und fürchtete sich vor dem Tagesanbruch und dem Moment, da seine Mutter erschien, ob des in der Luft hängenden Geruchs die Nase hob, ihn einen bösen Jungen, schlimmer als ein Baby, nannte und heftig ohrfeigte. Als sie hörte, wie Samuel seinen Sohn über eine geeignete Möglichkeit informierte, die nächtlichen Emissionen zu verringern, brach sie ohnmächtig auf dem Dielenboden der Küche zusammen. Sie schlug böse mit dem Hinterkopf auf und musste mit Riechsalz wiederbelebt werden.

Trotz allem fand Hawley im Laufe seiner stürmischen Jugend Gelegenheit, seine eigenen Interessen zu entwickeln. Seine Bildung begann, über das Buch der Offenbarung hinauszuwachsen, als er in der Abgeschiedenheit der kleinen Bibliothek von Ann Arbor zu lesen begann: Literatur, Lyrik und Sachbücher. Mit fünfzehn Jahren entdeckte er ein Buch mit dem Titel *Der menschliche Körper & seine vielen so merkwürdigen wie ungewöhnlichen Funktionen*, von Dr. A. K. Larousse. Dieses Buch wurde zu seiner neuen Bibel, und er nahm jedes einzelne Wort über die Körperorgane und Atemfunktionen in sich auf. Larousse führte ihn zu vielen anderen Büchern ähnlichen Themas, und so wurden seine späten Jugendjahre vom Studium der Wissenschaften und der Biologie befeuert, von Theorien zur Entstehung des Universums, der Funktionsweise des menschlichen wie tierischen Körpers und der Natur des Lebens selbst. Die meisten dieser Bücher versteckte er vor seiner Mutter, für die alle Wissenschaft Sünde war, sah sie darin doch den Versuch, das Denken Gottes zu verstehen.

»Wenn Gott wollte, dass wir ewig lebten«, sagte sie, »hätte er uns niemals die sieben Plagen geschickt. Das war ein Gott, der mit dem Bösen umzugehen wusste, und wenn du mich fragst, könnte er heute wieder etwas mehr von seiner alten Chuzpe brauchen.«

Ohne dass Jezebel davon wusste, begann Hawley, Ausgaben des *Scientific American*, einer ganz neuen, radikalen Zeitschrift aus dem Staat New York, zu kaufen und unter seiner Matratze aufzubewahren. Er holte sie immer erst spät in der Nacht hervor, wenn seine Eltern längst in ihren getrennten Schlafzimmern lagen, steckte eine Kerze an, las sie von vorn bis hinten und leckte sich die Lippen bei jedem neuen Happen Information, den er daraus bezog. Jede einzelne Seite schien eine neue Theorie oder die Möglichkeit einer wissenschaftlichen Revolution in sich zu bergen. Jeder einzelne Beitragende schien an einem bahnbrechenden Medikament, einer komplizierten Gleichung oder einer neuen Definition von Begriffen wie »das Leben«, »der Mensch« oder »die

Existenz« zu arbeiten. Hawley konnte nur gespannt den Atem anhalten und darauf warten, was als Nächstes kam.

Als Hawley siebzehn wurde, begann die Zeitschriftenschicht unter seiner Matratze jedoch merklich anzuwachsen, wenn er sie auch vom Kopf- bis zum Fußende stets gleichmäßig verteilte, eine zusätzliche Dämmung aus Wissbegier. Eines Nachmittags im Juni kam er aus der Bibliothek nach Hause, setzte sich aufs Bett, um die Stiefel auszuziehen, und musste überrascht feststellen, dass die Matratze unter ihm stärker als gewohnt nachgab. Er hob sie an, um zu sehen, was der Grund dafür sein mochte, und erkannte mit Schrecken, dass seine Zeitschriftensammlung verschwunden war. Er wurde blass und dann tiefrot vor Verlegenheit. Er spürte, wie sich sein Magen zusammenzog, und musste sich gleich wieder setzen. Das Herz schlug ihm bis zum Hals, während er sich eine Erklärung zurechtzulegen versuchte. Voller Angst wartete er darauf, dass seine Mutter durch die Tür trat, entrüstet, voller Zorn, aber sie ließ sich nicht blicken. Erst nachdem er am Abend gehört hatte, wie sein Vater nach Hause kam, wurde er nach unten gerufen, wo die Zeitschriften, in die er während der vergangenen zweieinhalb Jahre investiert hatte, in einem Stapel auf dem Küchentisch lagen. Er starrte sie an, als hätte er sie nie zuvor gesehen, und schluckte nervös. Obwohl er bereit war, den Besitz abzustreiten, waren sie ihm dennoch sehr viel wert, und er wollte sie unbeschädigt zurück. Seine Mutter stand beim Herd, die Arme vor der Brust verschränkt, und ihr Gesicht verriet ihre Wut, während Samuel irgendwo zwischen den beiden stand und nicht zu wissen schien, welche Position er einnehmen sollte.

»All diese Jahre habe ich geglaubt, dich zu kennen«, sagte Jezebel. »Ich dachte, du seist ein anständiger Junge. Ich dachte, ich hätte dich richtig großgezogen.«

»Das tust du! Das bin ich! Das hast du!«, protestierte Hawley und antwortete auf jeden ihrer Vorwürfe, aber bevor er noch etwas sagen konnte, übertönte ihr Geschrei seine Stimme.

»Ein anständiger Junge bewahrt nicht solchen Schmutz unter seiner Matratze auf! Das ist widerwärtig! Hast du die Zeitschriften gesehen?«, fragte sie ihren Mann, der dümmlich den Kopf schüttelte, eine in die Hand nahm und durchblätterte, wobei sein aufgeregter Ausdruck mehr und mehr der Enttäuschung wich, als er sich dem Ende näherte.

»Das interessiert mich«, flehte Hawley. »Es geht um Wissenschaft. Das ist lehrreich.«

»Es ist *Schmutz*!«, sagte Jezebel. »Wie kann ein Mensch sein Geld nur für derart kranken Abfall zum Fenster hinauswerfen?«

»Ich lese die Artikel«, sagte Hawley, und seine Stimme hob sich nur ganz leicht. »Ich interessiere mich für den menschlichen Körper ...«

»Hawley! Nicht in diesem Haus!«

»Dafür, wie die Welt erschaffen wurde. Wer wir sind.«

Jezebel schüttelte wütend den Kopf, nahm ihrem Mann die Ausgabe weg, die er immer noch in der Hand hielt, warf sie ins Feuer und schob sie mit dem Schürhaken tief in die Kohlen hinein.

»Mutter, nein!«, rief Hawley, als sie nach dem nächsten Exemplar griff, und noch einem und noch einem.

»Es ist zu deinem Besten«, sagte sie und sah zu, wie seine jahrelangen Studienhilfen im Kamin flackerten und verkohlten. »Besser, dieses Papier brennt, als dass du selbst eine Ewigkeit in den Flammen des Hades schmorst. Ich könnte nicht weiterleben, wenn ich wüsste, dass du auf ewig in der Hölle sitzt.«

»Das ist doch lächerlich«, rief Hawley angewidert, und es war das erste Mal, dass er seine Stimme in diesem Haus erhob.

Die Eltern sahen sich staunend an, während Hawley rot anlief und seine Augen vor Wut funkelten. »Einfach lächerlich!«, rief er. »Diese Zeitschriften faszinieren mich. Versteht ihr denn nicht? Ich will ein Mann der Wissenschaft werden.«

»Der Wissenschaft?«, schrie Jezebel perplex. »Die Wissenschaft ist reines Teufelswerk und nichts anderes. Habe ich dich dazu unterrichtet?«

»Das ist mir egal. Das ist es, was ich will«, rief Hawley. Er fühlte sich abgestoßen von ihrer Verblendung, und während er die Zeitschriften in Flammen aufgehen sah, fand er die Worte, um auszudrücken, worin er seine Aufgabe auf dieser Welt sah. »Ich habe vor, Medizin zu studieren«, erklärte er seinen Eltern. »Ich werde ein großer Wissenschaftler.« Damit beugte er sich zu seiner Mutter vor, die allen Mut zusammennehmen musste, um nicht ängstlich einen Schritt zurückzuweichen. »Vielleicht ist das Gottes Plan für mich«, sagte er leise.

Jezebel hob eine Hand vor den Mund, als hätte er Worte ausgesprochen, die sie alle in die Verdammnis stürzen mussten.

»Gottes glorreicher Plan, Hawley«, sagte Samuel verwirrt und vielleicht auch etwas betrunken.

Mit Hawleys einundzwanzigstem Geburtstag kam es zu einer ganzen Reihe von Änderungen. Sehr zur Empörung seiner Mutter und zur Überraschung seines Vaters begann Hawley, seinen Willen durchzusetzen, und ließ sich nicht länger vorschreiben, wie er zu leben hatte. Jezebels Zensur riskierend, aber ohne sie erst um Erlaubnis zu fragen, kaufte er den *Scientific American* und legte die Ausgaben stolz auf seine Kommode, wo sie jedem Besucher als Zeugen seiner Perversion ins Auge stachen. Dazu gesellten sich die vierteljährlichen Ausgaben des *American Journal of Human Medicine* sowie die *Medical Practioner's Bi-Monthly Review*, eine zweimonatlich erscheinende Zeitschrift zur ärztlichen Praxis. Beides waren akademische Schriften, deren Tiefenanalysen den letzten Stand der Wissenschaft in den Vereinigten Staaten darstellten und weit über das Verständnis der meisten Laien hinausgingen. Die Artikel und Schaubilder faszinierten den jungen Crippen jedoch und überzeugten ihn davon, in ihnen das Leben zu finden, nach dem er sich sehnte. Die so offene wie unerwünschte

Zurschaustellung schien, im Gegensatz zur Aufbewahrung unter der Matratze, ihre Existenz zu rechtfertigen und ließ Jezebel zögern, sie ebenfalls ins Feuer zu befördern.

Um sein großes Ideal zu verwirklichen, bewarb er sich an der University of Michigan um eine Zulassung zum Medizinstudium, und erst als sie ihm ihr Vorlesungsverzeichnis schickten, begriff er, dass nach Ansicht einer solchen Einrichtung der Wunsch zu studieren nicht so wesentlich war wie die Fähigkeit, dafür zu bezahlen. Um Arzt zu werden, musste er vier Jahre studieren und der Universität dafür jedes Jahr mehr als fünfhundert Dollar Gebühren zahlen. Seit dem Ende der Schule arbeitete er im Laden seines Vaters, verdiente aber nicht mehr als dreiunddreißig Dollar pro Woche, wovon er ein Drittel seiner Mutter für seinen Unterhalt zu geben hatte. Es war ihm völlig unmöglich, die Studiengebühren aufzubringen.

»Ihr müsst verstehen«, sagte er eines Abends, als er seinen Eltern sein Dilemma zu erklären versuchte, »dass es für mich das Wichtigste auf dieser Welt ist, Arzt zu werden. Ich spüre, dass dies mein Schicksal ist, meine Berufung.«

»Bitte, Hawley, benutze diese Worte nicht in solch einem Zusammenhang«, sagte Jezebel, die hocherfreut war, dass er wieder einmal mit einer Bitte zu ihr kam. Wenn sich ihre Haltung seinen Interessen gegenüber mit den Jahren auch etwas entspannt hatte, konnte sie doch nicht umhin, gegen die, wie sie es verstand, antichristlichen Ansichten ihres Sohnes zu protestieren. »Eine Berufung ist allein, wenn dich der gute Herr in seinen Dienst ruft.«

»Vielleicht *tut* Er ja genau das«, antwortete er. »Vielleicht *will* Er ja, dass ich den Kranken helfe und sie gesund mache. Vielleicht *will* Er, dass ich Arzt werde. Schließlich ist es ein ehrbarer Beruf.«

»Der Herr betrachtet die Kunst der Medizin als eine heidnische, das weißt du. Warum sollte Er kleinen Kindern Krankheit bringen, wenn sie von uns Menschen geheilt werden kann? Es ist das Beste, den Dingen ihren Lauf zu lassen. Sein Wille geschehe.«

Hawley seufzte. Er hatte sich einen Schnauzbart wachsen lassen, den er, wenn er unter Druck geriet, gerne glatt strich. Er mühte sich, die Fassung zu bewahren, da alles andere seine Chancen auf Erfolg erheblich mindern würde. »Mutter, bitte«, sagte er ruhig. »Siehst du denn nicht, wie wichtig es mir ist?«

»Wie viel brauchst du denn?«, fragte Samuel und wagte seine Frau dabei nicht anzusehen. Er spürte ihren giftigen Blick tausend Pfeilen gleich in seinen Körper dringen und wusste, dass er später dafür zahlen würde.

»Die Gebühren betragen fünfhundert Dollar pro Jahr ...«

»Fünfhundert Dollar!«, rief Jezebel. »Das ist ausgeschlossen.«

»Es ist teuer, aber das ist es wert«, protestierte Hawley. »Ich kann selbst vielleicht hundert aufbringen, wenn ich einen Nachtjob annehme. Es wird nicht einfach sein, tagsüber zu studieren und nachts zu arbeiten, aber das sind Opfer, die ich auf mich nehme.« Das Letzte sagte er, um den Sinn seiner Mutter für das Märtyrertum anzusprechen.

»Du brauchst also vier Jahre lang vierhundert Dollar pro Jahr?«, sagte Samuel.

»Ja.«

»Sechzehnhundert Dollar?«

»Faktisch ja.«

»Das ist völlig unmöglich«, sagte Jezebel entschieden.

»Ich vermute, wir könnten eine Hypothek auf den Laden aufnehmen«, sagte sein Vater, der sich mit einer Geste über das Gesicht strich, die die seines Sohnes nachahmte. »Die Bank würde dem vielleicht zustimmen. Aber es gibt keine Garantie, dass sie ...«

»Wir nehmen keine Hypothek auf den Laden auf«, sagte Jezebel. »Wir haben all die Jahre gebraucht, bis er uns endlich gehört, Samuel, und ich werde mich nicht neu verschulden, damit sich Hawley einen Schlafplatz in der Wohnung des Teufels kaufen kann.«

»Ach, Mutter!«, rief Hawley enttäuscht. »Wenn du doch nur einen Moment lang nicht nur dich sehen könntest.«

»Es tut mir leid, Hawley«, sagte sie. »Es mag eine Enttäuschung für dich sein, aber du weißt, was ich empfinde, und du kannst nicht von mir verlangen, dass ich mich ändere. Ich will nun mal nicht, dass ein Sohn von mir einen solchen Beruf ergreift. Wenn du meinst, du bist dazu berufen, den Menschen zu helfen, warum wirst du dann nicht Lehrer? Der Staat schreit nach jungen Lehrern, und du bringst die besten Voraussetzungen dafür mit. Oder Priester?«

»Aber ich *will* nicht unterrichten«, rief er, »und ganz *sicher* auch nicht predigen. Ich will Arzt werden! Ich will mich der Medizin widmen! Warum ist das für dich so schwer zu verstehen?«

Jezebel schloss die Augen, wiegte sich auf ihrem Stuhl vor und zurück und summte *Amazing Grace*, wie sie es immer tat, wenn sie ihrer Meinung Ausdruck geben wollte, dass die Unterhaltung zu einem Ende gekommen war.

Hawley sah zu seinem Vater hinüber, seiner letzten Verteidigungslinie, aber Samuel zuckte mit den Schultern und warf einen Blick auf seine Frau, der besagte, dass die letzte Entscheidung bei ihr lag und er daran nichts ändern konnte. Zutiefst enttäuscht blieb Hawley nichts anderes, als der Universität zu schreiben, dass er zwar gerne ein Studium aufnähme, sich aber die Studiengebühren nicht leisten könne. Er hoffte noch eine kleine Weile, ein Stipendium zu bekommen, doch stattdessen nahm die Zulassungskommission seine Entscheidung an und dankte ihm für sein Interesse in einem Brief, der keinerlei Mitgefühl für seine Situation verspüren ließ.

Damit war der Arztberuf ein Wunsch, den er sich aus dem Kopf schlagen konnte. Aber es gab noch andere Studiengänge, die weniger teuer waren, seiner Begeisterung für die Wissenschaft aber dennoch entgegenkamen. Er begann, sich genauer zu informieren, und betäubte seine Enttäuschung, indem er sich sagte, das alles sei auch nicht so schlecht. In einer Ausgabe der *Medical*

Practioner's Bi-Monthly Review las er, das Medical College of Philadelphia biete einen zwölfmonatigen allgemeinen Gesundheitskurs an, durch dessen Abschluss man ein Diplom erlangen könne. Dieser Kurs kostete sechzig Dollar und würde tief in sein Einkommen schneiden, aber er entschied, dass es sich lohnte, bewarb sich und wurde schnell als Student angenommen.

Um sein Diplom bezahlen zu können, suchte er nach einem Nachtjob und fand eine Stelle im McKinley-Ross-Schlachthof, wo er drei Nächte in der Woche von neun Uhr abends bis sechs Uhr morgens Schafe oder Rinder häuten, ausnehmen, säubern und zerlegen musste.

Jezebel und Samuel waren entsetzt, doch für Hawley war es ein gewöhnlicher Job, dank dem er sein Studium beginnen konnte. Er hatte genügend Abende damit verbracht, mit dem Finger über die verschiedenen Teile des menschlichen Körpers zu fahren, die in *Gray's Anatomy* abgebildet waren, die verschiedenen Bezeichnungen und Funktionen zu lernen und zu verstehen, wie leicht sie Schaden nehmen oder zerstört werden konnten. Er wusste, wo die schwachen Punkte von Bändern und Sehnen lagen, und wenn er auch noch nie mit dem Messer in ein totes Tier gefahren war, hatte er doch schon davon geträumt und entschieden, mit welchen Schnitten sich ihre Körper am saubersten zerlegen ließen. Zwar war das alles nicht ideal, dennoch fand er ziemlichen Gefallen an der Vorstellung, ein frisch geschlachtetes Tier zu zerlegen. Er allein würde die Verantwortung dafür tragen, die Knochen von den Muskeln zu trennen und die Haut von den Organen, das Blut aufzufangen und das Fleisch für den Esstisch zurechtzuschneiden. Für viele war das sicher eine abscheuliche Tätigkeit, Hawley Harvey Crippen leckte sich die Lippen, wenn er daran dachte, was da vor ihm lag.

In seiner ersten Nacht bei McKinley-Ross stand ihm ein zweiundsechzigjähriger Schlachthofveteran namens Stanley Price zur Seite, der ihn, wie es hieß, in das Handwerk einführen sollte. Price war ein magerer Teufel mit einem leichten Buckel und grauweißem Haar. Das Erste, was Hawley an seinem Lehrer auffiel, war, dass dessen Hände nach siebenunddreißig Jahren Schlachthofarbeit rot gerändert und die Poren so tief eingefärbt waren, dass sich die Innereien von Abertausenden Tieren auf seiner Haut wiederfinden ließen. »Das geht auch mit allem Waschen dieser Welt nicht mehr weg«, sagte Price stolz. »Ich habe mehr Blut an den Händen als alle Mörder im Knast zusammengenommen. Und ich bin besser mit dem Messer. Hast du schon jemals ein totes Tier aufgeschnitten?«

»Noch nie«, gab Hawley zu und lachte, als wäre der Gedanke absurd. Als hätte er die langen, faulen Sommertage seiner Jugend in Michigan damit verbracht, auf der Veranda vor dem Haus wahllos Hunde und Katzen aufzuschlitzen.

»Wirst du damit klarkommen?«

»Ich glaube schon. Ich studiere am Medical College in Philadelphia, um Arzt zu werden.« Das war eine harmlose Lüge, denn es war den Absolventen des einjährigen Kurses am MCP nicht erlaubt, sich anschließend Arzt zu nennen, aber natürlich genossen sie eine gewisse medizinische Ausbildung. Hawley glaubte, nicht viel verlieren zu können, wenn er ein bisschen angab, und vielleicht verschaffte es ihm ja sogar etwas Respekt.

»Aber wenn du in Philly studierst, was zum Teufel machst du dann hier in Michigan?«

»Es ist ein Fernkurs«, erklärte er.

»Ein Fernkurs, um Arzt zu werden?«, fragte der ältere Mann skeptisch.

Hawley nickte und ließ sich nichts anmerken.

Die beiden starrten sich, wie es Hawley vorkam, minutenlang an, bis Price schließlich schwer durch die Nase ausatmete, den Kopf schüttelte und den Blick abwandte. »Komm mir bloß nicht zu Hilfe, wenn du siehst, dass ich krank zusammenbreche. Mit einem Fernstudium Arzt werden«, murmelte er vor sich hin. »Was wird aus dieser Welt?«

»Wie viele Tiere zerlegen wir in einer Nacht?«, fragte Hawley. Er wollte das Thema wechseln und auf das zurückkommen, was vor ihnen lag. Dabei versuchte er, seine Frage in einem möglichst ernsthaften Ton zu stellen, weil er nicht blutdürstig erscheinen wollte.

»Ich selbst schaffe in einer guten Nacht fünf Rinder und vielleicht zwischendurch noch zwei, drei Schafe. Von der Schlachtung bis zur Aufteilung in Portionen, um Hackfleisch draus zu machen. Und du …« Er betrachtete den Jungen von oben bis unten, als hätte er nie einen weniger geeigneten Kandidaten gesehen, »in den ersten paar Monaten hast du Glück, wenn du pro Nacht ohne Hilfe eines schaffst. Aber es kommt nicht auf die Zahl an, Crippen. Denke immer daran. Du musst jedes Tier mit dem gleichen Geschick und der gleichen Sorgfalt angehen, und wenn das heißt, dass du nur ein Fünftel der Arbeit eines anderen schaffst, nun, dann sei's drum. Werde nicht nachlässig, nur weil du ans nächste Tier willst. Dann ruinierst du das Fleisch.«

»Verstanden«, sagte Hawley, verlagerte das Gewicht von einem Bein aufs andere und spürte, wie ihm das Blut durch die Adern pulste. »Wann fangen wir also an?«

»Nervös, was?«, sagte Price. »Nur keine Angst, es geht noch früh genug los. Sobald die Glocke da oben schrillt.« Er nickte zur Uhr an der Wand hinüber, die sich langsam auf neun Uhr zubewegte. Die Tagesschicht der Schlachthofarbeiter endete um sieben Uhr, dann kamen die Putzleute, schrubbten die Böden und desinfizierten die Arbeitstische für die Nachtschicht. McKinley-Ross machte keine Pause, es gab immer geschlachtete Tiere, die zerlegt werden mussten.

Endlich läutete es, und die Türen öffneten sich. Die vierzig Nachtschichtarbeiter betraten einen langen Korridor, in dem Reihen makellos weißer Jacken hingen, so wie sie Wissenschaftler im Labor trugen.

»Hier gibt's nur eine Größe«, sagte Price. »Nimm also die Erste, die du in die Hand bekommst, und lass uns an die Arbeit gehen. Ich weiß nicht, was das mit den Jacken soll. Am Ende der Schicht sind alle voller Blut.«

Hawley nahm eine Jacke und zog sie an. Es gefiel ihm, dass er sich darin wie ein richtiger Doktor fühlte. Er grinste Stanley Price an, der seinen Blick misstrauisch erwiderte und dann den Kopf schüttelte, als hätte er ein schwachsinniges Kind auf dem Weg zu seiner Hinrichtung vor sich, das keine Ahnung hatte, was auf es zukam.

Price trat in eine Ecke des riesigen Saales, sah sich um und zeigte seinem Schützling die verschiedenen Ein- und Vorrichtungen. »Da drüben sind unsere Werkzeuge«, sagte er. »Sägen, Tranchiermesser, Aufschneidemesser. Sie werden zweimal täglich geschärft. Versuche nicht, mit dem Finger zu testen, wie scharf sie sind, es sei denn, du willst ihn verlieren. Hier vorne hängt ein Schlauch, mit dem wir das Blut in den Abfluss spülen. Es wird da unten gesammelt.« Er nickte hinüber zu einer Ecke des Bodens, der dort plötzlich stark abfiel und wo das Blut verschwinden würde. »Wenn wir anfangen, drücken wir diesen Knopf.« Er hob die Hand und drückte einen grünen Knopf neben einem Fließband, das sich sogleich in Bewegung setzte. Hawley hörte, wie überall in dem mächtigen Raum ähnliche Knöpfe gedrückt wurden und schon kam eine ganze Serie toter Tiere in den Raum gefahren, die an durch die Nacken getriebenen massiven Stahlhaken hingen. »Du hast den Hauptgewinn«, sagte Price mit trockener Stimme, »ein Rind.«

Der Körper des Rindes bewegte sich langsam voran, bis er sich direkt über dem Abfluss befand, worauf Price einen roten Knopf drückte und das Tier damit ruckartig stoppte. Unsicher schwang es an seinem Haken vor und zurück. Hawley streckte die Hand aus, um das Fell zu berühren: Es war kalt, und die Haare hinter dem Nacken waren leicht aufgestellt, ähnlich wie die auf seinen Unterarmen. Die Augen des Rindes waren weit offen und starrten ihn an, große, finstere schwarze Tümpel, in denen er, wenn er sich vorbeugte, sein eigenes Spiegelbild erkennen konnte.

»Wir brauchen nur den Rumpf«, sagte Price, »also eins nach dem anderen. Drück den grünen Knopf noch einmal, bis das Rind über der Bank hängt.«

Hawley tat, was ihm gesagt wurde, dann griff Price zur Seite und zog einen gelben Hebel nach unten, was offenbar einiges an Kraft verlangte. Erschrocken sprang Hawley zurück, als das Rind vor seinen Augen zum Leben zu erwachen schien. Tatsächlich hatte der Hebel den Haken nach hinten bewegt, sodass sich der Kopf des Tieres langsam vorneigte, bis sich das Rind vom Haken löste und mit einem heftigen dumpfen Schlag auf den Arbeitstisch fiel. Jahrelange Erfahrung sorgten dafür, dass der ältere Mann, wenn er einen Knopf drückte oder Hebel zog, intuitiv den richtigen Zeitpunkt wählte, und so war das Rind in genau der richtigen Position für die nun folgenden Amputationen vor ihnen gelandet, nämlich auf der Seite liegend.

»Wir müssen den Kopf abschneiden«, sagte Price mit ruhiger Stimme, »dann den Schwanz und die Beine, eines nach dem anderen. Dann lassen wir das Blut aus dem Körper, häuten ihn, holen die inneren Organe heraus, spritzen den verbleibenden Torso ab und zerlegen ihn in schmackhafte Portionen. Na, wie klingt das, mein Junge?«

Es war nicht das erste Mal, dass Price einem Neuling beibrachte, wie ein frisch geschlachtetes Tier in die wesentlichen Teile zerlegt wurde, und jedes Mal wieder verfolgte er mit einem verqueren Vergnügen, wie alle, selbst die Hartgesottensten, bis zu diesem Moment aushielten, bis zum Ende seiner kleinen Rede, um dann ungelenk zurückzuweichen, die Hand an den Mund zu heben und nach draußen in die kalte Luft zu rennen, wo sie ausspuckten, was sie kurz vorher dummerweise noch gegessen hatten. Aber als er heute Hawley anblickte, sah er zum ersten Mal seit Jahren kein angeekeltes, entsetztes Gesicht, sondern einen ernst dreinblickenden jungen Mann, dessen Wangen, wenn überhaupt, noch an Farbe gewonnen hatten. Und täuschte er sich, oder zeigte sich da sogar ein leichtes Lächeln auf den Zügen dieses Jungen?

»Mein liebes bisschen«, sagte er überrascht und vielleicht auch ein wenig beunruhigt. »Du bist aber einer von der kalten Sorte, wie?«

3 Mrs Louise Smythsons erster Besuch bei Scotland Yard

London: Donnerstag, 31. März 1910

Nicht einmal ihre engsten Freunde hätten behauptet, dass Mrs Louise Smythson etwas für die Arbeiterklasse übrighabe. Selbst aus ärmlichen Verhältnissen stammend, hatte sie sich aus der Gosse emporgekämpft und blickte verächtlich auf diejenigen herab, die noch immer dort feststeckten. Ihren zukünftigen Mann Nicholas hatte sie als Bardame im Horse and Three Bells in Bethnal Green kennengelernt. Er war gleich hingerissen von ihrer Schönheit, während sie seinem silbernen Zigarettenetui verfiel, dem handgeschnitzten Spazierstock, den er bei sich trug, und seinem Auftreten als Gentleman. Sie bediente ihn an der Bar, und er öffnete seine Brieftasche und ließ ein ganzes Bündel Zwanziger sehen, was seine Attraktivität noch erhöhte. Nachdem sie ihm ein schaumiges Bier serviert hatte und anschließend einen kleinen Brandy, flüsterte sie ihrer Freundin Nellie Pippin zu, dass sie den jungen Mann, der da am Ecktisch saß und die *Times* las, heiraten oder sterben würde. Sechs Monate später lebte sie noch, und die Trauung fand im engsten Familienkreis in einer Kirche beim Russell Square in Bloomsbury statt. Etliche der Anwesenden sagten, das hübsche Mädchen mit der affektierten Aussprache sei fraglos auf die Füße gefallen, daran bestehe kein Zweifel. Aber nun waren sie verheiratet, und Louise entschied, nachdem sie nun mit einem Gentleman verheiratet war, sei sie eine Lady. Da irrte sie. Sie brach jeglichen Kontakt zu ihrer Familie ab – »Nichts als Abschaum sind sie, die meisten von ihnen, keine Manieren, können nicht mal richtig reden, keiner von ihnen, nicht mal Onkel Henry, und der ist als Junge drei Jahre in die Schule gegangen« – und wollte nicht einmal mehr ihre alten Freunde kennen. Sie entwickelte ein Auge für die Mode, indem sie von ihren Erkerfenstern aus die gut gekleideten Ladys, die unten auf der Straße vorbeigingen, sorgfältig betrachtete. Sie schrieb auf, was sie trugen, ging damit zu ihrem Schneider und wollte alles genau so, wie sie es gesehen hatte. Sie kaufte die allerneuesten und modischsten Schuhe und Hüte und bestand darauf, so gut wie jeden Abend in einem der in der besseren Gesellschaft beliebten Restaurants essen zu gehen, wobei sie aus Angst um ihre Figur wenig aß und sich vor allem an der luxuriösen Atmosphäre labte. Nicholas war ein Mann mit wenig Verstand, aber viel Geld, und er war auch weiterhin völlig vernarrt in sie und gab selbst noch ihren ausgefallensten Wünschen nach. Seine eigenen Freunde mussten schließlich zugeben, dass Liebe nicht nur blind machen, sondern auch zum Verlust von jeglichem Geschmack führen konnte.

Obwohl sie ihren Schwager ziemlich gern mochte – schließlich hatte er viel dafür getan, die Smythsons davon zu überzeugen, dass es Nicholas erlaubt sein müsse, zu heiraten, wen immer er wollte, selbst ein billiges Flittchen ohne Stand und Erziehung –, war es doch Louises innigster Wunsch, der ehrenwerte Martin Smythson möge das Zeitliche segnen. Es war bekannt, dass er an allen möglichen Gebrechen litt, einschließlich eines verschobenen Wirbels, einer nicht funktionierenden Niere, eines arthritischen Knies und regelmäßigen Herzflimmerns, und dass er sein ganzes Leben über immer wieder im Krankenhaus gewesen war. Da der alte Smythson auch nicht mehr lange zu leben hatte, würde Martin bald schon seinen Titel erben und Lord Smythson werden. Martin hatte erst kürzlich geheiratet, und Louise betete nachts, dass er einer seiner Krankheiten zum Opfer fiel, bevor seine Frau mit einem Kind niederkam, denn sonst schwand die Möglichkeit, dass der Titel an Nicholas überging. Sie war fest entschlossen, Lady Smythson zu werden, auch wenn das erforderte, bei einem Besuch von Martin ein paar zusätzliche Fenster offen zu lassen oder sein Fleisch nicht richtig durchzugaren – nun, was war schon dabei? Es diente doch alles einem guten Zweck.

Am Morgen des 31. März 1910 jedoch waren alle Gedanken an die Kleider, die sie in näherer und fernerer Zukunft auf den Beerdigungen der einzelnen Smythsons tragen würde, in den Hintergrund gerückt, während sie festen Schrittes an der Themse entlang auf New Scotland Yard zu marschierte, um einen Mord anzuzeigen.

Den Entschluss, zu Scotland Yard zu gehen, hatte sie an diesem Morgen beim Frühstück gefällt. Die ganze Nacht hatte sie darüber nachgedacht, seit dem Treffen der Music Hall Ladies' Guild am Abend zuvor im Haus ihrer Freundin Mrs Margaret Nash. Nach ihrer Heimkehr hatte sie kaum schlafen können, und ausnahmsweise einmal war es nicht das Schnarchen ihres Ehemanns im Bett neben ihr gewesen, was sie wach gehalten hatte. Am Frühstückstisch im Wohnzimmer dann – das Erkerfenster war oben einen Spalt geöffnet, um etwas frische Luft hereinzulassen – war Nicholas überrascht, wie zerstreut seine Frau war. Er sah amüsiert zu, wie sie die Marmelade vor der Butter auf den Toast strich, es merkte und ihn schnell aufzuessen versuchte, ehe er eine Bemerkung dazu machte.

»Ist alles in Ordnung, meine Liebe?«, fragte Nicholas, nahm den Kneifer von der Nase und sah sie an, als störe die Brille seinen Blick.

»Ausgezeichnet, Nicholas, danke der Nachfrage«, antwortete sie förmlich.

»Aber du wirkst etwas *distraite*«, sagte er. »Hast du nicht gut geschlafen?«

Sie seufzte und beschloss, sich ihm anzuvertrauen. »Nein, das habe ich nicht, wenn du die Wahrheit wissen willst«, erklärte sie ihm mit trauriger Stimme. »Ich habe gestern Abend ein Gespräch geführt, das mich ratlos zurückgelassen hat.«

Nicholas zog die Brauen zusammen. Seine Frau gab sich normalerweise nicht so geheimnisvoll. Er läutete mit der kleinen Glocke, die auf dem Tisch stand, und als das Mädchen kam, sagte er ihm, es solle die Frühstückssachen abräumen, sie würden den Kaffee am Kamin nehmen. Louise setzte sich aufs Sofa, überdachte alles noch einmal und sah ihren Mann an. »Ich war gestern bei meinem Treffen«, fing sie an. »Du weißt schon, die Music Hall Ladies' Guild?«

»Aber natürlich, meine Liebe.«

»Ich habe mich mit Margaret Nash unterhalten, über dies und das, und am Ende kamen wir auf Cora Crippen.«

»Auf wen?«

»Cora Crippen, Nicholas. Du kennst sie. Du hast sie schon öfter getroffen. Eine entzückende Person und eine wunderbare Sängerin. Sie war mit Dr. Hawley Crippen verheiratet.«

»Ach ja, richtig«, sagte er und erinnerte sich. »Ein bisschen ein Milchgesicht, dieser Crippen, wenn du mich fragst. Steht unter dem Pantoffel. Lässt sich von seiner Frau fürchterlich schikanieren. Aber sonst wohl ganz ordentlich, würde ich sagen.«

»Nicholas, wirklich! Die arme Frau ist gerade erst gestorben, da kannst du nicht so von ihr reden.«

»Aber hattest du nicht gesagt, du wolltest nichts mehr mit ihr zu tun haben?«, fragte er und dachte an einen unangenehmen Vorfall im Haus der Crippens ein paar Monate zuvor. »So, wie sie dich beleidigt hat. Du warst entschlossen, sie aus der Music Hall Ladies' Guild ausschließen zu lassen.«

»Sie war aufgebracht, Nicholas.«

»Sie war betrunken.«

»Du solltest wirklich nicht so über jemanden sprechen, der

nicht mehr lebt und sich nicht mehr verteidigen kann. Und ich hatte nicht vor, dafür zu sorgen, dass sie ausgeschlossen wird. Ich war nur der Meinung, sie sollte ihr Verhalten in vornehmer Gesellschaft überdenken.«

»Entschuldige, meine Liebe, das war gefühllos von mir.«

Sie schüttelte den Kopf und winkte ab. »Es ist nun so«, fuhr sie fort, »dass Margaret erwähnte, sie habe Dr. Crippen vor ein paar Wochen im Theater gesehen. Andrew hatte einen Geschäftspartner eingeladen, der zu Besuch in London war und offenbar das Theater liebt, und so gingen sie in eine Aufführung des *Sommernachtstraums* im West End. In der Pause tranken sie etwas an der Bar im Foyer, und da sah Margaret Dr. Crippen ganz in der Nähe stehen. Sie hatte ihn nicht mehr gesehen, seit wir gehört hatten, dass Cora nach Amerika gefahren und dort gestorben sei. Natürlich ging sie zu ihm, um ihm ihr Beileid auszusprechen.«

»Natürlich«, sagte Nicholas.

»Sie war überrascht, ihn dort zu treffen. Die arme Frau war schließlich erst ein paar Wochen tot, und es schien etwas herzlos von ihm, die Trauerzeit so schnell zu beenden.«

Nicholas zuckte mit den Schultern. »Wir alle gehen mit unserer Trauer unterschiedlich um, meine Liebe«, sagte er leise.

»Sicher, und es ist letztlich auch egal, aber man muss sich für so ein Verhalten doch etwas schämen. Margaret ging jedenfalls zu ihm, und Dr. Crippen benahm sich ziemlich ungehörig. Er hatte nur wenige Worte für sie übrig und ließ sie dann stehen.«

»Nun, vielleicht war er noch etwas aus dem Gleichgewicht. Vielleicht wollte er nicht darüber reden.«

»Aber er hatte eine junge Frau bei sich, Nicholas. Ein hübsches junges Ding, wenn auch recht gewöhnlich. Wir haben sie einmal abends bei den Crippens gesehen, sie hatte eine Narbe, von der Nase bis zur Lippe. Erinnerst du dich?«

»Vage«, sagte Nicholas, der sich absolut nicht an sie erinnern konnte.

»Das erste Mal, als wir bei ihnen waren. Vor jetzt mehr als einem Jahr. Als der junge Mann, der bei ihnen wohnte, so unterhaltsam war«, sagte sie. Den jungen Mann, Alec Heath hieß er, hatte sie wirklich gemocht.

»Ich bin sicher, ich war dabei, Louise«, antwortete er. »Aber ich kann mich doch nicht an jede Gesellschaft erinnern, auf der wir waren, oder?«

»Ob du dich erinnerst oder nicht, auf die Frau selbst kommt es nicht weiter an«, sagte sie gereizt. »Aber sie trug ein blaues Saphirhalsband, das Mrs Nash öfter an Cora gesehen hat, und dazu Coras Lieblingsohrringe, wie Mrs Nash sagt. Findest du das nicht erstaunlich?«

Nicholas kratzte sich am Kinn und dachte nach. Er verstand nicht recht, was sie meinte.

»Eine Frau reist nicht ohne ihren besten Schmuck nach Amerika«, sagte Louise schließlich, um ihm auf die Sprünge zu helfen, und wartete darauf, dass er ihren Gedankengang aufgriff. »So etwas tut man einfach nicht, und ganz bestimmt würde sie nicht erlauben, dass ein dahergelaufenes Flittchen während ihrer Abwesenheit ihren Lieblingsschmuck trägt.«

»Meine Liebe, du bist etwas leicht erregbar. Die Gute kommt nicht wieder. Sie ist tot.«

»Das wusste sie aber nicht, als sie wegfuhr, oder?«

Er zuckte mit den Schultern.

»Ich mache mir Sorgen, Nicholas, das ist alles. Ich weiß, es klingt lächerlich, doch ich habe die Vermutung, dass Cora Crippen etwas zugestoßen ist, und ich bin entschlossen, der Sache auf den Grund zu gehen. Margaret geht es genauso.«

»Also wirklich, Louise«, sagte er mit einem Lachen und war ziemlich amüsiert über den plötzlichen Anfall von Neugier, der seine Frau ereilt zu haben schien. »Willst du etwa das Haus des armen Mannes durchsuchen und ihm auf die Nerven gehen?«

»Ganz sicher nicht«, sagte sie. »Mir von dem Flittchen die Tür öffnen zu lassen, und sie lässt mich womöglich gar nicht hinein? Im Leben nicht! Ich habe vor, das Einzige zu tun, was eine ehrbare Frau in solch einer Lage tun kann.«

»Und das wäre?«

»Ich werde zu Scotland Yard gehen und ihnen erklären, dass Cora Crippens Tod die Folge einer Untat war.«

Nicholas blieb der Mund offen stehen, und er konnte nicht anders, er musste laut lachen. »Meine Liebe, du bist wirklich überwältigend«, sagte er schließlich und schüttelte staunend den Kopf. »Tut eine ehrbare Frau das in solch einer Lage *tatsächlich?* Zu Scotland Yard gehen? Was für ein erstaunlicher Gedanke!« Er bebte förmlich vor Liebe und Lachen. Sein Vater mochte über Louise denken, was er wollte, mit ihrer Unvorhersehbarkeit machte sie das Leben ihres Mannes zu einer einzigen Freude. »Ich glaube, du hast wieder mal zu viele Kriminalgeschichten gelesen.«

»Das habe ich nicht«, sagte Louise beleidigt. »Cora Crippen ist eine Freundin, und …«

»Ach, komm schon, du hattest seit Ewigkeiten nicht mit ihr gesprochen. Seit jenem fürchterlichen Abend nicht mehr, als sie uns gegenüber so völlig unsachlich wurde.«

»Wir waren beide in der Music Hall Ladies' Guild«, sagte Louise und wollte nicht an die Ereignisse jenes Abends erinnert werden. »Dort fühlen wir uns einander schwesterlich verbunden. Nein, ich bin entschlossen, Nicholas. Ich werde heute noch zu Scotland Yard gehen und dafür sorgen, dass die Polizei den Fall eingehend untersucht. Ich lasse mich nicht davon abbringen.« Louise sagte das so bestimmt, dass Nicholas sich hütete, ihr zu widersprechen.

»Sehr gut, meine Liebe«, stimmte er ihr zu. »Wenn du darauf bestehst. Nur bemühe dich, keine unklugen Anschuldigungen zu erheben. Dr. Crippen gehört schließlich zur guten Gesellschaft. Vom Rang her mag er unter uns stehen, aber wir haben bestimmt gemeinsame Freunde. Es gibt keinen Grund, in ein Hornissennest zu stechen, solange wir es vermeiden können.«

»Mach dir keine Sorgen, Nicholas«, antwortete sie und stand auf, um sich ein passendes Kleid für ihren Besuch bei der Polizei anzuziehen. »Ich weiß, was ich tue. Ich weiß, wie die Gesellschaft funktioniert. Schließlich bin ich eine Lady.«
»Natürlich, meine Liebe. Natürlich bist du das.«

Louise schritt auf den Empfangstisch zu. Der junge Polizist, der dahinter saß, spürte ein Unwetter aufziehen und hob misstrauisch den Blick. Er war groß und schlank und hatte sich das pechschwarze Haar auf geradezu dramatische Weise aus dem Gesicht gekämmt. Louise fühlte sich einen Moment lang von seinen Wangenknochen und Lippen abgelenkt, als sie zu ihm trat. Selten hatte sie einen so attraktiven jungen Mann gesehen. Er gehörte zu der Sorte Mensch, deren Züge etwas Geschlechtsloses hatten, bei denen allein die Kleidung bestimmte, ob sie Mann oder Frau waren. Wie leicht wir uns alle täuschen lassen, dachte sie.

»Ich bin Mrs Louise Smythson«, erklärte sie dem ganzen Raum und insbesondere dem jungen Beamten, als verkündete sie die Kandidatur für das höchste Amt im Land. »Einen guten Morgen, Constable.«

»Guten Morgen«, erwiderte der, sah sie an und wartete darauf, dass sie fortfuhr.

»Sind Sie sich bewusst«, sagte sie nach einer Weile, »dass man sich in vornehmer Gesellschaft, wenn sich jemand vorstellt und seinen Namen nennt, ebenfalls vorstellt?«

Er überlegte einen Moment lang und blinzelte mehrmals, ehe er begriff, was sie meinte. »Police Constable Milburn«, sagte er endlich schüchtern wie ein kleiner Junge, der von seiner Mutter ausgeschimpft worden war.

»Nun, Police Constable *Milburn*«, sagte sie und betonte seinen Zunamen, »ich bin hier, um eine offizielle Beschwerde einzureichen. Nun, vielleicht keine Beschwerde, es ist wohl eher eine Aussage. Ja, ich möchte bitte eine Aussage machen.«

PC Milburn griff nach einer Mappe mit einer Liste der laufenden Untersuchungen. »Sie wurden aufgefordert herzukommen, um eine Aussage zu machen, ist es das?«, fragte er.

»Nun, nein. Dazu aufgefordert hat mich niemand …«

»Um welchen Fall geht es denn, Ma'am?«

»Es ist im Moment noch kein Fall«, sagte Louise irritiert. »Ich bin hier, um einen Fall zu *melden*. Um meiner Sorge wegen einer vermissten Frau Ausdruck zu geben.«

»Sie wollen also eine Frau vermisst melden?«, fragte Milburn. Der muss man ja jeden Zahn einzeln ziehen, dachte er und bedauerte den Vergleich sofort, trat ihm doch gleich wieder lebhaft ins Gedächtnis, wie ihm selbst mit fünfzehn ein Zahn gezogen werden musste. Der Zahnarzt war eher ein Sadist als ein Mediziner gewesen. Sein ganzes Leben hatte Milburn nie wieder solche Schmerzen ertragen müssen.

»In gewisser Weise. Sie wurde für tot erklärt, aber ich glaube das nicht, was mit einem blauen Saphirhalsband und einem Paar wunderschöner Ohrringe zu tun hat, dem Lieblingsschmuck der vermissten Lady, wie ich hinzufügen möchte. Ich glaube, ihr ist etwas zugestoßen. Wie es auch meine Freundin Mrs Nash vermutet. Einen Moment, bitte«, sagte sie, griff in ihre Tasche und holte einen kleinen Block hervor, den sie auf der Suche nach einem speziellen Eintrag durchblätterte. »Es muss hier irgendwo stehen«, murmelte sie und deutete dann mit dramatischer Geste darauf. »Hier. Wie man mir gesagt hat, gibt es fünf Oberinspektoren bei Scotland Yard, die sich mit den ernsten Fällen beschäftigen: die Inspektoren Arrow, Fox, Frost, Dew und Cane. Könnte das sein? Sind das ihre wirklichen Namen oder nur Pseudonyme, um die Öffentlichkeit zu unterhalten?«

PC Milburn sah sie an, als wäre sie verrückt. »Natürlich heißen sie so«, antwortete er. »Warum sollte das anders sein?«

»Nun, Arrow und Cane, ich meine, Pfeil und Stock sind ganz ähnliche Dinge. Und dann Frost und Dew, Tau, das sehen Sie doch selbst. Und Fox. Also, wo da die Verbindung liegt, weiß ich nicht«, gab sie zu, und ein verwirrter Ausdruck flog kurz über ihr Gesicht. »Es kommt mir nur komisch vor, das ist alles. Die Namen sind also nicht für die Presse erfunden worden?«

»Ganz und gar nicht.«

»Nicht, um die Verbrecher zu verwirren? Sie können es mir ruhig sagen, ich bin verschwiegen, wissen Sie.«

»Ich kann Ihnen versichern, dass es all diese fünf Gentlemen gibt, und jeder Einzelne ist ein Chief Inspector«, sagte er mit fester Stimme. »Wenn es noch mehr gibt, was Sie ...«

»Nicht, dass die Namen wirklich wichtig wären«, sagte sie mit einem Lachen und schloss damit das Thema ohne einen weiteren Gedanken ab. »Auf jeden Fall möchte ich sofort mit einem von ihnen sprechen. Könnten Sie bitte einen holen?«

PC Milburn lachte, versteckte sein Lachen jedoch gleich hinter einem Husten, als er sah, wie Louise die Brauen zusammenzog.

»Was ist los mit Ihnen, junger Mann?«, fragte sie. »Amüsiere ich Sie in irgendeiner Weise? Ich bin hier, um ein Verbrechen anzuzeigen. Sie ... Scotland Yard, wie Sie es nennen, ist doch daran interessiert, Verbrechen zu verfolgen? Oder ist das hier eine Art Varieté?«

»Miss Smythson ...«

»*Mrs* Smythson«, verbesserte sie ihn, »und möglicherweise eines Tages Lady Smythson, so Gott es gut meint, also Obacht.«

»Mrs Smythson, die Herren sind viel beschäftigte Männer. Ich fürchte, sie können nicht mit jedem reden, der hier mit einer Anzeige kommt. Dafür sind die Detectives da. Dafür bin *ich* da.«

»Police Constable Milburn«, sagte Louise mit fester Stimme, als redete sie mit einem Kind von begrenzter Intelligenz, »vielleicht sind Sie sich nicht bewusst, mit wem Sie es zu tun haben. Mein Schwiegervater ist Lord Smythson. Mein Schwager ist der ehrenhafte Martin Smythson. Wir sind von Stand. Wir haben Rang und Namen. Wir gehören nicht zum gemeinen Volk und wollen, dass die Polizei eine billige Schlampe verhaftet, weil sie uns zu nachtschlafender Zeit eine Unterhose von der Leine geklaut hat.« Das alles schien sie ohne Luftholen hervorzubringen, ohne Pause, und ihr Ton schwoll immer weiter an, während sich die Augen des Constables aufgrund der Änderung von Tonfall und Vokabular überrascht weiteten. »Wir sind ehrbare Persönlichkeiten«, fügte sie jetzt etwas ruhiger hinzu, »ich bin hier, um eine Aussage zu machen, und verlange einen Inspector zu sprechen.«

PC Milburn nickte und tat, was er immer tat, wenn er sich einem schwierigen Kunden gegenübersah: Er spielte auf Zeit. »Wenn Sie vielleicht Platz nehmen wollen«, sagte er und nickte zu einer Reihe Stühle entlang der Wand hinüber. »Ich werde sehen, was ich tun kann.«

»Sehr gut«, sagte sie und nickte heftig, als hätte sie ihr Ziel bereits errcicht. »Aber sorgen Sie dafür, dass es nicht zu lange dauert. Ich habe heute noch viel zu tun und keine Zeit zu verlieren. Ich erwarte, innerhalb von zehn Minuten einen Inspector zu sehen.«

»Es könnte etwas länger dauern«, sagte PC Milburn. »Ich weiß sicher, dass drei von ihnen nicht im Haus sind, und einer führt gerade eine Befragung durch. Ich bin nicht sicher, wo Inspector Dew ist, aber ...«

»Nun, dann spüren Sie ihn auf, Police Constable Milburn!«, donnerte sie und schlug mit der Hand auf seinen Tisch. »Spüren Sie ihn auf! Benutzen Sie Ihren geschulten Geist, um seinen Aufenthaltsort herauszufinden. Holen Sie Ihr Vergrößerungsglas heraus, befragen Sie Zeugen, folgen Sie seiner Spur und bringen ihn mir in zehn Minuten, oder ich komme wieder und will den Grund wissen, warum er noch nicht hier ist, und dann haben Sie, junger Mann, anschließend nichts zu lachen. Das kann ich Ihnen versichern.«

Er nickte und schluckte, und sein Adamsapfel hüpfte bei jedem ihrer Sätze nervös auf und ab. »Verstanden«, sagte er und eilte davon. Sie sah, wie er in einem der Hinterzimmer verschwand, seine Uniform klebte eng an seinem schlanken Körper. Sie fuhr sich mit der Zunge über die Lippen, lächelte, und ihre tatsächliche Herkunft meldete sich zu Wort. Was würde ich nicht alles geben für ein Häppchen von ihm, dachte sie.

»Weswegen bist'n du hier, Schätzchen?«, wollte eine junge Frau wissen, die ein paar Plätze von ihr entfernt hockte. Louise saß aufrecht vorne auf ihrem Stuhl und verdrehte die Augen, ohne den Kopf zu bewegen. Sie überhörte die Frage und hoffte, die Frau würde von sich aus das Interesse verlieren. »Ich frage, weswegen du hier bis'«, wiederholte die Frau jedoch. »Haste nich' gehört?«

»Ich habe Sie bestens verstanden, vielen Dank«, sagte Louise und bemühte sich, so vornehm wie nur möglich zu klingen, so als würde das die junge Frau schon verstummen lassen. »Und ich muss doch bitten, ich bin im Moment nicht imstande zu kommunizieren.«

»Oh, bla-di-bla und etepetete«, sagte die Frau, eine gewisse Mary Dobson, mit leiernder Stimme. »Schon kapiert.«

»Danke«, sagte Louise und nickte leicht, als hätte man ihr ein Kompliment gemacht. Ein paar Minuten lang blieb es still, und sie dachte schon, das Schlimmste sei überstanden, doch da erhob sich Mary Dobson und setzte sich, ohne um Erlaubnis zu fragen, direkt neben sie. Ließ sich auf den Stuhl plumpsen, verschränkte die Arme vor der Brust und lehnte sich zurück.

Mary musterte Louise von Kopf bis Fuß, sah die sauberen Spitzenhandschuhe und wie elegant ihr Kleid gearbeitet war. »Ich muss jede Woche herkomm'n, weiß' du«, sagte sie, als führten sie ein Gespräch fort, das schon eine Weile im Gang war. »Muss ihnen sagen, was ich gemacht und was ich gearbeitet hab und so. Sie sagen, sie müssen 'n Auge auf mich hab'n, obwohl ich sag, dass ich nich' versteh, warum, weil ich doch nichts tu, was nich' auch die anderen nich' tun, und ich weiß, was meins iss und was nich'. Ich verwechsle da nichts mehr. Nich' wie früher ...«

»Entschuldigung, wenn ich bitten dürfte?«, sagte Louise und zog ihr Kleid an sich heran, auf dessen Rand sich Mary Dobson gesetzt hatte. Sie zog es unter der jungen Frau hervor und starrte angeekelt auf den Stoff, der nun gebügelt werden musste. Oder vielleicht musste sie das Kleid auch ganz ausrangieren.

»Bitten darf mich jeder«, sagte Mary Dobson. »Ich wette, du komms' von hinter der King's Road, stimmt's?«

»Von hinter der ...?«

»Mich führs' du nich' hinters Licht«, sagte Mary mit einem bewundernden Lachen. »Ich erkenn 'ne Edelhure, wenn ich sie seh. So machs' du 's Geld, denke ich, und viel Glück auch dabei, sag ich. Weil du weiß', was so 'n Gentleman will. Nich' wie ich. Ich geb den'n was hinten drauf und kitzle sie, wie geht's 'n so, pack sie, küss sie, knall sie. Iss mir egal, macht dann Sixpence, bitte, und 'n schönen Dank auch.«

»Ich weiß nicht, was Sie da ausdrücken wollen, Miss«, sagte Louise außer sich, obwohl sie es doch genau wusste. »Ich kann Ihnen versichern, dass ich ...«

»Äh, zu was zähls' du die beiden dann da drüben?«, fragte sie, wechselte kommentarlos das Thema und nickte zu einem mittelalten Paar in der Ecke hinüber. Die Frau hatte ein blaues Auge, und der Mann blickte ziemlich elend drein. »Das wird wohl das sein, was die 'ne häusliche Aus'nandersetzung nenn'n, denk ich«, sagte Mary.

»Ich mische mich nicht in die Angelegenheiten anderer Leute ein«, sagte Louise. »Ich halte das für kein angemessenes Verhalten. Vielleicht könnten Sie sich das auch zu Herzen nehmen.«

»Ach, iss das so?«, sagte Mary, die ihr nicht folgen wollte. »Also dann, wenn du so was Besond'res bist, was machs' du dann hier?«

»Ich bin hier«, sagte Louise, glücklich, dass sie die Dinge zurechtrücken konnte, »weil eine gute Freundin von mir verschwunden ist und ich die Sache anzeigen will.«

»Und wo iss ihr Mann? Warum iss der nich' hier, um die Sache anzuzeig'n?« Mary hob zum Ende ihrer Frage hin die Nase und machte Louise nach.

»Genau deshalb mache ich mir Gedanken. Weil er sich keine macht«, erklärte Louise. »Deshalb bin ich hergekommen, verstehen Sie? Um die Polizei über ihr Verschwinden zu informieren.«

»Ich hatte gedacht, sich nich' in andrer Leute Angelegenheiten einzumisch'n wär das angemess'ne Verhalten. Muss ich mich da wohl verhört ha'm, wie?«

Louise sah die Frau mit einem Knurren an und beugte sich so weit vor, dass nur sie es hören konnte. »Warum verpisst du dich nicht auf einen anderen Platz, du stinkende kleine Nutte«, flüsterte sie. »Verpiss dich, bevor ich dir eine reinhaue.«

Mary Dobson fuhr von ihrem Stuhl hoch und sperrte überrascht Mund und Nase auf, während Louise sich zurücklehnte und ihr zulächelte, als wäre damit alles gesagt und als würde sie Mary ohne weitere Umstände an den Haaren auf die Straße ziehen, wenn sie noch ein weiteres Wort von sich gab.

»Mrs Smythson?« Sie drehte sich um und sah einen mittelalten Mann in einem Tweedanzug, der in ihre Richtung blickte. Er trug einen freundlichen Ausdruck in den Augen, und so lächelte sie und nickte. »Ich bin Inspector Dew«, sagte der Mann. »Entschuldigen Sie, dass Sie warten mussten. Würden Sie mir bitte folgen?«

Er hielt die hölzerne Trennplatte in die Höhe, durch die man aus dem Wachraum in den dahinterliegenden Bereich kam, ließ sie eintreten und ging voraus. Sie folgte ihm und hielt vorher nur kurz inne, um PC Milburn ein letztes Mal anzusehen, wobei sie ihm zu ihrer eigenen Überraschung mit einem schnellen Zwinkern die Zunge hinausstreckte. Der Constable lief tiefrot an, wandte sich ab und hantierte mit den Papieren auf seinem Tisch, damit niemand sah, wie verlegen er war.

Inspector Dew hatte ein kleines Büro im dritten Stock des Scotland-Yard-Gebäudes, mit einem Fenster zur Themse hinaus, das er gleich nach ihrem Eintreten öffnete. Es roch stark nach Zigarrenrauch, was ihm beim Verlassen des Raumes nicht so aufgefallen war. Er bot Mrs Louise Smythson einen Platz auf dem abgewetzten Polsterstuhl vor seinem Schreibtisch an.

Louise musterte den Stuhl leicht widerwillig, ließ sich mit einem Seufzer darauf nieder und lächelte Dew zu. Sie hatte noch nie einen Chief Inspector kennengelernt, doch sein Alter und seine distinguierte Art gaben ihr Sicherheit. Ihr Blick fiel auf ein Bild auf seinem Tisch, die Radierung eines blassen jungen Mannes, die sie neugierig betrachtete. »Ihr Sohn?«, fragte sie.

»O Gott, nein«, sagte Dew und schüttelte den Kopf. »Nein, das ist ein Bild von Police Constable Joseph Grantham. Haben Sie nie mal von ihm gehört?«

Louise überlegte fieberhaft, warum ihr der Name bekannt sein sollte, aber ohne Erfolg. Sie verneinte. »Nun, es gibt wohl auch keinen Grund, warum Sie von ihm gehört haben sollten«, sagte Dew und klang etwas enttäuscht. »Wo er doch schon achtzig Jahre tot ist.«

»Tot?«

»PC Grantham war der erste Beamte der Metropolitan Police, der in Ausübung seines Dienstes zu Tode kam. Ich habe sein Bild auf dem Tisch stehen, um mich daran zu erinnern, warum wir hier sind. Es hilft mir, mich auf meine Arbeit zu konzentrieren.«

»Wie wohlbedacht«, sagte Louise unbeeindruckt.

»Was also kann ich für Sie tun, Mrs Smythson?«, fragte er, enttäuscht von ihrer Reaktion. »PC Milburn sagte, Sie wollen eine Person vermisst melden.«

»In gewisser Weise«, sagte sie und beugte sich vor, während Dew nach seinem Notizblock griff. »Eine Freundin von mir, Mrs Cora Crippen, sie ist kürzlich verstorben.«

»Es tut mir leid, das zu hören.«

»Vielen Dank, aber ich habe Gründe anzunehmen, dass ihr Gewalt angetan wurde.«

»Wirklich«, sagte Inspector Dew und zog eine Braue in die Höhe. »Und warum denken Sie das?«

»Ihr Mann ist Dr. Hawley Crippen«, sagte sie. »Er wohnt am Hilldrop Crescent, in Camden. Kennen Sie die Gegend?«

»Ein wenig«, sagte Dew und drängte sie fortzufahren.

»Also, ich kenne die Crippens nun seit Jahren. Sie sind nicht ganz unsere Kategorie, verstehen Sie, aber ich habe Mrs Crippen großzügig unter meine Fittiche genommen. Vor Kurzem aber fuhr Cora nach Amerika, um sich um einen kranken Verwandten zu kümmern. Sie schrieb mir als der Sekretärin der Music Hall Ladies' Guild einen Brief, in dem sie erklärte, sie werde eine Weile unterwegs sein, und dann mussten wir von Dr. Crippen erfahren, dass sie drüben gestorben sei.«

»Sie haben Grund, daran zu zweifeln?«

»Nun, nicht unbedingt, nein, obwohl ich von keiner Krankheit wüsste, die sie gehabt hätte. Sie war eine sehr ... robuste Frau. Es ist nur so, dass ich gestern gehört habe, dass eine Freundin von mir vor ein paar Wochen im Theater war und dort Dr. Crippen mit einer jungen Dame gesehen hat.«

»Ah.«

»Die junge Dame trug einige Schmuckstücke von Cora. Ein blaues Saphirhalsband, um genau zu sein, und sehr schöne Ohrringe.«

»Sie denken, es war für diesen Crippen nach dem Tod seiner Frau zu früh, um mit einer anderen auszugehen, ist es das?« Vor Inspector Dews Augen schien sich ein Schleier zu senken, so als müsste er sich ständig mit derlei Dingen herumschlagen und als wäre es höchste Zeit, dass die Constables im Wachraum lernten, Frauen wie Louise wieder nach Hause zu schicken.

»Nun, das sicherlich auch«, gab Louise zu. »Aber das muss er mit seinem Gewissen ausmachen, und die bessere Gesellschaft wird schon wissen, wie sie damit umzugehen hat. Selbstverständlich können mein Mann und ich mit so jemandem keinen Kontakt mehr pflegen.«

»Selbstverständlich nicht.«

»Nein, die Sache ist, dass ich einfach nicht glaube, Cora Crippen würde nach Amerika fahren und ihren Schmuck hier zurücklassen. Das ergibt keinen Sinn, Inspector.«

Dew überlegte einen Moment lang und nickte dann. »Dieser Crippen«, fragte er, »was für ein Mensch ist das?«

»Oh, ich würde sagen, er ist ein ganz ehrbarer Mann«, gab sie widerwillig zu.

»Er ist nicht von der gewalttätigen Sorte? Hatte er noch keine Probleme deswegen?«

»Nicht, dass ich wüsste. Obwohl ich gehört habe, dass er bereits einmal verwitwet war, als er Cora geheiratet hat. Könnte da mehr dahinterstecken? Mein Mann – Nicholas Smythson, wissen Sie? Vielleicht wird er eines Tages Lord Smythson – mein Mann nennt ihn ein Milchgesicht. Er mag ihn nicht. Mein Typ ist er auch nicht, aber unbedingt verdächtig wirkt er nicht. Trotzdem ... zwei Frauen, beide tot. Da muss man sich doch fragen, oder? Er schien mir immer sehr ruhig, fast *zu* ruhig, wenn Sie wissen, was ich meine. Er hatte etwas, was mich misstrauisch gemacht hat. In seinen Augen, Inspector. Das ist ein Tipp für Sie. Sie erkennen einen Mörder immer am Ausdruck in seinen Augen!«

Völlig unvermittelt schlug Inspector Dew jetzt sein Notizbuch zu, stand auf und zog Mrs Smythson förmlich von ihrem Stuhl hoch. Er schob sie zur Tür. »Es war sehr gut, dass Sie gekommen sind und Ihren Bedenken Ausdruck gegeben haben«, sagte er. »Aber ich habe nicht den Eindruck, dass es da etwas gibt, weswegen Sie sich Sorgen machen sollten. Wenn eine Frau in Amerika gestorben ist, dann ist sie in Amerika gestorben. Das liegt nicht in unserem Zuständigkeitsbereich. Und was sie mit ihrem Schmuck gemacht hat, als sie England verlassen hat, nun, das ist ...«

»Aber, Inspector, kommt es Ihnen nicht wenigstens ein bisschen seltsam vor?«, fragte Louise gereizt. Ihr gefiel ganz und gar nicht, wie sie da aus der Tür und den Flur hinunter befördert wurde, als wäre sie eine hysterische Alte oder gar eine gemeine Kriminelle.

»Nicht unbedingt«, sagte er. »Vor allem gibt es da keinen Fall, Mrs Smythson. Ich würde vorschlagen, Sie gehen zurück nach Hause und denken noch einmal über alles nach. Lassen Sie die arme Frau in Frieden ruhen, und wenn Dr. Crippen die Gesellschaft einer anderen Frau wünscht, ist das seine Sache. Ich verstehe, dass Sie eine Freundin der Verstorbenen waren, aber ...«

»Aus dem Grund bin ich *nicht* hier«, protestierte Louise. »Deswegen bin ich nicht wütend.«

»Danke, Mrs Smythson. Ich bin froh, dass ich Ihnen helfen konnte.«

Schon fand sie sich ohne weitere Förmlichkeiten vorn im Wachraum wieder. Sie war schockiert, so gleichgültig und abfällig behandelt worden zu sein, und spürte die Röte in ihren Wangen, als die Leute zu ihr herüberstarrten.

Ganz hinten aus dem Raum krähte eine Stimme zu ihr herüber, die sie als die von Mary Dobson erkannte. Der ganze Raum hörte, was die Frau da rief: »Keine Sorge, Süße. Die Polypen hol'n Profess'nielle nur her, um ihn' 'n Vortrag zu halten. Das erste Mal sowieso. Wenn du in dei'm Revier bleibs', tun sie dir nix. Versuch's das nächste Mal beim Leicester Square oder in Covent Garden. Da iss immer Platz für Upperclass-Hur'n wie dich.«

Mrs Louise Smythson, die in Richtung Adel schielte, spürte, wie ihr der Mund offen stand, während ein Raum voller Leute sie von Kopf bis Fuß musterte und überlegte, was sie wohl kosten mochte.

»Das habe ich nie getan«, sagte sie laut, stürmte durch die Tür hinaus auf die Straße und drehte sich noch einmal um, als hätte das Gebäude selbst ihr den Tag verdorben. »Ihr ist Gewalt angetan worden!«, schrie sie hinauf zu den Fenstern im obersten Stock und vergaß ein weiteres Mal ihren vornehmen Akzent. »Sie werden schon drauf kommen, Inspector, und dann soll ich Ihnen sicher die Einzelheiten erklären. Aber das werde ich verdammt noch mal nicht tun!«

4 Der erste Fehler

Detroit, Utah: 1884 bis 1890

Hawley musste nicht lange von Price angelernt werden. Schon nach einer Woche durfte er seine eigenen Tiere zerlegen. Einen Monat danach schaffte er bis zu sieben oder acht pro Schicht, was ein neuer Rekord war, und er bekam einen Bonus, weil er so schnell und genau arbeitete. Sein Vorarbeiter sagte, er habe noch nie einen so sorgfältig arbeitenden Mann unter sich gehabt. Ihm gefiel besonders die Art, wie Hawley die inneren Organe und Knochen vom Rest des Tieres trennte und so auf seinem Arbeitsplatz verteilte, dass er sie, wenn die Zeit dafür gekommen war, auf schnellstmögliche Weise in die verschiedenen Behälter geben konnte und kaum eine Spur von ihnen zurückblieb.

So groß war sein Erfolg, dass er eines Abends vor Beginn der Schicht ins Büro zu Leo McKinley gerufen wurde, einem der Besitzer des Schlachthofes. »Wie ich höre, bist du einer unserer besten Jungarbeiter seit langer Zeit«, sagte McKinley. »Geschickt, belastbar, schnell.« Es klang, als wollte er Hawley eine Stelle als Profibaseballspieler anbieten.

»Ich mag meine Arbeit«, antwortete Hawley bescheiden.

»Du magst sie, was? Drei Nächte die Woche. Was würdest du von einer Vollzeitstelle halten? Fünf Tagesschichten, und nachts bleibt Zeit für die Mädchen? Was meinst du?«

Hawley schüttelte den Kopf. »Das ist unmöglich«, erklärte er. »Ich studiere und will Arzt werden.«

»Hier hast du bessere Aussichten, mein Sohn«, wurde ihm

gesagt.»Ich spreche von zwanzig Prozent mehr Lohn. Ein besseres Angebot bekommst du nicht. Was, wenn du eines Tages eine Frau und eine Familie willst? Da brauchst du Geld, Junge. Vertrau mir. Die Frauen erwarten heute einen Mann, der ihnen was bieten kann.«

Hawley lachte. Das Angebot schmeichelte ihm, aber er ließ sich nicht überreden, sondern blieb bei seinen Nachtschichten und seinen Zielen.

Jezebel schimpfte, wenn er morgens voller Blut nach Hause kam.»Sieh dich an«, sagte sie voller Abscheu.»Was müssen die Nachbarn denken? Dass du heimtückischer Mörder bist, werden sie denken, gehst abends sauber und ordentlich aus dem Haus und kommst in der Frühe voller Blut und nach Tod stinkend zurück. Was für ein Leben ist das bloß? Das ist kaum Gottes Werk.«

»Es ist überhaupt kein Leben«, antwortete er kalt.»Es dient nur dazu, Geld zu verdienen.«

Wie zu erwarten, bekam er nach dem ersten Jahr bei McKinley-Ross sein Diplom aus Philadelphia und dann noch eines, diesmal als Augen- und Ohrenspezialist vom Ophthalmic Hospital in New York City, und das alles dank seiner wöchentlich drei Nächte Arbeit als bester Tierzerleger Michigans. Er träumte von dem Moment, da ihn ein Fremder nach seinem Namen fragen und er endlich so weit sein würde, sich höflich verneigen, ihm leicht vorgebeugt die Hand schütteln und sagen zu können, was er sich so lange schon ausmalte.»Mein Name«, würde er voller Stolz erwidern,»ist Doktor Crippen.«

Obwohl die Fahrt von Ann Arbor in Michigan nach Detroit nicht länger als eine Stunde dauerte, wurde Dr. Hawley Harvey Crippens Entscheidung im Frühjahr 1884, dorthin zu ziehen, von seiner Mutter als der bewusste Versuch verstanden, ihrem Einfluss zu entfliehen. Damit hatte sie recht.

Aufgrund seiner zwei Diplome aus Philadelphia und New

York wurde Hawley die Position eines Arzthelfers in einer stark frequentierten allgemeinmedizinischen Praxis in der Innenstadt von Detroit angeboten. Seine Tätigkeit war eigentlich die einer Krankenschwester und wurde trotz aller Überstunden schlecht bezahlt, aber sie gab ihm die Möglichkeit, mit Menschen zu arbeiten und nicht mit toten Tieren, und das allein schon lohnte den Aufwand. Die Praxis gehörte vier Ärzten im Alter von dreiunddreißig bis siebenundsechzig, wobei der jüngste, Dr. Anthony Lake, der Sohn des ältesten, Dr. Stephen Lake, war. Die beiden erlaubten ihren Kollegen, sie mit Dr. Anthony und Dr. Stephen anzureden, um Missverständnissen vorzubeugen. Hawley arbeitete für Dr. Stephen und verstand sich ziemlich gut mit ihm, sah der ältere Mann in seinem neuen Angestellten doch die Anlagen für einen guten Arzt. So viel Begeisterung für die Sache hatte er selten erlebt, nicht einmal bei seinem eigenen Sohn, der mehr oder minder in den Beruf hineingeschlittert war, nachdem sein Vater ihm einen Platz an der Universität gekauft hatte.

»Warum haben Sie nicht Medizin studiert, Hawley?«, fragte Dr. Stephen ihn eines Abends, als die Praxis bereits geschlossen hatte und die beiden in der Küche ein leichtes Abendessen einnahmen. »Sie wissen ebenso viel über die Funktionsweise des Körpers wie ein Student kurz vor dem Abschlussexamen. Ich habe weit weniger gut arbeitende Ärzte erlebt. Sie haben außergewöhnlich geschickte Hände, einige Ihrer Nähte sind schlicht großartig.«

»Ich konnte es mir nicht leisten«, erklärte Hawley. »Die Studiengebühren waren zu hoch. Ich war im Laden meines Vaters angestellt, und es war einfach zu viel Geld. Die Diplome konnte ich nur machen, indem ich drei Nächte die Woche in einem Schlachthof gearbeitet habe.«

Dr. Stephen verzog das Gesicht, obwohl er alles andere als zimperlich war. »Das ist eine der grausamen Ironien des Lebens«, sagte er. »Der Herr gibt Ihnen das Talent, aber der Gott des Handels und der Finanzen erlaubt Ihnen nicht, es zu nutzen.«

Hawley lächelte. Der Name des Herrn erinnerte ihn an seine Mutter. Er hatte beide in Ann Arbor zurückgelassen und dachte kaum noch an sie.

»Übrigens, solange Sie hier sind, vor den Patienten, meine ich, werden Sie immer Dr. Crippen genannt. Natürlich sind Sie nicht wirklich ein Doktor, aber die meisten Medizinstudenten benutzen den Titel, weil sich die Patienten dann wohler fühlen. Es ist einfacher so.«

»Ich denke, es besitzt einen gewissen Klang«, sagte Hawley.

Er bewohnte ein kleines Zimmer im obersten Stock eines Hauses nicht weit von der Praxis. Das Haus gehörte Dr. Anthony Lake, der dem neuen Angestellten das Zimmer kurz nach seiner Ankunft in Detroit angeboten hatte und dafür ein Drittel seines Lohnes einbehielt. Das Haus selbst war groß und gut möbliert, Hawleys Zimmer jedoch klein und eng, und es enthielt wenig mehr als ein Bett, einen kaputten Schrank, einen Schreibtisch und ein Waschbecken. Hawley hatte den Eindruck, dass es früher als Lagerraum benutzt worden war, und mehr als einmal wachte er bereits um fünf Uhr morgens auf und hatte das Gefühl, bei der Feuchtigkeit und dem Staub in der Luft zu ersticken. Ein kleines Dachfenster stellte die einzige Lüftungsmöglichkeit dar, ließ aber kaum natürliches Licht herein, da es völlig verschmutzt war und man, um es zu säubern, aufs Dach hinaus gemusst hätte.

»Wenn Sie da rausklettern wollen«, erklärte sein Vermieter ihm, »können Sie es putzen. Wahrscheinlich aber fallen Sie nur runter und brechen sich das Genick, und dann kann Ihnen kein Arzt dieser Welt mehr helfen.«

Dr. Anthony war zehn Jahre älter als er, und doch hatte Hawley kein so angenehmes Verhältnis zu ihm wie zu seinem Vater. Er war froh, nicht der Helfer des Jüngeren zu sein. Es war bekannt, dass Medizinstudenten es nicht länger als ein, zwei Monate bei Dr. Anthony aushielten, und ebenso, dass er nur die hübschesten Bewerberinnen anstellte. Er war verheiratet, hatte ein kleines

Kind und lebte nur die Woche über im Haus in der Stadt, an den Wochenenden fuhr er hinaus zu Mrs Lake in das elegantere Haus auf dem Land, wo es grüner war. Hawley sah Mrs Lake nur einmal während seiner Zeit in der Eaton Lane und war von ihrer Schönheit überwältigt. Er wurde tiefrot, als sie das Wort an ihn richtete, und brachte seine Antworten nur stotternd heraus. Frauen waren noch ein Mysterium für ihn.

Wenn er morgens in die Praxis kam, sah er als Erstes Charlotte Bell, die junge Rezeptionistin, die nur drei Tage nach ihm dort angefangen hatte. Ursprünglich stammte sie aus Kalifornien, hatte aber über ein Jahr in Michigan gelebt und ihre vorherige Stelle als Rezeptionistin eines Augenarztes nur verlassen, weil der Arzt verstorben war. Es war diese Verbindung, die sie dazu ermutigte, sich mit dem nervösen jungen Mann anzufreunden.

»Wie ich höre, haben Sie in New York Augenheilkunde studiert?«, sagte sie eines Tages, als sie zusammen zu Mittag aßen.

Hawley überlegte, ob er ehrlich sein und ihr sagen sollte, dass es nur ein Fernkurs gewesen war, oder ob er lügen und sich den Anschein geben sollte, schon weiter herumgekommen zu sein, als es tatsächlich der Fall war.

»Das ist richtig«, antwortete er kurz entschlossen.

»Ich wollte immer schon einmal nach New York«, sagte sie und blickte verträumt aus dem Fenster, als müsste sie sich nur genug anstrengen, dann könnte sie dort draußen die Freiheitsstatue sehen. »Aber ich glaube, ich hätte ein wenig Angst. Ist die Stadt so laut und voll, wie man sagt?«

»Aber ja«, sagte Hawley, der Michigan während seiner gesamten dreiundzwanzig Lebensjahre nicht verlassen hatte. »Da müssen eine Million Leute leben.«

»Eine Million!«, wiederholte sie atemlos. »Unmöglich, sich das vorzustellen!«

»Überall eilen Leute über die Bürgersteige, Straßenbahnen lassen ihre Hupen ertönen, und von jeder Ecke dringt Lärm und

Musik herüber. Alles ist voller Leben. Es ist sicher keine Stadt für eine alleinstehende junge Dame, würde ich sagen.«

»Ich frage nur, weil ich für einen Augenarzt gearbeitet habe, bevor ich hier angefangen habe«, sagte Charlotte. »Dr. Abraham Rubens. Kannten Sie ihn?«

Sollte ich?, fragte er sich. »Ich glaube nicht«, sagte er zögernd und betrachtete sie, um zu sehen, wie sie reagierte.

»Wirklich nicht? Er war einer der Besten seines Fachs. Ich kann nicht glauben, dass Sie seinen Namen noch nie gehört haben. Unser Wartezimmer war immer mit den wichtigsten Leuten gefüllt. Alice Darson, die Schauspielerin? Von der haben Sie aber doch gehört?«

»Natürlich«, sagte er, obwohl ihm auch dieser Name nie in seinem Leben untergekommen war. Sein Interesse am Feuilleton-Teil der Zeitung war minimal.

»Sie kam jede Woche. Ich sollte Ihnen das nicht sagen, aber sie erblindet. Mit dem linken Auge kann sie schon nichts mehr sehen, und das rechte wird auch immer schlechter. Sie wollte nicht, dass jemand davon erfuhr. Sie hatte Angst, die Theaterdirektoren könnten es hören und ihr keine Rolle mehr geben. Jetzt, wo der Doktor tot ist, weiß ich auch nicht, was sie tun wird. Er war der Einzige, dem sie vertraut hat, verstehen Sie. Über Jahre ist sie zu ihm gegangen.«

»Wirklich«, sagte Hawley und war sich nicht sicher, ob er von ihren Verbindungen beeindruckt sein oder Anstoß daran nehmen sollte, dass sie eine so lose Zunge hatte.

»Und dann war da der Gouverneur«, fügte sie hinzu und sah sich nervös um, als könnte der Mann überall politische Feinde haben, selbst in der kleinen Küche einer einfachen Arztpraxis. »Er sieht doppelt und kann kaum entscheiden, wo jemand vor ihm steht. Er muss überlegen, wer denn nun die richtige Person ist, die linke oder die rechte, und die sieht er dann an und hofft, dass er richtig geraten hat. Das funktioniert aber nicht immer, kann ich

Ihnen sagen. Einmal hat er fünf Minuten mit mir gesprochen und jeden einzelnen Satz an den Gummibaum neben mir gerichtet. Egal, der Doktor ist dann immer nur noch zu ihm nach Hause gegangen. Was auch richtig so war. Man kann schließlich von einer so wichtigen Person nicht erwarten, dass sie in die Praxis kommt. Die Praxis hier ist ganz anders, hier scheint es keine berühmten Patienten zu geben«, sagte sie mit einem Seufzen.

Ihre atemlose Begeisterung ließ Hawley ungewollt lächeln. Wenn sie aus dem Fenster sah, was sie immer wieder tat, von größeren, besseren Dingen träumend, nutzte er die Gelegenheit, um ihr auf die Brüste zu starren, die sichtlich aus dem tief ausgeschnittenen Mieder drängten. Unerfahren mit Frauen fühlte er sich zu Charlotte Bell hingezogen.

Ihre Freundschaft entwickelte sich über viele Mittagessen, und nach einem Monat willigte er ein, mit ihr ins Theater zu gehen, in eine *König-Lear*-Aufführung im Detroit Playhouse. Alice Darson spielte die Cordelia, obwohl sie eindeutig zwanzig Jahre zu alt für die Rolle war. Ihre schlanke Figur und ein sorgfältig aufgetragenes Make-up sorgten dafür, dass sie nicht allzu fehl am Platz wirkte. Ihre Sehfähigkeit musste sich weiter verschlechtert haben, denn sie wies Gonerils Königreich zurück und nicht das ihres Vaters, balancierte unsicher am Rand des Orchestergrabens und wäre bei mehr als einer Gelegenheit beinahe hineingefallen.

Charlotte hatte die Karten für das Stück gekauft und ihn eingeladen, sie zu begleiten, was ihn zugleich erschreckt und erregt hatte. Es fiel ihr schwer, seine Stimmung einzuschätzen, als sie sich vor dem Playhouse trafen. Sie hatte erwartet, er würde nervös sein und den Gentleman geben, aber er hielt die Hände zu Fäusten geballt, und obwohl er sich höflich und zuvorkommend verhielt, schien doch klar, dass ihm anderes im Kopf herumging. Hoffentlich hält er mich nicht für vorwitzig, weil ich ihn ins Theater eingeladen habe, dachte sie. Sie hatte es getan, weil sie ihre Gespräche so genoss und in ihm eine ruhige, verlorene Seele vermutete, genau die Art Mann, die sie faszinierend fand. Wann immer sie ihren Begleiter während der Vorstellung jedoch betrachtete, wirkte er abgelenkt und schaute seitlich in die Kulissen, ganz ähnlich wie der Gouverneur von Michigan es tat, wenn jemand direkt vor ihm stand.

»Ich glaube nicht, dass Ihnen der Abend gefallen hat«, sagte sie leise, als sie am Fluss entlanggingen und er sie nach Hause brachte.

»Da irren Sie sich, Miss Bell«, sagte er. »Im Gegenteil, ich habe das Stück sehr genossen, wenn ich auch zugebe, dass ich vom Theater nicht sonderlich viel verstehe. Vor allem …« Er zögerte einen Moment und fragte sich, ob es zu weit ging, so etwas zu sagen, beschloss dann aber, dass er wenig zu verlieren hatte. »Vor allem habe ich Ihre Gesellschaft genossen«, fügte er hinzu. »Ja, wirklich sehr genossen.«

»Sie sind sehr lieb«, sagte Charlotte und sah ihn mit großer Zuneigung an. Im verschatteten Licht der Straßenlaternen nahmen seine Züge einen klareren Ausdruck an, er wirkte groß und aufrecht, sein Schnauzbart war ordentlich gekämmt, und seine schmale, spitze Nase gab ihm etwas Aristokratisches. Wenn er doch nur etwas größer wäre, dachte sie bei sich. Denn obwohl er blass war, sein Haar etwas farblos, seine Stimme eher schwach und seine ganze Art etwas reservierter, als sie es sich gewünscht hätte, hielt sie ihn doch für weit netter als all die anderen jungen Männer, mit denen sie bisher ausgegangen war. Vor allem netter als Dr. Anthony Lake, der sie in ein billiges Eckrestaurant eingeladen und dann praktisch zu sich nach Hause gezerrt hatte. Sie war jedoch standhaft geblieben und hatte ihm nicht nachgegeben. »Château Lake«, hatte er ausgerufen, und sie hatte sich auf die Lippe beißen müssen, um nicht zu kichern über seine Aufgeblasenheit. Fast hätte sie ihre Stelle verloren, weil sie nicht mit ihm schlafen wollte, aber irgendwann, in einem Augenblick der Lethargie, hatte er beschlossen, sie in der Praxis zu lassen, und sie fortan einfach ignoriert.

Sie blieben vor Charlottes Haus stehen, auf der Veranda brannte ein Licht. Hawley sah, wie sich die Vorhänge leicht bewegten, und legte die Stirn in Falten. »Mutter und Vater werden noch wach sein«, sagte sie nach einer peinlichen Pause. »Möchten Sie hereinkommen, um sie kennenzulernen? Vielleicht auf eine Tasse Tee? Es war ein so schöner Abend.«

Hawley schüttelte den Kopf. »Heute Abend nicht«, sagte er. »Ich denke, ich sollte nach Hause gehen. Aber vielen Dank, dass Sie bereit waren, mich zu begleiten.«

»Aber *Sie* waren es, der bereit war, *mich* zu begleiten«, sagte sie lachend. »Ich war der dreiste Fratz, der Sie eingeladen hat, erinnern Sie sich?«

Ihre Ausdrucksweise überraschte ihn und amüsierte ihn zugleich. Er konnte nicht anders, er musste lächeln, und das ließ auch Charlotte lächeln. Sie hatte ihn kaum je so aufgeräumt erlebt, es gab ihm etwas Jungenhaftes, nicht wie der ernsthafte Arzt, der er so gern sein wollte. Sie hob den Arm, legte die Hand hinter seinen Kopf, genoss das Gefühl des Haars auf ihren Fingern, zog sein Gesicht an ihres und küsste ihn leicht auf die Lippen. Sein erster Kuss. Sie hielt ihn noch einen Moment fest, ließ ihn dann los und öffnete die Tür zu ihrem Haus. »Gute Nacht, Hawley«, sagte sie und lächelte ihm ein letztes Mal zu, bevor sie nach drinnen verschwand.

»Miss Bell«, flüsterte er und war völlig verzaubert.

Ja, Leser, sie heirateten. Und mit ihrer Heirat änderten sich die Umstände. Dr. Anthony Lake entschied, dass Dr. Crippens Zimmer oben in seinem Haus für zwei zu klein war, und wenn er auch keinen Groll auf Charlotte hegte, weil sie ihn zurückgewiesen hatte, vermochte er doch nicht zu begreifen, wie sie sein Angebot ablehnen und stattdessen einen Mann wie Hawley Crippen heiraten konnte, der ihm gesellschaftlich wie sexuell so eindeutig unterlegen war. Weder Hawley noch seiner frischgebackenen Ehefrau machte diese Entwicklung jedoch Sorgen: Charlotte hatte ihrem Mann von Dr. Anthonys Avancen erzählt, und sie waren sich einig, dass sie sowieso eine neue Bleibe finden sollten, um ihr Eheleben zu beginnen. Als wollte er der Verletzung noch eine Beleidigung hinzufügen, beschloss Lake allerdings auch, dass Charlotte nicht länger in der Praxis arbeiten konnte.

»Das sähe nicht gut aus, Crippen«, erklärte er ihm und lehnte sich in den Türrahmen des Zimmers, während Hawley packte. »Eine verheiratete Frau, die arbeitet. Sicher, wenn Sie beide arm wären, und sie wollte ein paar Tage in der Woche Leuten die Wäsche machen, dann wäre das etwas anderes. Aber Sie sind nicht arm. Sie sind fast so etwas wie ein geachteter Mann.«

»Wir haben kaum etwas in die Suppe zu brocken«, protestierte Hawley.

»Aber in der Gosse sitzen Sie auch nicht, oder?«, antwortete der Doktor und runzelte die Stirn. »Was würden die Leute denken, wenn sie wüssten, dass Sie Ihre Frau jeden Tag zur Arbeit schicken? Für einen schrecklichen Ehemann würde man Sie halten. Vielleicht sogar Charlotte selbst. Das ist keine Art, eine Ehe zu beginnen. Glauben Sie, *meine* Ehe wäre so ein Erfolg, wenn ich Mrs Lake jeden Morgen mit zwei Sandwiches und einem Apfel vor irgendeinem gottverlassenen Büro absetzte?«

Hawley hob eine Braue. Er war sich nicht sicher, ob Lakes Ehe der angemessene Vergleich für ihn war. »Also gut«, sagte er schließlich. »Aber ich sage es ihr selbst, wenn Sie nichts dagegen einzuwenden haben.«

»Ganz und gar nicht«, sagte Dr. Anthony, der sich bereits die Vorstellungsgespräche für die Auswahl einer neuen Rezeptionistin ausmalte. Er hielt es für eine hübsche Idee, die Gespräche zu Hause und nicht in der Praxis durchzuführen. Vielleicht abends. Bei einem Glas Wein. »Ich freue mich, dass Sie das einsehen, es ist zu Ihrem Besten. Ein neuer Anfang für Sie beide. Etwas Besseres gibt es nicht, wenn Sie mich fragen.«

Hawley nickte, und es dauerte eine Weile, bis er die Worte ganz begriff. »Für uns beide?«, fragte er. »Warum für uns beide?«

»Ach, nun kommen Sie schon, Crippen«, sagte sein Gegenüber mit falscher Gutmütigkeit und boxte Hawley gegen den Arm, als wären sie alte Freunde. »Sie wollen doch wohl nicht in unserer alten, stickigen Praxis bleiben? Sie müssen sich eine Stelle mit besseren Aussichten suchen. Was, wenn Sie eine Familie gründen wollen? Wie soll die dann überleben? Kinder kosten Geld, das kann ich Ihnen versichern. Glauben Sie mir, ich tue Ihnen damit einen Gefallen.«

»Sie werfen mich hinaus?«, fragte Hawley erstaunt.

»Ich eröffne Ihnen neue Möglichkeiten.«

»Das können Sie nicht«, sagte Hawley und raffte allen Mut zusammen, um ihm zu widersprechen. Er hörte die Nervosität in seiner Stimme, als er lauter wurde, und verfluchte sich für seine Schwäche. »Ich arbeite für Ihren Vater und nicht für Sie. Sie haben nicht das Recht, mich hinauszuwerfen.«

Dr. Anthony atmete tief durch die Nase ein, starrte einen Moment lang auf den Boden und schüttelte den Kopf, als hätte man ihn in eine unmögliche Situation gebracht und er könnte nicht verstehen, warum. »Ich habe mit meinem Vater gesprochen«, sagte er, »und ich habe ihn davon überzeugt, dass es für alle das Beste ist. *Ich* trenne mich nicht von Ihnen, sondern *er*. Schießen Sie nicht auf den Überbringer der Nachricht.«

Hawley spürte den plötzlichen Wunsch, gewalttätig zu werden. Er wollte diesen Mann nicht schlagen, wusste er doch, dass er bei so einer Auseinandersetzung den Kürzeren ziehen würde, nein, er wollte ihn zum Invaliden machen, das wäre eine weit passendere Strafe für ihn. Hawleys Kopf war voll mit Bildern aus seinen Schlachthoftagen. Er stellte sich Dr. Lake auf dem Arbeitstisch vor, unfähig, sich zu bewegen, und Hawley machte sich mit seiner Säge und Messer Nr. 9 an die Arbeit. Das Blut sammelte sich auf dem gekachelten Boden, bevor es in den Abfluss gespült wurde.

Am Ende jedoch, feige und unsicher, wie er war, vermochte er seinen Gefühlen keine Luft zu verschaffen, und so blieb ihm wenig, als mit dem Packen fortzufahren und seiner Frau die schlechten Nachrichten zu überbringen. Nach einem Abend voller Diskussionen versuchten sie, soweit es ging, ihre Zukunft zu planen.

Seine nächste Stelle fand er fast genauso, wie er die letzte gefunden hatte, über eine Anzeige im *Scientific American*. In Utah wurde eine neue Augenklinik eröffnet, und es wurde ein Dutzend Assistenten für die Arbeit in der Forschungsabteilung gesucht. Hawley bewarb sich erwartungsvoll, auch wenn Charlotte nicht sicher war, ob sie in einen anderen Staat ziehen sollten.

»Utah?«, fragte sie. »Was gibt es in Utah?«

»Was gibt es in Michigan, meine Liebe? Nicht viel. Utah wird ein neuer Anfang für uns.« Er zog die Brauen zusammen, als er sich die Worte des jungen Dr. Lake wiederholen hörte, schob die Erinnerung aber schnell beiseite. »Wie es aussieht, wird die Klinik eine der modernsten ihrer Art werden. Es wird ungeheuer aufregend für mich sein, da zu arbeiten.«

»Aber das Baby, Hawley«, sagte Charlotte. »Ist das ein sicherer Ort, um unser Baby großzuziehen?« Charlotte war mittlerweile im sechsten Monat, was an sich schon fast so etwas wie ein Wunder war. »Wie ich gehört habe, gibt es sehr viele Verbrechen in Utah, jeden Tag sollen dort Menschen ermordet werden.«

»Verbrechen gibt es überall, meine Liebe«, antwortete er. »Tagtäglich werden Menschen ermordet. Du wärst überrascht zu erfahren, wie viel Menschen morgens aufwachen, und ehe es Abend wird, haben sie jemanden umgebracht. Das ist nicht nur in Utah so.«

Während der nächsten zwei Jahre wohnten sie ziemlich bequem im oberen Stock eines Hauses, das einem pensionierten Ehepaar gehörte. Die beiden lebten unter ihnen und beschwerten sich ständig wegen des Lärms, den der kleine Otto machte, obwohl es sich um ein ungewöhnlich friedliches Kind handelte. Hawley genoss seine Arbeit in der Klinik, wenn er auch ständig Überstunden machen musste und nicht die Verantwortung übertragen bekam, auf die er gehofft hatte. Tatsächlich wurden von den zwölf neuen Angestellten, die gleichzeitig eingestellt worden waren, nur drei so weit befördert, dass sie das Recht bekamen, eigene Projekte zu planen. Die anderen, einschließlich Hawley, blieben kaum mehr als Assistenten für die aufgestiegenen Mitglieder der Mannschaft. Hawley war sich bewusst, dass seine Arbeitgeber nicht viel von ihm hielten, und es ärgerte ihn, dass ihm ein weiteres Mal der Aufstieg verweigert wurde.

Das Eheleben erwies sich ebenfalls als schwierig. Charlotte Bell war die erste Frau, die Hawley je geküsst hatte, womit klar ist, dass ihre Hochzeitsnacht auch das erste Mal darstellte, dass er mit einem anderen menschlichen Wesen kopulierte – wobei Charlotte den aktiven Part übernahm und nicht er. Zunächst waren ihre Intimitäten peinlich und unbefriedigend, dann wurden sie auch immer seltener. Zu Ottos Empfängnis war es an einem jener seltenen Abende gekommen, da Hawley zu viel Brandy getrunken hatte. Charlotte wollte unbedingt ein Baby, und sie hatte seinen Zustand ausgenutzt.

»Deine Mutter hat wieder geschrieben«, sagte sie eines Morgens am Frühstückstisch, während Hawley die Zeitung las. Er sah sie verärgert über den oberen Rand der Zeitung hinweg an. Sie wusste, dass er sich frühmorgens noch nicht gerne unterhielt. Wenn sie am Morgen schon alle Familienangelegenheiten besprachen, was gab es dann noch zu reden, wenn er am Abend nach Hause kam? Aber heute bestand sie darauf.

»Hat sie das?«, fragte er trocken.

»Sie möchte uns besuchen kommen«, sagte Charlotte, blätterte durch die Seiten und suchte nach möglichen unangenehmen Neuigkeiten, bevor sie noch einmal anfing und den Brief sorgfältiger las. »Oder wir sollen sie besuchen. Sie meint, wir sollen sagen, was wir lieber hätten.«

»Ich persönlich weder das eine noch das andere«, sagte Hawley. »Sollen wir ihr das schreiben?«

»Sie möchte Otto wiedersehen. Sie muss ihn fürchterlich vermissen.«

Hawley legte die Stirn in Falten. »Das letzte Mal ist sie geradewegs ins Wohnzimmer marschiert und hat ihn mit Weihwasser übergossen. Der arme Kerl war so erschrocken, dass er in Tränen ausbrach und sie tagelang nicht ansehen wollte.«
»Ich weiß«, sagte Charlotte und versuchte, ein Lächeln zu unterdrücken. »Sie dachte, sie würde das Richtige tun.«
»Das war es aber nicht.«
»Sie denkt, wir sind nicht christlich genug.«
»Für unsere Belange sind wir christlich genug. Ich mag es nicht, wenn meine Mutter herkommt und uns erklärt, wie wir unser Kind großzuziehen haben. Sie hat absolut veraltete Vorstellungen. Ich habe dir doch erzählt, wie ich meine wissenschaftlichen Zeitschriften vor ihr verstecken musste ...«

»Unter der Matratze, ja. Du hast es ein-, zweimal erwähnt«, sagte Charlotte verzweifelt. »Wirklich, Hawley, das ist Jahre her. Ich finde, du solltest das hinter dir lassen.«

»Ich bin Wissenschaftler, meine Liebe, kein Priester.«

»Soll ich ihr also schreiben, dass sie kommen kann?«

»Himmel, nein. Schreibe ihr, wir kommen im neuen Jahr nach Ann Arbor, und Ende Dezember schreiben wir und sagen, Otto hat Krupp.«

»Hawley! Fordere das Schicksal nicht heraus!«

»Es gibt kein Schicksal, meine Liebe. Wir selbst sind die Schmiede unseres Geschicks, und glaub mir, wenn ich sage, Otto bekommt Krupp, macht ihn das genauso wenig krank, wie es uns reich macht, wenn ich sage, dass wir hunderttausend Dollar erben und ich zum schwedischen König gewählt werde. Wirklich, meine Liebe, du bist sehr süß, was diese Dinge betrifft, aber auch ziemlich unschuldig.«

Hawley glaubte vorbehaltlos, was er über Schicksal und Geschick sagte, dennoch mochte Charlotte es nicht, wenn er so über die Gesundheit ihres Kindes redete. Sie tat so, als wäre es anders, wusste aber sehr gut, dass ihr Mann Schwierigkeiten hatte, seine Liebe für seinen Sohn zu zeigen. Dass er sie sexuell zurückwies, damit konnte sie leben, schließlich führten sie eine äußerst friedliche Ehe, und es kam nur selten zum Streit. Die Hoffnung, dass er gleichsam über Nacht seine Leidenschaft für sie entdecken oder anfangen würde, statt der eher förmlichen Art, mit der er sie behandelte, wirkliche Zuneigung zu ihr zu entwickeln, hatte sie lange schon aufgegeben. Sie hatte dieses Leben gewählt und war zufrieden damit. Hawleys Unbeholfenheit Otto gegenüber schmerzte sie jedoch. Es war nicht so, dass er dem Jungen wehtat oder seine Gegenwart nicht mochte, so auffällig war es nicht. Er war nur offensichtlich nicht gern allein mit ihm. Wenn sie sah, wie die beiden miteinander spielten, hatte sie den Eindruck, dass Hawley lieber anderswo wäre, und seine Gespräche mit dem Jungen klangen gestelzt und hölzern. Manchmal glaubte sie, zwei parallele, voneinander vollständig getrennte Beziehungen zu führen, eine mit einem Mann und eine mit einem Kind, ohne dass dies etwas mit einer Familie zu tun hatte.

Um diese Dinge kreisten ihre Gedanken auch, als sie Otto eines Tages im Kinderwagen den McGraw Way hinunter in Richtung Innenstadt schob. Es war kalt, und sie hatte den Jungen in zwei Pullover und eine Decke gepackt, sich selbst aber vergessen, und bedauerte, ohne Mütze und Handschuhe losgegangen zu sein. Den Vormittag hatte sie damit zugebracht, einen Brief an Jezebel Crippen aufzusetzen, in dem sie auf alle Fragen ihrer Schwiegermutter einging. Sie dankte ihr für die Gebete für sie alle drei und schrieb, Hawley meine, es wäre sehr schön, wenn sie zum Ende der Weihnachtsferien nach Ann Arbor kommen könnten. Charlotte dachte gerade an den Brief, den sie in ein paar Monaten würde schreiben müssen, um ihren Besuch wieder abzusagen, da fiel ihr Blick auf ein junges Paar auf der anderen Seite der Straße.

Die beiden waren nicht viel älter als Hawley und sie, vielleicht fünfundzwanzig oder sechsundzwanzig, aber sie lachten, und der junge Mann hatte schützend den Arm um die junge Frau gelegt.

Dann plötzlich, ohne jede Vorwarnung, hob er sie in die Luft und drehte sich mit ihr um die eigene Achse, worauf sie vor Glück kreischte und darum bettelte, er möge sie wieder herunterlassen. Lachend schlug sie ihm auf die Schultern, senkte den Kopf, und ihre Lippen trafen sich zu einem leidenschaftlichen Kuss. Charlotte sah, wie die Hand der Frau hinter den Kopf ihres Geliebten fuhr, um ihn fester an sich zu drücken und den Kuss noch wilder und intensiver zu erwidern. Ihre beiden Körper waren eng aneinandergepresst, fast schon ungebührlich, und Charlotte bestaunte den Übermut und die Lüsternheit, die in der Umarmung lag. Sie beneidete die beiden. Ihre Wangen röteten sich, und sie seufzte, als ihr mit einem sehnsüchtigen Schmerz klar wurde, dass sie auf der Stelle alles, alles aufgeben würde, Hawley, ihr Leben, ihr Kind, um so leidenschaftlich von einem Mann umarmt zu werden. Sich so geliebt zu fühlen. Körperlich begehrt. Voller Leben. Ihr wurde vor Hunger ganz schwindelig, während sie den Blick nicht von dem Paar löste, ihr Mund wurde trocken, und ihr Inneres zog sich zusammen. Die Menschen, die an den beiden vorbeigingen, sie entweder ignorierten oder abfällig betrachteten, sah sie nicht. Charlotte war so in den Anblick des liebenden Paares versunken, dass der starke Wind die Gelegenheit nutzte und ihr den Brief an Jezebel Crippen aus der Hand blies, ihn hoch in die Luft wirbelte, ihn fröhlich über die Straße hin und her tanzen ließ und dann mitten auf dem Pflaster ablegte.

»Oje«, sagte Charlotte, aus ihrem Tagtraum gerissen. »Mein Brief.« Ohne einen weiteren Gedanken ließ sie auch mit der anderen Hand den Kinderwagen los und lief auf die Straße, um den Brief zurückzuholen, wobei sie weder nach links noch nach rechts sah. Die Straßenbahn war kaum ein paar Armlängen entfernt und vermochte weder zu bremsen noch sie zu warnen. In der nächsten Sekunde schon erfasste sie Charlottes Körper, zog ihn an den Fersen unter sich, und die Räder zermalmten sie. Der Wagen fuhr fast ganz über sie hinweg, bis er mit einem Kreischen zum Stehen kam, und die Menschen schrien auf und wandten den Blick ab von dem blutigen, verstümmelten Körper vor sich. Charlottes Beine waren weit gespreizt, ein Arm so gut wie vom Rumpf gerissen, ein paar Zähne rollten in die Gosse und blieben kurz vor dem Gully liegen.

Hawley nahm die Nachricht vom Tod seiner Frau ohne große Regung auf. Er dachte daran, wie er sie kennengelernt und wie sie ihn verführt hatte. Er dachte an ihre Abende im Theater und an das Gewicht der Verantwortung, das er auf seinen Schultern gefühlt und aus dem heraus er sie geheiratet hatte. Er dachte an die drei Jahre ihres gemeinsamen Lebens, konnte sich aber nicht erinnern, sie je sehr geliebt zu haben. Oh, er wusste, sie war eine absolut angenehme Person gewesen, ohne jede Böswilligkeit, und ganz sicher eine ausgezeichnete Mutter und einfühlsame Gefährtin, mit der er sein Leben hätte verbringen können. Aber Liebe? Die war nicht dabei gewesen. Und so tat er, was er tun musste, um sein Leben weiterzuführen. Er organisierte ihr Begräbnis, brachte sie unter die Erde und setzte Otto in einen Bus zu Charlottes Eltern, die sich, sehr zu seiner Erleichterung, bereit erklärt hatten, die Verantwortung für seine Erziehung zu übernehmen.

Und so war Dr. Hawley Harvey Crippen mit achtundzwanzig Jahren wieder allein.

5 Die Passagiere der Montrose

Atlantischer Ozean: Donnerstag, 21. Juli 1910

Mr John Robinson hatte nie Schwierigkeiten mit dem Schlafen gehabt, bis Anfang Februar, als die Ereignisse dafür gesorgt hatten, dass seine nächtlichen acht Stunden kaum mehr ungestört blieben. Die erste Nacht an Bord der *Montrose* war jedoch weit schlimmer, ja, fast unerträglich. Edmund und er hatten schließlich gegen elf Uhr voneinander abgelassen, Edmund war nach oben geklettert und augenblicklich eingeschlafen. Mr Robinson auf dem unteren Bett hatte hingegen wach gelegen. Es war so warm in der Kabine, dass er alle Decken zur Seite schob und ohne sie zu schlafen versuchte. Die Erste-Klasse-Kabinen waren angenehm groß, nur die Präsidentensuite, deren Bewohner sie noch nicht kennengelernt hatten, war größer, aber die Luft war fürchterlich stickig, und er schwor sich, das Bullauge ab sofort den ganzen Tag offen zu lassen. Das Schwanken des Schiffes machte alles noch unangenehmer, und als er schließlich einnickte, war es nach zwei Uhr morgens. Mr Robinson träumte, er tanzte oben auf dem Rand des höchsten Wolkenkratzers der Welt, mit Rollschuhen, und vermochte kaum das Gleichgewicht zu halten. Als er schließlich ausrutschte und auf den Verkehr unten auf der Straße zustürzte, schreckte er schweißnass aus dem Schlaf hoch und griff nach der Taschenuhr auf dem Nachttisch neben sich, um zu sehen, wie spät es war. Drei Uhr dreißig. Er seufzte erschöpft, wischte sich über das Gesicht und versuchte, sich von den schlimmen Erinnerungen zu befreien, die vor seinen Augen aufflimmerten. Danach schlief er nur noch in unruhigen Intervallen, stand kurz nach sieben leise auf, um Edmund nicht zu wecken, und wusch sich in dem kleinen Bad. Seine Augenlider schienen vor Erschöpfung aneinanderzukleben, aber er dachte, eine kleine Runde an Deck in der frischen Morgenluft würde ihn schon zurück ins Leben holen. Er zog den Anzug vom Vortag an, band sich die Krawatte um und verließ die Kabine. Vorsichtig zog er die Tür hinter sich zu und ging zum Aufgang hinüber.

Es war ein heller, warmer Morgen an diesem ersten Tag, und der blaue Himmel und das glitzernde Meer heiterten seine Laune auf. Die Sonne fing sich in den gegen den Schiffsrumpf schlagenden Wellen, und die Gischt erstrahlte in ihrem Licht. Seevögel schrien, stießen ins Wasser und genossen ihr Frühstück. Mr Robinson trat an die Reling und sah in die Tiefe. Er beugte sich gerade so weit vor, dass ihm hin und wieder etwas von der Gischt ins Gesicht sprühte. Wenn er die Augen etwas zusammenkniff, konnte er die dunklen Fischschwärme erkennen, die das Schiff auf seiner Reise begleiteten. Ihre Geschwindigkeit überraschte ihn, sie schienen mühelos mit der *Montrose* mithalten zu können, die doch mit wenigstens zehn, elf Knoten unterwegs sein musste. Mit einer guten Harpune, dachte er, könnte er einige von ihnen töten.

Trotz der frühen Stunde waren bereits etliche Leute an Deck, Passagiere wie er, die ihre erste Nacht auf See eher unruhig verbracht hatten. Billy Carter, der Erste Offizier, war die frühen Spaziergänger gewöhnt, obwohl an diesem Morgen, als er aus dem Fenster der Brücke sah, ein paar mehr als sonst unterwegs waren. Sein Blick fiel auf zwei sich unterhaltende, rauchende Seeleute, und er rief sie zu sich und trug ihnen auf, was er morgens immer als Erstes befahl, wobei niemand besonders glücklich war, wenn es ihn traf.

»Holt ein paar Eimer Wasser, Jungs«, sagte er, »und geht die Seiten des Schiffes ab. Die Bordwand ist wahrscheinlich voll mit

Erbrochenem von den Leuten, die das Abendessen nicht bei sich behalten konnten, und keiner der Passagiere, der auf die See hinausblickt, möchte das gerne sehen.«

Auf dem C-Deck gab es eine Offiziersmesse, in der Carter normalerweise gefrühstückt hätte, an diesem ersten Morgen jedoch ging er in den Speisesaal der ersten Klasse. Nicht, weil er besser essen wollte als die anderen, sondern weil er glaubte, dass es einen guten Eindruck machte, der vornehmen Welt sein Gesicht zu zeigen und alle Fragen zu beantworten, die es zur Überfahrt geben mochte. Wenn er jetzt nicht ging, würden sie ihn später aufzuspüren versuchen.

Entlang der Wände des Saales war ein Büfett aufgebaut worden, und er bediente sich ausgiebig, bevor er den Blick schweifen ließ, um zu sehen, wer sonst schon beim Frühstück saß. Es waren noch nicht viele Leute da, und er steuerte auf einen Tisch mit drei modisch gekleideten, hübschen jungen Damen zu, die etwa Mitte zwanzig sein mussten, als er eine weit ältere und weit weniger attraktive Frau bemerkte, die von einem anderen Tisch aus versuchte, seine Aufmerksamkeit auf sich zu ziehen. Sie wedelte mit ihrer Serviette in seine Richtung, und er fühlte sich wie ein Stier, der von einem Matador angelockt wurde. Er lächelte der Frau zu, da er unmöglich so tun konnte, als hätte er sie nicht bemerkt, und ging zu ihr hinüber.

»Guten Morgen, junger Mann«, sagte sie mit einem breiten Lächeln. Ein Stückchen Butter von ihrem Toast klebte an ihrem Kinn, und Billy Carter überlegte, ob er sie darauf aufmerksam machen sollte, entschied sich aber dagegen. »Warum setzen Sie sich nicht zu mir, ich warte auf meine Tochter, doch sie scheint sich zu verspäten. Der Himmel weiß, was sie wieder zu tun hat.«

»Aber mit Vergnügen«, sagte Carter, setzte sich und warf einen schnellen, sehnsüchtigen Blick hinüber zu den drei Sirenen an dem anderen Tisch, die sich ausgelassen glucksend unterhielten. Eine von ihnen schenkte ihm einen kurzen, koketten Blick und schaute gleich wieder zu ihren Freundinnen. »Erster Offizier Carter«, fügte er hinzu und nickte höflich mit dem Kopf.

»Oh, welch eine Freude«, kam die Antwort. »Ein Offizier. Ich bin Mrs Antoinette Drake, Kabine A7. Ich reise mit meiner Tochter Victoria.«

»Guten Morgen«, sagte Carter und machte sich über sein Frühstück her. Er spürte bereits, dass Mrs Drake einer der Passagiere war, die sich, falls er nicht vorsichtig war, endlos an ihm festklammern würden, und er nahm sich vor, sich nicht zu lange in ihrer Gesellschaft aufzuhalten. »Und gefällt Ihnen Ihre Reise bis jetzt?«

»Wunderbar, ganz wunderbar«, sagte sie. »Obwohl ich das Schwanken des Schiffes in der Nacht etwas stark fand. Ob Sie vielleicht mit einem Ihrer Seemänner darüber reden könnten?«

Carter lächelte. Er fragte sich, ob sie dachte, sie würden von einem Trupp römischer Sklaven über den Atlantik gerudert, die aneinandergekettet im Schiffsbauch saßen und sich ohne Unterlass in die Riemen legten. »Ich will sehen, was ich tun kann«, sagte er höflich.

»Victoria und ich haben einen leichten Schlaf, müssen Sie wissen, und ich …« Sie unterbrach sich mit einem kleinen, mädchenhaften Kichern und sah ihn verschämt an, wobei sie seinen Arm berührte. »Nun, ich brauche meinen Schönheitsschlaf, Mr Carter.«

»Aber natürlich«, sagte er und begriff nicht, dass sie mit seinem Widerspruch gerechnet hatte. Ihr Lächeln gefror von einer Sekunde auf die andere, und sie runzelte die Stirn. Wie ungezogen, dachte sie, bevor ihr wieder einfiel, warum sie ihn zu sich hergewinkt hatte.

»Sagen Sie mir, der Kapitän dieses Schiffes«, sagte sie. »Wie heißt er noch?«

»Kapitän Kendall, Ma'am.«

»Kapitän Kendall, ja. So ein starker Name. Der erfüllt einen mit Vertrauen. Er isst hier jeden Abend, ist das richtig?«

»Ich denke schon, Ma'am«, sagte er und wusste bereits, worauf sie hinauswollte. »Das ist meine erste Fahrt auf der *Montrose*. Der übliche Erste Offizier ist erkrankt.«

»Meine Tochter Victoria, wissen Sie, würde sich ungeheuer freuen, wenn sie eines Abends mit ihm essen könnte, und ich wünsche mir so sehr, dass sie diese Reise genießt. Verstehe ich es richtig, dass er abends einige der Erste-Klasse-Passagiere zum Essen an den Kapitänstisch einlädt?« Sie hob ganz leicht die gemalten Brauen, fuhr sich mit der Zunge über die Lippen und fütterte ihn praktisch mit der Antwort, die sie hören wollte. Und dann fuhr sie ganz unversehens die Zunge heraus, wie eine Echse, und holte sich den Klecks Butter, so als hätte sie ihn bewusst für diesen Moment auf ihrem Kinn abgelegt.

»Ich bin sicher, dass er das tut«, sagte Carter und spürte überrascht, wie sich sein Magen kurz zusammenzog. »Soll ich es arrangieren, dass Sie beide einen Abend an seinem Tisch sitzen?«

»Für mich selbst würde ich nie darum bitten«, antwortete Mrs Drake schnell und schüttelte den Kopf. »Ich nehme meine Mahlzeiten ein, wo immer man sie mir serviert. Ich bin absolut nicht wählerisch. Aber wenn Sie es für Victoria tun könnten, wäre das ganz wundervoll. Das wäre sehr nett von Ihnen.« Ihre Meinung über ihn wandelte sich bereits wieder. »Wirklich, sehr nett.«

»Kein Problem«, sagte er und schlang sein Essen hinunter, um möglichst schnell fliehen zu können.

»Wo ist das Mädchen überhaupt?«, fragte Mrs Drake einen Moment später und blickte verärgert zur Tür hinüber. »Sie weiß, dass ich es nicht mag, wenn sie mich warten lässt. Sie wird noch ihr Frühstück verpassen. Wenn ich zurück in die Kabine komme, und sie liegt noch im Bett, gibt es Ärger, Mr Carter. Das kann ich Ihnen versichern.«

Mrs Drake hätte sich keine Sorgen machen müssen, denn Victoria lag längst nicht mehr im Bett. Sie war nur Augenblicke, nachdem ihre Mutter die Kabine verlassen hatte, aufgestanden, hatte zwanzig Minuten im Bad verbracht, sich gewaschen, das

Haar gebürstet und etwas aus den kleinen Make-up-Töpfchen aufgetragen, die sie vor Wochen in Paris gekauft hatte. Als sie das Bullauge öffnete und die warme Sonne und die frische Luft spürte, beschloss sie, sich weniger förmlich anzuziehen als am Vortag, und wählte eine helle schulterfreie Bluse und dazu einen langen dunkelblauen Rock. Sie steckte den Kopf aus der Kabinentür und blickte den Gang hinauf und hinunter, um sich zu versichern, dass sie niemand sah, bevor sie zur Kabine A4 hinüberhuschte. Sie legte das Ohr an die Tür und blinzelte dabei leicht, als könnte sie so besser hören. Es dauerte einen Augenblick, dann vernahm sie drinnen eine Bewegung. Sie rannte mit klopfendem Herzen zurück in ihre eigene Kabine, ließ die Tür einen Spaltbreit auf und wartete. Die Arme vor der Brust verschränkt, stand sie da, lauschte und musste noch zehn Minuten warten, bis sie hörte, wie sich die Tür am anderen Ende des Ganges öffnete, woraufhin auch sie nach draußen trat und ihre Tür laut hinter sich zuschlug.

»Oh, guten Morgen«, sagte Edmund und sah in ihre Richtung. »Victoria, richtig?«

»Ja«, sagte sie gereizt, als versuchte er, sie in Verlegenheit zu bringen, indem er ihren Namen nicht mehr sicher wusste. »Und Sie sind Edward, richtig?«

»Genau. Wie geht's Ihnen heute Morgen?«

Sie sah ihn spöttisch an. »Heißen Sie jetzt Edward oder Edmund?«, fragte sie nach eine kurzen Pause.

»Oh! Ed ... mund«, sagte er nach einer Pause, und ihm stieg etwas Farbe in die Wangen. »Haben Sie das nicht gesagt?«

»Nun, Sie klingen nicht so sicher«, sagte Victoria. »Kennen Sie denn Ihren eigenen Namen nicht? Und nein, ich habe ›Edward‹ gesagt.«

»Warum, wenn Sie doch wussten, dass ich nicht so heiße?«

Victoria sah ihn an und ging auf seine Frage nicht weiter ein. »Gehen Sie frühstücken?«, fragte sie. Edmund nickte. »Wo ist Ihr Vater? Schläft er noch?«

»Er ist vor einer Stunde oder so schon aufgestanden. Ich glaube, er konnte nicht richtig schlafen.«

»Mutter auch nicht. Die *Alten*«, sagte sie abschätzig.

Das Hauptdeck lag im hellen Sonnenlicht, und Victoria nutzte die Gelegenheit, Edmund genau zu betrachten. Er war nicht so groß wie einige der Beaus, die sie bereits verführt hatte, höchstens einen Meter siebzig vielleicht, aber sie hatte selten einen Jungen mit so feiner Haut und so schönen Augen gesehen. Sein Haar war etwas länger, als es der üblichen Mode entsprach, es war pechschwarz, fein und doch kräftig. Er trug eine Mütze, und sie spürte den überwältigenden Drang, sie ihm vom Kopf zu ziehen und mit den Fingern durch seinen glänzenden Schopf zu fahren. Und seine Lippen! Kirschrot und voll. Sie flehten förmlich darum, geküsst zu werden. Als seine Zunge kurz zwischen ihnen auftauchte, wurden ihr einen Moment lang die Knie weich. Selbst die dünne Narbe, die sich von seiner Nase über die Lippe zog, wirkte anziehend. Victorias Herz tat einen leichten Sprung, und sie zwang sich, nach vorn zu sehen, damit er sie nicht dabei ertappte, wie sie ihn anstarrte.

»Da ist ja Miss Hayes«, sagte Edmund und deutete zur Reling hinüber, wo Martha Hayes fast an der gleichen Stelle stand wie am Abend zuvor. »Sollen wir Hallo sagen?«

Victoria seufzte. Wenn es auch unmöglich war, dass sich Edmund für eine Frau im Alter von Miss Hayes interessierte, die schließlich fast dreißig war, ärgerte es Victoria doch, dass er lieber mit ihr sprechen wollte, als mit einer Schönheit wie ihr allein zu sein. Wahrscheinlich ist das nur ein Trick, um mich zappeln zu lassen, dachte sie. Er tut so, als wäre er schwer herumzukriegen.

»Miss Hayes!«, rief Edmund, als sie zu ihr traten, und die ältere Frau wandte sich um und lächelte. »Oh, hallo, Kinder«, sagte sie, steckte das Medaillon, das sie in der Hand gehalten hatte, in die Tasche und ließ sie zuschnappen. »Wie schön, euch zu sehen.«

Kinder!, dachte Victoria verärgert. Was fällt denn der ein! Wir sind beide fast achtzehn!

»Sie waren doch nicht die ganze Nacht hier draußen?«, fragte Edmund mit einem Lächeln. »Ich meine, Sie sind nicht gleich wieder hochgekommen, nachdem wir alle nach unten gegangen waren?«

»O nein«, sagte sie lachend. »Nein. Ich habe mich hingelegt, kaum dass ich in meiner Kabine war, das versichere ich euch. Ich bin erst vor einem Moment hier heraufgekommen. Wie ist das Frühstück, Victoria?«, fragte sie. »Gut oder ekelhaft?«

»Ich habe noch nicht gefrühstückt, Miss Hayes«, antwortete Victoria und hielt es für sehr vorwitzig, dass die Frau sie mit ihrem Vornamen ansprach. »Ich bin auch gerade erst heraufgekommen.«

»Ach ja? Ich hätte schwören können, dich schon draußen auf dem Gang gesehen zu haben.«

»Mich?«, fragte Victoria überrascht.

»Ich dachte, du wolltest Mr Robinson und seinen Sohn einladen, dich zu begleiten. Habe ich dich nicht vor ihrer Kabine gesehen?«

Victoria schnappte nach Luft, sie wollte die Feststellung mit einem Lachen abtun und hätte die Frau doch am liebsten geschlagen. Sie spürte, wie Edmund sie gespannt ansah, und wurde rot.

»Ganz bestimmt nicht«, sagte sie mit fester Stimme. »Was für eine komische Idee.«

»Vor unserer Kabine?«, fragte Edmund und überhörte, dass sie es abstritt. »Warum das denn bloß?«

»Ich war nicht mal in der Nähe«, antwortete Victoria, und ihre Stimme wurde etwas tiefer, während sie das Thema zu beenden versuchte. »Das muss einer der Passagiere vom Zwischendeck gewesen sein, die sich an Orten herumtreiben, wo sie nichts zu suchen haben. Wir sollten mit dem Kapitän reden. Das sind Diebe, zumindest die meisten. Und Zigeuner.«

»Ja, so muss es gewesen sein«, sagte Miss Hayes. »Mit denen bist du leicht zu verwechseln. Ihr jungen Mädchen seht euch so ähnlich. Das ist die Mode, vermute ich.«

Victoria starrte Miss Hayes giftig an. Wer ist diese schreckliche Frau?, dachte sie. Warum macht sie uns ständig Schwierigkeiten?

»Möchten Sie mit uns frühstücken, Miss Hayes?«, fragte Edmund, und Victoria seufzte wieder.

Kapitän Kendall persönlich hielt ihnen die Tür zum Speisesaal auf. Er hatte gerade selbst gefrühstückt, allerdings in der Küche, da er nicht in der Stimmung für frühmorgendliche Unterhaltungen war. Jetzt trat er hinaus an Deck und sog die frische Luft tief in seine Lungen. Ein schöner Morgen. Er ließ den Blick schweifen und sah zwei seiner besten jungen Männer, die Wasser über die Reling kippten, nicht ins Meer, sondern an der Schiffswand hinunter. Neugierig ging er zu ihnen hinüber.

»Was geht hier vor, Männer?«, fragte er verwirrt. »Was um alles in der Welt tun Sie da?«

»Der neue Erste Offizier«, erklärte einer von ihnen. »Der hat gesagt, wir sollen das tun.«

»Eimerweise Wasser über Bord zu kippen? Warum das denn?«

»Er sagte, einige Passagiere hätten sich über die Reling erbrochen, und wir sollten es wegwaschen. Würde sonst einen schlechten Eindruck machen, meinte er.«

Kendall sah den Mann an und warf einen Blick über die Reling. Er konnte nichts erkennen. »Lächerlich«, sagte er. »Hören Sie sofort damit auf. Das Meer wird wegwaschen, was weggewaschen werden muss. Kümmern Sie sich um Ihre eigentlichen Pflichten.«

»Ja, Sir«, antworteten die beiden wie aus einem Mund, froh, von ihrer Aufgabe befreit zu sein. Schon eilten sie mit ihren Eimern davon.

Kendall schüttelte mürrisch den Kopf. »Erbrochenes wegwaschen«, sagte er leise für sich und vermisste seinen alten Freund umso mehr. »Kapitän Bligh hätte *ihn* weggewaschen. Oh, Mr Sorenson«, seufzte er in den Wind, »wen haben die mir da bloß ins Boot gesetzt?«

Achtzig Liegestühle standen auf dem Erste-Klasse-Deck der SS *Montrose*, das für die übrigen Passagiere gesperrt war, und etwa ein Drittel von ihnen war am späteren Nachmittag besetzt, während die Sonne immer noch auf das Schiff niederbrannte. Einige der Reisenden zogen es vor, sich in ihren Kabinen auszuruhen, einige dösten im Sonnenschein oder lasen ein Buch, andere spielten im Freizeitraum Karten. Auf dem Zwischendeck rannten Kinder ausgelassen hin und her, sie spielten Fangen, rauften miteinander und hatten Unfug im Sinn, während ihre Eltern rauchten und freundlich miteinander schwatzten. Männer wie Frauen trugen Sonnenhüte, einige Damen spazierten auch unter einem Sonnenschirm dahin, auf der Suche nach Ablenkung. Wer saß, blieb meist für sich; hier und da wurden erste Bekanntschaften geschlossen, einzelne Paare suchten Kontakt zu anderen, aber alle schienen darauf zu achten, nicht für die nächsten neun Tage mit Langweilern zusammenzugeraten. Ganz hinten an Deck saß ein etwa vierzehnjähriger Junge, beugte sich auf seinem Stuhl vor und blinzelte ins Sonnenlicht. Sein Gesicht war bereits gebräunt, seine Haut von der Art, die schnell Farbe annahm. Aber der Junge schwitzte, während er dort saß, und schob sich immer wieder die Haare aus den Augen. Er wünschte, er hätte sie sich vor der Abreise in Antwerpen noch schneiden lassen, da sie ihm mittlerweile ziemlich auf die Nerven gingen. Er überdachte die letzten Monate und wunderte sich erneut, dass er nun auf diesem Schiff saß. Es kam ihm so vor, als hätte ihm jemand sein Leben weggenommen und er müsste sich in ein neues fügen.

Es war seine erste Seereise, und sie fand unter unglücklichen Umständen statt. Er war gerade sechs Monate alt gewesen war, da war sein Vater im Burenkrieg gefallen, und vor ein paar Monaten war seine Mutter, eine Französin namens Céline de Fredi, an Tuberkulose gestorben. Sie hatten in verschiedenen Städten Europas gelebt, und Tom, so hieß der Junge, vermochte sich in mehreren Sprachen zu verständigen. Sein einziger überlebender Verwandter war der Onkel seines verstorbenen Vaters, dem Céline kurz vor ihrem Tod einen Brief geschrieben hatte. Darin hatte sie ihn gebeten, sich um ihren Jungen zu kümmern, sollte ihr etwas zustoßen. Toms Großonkel hatte dem zugestimmt und war in der Woche vor ihrem Tod nach Paris gekommen, wo Céline ihm gestand, wie mühevoll seine neue Aufgabe werden konnte: Tom war ein schwieriger Junge, vor allem draußen auf den Straßen der Stadt, und machte seiner Mutter immer wieder aufs Neue Sorgen. Da sein neuer Vormund keine Erfahrung mit Kindern hatte, wusste sie nicht, ob er mit Tom fertigwerden würde, aber es gab sonst niemanden, dem sie ihren Sohn hätte anvertrauen können. Außer dem Onkel bliebe nur das Waisenhaus, und wenn sie das wählte, war es ihrer Meinung nach nur eine Frage der Zeit, bis Tom von einem Gefängnis ins andere wanderte. Nach ihrem Tod waren Tom und sein Großonkel noch einen Monat in Paris geblieben, um Célines Angelegenheiten zu regeln, und dann nach Antwerpen gefahren, wo der Onkel lebte. Jetzt riefen den Onkel Geschäfte nach Kanada, er hatte es passend gefunden, sich von der *Montrose* dorthin bringen zu lassen, und die teuerste Kabine – die Präsidentensuite – gebucht.

Es gab an Bord nicht viele Jungen in Toms Alter, und er freute sich nicht gerade auf weitere neun Tage Langweile in Gesellschaft seines Onkels. Er vermisste seine Pariser Freunde, auch wenn die es gewesen waren, die ihn im letzten Jahr auf Abwege gebracht hatten. Im Dunkel der Nacht waren sie in Häuser eingebrochen, hatten in Läden Essen gestohlen und sich als Taschendiebe geübt, obwohl keiner von ihnen das Geld wirklich gebraucht hatte. Die Erinnerung daran trug zu seiner schlechten Stimmung bei. Aber das lag jetzt alles hinter ihm, Kanada war die Zukunft. Ganz zu schweigen von seinem neuen Verwandten, an den er sich immer noch gewöhnen musste, der allerdings ein anständiger, wenn auch etwas distanzierter Herr zu sein schien.

»Da bist du ja«, erklang eine Stimme neben ihm, und er sah

auf, beschattete die Augen mit der Hand und blinzelte ins Sonnenlicht.

»Onkel Matthieu«, sagte er. »Was gibt's?«

»Nichts, mein Junge«, sagte der Mann, setzte sich neben ihn und ließ den Blick zerstreut über das Deck gleiten. »Ich habe nur nach dir gesucht, das ist alles. Als ich dich nicht finden konnte, hatte ich schon Angst, du wärst über Bord gegangen. Stell dir den Verlust vor.«

Tom runzelte die Stirn. Der Humor seines Onkels war für ihn manchmal schwer zu verstehen. »Ich sitze hier und überlege, was ich machen könnte«, sagte er nach einer Weile. »Das wird wohl die trübsinnigste Reise, die ich je gemacht habe. Wahrscheinlich sterbe ich vor Langweile. Dann kannst du mich gleich hier auf See bestatten.«

»Versprochen«, sagte Matthieu und nickte. »Ich persönlich finde es sehr entspannend. Elf Tage auf dem Atlantik, ohne dass man sich irgendwelche Sorgen machen muss. Keiner, der mich mit seinen Geschäftsproblemen stört, ausgezeichnet untergebracht, gutes Essen, angenehme Gesellschaft. Ich glaube, ich würde es hier noch ein paar Wochen aushalten. Das ist die beste Art des Reisens.«

»Ja, aber du bist alt«, erklärte Tom. »Du brauchst die Erholung. Ich bin jung und langweile mich zu Tode.«

»Soso«, antwortete der Onkel wenig beeindruckt. Für den flüchtigen Betrachter war Matthieu Zéla ein Mann, der auf die Fünfzig zuging. Trotz seines schütter werdenden grauen Haars hatte er mit seinen eins fünfundachtzig bereits die Aufmerksamkeit einiger Damen an Bord auf sich gezogen, ohne es zu bemerken. Seine schlanke Figur und die elegante Kleidung, verbunden mit dem Umstand, dass er sich die teuerste Kabine an Bord leisten konnte, machten ihn besonders für die Alleinstehenden unter ihnen interessant. Zudem war er Witwer und reiste ohne weibliche Begleitung, was ihn noch attraktiver machte ... und zu einer offenbar ausgezeichneten Partie.«»Vielleicht solltest du es mit einem Buch versuchen«, schlug er seinem Neffen vor. »Den Verstand ein wenig weiten. Was hast du in letzter Zeit so gelesen?«

Tom überlegte. Obwohl er umgeben von Literatur groß geworden war, hatte er nie eine intensivere Beziehung zu ihr entwickelt. Er erinnerte sich daran, dass seine Mutter einmal ein Buch mit dem Titel *Der Mann mit der eisernen Maske* gelesen hatte, damals war er elf gewesen, und er erwähnte es.

»Ah«, sagte Matthieu glücklich, »Dumas. Eine ausgezeichnete Wahl. Perfekt für den jugendlichen Geist. Abenteuer, Geschichte, Spannung. Alles, was ein Roman haben sollte. Ich bin sicher, an Bord gibt es eine Bibliothek. Vielleicht können wir später einen Blick hineinwerfen und etwas Passendes für dich aussuchen. Dann geht die Reise schneller vorbei. Ich selbst bin fast nie ohne Buch. Habe ich dir erzählt, dass ich einmal in Covent Garden bei einer Lesung von Mr Charles Dickens war?«

»Wo ist das?«, fragte Tom, der nie in England gewesen war.

»In London, mein Junge! London!«, antwortete Matthieu. »Erstaunlich, wie wenig die Jugend heute weiß.« Er schüttelte traurig den Kopf. »Du solltest ein paar von Mr Dickens' Romanen lesen. Viele von ihnen handeln von Waisen wie dir.«

Tom legte die Stirn in Falten. Wieso muss er das so sagen?, dachte er. Wenn er eines über diesen Monsieur Zéla gelernt hatte, dann, dass er offen alles aussprach, ohne sich über mögliche Befindlichkeiten Gedanken zu machen.

»Was geschieht mit diesen Waisen?«, fragte er.

»Nachdem ihre Eltern gestorben sind, müssen die meisten von ihnen feststellen, dass ihre neuen Vormunde, oft ältere Männer, grausam sind und sie missbrauchen. Sie geben ihnen nichts zu essen, schlagen sie und machen ihr Leben zu einer solchen Tortur, dass die Geschundenen weglaufen, mit kaum mehr als einem Paar Schuhe an den Füßen. Am Ende jedoch triumphieren sie. Wie ist übrigens dein Bett? Hast du gut geschlafen?«

In diesem Augenblick rollte ein Ball vor sie hin. Er kam von der anderen Seite des Schiffes, wo ein paar Kinder Tennis spielten, ziemlich vorsichtig, um die Bälle nicht ins Meer zu schlagen. Matthieu drehte sich zu ihnen um, während Tom den Ball bereits in Händen hielt und ins Wasser warf, wo er mit einem fernen Plopp landete. Kichernd ließ er sich in seinen Liegestuhl zurücksinken, verschränkte die Arme vor der Brust und tat so, als schliefe er. Matthieu starrte ihn völlig perplex an.

Zwei kleine Kinder kamen herbeigelaufen und suchten das Deck verzweifelt nach ihrem Ball ab.

»Entschuldigen Sie, mein Herr«, sagte das jüngere, ein höfliches kleines Mädchen mit Ringellocken und grünen Augen. Es trug für die Tageszeit ein sehr förmliches Kleidchen. »Unser Tennisball?«

Matthieu öffnete den Mund und schloss ihn wieder. Er wusste nicht, was er sagen sollte, und bedauerte es, so eine unschuldige Kleine anlügen zu müssen. »Es tut mir leid, ich habe ihn nicht gesehen«, sagte er.

Das Mädchen machte schmale Augen und wollte es ihm nicht glauben. »Doch, das haben Sie«, sagte sie mit tieferer Stimme, zeigte mit dem Finger auf ihn und brach in Tränen aus. Sie musste von ihrem Bruder zum Tennisplatz zurückgebracht werden. »Sie haben ihn gestohlen!«, rief sie noch und klang wütender, als es bei einem Kind möglich schien.

Matthieu wandte sich voller Ärger an seinen Neffen. »Tom!«, rief er. »Wie konntest du das tun? Warum hast du den Ball weggeworfen?«

Tom zuckte grinsend mit den Schultern. Sein Streich gefiel ihm noch immer. »Ich hatte nichts Besseres zu tun«, sagte er mit ruhiger Stimme.

»Nun, das war extrem kindisch«, schimpfte Matthieu. »Ich denke, du solltest zu den Kindern hinübergehen und dich entschuldigen. Sage ihnen meinetwegen, es war ein Versehen. Dass du ihnen den Ball zurückgeben wolltest und er dir weggerutscht ist. Aber entschuldige dich.«

»Warum?«, fragte Tom. »Wen stört das schon?«

»Mich«, sagte Matthieu. »Und jetzt geh. Auf der Stelle. Ich meine es ernst.«

Tom zögerte. Die Regeln ihrer Beziehung waren noch nicht festgelegt. Wie viel Autorität Matthieu über ihn hatte, stand noch infrage. Trotz seiner vierzehn Jahre war Tom noch ein Kind und nicht so weit, sich stark genug zu fühlen, um sich den Erwachsenen zu widersetzen. Im Übrigen, auch wenn er es sich nicht eingestehen wollte, fürchtete er doch, was geschehen würde, wenn dieser Mann, der ihn vor ein paar Monaten zum ersten Mal gesehen hatte, zu dem Schluss kam, dass er ein übler Kerl war und ihn im Stich ließ. Matthieu Zéla war fraglos wohlhabend und konnte ihm in seinem zukünftigen Leben helfen. Es gab keinen Grund, ihn unnötig zu vergraulen, und so entschloss er sich, dieses Mal das gescholtene Kind zu spielen. Er seufzte übertrieben, stand auf und schleppte sich über Deck, als wöge er zweihundert Pfund.

Matthieu schüttelte den Kopf. Er hatte wenig Erfahrung mit Kindern, der Junge war ihm mehr oder weniger aufgedrängt worden, und er war sich alles andere als sicher, ob er *in loco parentis* zu handeln vermochte.

»Es war richtig, ihm zu sagen, dass er sich entschuldigen soll«, erklang eine Stimme neben ihm, und er drehte sich um und sah die junge Dame an, die sich in den Liegestuhl neben ihm gesetzt hatte.

»Dann haben Sie das mitbekommen?«, fragte er, und es war ihm peinlich für seinen Neffen. »Haben Sie gesehen, was er getan hat?«

Sie nickte. »Er ist ein Junge«, sagte sie, »und ihm ist langweilig. Trotzdem war es gut, ihn hinüberzuschicken. Manieren sind wichtig.«

Matthieu nickte und sah aufs Meer hinaus, bis er sich an die eigenen Manieren erinnerte und sich der jungen Frau zuwandte.

»Entschuldigen Sie«, sagte er und streckte den Arm in ihre Richtung. »Ich hätte mich vorstellen sollen. Ich heiße Matthieu Zéla.«

»Martha Hayes«, antwortete sie und schüttelte ihm die Hand.

»Freut mich, Sie kennenzulernen, Miss Hayes. Stammen Sie aus Kanada oder fahren Sie zum ersten Mal hin?«

»Ein bisschen von beidem«, sagte sie. »Ich war noch nie dort, aber ich hoffe, in Quebec eine neue Heimat zu finden. Ich habe mein ganzes Leben in Europa verbracht und es gründlich über.«

»Ich weiß, was Sie meinen«, antwortete er lächelnd. »Ich selbst bin ein Reisender und scheine es nie sehr lange an einem Ort auszuhalten. Es gibt immer etwas, das mich zwingt, weiterzuziehen.«

»Das muss aufregend sein.«

»Manchmal. Aber ich würde gerne für eine Weile Wurzeln schlagen. Man wird schließlich nicht jünger.«

»Auf mich machen Sie noch einen ziemlich schwungvollen Eindruck, Monsieur Zéla«, sagte sie und begann ihn bereits zu mögen.

»Matthieu, bitte.«

»Gut, aber das mit dem schwungvollen Eindruck meine ich wirklich, Matthieu«, wiederholte sie.

Er zuckte mit den Schultern. »Der äußere Anschein trügt oft«, brummte er und wechselte das Thema: »Wie gefällt Ihnen die Reise bisher? Haben Sie sich schon an das Schwanken gewöhnt?«

»Gerade so«, sagte sie mit einem Lachen. »Es ist sehr entspannend.«

»Genau das habe ich meinem Neffen gesagt«, sagte Matthieu, »und er schien genau *das* für das Problem zu halten.«

»Ihr Neffe?«

»Ja, ich bin Toms Onkel, und im Augenblick auch sein Vormund. Seine Eltern sind tot. Seine Mutter ist kürzlich erst gestorben.«

»Das tut mir leid«, sagte Martha. »Der arme Junge. Ich nehme an, unter den Umständen ist einen Tennisball ins Wasser zu werfen kein so großes Verbrechen. Er ist erst wie alt ... vierzehn?«

Matthieu nickte. Die Psychologie der Jugend war nicht unbedingt sein Steckenpferd. Was ihn anging, hatte der Junge einen Verlust erlitten, er sollte den Tod seiner Mutter betrauern, ihn akzeptieren und nach vorn blicken. Er selbst hatte es in noch weit jüngeren Jahren ganz ähnlich machen müssen. Matthieus Mutter war von ihrem gewalttätigen zweiten Ehemann umgebracht worden, was ihn und seinen jüngeren Bruder zu Waisen gemacht hatte, allerdings ohne einen Vormund. Trotzdem hatten sie überlebt.

»Ich hoffe, er findet drüben in Amerika sein Glück«, sagte er nach einigem Überlegen. »Ein neuer Anfang kann etwas sehr Gesundes sein. Er ist jung, er kann sich dort eine neue Welt schaffen. Ich reise geschäftlich nach Kanada und gehe anschließend wahrscheinlich für eine Weile hinunter in die Vereinigten Staaten. Wenn alles gut geht, bleiben wir eventuell dort. Tom hat sich in Paris als nicht ganz einfach erwiesen, und ich hoffe, ich kann ihn wieder auf die richtige Bahn bringen. Immer angenommen, er dreht hier auf dem Schiff nicht durch und springt über Bord.«

»Oh, er fängt sich schon«, sagte Martha in beruhigendem Ton.

In dem Augenblick kam Tom von der anderen Seite des Decks zurück und stellte sich vor sie hin, wobei er Miss Hayes misstrauisch musterte. »Ah, Tom«, sagte Matthieu. »Lass mich dich vorstellen. Das ist mein Neffe, Miss Hayes. Tom DuMarqué.«

»Es freut mich, dich kennenzulernen, Tom«, sagte Martha und schüttelte ihm die Hand.

Tom nickte ihr zu, sagte aber nichts und stand so nahe bei den Stühlen und so weit von der Reling entfernt wie nur möglich. Er hatte, obwohl er es seinem Onkel nie eingestehen würde, schreckliche Angst vor dem Wasser, und jeder Augenblick an Bord war eine Prüfung für ihn. Er vermied jeden Gedanken an die riesige Weite des Atlantiks um sie herum und hatte beschlossen, während ihrer Reise nicht ein einziges Mal über die Reling zu blicken.

»Nun? Hast du dich entschuldigt?«, fragte Matthieu, als klar wurde, dass der Junge nichts zum Gespräch beitragen würde.

»Ja«, rief Tom übertrieben. »Die haben da drüben etwa zwanzig Tennisbälle, und ich weiß nicht, was das ganze Theater soll.« Er sah immer noch Martha an, die sich in seiner Gegenwart unwohl zu fühlen begann. Der Junge hatte einen Ausdruck in den Augen, der ihn gefährlich und unberechenbar erscheinen ließ.

»Es war schön, Sie kennenzulernen, Monsieur Zéla«, sagte sie, stand auf und strich sich den Rock glatt.

»Matthieu, bitte.«

»Matthieu«, sagte sie. »Und dich, Tom. Aber ich denke, ich setze jetzt meinen kleinen Spaziergang fort. Ich bin sicher, wir sehen uns wieder.«

»*O Gott, dein Meer ist so groß, und mein Schiff so klein*«, sagte Matthieu mit einem Lächeln und nickte ihr nach. »Was für eine charmante Frau«, sagte er leise, als sie verschwunden war. »Du hättest etwas freundlicher zu ihr sein können, Tom. Wirklich, deine Manieren sind erstaunlich ungehobelt.«

»Pffft«, kam die Antwort, ein trockenes Schnauben durch die Lippen, das einen Tropfen Speichel darauf hinterließ, bis er ihn wegwischte.

Tom hätte seiner beredten Antwort vielleicht noch mehr hinzugefügt, wäre sein Blick nicht an der Gestalt von Victoria Drake hängen geblieben, die sechs, sieben Meter entfernt von den beiden an der Reling stand und aufs Meer hinaussah. Seine Augen weiteten sich, der Mund öffnete sich, und er empfand zum ersten Mal ein körperliches Verlangen. Victoria schien zu spüren, dass sie angesehen wurde, wandte sich langsam um, fing seinen Blick auf, verzog abfällig das Gesicht und sah wieder weg. Tom spürte, wie er rot wurde, und presste die Lippen fest aufeinander. Matthieu, der die Pantomime beobachtet hatte, musste schmunzeln.

»Aber, Tom«, rief er. »Du wirst ja ganz rot. Hast du dich verliebt?«

»Pffft«, kam es wieder aus ihm heraus, als wäre schon der Gedanke lächerlich. (Ja, dachte er.) Matthieu sah zum Objekt der Begierde seines Neffen hinüber und nickte. Unwillkürlich wanderte auch Toms Blick zurück zu Victoria, aber da war sie schon wieder aus dem Sichtfeld entschwunden.

»Ah«, sagte Matthieu, denn er war selbst oft in dieser Lage gewesen, »ich glaube, ich verstehe dich.«

Kapitän Kendall hatte über viele Jahre gelernt, dass es vernünftig war, kein zu enges Verhältnis mit der Mannschaft zu entwickeln. In seinen frühen Tagen als Kapitän hatte er sich bei seinen Offizieren und Seeleuten einzuschmeicheln versucht, weil er hoffte, ein kameradschaftliches Verhältnis würde die Atmosphäre an Bord verbessern. Aber man hatte ihn ausgenutzt, unter der Mannschaft an Bord der *Perseverance* hatte sich Selbstgefälligkeit breitgemacht, und er wurde nicht gerade als der disziplinierte Anführer betrachtet, als der ihn Bligh in der Geschichte der *Bounty* so fasziniert hatte. Als er dann das Kommando über die *Montrose* übernahm, änderte er sein Verhalten grundsätzlich. Inzwischen wurde er von seinen Männern zwar nicht unbedingt gefürchtet, aber doch geachtet, und seine Launen waren legendär. Er konnte sich einem Erste-Klasse-Passagier gegenüber völlig unterwürfig verhalten und in der nächsten Minute schon nahe daran sein, einen seiner Leute zu schlagen. Deren allgemeine Daumenregel bestand darin, seine Befehle auszuführen, ihm aber nicht zu nahezukommen. Der Einzige, der dieser Regel nicht gefolgt war, war sein blinddarmgeschädigter Erster Offizier Sorenson, und er hatte sich durch seine Speichelleckerei bei den Kollegen ziemlich unbeliebt gemacht. Dem Kapitän war durchaus bewusst, dass er der Einzige an Bord war, der Sorensons Abwesenheit bedauerte.

Es war später Nachmittag, und Kendall saß in seiner Kabine, seine Kompasse auf blauen Karten vor sich. Er stellte auf einem Zettel ein paar schnelle Berechnungen an, kalkulierte Entfernungen nach Länge und Breite und schloss mithilfe ihrer Geschwindigkeit darauf, dass sie Kanada zum geplanten Termin erreichen würden. Es gefiel ihm zu sehen, wie gut sie vorankamen. Der klare Himmel und der leichte Rückenwind an diesem Nachmittag hatten ihnen gutgetan, und sie waren noch etwas schneller geworden, obwohl er erst vier der sechs Kessel heizen ließ. Kapitän Kendall war ein großer Anhänger der Devise, ein Schiff nicht zu überfordern, und fuhr nur selten alle Kessel mit voller Kraft. Im Gegensatz zu seinem Helden Bligh folgte er dem Fahrplan und hatte kein Interesse daran, einen Wettlauf gegen die Uhr zu gewinnen. Sie sollten am Morgen des 31. Juli Quebec erreichen, und was ihn anging, war das alles, was zählte. Bereits am 30. anzukommen, wäre zu protzig, und der 1. August war eindeutig zu spät. Im Moment lagen sie bestens im Plan, und er lächelte zufrieden, lehnte sich zurück und griff nach der Zeitung, die er vor dem Ablegen noch gekauft hatte. Er warf einen Blick auf die Schlagzeilen: Es gab Schwierigkeiten wegen Streiks in der belgischen Schnapsindustrie, ein Mann, der seine Frau umgebracht und in kleine Teile zerlegt hatte, wurde gesucht, und eine wohlhabende Großmutter hatte einen achtzehnjährigen Jungen geheiratet. Kendall legte die Zeitung wieder weg. Die Dummheit dieser Welt ärgerte ihn. Deshalb war er lieber auf See.

Er dachte an Mr Sorenson, der allein in einem Antwerpener Krankenhaus schmachtete. Dem Mann war sein Blinddarm wahrscheinlich längst entfernt worden, und er erholte sich von der Operation. Vielleicht wachte er auch jetzt gerade erst aus der Narkose auf und fragte sich, ob das Schiff ohne ihn abgefahren war, wobei er natürlich wusste, dass es nicht anders sein konnte. Kendall setzte die Mütze auf, zog sich die Uniformjacke glatt und fragte sich, ob er in den Funkraum gehen und mit dem neuen Marconi-Telegrafen seine besten Genesungswünsche an das Krankenhaus schicken sollte, entschied sich aber dagegen. Es würde schwierig sein, den Funkern zu erklären, warum er eine Weile allein sein wollte, und wenn sie herausfanden, was für eine Nachricht er geschickt hatte, unterminierte das womöglich sein sorgfältig gepflegtes

Bild als strenger Zuchtmeister. Allerdings gefiel ihm der Gedanke ganz und gar nicht, Mr Sorenson könnte annehmen, er sorge sich nicht um ihn. Mit einem Kopfschütteln riss er sich aus seinen Grübeleien, trat aus der Kabine und schloss die Tür hinter sich ab.

Von seinem Aussichtspunkt auf Deck konnte er die Gestalt Billy Carters auf der Brücke erkennen, der aufs Meer hinausdeutete und offenbar mit einem der Navigationsoffiziere herumalberte. Er hielt eine Tasse in der Hand, was der Kapitän auf der Brücke ausdrücklich untersagt hatte. Kendall ging über das Zwischendeck, wich den Kindern und ihren Eltern aus und vollführte scharfe Links- und Rechtswendungen, wann immer er ein lästiges Individuum sah, das offensichtlich seine Aufmerksamkeit auf sich lenken wollte, um ein Gespräch anzufangen. Sie fliegen auf die Uniform, dachte er bei sich und hatte recht damit. In seiner schwarzen Kapitänstracht bot er einen schneidigen Anblick, auch wenn sich die Orden entlang der Brusttasche bei näherem Hinsehen als die verschiedenen Insignien der Canadian-Pacific-Flotte entpuppten. Verglichen mit den billigen Reisekleidern der Passagiere waren seine eher die eines Dandys. Er ließ einen kleinen Seufzer der Erleichterung hören, als er das Erste-Klasse-Deck erreichte, aber wirklich nur einen kleinen, denn die Leute hier, das wusste er, konnten noch um einiges schlimmer sein als die auf dem Zwischendeck, denn sie sahen in der Regel nicht zu ihm auf. Im Gegenteil, sie blickten nur zu oft auf ihn herab und schienen zu glauben, dass er nur knapp über einem ihrer Butler oder Bediensteten stand. Wobei er als Kapitän stets gezwungen war, ihnen gegenüber höflich zu bleiben. Im Übrigen versuchten sie alle, eine Einladung an seinen Tisch zu ergattern, und er hasste dieses allabendliche Ritual. Mr Sorenson gelang es gewöhnlich ganz gut, die Langweiler von den leidlich Unterhaltsamen zu scheiden, gegen bestimmte äußere Zwänge konnte jedoch auch er nichts tun. Die Bewohner der Präsidentensuite zum Beispiel waren auf jeden Fall einzuladen, zusammen mit einigen anderen Erste-Klasse-Passagieren. Aber jetzt, wo Mr Sorenson nicht länger die Spreu vom Weizen trennte, welche Hoffnung hatte der Kapitän da überhaupt noch, sein Essen genießen und angemessen verdauen zu können?

Kendall fing einzelne Wortfetzen auf, als er auf dem Weg zur Brücke an einigen Passagieren vorbeikam, darunter den unerwarteten Kommentar eines jungen Mannes.

»Das ist eine schicke Uniform, oder?«, sagte Edmund zu Victoria. Die beiden saßen in Liegestühlen, spielten Karten, und Edmund sah dem vorbeigehenden Kapitän hinterher. »Die Offiziere sehen sehr elegant aus.«

»Sehr«, antwortete Victoria, die nur zu gerne ein Interesse an den anderen Männern an Bord ausdrückte, da sie hoffte, damit so etwas wie Eifersucht in ihm zu entfachen. »Hast du den Ersten Offizier gesehen? Der sieht toll aus.«

Edmund lächelte, sagte jedoch nichts und warf eine rote Dame auf eine rote Acht. Es war bereits das vierte Romméspiel, und er hatte die ersten drei verloren, was ihn überraschte, da er sich für einen ziemlich guten Kartenspieler hielt. Er versuchte, sich zu konzentrieren, um nicht völlig an die Wand gespielt zu werden.

»Letzte Karte«, sagte Victoria, legte die Pik-Neun vor sich hin und biss sich in Erwartung eines weiteren Sieges auf die Lippe. Als es so weit war, stieß sie einen Jauchzer aus, rief:»Gin!« und klatschte vor Freude in die Hände.

»Vier Mal nacheinander«, sagte Edmund und schüttelte den Kopf. »Du hast eine Glückssträhne.«

»Mutter und ich spielen ständig Karten«, gestand sie ihm. »Sag es niemandem, aber wir spielen um Geld, und sie verliert immer. Für mich ist das eine nette Aufbesserung meines Taschengelds.«

»Eine Falschspielerin also«, antwortete er und lächelte. »Wirklich, Victoria, es überrascht mich, dass du dich so an mir schadlos hältst.«

Sie hob eine Augenbraue und fragte sich, ob das endlich der Beginn eines kleinen Flirts mit ihr war, doch er griff bereits nach den Karten und mischte sie für ein neues Spiel. Sie seufzte und suchte das Deck nach anderen interessanten jungen Männern ab, doch es schien keine zu geben. Die Montrose bot nur eine höchst enttäuschende Auswahl. Für gewöhnlich gab es auf Reisen wenigstens ein Dutzend Schönlinge, die um ihre Gunst buhlten, und in den seltenen Fällen, dass sie selbst von jemandem angezogen wurde, ließ der Wettbewerb das Objekt ihrer Begierde wunschgemäß reagieren. Sie spielten weiter, und als klar wurde, dass Edmund sie mit dem Vorwurf, sie halte sich an ihm »schadlos«, keinesfalls hatte necken wollen, spürte sie, wie er sie mehr und mehr ärgerte. Und sie konnte nichts dagegen tun.

»Kennst du den Jungen da drüben?«, fragte Edmund nach einer Weile. Obwohl er sich auf seine Karten konzentrierte und entschlossen war zu gewinnen, war ihm der junge dunkelhaarige Bursche aufgefallen, der die ganze Zeit schon aus der Entfernung zu ihnen herübersah. Victoria drehte sich um, worauf sich der Junge abwandte und aufs Meer hinausblickte. Dann wich er, offenbar erschrocken, ein paar Schritte zurück und legte die Hände auf den Schornstein hinter sich.

»Nein«, sagte sie und wandte sich wieder Edmund zu. »Er ist mir zwar schon aufgefallen, weil er mich ständig anstarrt, aber ich habe keine Ahnung, wer das ist.«

»Ich denke, da hast du einen Bewunderer«, sagte Edmund mit einem Lächeln, und sie spürte, wie sie gegen ihren Willen – und zu ihrem tiefen Erstaunen – rot wurde.

»Das glaube ich kaum«, sagte sie. »Der ist ja noch ein Kind. Er kann nicht älter als vierzehn, fünfzehn sein.«

»So viel älter bist du nun auch nicht«, sagte er. »Vielleicht könntest du eine kleine Schiffsromanze anfangen.«

Victoria schnaubte. »Nicht mit dem kleinen Jungen!«, sagte sie. »Was glaubst du eigentlich, wer ich bin? Ich gebe mich doch nicht mit Säuglingen ab! Ich habe meine Standards, weißt du, ich muss nicht im Kindergarten nach Ablenkung suchen.«

Edmund lachte. »Daran habe ich keinen Zweifel«, sagte er.

»Und was ist mit dir?«, fragte sie und war bereit, etwas tiefer in seine Psyche vorzudringen. »Hast du schon ein paar lohnende Objekte an Bord gefunden, die dir gefallen?«

Er veränderte verlegen seine Sitzposition, und sie genoss es, dass ihm ihre Frage offenbar Unwohlsein bereitete. »Nein«, sagte er schroff und spielte eine weitere Karte aus. »Warum kann ich heute nur nicht gewinnen?«, fragte er mit einem Blick zum Himmel hinauf.

»Wechsle nicht das Thema, Edmund.«

»Mir war nicht bewusst, dass wir ein Thema haben.«

»Doch, das haben wir. Das romantische Liebesleben.«

»Ich dachte, wir spielen Karten.«

Sie lächelte ihn geziert an und hatte nach ein paar weiteren Runden erneut gewonnen. Edmund seufzte enttäuscht. »Ich scheine heute einfach kein Glück zu haben«, sagte er, nahm die Karten und mischte sie wieder, hielt dann inne und begann, sie zu zählen. »Es sind nur neunundvierzig«, sagte er und sah seine Mitspielerin überrascht an.

»Was sagst du?«, fragte sie unschuldig.

»Ich sagte, das Spiel besteht nur aus neunundvierzig Karten. Ich dachte mir schon, dass da etwas nicht stimmt. Es gibt keine ...« Er zählte noch einmal und sah die Karten durch, bevor er heftig nickte. »Es gibt nur zwei Könige statt vier, und es fehlt auch ein Ass. Kein Wunder, dass ich nicht gewinnen kann, wenn ich auf sie rechne.«

»Oh«, sagte Victoria und tat überrascht. »Das muss ein altes Spiel sein, wir spielen seit Wochen damit. Vielleicht haben wir die Karten in unserem Zimmer in Antwerpen verloren.«

»Aha«, sagte Edmund misstrauisch und war froh, dass sie nicht um Geld gespielt hatten.

»Ich hoffe, du sagst jetzt nicht, ich hätte gemogelt«, sagte Victoria und hob die Hand an den Hals, als nehme ihr schon der Gedanke den Atem.

»Natürlich nicht«, antwortete er, obwohl er sich da nicht so sicher war. »Es ist doch nur ein Spiel. Allerdings denke ich, wir brauchen neue Karten, wenn wir weiterspielen wollen.«
Victoria überlegte. Sie fragte sich, ob sie tatsächlich den Mut hatte, ihren Plan durchzuführen. Sie hatte die drei Karten versteckt, bevor sie das Spiel mit an Deck gebracht hatte, und genau dieses Geschehen erwartet. Sie war überrascht, dass Edmund so lange gebraucht hatte, um zu bemerken, dass einige der Karten fehlten, und hatte sich bereits gefragt, ob sie wohl den ganzen Nachmittag hier draußen spielen mussten, mit zwei Königen und einem Ass zu wenig. Victoria schluckte und sagte sich, wenn sie es jetzt nicht versuchte, würde sie es niemals tun, und so machte sie sich innerlich auf eine mögliche Zurückweisung gefasst, als sie ihren ziemlich unverfrorenen Vorschlag vorbrachte.
»Ich habe noch ein anderes Spiel in meiner Kabine«, sagte sie, ohne ihm in die Augen zu sehen. »Ein ganz neues. Gehen wir und holen es.«
Edmunds Augen wurden schmal. »Ich kann hier auf dich warten, wenn du magst«, sagte er. »Ich passe solange auf unsere Stühle auf.«
»Es gibt genug Stühle«, sagte sie und sah sich lachend um. »Du hast doch nichts dagegen mitzukommen? Ich möchte nicht, dass mir dieser Junge hinterherläuft.«
Edmund nickte. »Also, wenn du meinst ...«, sagte er langsam. Die beiden standen auf, und Victoria griff nach Edmunds Arm. Ihr Herz schlug schneller, nachdem sie ihn da hatte, wo sie ihn haben wollte. Schnell zog sie ihn mit sich, kam an Tom DuMarqué vorbei, ohne ihm einen Blick zu schenken, führte Edmund zum Niedergang und weiter zu ihrer Kabine und war ganz durchdrungen von der Aussicht auf das, was nun kommen mochte.
Kapitän Kendall beobachtete die beiden von der Brücke aus und erkannte sie als zwei Erste-Klasse-Passagiere, wobei ihm an Edmund, kurz bevor er ihn aus dem Blick verlor, etwas auffiel,

ohne dass er hätte sagen können, was es war. Etwas Ungewöhnliches. Etwas …

»Käpt'n?«, sagte Billy Carter und unterbrach seine Gedanken.

»Ja, was denn, Mann?«, fragte Kendall gereizt und sorgte dafür, dass der junge Mann ihn überrascht ansah. Kendall schloss kurz die Augen, um sein inneres Gleichgewicht wiederzufinden.

»Was ist?«, wiederholte er noch einmal mit ruhigerer Stimme.

»Ich wollte Ihnen nur sagen, dass ich eine Pause mache. Sie finden mich in meiner Kabine, wenn Sie mich brauchen«, sagte Carter.

»Sehr gut.«

»Auf dem Tisch drüben liegt eine Liste mit den Passagieren, die heute Abend bei Ihnen am Tisch sitzen werden.«

»Keine Nervensägen, hoffe ich, Mr Carter?«

»Außer mir nicht.«

»Außer Ihnen?«

»Ist das nicht Tradition, Sir? Dass der Erste Offizier am zweiten Tag der Reise mit am Kapitänstisch sitzt?«

War das so?, dachte Kendall. Wenn ja, war es ihm neu. Mr Sorenson aß sowieso jeden Abend mit ihm, aber das war einfach ihre Gewohnheit. Ihm war nicht bewusst gewesen, dass es in diesem Zusammenhang Regeln gab. Um jedoch nicht ignorant zu erscheinen, nickte er schroff. »Das ist wohl so«, sagte er. »Und wer noch?«

»Nun, da sind Monsieur Zéla und sein Neffe, ein Tom DuMarqué.«

»Die Präsidentensuite?«

»Richtig.«

Kendall nickte. »Zéla?«, fragte er. »DuMarqué? Was sind denn das für Namen?«

»Es sind Franzosen, Sir.«

»Franzosen«, wiederholte der Kapitän entnervt. »Gott, hilf uns allen.«

»Dann ist da eine gewisse Mrs Drake mit ihrer Tochter Victo-

ria«, fuhr Billy Carter fort. »Mrs Drake war sehr darauf aus, mit eingeladen zu werden.«
»Reich? Lästig? Kriecherisch?«
»Eine sehr angenehme Person, da bin ich sicher, Sir. Dazu habe ich Mr Robinson und seinen Sohn Edmund eingeladen sowie eine Miss Hayes. Sie alle scheinen Bekanntschaft geschlossen zu haben. Es sollte eine lebhafte Gruppe werden, Sir.«
»Ich bin ganz feucht vor Aufregung«, sagte Kendall trocken.
»Ja, Sir«, antwortete Carter nach kurzem Zögern. Die Bemerkung des Kapitäns verblüffte ihn. »Nun, wenn es sonst nichts gibt, Käpt'n, ziehe ich mich bis zum Essen zurück.«
»Nein, es gibt sonst nichts, Mr Carter. Gehen Sie nur.« Kendall sah zu, wie sein Erster Offizier die Stufen hinunterging und in der Menge auf dem Zwischendeck verschwand. Er sah auf die Uhr. Halb sechs. Zweieinhalb Stunden noch bis zu der Essenstortur mit einer oder zwei Stunden gezwungener Unterhaltung und Jovialität, bevor er schlafen gehen konnte. Zum ersten Mal in seiner Laufbahn begann er, sich zu fragen, ob er wirklich für diesen Job gemacht war.

Obwohl das Abendessen jederzeit zwischen halb acht und zehn Uhr eingenommen werden konnte, lautete die Einladung für den Kapitänstisch auf acht Uhr, da das die Zeit war, zu der der Kapitän zu essen pflegte. Während Kendall vor dem Spiegel stand und seine Krawatte zurechtzog, bereiteten sich auch die übrigen Glücklichen, die sich an seinem Tisch einfinden sollten, auf jeweils unterschiedliche Weise auf das Ereignis vor, waren mehr oder weniger aufgeregt und freuten sich auf das vor ihnen liegende Essen.

In Kabine A7 beugte sich Mrs Antoinette Drake näher zum Spiegel und hantierte mit dem Licht. Sie sah den schwachen Schimmer ihres nachgewachsenen Damenbarts auf der Oberlippe und stöhnte verzweifelt. In Antwerpen hatte sie sich einer Schönheitsbehandlung unterzogen, aber das dumme Ding in dem Salon hatte vergessen, ihr die Härchen von der Oberlippe zu entfernen. Sie griff nach ihrer Puderquaste und betupfte sich sanft damit. Für den Abend hatte Mrs Drake ein extravagantes grünes Kleid ausgesucht und dazu ein Mieder, das ihre Brüste kräftig nach oben drückte. Sie hoben sich, wenn sie einatmete, und man konnte sie praktisch diskutieren hören, welche von ihnen als Erste hervorschnellen sollte. Mrs Drake betrachtete ihr Spiegelbild und vermochte sich zu überzeugen, dass sie immer noch die sexuelle Anziehungskraft einer achtzehnjährigen Debütantin besaß.

»Victoria, versuche doch bitte, ein wenig munterer dreinzublicken«, sagte sie und fing im Spiegel den Blick ihrer Tochter auf. »Du solltest dich auf heute Abend freuen. Wie viele Mädchen in deinem Alter können schon mit einem Schiffskapitän dinieren?«

Victoria, in einem herrlichen roten Abendkleid, saß auf dem Rand ihres Bettes und starrte ins Nichts. Die Demütigung des Nachmittags lag ihr immer noch auf der Seele.

»Was ist denn mit dir? Du siehst aus, als stünde das Ende der Welt bevor.«

»Nichts ist mit mir«, fuhr Victoria auf. »Ich bin nur hungrig, das ist alles. Bist du immer noch nicht fertig?«

»Ich beeile mich, so gut ich kann. Drängle mich nicht.«

»Es ist fast acht Uhr.«

»Es ist das Privileg einer Lady, zu spät zu kommen«, erklärte ihr die Mutter. »Das ist etwas, was du noch lernen musst, mein Kind. Die Gentlemen warten zu lassen. Wenn wir als Erste an den Tisch kämen, wäre das für alle äußerst peinlich.«

Für Victoria war der vor ihnen liegende Abend schon jetzt mehr als peinlich, wusste sie doch, dass Edmund Robinson mit am Tisch sitzen würde, und sie konnte nur beten, dass der Tisch groß genug war, um möglichst weit von ihm entfernt zu sein. Ihr gemeinsamer Nachmittag hatte ein abruptes Ende gefunden, als sie ihn mit in die Kabine nahm, um ein neues Kartenspiel zu holen. Als die Tür fest hinter ihnen geschlossen war, hatte sie ihm einen Platz angeboten, während sie nach den Karten sehen wollte. Er ging jedoch zum Ankleidetisch und betrachtete die gerahmten Fotografien, die Mrs Drake dort aufgestellt hatte.

»Mein Vater«, sagte Victoria, trat hinter ihn und sah über seine Schulter auf das Bild eines dünnen, alternden Mannes mit gebeugten Schultern, dessen dunkle Augen aufgebracht in die Kamera starrten. »Er mag es nicht, fotografiert zu werden. Es macht ihn richtiggehend wütend.«

»Das sieht man«, sagte Edmund, der ihn ernst betrachtete.

Bevor sie sich wieder abwandte, glitt Victorias Blick leicht nach links und blieb gebannt an Edmunds Nacken haften, an dieser hellen, zarten Haut, die so völlig ohne jeden Makel war, von so vollkommenem Weiß wie ein Garten voll frisch gefallenem, jungfräulichem Schnee. Sie atmete seinen Duft ein und zwang sich zurückzutreten. Edmund fuhr herum, als er ihren Atem an seinem Ohr spürte.

»Wie klug von dir, ein zusätzliches Kartenspiel mitzubringen«, sagte er, und sie sah ihn an und vergaß für einen Moment, warum sie hier waren.

»Ja, richtig«, sagte sie, »die Karten. Wo hab ich sie nur hingetan?«

»Victoria, hörst du mir überhaupt zu?« Victoria riss sich aus ihrem Tagtraum und wandte sich ihrer Mutter zu, die aufbruchbereit an der Tür stand. »Jetzt komm schon«, sagte Mrs Drake. »Es ist fünf nach acht. Die anderen sollten bereits da sein. Es wird Zeit.«

Victoria legte die Stirn in Falten, stand auf und machte sich von ihrer Erinnerung los. »Ja doch«, sagte sie.

Martha Hayes hatte für den Abend ebenfalls eines ihrer Lieblingskleider gewählt, eine Robe aus weißem Chiffon, die ihr Léon Brillt, die eine wahre Liebe ihres Lebens, zur Verlobung geschenkt hatte. Sie hatte fast alle Geschenke Léons weggeworfen, aber dieses Kleid war so schön und so teuer, dass sie es nicht übers Herz brachte, sich von ihm zu trennen. Zwar erinnerte es sie an den

Abend, an dem er es ihr geschenkt hatte, ihren wohl denkwürdigsten Abend zusammen (an dem sie sich ihm zum ersten Mal hingegeben hatte), doch sie versuchte, sich von dieser Erinnerung frei zu machen und es zu genießen, wie sie sich in diesem Traum aus Weiß fühlte. Als sie aus ihrer Kabine trat, traf sie auf Billy Carter in seiner weißen Abenduniform, der ebenfalls unterwegs in den Speisesaal war.

»Oh, guten Abend, Miss Hayes«, sagte er, beeindruckt von ihrer Verwandlung. »Sie sehen zauberhaft aus.«

»Ich danke Ihnen, Mr Carter«, sagte sie mit einem Lächeln. »Und danke auch für die nette Einladung. Welch eine Ehre, mit dem Kapitän essen zu können.«

»Nichts zu danken. Wir haben heute Abend eine angenehme Gruppe beisammen, denke ich. Kapitän Kendall liegt sehr daran, seine Passagiere besser kennenzulernen. Er ist ein äußerst freundlicher Mensch«, log er und dachte: Nur mich hasst er.

»Sind Sie schon oft zusammen gefahren?«

»Das ist unser erstes Mal«, antwortete er. »Der übliche Erste Offizier, Mr Sorenson, musste wegen seines Blinddarms ins Krankenhaus.«

»Nicht wirklich?«, rief sie überrascht. »Mein Verlobter ist vor drei Monaten fast an einem geplatzten Blinddarm gestorben.« Die Worte, so wahr sie waren, waren ihr entschlüpft, bevor sie darüber nachdenken konnte, und Martha verspürte sogleich den Wunsch, sie zurückzunehmen. Aber da betraten sie schon den Speisesaal, und Billy Carter führte sie hinüber, um sie dem Kapitän vorzustellen. Der Tisch war rund, und vier der anderen Gäste saßen bereits beim Kapitän: Matthieu Zéla und sein Neffe Tom sowie John Robinson und sein Sohn Edmund.

»Ich denke, die Robinsons kennen Sie bereits«, sagte Billy Carter und zog Marthas Stuhl zurück, damit sie sich setzen konnte. »Aber haben Sie auch schon Monsieur Zéla und seinen Neffen kennengelernt?«

»Heute Nachmittag«, sagte Martha und grüßte den Mann mit einem Kopfnicken. »Wie schön, Sie wiederzusehen. Und Tom«, sagte sie mit einem Blick auf den Jungen, der sie genauso misstrauisch betrachtete wie zuvor auf Deck. Einen Moment später schon wanderten seine Augen jedoch von ihr weg, als Mrs Antoinette Drake mit ihrer Tochter hinter sich hereinkam und auf den Tisch zuschritt, als wollte sie verkünden, das Kommando über das Schiff liege fortan bei ihr, und alle sollten auf die Knie fallen und ihr huldigen.

»Entschuldigen Sie unsere Verspätung«, sagte sie und nahm den leeren Platz zwischen dem Kapitän und Mr Robinson ein, der ein wenig zur Seite rückte. »Ich hoffe, wir haben Sie nicht warten lassen. Ich musste noch etwas Puder auflegen.«

»Ich bin auch erst gerade gekommen, Mrs Drake«, sagte Martha Hayes. »Das ist das Vorrecht der Lady, wie man so sagt.«

»Oh! Miss Hayes«, antwortete Mrs Drake, und ihr Lächeln verblich etwas, als sie sah, wer ihr da gegenübersaß. »Sie sind aber auch wirklich überall, nicht wahr?«

Martha lächelte liebenswürdig und fragte sich, was um alles in der Welt sie getan hatte, um das Missfallen dieser Frau zu erregen.

Damit war nur noch ein Platz frei, zwischen Billy Carter und Tom DuMarqué, und Victoria blieb nichts übrig, als ihn einzunehmen. Tom leckte sich die Lippen wie ein Löwe, der Anstalten machte, sich auf seine Beute zu stürzen, sie erst aber noch etwas beschnüffeln wollte. Es folgte die förmliche Vorstellung, dann gab der Kapitän dem Steward das Zeichen, den ersten Gang zu servieren.

Edmund saß Victoria gegenüber und versuchte, ihrem Blick auszuweichen, konnte aber nicht anders, als von Zeit zu Zeit zu ihr hinüberzusehen. Auch ihm war es peinlich, was am Nachmittag geschehen war. Zwischen den beiden schien jedoch ein unausgesprochener Pakt geschlossen, jetzt kein Wort darüber zu verlieren. Nachdem Victoria endlich die neuen Karten gefunden hatte, war Edmund zur Kabinentür gegangen, aber sie hatte sich ihm in den Weg gestellt und ihn vielsagend angelächelt.

»Etwas sagt mir, dass du nicht mit mir allein sein willst«, erklärte sie.

Er schüttelte überrascht den Kopf. »Ganz und gar nicht, Victoria«, entgegnete er. »Warum denkst du das?«

»Ich glaube, du hast Angst vor dir selbst, was mich betrifft.«

»Victoria ...«, begann er, doch bevor er weiterreden konnte, legte sie ihm einen Finger auf die Lippen. Es war ein prickelndes Gefühl, und sie hätte stundenlang so dastehen können, die Fingerspitze auf seinen vollen roten Lippen. Sie wusste, was sie jetzt tun wollte, zog den Finger zurück, schloss die Augen, legte die Hand hinter seinen Kopf und zog ihn zu sich heran, damit er sie küsste.

»Victoria!«, sagte Edmund und machte sich von ihr frei. »Das ist keine gute Idee. Ich denke, wir sollten zurückgehen an Deck.«

»Gleich«, schnurrte sie.

»Victoria, nein«, sagte er noch einmal, wich zurück und schüttelte den Kopf. »Bitte, hör auf.«

»Was stimmt denn nicht mit dir?«, fragte sie, und in ihren Augen glitzerte der Zorn. »Findest du mich nicht attraktiv? Weißt du nicht, dass ich eines der begehrtesten Mädchen von Paris war? Warum behandelst du mich so?«

»Ich behandele dich überhaupt nicht«, sagte er abwehrend und schob sich Richtung Tür. »Ich glaube nur, dass sich das Auf und Ab des Meeres bei dir bemerkbar macht.«

»Das *was*?«

»Wirklich, Victoria. Ich denke nicht, dass wir ... Im Übrigen habe ich versprochen ... meinem Vater, meine ich, dass wir uns etwa um diese Zeit in unserer Kabine treffen. Ich sollte allmählich gehen.«

Damit lief er hinaus und vergaß, die Tür hinter sich zu schließen – was sie für ihn tat, lautstark, um dann die nächsten zehn Minuten in der Kabine auf und ab zu laufen, Edmund zu verfluchen und sich selbst dafür zu verdammen, dass sie sich so weit vorgetraut hatte. Sie verfiel ihm immer mehr. Seine Unschuld und seine Furcht vor der Intimität betörten sie. Es muss sein erstes Mal sein, dachte sie, geradezu überwältigt von dem Gedanken.

»Was für eine bezaubernde Art, den Abend zu verbringen«, sagte Mrs Drake, und ihre Stimme übertönte die Gespräche aller anderen. »Mein Mann, Mr Drake, und ich sind schon öfter auf Schiffen gereist, haben aber noch nie am Kapitänstisch gegessen.«

»Es ist ein Vergnügen, Sie hier zu haben«, brummte der Kapitän.

»Miss Hayes hat mir eben erzählt, dass sie verlobt ist und heiraten wird«, sagte Billy Carter und machte sich mit Genuss über sein Steak her. »Lebt Ihr Verlobter in Kanada?«, fragte er sie.

»Oh!«, rief sie, verlegen und überrascht, dass er das hier vor allen anderen ansprach.

»Verlobt!«, sagte Mrs Drake, als wäre der bloße Gedanke schon völlig absurd. »Ach, wie schön. Aber sagen Sie, meine Liebe«, fügte sie gleich noch hinzu und starrte auf Marthas nackte Finger. »Wo ist denn Ihr Verlobungsring?«

»Meinen Glückwunsch, Miss Hayes«, sagte Matthieu Zéla gleichzeitig. »Darauf sollten wir trinken.«

»Nein, nein«, sagte Martha und schüttelte den Kopf. »Ich fürchte, dass sich Monsieur Brillt als ... das heißt, Monsieur Brillt und ich ... nun, es tut mir leid, sagen zu müssen, dass wir unsere Verlobung gelöst haben.«

»Verstehe«, sagte Mrs Drake, und ihre Nasenflügel flatterten, als witterte sie einen Skandal.

»Hat er sich eine andere ausgesucht?«, fragte Tom und sah Victoria an, um ihr zuzuzwinkern, aber die starrte ihn an, als verströmte er einen üblen Geruch.

»Tom«, sagte Matthieu leise.

»Das ist etwas Persönliches«, sagte Martha und blickte verlegen auf ihren Teller. »Ich würde lieber nicht darüber sprechen, wenn Sie nichts dagegen haben.«

»Vielleicht sollten wir das Thema wechseln«, sagte Mr John Robinson und warf einen hoffnungsvollen Blick in die Runde. Es tat ihm leid, dass sie so in die Enge getrieben worden war.

»Ganz recht«, pflichtete ihm Matthieu bei. »Sagen Sie, Edmund«, fuhr er fort und wandte sich nach links. »Welchem beruflichen Feld möchten Sie sich denn in Kanada zuwenden?«

»Ich bin Arzt«, sagte Mr Robinson und antwortete für ihn. »Ich hoffe, ich kann mir dort eine Praxis einrichten. Edmund wird mit seinen Studien fortfahren.«

»Ist das so?«, sagte Matthieu, sah ihn an und nickte langsam. »Wie alt sind Sie, Edmund?«

Der Junge blinzelte und schien nachzudenken. »Siebzehn«, sagte er.

»Und Sie, Kapitän Kendall«, sagte Mrs Drake, »Ihre Frau muss Sie fürchterlich vermissen, wenn Sie auf See sind.«

»Siebzehn ist ein schönes Alter«, sagte Matthieu. »Da freuen Sie sich bestimmt, in Miss Drake eine Altersgenossin gefunden zu haben, nicht wahr?«, fragte er und nickte zu Victoria hinüber, die ihn zornig anfunkelte.

»Ich bin ein unverheirateter Mann«, sagte der Kapitän förmlich und mit einem kurzen Stirnrunzeln. Halb dem anderen Gespräch folgend, erinnerte er sich, dass er Edmund und Victoria gemeinsam in Richtung Kabinendeck hatte verschwinden sehen. Er vermutete unstatthaftes Verhalten.

»Sie waren nie verheiratet? Sind nicht mal Witwer?«

»Alle Passagiere, die ich bislang kennengelernt habe, scheinen sehr nett zu sein«, sagte Edmund, um Victoria nicht besonders hervorzuheben.

»In der Tat.«

»Meine Frau ist daheim in Antwerpen. Sie bekommt bald ein Baby«, sagte Billy Carter.

»Ich fand Witwer immer sehr charmant.«

»Einige sind nicht so nett wie andere«, sagte Victoria.

»Sie sind sehr still, Mr Robinson«, sagte Monsieur Zéla. »Genießen Sie Ihr Essen?«

»Wie schön für Sie«, sagte Martha Hayes. »Ist es Ihr erstes?«

»Ich kann ziemlich nett sein, weißt du?«, sagte Tom und schob die Hand unter den Tisch, um Victorias Knie zu drücken.

»Es ist köstlich«, sagte Mr Robinson, zerlegte sein Hähnchen gekonnt und trennte Beine und Brüste vom Rumpf.

»Natürlich ist eine Witwe etwas ganz anderes. Manche sind äußerst plump. Was daran liegt, dass sie endlich die Kontrolle über das Geld haben, verstehen Sie. Ich nehme an, es haben an Bord schon einige Witwen versucht, Ihre Aufmerksamkeit auf sich zu lenken, Kapitän, habe ich recht?«

»Das erste von vielen, hoffe ich!«

»*Nimm deine Hände von mir, du kleiner Scheißer, oder ich schneide dir die Eier ab*«, flüsterte Victoria, und Tom zog seine Hand zurück und schluckte nervös, fühlte sich jedoch ungeheuer erregt.

»Wo kommen Sie ursprünglich her, Mr Robinson? Haben Sie in Antwerpen gelebt?«

»Ich tue meine Pflichten an Bord, Mrs Drake. Sonst nichts«, sagte der Kapitän mit einem trockenen Lachen. Diese Art von persönlicher Befragung war einer der Gründe, warum er diese Essen so sehr hasste.

»Vielleicht sollten wir morgen Vormittag eine Partie Bowls spielen, Victoria«, schlug Edmund vor, der sich mit ihr vertragen wollte und den zornigen Ausdruck auf ihrem Gesicht sah, ohne zu wissen, dass er auf die unerwünschten Aufmerksamkeiten Tom DuMarqués zurückzuführen war.

»Werden Sie denn zur Geburt wieder zu Hause sein?«

»Was für eine reizende Idee. Das wird Victoria gefallen, nicht wahr, Liebes?«

»Nein«, sagte Mr Robinson. »Ich war viele Jahre in London,

wobei ich ursprünglich aus Amerika stamme.« Edmund warf ihm einen Blick zu und war sich offenbar nicht sicher, wie offen sie diesen Leuten gegenüber sein sollten.

»O ja. Das möchte ich um alles in der Welt nicht verpassen.«

»Vielleicht«, sagte Victoria, die sich nicht festlegen wollte. Bedauerst du das jetzt?, fragte sie sich.

»Aus welchem Teil Amerikas?«

»Wird es später noch Tanz geben, Kapitän? Wenn ja, würde ich mich freuen, wenn Sie mich begleiten würden.«

Der Kapitän klopfte mit dem Messer gegen sein Glas, und der helle Klang brachte alle zum Schweigen.

»Ladys und Gentlemen«, sagte er. »Willkommen auf der *Montrose*. Und Ihnen allen eine sichere Reise.«

»Eine sichere Reise«, wiederholten alle und erhoben die Gläser.

»Als ich in Paris gewohnt habe«, sagte Tom DuMarqué und brach damit das plötzliche Schweigen, das auf den Trinkspruch gefolgt war, »meinten die Leute, aus mir würde nichts werden, weil ich ständig Schwierigkeiten wegen Diebstählen und Einbrüchen hatte. Aber wenn ich nach Amerika komme«, fuhr er fort und sah dabei Edmund an, den er bereits als seinen natürlichen Feind identifiziert hatte, »gehe ich nach Hollywood und werde ein Filmstar.«

»Grundgütiger!«, rief Mrs Drake, die nicht sicher war, welcher Teil seiner Aussage sie mehr schockierte, seine kriminelle Vergangenheit oder die angestrebte Karriere. Victoria schnaubte nur, schon der Gedanke schien ihr lächerlich.

»Ein was?«, fragte Mr Robinson und sah den Jungen an.

»Ein Filmstar«, wiederholte Tom. »Das ist die große Sache im Moment, wissen Sie. In Hollywood bauen sie Studios, und jeder kann hin und in ihren Filmen auftreten. Sie müssen doch schon einige gesehen haben.«

»Vielleicht ein oder zwei«, sagte Mr Robinson und versuchte, sich zu erinnern. »Ich war schon mal im Nickelodeon. Aber davon kann man doch sicher nicht leben?«

»Mehr als das«, sagte Tom voller Überzeugung. »Es heißt, wer da von Anfang an mitmacht, kann bis zu seinem Tod eine Million Dollar verdienen.«

»Was für ein Unsinn«, sagte Victoria.

»Das kommt nicht an«, sagte Billy Carter. »Mit den Music Halls können die niemals konkurrieren. Die sind das Tollste überhaupt. Da habe ich auch meine Frau kennengelernt. Sie war eine Revuetänzerin.«

»Eine Revuetänzerin«, sagte Mrs Drake. »Wie schockierend!«

»Die Frauen dort«, sagte Mr Robinson mit ruhiger Stimme, »bedeuten nichts als Ärger. Sie produzieren sich wie billige Huren und hoffen, einen armen Kerl in die Falle zu locken, und wenn sie ihn haben, bluten sie ihn aus. Wenn es nach mir ginge, würde jede einzelne Music Hall im Land geschlossen.«

Schweigen senkte sich über den Tisch. Mr Robinson hatte einen unangemessenen Ton angeschlagen, und Mrs Drake sah, wie seine Fingerknöchel ganz weiß wurden, so fest hielt er Messer und Gabel gepackt.

»Nun, nicht meine Delilah«, sagte Billy Carter endlich, um die Spannung zu durchbrechen. »Sie ist die große Ausnahme.«

Kapitän Kendall schob seinen Teller zur Seite und gab dem Steward das Zeichen, den Tisch abzuräumen, obwohl noch nicht alle mit dem Essen fertig waren. Er zog seine Taschenuhr heraus, öffnete sie und rief laut: »Oje, wie spät es schon ist!«

»Herr Kapitän, Sie wollen uns doch sicher nicht bereits verlassen?«, fragte Mrs Drake enttäuscht.

»Die Pflicht ruft, meine Gute«, sagte er und gab sich etwas unterwürfig, jetzt, da er sich verabschiedete. »Die Pflicht ruft. Aber Mr Carter, Sie werden sich auch weiter um unsere Gäste kümmern, nehme ich an?«

»Natürlich, Sir.«

»Gut. Ich bin an Deck, falls man mich braucht.«

Ein schmaler Balkon umgab die Kommandobrücke, und es war dem Kapitän zur Gewohnheit geworden, dort abends noch eine Zigarre zu rauchen, bevor er sich zurückzog. Er stand an einer finsteren Stelle, wo er nicht zu sehen war, nur die helle rote Glut seiner Zigarre leuchtete im Dunkel. Es war friedlich dort oben, und er hörte nichts als die gedämpfte Musik vom ein Stück entfernt liegenden Zwischendeck und das harmonische Rauschen der Wellen, die sein Schiff, die *Montrose*, durchschnitt. Er wollte gerade wieder hineingehen, als er zwei Passagiere auf Deck kommen sah, die sich ins Dunkel der Schatten drückten und nervös umsahen.

»Gehen wir in die Kabine«, sagte Mr Robinson mit gedämpfter Stimme. »Da können wir reden.«

»Gleich«, sagte Edmund. »Ich brauche nur noch etwas frische Luft.«

Kapitän Kendall wollte den beiden schon ein Zeichen geben, dass er über ihnen stand, hatte sich Mr Robinson doch bislang als sein liebster Passagier erwiesen. Er besaß weder die Taktlosigkeit von Mrs Drake noch die Distanziertheit ihrer Tochter, weder die schillernde Galanterie von diesem Monsieur Zéla noch das pubertäre Gehabe seines Neffen, weder die einfältige Natur von Miss Hayes noch die vorwitzige Arroganz von Mr Carter. Mr Robinson war der Einzige, mit dem er sich auch privat unterhalten würde. Wäre Edmund jetzt nicht bei ihm, würde er ihn vielleicht sogar auf eine Zigarre einladen, sozusagen als Ersatz für Mr Sorenson.

»Willst du wirklich morgen mit diesem Mädchen Bowls spielen?«, fragte Mr Robinson.

»Ich will sie nicht verärgern«, antwortete Edmund. »Ich bin sicher, sie ist eigentlich eine ganz nette Person, nur ein wenig egoistisch.«

»Sie wird nur wieder versuchen, dich zu verführen. Darauf kannst du wetten.«

Ich wusste es, dachte Kapitän Kendall und verspürte einen

merkwürdigen Gefallen daran, dass der Junge die Annäherungsversuche des Mädchens offenbar zurückgewiesen hatte.

»Ich glaube nicht«, sagte Edmund, »sie wird zu sehr damit beschäftigt sein, diesen Tom DuMarqué abzuwehren. Hast du gesehen, wie er sie angeschmachtet hat? Ich dachte, er wollte sie bei lebendigem Leib verschlingen. Dabei ist er noch ein Kind.«

»Ich habe ihn kaum bemerkt«, sagte Mr Robinson und zog Edmund an sich heran. »Ich hatte, wie immer, nur Augen für dich.«

Eine Weile herrschte Schweigen, während sich die beiden in die Augen sahen. Kapitän Kendall lehnte sich vor und linste in die Finsternis, um erkennen zu können, was dort unten vorging. Seine Augen wurden größer und größer, und er musste sich zurückhalten, nicht laut aufzuschreien. Mr Robinson und Edmund küssten sich leidenschaftlich, ihre Lippen schienen fest miteinander verbunden, und sie pressten die Körper gegeneinander. Er starrte zu den beiden hin und konnte nicht glauben, was er da sah. Es war zu schockierend, zu unerhört, zu …

Mr Robinson fuhr mit der Hand durch Edmunds Haar, das sich von dessen Kopf löste und aufs Deck fiel. Kapitän Kendall schnappte nach Luft und glaubte schon, er müsste sich übergeben. Was zum …?, dachte er, bevor er genauer hinsah und feststellte, dass es natürlich nicht das Haar des Jungen war, sondern eine Perücke, unter der dichte, brünette Locken hervorgequollen waren.

»Meine Haare«, flüsterte Edmund und hob die Perücke auf. Dabei ließ ein Lichtschein den Umriss seines Gesichts erkennen, und Kapitän Kendall sah zum ersten Mal das zarte Profil mit dem echten Haar. Edmund blickte schnell übers ganze Deck, um sich zu versichern, dass niemand etwas gesehen hatte, und setzte dann die Perücke wieder auf. »Gehen wir nach unten«, sagte er, und sie verschwanden über den Niedergang in Richtung ihrer Kabine.

»Eine Frau!«, sagte Kapitän Kendall mit bleichem Gesicht und voller Staunen über das, was er da gesehen hatte. »Edmund Robinson ist eine Frau!«

6   Der zweite Fehler

New York, London: 1893 bis 1899

Zuerst schüchterten die Menschenmengen New York Citys Dr. Hawley Harvey Crippen ein, und er sehnte sich danach, in die weniger großstädtische Welt von Detroit oder den Frieden und die Ruhe von Ann Arbor zurückzukehren. Er war von den DeWitt Lansing Medical Suppliers als Vertreter für Manhattan angestellt worden und zog morgens von Arztpraxis zu Arztpraxis, wo er Termine mit Männern hatte, die oft jünger waren als er und die er dafür zu interessieren versuchte, die neuesten medizinischen Instrumente und Medikamente für ihre Praxis anzuschaffen. Die Arbeit deprimierte ihn, denn er hatte nie Verkäufer werden wollen, sondern immer nur Arzt, und so, wie ihn seine Kunden behandelten, fühlte er sich unbedeutend und herabgesetzt. Sie sahen ungeduldig auf die Uhr und unterbrachen ihn mitten im Satz, doch er unterdrückte seinen Zorn und verdiente sich seinen Lebensunterhalt. Seine Nachmittage verbrachte er im Lagerhaus von DeWitt Lansing beim South Street Seaport, wo er sich um die Aufträge kümmerte und auf den Weg brachte, was morgens bestellt worden war. Er bekam ein kleines Grundgehalt und dazu fünfzehn Prozent Provision auf alle Verkäufe. Das genügte, um die Miete für seine Einzimmerwohnung in den Fünfzigern auf der East Side zu bezahlen. Sie war feucht und trist, und aus dem Stockwerk über ihm war ständig Kindergeschrei zu hören. Er hätte sich auch eine etwas bessere Wohnung leisten können, aber statt das Geld auszugeben, sparte er es lieber, um sich aus diesem Leben wirklich befreien zu können. Tatsächlich gelang es ihm, in kurzer Zeit fast sechshundert Dollar anzuhäufen, die er unter den Bodendielen seines Zimmers versteckte.

Am Morgen des 18. Juni 1893 stand er vor der Tür von Dr. Richard Morton, einem praktischen Arzt an der Ecke Bleecker Street und Avenue of the Americas. Dr. Morton war ein alter Kunde, und Hawleys Vorgänger bei DeWitt Lansing, ein gewisser James Allvoy, hatte die dreimal jährlich stattfindenden Termine noch in den Terminkalender eingetragen, bevor er die Firma verließ, um als Dompteur im Zirkus mit einer Löwennummer ein neues Leben zu beginnen. Das war heute Hawleys erster Besuch bei Morton, und er wusste, dass er auf eine gute Provision kommen konnte, wenn er seine Karten richtig ausspielte.

Eine ältere Frau öffnete ihm die Tür, und er schenkte ihr sein unterwürfigstes Lächeln. »Hawley Crippen«, sagte er und lüftete den Hut. »Von den DeWitt Lansing Medical Suppliers. Ich bin hier, um mit Dr. Morton zu sprechen.«

»Haben Sie einen Termin?«, fragte sie und versperrte ihm mit ihrem breiten Körper den Eingang. Er nickte und erklärte, er sei der neue Vertreter der Firma, und sie ließ ihn mit einem Seufzer, als käme er fürchterlich ungelegen, eintreten und zeigte ihm das kleine Wartezimmer, in dem drei Patienten warteten. »Ich sage dem Doktor, dass Sie hier sind«, sagte sie, »aber er muss die Leute erst noch behandeln, es könnte also etwas dauern.«

»Das ist völlig in Ordnung«, sagte Hawley und wartete, bis sie gegangen war, ehe er das Gesicht verzog und nervös auf die Uhr sah. Es war bereits eins, und er hatte noch einen Termin um halb drei, bevor er zum Lagerhaus musste. Er konnte es sich nicht erlauben, zu spät zu kommen, weder zum einen noch zum anderen, musterte die drei Patienten, einen alten Mann, eine junge Frau und einen Teenager, und versuchte, vom bloßen äußeren Anschein her ihre Symptome zu ergründen. Der alte Mann starrte mit kläglichem Gesichtsausdruck auf den Boden vor sich, und sein keuchender Atem war deutlich zu hören. Ein Asthmatiker, dachte Hawley. Braucht ein neues Rezept, dauert höchstens fünf Minuten. Die junge Frau drückte sich in den Schatten neben den Vorhängen und versuchte, unbemerkt zu bleiben. Alleinstehend, schwanger. Zehn Minuten. Der Teenager, ein Junge, hatte einen Arm in einer Schlinge, wirkte gelangweilt und warf der Frau, wenn er dachte, dass sie ihn nicht ansah, immer wieder Blicke zu. Wahrscheinlich kam der Gips herunter. Fünfzehn Minuten. Wenn also alles gut ging, war Morton bis halb zwei mit den dreien fertig, und er selbst brauchte fünfundvierzig Minuten, um das Herbstsortiment durchzugehen, was ihm genug Zeit lassen sollte, es rechtzeitig zu seinem letzten Termin zu schaffen. Er seufzte und sah nervös zur Tür hinüber.

Am Ende war es fast zwei Uhr, bis Dr. Morton ihn ins Sprechzimmer rief. Hawley schwitzte, wegen der Wärme und weil er zunehmend nervöser wurde. Zu seiner Enttäuschung schien die Praxis überraschend gut ausstaffiert, und er sah einige Packungen, die er nicht gleich erkannte. Dr. Morton sah ihn misstrauisch an und hatte kein entschuldigendes Wort für ihn übrig, weil er ihn so lange hatte warten lassen. Nach der Behandlung der drei Patienten aus dem Wartezimmer hatte er noch eine kurze Mittagspause eingelegt, und Hawley konnte das Roastbeef und die Essiggurken in seinem Atem riechen, als Morton sich für seinen Geschmack etwas zu nahe neben ihn setzte. Ich muss daran denken, ihm auch unsere neuesten Mittel gegen Mundgeruch zu zeigen, dachte er.

»Ich kenne Sie noch nicht, oder?«, fragte Dr. Morton. »Was ist mit dem Kollegen, der bisher immer herkam? Klein, unreine Haut, kratzte sich ständig.«

»Mr Allvoy?«, sagte Hawley. »Er hat eine neue Stelle angetreten. Ich nehme von jetzt an die Bestellungen für DeWitt Lansing an. Hawley Crippen.« Er beschloss, dem Arzt nicht näher zu erläutern, welch exotische Wende der Berufsweg Mr Allvoys genommen hatte.

»Eine neue Stelle!«, schnaubte Dr. Morton. »Zu meiner Zeit nahm man eine Arbeit an, blieb sein Leben lang dabei und diente sich langsam nach oben. Heutzutage scheinen die jungen Männer immer nur noch ein paar Jahre Ausdauer zu haben. So leben Landstreicher und keine anständigen, arbeitenden Menschen.«

»In der Tat«, sagte Hawley, öffnete seine Mappe und seinen Musterkoffer und hoffte, nicht in ein Gespräch über den Niedergang und Fall der gegenwärtigen Jugend gezogen zu werden. Die erste Regel eines Vertreters war, das wusste er, nicht mit dem Kunden zu streiten. »Nun, Dr. Morton«, begann er mit gekünstelter Freundlichkeit. »Ich kann Ihnen heute einige aufregende neue Produkte zeigen, angefangen mit einem wirklich revolutionären …«

»Bevor Sie anfangen, junger Mann«, sagte der Arzt und hob eine dicke, faltige Hand, um ihn zu unterbrechen, »sollte ich Ihnen wohl sagen, dass Jenson schon hier war, mit denen ich in letzter Zeit gute Geschäfte gemacht habe. Ich werde also weniger bestellen. Es lohnt sich nicht, darüber zu diskutieren. Lassen Sie mich das von Beginn an offen so sagen.«

»Jenson?«, fragte Hawley, als er den Namen von DeWitt Lansings härtestem Konkurrenten unter den medizinischen Versorgern New Yorks hörte. »Aber Sie waren über so viele Jahre *unser* Kunde.«

»Das bin ich immer noch, mein Junge«, sagte er. »Es ist nur so, dass Jenson Sie bei einigen Produkten preislich unterbietet, also habe ich sie dort gekauft. Bei anderen sind Sie, wie ich weiß, preiswerter. Ich sehe mir Ihr Angebot gerne an, aber es wird wohl so sein, dass ich meine Aufträge fortan zwischen Jenson und Ihnen aufteile.«

Hawley schluckte und versuchte, ruhig zu bleiben. Er sah ein chirurgisches Messer auf einem Seitentisch liegen und überlegte, ob er es packen und Morton zwischen die Augen schieben sollte. Er konnte nichts tun, wenn der Doktor mit zwei verschiedenen Zulieferern arbeiten wollte, aber natürlich reduzierte das seine

Provision. Hawley ging durch sein Bestellbuch, führte dem Arzt einige neue Produkte vor, die er mitgebracht hatte, und beschrieb andere. Morton nahm einige und informierte ihn, dass Jenson andere um ein Drittel billiger anbot. Als sie endlich fertig waren, konnte Hawley seine Wut kaum mehr im Zaum halten. Die Bestellung war nicht einmal halb so groß, wie er erwartet hatte, und es war schon halb drei, und er hätte längst bei Dr. Albert Cuttle an der Ecke Sixteenth Street und Fifth Avenue sein sollen.

»Ihr Gesicht ist ganz rot«, sagte Dr. Morton, als Hawley stumm seine Muster einpackte. »Sind Sie krank? Soll ich Sie mir einmal ansehen?«

»Ganz und gar nicht«, antwortete Hawley. »Ich bin nur etwas enttäuscht, dass Sie uns vor Ihrer Entscheidung für einen anderen Zulieferer nicht die Gelegenheit gegeben haben, unsere Konditionen zu verbessern, das ist alles. Schließlich haben wir eine langjährige Geschäftsbeziehung.«

»Ich habe Sie eben erst kennengelernt«, sagte Dr. Morton mit einem Lächeln, da er sich in seiner eigenen Praxis nicht schelten lassen wollte.

»Sie sind in einer langjährigen Geschäftsbeziehung mit meiner Firma«, sagte Hawley. »In meiner letzten Praxis in Detroit haben wir solche Verbindungen gepflegt.«

»In Ihrer letzten Praxis?«, fragte Morton überrascht. »Aber Sie sind doch Vertreter und kein Arzt.«

»Ehrlich gesagt, bin ich Arzt«, antwortete Hawley gereizt. »Ich habe in New York nur noch keine Stelle gefunden, die meinen Fähigkeiten entspricht. Da haben die guten Leute bei DeWitt Lansing die Gelegenheit ergriffen.«

»Nun, was für ein Arzt sind Sie denn?«, fragte Morton, der ihm kein Wort glaubte und sich über diesen jungen Emporkömmling ärgerte, der glaubte, so mit ihm reden zu können. Schließlich war es allein seine Entscheidung, wie er sein Geld ausgab. »Wo haben Sie studiert?«

Hawley leckte sich die Lippen und bereute seine Worte bereits. »Ich habe ein Diplom vom Medical College of Philadelphia«, sagte er, »und eines als Augen- und Ohrenspezialist vom Ophthalmic Hospital hier in New York.«

Dr. Morton überlegte. »Durch Fernkurse?«, fragte er. Hawley nickte ganz leicht. »Dann sind Sie kein Arzt, Sir«, sagte Dr. Morton mit einem befriedigten Lächeln. »Den Titel verdienen Sie sich nur mit einem langjährigen Vollzeitstudium an einer anerkannten medizinischen Fakultät. Es reicht nicht, einfach ein paar Formulare auszufüllen und wegzuschicken, um an ein Zertifikat zu kommen. So wird man heutzutage möglicherweise Priester, aber nicht Arzt.«

»Ich bin Dr. Hawley Harvey Crippen«, kam die zornige Antwort.

»Machen Sie sich nicht lächerlich, Mann, Sie sind nichts dergleichen.« Dr. Morton hob den Finger und bewegte ihn vor Hawleys Gesicht hin und her. »Machen Sie keinen Fehler: Wenn ich von einem Burschen wie Ihnen zu hören bekomme, der in dieser Stadt ohne Abschluss als Mediziner auftritt, bleibt mir nichts, als die Behörden zu informieren. Für solche Fälle gibt es Gesetze, wissen Sie.«

Zwanzig Minuten später fand sich Hawley mit einem Miniaturauftrag in der Mappe auf der Straße wieder und hielt wütend seinen Musterkoffer fest. Er wusste, was Dr. Morton gesagt hatte, war im strengen Wortsinne richtig, und er hasste ihn dafür. Wenn er sich den Leuten auch immer wieder als Doktor vorstellte, war ihm doch bewusst, dass er dabei die Definition etwas dehnte. Tatsächlich erlaubten ihm die Diplome nur, als Assistent eines Arztes zu arbeiten, wie er es in Detroit für den älteren Dr. Lake getan hatte. Alles andere war Betrug.

Er zog die Uhr aus der Tasche. Es war fast drei Uhr. Für Dr. Cuttle war er zu spät, der würde ihn, das wusste er aus Erfahrung, jetzt nicht mehr empfangen. Er überlegte, ob er trotzdem hingehen und um einen späteren Termin bitten sollte, doch damit würde er keinen Erfolg haben, denn der Mann war sehr auf Pünktlichkeit bedacht. Im Übrigen vermochte er Hawley leicht in Wut zu bringen, denn er war erst vierundzwanzig Jahre alt und bereits ein voll ausgebildeter Arzt mit eigener Praxis, worum ihn Hawley enorm beneidete. Wie er gehört hatte, war Cuttle ein entfernter Cousin Roosevelts, und die Familie hatte ihm alles bezahlt.

Es reicht!, dachte er endlich, verlassen im Straßennetz Manhattans. Für heute reicht es.

Er verbrachte den Nachmittag in seinem Zimmer, lag auf dem Bett und starrte an die Decke. Er fühlte sich ungeheuer einsam. Er hatte keine Freunde in der Stadt und keine Familie. Von Zeit zu Zeit wanderten seine Gedanken zu Charlotte, aber er vermisste sie nicht sehr, und der Gedanke quälte ihn. War er wirklich so gefühllos, wie es den Anschein hatte? Otto hatte er nicht mehr gesehen, seit er ihn nach dem Tod der Mutter zu den Großeltern geschickt hatte. Eine Weile lang hatte er mit den Schwiegereltern noch korrespondiert, in letzter Zeit jedoch nicht mehr. Er hatte ihnen nichts zu sagen, und er konnte nicht so tun, als hegte er väterliche Gefühle für den Jungen. Tief in seinem Herzen wusste er, dass er seinen Sohn nie wiedersehen würde.

Er beschloss, am Abend auszugehen und seinen Kummer in einer örtlichen Music Hall zu ertränken, was ungewöhnlich für ihn war. Er hatte die Plakate für die fragliche Show schon etliche Male gesehen, da er auf dem Weg zur Arbeit am Theater vorbeikam. Hineingegangen war er nie. Das Mädchen am Schalter für die Eintrittskarten kaute Kaugummi und beachtete ihn kaum, als er seine zehn Cent zahlte, dennoch war er leicht verlegen, setzte sich allein an einen der Tische und trank ein Bier, während die Komiker und Tanzgruppen auf die Bühne kamen und so viel Leidenschaft an den Tag legten, wie sie für die paar Cent, die sie verdienten, aufzubringen vermochten. Das Publikum schenkte ihnen nicht mehr Beachtung als den Gesprächen untereinander, und nur etwa die

Hälfte der Plätze war besetzt, wobei sich ein guter Teil der Gäste um die Bar und die Tische dort drängte. Eine Stunde oder mehr verging, Hawley hatte mehrere Bier getrunken und wurde langsam müde. Er überlegte, ob er nach Hause zurückgehen sollte. Bevor er jedoch eine Entscheidung fällen konnte, trat ein eleganter älterer Mann mit einem auffälligen Schnauzbart und einer Weste im Paisleymuster auf die Bühne und klatschte in die Hände, um die Aufmerksamkeit des Publikums auf sich zu ziehen.

»Ladys und *Geeent*-lemen«, verkündete er mit lauter Stimme und dehnte die Worte dabei wie ein Gummiband, wobei er den allgemeinen Lärm, die Buhrufe und Pfiffe aus den verschiedenen Teilen des Theaters überhörte. »Ich habe das große Vergnügen, ja, das wirklich *seeehr* große Vergnügen, Ihnen einen der wahren Stars der New Yorker Musicalbühnen vorstellen zu dürfen. Seit sechs Monaten ist sie unser Liebling hier im Playbill Showhouse. Seit sechs Monaten, Ladys und Gentlemen, sechs Monaten voller Raffinement! Voller Kunst und Eleganz! Bitte lehnen Sie sich zurück und genießen Sie die musikalischen Darbietungen der entzückenden, der appetitlichen, der sagenhaft deliziösen Bella Elmore!«

Hawley hob den Blick von seinem Glas, als eine vollbusige junge Frau von etwa siebzehn Jahren auf die Bühne trat. Der Applaus hielt sich im Vergleich zu ihrer überwältigenden Vorstellung durch den Conférencier sehr im Rahmen, doch dann sah er noch einmal hin und betrachtete sie eingehender. Bella Elmore hatte ein durchaus hübsches Gesicht, allerdings sehr breite Schultern. Zudem schien sie etwas schwer für jemanden ihres Alters. Das dunkle Haar türmte sich hoch auf ihrem Kopf, ein paar Strähnen hingen ihr in den Nacken, und die Wangen waren stark geschminkt. In schneller Abfolge sang sie drei beliebte Lieder, wovon eines für Hawleys Geschmack etwas derb war, gab sich kaum Mühe und achtete nicht weiter darauf, dass das Publikum die ganze Zeit über redete. Hawley jedoch war wie gebannt. Er beobachtete sie und hoffte, sie würde ihn bemerken, und als sie ihr letztes Lied beendete, fing er ihren Blick auf und schenkte ihr ein Lächeln. Sie sah ihn einen Moment lang aufmerksam an, erwiderte sein Lächeln und nickte ihm höflich zu. Darauf verschwand sie von der Bühne und machte einem Jongleur mit einem gewachsten Schnauzbart Platz. Hawley sah sich um, ob sie vielleicht im Zuschauerraum erschien, aber sie war nirgends zu entdecken.

Zehn Minuten später seufzte er enttäuscht und stand auf, um nach Hause zu gehen. Immer noch allein.

»Ich hatte schon gedacht, Sie würden mir ein Glas spendieren«, erklang hinter ihm eine Stimme, und er fuhr herum und fand sich der jungen Sängerin gegenüber, die ihn, die Hände in die Hüften gestemmt, vielsagend anlächelte.

»Es wäre mir ein Vergnügen«, sagte Hawley leicht verwirrt und schnippte mit den Fingern, um eine der Kellnerinnen herbeizurufen.

»Eine Flasche Champagner, Cissie«, sagte die junge Sängerin, während sie sich setzte. »Und zwei Gläser.« Hawley lächelte und überlegte, ob er genug Geld dabeihatte, um eine derartige Ausschweifung zu finanzieren. Er wusste nicht, dass sie, wann immer sie den Blick eines Gastes auffing, dafür sorgte, dass er das teuerste Getränk bestellte. Je mehr Flaschen Champagner so an den Mann gebracht wurden, desto voller war zum Ende der Woche der Umschlag mit ihrem Lohn.

»Hawley Crippen«, sagte er und streckte die Hand aus. »Und Sie sind Miss Bella Elmore, richtig?«

»Cora Turner«, sagte sie und schüttelte den Kopf. »Bella ist mein Künstlername. Das klingt elegant, finden Sie nicht auch? Ich habe ihn mir selbst ausgedacht, wissen Sie.« Sie sprach mit einem vornehmen Akzent, so als wäre sie drüben in England im Buckingham Palace aufgewachsen und nicht als Tochter russisch-polnischer Einwanderer in einem Wohnblock in Queens. Cora Turner war ebenfalls ein Pseudonym. Tatsächlich hieß sie Kunigunde

Mackamotzki, hatte den Namen aber früh schon abgelegt, weil er ihr viel zu lang war.

»Ja, doch, wirklich elegant«, antwortete Hawley, ängstlich darauf bedacht, der jungen Frau zu gefallen. »Ich habe Ihren Gesang sehr genossen, Miss Turner. Sie haben eine schöne Stimme.«

»Ich weiß«, sagte sie. »Ich bin die beste Sängerin hier.«

»Da bin ich sicher.«

Sie nahm sein Kompliment ohne ein weiteres Wort entgegen, zündete sich eine Zigarette an und sah ihm die ganze Zeit in die Augen. Für gewöhnlich übernahmen die Männer die Führung, doch sie konnte sehen, dass er eher der ruhige Typ war und ihre Hilfe brauchte. »Was machen Sie so, Hawley Crippen?«, fragte sie nach einigen Augenblicken des Schweigens.

»Ich bin Arzt.«

»Ah, ein Arzt, wie? Sehr nobel.«

»Nicht sonderlich«, sagte er und lachte etwas. »Ich bin auf Ophthalmologie spezialisiert, was nicht so glanzvoll ist, wie es klingt.«

»Ophthalmologie?«, fragte sie, zog die Nase kraus und hatte Schwierigkeiten, das Wort richtig herauszubekommen. »Und was ist das, wenn wir Englisch reden?«

»Die Augenheilkunde«, sagte er.

»Und davon leben Sie?«, fragte sie und nahm einen großen Schluck Champagner, während Hawley vorsichtig an seinem Glas nippte.

»O ja.«

»Mir ist immer gesagt worden, dass ich schöne Augen habe«, sagte sie und war auf ein weiteres Kompliment aus.

»Tatsächlich«, sagte er und enttäuschte sie. »Darf ich fragen, wie lange Sie schon in solchen Music Halls tätig sind?«

»Seit drei Jahren. Seit meinem vierzehnten Geburtstag. Ich habe vor, eine der weltbesten Opernsängerinnen zu werden. Ich brauche nur den richtigen Stimmlehrer, das ist alles. Aber die kosten sehr viel. Die natürlichen Voraussetzungen sind da, sie müssen nur ausgebildet werden.«

»Daran habe ich keinen Zweifel«, sagte Hawley. »Stammen Sie ursprünglich aus New York?«

Ihre Augen wurden schmal, sie beugte sich vor und sagte leise und verschwörerisch: »Wissen Sie, warum ich zu Ihnen gekommen bin?« Er schüttelte den Kopf. »Ich bin hergekommen, weil ich dort oben auf der Bühne gespürt habe, wie sich Ihr Blick in mich hineingebrannt hat.« Sie fuhr mit der Hand unter den Tisch und legte sie ihm sanft aufs Knie. Er fühlte, wie sich sein Körper vor Verlangen und Angst versteifte. »Und als ich Sie dann betrachtet habe, dachte ich, das ist ein ehrbarer Gentleman, und ich hätte nichts dagegen, ein Glas mit ihm zu trinken. Sie sehen so viel netter aus als die meisten Männer, die hier hereinkommen.« Damit lehnte sie sich wieder zurück – den Satz hatte sie schon oft gebraucht –, zündete sich eine weitere Zigarette an und wartete auf seine Antwort.

»Entschuldigen Sie, dass ich Sie so angestarrt habe«, sagte er.

»Aber nein. Wenn ich auf der Bühne stehe, sollen Sie mich doch ansehen und sich nicht wie die anderen Narren hier einfach weiterunterhalten, während ich singe. So ist es richtig. Was machen Sie hier übrigens so allein?«

»Ich hatte einen langen Tag und das Gefühl, ich könnte eine kleine Erfrischung brauchen. Normalerweise trinke ich nicht allein, aber heute Abend ...«

»Heute fühlt es sich richtig an, habe ich recht?«

Er lächelte. »Ja«, gab er zu. »So in etwa ist es.«

»Und wo ist Ihre Frau? Hat sie nichts dagegen, dass Sie allein in Music Halls gehen?«

Hawley senkte leicht den Kopf. »Meine Frau ist vor drei Jahren gestorben«, sagte er. »Bei einem Verkehrsunfall.«

Cora nickte, drückte aber keinerlei Mitgefühl aus. Sie sammelte Informationen und legte sie in ihrem Kopf ab, um sie zur rechten Zeit hervorholen und nutzen, oder besser: ausnutzen zu können. So saßen sie da und sahen einander an, nicht sicher, wie es weitergehen sollte. Bis sie einen Entschluss gefasst hatte. »Sind Sie hungrig, Dr. Crippen?«, fragte sie.

»Hungrig?«

»Ja. Ich habe noch nichts gegessen und dachte an ein kleines Restaurant. Würden Sie mich vielleicht begleiten?«

Wieder musste Hawley an den Inhalt seiner Brieftasche denken, aber dieses Mädchen hatte etwas so wundervoll Anziehendes, und es war so lange her, seit er eine angenehme Unterhaltung mit einer Frau, oder überhaupt jemandem, geführt hatte, dass er einfach einwilligen *musste*. »Sicher«, sagte er. »Es wäre mir ein Vergnügen.«

»Wunderbar«, sagte sie und stand auf. Er erhob sich ebenfalls, aber sie legte ihm eine Hand auf die Schulter und drückte ihn zurück auf seinen Stuhl. »Ich will mich erst umziehen«, sagte sie. »Ich laufe schnell in die Garderobe, es dauert nur fünf Minuten. Sie werden doch noch hier sein, wenn ich zurückkomme?«

»Auf jeden Fall«, versprach er.

In der Garderobe, die sie sich mit drei anderen Mädchen teilte, schlüpfte Cora schnell aus ihrem Kostüm, sah sich im Spiegel an und überlegte, ob sie noch etwas mehr Lippenstift auftragen sollte.

»Was hast du es mit einem Mal so eilig?«, fragte Lizzie Macklin, eine der Tänzerinnen, die es nicht gewohnt war, Cora so herumhasten zu sehen.

»Ich habe eine Verabredung.«

»Was ist daran so besonders? Du gehst jeden Tag der Woche mit einem anderen nach Hause.«

Cora warf ihr einen bösen Blick zu, zog sich aber weiter um. »Ich weiß nicht«, sagte sie nach einer Pause. »Ich glaube, der jetzt könnte anders sein. Er scheint Geld zu haben.«

»Bei dem Kerl letzten Samstag hast du das auch gedacht, und er hat gleich alles von dir gekriegt, oder?«

»Er hatte eine Seidenweste und eine goldene Uhr. Wie konnte ich wissen, dass beides gestohlen war?«

»Nun, du könntest damit anfangen, die Männer erst mal ein bisschen kennenzulernen. Oder spare für deine Gesangsstunden, wo es dir doch am Ende nur darum geht. Warum denkst du, dass gerade der jetzt anders ist?«

»Ich weiß nicht«, sagte Cora. »Nenne es Intuition, aber ich glaube, der könnte es sein. Ich weiß, es klingt dumm, aber ich glaube es wirklich. Wenn er ein paar Dollar in der Tasche hat, und keine Frau, könnte er doch der sein, der mir hilft, eine berühmte Sängerin zu werden.«

»Eine berühmte Sängerin!«, sagte Lizzie. »Du willst immer mehr, als du hast. Warum muss man überhaupt unbedingt berühmt werden?«, fragte sie. »Kannst du nicht einfach hier glücklich sein? Du hältst dich für so viel besser als wir anderen, Cora Turner.«

»Pass nur auf«, sagte Cora, die fertig war und sie auf dem Weg zur Tür mit einem Lächeln ansah. »Eines Tages liest du von mir in der Zeitung, und du siehst deinen Mann an und sagst: ›Aber das ist ja Cora Crippen! Cora Turner hieß sie mal. Wir sind in derselben Music Hall aufgetreten. Da, sieh nur, was aus ihr geworden ist. Wer hätte das gedacht!‹«

Bald darauf schon packten Dr. Hawley Harvey und Mrs Cora Crippen ihre Besitztümer und zogen von New York nach London, wo Coras Stern, wie sie dachte, endlich aufgehen würde. Sie hatte immer die Vorstellung gehabt, eines Tages werde ein Mann kommen, ein Mann mit Geld und Leidenschaft, der sie von den Plakaten der Music Halls in New York ganz nach oben auf die Plakate der Opernhäuser Europas bringen werde. Die wirklich großen Schauspielerinnen und Sängerinnen gehörten nach London und Paris, glaubte sie, nicht nach Manhattan, und ganz sicher mussten sie nicht Abend für Abend Betrunkene unterhalten, woran sich zehn Minuten Vergnügen mit einem prospektiven Ehemann anschlossen, bevor der wieder aus der Tür marschierte. Sie wartete darauf, dass ihr der Richtige begegnete – und sie bekam Hawley Crippen.

Im Gegensatz zu seiner neuen, jüngeren Frau wäre Hawley völlig glücklich damit gewesen, in Amerika zu bleiben. Zwar mochte er seine Arbeit nicht, aber seine Ersparnisse wuchsen, und er überlegte, ob er einen längerfristigen Teilzeitkurs an einem Ausbildungskrankenhaus in der Stadt belegen sollte, der es ihm am Ende vielleicht doch noch ermöglichte, den Doktortitel führen zu dürfen. Er wollte nicht weg, doch bei einer Kraftprobe zwischen den beiden hatte Cora schließlich die Oberhand behalten.

»Du willst bloß nicht, dass ich meine Talente nutze, oder?«, schrie sie ihn in ihrem kleinen Zimmer auf der East Side an. »Du willst mich hier eingesperrt halten wie ein Tier. Du bist neidisch auf mich.«

»Das stimmt einfach nicht, meine Liebe«, sagte Hawley ruhig und hoffte, seine leisen Worte würden sie dazu bringen, ebenfalls leiser zu werden. Erst vor zwei Abenden war ein ziemlich bulliger Mann von unten heraufgekommen, hatte gegen die Tür geschlagen und ihm erklärt, wenn er seine verrückte Alte nicht ruhigstelle, werde er es für ihn tun. Hawley fühlte sich allmählich geneigt, das Angebot anzunehmen.

»Es stimmt *doch*«, kreischte sie. »Sieh dich nur an, du arrogantes kleines Nichts, wie du so tust, als wärst du ein Doktor, dabei bist du nichts als ein Vertreter. Ich kann eine große Sängerin werden, Hawley, die Sensation der Londoner Bühnen. Hier in New York gibt es zu viele Sängerinnen, dort drüben bin ich etwas Exotisches. Die Leute werden dafür bezahlen, mich zu sehen.«

»Aber London ...«, wimmerte er. »Das ist so weit weg.«

»Oh, Himmel noch mal, wir leben so gut wie im zwanzigsten Jahrhundert. In zwei, drei Wochen sind wir da, und sechs Monate später können wir mit Queen Victoria im Buckingham-Palast dinieren.«

Der Streit ging weiter. Manchmal griff sie zu einer anderen Taktik und sagte, sie könnten in London noch einmal neu anfangen, und er sei dort vielleicht endlich in der Lage, sein Medizinstudium zu absolvieren. »Ich werde so viel Geld verdienen«, sagte sie. »Ich kann eine der großen Bühnensängerinnen werden, und ich bezahle dir deine medizinische Ausbildung. Dann kannst du eine Praxis in der Harley Street eröffnen, und wir laden jeden Abend Gäste ein. Denk an die Partys, Hawley! Denk an das Leben, das wir führen werden.«

Wenn sie so redete, liebevoll und ermutigend, neigte er diesen Plänen schon eher zu, doch ihre Laune konnte von einer Sekunde auf die andere umschlagen. Manchmal fragte er sich, wie er überhaupt in diese Situation hatte kommen können. Er hatte sich ziemlich schnell in Cora verliebt. Mit ihr war er nicht mehr allein. Sie war gutherzig, rücksichtsvoll und gesittet. Er gab vor, etwas zu sein, was er nicht war, übertrieb, was sein Geld und seine Position anging, und sie machte es genauso und spielte das nette Mädchen. Bald wurden sie ein Paar, und er hätte es nicht ertragen, wieder von ihr getrennt zu werden. Im Gegensatz zu seiner ersten Frau, die bis in den Tod scheu und unschuldig geblieben war, wusste Cora genau, was sie von einem Mann wollte und wie sie es bekam. Obwohl sie erst siebzehn Jahre alt war, und damit vierzehn Jahre jünger als er, verfügte sie zwischen den Laken über Erfahrungen und Talente, die ihn gleichzeitig erschreckten und in Bann zogen. Er war ihr Weg aus der Gosse, und sie hörte ihm zu und sagte, sie glaube an ihn. Sie heirateten und waren beide vom Ergebnis enttäuscht.

Obwohl er fast jeden Abend ins Varieté ging und ihre Auftritte durchaus genoss, spürte er doch, dass auch ein guter Stimmlehrer nicht ausreichen würde, um aus seiner Frau einen Gesangsstar zu machen. Sie traf die richtigen Töne und vermochte sie zu halten, daran bestand kein Zweifel, aber das konnte er auch, wenn er wollte, und machte ihn das zu Caruso? Ihre Stimme trug nur durch den halben Raum, und sie klang eher wie ein auf der Fensterbank zwitschernder Vogel als wie ein morgendlicher Chor, der die Sonne begrüßte. Unablässig übte sie ihre Tonleitern, bis der unangenehme Kerl aus der Wohnung unter ihnen drohte, ihnen beiden das Genick zu brechen – die höchsten Noten wollten ihr dennoch nicht gelingen. Trotzdem blieb sie dabei, dass sie enormes Talent habe und die ganze Welt das bald schon erkennen werde.

In London mieteten sie die obere Etage in einem Haus am South Crescent, direkt an der Tottenham Court Road. Der Preis war vernünftig, und Hawley genoss es, dass er nur um den Bedford Square und die Montague Street hinunter spazieren musste, um ins British Museum zu kommen. Dort herrschte immer Ruhe und Frieden, dort stand niemand am Fenster und übte missklingende Arpeggios, und er konnte ungestört Bücher über Medizin lesen. Er interessierte sich mehr und mehr für die neue Welt der Pathologie und Gerichtsmedizin, für Autopsien und das Sezieren des menschlichen Körpers, las, was er darüber finden konnte, war fasziniert von den groben Strichzeichnungen, die er überall auf den Seiten fand, und fragte sich, ob es möglich war, als Besucher einer echten Autopsie beizuwohnen. In den Büchern wurden die verschiedenen Instrumente beschrieben, die Werkzeuge, die gebraucht wurden, um die Organe zu entfernen, die dünnen Klingen der Skalpelle, die wie heiße Messer durch Butter schnitten, die Sägen zur Öffnung des Brustkorbs, die Zangen, mit denen die Rippen getrennt wurden. Darüber zu lesen, darüber nachzudenken, erfüllte seinen ganzen Körper mit einem erregten Kribbeln. Seine Augen wurden größer, der Mund trocknete aus, und er spürte das Blut in den Lenden. Das Museum war bestens mit medizinischen und wissenschaftlichen Zeitschriften ausgestattet, und wann immer er sich mit einem Stapel Ausgaben des *Scientific American* oder des *British Medical Journal* an einen Tisch setzte, fühlte er sich zurückversetzt in seine Kindheit nach Ann Arbor und musste an Jezebel Crippens Entschlossenheit denken, ihn von der sündigen Welt der Medizin abzubringen und zurück auf den Weg zu Jesus zu führen. Vor langer Zeit schon hatte er alle Verbindungen zu seinen Eltern abgebrochen, er wusste nicht einmal, ob sie noch lebten. Er dachte so gut wie nie an sie, und wenn, dann ohne irgendwelche Gefühle oder menschlichen Regungen.

Bald schon begannen ihre Ersparnisse dahinzuschwinden, und Hawley war gezwungen, sich nach Arbeit umzusehen. Eines späten Nachmittags zu Anfang des Frühlings, als er die Shaftesbury Road hinunterging, fiel sein Blick auf ein Schild im Schaufenster von Munyon's Homeopathic Medicines, mit dem ein »Mann für eine gute Position in dieser Firma« gesucht wurde. Er trat ein und stellte sich als Dr. Hawley Harvey Crippen vor, zuletzt in Detroit und New York, mittlerweile glücklich im Londoner West End ansässig und auf der Suche nach einer passenden Beschäftigung.

James Munyon, der alternde Besitzer der Firma, hörte den fremden Akzent, linste über die Brille und registrierte den ziemlich schäbigen Zustand von Schuhen und Kleidung seines Gegenübers. Munyon war in seinen Siebzigern und hatte sein ganzes Leben im Medizinhandel gearbeitet. Seine Hände waren von all den Tränken und Tinkturen verfärbt, die er während der letzten fünfzig Jahre verfertigt hatte, und die Dämpfe, die er dabei hatte einatmen müssen, fanden sich in seiner Stimme wieder. Er glich in jeder Hinsicht einem Mann aus einer Schauergeschichte und schien aus nichts als Haut, Knochen und Chemikalien zu bestehen. Hawley schluckte, bewahrte jedoch die Fassung. Er war entschlossen, sich in London nicht mit der gleichen Respektlosigkeit behandeln zu lassen wie in New York. Schließlich war er ein gebildeter Mann, ein Mann der Medizin und nicht irgendjemand, auf den man herabblicken konnte.

»Es ist keine medizinische Tätigkeit«, sagte Munyon, der annahm, dass Hawley die Wahrheit sagte, wenn er sich mit einem Doktortitel vorstellte. »Ich suche nach einem Geschäftsführer.

Munyon's ist ein Geschäft für homöopathische Medizin, keine Arztpraxis. Das ist Ihnen doch klar, oder?«

»Gewiss«, sagte Hawley, der sich bewusst war, dass im Augenblick jedes Einkommen besser war als keines. Zwar verfügte er immer noch etwa über die Hälfte seiner Ersparnisse, von denen er ein Gutteil vor den Augen und Plänen seiner charmanten Gattin verbarg, wollte aber keinesfalls noch mehr davon ausgeben. Eine zusätzlich sprudelnde Finanzquelle war unerlässlich, nicht zuletzt, da Cora sehr entschlossen nach einem Gesangslehrer suchte. Es war nur noch eine Frage der Zeit, dass sie kommen und Geld von ihm fordern würde. »Und homöopathische Medizin«, sagte er, hatte mit dem Wort zu kämpfen und versuchte, sich an das zu erinnern, was er darüber in den Medizinzeitschriften im British Museum gefunden hatte. »Das ist …?«

»Wir handeln mit ergänzenden Mitteln, Dr. Crippen. Unsere Kunden bevorzugen es, Krankheiten mit winzigen Dosen natürlicher Substanzen zu behandeln, die, von gesunden Personen eingenommen, Krankheitssymptome hervorrufen würden. Einem Kranken im richtigen Maß verabreicht, können sie jedoch zu bemerkenswerten Heilerfolgen führen. Sie wissen doch um den Fortschritt der homöopathischen Medizin während der letzten Jahre?«

»Jaja, natürlich«, log er. »In Amerika ist der Markt allerdings noch klein und die Beachtung begrenzt.«

»Es braucht noch Zeit, um die Ungläubigen zu überzeugen«, gab Munyon zu. »Viele Ärzte wollen nichts mit der Homöopathie zu tun haben. Sie behandeln immer noch lieber alles mit Tränken und Salben, Messern und Aderlässen. Sogar mit Egeln. Das sind archaische Methoden, wenn Sie mich fragen.«

Hawley überraschte die moderne Einstellung von Mr Munyon, in dem er entsprechend seinem Alter und seiner Gebrechlichkeit eher einen Traditionalisten vermutet hätte. Die Räume waren von einem intensiven, ungewöhnlichen Geruch erfüllt, die Schrän-

ke voll mit regenbogenfarbenen Schachteln und Packungen mit merkwürdig benannten Substanzen. »Die Kunden kommen hierher?«, fragte er, fasziniert von der Aladinhöhle, in die er da geraten war. »Sie fragen hier bei Ihnen nach medizinischem Rat?«
»Manchmal, aber meist kommen sie mit Rezepten«, sagte Munyon. »Es gibt einige homöopathische Kliniken in London, mit denen wir in engem Kontakt stehen. Sie verschreiben bestimmte Behandlungen, wir beschaffen die Mittel. In der Hinsicht arbeiten wir wie eine Apotheke. Wir bieten aber auch nicht verschreibungspflichtige Mittel für normale Kunden an. Am Anfang war es schwierig, doch die Zeiten haben sich merklich gebessert. Weshalb ich nach einem Geschäftsführer suche.«
»Nun«, sagte Hawley, dem gefiel, was er sah, obwohl er sonst eigentlich allem, was nicht streng wissenschaftlich war, mit natürlicher Skepsis begegnete. »Wenn Sie mir eine Chance geben wollen, werde ich Sie sicher nicht enttäuschen.«

Cora Crippen kam mit einer Tasche voller Lebensmittel unter jedem Arm nach Hause und hatte Schwierigkeiten, den Schlüssel ins Schloss der Eingangstür zu bekommen, ohne eine davon fallen zu lassen. Nach einem, wie es ihr schien, erfolgreichen Nachmittag hatte sie beschlossen, sich und Hawley mit einem etwas aufwendigeren Abendessen als gewöhnlich zu verwöhnen. (Üblicherweise beschaffte sie die Zutaten, und er kümmerte sich um die Zubereitung.) Es war ein kalter Tag, und auf dem Heimweg vom Lebensmittelladen hatte es angefangen zu nieseln. Ihr Kleid, das etwas zu lang war und das sie, da sie die Hände voll hatte, nicht hatte anheben können, hatte den Regen aus den Pfützen auf dem Bürgersteig aufgesogen. Sie seufzte genervt und sehnte sich danach, es auszuziehen und sich eine Tasse Tee kochen zu können. Es war ihr bestes Kleid, und sie trug es nur wegen dem, was sie heute vorgehabt hatte, bedauerte das aber schon, denn jetzt musste es gewaschen werden.

Wenn man das Haus am South Crescent betrat, kam man in einen Vorraum, von dem aus eine Treppe hinauf in ihre Wohnung führte. Im Erdgeschoss wohnten die Jennings, und wenn sie sich auch immer ausgesucht höflich begegneten, war doch klar, dass sich Mrs Jennings und Mrs Crippen nicht ausstehen konnten. Sie versuchten verzweifelt, einander auszustechen. Die Jennings waren irische Katholiken und hatten sechs Kinder im Alter von acht Monaten bis acht Jahren, die Cora wie eine äußerst widerspenstige Bande vorkamen. Ständig verschmiert mit den Überbleibseln des letzten Essens, starrten sie die vorbeikommende Lady aus der Wohnung oben an wie ein Haufen misstrauischer Katzen. Cora besaß kein Gramm Mutterinstinkt, und wenn sie die Brut der Jennings betrachtete, hatte sie das Gefühl, solche Kinder könnten von niemandem außer ihrer Mutter geliebt werden. Als sie die Haustür endlich aufbekommen hatte und eintrat, fand sie sich dem kleinsten Jennings-Spross gegenüber, der immer nur das »Baby« genannt wurde. Cora wusste nicht, ob die Jennings sich die Mühe gemacht hatten, einen Namen für das Kind zu finden, und jetzt hielt er oder sie in ihrem / seinem Herumkrabbeln inne und sah zu, wie sie die Tür hinter sich schloss.

»Guten Tag«, sagte Cora leicht nervös, denn das Kind hatte etwas an sich, was sie verunsicherte. Wenn sie gezwungen war, mit derart kleinen Kindern zu kommunizieren, sprach sie mit ihnen wie mit Erwachsenen. Sie weigerte sich, wie alle anderen zu gurgeln und zu gurren, als hätte sie es mit einer dementen Person zu tun. Sie eilte zur Treppe, aber noch bevor sie den Fuß darauf setzen konnte, kam Mrs Jennings auf der Suche nach ihrem Jüngsten aus der Küche, Hände und Wangen voller Mehl, da sie gerade ein Brot backte.

»Oh, guten Tag, Mrs Crippen«, sagte sie in dem vornehmen Ton, dessen sie sich befleißigte, wenn sie mit Cora sprach, und der im völligen Gegensatz zu ihrem sonstigen Akzent stand, mit dem sie den ständig betrunkenen Mr Jennings anschrie. »Ja, sehen Sie nur. Bis auf die Haut durchnässt.«

»Ich bin vom Regen überrascht worden«, erklärte Cora. Es ärgerte sie, dass Mrs Jennings sie so sah, durchweicht, schmutzig und mit tropfnassen Strähnen, die ihr über Stirn und Hals hingen.
»Sie armes Ding. Sie sehen ja aus wie ein nasses Geschirrtuch!«
»Oh, dafür sind Sie voller Mehl, Mrs Jennings«, flötete Cora. »Hawley und ich, wir kaufen unser Brot beim Bäcker. Aber es schmeckt bestimmt viel besser, wenn einen die Umstände zwingen, es selbst zu backen. Das Gefühl, etwas geschafft zu haben, zaubert ein Lächeln noch auf die ärmsten Gesichter.«
»O ja«, sagte Mrs Jennings, die absolut in der Lage war, es ihr mit gleicher Münze heimzuzahlen, »und es muss so viel leichter sein, die Einkäufe nach Hause zu schaffen, wenn man ein so muskulöses Ding ist wie Sie. Als ich Sie das erste Mal sah, dachte ich, Sie müssten ein Mann sein, mit diesen kräftigen Schultern.«
Cora lächelte. »Guten Tag«, sagte sie und knirschte mit den Zähnen. Sie war zu nass, und ihr war zu kalt, als dass sie das kleine Scharmützel noch hätte weitertreiben wollen. »Aber Sie wissen ja, wie es ist, Mrs Jennings«, sagte sie dann dennoch, bevor sie ihren Weg fortsetzte. »Wenn ich erst einmal einzukaufen beginne, kann ich nicht mehr aufhören. Ich ertrage es nicht, nach der letzten Saison gekleidet zu gehen. Manche Leute schaffen das ja und halten alles erstaunlich frisch, aber dazu fehlt mir das Talent. Das ist übrigens eine hübsche Bluse, die Sie da tragen. Ich hatte früher eine ganz ähnliche.«
Mrs Jennings lächelte. Ihr missfiel an Cora vor allem der amerikanische Akzent, der deutlich durch ihren affektierten Upperclass-Ton drang.
»Allerdings war ich gerade nicht nur einkaufen, wissen Sie«, sagte Cora und stellte die Taschen ab, da ihre Unterhaltung nun offenbar doch noch weiterging. »Ich hatte einen Termin mit Signor Berlosci, meinem Gesangslehrer. Die Luft in London ist so schlecht, dass ich ein wenig Unterstützung brauche, um meine Stimmbänder in Form zu halten.«

»Wirklich«, sagte Mrs Jennings, der ihr Lächeln ins Gesicht gemeißelt schien. »Ich habe immer gedacht, Singen sei eine natürliche Begabung. Man kann es, oder man kann es nicht, und es muss nicht extra trainiert werden. Dass es sich in der Hinsicht verhält wie mit der Gebärfähigkeit.«

»Für den Durchschnittsmenschen, ja, aber ich bin eine ausgebildete Berufssängerin, Mrs Jennings. In New York war ich die Hauptattraktion in den Music Halls der ganzen Stadt. Jemand mit meinen Fähigkeiten muss seine Stimme pflegen wie ein Musiker seine Stradivari. Das ist eine Geige, Mrs Jennings«, fügte sie mit einem besonders breiten Lächeln hinzu. »Wissen Sie, ich gebe in der Woche einen Shilling allein für Honig aus, um meine Stimme morgens und abends zu schmieren. Gott, das ist wahrscheinlich so viel, wie Sie ausgeben, um Baby zu füttern.«

Mrs Jennings überlegte, ob sie Cora bei den Haaren packen und ihren Kopf so lange gegen die Wand schmettern sollte, bis ihr das Blut aus den Ohren lief, doch sie zügelte sich.

Zwischen den beiden Stockwerken am South Crescent herrschten eine eher wackelige Harmonie und das unausgesprochene Gefühl, dass die im Parterre »unter der Treppe« lebten, während die oben sich für etwas Besseres hielten. Was die Ehemänner der beiden Frauen anging, so sprachen sie kaum miteinander, hatten sie doch rein gar nichts gemeinsam. Hawley Crippen unterschied sich so sehr von dem versoffenen Faulpelz Paddy Jennings, wie man es sich nur vorstellen konnte. Es erstaunte Hawley, dass das Gesicht des Mannes ständig mit dicken Stoppeln überzogen war, die er nie abrasierte, die sich aber auch nie zu einem richtigen Bart zu entwickeln schienen. Er fragte sich, ob das ein medizinisches Wunder war, und überlegte, darüber einen Aufsatz für das *British Medical Journal* zu schreiben. Die beiden Männer trafen von Zeit zu Zeit in der Diele aufeinander, der eine in Unterhemd und Hose, Zigaretten rauchend und nach Schweiß und Alkohol stinkend, der andere mit Anzug und Krawatte, den

Schnauzbart ordentlich gekämmt, einen Spazierstock in der Hand, das Gesicht müde und erschöpft. Sie hatten einander wenig zu sagen. Hawley grüßte stets nur mit einem Nicken und spürte die Verachtung in Jennings' Blick.

»Er iss genau von der Sorte, der ich gerne was auf die Nase geb'n würde«, sagte Mr Jennings oft zu seiner Frau, bevor er ihr eins verpasste. »Ich weiß auch nich', warum, aber ich würd mich 'n ganzes Stück besser fühl'n.«

Signor Berlosci wohnte nicht weit von den Crippens in einem Haus am Tavistock Square, das er von seiner kinderlos gebliebenen Tante geerbt hatte. Cora hatte eine Anzeige von ihm in der *Times* gesehen, ihn anfangs der Woche aufgesucht, und sie hatten einen Termin für den heutigen Tag vereinbart. Um einen guten Eindruck zu machen, hatte sie ihr bestes Kleid angezogen und ihren schönsten Hut aufgesetzt und war gleich angetan gewesen von der opulenten, wenn auch ziemlich kitschigen Atmosphäre, mit der sich Berlosci umgab. Er war Italiener, lebte seit fast acht Jahren in London, trainierte viele aufstrebende Sängerinnen und Schauspielerinnen und betrachtete es als persönlichen Misserfolg, wenn sie innerhalb eines Jahres nach dem Absolvieren seines Programms keinen Erfolg hatten. Zu seinem Training gehörten Atemübungen, Sprech- und Gesangstechniken und die Verführung durch den Lehrer selbst. Als alleinstehender Mann wusste er von sieben Kindern, die er gezeugt hatte, kannte aber keines von ihnen. Auch sein letzter Geburtstag, sein fünfzigster, hatte keinen Rückgang seines libidinösen Appetits eingeläutet. Wenn überhaupt, so betrachtete er sein Alter als besondere Herausforderung und durchforstete schamlos Londons Theater und Music Halls. Wenn ihn Cora auch nicht sofort angezogen hatte – ihr breites Kreuz war das, was jedem zuerst an ihr auffiel, gleich gefolgt von dem gekräuselten dunklen Haar und den schmalen Lippen –, beherzigte er doch die Regel, keine mögliche Geliebte aufgrund fehlender körperlicher Anziehung zurückzuweisen. Der persönliche Genuss war das Einzige, was ihm wichtig war, in musikalischer wie romantischer Hinsicht, und den konnten ihm auch hässliche Frauen verschaffen.

»Mrs Crippen«, hatte er gesagt und es mit dem italienischen Akzent ein wenig übertrieben, als er, gehüllt in eine Wolke aus Flieder-Aftershave und Haarwasser, das Zimmer betrat. (Der erste Eindruck war ihm ebenfalls wichtig.) »Ich bin erfreut, Sie wiederzusehen. Sie sind gekommen, mich mit Ihren Talenten zu erregen, habe ich recht?«

»Ich hoffe es, Signor Berlosci«, antwortete sie geschmeichelt und fühlte sich zugleich angezogen. »Ehrlich gesagt, glaube ich nicht, dass ich Ihnen viel Arbeit machen werde, ich brauche nur ein wenig Hilfe. Ich war in New York ein ziemlicher Star, wissen Sie.«

»Sie haben in New York gesungen?«

»O ja, überall am Broadway«, log sie. »Als Bella Elmore. Ich bin dort sehr bekannt und nur deshalb in London, weil sich mein Mann, Dr. Crippen, hier in der Stadt mit einer Praxis niederlässt. Wie es der Zufall will, bekommt er gerade heute seine Zulassung, und ich möchte meine Gesangskarriere hier in London fortsetzen.«

»Und ein Star werden, richtig?«

»Ja«, sagte sie entschlossen.

»Nun, London ist der richtige Ort dafür«, sagte er und lächelte geziert. »New York ist gut und schön, dem kultivierteren Menschen erscheint es jedoch mitunter etwas billig und geschmacklos. Aber London – und Paris und Rom natürlich –, das sind die Zentren der Vortrefflichkeit. Die wirklich großen Sängerinnen müssen ihre Kunst hier ausüben, meinen Sie nicht auch?«

»Doch, das meine ich«, sagte sie atemlos. »Oh, das meine ich ganz sicher.«

Berlosci stellte sie ans Fenster und gab ihr einige Anweisungen, was sie tun sollte. Er setzte sich ans Klavier und spielte ein mittleres C, auf das Cora mit einem Arpeggio antwortete: C-E-

G-C-G-E-C. Er spielte ein D, und sie ging einen Ton hinauf, dann ein E, und sie ging noch einen höher. Bei G hörte er auf, drehte sich um und sah sie an. Cora hüstelte, wie um zu sagen, dass sie erkältet sei und deshalb nicht ihre beste Leistung zu bringen vermöge. Sie fing bereits an, sich zu entschuldigen.

»Sehr schön«, sagte Berlosci in einem ruhigen Ton, der anzudeuten schien, dass er gerade einer Solistin aus dem himmlischen Chor der Engel gelauscht hatte. »Sie haben eine schöne Stimme.«

»Danke«, sagte sie und fühlte sich erleichtert, denn so selbstsicher sie sich auch geben mochte, war sie doch nicht völlig überzeugt, dass sie wirklich das nötige Talent hatte.

»Wir haben jedoch noch einige Arbeit zu leisten.«

»Haben wir das?«

»Sicherlich. Sie verfügen über die natürlichen Gaben, doch sie müssen verfeinert werden. Ihre Atemtechnik lässt zu wünschen übrig. Sie singen mit der Kehle und nicht mit dem Zwerchfell, wo die Noten eigentlich gebildet werden. Aber das ist eine Frage der Technik. Allerdings kostet es Arbeit, sie zu vervollkommnen.«

»Ich bin bereit zu arbeiten, Signor Berlosci«, sagte Cora. »Ich werde tun, was nötig ist.«

»Und natürlich ist Arbeit teuer. Ich stelle zwei Shilling pro Stunde in Rechnung, und wir müssen uns viermal in der Woche treffen, jeweils für eine Stunde. Wie klingt das für Sie?«

Cora machte eine schnelle Überschlagsrechnung im Kopf und schluckte nervös. Das war viel Geld, besonders angesichts des Gehalts, das Hawley bei Munyon's bekam. »Das ist in Ordnung«, sagte sie bestimmt. »Wann können wir anfangen?«

Während sie auf Hawley wartete, schickte Cora ein leises Gebet zum Himmel, dass er ihr das Geld für ihre Gesangsstunden nicht verweigerte. Er reagierte ihr gegenüber in letzter Zeit immer gereizter, und sie machte sich Sorgen, ihn nicht so unter Kontrolle zu haben, wie sie es sich wünschte. Das musste sie ihm austreiben.

Ihre Beziehung würde niemals überleben, wenn er zu viel zu sagen bekam, das wusste sie. Also würde sie ihn einfach nur darüber informieren, dass sie das Geld brauchte – dass sie beide es brauchten, wenn sie eine erfolgreiche gemeinsame Zukunft haben wollten –, und er würde es ihr ohne eine weitere Frage geben.

Sie hörte ihn unten hereinkommen und gleich die Treppe heraufsteigen. Wie immer wollte er unbedingt vermeiden, dass Mr Jennings ihn sah und betrunken die Fäuste gegen ihn erhob. Als er durch die Tür kam, sah sie jedoch noch etwas ganz anderes in seinen Augen, den Ausdruck völliger Verdrossenheit; sie sah Wut, ja, sogar Hass. Er nickte ihr zu, warf den Hut aufs Bett und ging ohne ein Wort ins Bad. Sie hörte, wie er den Wasserhahn über dem Waschbecken aufdrehte, und als er nach ein paar Minuten wieder erschien, waren sein Gesicht gerötet und sein Kragen nass, als hätte er sich mit aller Kraft den Schmutz des Tages abwaschen wollen.

»Was für ein Nachmittag«, sagte Cora und lehnte es ab, ihn danach zu fragen, ob etwas geschehen war, obwohl es doch eindeutig so sein musste. »Ich war zu meiner ersten Stunde bei Signor Berlosci.«

»Bei wem?«, fragte Hawley geistesabwesend.

»Bei Signor Berlosci. Ich habe dir von ihm erzählt. Der Gesangslehrer. Drüben am Tavistock Square. Ich war bei ihm.«

»Ach ja«, sagte er und ließ den Blick durch die Wohnung gleiten. In der Spüle stapelte sich das schmutzige Geschirr vom Abend zuvor, und an einer quer durchs Zimmer gespannten Schnur trockneten Kleidungsstücke. Direkt hinter Cora hing eine ihrer Bühnenstrumpfhosen wie ein Paar amputierter Beine. Der Anblick drehte ihm den Magen um. Wenn er eines zu Charlottes Gunsten sagen konnte, dann, dass sie die Wohnung immer in Ordnung gehalten hatte. »Dann war heute also dein Tag?«

»Ja, und er ist ein wirklicher Experte, Hawley. Er sagt, in den fünfzehn Jahren, die er unterrichtet, habe er keine natürlichere

Sängerin als mich kennengelernt. Er sagt, mit der richtigen Anleitung könnte ich die erfolgreichste Sängerin Londons werden.« Natürlich hatte er nichts dergleichen gesagt.

»Das sind ja gute Nachrichten«, murmelte Hawley, befreite den Sessel von der auf ihm ausgebreiteten Unordnung, ließ sich hineinfallen und bedeckte das Gesicht mit den Händen. »Ich dagegen habe eher schlechte.«

Sie sah ihn aufmerksam an. Für einen Augenblick, einen kurzen Augenblick, sorgte sie sich um ihn, als könnte ein großes Unheil geschehen sein. Ausnahmsweise einmal regte sich ein Gefühl in ihr. »Hawley«, sagte sie. »Was ist geschehen? Du wirkst so angespannt.«

Er ließ ein bitteres Lachen hören, schüttelte den Kopf und hielt den Blick von seiner Frau abgewandt, damit sie nicht sehen konnte, wie sich Tränen in seinen Augen sammelten. Er hatte Angst, die Lider zu senken, weil sie ihm dann womöglich bächeweise die Wangen hinunterrannen. Sie hatte ihn noch nie weinen sehen, und er wollte nicht, dass es jetzt geschah. »Ich war bei der Medical Association«, begann er.

»Natürlich, das hatte ich ganz vergessen. Ich bin nicht bei der Sache. Hast du deine Zulassung bekommen?«

»Ha!«, sagte er. »Habe ich nicht.«

Ihr sank das Herz, und sie setzte sich auf einen Küchenstuhl und betete, dass es nur ein vorübergehender Rückschlag war. »Warum nicht?«, fragte sie, als klar wurde, dass er von sich aus nicht mehr dazu sagen würde. »Ging es um Geld? Musst du dafür zahlen?«

Er drehte sich zu ihr um, und sie sah, wie schrecklich verstört er war. »Die Medical Association sagt, meine Diplome sind in England nichts wert. Sie sagt, um als Arzt praktizieren zu können, muss ich hier in London Medizin studieren und die staatlichen Examina bestehen. Was etliche Jahre in Anspruch nehmen und mehr Geld kosten würde, als wir haben.«

Cora schnappte nach Luft. »Nein!«, sagte sie. Ihr Mann nickte nur. »Aber Hawley, das ist lächerlich. Du bist ein ausgebildeter Arzt.«

»Sie behaupten etwas anderes. Sie behaupten, zwei Diplome durch Fernkurse in Philadelphia und New York machen noch keinen Arzt aus mir. Oh, sieh mich nicht so erstaunt an, Cora. Wie oft habe ich das schon gehört. Du weißt es. Anthony Lake, dieser Narr, er wusste es auch, und dieser Richard Morton, er hat es mir ins Gesicht gesagt, als wäre ich ein Hund ohne Gefühle. Du selbst hast es mir bei mehr als nur einer Gelegenheit gesagt. Ich kämpfe jetzt seit Jahren dagegen an, und das alles nur, weil ich mir ein reguläres Medizinstudium nicht leisten konnte. Daran ist … allein diese Frau schuld«, fügte er schließlich noch hinzu und zischte die Worte aus sich heraus.

Cora stand auf und ging neben ihm in die Knie, nahm seine Hand und streichelte sie sanft. Wollte sie ihm am Ende tatsächlich weiblichen Trost spenden? Würde sich ihre sterile, tyrannische Beziehung angesichts seiner Enttäuschung ändern? Er konnte es kaum glauben. »Hawley«, sagte sie endlich mit leiser Stimme, »Signor Berlosci braucht acht Shilling die Woche, um mich zu unterrichten. Du musst sie irgendwie beschaffen. Wird dir Munyon mehr Arbeit geben, was meinst du?«

Er kniff die Augen zusammen und konnte nicht glauben, was er da hörte. »Wie bitte?«, sagte er.

»Munyon's«, sagte sie. »Im Moment verdienst du genug, damit wir einigermaßen angenehm leben können, aber um zusätzlich acht Shilling zu verdienen … Nun, du musst einfach ein paar zusätzliche Schichten arbeiten. Oder vielleicht erhöht Mr Munyon dein Gehalt? Du musst mit ihm reden, es ist wichtig.«

Hawley machte sich von ihr los, stand auf und trat ans Fenster. Er atmete schwer und versuchte, die Fassung zu bewahren. In den vier Jahren, seit sie verheiratet waren, hatte er nicht ein einziges Mal die Stimme gegen seine Frau erhoben. Das Schimpfen und Schreien hatte er ihr überlassen. All ihre Streitigkeiten drehten sich um seine Unfähigkeit, ihr den Lebensstil zu ermöglichen, den sie ihrer Meinung nach verdiente, und endeten damit, dass sie ihn anschrie, beschimpfte und mit Bratpfannen und Töpfen bedrohte, worauf er nachgab und ihr gewährte, was immer sie wollte, alles, wenn sie nur aufhörte zu schreien. Aber jetzt spürte er eine Wut in sich aufsteigen, wie er sie noch nie zuvor verspürt hatte. Sie drohte ihn von innen aufzufressen, brannte wie ein Stück Kohle, brannte in seinem Magen, und die Flammen stiegen ihm in die Brust und verkohlten sein Herz. Er drehte sich um, und sie sah ihn herausfordernd an, den Wechsel der Temperatur in ihrer Beziehung spürend.

»Wie herzlos du bist«, sagte er, und seine Stimme schwoll an. »Es geht immer nur um *deine* Wünsche, *deine* Träume. Nie um meine. Ich erlebe wieder einmal einen Rückschlag, und alles, was dir dazu einfällt, ist die Frage, woher ich die zusätzlichen acht Shilling für deinen Gesangsunterricht nehmen soll?« Er schrie jetzt, hatte aber seine Zuhörerschaft unterschätzt, denn sie vermochte ihm durchaus Paroli zu bieten.

»Das ist unser Weg aus dieser Bruchbude!«, kreischte sie. »Begreifst du das nicht? Ich kann ein großer Star werden und Tausende und Abertausende Pfund für uns verdienen. Wir können …«

»Oh, hör auf, dir was vorzumachen, Frau!«, rief er. »Du wirst niemals ein Star. Du singst bestenfalls ganz leidlich. Straßenhunde haben eine bessere Chance …«

Sie fand nie heraus, worin die bessere Chance von Straßenhunden bestand, denn noch bevor er seinen Satz beenden konnte, sprang sie vor und schlug ihm mit aller Kraft ins Gesicht. Ihre Lippen verzerrten sich wutentbrannt, während sie ihn mit Blicken durchbohrte, aber auch er ballte die Fäuste und musste sich zügeln, um ihr nicht ebenfalls ins Gesicht zu schlagen. So ein Gefühl hatte er bisher nicht gekannt.

»Sprich nie wieder so mit mir, du nichtsnutziger Narr«, sagte sie leise, und ihre um einige Töne tiefer klingende Stimme schien aus den Abgründen der Hölle heraufzuklingen. »Du bist nur verbittert, weil *ich* ein großer Star sein werde und aus *dir* niemals ein richtiger Doktor wird. Du wirst mir die acht Shilling pro Woche beschaffen, Hawley Crippen, oder ich will den Grund wissen, warum du es nicht tust. Verstehen wir uns?«

Er starrte sie an, und eine Unzahl möglicher Antworten kam ihm in den Sinn. Verzweifelt suchte er nach der Kraft, die nötig war, um die Worte, die er sagen wollte, auszusprechen. Aber so, wie sie vor ihm stand, bereit zum nächsten Schlag, wenn nicht mit der Hand, dann mit der Zunge, spürte er, wie alles in ihm zusammenbrach und dass es nur eine Antwort gab, zwei Worte, nichts sonst. Diesmal besaß er nicht die Kraft, sich ihr entgegenzustellen. Er nickte und wandte den Blick ab.

»Ja, Cora«, sagte er.

7 Die Smythsons und die Nashs

London: 6. April 1910

Mrs Louise Smythson und ihr Ehemann Nicholas kamen kurz nach vier Uhr fünfzehn nachmittags in den Speisesaal des Savoy-Hotels. Sie waren mit ihren Freunden, Mr und Mrs Nash, zum Geburtstagstee verabredet, für vier Uhr, und es war ihnen peinlich, sich zu verspäten, aber die letzten paar Tage waren so turbulent und belastend gewesen, dass sie sicher waren, ihre Freunde würden Verständnis haben.

Sie hatten an diesem Morgen länger als gewöhnlich geschlafen. Fünf Tage zuvor, am 1. April, war Nicholas' Vater, Lord Smythson, im Schlaf gestorben. Nicholas wusste sich seitdem vor Trauer kaum zu fassen, aber das war nichts im Vergleich zu dem, was seine Frau durchzumachen hatte, wenn auch aus einem ganz und gar anderen Grund. Ihr Elend rührte aus der Tatsache, dass nach Lord Smythsons Ableben dessen Titel auf ihren Schwager Martin übergegangen war, der, obwohl er vierzig Jahre jünger war als sein Vater, ebenso hinfällig schien. Louises innigster Wunsch war gewesen, dass Martin noch *vor* Lord Smythson starb, da der Titel nach dessen Tod dann auf Nicholas übergegangen wäre. Diese Möglichkeit war nun jedoch verloren, und sie konnte nur warten und hoffen, dass die Natur ihren Lauf nahm.

Kurz nach elf hatte dann heute Morgen die Türglocke geläutet, und das Mädchen überraschte Louise mit der Nachricht, ihre Schwägerin Elizabeth sei gekommen, um sie zu sprechen. Elizabeth hatte Martin sechs Monate zuvor geheiratet und war von der

Familie mit offenen Armen als vollkommene englische Rose und passende Frau für den ältesten Sohn in ihren Kreis aufgenommen worden. Es bestand keine Frage, dass ihr hübsches Gesicht und ihr stiller Charme all das verkörperten, was sich die Smythsons für ihren Fortbestand wünschten. Das Unbehagen der Familie, als Nicholas seine Braut vorgestellt hatte, war immer noch ein wunder Punkt für Louise, auch wenn es ihr am Ende gelungen war, ihre neuen Verwandten für sich zu gewinnen, indem sie sich als äußerst geschickt darin erwies, ihre niedere Herkunft – und ihren Akzent – zu verstecken und sämtliche Verhaltensweisen der oberen Klassen anzunehmen, so als wäre sie dort hineingeboren. Nachdem sie einander vorgestellt worden waren, hatte Elizabeth gleich versucht, die Freundschaft ihrer neuen Schwägerin zu gewinnen, und Louise erlaubte ihr die Illusion – die Illusion, dass sie, Louise, ihre Schwägerin mochte. Dabei war Elizabeth ihre Feindin, denn wenn man sie nicht aufhielt, gebar sie womöglich einen Erben für Titel und Vermögen. Elizabeth liebte ihren kränkelnden Mann leidenschaftlich, und ein Spross aus dieser Ehe könnte Nicholas und Louise auf ewig zu den armen Verwandten machen.

»Elizabeth!«, rief sie, als ihre Besucherin den Raum betrat, immer noch in schwarzer Trauerkleidung wegen ihres verstorbenen Schwiegervaters. »Wie schön, dich zu sehen, und das zu so früher Stunde.«

»Ich hoffe, ich störe dich nicht, Louise«, sagte Elizabeth nervös.

»Aber natürlich nicht«, antwortete die Schwägerin und sah gleich den Ausdruck von Sorge auf Elizabeths Gesicht. »Setz dich. Julie wird uns einen Tee bringen. Julie!«, fuhr sie auf, als wäre das Mädchen schwerhörig. »Tee!«

Die Ladys setzten sich aufs Sofa und besprachen die Ereignisse der vergangenen Tage. Die Beerdigung von Lord Smythson. Die Übertragung des Titels. Die Verlesung des Testaments. Martins ständiges Husten in der Kathedrale während der Messe. »Er ist im Moment so schrecklich krank«, sagte Elizabeth. »Die Ärzte fürchten, es könnte eine Lungenentzündung sein. Ich bin außer mir vor Sorge, meine liebe Louise, wirklich.«

»Aber natürlich«, sagte Louise, drängte Julie erfreut zur Seite und schenkte den Tee selbst ein. »Er hätte nicht an der Beerdigung teilnehmen dürfen, nicht an so einem regnerischen Tag. Das musste ihn doch krank machen.«

»Ich weiß. Trotzdem hattest du recht, darauf zu bestehen. Wie hätte es denn ausgesehen, wenn der älteste Sohn nicht zur letzten Messe für seinen geliebten Vater gekommen wäre?«

»Das stimmt«, sagte Louise. »Ich habe nur an seinen Ruf gedacht und hoffe, damit nicht seiner Gesundheit geschadet zu haben.«

»Ach, jetzt hätte ich es beinahe vergessen!«, sagte Elizabeth und holte ein kleines Schmuckkästchen aus der Handtasche. »Ich habe dir ein Geburtstagsgeschenk mitgebracht. Ich wusste, dass du so kurz nach der Beerdigung keine Feier veranstalten würdest, aber ich konnte den Tag nicht einfach so unbemerkt vorbeigehen lassen.«

»Wie lieb von dir«, sagte Louise und griff gierig nach dem Kästchen. »Und sorge dich nicht, wir trinken später mit unseren Freunden, den Nashs, einen Geburtstagstee. Mrs Nash ist eine Freundin von mir aus der Music Hall Ladies' Guild. Aber jetzt lass mich doch sehen …« Sie öffnete das Kästchen, holte ein Paar Ohrringe daraus hervor und hielt sie ins Licht. »Ach, sind die nicht entzückend«, sagte sie und versuchte, nicht zu begeistert zu klingen, als sie die Saphire sah. »Ich danke dir so sehr, meine Liebe.«

»Danke«, sagte Elizabeth, wandte den Blick ab und verzog das Gesicht zu einer schmerzverzerrten Grimasse.

Sie brach in Tränen aus, und Louise starrte sie irritiert und ratlos an. »Elizabeth?«, fragte sie und wollte schon den Arm tröstend um die Schwägerin legen, hielt sich jedoch zurück. »Was ist denn nur? Du weinst doch sicher nicht immer noch um den Schwiegervater?«

Elizabeth schüttelte den Kopf. »Nein, das ist es nicht«, sagte sie. »Geht es um Martin?«

»Nun, ja, auch. Ich habe gestern mit dem Arzt gesprochen, und er will ihn ins Krankenhaus bringen, damit sie ein paar Tests machen und ihn beobachten können. Er sagt, es sei das Beste für ihn.«

»Aber Elizabeth, das ist doch sicher eine gute Sache«, sagte Louise und nahm sich vor, dem Arzt ihres Schwagers zu schreiben und zu verlangen, dass er Martins Wunsch, in Ruhe gelassen zu werden, respektierte: Wenn der Ärmste schon sterben müsse, sollte ihm wenigstens erlaubt werden, das zu Hause in Würde zu tun. »Da können sie sich am besten um ihn kümmern.«

Elizabeth nickte, blickte aber immer noch ganz elend drein. »Ich weiß, ich weiß«, sagte sie. »Vielleicht können die Ärzte ihm dort ja helfen, aber ihn anzusehen, Louise, es bricht mir das Herz. Er ist so dünn und so blass, und manchmal bekommt er kaum Luft. Er ist nur noch ein Schatten seines früheren Selbst.«

Dafür, und nur dafür, empfand Louise Mitgefühl. Die beiden Frauen kamen nicht sehr oft zusammen, und als Louise ihren Schwager beim Begräbnis gesehen hatte, hatte sie sein offensichtlich schlechter Gesundheitszustand betroffen gemacht. In einem Rollstuhl war er nach vorne in die erste Reihe der Kirche geschoben worden, eine Decke über den bleistiftdünnen Beinen, und sie war ein Stück von ihm abgerückt. Louise war kein Mensch, der sich unter Kranken wohlfühlte.

»Wir können nur für ihn beten«, sagte Louise und suchte nach etwas Positivem, aber ohne Erfolg. Sie sah auf die Uhr und wünschte, Elizabeth tränke ihren Tee aus und verabschiedete sich. Sie musste noch ein paar Briefe schreiben, bevor sie ins Savoy gingen, und ein Liebesroman, der sie seit Tagen in Atem hielt, wartete auf sie.

»Da ist noch etwas«, sagte Elizabeth, und die Worte stockten ihr in der Kehle. Es klang, als hätte sie Angst, es auszusprechen, brauche jedoch jemanden, dem sie sich anvertrauen konnte.

»Noch etwas?«, fragte Louise und war plötzlich wieder ganz bei der Sache, da sie ein Geheimnis spürte. »Was denn?«

»Ich …«, begann Elizabeth, schüttelte den Kopf und weinte wieder. »Ich sollte es nicht sagen.«

»Natürlich solltest du«, erwiderte Louise gierig. »Himmel, wir sind praktisch Schwestern, oder?«

»Nun ja …«, sagte Elizabeth und schien sich nicht ganz sicher. Obwohl sie den Gedanken zu verdrängen versuchte, hatte sie oft den Verdacht, dass Louise sie nicht mochte.

»Also los doch. Du musst mir alles erzählen, genau, wie ich dir alles erzähle.«

»Aber du verrätst mir nie irgendwelche Geheimnisse.«

»Das liegt daran, dass ich keine habe, meine Liebe. Und jetzt mach schon. Du fühlst dich besser, wenn du es dir von der Seele redest, ganz gleich, was es ist.«

»Aber ich kann noch nicht ganz sicher sein«, begann Elizabeth zögernd.

»Ja?«

»Es ist noch früh.«

»Erzähle es mir einfach.«

Elizabeth schluckte und sah ihrer Schwägerin direkt in die Augen. »Ich glaube, ich bekomme vielleicht ein Kind«, sagte sie.

Louises Augen weiteten sich, und sie drückte sich eine Hand auf den Bauch, weil sie spürte, wie es darin zu ziehen begann. So ist es, dachte sie, so fühlt es sich an, wenn dir das Blut buchstäblich aus dem Gesicht weicht. »Ein Kind?«, fragte sie und war kaum in der Lage, die verhassten Worte herauszubekommen.

Elizabeth nickte. »Ich habe einen Termin beim Arzt vereinbart, um es zu bestätigen, aber ich bin so gut wie sicher. Eine Frau spürt so etwas, weißt du.«

Louise schnappte immer noch nach Luft und wusste nicht, was sie sagen sollte. »Du bist … du bist dir also nicht sicher?«, sagte sie. »Du könntest dich täuschen?«

»Nun, nicht *völlig* sicher, aber ...«

»Dann mache dir im Moment noch mal keine Sorgen. Es ist vielleicht nur ...«

»Louise, du verstehst mich nicht. Ich hoffe, dass ich schwanger bin. Ich möchte unbedingt ein Kind für Martin und mich. Ich sorge mich nur, dass er zu krank sein könnte, ihm ein richtiger Vater zu sein. Oder schlimmer noch: Was, wenn ... was, wenn ...?« Sie brachte es nicht über sich, ihren Gedanken auszusprechen und brach erneut in Tränen aus. Louise hätte sie schlagen können. Eine ganze Stunde ging es noch so, bis sie ihre Schwägerin dazu überreden konnte, nach Hause zurückzukehren und abzuwarten, was der Arzt sagte, und dann entschuldigte sie sich, weil sie draußen so nahe an sie herangetreten war, dass sie Elizabeth beinahe die nassen Stufen hinuntergestoßen hätte. Ihrem Ehemann erzählte sie nichts von ihrem Elend, Nicholas hätte sich über die Neuigkeit doch nur gefreut. Ihm schien der Titel nicht wichtig zu sein, dessen Erringung Louise seit ihrer Heirat zu ihrem Lebensziel gemacht hatte, und so hatte sie nur länger als gewöhnlich gebadet und anschließend einen Streit mit ihm vom Zaun gebrochen und verkündet, das Halsband, das er ihr geschenkt habe, sei kitschig und tauge eher für eine Frau von unter der Treppe. Als sie endlich das Haus verließen, war es schon fast vier, und es war klar, dass sie zu spät kommen würden. Im Savoy dann fühlte sich Louise immer noch zwischen Wut und Verzweiflung hin- und hergerissen und hoffte sehnlichst, ihren Ärger an jemandem auslassen zu können.

Die Nashs waren alte Freunde von Nicholas Smythson, und es war Margaret Nash gewesen, die dafür gesorgt hatte, dass die frisch verheiratete Louise zur Music Hall Ladies' Guild zugelassen wurde. Die Gruppe kam einmal in der Woche zusammen, besuchte Aufführungen, diskutierte die Tagesereignisse oder, und das war gewöhnlich der Fall, trank Tee und unterhielt sich über die neueste Mode. Von Zeit zu Zeit organisierten die Damen auch

Wohltätigkeitsveranstaltungen, um den armen Kindern der Stadt zu helfen, allerdings nicht mehr oft, machte es doch Arbeit und brachte sie mit den Armen in Berührung. Andrew Nash war mit Nicholas in Cambridge gewesen und hatte seine Frau dazu ermutigt, sich nach der Heirat der beiden für Louise einzusetzen, was Margaret gerne tat. Obwohl sie unterschiedlicher Herkunft waren, verstanden sich die beiden Frauen sofort. Sie hatten sich schnell angefreundet, denn Mrs Nash war wie Louise eine soziale Aufsteigerin und hatte weit über Stand geheiratet.

»Wie geht es dir, Nicholas?«, fragte Margaret, die ihn seit dem Begräbnis nicht mehr gesehen hatte. »Kannst du den Verlust überhaupt verwinden?«

»O ja doch«, antwortete er, obwohl das nicht ganz stimmte. Er hatte seinen Vater sehr geliebt und vermisste ihn über alles. Während der letzten Tage hatte er kaum geschlafen, so sehr wurde er von schmerzvollen Erinnerungen gequält.

»Er war ein großartiger Mann«, sagte Andrew schroff und spielte die Rolle des alten Gentlemans, der er einmal werden wollte, obwohl er doch erst Anfang vierzig war.

»Und Martin, wie geht es ihm?«, fuhr Margaret fort. »Beim Begräbnis sah er schrecklich aus. Er kommt doch wieder in Ordnung?«

Nicholas zuckte mit den Schultern. Er dachte nicht gern darüber nach. Ein Familienmitglied zu verlieren, war schlimm genug, und er hasste den Gedanken, vielleicht auch noch Martin verlieren zu müssen.

Louise schob widerwillig die Lippen vor. Der Gedanke, dass Elizabeth womöglich ein Baby bekam, wollte ihr nicht aus dem Kopf, und sie wechselte das Thema. Vielleicht täuscht sie sich ja sowieso, dachte sie. Vielleicht ist es nur falscher Alarm.

»Meine Liebe«, sagte sie, schob die Hand vor und klopfte Margaret leicht auf den Arm. »Ich habe dir gar nicht von meinem Besuch bei Scotland Yard erzählt, oder?«

»Nein!«, sagte Margaret. »Willst du damit sagen, dass du tatsächlich da warst?«

»Ich war tatsächlich da.«

»Was ist das jetzt wieder?«, fragte Andrew und paffte an seiner Zigarre. »Was um Himmels willen hast du bei Scotland Yard verloren? Hör mal, Smythson!«, polterte er. »Was treibt deine Frau da, wovon wir keine Ahnung haben? Sie ist doch nicht etwa eine Art Meisterverbrecherin?«

»Hör schon auf, Andrew«, sagte Margaret mit ernster Miene. »Dir wird das Lachen vergehen, wenn du hörst, worum es geht. Aber jetzt sage mir, Louise. Wie war es? Was haben sie gesagt?«

»Es ging um Cora Crippen«, erklärte Louise und sah den Mann ihrer Freundin an, der offenbar nichts von alledem wusste. »Und dem, was mit ihr geschehen ist.«

»Cora Crippen? Du meinst diese große, laute Freundin von euch?«

Louise seufzte und erinnerte sich daran, wie Mrs Crippen zu ihnen gestoßen war. Ein oder zwei Jahre nach ihrer Heirat mit Nicholas war sie über den Tavistock Square spaziert, als plötzlich eine Frau vor ihr stehen geblieben war und sich als Cora Crippen vorgestellt hatte, in einem Ton, als wären sie alte Freundinnen.

»Cora Crippen?«, hatte sie geantwortet und sich zu erinnern versucht. Das Gesicht kam ihr zwar bekannt vor, nur ... »Ich fürchte, ich ...«

»Oh, Sie müssen sich doch erinnern«, sagte Cora. »Ich war regelmäßig im Horse and Three Bells, als ich in der Regency Music Hall aufgetreten bin. Sie haben dort gearbeitet. Vor Ihrer Ehe.«

»Bella Elmore!«, sagte Louise und erinnerte sich. »Das war Ihr Bühnenname, genau.«

»Richtig. Eigentlich heiße ich Cora Crippen.«

Sie unterhielten sich eine Weile, und ausnahmsweise einmal störte es Louise nicht, an ihre früheren, weniger exaltierten Tage erinnert zu werden. Sie und Cora hatten sich gut verstanden, und als klar wurde, dass sie nicht weit voneinander entfernt wohnten, schien der Gedanke nicht zu weit hergeholt, dass sie demselben sozialen Gefüge angehörten. Louise probierte es mit ein paar Namen, um sich zu versichern, und Cora log und sagte, sie kenne sie alle.

»Singen Sie noch?«, fragte Louise.

»Aber natürlich. Ich hoffe, im Frühling mein Debüt im Palladium zu geben.«

»Im Palladium? Niemals!«

»Nun, die Verhandlungen stehen natürlich noch am Anfang, drücken Sie mir die Daumen. Mein Agent organisiert das alles.«

Selbstverständlich gab es weder Verhandlungen noch einen Agenten und auch keinerlei Risiko, dass sie tatsächlich ins Palladium gelangen könnte.

»Cora, du musst in unsere Gilde eintreten«, sagte Louise bei ihrem zweiten Treffen, diesmal zum Tee bei Louise zu Hause. »Wir haben ein paar wunderbare Mitglieder. Du kennst doch Anne Richardson-Lewis? Von den Richardson-Lewisses? Und Janet Tyler? Von den Tylers?«

»Aber sicher«, log Cora.

»Und Alexandra Harrington kommt auch regelmäßig.«

»Ist sie eine von *den* Harringtons?«

»Nein. Von den anderen.«

»Oh, umso besser. Ich mochte die sowieso immer lieber.«

»Und Sarah Kenley, Margaret Nash. Alles wundervolle Frauen. Ich bin sicher, sie würden sich freuen, wenn du bei uns Mitglied würdest.«

Louise hatte noch nie jemanden zur Mitgliedschaft vorgeschlagen, obwohl sie schon länger nach einer passenden Kandidatin suchte, war doch das Finden eines neuen Mitglieds so etwas wie ein Statussymbol. Es bedeutete, dass es jemanden in der Gruppe gab, der einem verpflichtet war, jemanden, der, weil man ihn vorgeschlagen hatte, in der Rangordnung unter einem stand.

Und so brachte sie Cora bald schon zu einem Treffen mit, und Cora wurde von den Damen angenommen. Mrs Crippen stellte sich als berühmte New Yorker Sängerin vor, glücklich verheiratet mit einem der besten Ärzte Londons, und die reichen Ladys, in Pelz gekleidet und mit Juwelen überkrustet, öffneten *en masse* die Arme und hießen sie in ihrer Gesellschaft willkommen wie eine Schule Wale, die ein Fischlein bei sich aufnahm. Es war einer der glücklichsten Abende in Coras Leben gewesen.

»Wir haben diesen Crippen doch im Theater gesehen, richtig?«, sagte Andrew und sah seine Frau an.

»Richtig«, erklärte sie. »Damit hat es angefangen. Erinnere dich, wir waren im *Sommernachtstraum*, und da stand er, ohne jede Kümmernis, obwohl seine Frau erst ein paar Wochen zuvor verstorben war.«

»Nun, ein Mann muss der Wirklichkeit ins Auge sehen, oder? Schließlich kann er nicht ewig um die arme Frau trauern.«

»Aber es ist alles ein bisschen mysteriös, Andrew, verstehst du nicht?«, sagte Louise. »Cora hat London verlassen, ohne jemandem ein Wort davon zu sagen, nicht mal ihren Freundinnen von der Gilde. Sie wollte für ein paar Wochen nach Kalifornien, um einen kranken Verwandten zu besuchen.«

»So hat es jedenfalls Dr. Crippen gesagt«, warf Margaret ein.

»Sie hat mir einen Brief von dort geschrieben«, fuhr Louise fort, »in dem sie sagte, sie bleibe wahrscheinlich ein paar Monate drüben, denn diesem Verwandten, wer immer er oder sie war, gehe es sehr schlecht, und dann, aus heiterem Himmel, verkündet ihr Mann, sie sei selbst gestorben, was ihm durch ein Telegramm mitgeteilt worden wäre.«

»Welch ein Schock«, sagte Nicholas und schüttelte den Kopf, war mit den Gedanken aber immer noch bei seinem Vater. »Die arme Frau, so voll im Leben, und hübsch war sie auch, oder?«

»Nicht besonders«, gab Margaret Nash zu. »Sie hatte viel zu breite Schultern und krauses Haar. Trotzdem war sie eine wundervolle Frau. Äußerst liebenswürdig und rücksichtsvoll, und eine ausgezeichnete Ehefrau. Dr. Crippen hätte kaum eine liebevollere Gefährtin in dieser Welt finden können.«

»Wo liegt dann das Mysteriöse?«, wollte Andrew verwirrt wissen. »Wie passt Scotland Yard da hinein?«

»Als wir Dr. Crippen an dem Abend im Theater gesehen haben«, sagte Margaret, »war eine andere Frau bei ihm, weißt du nicht mehr?«

»Jetzt kommen wir zum eigentlichen Punkt«, sagte Nicholas gutmütig. »Eifersucht.«

»Eine ziemlich gewöhnliche Person«, sagte Louise.

»Kaum von unserem Schlag«, sagte Margaret.

»Nicht erwähnenswert.«

»Ich erinnere mich nicht an sie«, sagte Andrew. »Wie sah sie aus?«

»Klein«, sagte Margaret. »Mit dunklem Haar und einer Narbe auf der Lippe. Recht unangenehm. Wie hieß sie noch, Louise? Du weißt es doch, oder?«

»Ethel LeNeve«, sagte Louise und fügte gleich noch hinzu: »Wenn es denn von Belang ist«, so als wäre der bloße Besitz eines Namens für jemanden wie diese Ethel schon eine Vermessenheit.

»Richtig, LeNeve. Offenbar hat sie mit Dr. Crippen in dem verrückten Medizingeschäft gearbeitet, das er an der Shaftesbury Avenue betreibt. Nun, sie war an dem Abend mit ihm im Theater, und sie trug *Coras* Schmuck. Schamlos.«

Margaret und Louise lehnten sich in ihren Stühlen zurück, als läge damit ein großes Puzzle vor ihnen ausgebreitet, und die Männer nickten und dachten darüber nach. Sie waren durchaus gewillt, ihre Frauen, wenn nötig, damit zu amüsieren, dass sie die Eckstücke für sie fanden.

»Mir scheint also«, sagte Nicholas, »dass du diesen Crippen ungebührlicher Eile anklagst, was die Suche nach einer neuen Frau angeht, und sie des schlechten Geschmacks, den Schmuck seiner toten Frau zu tragen. Das ist aber doch kaum ein Fall für Scotland Yard, oder?«

»Was wir *meinen*, ist«, sagte Louise, die sich nach der schrecklichen Neuigkeit dieses Tages nicht auch noch von oben herab behandeln lassen wollte, »dass eine Frau nicht nach Amerika fährt, ohne ihren Freundinnen davon zu erzählen. Wir meinen, dass sie nicht einfach so dort hinfährt und plötzlich stirbt, obwohl alles mit ihr in Ordnung war. Und wir meinen auch, dass sie ganz sicher nicht ihren besten Schmuck zurücklässt, damit sich irgendeine Schlampe oder ein Flittchen daran bedienen kann, kaum dass sie ihrem Mann den Rücken gekehrt hat. Das alles scheint nicht sehr wahrscheinlich, und ich glaube kein Wort davon.«

»Du glaubst doch nicht, dass der Bursche sie umgebracht hat, oder?«, fragte Andrew lachend. »Wirklich. Ich weiß ja nicht, was ihr Ladys bei euren Treffen macht, aber das klingt für mich, als würdet ihr eurer Fantasie ...«

»Was haben sie gesagt, Louise«, unterbrach Margaret ihren Mann. »Bei Scotland Yard. Was haben sie dir gesagt?«

»Ich habe mit Inspector Dew gesprochen«, fing sie an.

»Dew?«, sagte Andrew. »Von dem habe ich schon gehört. Einer der Besten, glaube ich.«

»Also, selbstverständlich war er sehr höflich zu mir, aber um ehrlich zu sein, glaube ich nicht, dass er besonders interessiert war. Er schien zu denken, dass ich mir unnötig Sorgen mache, und hat mir praktisch vorgeworfen, seine Zeit zu verschwenden.«

»O Louise! Dabei bist du die Schwiegertochter von Lord Smythson!«

»Schwägerin«, korrigierte Andrew sie.

»Ich weiß, es ist furchtbar. Auf jeden Fall habe ich ihm zum Schluss noch gesagt, dass es damit noch lange nicht zu Ende ist und dass er bald schon meine und die Hilfe meiner Freundinnen brauchen würde, um Cora Crippen zu finden, und wie stehe er dann da? Wie ohne Hose.«

»Deine Ausdrücke, meine Liebe!« Nicholas lachte.

»Ich sage nur, was wir alle denken«, sagte Louise. »Und was Margaret und ich denken, ist, dass dieser Dr. Crippen Cora aus dem Weg geräumt hat, und wie können wir das zulassen, wo sie doch unsere Freundin ist?«

»Zunächst mal«, sagte Andrew, »wenn er sie tatsächlich aus dem Weg geräumt hat, wie du es ausdrückst, wird er kaum an eurer Erlaubnis interessiert sein. Und dann ist der Mann Arzt. Er hilft, Leben zu erhalten, und nicht, es jemandem zu nehmen. Da wird er sich kaum in eine solche Sache hineinziehen lassen, oder? Eure Fantasie geht mit euch durch. Habt ihr vorm Schlafengehen Käse gegessen? Irgendwo habe ich gelesen, das sei ein weitverbreiteter Grund für Hysterie unter Frauen.«

»O Andrew, du musst der Sache auf den Grund gehen«, sagte Margaret.

»Ich? Was kann *ich* denn da tun?«

»Du hast doch Geschäfte in Mexiko. Den Bergbauvertrag?« Andrew überlegte. Sie sprach von einer Reise nach Mittelamerika, die er bald schon antreten wollte. Er musste dafür sorgen, dass seine Firma den Zeitplan seines Bergbauprojekts bei Guadalajara einhielt.

»Das stimmt«, sagte er. »Aber ich sehe nicht ganz, wie ...«

»Du könntest danach nach Kalifornien fahren«, sagte seine Frau, »und herausfinden, wie genau Cora zu Tode gekommen ist. Da soll es doch geschehen sein.«

»O ja, Andrew«, sagte Louise und klatschte in die Hände. »Das könntest du tun.«

»Aber ich werde keine Zeit dafür haben«, protestierte er. »Ich bin doch nur ein paar Tage da und werde zu sehr mit meiner Arbeit beschäftigt sein.«

»Einen Tag wirst du schon erübrigen können, um einen Mörder zu fangen, oder?«

»Er ist kein Mörder.«

»Aber er könnte einer sein. O bitte, Andrew. Sag, dass du es tust!«

Er seufzte und schüttelte den Kopf. »Ich weiß nicht, was ihr euch vorstellt, was ich da herausfinden soll«, sagte er endlich. »Aber wenn es euch so viel bedeutet ...«

»Oh, du bist wundervoll!«, sagte Louise glücklich. »Jetzt werden wir die Wahrheit herausbekommen.«

Nachdem sie ihn überredet hatten nachzuforschen, wandten sie sich weniger morbiden Themen zu, und erst im Laufe des Abends fiel Louise zurück in ihre Verdrießlichkeit über das, was ihre Schwägerin ihr eröffnet hatte. Vielleicht sollte ich Martin Dr. Crippen vorstellen, dachte sie böse, vielleicht kann der Doktor ihn zu etwas inspirieren.

8 Der Dentist

London: 1899 bis 1905

Sechs Jahre nach ihrem Umzug nach London, im Winter 1899, eröffnete Dr. Hawley Harvey Crippen endlich seine erste eigene medizinische Praxis als Zahnarzt in einem kleinen Raum in Holborn. Es war keine Vollzeittätigkeit. Nach wie vor arbeitete er tagsüber für Munyon's Homeopathic Medicines, wo er mittlerweile für alles verantwortlich war, da sich sein Arbeitgeber zur Ruhe gesetzt hatte. Er arbeitete von sieben Uhr morgens bis vier Uhr nachmittags, mit nur einer Stunde Mittagspause. Von vier bis sechs ging er in den Pub The Pig in the Pond in der Chancery Lane, wo er die *Times* oder eine seiner medizinischen Zeitschriften las und dabei zu Abend aß. (Er genoss nichts mehr, als über die letzten Fortschritte bei den Autopsietechniken zu lesen und gleichzeitig die Brust von einem Hähnchen zu lösen oder sein Messer durch ein blutiges Filetsteak gleiten zu lassen.) Von sechs bis neun öffnete er dann seine Praxis und behandelte all die Leute, die einen Zahnarzt brauchten, aber wegen ihrer Arbeit tagsüber keinen besuchen konnten. Beides zusammen, Homöopathie und die Arbeit als Zahnarzt, verschaffte ihm ein annehmbares Einkommen. Die Idee, sich als Zahnarzt niederzulassen, war ihm gekommen, als klar wurde, dass er niemals die Mittel aufbringen würde, um ein reguläres Medizinstudium zu absolvieren und ein richtiger Arzt zu werden. Er war mittlerweile sechsunddreißig und sah die Dinge pragmatischer. Sich ohne Abschluss oder Qualifikation Zahnarzt zu nennen und eine Praxis zu eröffnen, war zwar nicht ohne Risiko, aber die Wahrscheinlichkeit, überführt zu werden, war, solange er sein Operationsgebiet auf die Zähne der Leute beschränkt hielt, weitaus geringer, als wenn er sich als Allgemeinarzt ausgab. Cora und er wohnten immer noch am South Crescent in Bloomsbury und hatten sich in ein bequemes Leben einmütiger Zwietracht gefügt. Mrs Crippen nahm seit einem Jahr Unterricht bei Signor Berlosci, spürte jedoch nur eine kleine Verbesserung ihrer Fähigkeiten. Aber sie hatte sich in ihn verliebt, wobei ihre Leidenschaft von dem Stimmbildner nicht erwidert wurde. Natürlich hatte er sie verführt, doch alles, was darüber hinausging, war Anathema für ihn.

»Wenn ich dich nicht hätte, würde ich verrückt werden«, sagte sie eines Nachmittags, nackt auf dem Diwan in seinem Wohnzimmer liegend, während er sich anzog und einen Blick auf die Uhr warf, um zu sehen, wann seine nächste Schülerin kam. »Du bist alles, was Hawley nicht ist.« Sie machte sich selbst noch weniger attraktiv, indem sie mit geöffneten Beinen dalag und ihr die Brüste seitlich vom Körper rutschten, ganz zu schweigen davon, dass das durchs Fenster fallende helle Sonnenlicht jeden kleinen Makel ihres Körpers hervorhob.

»Meine liebe Cora«, sagte Berlosci, den das Gespräch langweilte, »du holst dir noch den Tod, wenn du so nackt daliegst. Bedecke dich.« Er hatte eine seltsame Abneigung dagegen, die Frauen, mit denen er schlief, *post coitum* nackt zu sehen, sondern bevorzugte es, wenn sie sich möglichst schnell wieder ankleideten und verabschiedeten. Wenn ihn der sexuelle Drang erst einmal verlassen hatte, brauchte er ihre Aufmerksamkeit nicht mehr. Cora erhob sich, tappte zu ihm hin, drückte ihren Körper gegen seinen, küsste ihn sanft auf die Lippen und hoffte auf eine weniger zurückhaltende Reaktion.

»Wann sprichst du mit Mr Mullins über mich?«, fragte sie und fuhr mit ihren Lippen zu seinen Ohren und über den Hals.

»Bald, bald«, antwortete er. »Du bist noch nicht so weit.«

»Aber ich komme jetzt seit einem Jahr zu dir, Alfredo«, sagte sie. »Da müsste es doch langsam Zeit sein?« Sie küsste ihn wieder und hoffte, ihn zu erregen, wusste jedoch, dass es unwahrscheinlich war. Trotz seines lustvollen Appetits benahm sich der alternde Italiener wie eine launische Diva. Er weigerte sich, öfter als einmal pro Nachmittag auf der Bühne zu erscheinen, und heute war der Vorhang bereits gefallen.

»Er ist ein viel beschäftigter Mann«, sagte Berlosci, befreite sich aus ihrer Umarmung, sammelte ihre Wäsche vom Boden auf, wo sie im Eifer des Gefechts gelandet war, und gab sie ihr, wobei er den Anblick ihrer Nacktheit vermied. Wenn sie sich liebten und auf dem Diwan oder dem Bett lagen, war Cora für ihn eine durchaus unterhaltsame Partnerin. Vielleicht waren ihre Hüften von etwas mehr Fleisch umgürtet, als es ihm gefiel, und ihre Schultern boten ein gewisses maskulines Vergnügen, das ihn störte, aber alles in allem war sie lustvoll und entgegenkommend und versagte ihm keinen Gefallen. Stand sie jedoch aufrecht, so wurde sein Blick von ihren weniger vorteilhaften Merkmalen angezogen. Die Art, wie die Brüste etwas schief an ihrem Körper hingen, beide etwas klein im Vergleich zur Muskulatur ihres Oberkörpers ... die an Haferbrei erinnernde Konsistenz der Haut um ihre Knie ... die üppige Behaarung der Beine. Sie stand vor ihm in der Pose einer verführerischen Venus von Milo, aber alles, was er sah, war eine Frau, die auf die dreißig zuging und deren Körper sich weit vor der Zeit selbst zerstörte, was ungesunder Ernährung und fehlender Bewegung geschuldet war. »Bitte, zieh dich an, Cora«, drängte er sie. »In einer Viertelstunde kommt meine nächste Schülerin.«

Cora schnaubte irritiert und begann, in ihre Kleider zu steigen. Mr Mullins war der Besitzer eines kleinen Theaters in der Shaftesbury Avenue (zufällig nicht weit von Hawleys Arbeitsplatz), und Signor Berlosci behauptete, eng mit ihm befreundet zu sein. Der Mann veranstaltete regelmäßig Varietéabende und auch reine Gesangsabende mit einer einzigen Sängerin, und in einem

Moment lustgetriebener Verrücktheit hatte Berlosci Cora vor Monaten schon versprochen, ein Vorsingen für sie zu arrangieren. Was Cora nicht wusste, war, dass ihr Lehrer schon so viele angehende Starsängerinnen zu Mullins geschickt hatte, dass dem Theaterbesitzer klar geworden war, Berlosci benutzte ihn, um die Frauen ins Bett zu bekommen. Daher hatte er der Sache ein Ende gesetzt und seinem Freund unverblümt erklärt, er wolle nur noch wirkliche Talente geschickt bekommen, und sobald er annehmen müsse, dass es um etwas anderes gehe, sei es ein für alle Mal mit dem Vorsingen vorbei. So hatte Berlosci im vergangenen Jahr nur noch zwei seiner Schülerinnen zu ihm geschickt, beide außergewöhnliche Sängerinnen, und er wusste, Cora verkörperte genau die Art von hoffnungsvollem Mittelmaß, das Mullins auf der Stelle nach Hause schickte.

»Du hast es mir versprochen«, sagte Cora leise. Sie wollte nicht streiten, aber sagen musste sie es doch.

»Und ich habe es ernst gemeint«, sagte er. »Ich werde bald schon mit ihm reden. Aber du bist noch nicht so weit.« Seine Züge wurden etwas weicher, und er trat zu ihr und küsste sie wie ein stolzer Vater auf die Stirn. »Vertrau mir. Bald schon wirst du bereit dafür sein, und dann wird Mr Mullins dich anhören. Auf die Knie wird er vor dir gehen und dich mit Blumen und Girlanden überschütten, wie es die Franzosen mit Marie de Santé gemacht haben und die Italiener mit der großen Sabella Donato.«

»Versprichst du das, Alfredo?«, sagte sie und versuchte vergeblich, sich kokett zu geben.

»*Promesso.*«

Als er sie an diesem Nachmittag hinausgehen sah, beschloss Signor Berlosci, es sei an der Zeit, dass er und Cora Crippen sich trennten, als Lehrer und Schülerin und als Liebespaar.

Für gewöhnlich warteten zwei oder drei Patienten, wenn Dr. Crippen abends in seine Praxis kam, und jeder von ihnen trug eine Mischung aus quälendem Schmerz und schrecklicher Angst vor der vor ihm liegenden Tortur im Blick. In den zwölf Monaten, seit er als Zahnarzt praktizierte, war ihm aufgefallen, dass ihn nie jemand aufsuchte, sobald sich ein erstes Problem mit einem Zahn andeutete. Stattdessen warteten sie alle und beteten, dass, was immer es sein mochte, von selbst wieder verschwand. Erst wenn sie begriffen, dass es nur noch schlimmer wurde, kamen sie zu ihm. Die meisten seiner Patienten stammten aus der Arbeiterklasse, und niemand bemerkte das Fehlen einschlägiger Urkunden und Zeugnisse an seinen Wänden oder warf auch nur einen Blick auf die beiden gerahmten Diplome vom Medical College in Philadelphia und dem Ophthalmic Hospital in New York, die an bevorzugter Stelle im Behandlungszimmer hingen. Die Leute kamen und wollten nichts anderes, als dass er sie von ihren Schmerzen befreite und das mit so wenig zusätzlichem Schmerz wie nur möglich.

An diesem Abend warteten nur zwei Patienten auf Hawley, und beide behaupteten, zuerst da gewesen zu sein. Eine Frau von gut fünfzig Jahren schwor Stein und Bein, dass sie bereits seit drei Uhr nachmittags hier sitze und warte, während der Zweite, ein etwa fünfzehnjähriger Junge, behauptete, sie sei erst fünfzehn Minuten vor Hawley gekommen, und deshalb sei er als Erster an der Reihe. Solche Streitereien war Hawley nicht gewohnt, und er musste eine Münze werfen, wer zuerst auf seinem Stuhl Platz nehmen sollte. Der junge Mann gewann und sah die Frau mit einem so triumphierenden Blick an, dass Hawley überlegte, ob er das Ergebnis nicht umkehren sollte.

Er hatte fast fünfzig Pfund seiner Ersparnisse dafür ausgegeben, sich eine richtige zahnärztliche Ausrüstung zu beschaffen, einschließlich einer großen Lampe, die über dem Patienten hing und noch die finstersten Tiefen seiner Schmerzen ausleuchtete. Als er in den Mund des Jungen sah, erkannte er gleich, wo das Problem lag. Einer der Sechser-Backenzähne im Unterkiefer war abgebrochen, und es hatte sich ein Abszess gebildet. Der Nerv lag praktisch frei, und die verbliebene Hälfte des Zahnes hatte sich schwarz verfärbt. »Wann ist er Ihnen abgebrochen?«, fragte Hawley, während er den Rest der Zähne nach ähnlichen Problemen durchsah.

»Ungefähr vor einem Monat«, sagte der Junge, der Peter Milburn hieß. Er hatte Angst, die Wahrheit zu sagen – dass es nämlich schon sechs Monate her war –, damit ihn der Doktor nicht ausschimpfte.

»Verstehe«, sagte Hawley und glaubte ihm kein Wort. »Nun, der muss raus, fürchte ich. Es gibt keine andere Möglichkeit.«

»Das habe ich mir schon gedacht«, sagte Milburn, der sich bereits mit seinem Schicksal abgefunden hatte. »Wird es wehtun?«, fragte er zaghaft wie ein kleines Kind.

Hawley unterdrückte ein Lachen. »Keine Sorge«, sagte er. »Ich habe schon Hunderte Zähne gezogen. Es ist vorbei, noch ehe Sie es merken.«

Er ging zum Schrank mit den Instrumenten, füllte eine große Spritze mit einem Betäubungsmittel und drückte vorsichtig ein paar Tropfen aus der Nadel. Es war kein besonders starkes Betäubungsmittel, aber ein stärkeres durfte er ohne Zulassung nicht kaufen, und so musste er sich mit etwas zufriedengeben, was seine Patienten kaum vor Schmerzen bewahrte und ohne Ausnahme schreien ließ. Er hatte schon überlegt, ob er ihre Handgelenke an die Lehnen binden sollte, damit sie nicht so um sich schlugen, dann aber entschieden, dass das Ganze dadurch eher einer mittelalterlichen Folterung glich als einer medizinischen Prozedur. Schließlich war es wichtig, dass die Patienten wiederkamen.

Milburn zuckte zusammen, als er die Spritze mit der Nadel auf seinen Mund zusteuern sah, aber Hawley versicherte ihm, dass der Einstich nicht sehr schmerzen würde, was stimmte.

»Nun warten wir einen Moment, bis sich das Mittel verteilt hat«, sagte er, als die Injektion vorgenommen war, »dann holen wir den Zahn heraus.«

Neben dem Waschbecken bewahrte er ein Sortiment Messer, Pinzetten und Zangen in einer Wanne mit sterilem Desinfektionsmittel auf. Jedes Gerät hatte eine andere Größe und Form, sie waren für verschiedene Erfordernisse und Zähne gestaltet. Er wählte einige Arbeitsgeräte aus und legte sie auf eine mit einem weißen Tuch bedeckte Ablage neben dem Behandlungsstuhl. Nach ein paar Minuten versicherte ihm Milburn, dass sich die linke Seite seines Mundes einigermaßen taub anfühle. *Einigermaßen* war das Schlüsselwort. Crippen machte sich an die Arbeit.

Zuerst nahm er ein spitzes Messer Nr. 6 mit einer schmalen silbernen Klinge und stieß es in die Rundung des Abszesses, der sofort aufplatzte und Flüssigkeit in Milburns Mund strömen ließ. In der Sekunde, da die Klinge den Abszess berührte, fuhr der Junge wie von einem elektrischen Schlag getroffen zusammen. Hawley, der die Reaktion kannte, lehnte sich zurück. »Ich muss den Abszess erst leeren«, erklärte er. »Es tut mir leid, das schmerzt ein wenig, aber es dauert nicht lange. Sie müssen geduldig sein.«

Milburn, der von Natur aus kein Feigling war und bereits überlegte, ob er Polizist werden sollte, nickte ergeben. Er lehnte sich zurück, die Fäuste auf den Lehnen geballt und die Fingernägel in die Handflächen gegraben, um dem Schmerz, über den er keine Kontrolle hatte, entgegenzuwirken. Als ihm Hawley erneut mit der Klinge in den Mund fuhr, schloss er die Augen. Es war schwer, ruhig zu bleiben, während der Doktor den Abszess auskratzte.

»Können Sie mir etwas mehr Betäubungsmittel geben?«, bettelte Milburn, als er sich den Mund zum achten Mal ausspülte und sein ganzer Körper vor Schmerzen bebte.

Hawley schüttelte den Kopf. »Das ist das stärkste, das es gibt«, log er. »Es liegt daran, dass der Abszess so groß war, und das ist nun mal schmerzhaft. Aber jetzt ist er so gut wie geleert, was bedeutet, dass wir den Zahn herausholen können.«

Milburn nickte und lehnte sich wieder zurück. Ihm stand

Schweiß auf der Stirn, und er versuchte, sich geistig von den Vorgängen zu lösen, indem er ins Licht sah und einen Akt der Selbsthypnose unternahm. Nachdem der Abszess vollständig gesäubert war, nahm Hawley eine der Zangen, drängte den Jungen, den Mund noch weiter zu öffnen, fasste den schwarzen Rest des Zahnes, drückte die Zange fest zusammen und begann, ihn, sanft erst, dann bestimmter, hin- und herzuhebeln, um ihn aus seiner Verankerung zu lösen. Der Druck und das Hebeln erfüllte den Körper des Jungen mit Schmerzwellen, und ein Schrei entwich seinem Rachen. Milburn hörte, wie die Zange den knirschenden Zahn hin- und herbog, und hätte Hawley nicht über ihm gestanden und ihm ein Knie auf die Brust gedrückt, wäre er womöglich aufgesprungen und in heller Panik aus der Praxis geflohen. Ein scharfes Krachen warf Hawley zurück, die Zange in der Hand, in der ein Stück des Zahnes klemmte. Milburn entfuhr ein überraschter Schrei, Blut strömte ihm aus dem Mund, und er bäumte sich auf, aber der Schmerz durch den gerissenen Zahn war nichts im Vergleich mit der Erleichterung, die er darüber empfand, dass die Operation endlich vorüber war. Er lehnte sich zurück, staunend, dass sein Mund immer noch schmerzte, und schwor sich, nie wieder so lange zu warten, bis er zum Zahnarzt ging.

Hawley ließ ihn den Mund mehrmals ausspülen und drückte etwas Verbandsmull auf die Stelle, wo der Zahn gewesen war, um den Blutfluss einzudämmen. Als die Blutung endlich nachließ, studierte er die Wunde und legte die Stirn in Falten.

»Schlechte Nachrichten, fürchte ich, Master Milburn«, sagte er, was den Herzschlag des Jungen in neue, panische Höhen trieb. »Es ist, wie ich es mir schon dachte. Der Zahn war so schlecht, dass er beim Ziehen abgebrochen ist. Die Wurzel steckt noch im Zahnfleisch, und ich muss sie chirurgisch entfernen.«

»O nein«, stöhnte Milburn und fragte sich, ob es schlimm wäre, wenn er zu weinen begänne. »Bitte nicht. Kann sie nicht einfach drinbleiben?«

»Wenn sie drinbleibt, entzündet sich der ganze Kiefer, und innerhalb eines Monats müssen alle Zähne raus.«

Milburn nickte stoisch und fügte sich in sein Schicksal. So viel konnte doch jetzt nicht mehr zu ertragen sein, sagte er sich. »Also dann«, sagte er, lehnte sich zurück und schloss die Augen.

»Unglücklicherweise ragt kein Stück der Wurzel aus der Wunde heraus, sodass ich das Zahnfleisch aufschneiden und sie herausoperieren muss. Das ist nicht sehr angenehm, fürchte ich.«

Milburn starrte ihn an und spürte, wie er hysterisch zu lachen begann. Stand da wirklich ein Zahnarzt vor ihm, oder handelte es sich um einen sadistischen Mörder, der möglichst viel Blut und Schmerzen produzieren wollte? Wie es auch sein mochte, ihm blieb kaum eine Wahl, als den Mann beenden zu lassen, was er begonnen hatte, und so legte er den Kopf zurück und grub seine Fingernägel noch ein Stück tiefer in die Handflächen. Hawley nahm eine Klinge, schnitt das Zahnfleisch mit zwei sich kreuzenden Schnitten auf wie ein Brötchen und legte die Wurzel frei. »Da ist sie ja«, rief er freudig und drückte das Zahnfleisch mit zwei Werkzeugen so weit auseinander, dass er das problematische Objekt sehen konnte. »Was für eine Schönheit!« Es war schwierig, die Wurzel zu entfernen bei all dem Blut, das in die Höhlung strömte, aber schon fuhr er mit der schmalsten Zange seines Sortiments in die Öffnung, packte sie fest, ohne sich weiter um den sich windenden, schreienden Jungen unter ihm zu kümmern, und lockerte sie mit der rechten Hand, während er die linke auf die Brust seines Patienten legte und ihn in den Stuhl drückte, damit er nicht floh. Mit dem Geräusch von Luft, die in ein Vakuum dringt, löste sich der Rest des Zahnes, und Hawley trat triumphierend zurück, die Zange mit dem Wurzelstück in der blutüberströmten Hand, während Peter Milburn sich die unerträglich schmerzende Gesichtsseite hielt. Es war eine der schlimmsten Erfahrungen seines Lebens, und er würde sie niemals vergessen. Milburn setzte sich auf und versuchte, aus dem Stuhl aufzustehen, aber seine Beine waren zu schwach, und das Blut strömte ihm immer noch aus dem Mund.

»Sehen Sie nur«, sagte Hawley, hielt die Zange ins Licht und bewunderte den Zahn, den er dem Jungen aus dem Kiefer gerissen hatte. »Völlig verfault und doch eine Schönheit.« Er sah Milburn an und nickte zum Waschbecken hinüber. »Sie spülen sich besser den Mund aus«, sagte er. »Dann setzen Sie sich wieder hin, und ich nähe Sie zusammen.«

»Nähen mich ...?«

»Nun, so kann ich Sie nicht gehen lassen, oder?«, sagte Hawley mit einem breiten Grinsen. »Das Blut gerinnt erst, wenn ich die Wunde verschließe. Ein paar Stiche, und Sie sind wieder in Bestform.«

Milburn wurde fast ohnmächtig. In Gedanken ging er all die schrecklichen Dinge durch, die er je in seinem Leben getan hatte, und fragte sich, ob das jetzt Gottes Strafe dafür war. Als Kind hatte er seinen jüngeren Bruder gnadenlos schikaniert und sich für einen Apfel vor jedem Mädchen der Klasse entblößt. Kürzlich war er die treibende Kraft hinter dem Zerwürfnis zwischen seiner Mutter und einem Gentleman gewesen, in den sie sich verliebt hatte, einem absolut anständigen Mann, der jedoch Milburns häuslichen Frieden und die selbstsüchtigen Aufmerksamkeiten bedroht hatte, die der Junge seiner Mutter abverlangte. Vor zwei Wochen hatte er aus der Kasse seines Onkels, an dessen Obststand er nach der Schule aushalf, zwölf Pence mitgehen lassen, und nachdem er nicht erwischt worden war, beschlossen, sich regelmäßig zu bedienen, bis er sich ein neues Fahrrad kaufen konnte. Vielleicht kehrten sich diese Missetaten jetzt gegen ihn, dachte er, als er sich erneut auf dem Stuhl zurücklehnte, und dann füllten sich seine Gedanken mit einem Bild seiner selbst, wie er in seinem Sarg lag, während Hawley das Loch, das er in Milburns Mund zurückgelassen hatte, fachmännisch mit acht Stichen schloss. Das Betäubungsmittel hatte praktisch alle Wirkung verloren, und der

Junge schrie während der gesamten Prozedur. Es waren Schreie, die jedem normal empfindenden Menschen das Blut in den Adern hätten gerinnen lassen, Schreie, wie man sie sonst nur von hysterischen Geisteskranken kannte, nein, schlimmer noch. Aber Hawley vernahm sie kaum, so konzentriert war er bei der Sache, so stolz auf seine Fähigkeiten, so voller Liebe für die Kunst der Medizin, dass die Musik des Schmerzes nichts als eine Melodie war, zu der er arbeitete. Endlich gab er neuen Verbandsmull in den Mund des Jungen und sagte ihm, er solle zehn Minuten daraufbeißen. Als Milburn den Mull herausnahm, war er blutgetränkt, und der Anblick ließ ihn noch schwächer werden, doch dann spülte er den Mund aus und die Blutung war tatsächlich gestillt. Die Prozedur war endlich überstanden.

»Sie müssen in einer Woche noch einmal kommen«, sagte Hawley, »damit ich den Faden wieder entfernen kann.« Milburn starrte ihn entsetzt an. »Keine Angst!« Hawley lachte. »Das dauert ungefähr dreißig Sekunden, und Sie spüren nichts davon.«

Der Junge gab ihm die zwei Shilling für die Operation und taumelte ins Wartezimmer hinaus. Hawleys zweite wartende Patientin, die fünfzigjährige Frau, hatte geglaubt, der Ermordung des jungen Mannes zu lauschen, die sich in der hinter der Tür liegenden Kammer des Grauens vollzog, und war in heller Panik in die Nacht hinausgeflohen, entschlossen, lieber mit ihren Schmerzen zu leben, als sich den finsteren Passionen eines Sadisten auszuliefern.

Hawley störte das alles nicht. Die Stunde, die er damit zugebracht hatte, Peter Milburns Mund in Ordnung zu bringen, der Gebrauch von Klingen, Pinzetten, Zangen und das Vernähen der Wunde hatten ihm eine beträchtliche Genugtuung verschafft. Nun wollte er nur noch die Praxis schließen und nach Hause zurückkehren, was er, nachdem er seine Werkzeuge gewaschen und zurück in das Desinfektionsmittel gelegt hatte, auch tat.

Cora lag schon im Bett, als er nach Hause kam, da sie ihre Aktivitäten mit Signor Berlosci an diesem Nachmittag ziemlich erschöpft hatten, und sie sah ihn kaum an, als er hereinkam. Seit fast acht Monaten hatten sie nicht mehr miteinander geschlafen, aber heute war Hawley die High Holborn praktisch heruntergerannt und über die Tottenham Court Road geflogen, um zu seiner Frau zu kommen. Sie war überrascht, wie schnell er Jacke, Hemd und Hose auszog, wartete er doch normalerweise, bis sie schlief, bevor er sich neben sie ins Ehebett legte, und als er unter die Decken schlüpfte und den Kopf zwischen ihre Brüste drückte, hatte sie Mühe, ihr Abendessen bei sich zu behalten.

»Hawley!«, rief sie. »Was um alles in der Welt soll das?«

Er sah sie an, schließlich sollte doch wohl klar sein, was er wollte. »Weise mich nicht zurück, Cora«, bettelte er, obwohl er sich von dieser Frau, die er vor sechs Jahren geheiratet hatte, kaum noch angezogen fühlte. Sie sollte ihm nur etwas Erleichterung verschaffen. Er drückte sich an sie, und sie spürte sein Verlangen und stieß ihn zurück.

»Lass mich«, kreischte sie. »Schmutziger Kerl!«

»Aber Cora ...«

»Das meine ich ernst, Hawley. Wie kannst du nur!«

Er starrte sie an, seine Lust schwand dahin, und er fühlte sich einsamer als je zuvor.

»Also wirklich«, murmelte sie, drehte sich von ihm weg und hoffte, dass er sie an diesem Abend nicht noch länger mit seinen Gefühlen bedrängte.

Er tat es nicht, sondern drehte sich beschämt und gedemütigt in die andere Richtung. Es dauerte Stunden, bis er endlich in Schlaf fiel, und seine Träume waren von der Erinnerung an Peter Milburns Torturen erfüllt. In der Frühe erwachte er zu seiner Überraschung so benetzt wie ein pubertierender Teenager, und er war gezwungen, sich, ehe seine Frau die Augen öffnete, leise aus dem Bett zu stehlen und das Ergebnis seiner Träume, seines von der Erinnerung an den Schmerz und die Schreie des jungen Milburn befeuerten Verlangens, zu beseitigen.

Die Geschäfte liefen immer besser für Munyon's Homeopathic Medicines, doch die Gesundheit des Besitzers, Mr James Munyon, verschlechterte sich von Tag zu Tag. Er wurde immer vergesslicher und konnte kaum mehr einen vollen Tag arbeiten, ohne sich abends geradezu ausgelaugt zu fühlen. Endlich beschloss er auf Anraten seines Arztes, sich zur Ruhe zu setzen und Hawley die Führung des Geschäfts zu überlassen. Es dauerte fast einen Monat, bis jemand auf das Schild »Mitarbeiter gesucht« antwortete, das der jüngere Mann ins Fenster gestellt hatte. Es kamen jedoch nur unbrauchbare Bewerber, die er schnell ablehnte, und nach einer Weile begann er, sich Sorgen zu machen, er würde vielleicht niemals einen passenden Assistenten finden. Eines Tages, als er die Suche schon fast vergessen hatte, läutete die Glocke über der Ladentür und verkündete das Eintreten einer jungen Frau. Hawley sah von den Konten auf, die er gerade studierte, aber seine Kundin kehrte ihm den Rücken zu und betrachtete die Auslage mit Kräutermedizin in der Ecke beim Fenster, nahm ein Glas in die Hand und las die Anleitung auf der Seite. Hawley wandte sich wieder den vor ihm liegenden Rechnungen und Quittungen zu, hob den Kopf jedoch gleich wieder, denn etwas an dieser Frau zog ihn unwillkürlich an. Sie war nicht sehr groß, vielleicht einen Meter fünfundsechzig, und ihr Rücken zeugte von einer eher jungenhaften Figur, schlank, schmalhüftig, gesund. Ihr Haar war dunkel und reichte ihr kaum bis auf die Schultern. Jetzt schien sie seinen Blick zu spüren und wandte sich leicht nach links, sodass er ihre blasse Haut und die markanten Wangenknochen sehen konnte. Schnell senkte er den Blick und erlaubte sich auch nicht, ihn wieder zu heben, als er sie auf sich zukommen hörte. Erst als sie hüstelte, um auf sich aufmerksam zu machen, riss er sich von seinen Zahlen los und sah sie an, als wäre ihm gar nicht aufgefallen, dass da jemand hereingekommen war.

»Guten Tag«, sagte er leise und betrachtete ihr Gesicht. Sie war ziemlich jung und auf eine leicht androgyne Weise hübsch, so als hätte sich Gott nicht entscheiden können, ob Er nun ein überraschend maskulines Mädchen oder einen ungewöhnlich hübschen Jungen schaffen wollte. Irgendwie war Ihm dabei aber trotz aller Verwirrung etwas ziemlich Außergewöhnliches gelungen. Eine schmale Narbe, die von der Nase über die Lippe verlief, war der einzige kleine Makel, und Hawley verspürte das plötzliche Verlangen, sie zu berühren. »Wie kann ich Ihnen helfen?«, fragte er und widerstand seiner Regung.

»Ich habe Ihr Schild gesehen«, sagte die junge Frau mit fester Stimme, was darauf hindeutete, dass es sie einigen Mut kostete, ihn so anzusprechen.

»Mein Schild?«

»Das Schild im Fenster: ›Mitarbeiter gesucht‹. Ich wollte mich nach der Stelle erkundigen.«

»Ach«, sagte Hawley, legte seinen Stift zur Seite und lehnte sich leicht zurück. »Natürlich. Die Stelle.«

»Richtig.«

Er nickte ihr zu und wusste nicht, was er als Nächstes sagen sollte. Er hatte schon einige Bewerbungsgespräche geführt und dabei immer versucht, zugleich Respekt gebietend, aber auch freundlich zu erscheinen, um von Beginn an alles richtig zu machen. Mit Helen Aldershot war genau das danebengegangen. Mr Munyon hatte sie eingestellt, und da Hawley entschlossen war, einen guten Eindruck zu machen, war er viel zu nett zu ihr. Als er dann seine Autorität durchsetzen musste, war es zu spät: Sie nahm ihn nicht mehr ernst.

»Mit wem sollte ich da sprechen?«, fragte die Frau nach einem unbehaglichen Schweigen, das sich über sie gesenkt hatte.

»Sprechen? Worüber?«

»Über die Stelle.«

»Oh, die Stelle«, wiederholte er, als finge die Unterhaltung gerade erst an. »Entschuldigen Sie bitte, Miss«, fügte er dann aber einen Moment später schon hinzu. »Sie sind die erste Bewerberin, nachdem sich eine ganze Weile niemand gemeldet hat, deshalb überlegte ich gerade, womit ich anfangen soll.« Er runzelte die Stirn und war sich nicht sicher, ob er das hätte sagen sollen, schließlich war es nicht gut, wenn sie glaubte, er fände niemanden.

»Lassen Sie mich ein frisches Blatt Papier nehmen, damit ich Ihre persönlichen Daten aufnehmen kann«, sagte er schließlich nervös und musste erst eine Weile in seinem Schreibtisch suchen, bis er eines fand. »Ihr Name?«, fragte er. »Damit fangen wir am besten an.«

»Ethel LeNeve«, antwortete sie und buchstabierte den Zunamen für ihn: »L-e-N-e-v-e, mit einem großen L und einem großen N.«

»LeNeve«, wiederholte er und schrieb es auf. »Und das ist Miss oder Mrs?«

»Miss.«

»Miss LeNeve. Und Ihre Adresse?«

Sie gab sie ihm, und er kannte die Straße, ging er doch jeden Abend auf dem Weg zu seiner Praxis dort entlang. »Schön ruhig dort«, sagte er. »Sehr angenehm.«

»Sie kennen die Straße?«

»Ich betreibe abends eine kleine Zahnarztpraxis in Holborn und komme jeden Tag an Ihrem Haus vorbei. Sie wohnen bei den Eltern, nehme ich an?«

Ethel schüttelte den Kopf. »Ich lebe allein«, sagte sie, was ihn überraschte, denn dass eine alleinstehende zwanzigjährige Frau (so alt war sie) in einer eigenen Wohnung lebte, konnte einen Skandal bedeuten. »Meine Eltern sind tot«, erklärte sie, »und haben mir die kleine Wohnung hinterlassen. Unten wohnt eine Witwe, der ich manchmal Gesellschaft leiste. Sie ist eine nette Lady, allerdings kommt es vor, dass sie mich mit ihrem Sohn verwechselt.«

»Ihrem Sohn?«, fragte er überrascht.

»Sie ist nicht mehr ganz so klar wie früher. Aber sie hat ein Herz aus Gold und behandelt mich sehr nett.«

Hawley nickte erfreut, da es offenbar keinen Hinweis auf eine Unschicklichkeit gab, und fragte sich, ob man die Witwe Mr Munyon vorstellen sollte. Dann könnten die beiden ihre Senilität gemeinsam genießen und sich gegenseitig für einen Laternenpfahl oder eine Selleriestange halten. »Nun, Miss LeNeve«, sagte er, »bei der Stelle geht es um eine allgemeine Assistenz und um Schreibarbeiten. Können Sie Schreibmaschine schreiben?«

»Das ist eine meiner Stärken«, sagte sie mit einem süßen Lächeln. »Vierzig Worte in der Minute waren es bei der letzten Zählung.«

»Das ist sehr gut«, sagte er. »Wenn ich so schnell zu schreiben versuche, vertippe ich mich unweigerlich und muss wieder von vorn beginnen. So verbrauche ich stapelweise Papier. Natürlich ist es in einer Apotheke äußerst wichtig, dass wir bei unseren Rezepten keine Fehler machen. Wir wollen schließlich niemanden umbringen.«

»Natürlich«, sagte sie und sah sich um. »Aber können Sie mir sagen, was genau für eine Apotheke das hier ist? Ich fürchte, ich weiß nicht viel über … homöopathische Medizin«, sagte sie und hatte mit dem Wort etwas zu kämpfen.

Hawley entspannte sich, genoss ihre angenehme Gegenwart und begann die Rede, die er bei verschiedenen Gelegenheiten immer wieder halten musste: über die Geburt der Homöopathie in Japan vor Tausenden von Jahren, ihre noch junge, schrittweise Aufnahme in die westliche Kultur, ihre Anwendungsweisen und ihre Vorteile. Er verzichtete darauf, seinem eigenen fehlenden Glauben an ihre Heilkräfte Ausdruck zu geben, die gestand er niemandem ein, nicht einmal seiner Frau. Und Ethel schien fasziniert von dem, was er sagte. Sie sah ihn an und las ihm jedes Wort von den Lippen ab. Als er schwieg, war sie begeistert.

»Das ist ja faszinierend«, sagte sie. »Ich hätte nie gedacht, dass es so viele Alternativen zu einem Arztbesuch gibt. Um ehrlich zu sein, fürchte ich mich ein wenig vor Ärzten. Manchmal frage ich mich, ob sie wirklich wissen, was sie tun. Wenn man es sich recht überlegt, könnte sich jeder mit einer Praxis niederlassen, behaupten, er hätte einen medizinischen Abschluss, und dann die Hälfte seiner Patienten umbringen, aus Unvermögen oder in voller Absicht.«

Hawley lächelte und begriff, dass er sich selbst noch nicht vorgestellt hatte. »Ich bin übrigens selbst Arzt, Miss LeNeve«, sagte er.

»Oh!«

»Hawley Harvey Crippen«, sagte er und streckte ihr seine Hand entgegen. »Doktor Crippen, meine ich. Ich hätte mich längst vorstellen sollen.«

»Ich muss mich entschuldigen«, sagte sie und wurde rot. »Ich meinte natürlich nicht Sie. Man hört nur so viele Geschichten ...«

»Machen Sie sich keine Gedanken, Miss«, sagte er und hob eine Hand. »Sie haben ganz recht. In den Straßen dieser Stadt treiben sich dieser Tage eine Menge Scharlatane herum. Ich selbst habe einen Abschluss von gleich zwei medizinischen Colleges, in Philadelphia und New York. In der Hinsicht müssen Sie meinetwegen keine Sorgen haben.«

»Aus Amerika«, rief sie atemlos.

»So ist es«, sagte er. Er hatte es sich angewöhnt, statt von seinen »Diplomen« nur noch von »Abschlüssen« zu sprechen, was die Sache vereinfachte, wie er glaubte.

»Sie sind also Amerikaner? Ich wollte immer schon nach Amerika.«

»Tatsächlich? Ich wollte immer nur weg von dort«, sagte er, was nicht stimmte, aber witzig klang, wie er meinte. Sie lächelte. Wieder senkte sich Schweigen über sie, das jedoch Sekunden später vom Läuten der Türglocke durchbrochen wurde. Hawley wandte den Kopf, und sein Lächeln erstarb, als er seine Frau auf sich zukommen sah. Sie hielt ihre Tasche mit beiden Händen vor sich hin, und in ihren Augen blitzte es. »Meine Liebe«, sagte er, doch sie unterbrach ihn gleich.

»Komm mir nicht mit ›Meine Liebe‹«, fuhr sie ihn an. »Hast du mit diesen Andersons gesprochen?«

Er schloss die Augen und stöhnte innerlich auf. »Ich habe es vergessen«, gab er zu, ohne dass ihm eine passende Entschuldigung einfallen wollte.

»Du hast es vergessen? *Vergessen?*«, rief sie, und ihre Stimme hob sich immer mehr. »Himmel noch mal, du nutzloser Mann! Sie sollen morgen ganz in der Früh kommen, und sie haben gesagt, das tun sie nur, wenn du ihnen vorher eine Aufstellung gibst. Wozu taugst du eigentlich? Kannst du mir das sagen? Ich gebe dir eine einfache Aufgabe, und du …«

»Meine Liebe, darf ich dir Miss LeNeve vorstellen?«, unterbrach Hawley sie, dem ihre Grobheit peinlich war. Er hoffte, sie zügeln zu können, indem er ihr klarmachte, dass sie nicht zu Hause am South Crescent waren, wo sie ihre Tiraden abfeuern konnte, bis sie müde oder hungrig wurde, sondern an seiner Arbeitsstelle, in Gegenwart von Fremden. Cora nahm Ethel in den Blick und taxierte sie.

»Freut mich«, sagte sie kalt.

Ethel schluckte und sagte nichts.

»Miss LeNeve bewirbt sich um eine Stelle«, erklärte er. »Die alte Stelle von Miss Aldershot.«

»Ha!«, sagte Cora und wies mit dem Kinn zu ihrem Mann hinüber. »Für den da wollen Sie bestimmt nicht arbeiten. Der ist so nutzlos wie ein Sack fauler Kartoffeln. Folgen Sie meinem Rat, Liebste, gehen Sie weiter und sehen Sie sich nach etwas Besserem um.«

»Cora, also wirklich!«, sagte Hawley und versuchte ein Lachen, um zu unterstellen, dass sie nur Spaß machte, was ganz eindeutig nicht der Fall war.

»Hawley, die Andersons!«, sagte sie. Das Leben und die Karriere von Ethel LeNeve waren ihr völlig egal. »Was machen wir jetzt mit denen?«

»Ich habe die Liste in der Manteltasche«, sagte er. »Gleich, nachdem ich hier zugemacht habe, gehe ich zu ihnen hinüber.«
»Oh, mach dir nicht die Mühe. Gib sie mir, ich bringe sie ihnen jetzt gleich. Später haben sie womöglich schon geschlossen. Ernsthaft, Hawley, manchmal weiß ich nicht, warum ich mir die Mühe mache. Wirklich nicht. Wenn sich ein Bühnenarbeiter so dumm anstellt wie du, setzen wir ihn ohne weitere Umschweife vor die Tür.«
»Ja, meine Liebe«, sagte Hawley, holte die gewünschte Liste und gab sie ihr. Sie warf einen Blick darauf, um sich zu versichern, dass es die richtige war, und schien fast enttäuscht, hätte sie doch sonst gleich wieder über ihn herfallen können.
»Denken Sie an meinen Rat, Miss LeNeve«, sagte sie, drehte sich um und gab ihren letzten Schuss ab. »Suchen Sie sich einen anderen Arbeitgeber. Gott weiß, ich wünschte, ich könnte einen neuen Mann finden.« Damit stürmte sie hinaus und schlug die Tür so heftig hinter sich zu, dass die beiden zusammenzuckten.
Ethel wandte den Blick vorsichtig Hawley zu. Er tat ihr leid, und es war ihr peinlich. Sie hätte die Szene lieber nicht miterlebt.
»Meine Frau«, sagte er mit einem sanften Lachen, als erklärte das alles. »Sie steht etwas unter Druck. Wir ziehen morgen um, verstehen Sie, und die Umzugsleute brauchen eine Liste. Sonst … sonst …« Er verlor den Faden und wünschte, die junge Frau ließe ihn mit seinem Elend allein.
»Wie schön«, sagte die jedoch mit munterer Stimme, sie war sich seiner Verlegenheit bewusst. »Wohin ziehen Sie, wenn ich fragen darf?«
Er hob den Blick. Ihre Freundlichkeit tat ihm gut. »An den Hilldrop Crescent«, sagte er, »in Camden. Bisher haben wir in Bloomsbury gewohnt, konnten uns aber nur die obere Etage eines Hauses leisten. Da wird es schön sein, etwas ganz für uns zu haben. Wir freuen uns sehr darauf.«
»Das sollten Sie auch«, sagte sie. »Es ist nur normal, dass Ihre Frau unter den Umständen etwas aufgeregt ist.«

Hawley nickte und erkannte, dass er eine Freundin gefunden hatte, und vielleicht auch eine Typistin. »Also, Miss LeNeve«, sagte er.

»Bitte, nennen Sie mich Ethel«, sagte sie.

»Also, Ethel. Sind Sie an der Stelle noch interessiert?«

9 Mrs Louise Smythsons zweiter Besuch bei Scotland Yard

London: 10. Juni 1910

Police Constable Peter Milburn hob den Blick, als sich die Eingangstür zu Scotland Yard öffnete, und sah zwei ältere Frauen wie Armeeoffiziere auf ihn zuschreiten, links, rechts, links, rechts im Gleichschritt, die Taschen fest mit beiden Händen gefasst, die Hüte im genau gleichen Winkel auf den Köpfen, eine in einem dunkelroten Kleid, die andere in einem grünen, wie zwei widerstreitende Ampelfarben. Er seufzte, legte die Dienstpläne zur Seite und sah die beiden mit einem resignierten Lächeln an.

»Guten Morgen, Ladys«, sagte er und hätte noch weitergesprochen, aber die Lady links im roten Kleid, Mrs Louise Smythson, unterbrach ihn gleich.

»Wir haben uns bereits kennengelernt, junger Mann«, sagte sie. »Erinnern Sie sich nicht?«

Er blinzelte. Vor diesen Tisch traten jeden Tag mindestens hundert Leute, und er behielt kaum einen von ihnen im Gedächtnis, sobald sie ihm den Rücken gekehrt hatten, aber an dieser Frau kam ihm etwas bekannt vor. »Wie kann ich Ihnen helfen?«, fragte er und überhörte die Frage.

»Sie können mir helfen, indem Sie meine Frage beantworten«, verlangte die Frau, die sich offenbar von niemandem abweisen ließ. »Erinnern Sie sich daran, dass ich bereits einmal hier war?«

»Natürlich, Ma'am. Es war in Verbindung mit …«

»Ich war Ende März hier, in Verbindung mit einer vermissten Person, Cora Crippen. Das Ergebnis war nicht zufriedenstellend, doch heute wird es anders sein, das versichere ich Ihnen. Das hier ist meine Freundin, Mrs Margaret Nash.«

PC Milburn sah zu ihrer Begleiterin, deren strenger Gesichtsausdruck von einem sekundenlangen Lächeln aufgehellt wurde, während sie zwei Worte hervorbrachte: »Sehr erfreut.«

»Mrs Nash«, sagte PC Milburn mit einem Nicken. »Und Mrs...?«

»Smythson. Mrs Louise Smythson. Haben Sie denn kein Gedächtnis in Ihrem Kopf? Ich weiß auch nicht, was für Leute wir heute bei der Polizei beschäftigen, wirklich nicht. Kinder, die meisten davon Idioten.«

Endlich kam PC Milburn eine Erinnerung an Louises letzten Besuch. Sie hatte ihn äußerst grob behandelt und unbedingt einen Inspector sprechen wollen, obwohl sie nichts als Mutmaßungen und Spekulationen vorzubringen hatte. Darüber hinaus hatte sie ihn verlegen gemacht, denn nachdem er sie gebeten hatte, Platz zu nehmen, hatte sie ihn nicht aus den Augen gelassen. Hätte er sich sonst vielleicht auch geschmeichelt gefühlt, war es ihm in ihrem Fall eher peinlich, war er doch gerade in eine junge Floristin namens Sally Minstrel verliebt. Und dann hatte ihm diese Mrs Smythson, als sie endlich zu Inspector Dew vorgelassen wurde, auch noch anzüglich zugezwinkert, und er war rot angelaufen.

Was Louise betraf, so gefiel es ihr, dass PC Milburn wieder Dienst hatte. In den drei Monaten seit ihrem letzten Besuch bei Scotland Yard hatte sie öfter an ihn gedacht. Wenn er auch mindestens fünfzehn Jahre jünger war als sie, gehörte er doch zu genau der Sorte Mann, die ihr die Knie schwach werden ließ. Groß, mit nach hinten gekämmtem, dunklem Haar, scharf geschnittenen Wangenknochen und in Uniform. So liebevoll sie ihrem Mann Nicholas auch zugetan war, ganz besonders seinem Haus, seinem Geld und seinem möglichen Titel, jemand, der in einer Frau Leidenschaft auslöste, war er nicht. Nicht wie dieser hinreißende Bursche. Oder Stephen Dempsey, der Junge, der sich um ihren Garten am Tavistock Square kümmerte und nicht abgeneigt war, auf ihre Einladung hin auch ihr Boudoir zu besuchen. Oder Jim Taylor, der junge Kerl, der dienstagmorgens das Gemüse brachte und auf den sie sich verlassen konnte, wenn es oben im Bad eine leckende Stelle abzudichten galt. Oder einer der anderen Lieferanten, Handwerker und jungen Männer, die sie über die Jahre verführt hatte. Sosehr sie zur besseren Gesellschaft gehören wollte, worauf sie um nichts in der Welt verzichtet hätte, waren ihre körperlichen Leidenschaften doch nach wie vor durch ihre eher einfachen Wurzeln geprägt, und PC Milburn war genau die Art Mann, nach der sie lechzte. Dennoch war es ihr unmöglich, ihm gegenüber irgendeine Form von Höflichkeit zu zeigen.

»Wie kann ich Ihnen heute helfen, Mrs Smythson?«, fragte Milburn und schenkte ihr ein Lächeln, das eine Reihe perfekt weißer Zähne sehen ließ.

»Wir möchten Inspector Dew sprechen«, verkündete Louise. »Ich glaube, ich habe zusätzliche Beweise für unseren Fall.«

»Hat der Inspector denn eine Untersuchung zum Verschwinden der Frau eingeleitet?«

»Nicht, dass ich wüsste«, gab Louise zu.

»Dann gibt es auch keinen Fall«, sagte Milburn.

»Spielen Sie keine Spielchen mit mir, Sie junger Hüpfer«, sagte Louise mit lauter Stimme. »Das dulde ich nicht.«

»Skandalös«, sprang ihr Mrs Nash bei.

»Inspector Dew wird von den Beweisen in Kenntnis gesetzt werden wollen, glauben Sie mir. Sie sind äußerst belastend. Wir können beweisen, dass ein Mord begangen wurde!«

Sie trat etwas zurück, damit das Wort seine Wirkung tun konnte, und Mrs Nash ließ einen dramatischen kleinen Seufzer hören. Louise hatte gehofft, PC Milburn würde bei dem Wort »Mord« in Habachtstellung gehen und vielleicht gleich die ganze Inspektorentruppe rufen, doch er wirkte so unbeeindruckt, als handle es sich um eine völlig alltägliche Sache. Was ja auch zutraf. Louise bewunderte seine lässige Miene, die ihn noch anziehender machte.

»Ein Mord«, sagte er und nahm ein Blatt Papier, auf dem er etwas notierte. »Und wer genau, denken Sie, ist ermordet worden?«

»Cora Crippen natürlich. Genau, wie ich es beim letzten Mal schon gesagt habe. Aber das ist kein Fall für einen Jungen wie Sie. Ich verlange, sofort mit Inspector Dew zu sprechen.«

»Der Inspector ist ein beschäftigter Mann, Mrs Smythson. Er ist ...«

»Ist er im Gebäude?«

»Wie bitte?«

»Ist Inspector Dew im Moment hier im Gebäude von Scotland Yard?«, wollte sie wissen, und er sah mit einem Seufzen auf den Dienstplan vor sich und hoffte, der Inspector wäre nicht im Haus, damit er die Ladys nach Hause schicken konnte, ohne lügen zu müssen. Unglücklicherweise war das nicht der Fall.

»Er ist hier«, gab er zu. »Aber er ...«

»Dann holen Sie ihn, Milburn, holen Sie ihn. Ich lasse mich diesmal nicht einfach so abspeisen. Nicht, wo das Leben einer Frau in Gefahr ist.«

»Ich dachte, Sie hätten gesagt, sie ist bereits ermordet worden?«, sagte PC Milburn.

»Und wenn es so wäre?«

»Nun, *wenn* sie bereits ermordet wurde, kann ihr Leben nicht mehr in Gefahr sein. Dann ist sie tot.«

Louise beugte sich zu ihm hin, sodass er das Käse-Gurken-Sandwich in ihrem Atem riechen konnte. Was für eine schöne Haut, dachte sie und studierte ihn eingehend. Was für volle Lippen. »Junger Mann, wollen Sie mir das Wort im Mund umdrehen?«, fragte sie.

»Nein, Ma'am. Ich wollte nur darauf hinweisen ...«

»Aber da ist er ja!«, rief Louise, die den weißbärtigen, freundlich aussehenden Mann von etwa fünfzig durch das Büro hinter dem Wachraum gehen sah. »Inspector Dew!«, rief sie. »Inspector Dew!«

PC Milburn drehte sich um und sah den Inspector argwöhnisch zu ihnen herüberblicken. Dann wandte sich Dew wieder einigen Papieren zu, doch Louise würde sich nicht so zurückweisen lassen. »Inspector«, rief sie, »wenn Sie mir bitte einen Moment Ihrer Zeit schenken könnten.«

Dew seufzte, nahm sich vor, dem jungen Constable aufzutragen, in Zukunft die Tür geschlossen zu halten, setzte ein Lächeln auf und trat an Milburns Tisch. »Ja, Madam?«, sagte er und setzte seine Hände fest auf die Tischplatte. »Wie kann ich Ihnen helfen?«

»Inspector, ich hoffe, Sie erinnern sich an mich«, sagte sie. »Mrs Louise Smythson, die Frau von Nicholas Smythson, Schwiegertochter des verstorbenen Lord Smythson. Mein Schwager Martin trägt den Titel im Moment. Bis auf Weiteres.«

Dew sah sie an, und in ihm stieg eine Erinnerung an die ersten Kapitel der Bibel auf, in denen die Abstammung jedes Christenmenschen von Adam bis Jesus aufgelistet ist. »Wir sind uns schon begegnet«, sagte er, ohne dass seine Stimme verraten hätte, ob das eine Frage oder eine Feststellung war.

»Das sind wir, Inspector«, sagte sie. »Ich war Ende März hier, um Ihnen von meiner Freundin Mrs Cora Crippen zu berichten. Dass sie verschwunden ist. Nun, ich habe Beweise, schlüssige Beweise, Inspector, dass die arme Frau von ihrem Mann ermordet wurde. Wir müssen unbedingt miteinander reden. Jetzt gleich.«

Dew verengte die Augen und überlegte. Er wusste, wie viele Hysteriker und Verrückte jeden Tag zu Scotland Yard kamen, und es war der Job des Constables, sie auszusortieren, nicht seiner. Er war im Augenblick gleich mit mehreren Fällen beschäftigt. Wenn jedoch zwei gut gekleidete Ladys auftauchten und auf ihre Verbindungen pochten, war es schwer, ihnen nicht ein paar Minuten lang ihren Willen zu lassen. Es bestand immer die Möglichkeit, dass einer ihrer Freunde abends mit dem Police Commissioner aß, und wenn die beiden beschlossen, sich über ihn, Inspector Dew, zu beschweren, sah er sich dem Ärgernis gegenüber, sich verteidigen zu müssen. Er erinnerte sich nur vage an das Gespräch im März und wandte den Blick Mrs Smythsons Freundin zu, die ihn inbrünstig anstarrte.»Und Sie sind?«, fragte er.

»Margaret Nash«, sagte sie schnell.»Mrs. Freut mich sehr.«

»Sind Sie auch mit der vermissten Person befreundet?«

»O ja, sehr.«

»Ich bin ihre *beste* Freundin«, sagte Louise, die entschlossen war, den Ruhm für sich zu behalten.»Wirklich, Inspector. Wenn Sie fünf Minuten für uns übrig hätten. Ich verspreche, es wird nicht länger …«

»Aber ja«, sagte er und dachte, es wäre das Einfachste, ihnen zuzuhören und sie anschließend wieder nach Hause zu schicken.»Constable, lassen Sie die Ladys herein. Bitte folgen Sie mir.«

PC Milburn öffnete die Klappe, und Mrs Nash ging als Erste hindurch, gefolgt von Mrs Smythson, die die Möglichkeit wahrnahm, dem Constable in den Hintern zu kneifen, als er ihr den Rücken zudrehte. Überrascht drehte er sich um und sah sie den Gang hinunter verschwinden, wo sie sich kurz noch einmal umdrehte und ihm anzüglich zuzwinkerte. Wieder fuhr ihm das Blut ins Gesicht, und er fragte sich, ob es nicht einfach das Beste wäre, aus Sally Minstrel eine ehrbare Frau zu machen. Schließlich war sie eine anständige, respektierliche Person und brachte ihn nie in dieser Weise in Verlegenheit. Einige Ladys konnten so plump sein, er hasste das. Verwirrt setzte er sich zurück an seinen Tisch.

Inspector Dews Büro war noch genauso, wie sie es in Erinnerung hatte. Wieder öffnete er das Fenster zum Fluss hin, als sie eintraten, und sie setzten sich auf die Lehnstühle ihm gegenüber und verzichteten auf allen einleitenden Small Talk.

»Also«, sagte Dew. »Erinnern Sie mich an unser erstes Gespräch.«

»Ich war Ende März hier«, sagte Louise leicht entnervt darüber, dass er nicht jede Einzelheit ihres Treffens gleich wieder präsent hatte. »Meine Freundin Cora Crippen wurde vermisst und ihr Mann mit seiner Geliebten im Theater gesehen, mit Coras Schmuck.«

»Ihr Mann?«

»Die Geliebte.«

»Mein Mann und ich, wir haben die beiden gesehen«, sagte Mrs Nash, entschlossen, ihren Teil zu der Sache beizutragen. »Ich war es, die Louise – Mrs Smythson – davon erzählte.«

»Die Frau war gestorben, richtig?«, fragte Dew, der sich langsam erinnerte. »Auf einer Wanderung durch Europa, wenn ich mich nicht irre. Ich erinnere mich jetzt.«

»In Amerika, Inspector«, sagte Louise. »Sie war nach Kalifornien gefahren, um sich um eine kranke Verwandte zu kümmern, und dann bekam ihr Mann, Dr. Crippen, ein Telegramm, in dem er darüber informiert wurde, dass sie gestorben sei. Das war das Letzte, was er von ihr gehört hat. Nur habe ich es nie geglaubt, weil eine Frau nicht einfach ihren besten Schmuck zurücklässt, wenn sie wegfährt. Schließlich weiß sie nie, zu was für Gelegenheiten sie eingeladen wird.«

»Ich dachte, sie wollte sich um eine kranke Verwandte kümmern«, sagte Dew. »Wozu sollte sie da ihren Schmuck brauchen?«

»Inspector, sind Sie verheiratet?«, fragte Louise süßlich.

»Nein.«

»Sie werden sich aber dennoch mit Frauen auskennen. Können Sie sich eine Lady vorstellen, die ins Ausland reist und ihre schönsten Halsketten und Ohrringe zu Hause lässt? Können Sie das?«

Er überlegte. Himmel, er kannte sich so gut wie gar nicht mit Frauen aus und hatte kaum Vorstellungen von ihren Gewohnheiten.

»Wie ich Ihnen das letzte Mal schon sagte, Mrs Smythson«, antwortete Dew. »Wenn sie in Amerika gestorben ist, können wir nichts tun. Die amerikanischen Kollegen würden ...«

»Aber genau das ist es ja, Inspector«, sagte Louise, erfreut, dass sie endlich auf den Punkt kamen. »Wir glauben nicht, dass sie in Amerika gestorben ist. Wir glauben auch nicht, dass sie überhaupt gefahren ist. Wir glauben, er hat sie umgebracht.«

»Wer?«

»Natürlich ihr Mann. Dr. Crippen.«

Dew lächelte. »Dr. Crippen«, sagte er zweifelnd. »Der Name klingt kaum wie der eines Frauenmörders, oder?«

»Nun, ich denke nicht, dass sie alle Jack the Ripper heißen, oder?«, fragte sie.

»Nein, sicher nicht«, gab er zu. »Aber was gibt es Neues, dass Sie erneut hergekommen sind? Was sind Ihre neuen Beweise?«

Louise lehnte sich zurück und sah Margaret Nash an, die sich bereit erklärt hatte, diesen Teil der Geschichte zu übernehmen.

»Mein Mann ist Mr Andrew Nash«, begann sie. »Ihm gehört die Nash Trading and Mining Company. Vielleicht haben Sie davon gehört?«

»Nein«, sagte Inspector Dew.

»Nun, in Geschäftskreisen ist er sehr bekannt«, sagte sie leicht verstimmt. »Auf jeden Fall hatte er gerade geschäftlich in Mexiko zu tun und war bereit, nach Kalifornien zu fahren und die Wahrheit über Coras Tod herauszufinden. Als er dort ankam, ist er gleich zu den Behörden und nannte ihnen den Tag ihrer angeblichen Ankunft im Land und den ihres vermeintlichen Todes. Wie es scheint, müssen sich Besucher dort drüben nach ihrer Ankunft bei der Polizei melden. Das hat sie nie getan. Tatsächlich gab es keinerlei Hinweis darauf, dass sie überhaupt in Kalifornien angekommen ist, und es gab auch keine Meldung über ihren Tod. Andrew ist sofort ins Rathaus gegangen, und sie haben das Todesregister für die Wochen um das Datum, das Dr. Crippen genannt hat, durchgesehen. Es gab niemanden, auf den ihre Beschreibung hätte zutreffen können, weder in den Leichenhallen noch bei den Bestattern. Nichts, was darauf hingedeutet hätte, dass sie überhaupt je da gewesen, geschweige denn, dort gestorben ist.«

»Wir wussten auch den Namen der Verwandten nicht, um die Cora sich angeblich hatte kümmern wollen«, sagte Louise.

»Sie hat uns ja nicht mal gesagt, dass sie wegfahren würde«, sagte Margaret. »Dabei sind wir ihre besten Freundinnen.«

»Ich bin ihre ganz *besonders* beste Freundin«, sagte Louise.

Inspector Dew lehnte sich auf seinem Stuhl zurück, strich sich nachdenklich den Bart und überdachte die Geschichte. »Diese Crippens«, sagte er endlich, »was für eine Art Paar ist das? Kennen Sie sie gut?«

»Oh, sehr gut«, sagte Margaret Nash. »Cora gehört zu unserer Music Hall Ladies' Guild. Sie ist eine bekannte Sängerin und wäre ein Star geworden, wissen Sie.« Und dann fügte sie mit dramatischer Stimme noch hinzu: »Bevor er sie umgebracht hat!«

»Und Dr. Crippen? Wie ist der?«

»Er ist ein eher ruhiger Mann«, sagte Louise. »Er arbeitet als Zahnarzt und den Rest der Zeit in einer Apotheke. Manchmal sollte man glauben, er kann kein Wässerchen trüben, aber hinter seinen Augen lauert das Böse, Inspector. Ich kann es spüren.«

Dew lächelte. Er war Leute gewohnt, deren Fantasie mit ihnen durchging und die jedes ungelöste Verbrechen in den Straßen Londons denen zuschrieben, die sie für schlecht hielten. »Haben die beiden sich vertragen?«, fragte er. »Waren sie glücklich?«

»Nicht ganz«, sagte Louise, »obwohl Cora doch wirklich die liebste, zartfühlendste Frau der Welt war. Nur ein Ungeheuer konnte mit ihr nicht auskommen. Hawley Crippen war ein Glückspilz, wenn Sie mich fragen.«

Er nickte und machte sich ein paar Notizen. Im Grunde glaubte er nicht, dass an der Geschichte etwas dran war, aber vielleicht sollte er, falls er dazu die Zeit fand, den Doktor einmal besuchen. »Könnten Sie mir die Adresse der Crippens geben?«, fragte er.

»39 Hilldrop Crescent, in Camden«, sagte Louise.

Er schrieb das auf, erhob sich und schob die beiden zur Tür. »Machen Sie sich keine Sorgen. Ich werde der Sache auf den Grund gehen«, sagte er. »Ich bin sicher, es wird sich alles klären.«

»Das hoffen wir natürlich«, sagte Margaret Nash, die die Dramatik der Geschichte sehr genoss. »Ich fände es entsetzlich, annehmen zu müssen, dass so einer lieben Frau etwas Schlimmes zugestoßen ist.«

»Sie werden uns doch auf dem Laufenden halten, Inspector?«, sagte Louise auf dem Weg die Treppe hinunter. Es ärgerte sie, dass der Inspector sie nicht hinausbrachte.

»Ja, natürlich. Geben Sie PC Milburn Ihre Adresse, und ich lasse Sie wissen, was geschieht.«

Louise und Margaret gingen zurück in den Wachraum und gaben dem Constable ihre Adressen. »Ich bin für gewöhnlich montags zwischen vier und sechs allein zu Hause«, flüsterte ihm Louise ins Ohr.

Oben in seinem Büro sah Inspector Walter Dew in seinen Kalender. Er hatte in der ganzen nächsten Woche ziemlich viel zu tun.

10   An Bord der *Montrose*

Atlantischer Ozean: Freitag, 22. Juli, bis Samstag, 23. Juli 1910

Am Freitagmorgen schien die Sonne früh schon auf die Decks der *Montrose*, aber Mr John Robinson lag in seinem Etagenbett und schlief aus. Edmund war gegen acht aufgewacht, frühstücken gegangen und hatte den Speisesaal zum ersten Mal seit Beginn der Fahrt voller Passagiere vorgefunden. Die Mehrheit der Reisenden hatte sich während der vergangenen Tage an die Bewegung des Schiffes gewöhnt und ihren alten Appetit wiedergefunden. Überall um sich herum sah er die Gesichter von Erste-Klasse-Passagieren, deren fette Wangen wieder Farbe angenommen hatten und die sich die leeren Bäuche füllten, als hätte eine Hungersnot ihr Ende gefunden und es gäbe zum ersten Mal seit Wochen wieder etwas zu essen. Da er nicht in eine Unterhaltung hineingezogen werden wollte, suchte er nach einem Platz, an dem er für sich war, sah jedoch keinen freien Tisch. Am Büfett warteten mindestens zehn Leute, und er stellte sich an in der Hoffnung, dass, wenn er sich bedient hatte, vielleicht etwas frei geworden war.

Als er sich in der Spiegelwand hinter dem Büfett sah, staunte er erneut, wie leicht es war, sich von einer Frau in einen Mann zu verwandeln, besonders, wenn man so schmächtig und schlank war wie er. Die Menschen glaubten, was ihnen präsentiert wurde, und hinterfragten es kaum je, deshalb war die Täuschung bisher so gut gelungen.

Ihr erstes Gespräch darüber hatten sie in Antwerpen geführt, an dem Nachmittag, als Hawley die Karten für die Überfahrt auf der *Montrose* gekauft hatte, die sie in ihr neues gemeinsames Leben in Kanada bringen sollte. Spätnachmittags war Hawley in ihr Hotelzimmer zurückgekommen, bepackt mit mehreren Taschen, die er mit einem nervösen Ausdruck auf dem Gesicht aufs Bett gelegt hatte. Er war kaum in der Lage, seiner Geliebten in die Augen zu sehen, als er zu seiner Erklärung ansetzte. Ethel war seine Stimmungsschwankungen mittlerweile gewöhnt, der Tod seiner Frau schien ihn nicht loszulassen. Die Erinnerung an sie quälte ihn sichtlich. Der Umstand, dass ihr Liebesverhältnis noch vor Coras Aufbruch nach Kalifornien begonnen hatte, lag ihm ganz offenbar auf der Seele, und Ethel hatte den Eindruck, dass er sich die Schuld an Coras Weggang gab, und in seinem Ehebruch und nicht in Coras unzumutbarem Verhalten den Grund für das Scheitern der Ehe sah.

»Was ist das alles?«, fragte Ethel und wandte sich am Ankleidetisch, wo sie eine Perlenkette von Cora anprobiert hatte, zu ihm um. Vielleicht war es das Licht, aber sie gefiel sich nicht damit. Die Perlen lagen viel zu weiß auf ihrem blassen Hals. Cora hatte einen weit dunkleren Teint gehabt, was zu ihren Launen gepasst hatte. Achtlos legte Ethel die Kette zur Seite. »Hawley, du hast mir doch nicht wieder Geschenke gekauft? Du verwöhnst mich. Wir sollten unser Geld sparen.«

»Nicht unbedingt, meine Liebe«, antwortete er, beugte sich zu ihr und gab ihr einen zärtlichen Kuss auf die Stirn. »Nur ein paar Dinge für die Reise, das ist alles.«

»Aber unsere Koffer sind schon ziemlich voll«, sagte sie und stand erwartungsvoll auf, um seine Einkäufe in Augenschein zu nehmen. Obwohl sie nie zuvor ein Verhältnis mit einem Mann gehabt hatte, war sie sicher, dass es keinen Menschen auf dieser Welt gab, der so aufmerksam und rücksichtsvoll war wie Dr. Hawley Harvey Crippen. Wenn er eines wirklich verstand, dann, wie man eine Frau spüren ließ, dass sie geschätzt wurde. Ethel schüttete den Inhalt der Taschen aufs Bett und starrte die Sachen überrascht an. »Ich verstehe nicht«, murmelte sie und wandte ihm verwirrt den Blick zu. »Fährt denn noch jemand mit uns?«

Auf der Decke lagen mehrere Kniebundhosen und Hemden, Hosenträger, Stiefel, eine Kappe und eine schwarze Perücke. Alles schien in Ethels Größe zu sein, die Sachen waren aber eindeutig für einen Jungen.

»Ich sollte das erklären«, sagte Hawley verlegen.

»Ich denke, das solltest du.«

Hawley setzte sich auf einen Stuhl und fasste nach Ethels Hand, als sie sich ihm gegenüber aufs Bett sinken ließ. »Ich denke, wir müssen sehr vorsichtig sein«, sagte er und begann mit der Rede, die er sich zuvor zurechtgelegt hatte, wobei er nicht wusste, wie Ethel sie aufnehmen würde. »Weißt du, ich habe einen Freund, der ist im letzten Jahr mit seiner Verlobten nach Amerika gefahren, und es gab einen Skandal an Bord, als man herausfand, dass sie sich eine Kabine teilten, obwohl sie noch unverheiratet waren. Sie wurden die ganze Reise über gemieden. Fast zwei Wochen lang. Ich sorge mich, dass es uns genauso ergehen könnte, deshalb dachte ich, es ist besser, wenn niemand von unseren wahren Gefühlen füreinander erfährt.«

Ethel sah ihn staunend an. »Hawley, das kannst du nicht ernst meinen«, sagte sie.

»Ich meine es völlig ernst«, antwortete er. »Siehst du, was ich denke, ist, wenn du dich wie ein Junge anziehst, dann ...«

»Ein *Junge*?«

»Hör mir erst zu, Ethel. Wenn du dich wie ein Junge anziehst, wird niemand ernsthaft darüber nachdenken, warum wir uns eine Kabine teilen. Den Leuten wird es egal sein.«

Ethel hielt den Atem an. Sie konnte kaum glauben, was sie da hörte. Sie sah die Kleider an, die er gekauft hatte, und musste lachen. »Hawley, du bist so prüde!«, sagte sie. »Wir haben 1910, um Himmels willen, nicht 1810. Niemand stört sich heute mehr an solchen Dingen.«

»Aber natürlich, sei nicht so naiv.«
»Und wenn?«, fügte sie mit Entschiedenheit hinzu. »Was macht das schon? Wir lieben uns, oder etwa nicht?«
»Natürlich tun wir das.«
»Und wir sind erwachsen?«
»Ja, aber ...«
»Und wollen nach unserer Ankunft in Kanada heiraten, oder?«
»Sobald es menschenmöglich ist.«
»Dann frage ich dich, Hawley: Was geht es irgendjemanden an, wie wir unser Leben bis dahin einrichten? Selbst wenn wir die Reise oben im Krähennest verbringen, zusammengekuschelt in einem Rettungsboot oder den Mond anheulend, was geht das jemanden an, solange wir für die Reise bezahlt haben?«

Hawley stand auf, ging zum Fenster und zog den Vorhang ein Stück zur Seite. Er sah hinab auf die Straßen von Antwerpen. Der Markt schloss gerade, und er bemerkte eine Gruppe Jungen, die den Obst- und Gemüsestand beobachteten. Es war klar, was sie vorhatten. Er fragte sich, ob sie dem Standbesitzer nicht aufgefallen waren. Wenn der Stand mir gehörte, dachte er, würde ich eine Peitsche unter ihm aufbewahren, um Diebe abzuschrecken.

»Ethel«, sagte er mit ruhiger Stimme. »Ich würde dich nicht darum bitten, wenn ich es nicht für absolut notwendig hielte. Du weißt, ich war bereits zweimal verheiratet.«

»Natürlich weiß ich das, aber ich verstehe nicht, warum ...«
»Beide Ehen sind gescheitert. Oh, ich weiß, Charlotte ist gestorben, und Cora hat mich wegen eines anderen Mannes verlassen, aber ich war mit beiden nicht glücklich, und das ist die Wahrheit. Mit dir ist es anders. Ich glaube, wir haben die Chance, wirklich glücklich zu werden. Zum ersten Mal in meinem Leben spüre ich echte Zuneigung und Liebe, und wenn wir morgen das Schiff betreten, ist das der Anfang unseres neuen Lebens. Fern von Europa, nur du und ich, und ich möchte, dass jeder einzelne Moment dieses Lebens vollkommen ist. Diese Reise über den Atlantik

sind unsere vorgezogenen Flitterwochen, verstehst du nicht? Und wenn wir uns die abfälligen Kommentare der anderen Passagiere anhören müssen, wenn wir brüskiert werden, was für eine Reise wäre es dann? Ein elftägiges Elend. So dürfen wir unser gemeinsames Leben nicht beginnen. Und was, wenn uns der Skandal bis nach Kanada verfolgt und es uns schwer macht, neue Freunde zu finden? Ich frage dich, müssen wir uns das antun? Bitte, Ethel. Für mich. Ziehe es wenigstens in Betracht.«

Sie schüttelte langsam den Kopf, nicht ablehnend, sondern voller Staunen über seine Ideen, und wandte sich noch einmal den Kleidern zu, griff nach einer der Kniebundhosen und hielt sie sich vor den Körper, um die Länge zu überprüfen. Sie besah sich damit im Spiegel, die Hose schien perfekt zu passen. Sie nahm die Perücke vom Bett, türmte das eigene Haar hoch auf den Kopf, senkte das Ding darüber und zog es an den Seiten herunter. Wieder sah sie in den Spiegel und war nicht sicher, ob sie lachen oder weinen sollte. »Sie müsste noch etwas angepasst werden«, sagte sie. »Vielleicht müsste ich auch etwas von meinem eigenen Haar abschneiden.«

»Aber es funktioniert. Machst du es?«

»Die Leute werden es durchschauen«, sagte sie verzweifelt.

»Die Leute glauben, was man ihnen sagt. Niemand erwartet, dass sich eine erwachsene Frau wie ein Junge anzieht. Warum auch? Es wird funktionieren, glaube mir.«

Ethel seufzte dramatisch. »Und als wen sollen wir uns ausgeben?«, fragte sie. »Unter welchen Deckmantel wollen wir schlüpfen?«

»Darüber habe ich auch schon nachgedacht«, sagte er. »Es wird ein Spiel. Ich werde sagen, mein Name ist Mr John Robinson, und du bist ...«

»Mr John ...?«

»... und du bist mein Sohn Edmund.«

»Dein Sohn«, sagte sie in sachlichem Ton. »Hawley, das ist

doch keine merkwürdige Fantasie, die du dir da ausmalst?« Denn dann kann ich dir jetzt schon sagen, dass ich ...«

»Es ist eine Maskerade, mehr nicht, und vielleicht finden wir unseren Spaß daran. Bitte, Ethel. Ich glaube wirklich, dass das eine vernünftige Art ist, von hier zu entkommen und neu anzufangen.«

Sie überlegte. Es war das Lächerlichste, was sie je gehört hatte, und sie verstand nicht, warum er so entschlossen war. Natürlich hatte er recht. Wenn die übrigen Erste-Klasse-Passagiere herausbekamen, dass sich ein unverheiratetes Paar eine Kabine teilte, wurde das sicher als Skandal betrachtet, doch im Gegensatz zu Hawley störte das Ethel nicht weiter. Sie war keine Frau, die sich sonderlich um die Meinung anderer kümmerte.

»Wenn wir in Kanada ankommen«, sagte sie, »können wir dann damit aufhören? Können wir dann wieder der gute alte Hawley und seine Ethel sein?«

»Das verspreche ich dir.«

Sie drehte sich um und sah sich noch einmal im Spiegel an. »Ich gebe einen ziemlich hübschen Kerl ab, wie?«, fragte sie.

Drei Tage später hatte sie sich nicht nur daran gewöhnt, die neuen Kleider zu tragen, es begann ihr sogar zu gefallen. So zu tun, als wäre sie jemand, der sie nicht war, gab ihr ein Gefühl von Abenteuer und Freiheit. Hübsch, wie sie war mit ihren großen Augen, den markanten Wangenknochen und vollen Lippen, war sie ein ziemlich gut aussehender Junge, was Victoria Drake dazu gebracht hatte, ihr nachzustellen. Zum Glück war Victoria heute Morgen noch nicht beim Frühstück. Ethel lächelte. Edmund Robinson und nicht Ethel LeNeve zu sein, barg ein Gefühl von Gefahr und Herausforderung, und sie konnte plötzlich anders gehen, anders sprechen, anders handeln und anders denken. Sie war in Antwerpen als Junge an Bord gegangen und glaubte, dass sie die Fahrt über den Atlantik zu einem Mann machen würde.

Nachdem er sein Tablett beladen hatte, sah sich Edmund Robinson erneut im Saal um, der immer noch bis an den Rand gefüllt schien. Hinten an der Wand jedoch, am Ende einer Reihe mit Zweiertischen, schien noch ein Tisch frei zu sein, und so lief er schnell hinüber und setzte sich in genau dem Augenblick hin, als jemand den anderen Stuhl unter dem Tisch hervorzog. Edmund hob den Blick und sah in das Gesicht des finster dreinschauenden Tom DuMarqué, der sein völlig überladenes Tablett ihm gegenüber auf den Tisch stellte.

»Tom«, sagte er genervt, denn er hätte wirklich gerne in Frieden gefrühstückt. »Wie nett.«

»Edmund«, sagte Tom mit einem knappen Nicken. »Du hast doch nichts dagegen, wenn ich mich dazusetze?«

»Absolut nicht«, antwortete Edmund und schüttelte den Kopf. »Bitte mach es dir bequem.«

Tom ließ sich schwer auf den Stuhl fallen, sog die Luft ein und legte eine Hand unter den Tisch, als hätte er Schmerzen.

»Ist alles in Ordnung?«, fragte Edmund und sah den Schatten, der über Toms Gesicht strich.

»Jaja.«

»Es sieht nur so aus, als hättest du dir irgendwie wehgetan.«

»Es ist alles *okay*«, sagte Tom, hob die Hand zurück auf den Tisch und nahm sein Frühstück vom Tablett: Haferflocken, Saft, Toast, Eier mit Schinken, zwei Croissants und eine Tasse Kaffee. Edmund sah ihm mit einem Lächeln zu. Er selbst aß zum Frühstück normalerweise nicht mehr als eine Scheibe Toast mit einer Tasse Tee, heute aber hatte er alle Vorsicht in den Wind geschlagen und sich auch einen Teller Rührei geholt.

»Du hast richtig Hunger, wie?«, fragte er.

»Ja.«

Obwohl sie am Abend zuvor einander beim Essen gegenübergesessen und sich freundlich unterhalten hatten, spürte Edmund, dass Tom wenig für ihn übrighatte. Die sehnsüchtigen Blicke des Jungen auf die neben ihm sitzende Victoria Drake waren kaum zu übersehen gewesen, und er war sich mehr als bewusst, dass Tom dabei Victorias Blicke auf ihn, Edmund, aufgefallen waren. Das alles amüsierte ihn ein wenig, und er vermutete, dass Tom genauso wenig Chancen hatte, das Objekt seiner Sehnsüchte zu erobern, wie Victoria mit ihren Annäherungsversuchen bei Edmund Erfolg haben würde. Obwohl Tom ein gut aussehender Junge war und ihn seine grobe, weltläufige Art für manches Mädchen sicher noch attraktiver machte, war er doch fast noch ein Kind und ganz sicher niemand, der für Victoria interessant sein konnte.

»Ich habe übrigens auf dich gewartet«, sagte Tom nach ein paar Minuten Schweigen und bestätigte damit Edmunds Verdacht.

»Auf mich gewartet?«, fragte er und sah sein kauendes Gegenüber überrascht an. »Wirklich?«

»Ja, ich wollte mit dir reden.«

»Okay.«

»Über Victoria Drake.«

»Ah«, sagte Edmund und nickte.

»Ich will dich warnen, Robinson«, sagte der Junge mit leiser Stimme.

»Vor was?«

»Vor dem, was passieren wird, wenn du deine dreckigen Pfoten nicht von ihr lässt. Ich sage dir das jetzt und kein zweites Mal.«

Edmund lächelte und stellte seine Tasse ab. Offenheit war eine Sache, Leidenschaft eine andere. Aber Drohungen gingen weit über beides hinaus, und er wollte verdammt sein, wenn er sie so einfach hinnahm, selbst wenn sie völlig unbegründet waren.

»Jetzt warte mal einen Augenblick …«, begann er, bevor er gleich wieder unterbrochen wurde.

»Hör mir einfach zu, Robinson«, zischte Tom. »Ich weiß nicht genau, was du vorhast, aber es gefällt mir nicht. Ich mag es nicht, dass du ihr ständig hinterherläufst und sie rumzukriegen versuchst.«

»Dass *ich* …?«

»Ich habe die Kleine zuerst gesehen, und wenn es nur irgendeine Möglichkeit gibt, krieg ich sie auch. Du magst ja ein paar Jahre älter sein als ich, ein Mann bist du deswegen noch längst nicht. Also hör auf, ihr hinterherzulaufen, wenn du weißt, was gut für dich ist.«

»Ich laufe ihr hinterher?«, sagte Edmund und lachte. »Was für ein Witz. *Sie* ist es, die *mich* nicht in Ruhe lassen will, du Idiot. Seit dem ersten Tag hier klebt sie an mir.«

»Red keinen Unsinn. So ein Mädchen? Die ist niemals hinter einem Klappergerüst her, wie du eins bist. Du hast aber auch nichts von einem Mann, wenn du mich fragst.«

Das ist wahrer, als du denkst, dachte Edmund.

»Bleistiftarme, diese Piepsstimme, du musst dich ja noch nicht mal rasieren, oder? Und nenn mich nicht einen Idioten, sonst schaffe ich dich raus und werf dich über Bord. Da kannst du dich dann mit den Haien unterhalten.«

»Hör zu, Tom«, sagte Edmund, legte Messer und Gabel zur Seite und hasste es, dieses Gespräch überhaupt weiterführen zu müssen. »Es hat keinen Sinn, mit *mir* darüber zu sprechen. Wenn du an Victoria interessiert bist, würde ich vorschlagen …«

»Behalte deine Vorschläge für dich«, sagte der Junge, griff nach seinem Buttermesser und beugte sich vor. Die Messerspitze war nur eine Handbreit von Edmunds Brust entfernt, und er sah es nervös an. »Du weißt nichts über mich«, sagte Tom. »Du weißt nicht, wozu ich fähig bin. Wo ich groß geworden bin, musste ich kämpfen, um zu überleben. Du musst nicht glauben, bloß weil mein Onkel wie der König von England herumstolziert, bin ich der Dauphin. Ich weiß, wie ich kriege, was ich will, und ich sage dir, du kleiner Scheißer, Victoria gehört mir, und wenn du mir in die Quere kommst, zerquetsche ich dich, verstanden? Niemand schnappt einem DuMarqué etwas weg. Ich stamme von Kämpfern ab. Mein Vater ist im Burenkrieg gefallen. Über Jahrhunderte haben meine Vorfahren gekämpft und getötet. Einer war ein Straßenräuber, und ein anderer hat für Robespierre und die Revolution gearbeitet, deshalb weiß ich, wie man die Privilegierten einen Kopf kürzer macht. In meiner Familie gibt es keine Feiglinge.«

Edmund starrte ihn entsetzt an. Der Junge mochte ja erst vierzehn sein, aber da war eine Wildheit in seinen dunklen Augen, die Edmund jedes einzelne seiner Worte glauben ließ. Das Messer deutete immer noch in seine Richtung, völlig unbeweglich, Tom zeigte keine Spur von Nervosität. Für zwei Pennys, dachte Edmund, ersticht mich dieser Irre hier auf der Stelle. Langsam drehte Tom jetzt das Messer, so, dass es in seine eigene Richtung zeigte, und Edmund verfolgte, wie der Junge die Klinge über seine Handfläche zog und eine feine Blutspur darin hinterließ, ohne mit der Wimper zu zucken.

»Ich habe keinen Appetit mehr«, sagte Edmund, schob den Teller von sich weg und stand auf. Er war verstört, verängstigt, von Gefühlen erfüllt, die er nicht gewohnt war. »Ich bin … Ich muss …«

»Denk an das, was ich dir gesagt habe, Robinson«, sagte Tom, drehte das Messer erneut und schnitt durch das Spiegelei auf seinem Teller. Der Dotter explodierte wie eine geplatzte Arterie, und Tom wischte mit einem Stück Schinken hindurch. »Ich warne dich kein zweites Mal. Sei froh, dass ich es überhaupt tue.«

Edmund war blass geworden, er wandte sich ab und floh aus dem Speisesaal. Seine Beine schienen ohne Kraft, ihm war übel, und er wollte nur noch zurück in die Kabine. Ihm war zum Heulen. Er hasste Gewalt und Drohungen, sie riefen zu viele schlimme Erinnerungen in ihm wach. Bisher war ihm die Sache mit Victoria Drake eher wie ein Witz vorgekommen, das Gift in Tom DuMarqués Worten ließ sie jedoch zu etwas Ernstem werden. Er streckte die Hand aus, noch bevor er an der Tür zum Gang war. Er musste hier raus, so schnell wie möglich, um wieder Luft in die Lungen zu bekommen. Wie kann ich so tun, als ob, fragte er sich, wo ich doch absolut kein Mann bin und auch nie einer sein werde?

Wie ein aus der Tiefe aufsteigender Ertrinkender saugte er die frische Seeluft in sich hinein. Flecken schwammen vor seinen Augen, und er hoffte, die Kabine zu erreichen, ehe er zusammenbrach. Nie im Leben hatte er eine solche Mischung aus Wut und Angst gespürt. Auf Deck stolperte er über ein Stück Tau, fiel in zwei vertraute Arme und schrie leise auf.

»Edmund«, sagte Mr John Robinson und starrte ihn an. »Was ist geschehen?«

»Haw…«, begann er, bevor ihm sein Fehler bewusst wurde. »Vater«, verbesserte er sich schnell, sah zwischen ihm und Martha Hayes hin und her und versuchte verzweifelt, sein Gleichgewicht wiederzufinden. »Es tut mir leid. Ich fühle mich nicht ganz wohl. Ich glaube, ich lege mich noch etwas hin.«

»Vielleicht bist du hungrig?«

»Nein!«, fuhr er auf. »Ich habe gerade gefrühstückt.«

»Also gut, wie du willst«, sagte Mr Robinson und wirkte etwas perplex und besorgt. »Soll ich mit nach unten kommen?«

»Nein, ist schon gut. Ich brauche nur etwas Ruhe, das ist alles.«

»Vielleicht sollte ich dir etwas Wasser bringen, Edmund?«, fragte Martha, die bemerkte, dass der Junge noch blasser als gewöhnlich war und sich auf seiner Stirn feine Schweißperlen abzeichneten. »Es macht mir keine Mühe.«

»Wirklich, es ist schon gut«, wiederholte Edmund mit fester Stimme. »Ich muss mich einfach nur etwas ausruhen, das ist alles. Wir sehen uns später.«

Er eilte an den beiden vorbei, und sie sahen, wie er den Niedergang hinunter verschwand. John Robinson zog die Brauen zusammen und fragte sich, ob er ihm nicht doch folgen sollte.

»Er erholt sich schon wieder«, sagte Martha, als könnte sie Gedanken lesen. »Lassen Sie ihn etwas schlafen.«

»Natürlich«, antwortete er und war sicher, sie hatte recht. »Sollen wir dann also frühstücken gehen?«

»Ach, warten wir noch etwas«, sagte sie und hakte sich bei ihm unter. »Ich liebe diese Morgenstimmung, Sie nicht? Setzen wir uns ein paar Minuten hin und genießen sie. Da drinnen scheint es sowieso ziemlich voll zu sein.«

Da er nicht allzu hungrig war, willigte Mr Robinson ein, und sie setzten sich in zwei Liegestühle und sahen den Seevögeln zu, die ins Wasser stießen und mit ihrer Beute davonflogen. Mr Robinson war immer noch nicht an dem Punkt, an dem er die Reise genossen hätte, Martha Hayes dagegen liebte jede Minute.

»Ich hätte mir nie vorgestellt, dass ich einmal den Atlantik überqueren würde«, sagte sie und sah mit solcher Freude und Erregung aufs Meer hinaus, dass Mr Robinson lächeln musste. »Es ist so weit entfernt von dem, was ich von meinem Leben erwartet habe, und in Antwerpen war ich so unglücklich. Heute Morgen bin ich aufgewacht und fühlte mich … nun, ich bin froh über mein neues Leben. Hier zu sitzen, macht mich glücklicher, als ich es seit Langem war.«

»Ich bin in Amerika geboren«, sagte Mr Robinson, der jetzt doch lieber in die Kabine zurückgekehrt wäre, »und ich bin froh, wieder hinzukommen.«

»Tatsächlich? Sie haben kaum einen Akzent.«

»Ich habe jahrelang in London gelebt und den Akzent wahrscheinlich irgendwann verloren. Die Reise nach Europa hat mir schon nicht gefallen, das Schifffahren liegt mir nicht so.«

»Dann bleiben Sie also in Kanada? Und kommen nie zurück?«

»In Kanada oder den Vereinigten Staaten, und ja, ich werde nie mehr nach Europa oder England zurückkehren. Ich hasse England, die Leute dort. Es war … eine einzige Qual.«

Martha zog die Stirn kraus. Sein Ton war bitter, und seine drastischen Worte verwirrten sie. »Wissen Sie, was heute für ein Tag gewesen wäre?«, fragte sie in der Hoffnung, das Thema zu wechseln.

»Gewesen *wäre*?«, fragte er.

»Ja«, sagte sie mit einem Seufzen. »Mein Hochzeitstag.«

Mr Robinson sagte nichts. Er war sich bewusst, dass sich Martha Hayes bisher eher verschlossen gezeigt hatte, und wollte ihr keine persönlichen Fragen stellen, ehe sie sich nicht von selbst öffnete.

»Ich habe Ihnen doch von meinem Freund erzählt, Monsieur Brillt?«, fragte sie. Er nickte und erinnerte sich an ein paar Bemerkungen. »Wir haben uns vor achtzehn Monaten kennengelernt. Er war Lehrer, in Antwerpen. Ein sehr intelligenter Mann. Sein Verständnis von Geschichte und Literatur hat mich beeindruckt. Was er mir alles erzählte, die Bücher, die er mir nahebrachte! Mr Robinson, ich glaube, dieser Mann hat jedes Wort gelesen, das je geschrieben wurde, von den römischen Historikern bis zu den mittelalterlichen Dichtern, von den Dramatikern der Renaissance bis zu den modernen Romanciers, und die europäischen Romane in den Originalsprachen. Er spricht sechs verschiedene Sprachen, wissen Sie. Ein brillanter Kopf, und ich gebe gerne zu, dass er mein Denken in vielerlei Hinsicht erweitert hat. Oh, und er war der bestaussehende Mann überhaupt … Aber da war noch etwas, etwas Magisches, etwas so Intelligentes, dass man nur staunen konnte.«

»Die Menschen tun gerne so, als liebten sie einander«, sagte Mr Robinson, »aber es stimmt nicht. Wir alle benutzen einander nur für unsere eigenen Zwecke. Meinen Sie nicht auch?«

»Nein, das meine ich nicht«, sagte sie. »Was für eine zynische Einstellung! Ich habe Monsieur Brillt geliebt, als hätte es bis dahin keine Liebe auf dieser Welt gegeben, und er sagte, er liebe mich auch. Wir haben so viel Zeit gemeinsam verbracht, sind ins Theater gegangen, in Music Halls.« Er zuckte zusammen, als er das verhasste Wort hörte. »Manchmal ist er mit mir Bootfahren gegangen, und wir haben mitten auf den Seen gepicknickt. Er kannte die besten Läden und machte Sandwiches mit exotischem Käse und kaltem Fleisch. Ich wusste nicht, dass Essen so schmecken kann. Es waren wundervolle Nachmittage«, sagte sie und versank in einem Schleier der Erinnerung. »Er fragte mich, ob ich ihn heiraten wollte, wissen Sie. Vor sechs Monaten sind wir essen gegangen, und er kniete vor mir nieder, holte einen Diamantring hervor und sagte, dass ich, Martha Hayes, ihn zum glücklichsten Mann auf Erden machen würde, wenn ich zustimmte, Madame Léon Brillt zu werden.«

»Und Sie haben Ja gesagt?«

»Das habe ich. Ich war außer mir. Ich konnte nicht glauben, dass ein so kultivierter, intelligenter Mann wie er Interesse an einer Frau wie mir hatte. Natürlich hatte ich gehofft, dass er mir eines Tages einen Antrag machen würde, und mich schon in das Leben hineingeträumt, das wir führen würden, wenn wir erst verheiratet wären, dennoch war es ein Schock, als er mich tatsächlich fragte. Wir setzten einen Termin fest, den heutigen Tag, und reservierten eine Kirche. Ich fing an, unsere gemeinsame Zukunft zu planen, und dann geschah es.«

Mr Robinson starrte sie an. Er sah, wie sich ihr Kiefer verspannte, um sich für den nachfolgenden schwierigen Teil der Geschichte zu wappnen.

»Erzählen Sie«, drängte er sie. »Oder später, wenn es Ihnen lieber ist. Wenn es zu schmerzlich ist.«

Aber bevor sie fortfahren konnte, trat Tom DuMarqué aus dem Speisesaal und kam verlegen auf sie zu. Er starrte sie an, während er sich ihnen näherte, wie ein bösartiges Tier, das seine Beute beschnüffelte, bevor es sich entschied, ob es angreifen sollte oder nicht. Am Ende ging er an ihnen vorbei, zog ein Bein komisch nach und hatte nur ein Nicken für sie übrig. Martha erschauderte ungewollt.

»Mit dem Jungen ist etwas«, begann sie, führte den Gedanken aber nicht weiter. »Hat er nicht gehumpelt?«

»Er hat etwas Merkwürdiges an sich«, stimmte ihr Mr Robinson zu. »Als wäre er sehr wütend, wüsste aber nicht so recht, weshalb. Er ist so ganz anders als sein Onkel, der sich über nichts in dieser Welt zu sorgen scheint, und ja, er hat ein Bein etwas nachgezogen. Aber bitte, Miss Hayes, Martha, erzählen Sie mir, was aus Ihrer Verlobung geworden ist. Ich hoffe doch, es war nichts Tragisches? Meine erste Frau ist bei einem Verkehrsunfall ums Leben gekommen, ich habe da meine Erfahrungen.« Die Worte waren ausgesprochen, noch ehe er darüber nachdenken konnte, und er bedauerte gleich, etwas so Persönliches von sich erzählt zu haben.

Zum Glück reagierte sie nicht darauf. »Es war an einem Donnerstagnachmittag vor zwei Monaten«, sagte sie und wandte den Blick in die Ferne. »Ich hatte in einem Geschäft in Antwerpen das schönste Hochzeitskleid überhaupt gefunden und war so aufgeregt, dass ich dachte, ich gehe zu Léon in die Schule und erzähle es ihm. Ich kaufte ein paar Sandwiches, um mit ihm gemeinsam zu Mittag zu essen, und bin gleich zu seinem Klassenzimmer gegangen, aber dort war ein Fremder, ein Mann, den ich noch nie gesehen hatte. Um ehrlich zu sein, hatte Léon mich noch keinem seiner Freunde und Kollegen vorgestellt, ich konnte den Mann also gar nicht kennen, genauso wenig wie er mich. Léon sagte immer, er wolle mich ganz für sich haben. Auf jeden Fall fragte mich dieser andere Lehrer, wer ich sei, und ich sagte, eine Freundin von Monsieur Brillt. Er nahm mich beiseite und erklärte mir, Léon habe vormittags in der Klasse einen Anfall erlitten, man vermute etwas mit dem Magen, und er sei gleich ins Krankenhaus gebracht worden. Natürlich war ich ganz krank vor Sorge, bin aus dem Raum gerannt und geradewegs zum Krankenhaus. Es war gar nicht so leicht, ihn aufzuspüren, aber dann fand ich ihn in einem Privatzimmer, lief hinein und war auf das Schlimmste gefasst. Oder das, was ich mir als das Schlimmste *vorstellte*. Léon lag im Bett, blass und unruhig und mit allerlei Schläuchen in sich, doch er redete, sodass ich wusste, es ging nicht um Leben und Tod. Aber als er mir den Kopf zuwandte und mich dort stehen sah, dachte ich einen Moment lang, er erlitte eine Attacke. ›Martha‹, sagte er und schluckte. Jetzt erst sah ich, dass er von sechs Kindern und einer dicken

älteren Frau umgeben war, und sie alle starrten mich an und hatten nicht die leiseste Ahnung, wer ich war. Es waren seine Frau und seine Kinder. Ich wusste es sofort. Ich sah es gleich.«
»Was haben Sie da getan?«
»Das Einzige, was mir einfallen wollte. Ich habe mich umgedreht und bin davongelaufen. Ich habe Léon danach nur noch einmal gesehen, Wochen später. Da hat er mich besucht und es mir zu erklären versucht. Er sagte, er und seine Frau führten weitgehend getrennte Leben, und es gebe keinen Grund, warum wir uns nicht mehr sehen sollten. Ich war am Ende. Ich wollte mich umbringen, Mr Robinson, das wollte ich wirklich. Aber dann wachte ich eines Tages auf und dachte, dass ich mir mein Leben nicht länger von diesem Mann zerstören lassen wollte, dass ich selbst eine Zukunft hatte, auf die ich mich freuen konnte. Daraufhin habe ich alle meine Pläne über den Haufen geworfen, bin zum Hafen gegangen, habe mich nach Transatlantikpassagen erkundigt und mir ein Ticket für die Überfahrt nach Kanada gekauft, mit der *Montrose*, und deshalb sitze ich jetzt hier. Aber manchmal denke ich, hätte Léon an dem Morgen keinen Blinddarmdurchbruch erlitten, hätte es gut sein können, dass wir heute vor dem Altar stünden. Vielleicht hätte sein Betrug ewig funktioniert. Was für eine Ehe. Ein Lügengebäude.«

Sie lehnte sich zurück und sah ihn mit dem entfernten Anflug eines Lächelns an, ohne jedes Selbstmitleid.

»Es tut mir leid«, sagte er leise und wusste, dass seine Worte ihr kaum Trost spenden würden.

»Das muss es nicht«, sagte sie. »Ohne ihn geht es mir besser.«

»Trotzdem. Es ist schrecklich, einem anderen Menschen so etwas anzutun.«

Sie beugte sich vor und sah ihm direkt in die Augen. »Wissen Sie, was ich denke?«, sagte sie. »Léon war ein Mann, der eine Frau zu heiraten versuchte, obwohl er bereits eine hatte, und der wusste, es war ein Betrug und dass er am Ende sie und mich zugrunde richten würde. Wenn Sie mich fragen, Mr Robinson, sollten sich manche Männer gar keine Frau nehmen dürfen.«

Er wandte den Blick ab und dachte darüber nach. »Sind Sie jetzt hungrig?«, fragte er.

Matthieu lag auf seinem Bett in der Präsidentensuite und las *Der Immoralist* von André Gide. Eine der Annehmlichkeiten einer langen Reise bestand für ihn darin, ausgedehnte Zeitspannen mit nichts anderem als der Lektüre von Büchern verbringen zu können. Die wirkliche Welt war so rastlos, und das Leben so voller Trubel um Geschäfte, Geld und Romantik, dass es herzlich wenig Gelegenheit gab, eher kulturellen Neigungen zu folgen. Daher hatte er mehrere Bücher auf seine Reise nach Kanada mitgenommen. Gide wollte er lesen, seit er gewahr geworden war, dass der Papst den Autor öffentlich verdammt hatte. Solche Kritik machte ihn neugieriger auf ein Buch, als es noch die positivste Kritik in einer Zeitung gekonnt hätte. Den gegenwärtigen Papst hatte er nie kennengelernt, hatte aber von einem seiner Vorgänger den Auftrag erhalten, ein Opernhaus in Rom zu bauen. Am Ende war aus dem Projekt nichts geworden, doch er hatte lange Stunden im Vatikan verbracht, über historischen Entwürfen gebrütet und Konstruktionspläne diskutiert. So wusste er aus Erfahrung, dass der persönliche Geschmack des Vatikans und seines Oberhaupts nicht selten zum Exotischen neigte. Neben *Der Immoralist* hatte er noch Voltaires *Philosophische Briefe* dabei, Victor Hugos *Der Glöckner von Notre-Dame* und Casanovas *Memoiren*. Alle diese Bücher hatten über die Jahre einen Platz auf dem päpstlichen Index gefunden, und er wollte sie auf seiner Reise nach Kanada genießen.

Die Präsidentensuite war die größte Einzelkabine an Bord der *Montrose* und bestand aus vier Räumen: dem Hauptschlafzimmer, in dem Monsieur Zéla im Moment lag, einem kleineren Schlafraum, in dem sein Neffe Tom schlief, einem mittelgroßen Bad und einem Wohnraum, in dem man Gäste empfangen konnte. Er hatte nicht vorgehabt, während der Reise Einladungen auszusprechen (seine Bücher reichten ihm als Gesellschaft, und sein Neffe sorgte für ausreichend Zerstreuung), hatte an diesem Morgen jedoch das Pech gehabt, Mrs Antoinette Drake in die Arme zu laufen, die sich nach der Bequemlichkeit der Suite erkundigte und *ad nauseam* weiterfragte, bis klar wurde, dass sie selbst einen Blick hineinwerfen wollte. Ihm blieb kaum eine andere Wahl, als der Etikette zu folgen und sie zum Nachmittagstee einzuladen. Natürlich hatte sie seine Einladung nur zu gerne angenommen. Sie wollte um vier Uhr kommen, jetzt war es Viertel vor, und so seufzte Matthieu, denn er genoss die Beschreibungen Afrikas, dieses Kontinents, den er vor etwa zwanzig Jahren bereist hatte, und hätte sich lieber noch ein oder zwei Stunden in ihnen verloren. Aber traurigerweise rief die Pflicht, und er legte das Lesezeichen ans Ende des Kapitels und wappnete sich für die bevorstehende Tortur.

So wie Mr Robinson überquerte auch Matthieu nicht zum ersten Mal den Atlantik, und er würde es noch öfter tun. Sein ganzes Leben war er viel und weit gereist und betrachtete sich kaum als den Bürger eines speziellen Landes, so verschiedenartig waren seine Erfahrungen. In Paris geboren, war er im Alter von siebzehn Jahren mit seinem jüngeren Bruder nach England geflohen, nachdem sie zu Waisen geworden waren. Auf einem Schiff weit kleiner als die *Montrose* hatte er die große Liebe seines Lebens kennengelernt, eine gewisse Dominique Sauvet, und damit begannen seine Erwachsenenabenteuer, obwohl es mit der Liebe nichts wurde. Dafür hatte er das Glück gehabt, schon im jugendlichen Alter größere Mengen Geld zu verdienen, das er klug investierte. Er zog von Stadt zu Stadt, wann immer ihm langweilig wurde, lebte nobel bis glamourös, aber nie über seine Verhältnisse. Er war nicht sicher, wie viel er wirklich besaß, aber wann immer er eine Aufstellung zu machen versuchte, schien sein Wohlstand weiter gewachsen zu sein.

Er rasierte sich schnell und sah sich dabei kaum im Spiegel an. Er hielt nichts davon, nach Zeichen zunehmenden Alters Ausschau zu halten. Sein dunkles Haar ließ ein leichtes Ergrauen erahnen, aber das war schon seit Jahren so und schien sich nicht weiter auszubreiten, sodass es ihm kaum mehr auffiel. Matthieu Zéla war ein eleganter Mann, jemand, der aussah, als hätte er fünfzig Jahre guten, gesunden, sportlichen Lebens hinter sich. Dass eher das Gegenteil der Fall war, tat wenig zur Sache, denn das äußere Erscheinungsbild, das war ihm vor langer Zeit schon klar geworden, war der trügerischste aller menschlichen Züge.

Die Uhr im Wohnraum schlug vier Mal, und mit dem letzten Schlag setzte ein kräftiges Klopfen an der Tür ein. Er ging hinüber und machte auf, wobei er sich vorstellte, dass Mrs Drake schon seit einigen Minuten draußen gestanden und darauf gewartet hatte, dass es endlich so weit war. Der Gedanke ließ ihn lächeln.

»Mrs Drake«, sagte er und trat zurück, damit sie ihren wuchtigen Leib ungehindert durch die Türöffnung bekam. »Wie schön, Sie zu sehen.«

»Wie nett von Ihnen, mich einzuladen, Monsieur Zéla«, sagte sie unterwürfig und nahm ihre Umgebung mit ein paar schnellen Kopfbewegungen in den Blick, als wäre dieser Besuch einzig und allein seine Idee gewesen.

»Matthieu, bitte«, murmelte er.

»Aber ja«, antwortete sie, »und Sie müssen Antoinette zu mir sagen. Was für schöne Räume Sie hier haben. Der arme Mr Drake wusste sich kaum zu entschuldigen, als er meiner Tochter und mir sagen musste, dass die Präsidentensuite, als er unsere Tickets buchte, bereits belegt war. Er gab sich die Schuld daran. Deshalb haben wir nur eine Erste-Klasse-Kabine, verstehen Sie. Sie waren schneller als wir, Monsieur Zéla, Sie Schlingel. Matthieu, meine ich.«

Er lächelte und schloss die Tür hinter ihr. Er hatte sich erst in letzter Minute entschlossen, Tom mit nach Kanada zu nehmen, und die Suite nur vierundzwanzig Stunden vor ihrer Abfahrt aus Antwerpen gebucht. Er bezweifelte sehr, dass sich Mrs Drakes unglücklicher Mann danach erkundigt hatte, und wenn, dann hatte er höchstens nach dem Preis gefragt, bevor er sich dagegen entschied.

»Nun, da muss ich mich wohl entschuldigen und mit einem Tee eine Wiedergutmachung versuchen«, sagte er galant. »Ich hoffe, Ihre Kabine ist bequem.«

»Oh, absolut ausreichend«, antwortete sie. »Ich selbst mache mir ja nicht so viel aus diesen Dingen. Das Wichtige ist, dass wir sicher in Kanada ankommen. Ich bin nicht sehr auf Äußerlichkeiten bedacht, wissen Sie.« Matthieu nickte und warf einen schnellen Blick auf ihr teures Kleid, ihren glitzernden Schmuck und den eleganten Hut, den sie vom Kopf nahm, als sie sich setzte. »Wie schön, dass Sie sich Ihren eigenen Tee machen können«, sagte sie, während sie zusah, wie er das Wasser in einem Topf zum Kochen brachte. »Was denken die sich bloß als Nächstes aus, was meinen Sie?«

»Ich habe keine Ahnung«, sagte er. »Aber ich freue mich schon, dabei zu sein, wenn sie es tun. Möchten Sie lieber Tee oder Kaffee?«

»Tee, denke ich. Ich finde, Kaffee ist ein unpassendes Getränk, Sie nicht?«

»Für wen?«

»Nun, für alle. Ich weiß nicht, warum, aber er kommt mir gewöhnlich vor. Nachmittags eine Tasse Tee mit etwas Zitrone, und ich bin eine zufriedene Frau, Matthieu. Wenn er für Queen Alexandra gut genug ist, dann auch für mich, und ich weiß sicher, dass sie jeden Tag um vier ihren Tee nimmt. Ich kann mir nicht vorstellen, dass sich die königliche Familie zu einem Kaffee zusammensetzen würde, Sie etwa?«

»Ich habe nie darüber nachgedacht.«

»Nun, wenn Sie es getan hätten, würden Sie mir sicher zustimmen. Auf jeden Fall braucht es nicht viel, um mich zufriedenzustellen, wissen Sie. Eine einfache Tasse Tee, und ich bin glücklich wie ein Baby.« Sie öffnete ihren Fächer, und er hob leicht die

Brauen. Der letzte Satz schien ihm schwer übertrieben. Als der Tee aufgegossen war, setzte er sich ihr gegenüber in einen Sessel und ließ die Blätter eine Weile ziehen, bevor er einschenkte.

»Es ist so schön, wenn man an Bord einige Bekanntschaften gemacht hat, finden Sie nicht auch, Matthieu?«, fragte sie.

»Doch, doch.«

»Mein Mann, Mr Drake, ist durch seine Arbeit viel auf Reisen, und ich denke, da kann er immer mit einem anderen Gentleman über Geschäfte, Politik oder so etwas reden. Als Lady wie ich, die mit ihrer Tochter reist, ist man gerne etwas vorsichtiger. Man will schließlich nicht, dass die Mitreisenden auf falsche Gedanken kommen.«

»Was für Gedanken sollten das sein, Antoinette?«, fragte er.

»Nun, ich weiß, Sie werden es für seltsam halten«, sagte sie mit einem, wie sie annahm, mädchenhaften Kichern, »aber ich habe gehört, dass viele Frauen so eine Atlantiküberquerung dazu nutzen, sich einen Ehegatten einzufangen. Zwei Wochen auf See und hinein in ein neues Leben, mit neuem Geld und einem neuen Mann. Ich habe es selbst gesehen, Matthieu. Am ersten Tag, als wir an Bord gingen, all die armen alleinstehenden, unglücklichen Frauen, die nach den unverheirateten Männern Ausschau hielten und bereits ihre Harpunen gezückt hatten. Sie müssen Ihnen doch aufgefallen sein. Es ist so schrecklich peinlich.«

»Ich fürchte, ich bin am ersten Tag ganz für mich geblieben«, gab er zu. »Ich habe das alles verschlafen, doch Sie haben sicher recht.« Natürlich war Matthieu selbst schon verheiratet gewesen, mehrfach, und ihm war mehr als bewusst, mit welcher Bewunderung einige Damen der Gesellschaft die Institution der Ehe betrachteten. Nur wenigen seiner Verbindungen war jedoch ein gutes Ende beschieden, und so hatte er nicht mehr heiraten wollen, stellte aber fest, dass er immer wieder einmal in die Falle ging. Würde sie nicht ständig auf Mr Drake verweisen, hätte er angenommen, dass seine Besucherin versuchte, selbst die nächste Madame Zéla zu werden. So aber wollte sie wohl nur mit dem reichsten Mann an Bord in Verbindung gebracht werden. Heiraten oder Geld, das waren die wichtigsten Dinge für Frauen wie sie, dachte er. Vorzugsweise beides.

»Nehmen Sie zum Beispiel Miss Hayes«, fuhr Mrs Drake fort, ohne zu merken, dass ihr Gegenüber mit seinen eigenen Gedanken beschäftigt war. »Eine entzückende Person, wer würde daran zweifeln. Freundlich, rücksichtsvoll und eine angenehme Gesprächspartnerin. Wie schade, dass sie etwas unattraktiv ist, aber nicht jede Frau kann eine Schönheit sein. Nur einige von uns haben das Glück, mit den richtigen Genen geboren worden zu sein, und meine Familie verfügt über eine lange Ahnenreihe großer Schönheiten. Was ich über Miss Hayes sagen muss: Sie ist eine sehr angenehme Frau, das lässt sich nicht abstreiten. Aber ihre Versuche, Mr Robinson einzufangen, sind einfach, wie sollen wir sagen, ein wenig zu offensichtlich?«

»Mr Robinson?«, fragte Matthieu. »Sie meinen den Mann, mit dem wir gestern Abend gegessen haben?«

»Natürlich. Sie müssen doch bemerkt haben, was da vorging. Sie hat jedes seiner Worte geradezu aufgesaugt.«

Eigentlich war ihm nichts dergleichen aufgefallen. Als interessierter Beobachter der menschlichen Natur hatte er jeden seiner Tischgenossen genauestens studiert und sich seine Meinung über jeden Einzelnen von ihnen gebildet. Miss Hayes, nahm er an, war nicht mehr an Mr Robinson interessiert als er selbst. Sie war einfach eine freundliche Person, die sich gerne unterhielt und hoffte, der Langeweile des Alleinreisens entgegenzuwirken, indem sie unterwegs ein paar Bekanntschaften schloss. Und Mr Robinson? Matthieu konnte kaum glauben, dass dieser blasse Weichling ernsthafte weibliche Beachtung auf sich zog. Er war still, launisch, langweilig und so ganz ohne Umgangsformen. Er trug einen Backenbart mit kahl rasierter Oberlippe, was völlig veraltet war, und beim Essen hatte er unmissverständlich klargemacht, dass er lieber nicht mit eingeladen worden wäre. Seine Tischnachbarn hatte er kaum beachtet und nur einsilbig geantwortet, wenn er etwas gefragt wurde. Selbst wenn Miss Hayes auf der Suche nach einem Ehemann wäre, was er bezweifelte, würde sie sich kaum auf jemanden wie Mr John Robinson kaprizieren.

»Ich glaube, Sie tun ihr mit Ihrer Einschätzung unrecht«, sagte er.

»Denken Sie das, Matthieu?«, sagte sie, beugte sich vor und nutzte jede sich bietende Möglichkeit, seinen Vornamen auszusprechen. »Denken Sie das wirklich?«

»Ja. Ich glaube, er ist für sie nicht mehr als ein Freund.«

»Ich glaube, er ist ihre Annäherungsversuche langsam leid«, antwortete sie und schürzte die Lippen. »Der arme Mann scheint jedes Mal erschreckt davonzulaufen, wenn er mich sieht. Wahrscheinlich erwartet er Miss Hayes zwei Schritte hinter mir, wo sie, ehrlich gesagt, oft auch tatsächlich ist. Ich frage mich, ob sie nach einer Anstellung als Gesellschafterin sucht? Meinen Sie? Wenn, dann sucht sie am falschen Ort. Ich habe meine Tochter zur Gesellschaft und hatte niemals Mangel an Freunden.«

»Wie geht es Ihrer Tochter?«, fragte Matthieu in dem Wunsch, das Gespräch von Miss Hayes wegzubringen. »Ich hoffe, mein Neffe geht ihr nicht zu sehr auf die Nerven?«

»Ihr Neffe? Grundgütiger, nein«, sagte sie und schüttelte den Kopf.

Mrs Drake war sich der Annäherungsversuche Tom DuMarqués Victoria gegenüber durchaus bewusst, sie war nur enttäuscht, dass er gerade erst vierzehn war. Wäre er ein paar Jahre älter gewesen, hätte sie ihn angesichts seiner Abstammung als prächtige Partie für ihre Tochter betrachtet. Und auch angesichts seines potenziellen Bankkontos.

»Sie haben also selbst keine Kinder, Matthieu?«, fragte sie und sah sich nach Fotos um, die ihrer Hypothese widersprechen mochten.

»Nein, fürchte ich.«
»Aber Sie waren verheiratet?«
»Ja.«
»Aber keine Kinder?«
»Bis jetzt noch nicht«, antwortete er mit einem Lächeln. Mrs Drake starrte ihn daraufhin erwartungsvoll an, doch er vertiefte das Thema nicht.
»Wie äußerst schade«, sagte sie schließlich. »Kinder können solch ein Segen sein.«
»Victoria ist Ihr einziges Kind?«
»O ja. Zu viele Segnungen braucht man im Leben dann auch wieder nicht. Man sollte nicht gierig sein.«
»In der Tat.«
»Vielleicht eines Tages?«, fragte sie und wollte das Thema offenbar noch nicht wechseln. Matthieu fragte sich, ob sie nicht am liebsten einfach eine Kopie seines Testaments hätte, damit sie wusste, wem er sein Geld hinterlassen wollte. Aber da musste er sie enttäuschen, er hatte nie eines gemacht. Er hatte nie einen Sinn darin gesehen.

»Vielleicht«, sagte er. »Die Zukunft ist ein wenig wie die Mona Lisa, ein Geheimnis für uns alle. Sie sagten, Sie wollten einige Zeit bei einem Verwandten in Kanada verbringen?«

»Ja, bei der Familie meiner Schwester. Ich habe sie seit vielen Jahren nicht gesehen und kann es kaum abwarten, und natürlich wird Victoria ihre Cousins kennenlernen, was spannend für sie sein sollte. Um ehrlich zu sein, Matthieu, hoffe ich sehr, dass sie in Kanada einen passenden Kavalier findet. Einige von den jungen Männern, die sie in Europa trifft, sind so primitiv, und alle scheinen vom Glück verlassen, Gott sei's geklagt. Sie stammen aus aristokratischen Familien und können ihre Ahnen bis zu den Borgias zurückverfolgen, die meisten von ihnen, aber sagen Sie ihnen mal, sie sollen eine Restaurantrechnung bezahlen. Nicht mal das Trinkgeld können sie sich leisten! Mit leeren Taschen kommen sie daher. Das ist das Merkwürdigste an den wohlhabendsten Familien Europas: dass sie keinen Penny in der Tasche haben.«

»Nun, da wäre Edmund Robinson«, sagte Matthieu, den es interessierte, wie seine Besucherin darauf reagieren würde. »Victoria scheint ganz angetan zu sein von ihm.«

»*Sie* von *ihm*?«, rief Mrs Drake entsetzt. »Ich denke, das ist eher andersherum, Matthieu. Er lässt sie doch nicht aus den Augen. Wenn Sie mich fragen, werden sich der junge Master Robinson und Ihr Neffe auf dieser Reise noch an den Kragen gehen.«

»Ich hoffe doch sehr, dass es nicht so weit kommt.«

»Victoria ist ein schönes Mädchen.«

»Das ist sie tatsächlich, ich könnte nichts anderes sagen, aber Tom ist zu jung für sie, und Edmund ...«

»Edmund ist was?«, fragte sie, bereit, beleidigt zu sein, wenn er etwas sagte, was ihre Tochter herabsetzte, wie zum Beispiel, dass er zu gut für sie sei.

»Edmund ist ihrer nicht würdig«, sagte er taktvoll. »Ich denke, Victoria braucht einen unabhängigeren Geist, der etwas reifer ist. Jemanden, der sein Leben selbst in die Hand nimmt. Wenn Sie mich fragen, ist der junge Master Robinson zu alt, um so eng mit seinem Vater zu reisen. Er sollte längst auf eigenen Beinen stehen. Und er ist so zart. Nein, Antoinette, ich glaube, Victoria wird in Kanada etwas Besseres finden als ihn.«

Mrs Drake lehnte sich zurück und trank ihren Tee. Seine Bemerkung gefiel ihr. Sie hatte sich bisher mit einem Urteil über Edmund zurückgehalten, wo sie doch eine hohe Meinung von seinem liebenswürdigen Vater hatte und nur in Bezug auf die Familie und seine finanzielle Situation unsicher war. Von Edmunds Mutter wusste sie gar nichts, und das wäre absolut notwendig, bevor sie irgendein Liebeswerben zwischen den beiden jungen Leuten erlauben würde. So entspannt in der Präsidentensuite sitzend, bedauerte sie, dass ihr Mann so grausam gewesen war, sie ihr zu verweigern, und darauf bestanden hatte, dass sie und Victoria sich mit der ersten Klasse begnügten. Es war hier weitaus bequemer, und das sagte viel über den Bewohner der Suite aus. Monsieur Zéla war eindeutig ein Gentleman, und in diesen Augenblicken stieg er in ihrer persönlichen Rangordnung zu ihrem Lieblingspassagier an Bord auf und übertraf sogar noch Mr Robinson. Dass er zufällig als Franzose auf die Welt gekommen war, konnte man ihm schließlich nicht ernsthaft vorwerfen, und sie sagte sich, er habe sie bestimmt nicht einfach nur aus freundschaftlichen Gefühlen zum Tee in seine Kabine eingeladen. Wahrscheinlich hatte er sich ein wenig in sie verliebt, aber das ging nicht, da sie eine treue Ehefrau war, die es nie auch nur in Betracht ziehen würde, sich seinen animalischen Leidenschaften hinzugeben. Trotzdem war es schön, einen Bewunderer zu haben.

Matthieu Zéla seinerseits stellte das Teegeschirr zurück auf das Sideboard. Das Gespräch über Victorias Liebesleben amüsierte ihn, waren ihm aufgrund seiner Beobachtungen am Abend zuvor doch verschiedene Dinge klar geworden. Zum einen hatte sich sein Neffe Tom bis über beide Ohren verliebt, und das wahrscheinlich zum ersten Mal in seinem Leben. Er kannte den verzweifelten Ausdruck in den Augen des Jungen, die Sehnsucht danach, von diesem Mädchen beachtet zu werden und mit ihm zusammen zu sein. Er kannte ihn von sich selbst, im Spiegel, vor vielen Jahren, als er sich in Dominique verliebt hatte. Andererseits hatte Victoria keinerlei Interesse an seinem jungen Neffen, sondern sich ihrerseits in die zarten Reize Edmund Robinsons verliebt, der, da war Matthieu absolut sicher, ihre Gefühle niemals erwidern würde.

Denn Edmund Robinson, das war ihm schon nach einer Minute klar geworden, war eindeutig eine verkleidete Frau.

Kapitän Kendall stand am Bug des Schiffes und sah mit dem Fernrohr aufs Meer hinaus, in Gedanken noch ganz bei seinen Beobachtungen der letzten Nacht. Eine Sache war klar: Mr John Robinson und der Junge, den er als seinen Sohn Edmund präsentierte, hatten sich an Deck der *Montrose* leidenschaftlich geküsst. Es hatte sich eindeutig nicht um eine liebende elterliche Umarmung gehandelt, nein, es war der Kuss eines Liebespaars gewesen, die Münder geöffnet, die Körper aneinandergedrückt. Es war abscheulich. Selbstverständlich hatte er schon von solchen Dingen gehört, für gewöhnlich in Paris, doch das machte es nicht besser. Natürlich konnten ein Mann und seine Ehefrau all die widerlichen Intimitäten austauschen, die ihre Triebe ihnen abverlangten, es wurde sogar erwartet, wenn Kinder aus der Verbindung hervorgehen sollten. Bei der Grobheit des Akts war es unvorstellbar, dass man ihn genießen konnte, doch so war der Lauf der Welt, wie er widerwillig zugab. Aber eine Liebe zwischen zwei Männern? Das war sittenwidrig. Zwischen einem Mann und einem Jungen? Ekelhaft. Was würde Mr Sorenson dazu sagen?, dachte er. Wäre er gestern Abend dabei gewesen, hätte er fraglos dafür votiert, die beiden gleich über Bord zu werfen, ohne das Boot und den Kompass, die der Verräter Fletcher Christian Kapitän William Bligh überlassen hatte. Zum ersten Mal war Kendall froh darüber, dass Mr Sorenson auf dieser Reise nicht mit an Bord war, denn ein so widerliches Verhalten hätte ihn zweifellos aufgebracht. Der Kapitän stellte ihn sich in seinem Krankenhausbett in Antwerpen vor, vielleicht in einem der lila Seidenpyjamas, die er sich auf der letzten Fahrt bei ihrem Besuch in Quebec gekauft hatte. Kendall seufzte leise.

Es gab jedoch noch eines, was seiner Entrüstung widersprach und sie durch eine andere ersetzte. Während er den Kuss verfolgte, hatte er zunächst gedacht, Edmund wäre die Mütze vom Kopf geblasen worden, wodurch das Haar darunter hervorgequollen war. Aber natürlich war es keine Mütze gewesen, sondern eine Perücke. Er hätte nicht darauf schwören mögen, aber alles, was er gesehen hatte, deutete darauf hin, dass es sich bei Edmund Robinson um eine Frau handelte. Mein Gott, schon der Gedanke war infam! Ein unverheirateter Mann und eine Frau, die wie ein verheiratetes Paar reisten, das trotzte aller Logik und allem Anstand. Doch was war nun schlimmer: zwei Männer, die sich umarmten, eine Liebesaffäre zwischen Vater und Sohn oder eine heimliche romantische Beziehung, in der sich die Frau aus unbekannten Gründen als Junge verkleidete? Er wusste es nicht. Alle drei Möglichkeiten empörten ihn. Er brauchte Rat. Oh, Mr Sorenson, dachte er. Mein lieber Mr Sorenson! Wo sind Sie, wenn ich Sie so dringend brauche?

»Käpt'n?« Die Stimme hinter ihm überraschte ihn, und er fuhr mit einem freudigen Lächeln herum.

»Mr Sorenson?«

»Äh, nein, Sir«, kam die verwirrte Antwort. »Ich bin es. Der Erste Offizier Carter.«

»Ach ja«, sagte Kendall enttäuscht und wandte den Blick wieder den Wellen zu. »Natürlich. Das war mein Fehler, Mr Carter. Was kann ich für Sie tun?«

»Ich komme mit den heutigen Hochrechnungen, Sir, wie von Ihnen gewünscht. Wir kommen gut voran, wie ich nur zu gerne berichte. Mit einem stetigen, hilfreichen Rückenwind. Die Maschinen laufen bestens, wir arbeiten mit vier der sechs Kessel. Wir könnten noch zulegen, wenn Sie wollen. Bei diesem Wetter und mit diesem Wind könnten wir Kanada einen Tag früher erreichen, wir müssten uns nur etwas ins Zeug legen.«

Kendall schüttelte den Kopf. »Einen Tag früher oder später anzukommen, ist für mich das Gleiche, Mr Carter«, sagte er. »Die Verantwortung eines Kapitäns besteht darin, sein Schiff fahrplangemäß in den Hafen zu steuern. Wir fahren kein Wettrennen. Wir wollen das Meer nicht besiegen. Wir versuchen lediglich, unser Ziel sicher und pünktlich zu erreichen. Bis auf Weiteres fahren wir weiter mit vier Kesseln.«

»Sehr gut, Sir«, sagte Carter enttäuscht. Er hatte gehofft, der Kapitän würde einer Erhöhung des Tempos zustimmen. Je eher sie in Quebec ankamen, desto eher konnte er ein Schiff zurück nach Antwerpen nehmen und seine Frau wiedersehen. Er zählte die Tage und dachte an wenig anderes als die bevorstehende Geburt seines Kindes. Wenn auch noch viel Zeit bis zum errechneten Termin war, machte er sich doch ständig Sorgen, dass sich die Umstände plötzlich gegen ihn wenden könnten und er die Geburt verpasste, was er sich – oder Kapitän Kendall – niemals verzeihen würde.

Der Kapitän sah die Zahlen durch, die ihm sein Erster Offizier gegeben hatte, und billigte sie ohne ein Wort. »Sagen Sie, Mr Carter«, begann er.

»Nennen Sie mich Billy, Sir. Genau wie alle anderen Kapitäne.«

»Sagen Sie, Mr Carter«, wiederholte Kendall, der sich weigerte, diesen lächerlichen Namen auszusprechen. »Was halten Sie vom bisherigen Verlauf der Reise?«

»Bisher? Es läuft sehr gut, Sir, würde ich sagen. Wir liegen bestens im Zeitplan und haben keinerlei Probleme mit ...«

»Was ist mit den Passagieren? Haben Sie zu denen etwas zu sagen?«

»Nein, die scheinen mir ein lebhaftes Völkchen zu sein. Gestern Abend hatten wir unten ein Problem, aber Sie haben wahrscheinlich schon davon gehört?« Kendall schüttelte den Kopf, und Billy Carter fuhr fort: »Am Ende ist nicht wirklich etwas passiert, Gott sei Dank«, sagte er. »Eine junge Frau vom Zwischendeck, etwa neunzehn, zwanzig, Sir, saß allein draußen und rauchte eine Zigarette, und sie sagt, ein Bursche kam von hinten und zog sie in eines der Rettungsboote. Hielt ihr den Mund zu und versuchte, sich an ihr zu vergreifen. Sie sagt, er wollte Ernst machen, aber sie konnte ihm das Knie in die richtige Stelle rammen und ihn so außer Gefecht setzen. Seine Hose hing ihm um die Füße, und sie sagt, sie habe es fürchterlich knirschen hören. Er hat also wohl bekommen, was er verdient hat, würde ich sagen. Wahrscheinlich schmerzt es ihn immer noch zwischen den Beinen. Kaum mehr Luft hat er gekriegt, vermochte sich aber trotzdem aufzurappeln und davonzulaufen, bevor ihn jemand erkennen konnte.«

Kendall zog die Brauen zusammen. Das war die Art tierischen

Verhaltens, die er an Bord absolut nicht duldete.»Hat sie ihn beschrieben?«, fragte er.»Können wir ihn fassen?«

»Das ist unwahrscheinlich. Sie sagt, er war nicht sehr groß und hatte noch etwas Jungenhaftes. Dafür war er aber ziemlich stark, wodurch er sie überwältigen konnte. Auf jeden Fall geht es ihr wieder gut. Gestern Abend stand sie noch etwas unter Schock, aber sie ist ein mutiges Mädchen, und es gefällt ihr, dass sie ihn hat abwehren können. Sie ist unten auf dem Zwischendeck zu einer Art Heldin geworden, soweit ich das beurteilen kann.«

Der Kapitän schnaubte. Wenn diese jungen Dinger darauf bestanden, spätabends noch draußen zu sitzen und, schlimmer noch, zu rauchen, nun, dann forderten sie es heraus. Wenn es nach ihm ginge, würde er sie beide in die Arrestzelle sperren.»Lassen Sie einen zusätzlichen Mann nachts über die Decks patrouillieren«, sagte er,»und lassen Sie es mich wissen, wenn einer der Passagiere mit, sagen wir, heiklen Verletzungen zum Doktor kommt. So etwas ist nicht annehmbar.«

»Verstehe, Sir.«

»Sonst noch etwas zu den Passagieren?«, fragte Kendall möglichst beiläufig, um nichts von seinen Gedanken zu verraten.

»Ich denke nicht, Sir. Alle anderen scheinen in bester Verfassung zu sein. Es gab keinen größeren Ärger sonst.«

»Das war ein angenehmes Essen gestern Abend«, log der Kapitän, der es von Beginn bis Ende grässlich gefunden hatte.»Die Gästeliste war von Ihnen, richtig?«

»Ja, Sir. Alles Erste-Klasse-Passagiere und natürlich Monsieur Zéla.«

»Ach ja, der Franzose. Die Präsidentensuite. Ist ein bisschen ein Dandy, habe ich das Gefühl.«

»Ein wohlhabender Dandy, Sir. Die mag ich am liebsten.«

»Da bin ich sicher.«

»Er ist ein angenehmer Mann, Sir. Hat immer ein freundliches Wort für die Mannschaft, wenn er spazieren geht.«

»Und Mr Robinson und sein Sohn?«, unterbrach ihn Kendall. »Was halten Sie von denen?«

Billy Carter verzog das Gesicht. »Ebenfalls angenehm, Sir«, sagte er. »Ein bisschen ruhig, vor allem der Vater. Aber sie sind in Ordnung. Haben bisher keinerlei Umstände gemacht, wenn Sie das meinen.«

»Ich meine gar nichts, Mr Carter«, antwortete der Kapitän gereizt. »Ich unterhalte mich nur mit meinem Ersten Offizier über das Verhalten der Passagiere, damit ich dieses Schiff so gut wie möglich befehligen kann. Es tut mir leid, wenn Sie das langweilt.«

»Nein, Sir, ganz und gar nicht, Sir. Ich dachte nur, Sie meinten ...«

»Das wäre dann alles, Mr Carter«, sagte Kendall, gab ihm die Papiere zurück und entließ ihn mit einer Handbewegung. »Ich sehe Sie später am Abend, da bin ich sicher. Ich bin schon ganz zittrig vor Aufregung.«

»Ja, Sir«, sagte Billy und trollte sich unglücklich. Er ging seine dreitägige gemeinsame Geschichte mit Kapitän Kendall noch einmal durch und konnte absolut nicht sagen, was zwischen ihnen schiefgegangen war. Er hatte noch nie einen so schroffen Kapitän erlebt, der für seine Offiziere nichts als Verachtung übrigzuhaben schien. Kendall kam ihm vor wie ein Mann aus den Archiven der Navy. Nur noch ein paar Wochen, dachte er. Nur noch ein paar Wochen, und ich bin wieder zu Hause und halte Billy junior auf dem Arm.

Zwanzig Minuten später stand Kapitän Kendall vor der Kabine A4, der von Mr John Robinson und seinem Sohn Edmund, drückte das Ohr an die Tür und lauschte aufmerksam auf die nach außen dringenden Geräusche. Vorne am Bug war ihm ein verrückter Gedanke gekommen, ein Gedanke, der so erschreckend und unglaublich war, dass er ihn sich selbst kaum eingestehen mochte. Aber dieser Gedanke hatte ihn hergeführt, und er verfluchte die Konstrukteure des Schiffes dafür, dass sie die Türen der Erste-

Klasse-Kabinen so luftdicht sicher gemacht hatten, dass er nur gedämpfte Geräusche und einzelne Satzfetzen hören konnte. Er sah den Gang hinauf und hinunter und hoffte, dass ihn niemand überraschte, bevor er Beweise für seine Vermutung fand.

»Das ist kein Hotel«, kam eine Stimme von drinnen, die jüngere, höhere, die *Frauen*stimme. »Hier gibt es keinen Zimmerservice.«

»Bei den Preisen sollte es den aber geben«, kam die Antwort.

Dann war wieder einiges unverständlich, und Kendall kniff das Gesicht zusammen und drückte das Ohr noch etwas fester aufs Holz, entschlossen, etwas Belastendes zu erlauschen.

»Sie ist ganz nett«, hörte er. »Besser als diese Drake.«

»Ich glaube, sie mag dich.«

»Die Mutter ist hinter dem Vater her, die Tochter hinter dem Sohn. Das ist doch ziemlich romantisch, oder?«

»Nur, dass ich nicht dein Sohn bin.«

Kendall schnappte nach Luft. Da war sie endlich, die Wahrheit. Er drückte die Hand auf den Mund, hielt den Atem an und hoffte auf mehr.

»Und du hast heute Morgen fast meinen Namen genannt, als du Miss Hayes und mir begegnet bist. Du musst vorsichtig sein.«

»Es tut mir leid, aber ich war nicht recht bei mir. Der junge DuMarqué hat mich im Speisesaal praktisch angegriffen.«

»Ist schon gut, sie hat nichts gemerkt, aber pass in Zukunft besser auf.«

»Was machen Sie denn da?« Eine Stimme auf dem Gang ließ Kapitän Kendall erschreckt herumfahren. »Warum lauschen Sie denn da an der Tür?«

»Ich ... ich ...« Er wurde knallrot und war sich mehr als bewusst, dass sein silberweißer Bart, der, wie er dachte, nun einmal zu einem Kapitän zur See gehörte, seine Schamesröte noch unterstrich.

»Warum lauschen Sie denn da an der Tür?«

»Ich habe nicht gelauscht«, stammelte er. »Ich bin ... ich bin nur vorbeigekommen und habe da drinnen ziemlich laute Geräusche gehört, und da wollte ich mich vergewissern, ob alles in Ordnung ist. Aber es scheint nichts mehr zu geben.«

Victoria nickte, ohne dass er sie überzeugt hätte. Kendall lächelte ihr kurz zu und marschierte an ihr vorbei, entschlossen, so schnell wie möglich in seine Kabine zu kommen. Das kurze Stück rannte er förmlich, stürmte durch seine Tür, schloss hinter sich ab, warf die Mütze quer durch den Raum aufs Bett und durchwühlte den Stapel Papiere auf seinem Schreibtisch.

»Wo ist sie, wo ist sie?«, murmelte er laut und suchte nach der Zeitung, die er am Tag ihres Aufbruchs in Antwerpen gelesen hatte. Er betete, dass Jimmy, der Schiffsjunge, sie nicht weggeworfen hatte, und wollte schon aufgeben, als er ein Eck davon ganz unten im Stapel entdeckte. Er zog sie hervor, zerriss sie dabei beinahe, fuhr mit dem Finger über die Titelseite und fand den Artikel, den er suchte. War ihm eben noch das Blut ins Gesicht geschossen, als Victoria Drake ihn überrascht hatte, so wich es jetzt ganz aus ihm. »Großer Gott«, sagte er laut. »Grundgütiger, großer Gott.« Er ließ die Zeitung zu Boden fallen und sah sich nervös in seiner Kabine um, froh, dass er die Tür hinter sich abgeschlossen hatte.

Der Erste Offizier Billy Carter saß mit zwei Seeleuten auf der Brücke und schwatzte sorglos mit ihnen, als er den Kapitän zielstrebig über das Deck auf sie zueilen und die Stufen erklimmen sah. »Mützen auf, Jungs«, sagte er, sich der Regeln des Kapitäns wohlbewusst, und hatte gerade die eigene auf dem Kopf, als der ältere Mann hereinmarschiert kam und ihm mit der Fingerspitze bedeutete, er solle ihm folgen.

»Alles in Ordnung, Käpt'n?«, fragte Carter aufgekratzt und spürte eine Entschlossenheit in dem Mann, wie sie ihm vorher noch nicht begegnet war.

»Nicht unbedingt«, antwortete Kendall. »Aber sicher bald wieder. Kommen Sie mit.«

Die beiden Männer gingen die Stufen wieder hinunter, wandten sich nach links, stiegen noch ein Deck tiefer und betraten den Funkraum. Carter hatte praktisch rennen müssen, um mit seinem Kapitän Schritt zu halten. Der Raum war leer, und als sie drinnen waren, schloss Kendall die Tür hinter ihnen ab und befahl Carter, sich an den Tisch zu setzen.

»Kennen Sie sich mit dem Marconi-Telegrafen aus?«, fragte er, und der Erste Offizier sah auf die drahtlose Maschine und die Morsetaste vor sich.

»Sicher, Sir«, sagte er. »Eine erstaunliche Erfindung. Ich weiß schon gar nicht mehr, wie wir früher ohne ihn ausgekommen sind.«

»Sie müssen eine Nachricht schicken, zum Festland«, sagte er und war nicht interessiert an nutzlosem Geplänkel. »Ich würde es selbst tun, aber ich muss mich auf die korrekte Formulierung konzentrieren. Können Sie sie losschicken?«

Billy Carter blinzelte. Es ging um eine ernste Sache, das war eindeutig. Er nahm die Mütze ab und legte sie auf den Tisch neben sich. »Ja, Sir«, sagte er förmlich mit einem schnellen Nicken des Kopfes.

»Wenn wir diesen Raum wieder verlassen, sprechen Sie mit niemandem über die Nachricht. *Mit niemandem*«, wiederholte er bestimmt. »Verstehen Sie?«

»Verstehe, Sir. Strengste Geheimhaltung.«

»Also gut, dann«, sagte Kendall. »Werfen Sie ihn an.«

Carter streckte die Finger und zog die Taste zu sich heran. Er zermarterte sich das Hirn, um sich an die einzelnen Punkte, Striche und Pausen zu erinnern, die er vor vielen Jahren gelernt, aber seitdem kaum einmal benutzt hatte. Er ging durch das Alphabet und entspannte sich, als ihm die einzelnen Codes wieder klar vor Augen traten.

»Die Nachricht geht an Scotland Yard«, sagte Kendall.

»Scotland Yard?«, fragte Carter und fuhr herum, aber der Kapitän schob ihn zurück in seine Funkposition.

»Morsen Sie«, befahl er. »Keine Fragen.«

Carter legte den Finger auf die Taste.

»An Scotland Yard. Von Henry Kendall, Kapitän der SS *Montrose* aus der Flotte der Canadian Pacific.« Kendall räusperte sich und wartete, bis Carter den Text durchgegeben hatte. »Habe dringenden Verdacht, dass Crippen, Londons Kellermörder, und Komplize unter den Passagieren sind. Schnauzbart abgenommen, dafür Backenbart. Komplize als Junge verkleidet. Nach Stimme, Verhalten und Statur eindeutig eine Frau. Bitte um Anweisungen.«

Billy Carter schickte die Nachricht an den drahtlosen Empfänger, den Guglielmo Marconi selbst in Poldhu im englischen Cornwall errichtet hatte. Dann drehte er sich um und starrte seinen Kapitän mit einer Mischung aus Verwunderung und plötzlichem Respekt an.

Kendall erwiderte seinen Blick und lächelte kalt. »Jetzt warten wir auf eine Antwort«, sagte er im Vorgriff auf die Frage des Jüngeren.

11 Mit der Geduld am Ende

London: 1906 bis 1910

Cora Crippen starrte aus dem Fenster von 39 Hilldrop Crescent in Camden und verzog das Gesicht wie ein hungriges Nagetier. Hawley hatte versprochen, um sieben Uhr zu Hause zu sein, und es war bereits zehn nach, ohne dass etwas von ihm zu sehen war. Der Kerl taugt zu nichts, dachte sie, zu absolut nichts. Es war Donnerstagabend, und donnerstags mochte sie nicht allein zu Hause sein, weil da Mr Micklefield kam, um die Miete zu kassieren. Sie wohnten jetzt seit über einem Jahr in ihrem neuen Zuhause, und er kam jede Woche donnerstags um Punkt halb acht, ohne Ausnahme. Cora war nicht gern allein mit ihm, denn er flirtete mit ihr, und sie fand ihn und seine Art geschmacklos. Noch wichtiger war jedoch, dass sie nicht diejenige sein wollte, die ihn bezahlte, da dies den Umstand unterstrich, dass sie nur die Mieterin und nicht die Eigentümerin des Hauses war.

Es war Coras Idee gewesen, nach Camden zu ziehen. Sie war des ständigen Lärms der Jennings unter ihnen müde geworden und hatte darauf bestanden, dass sie sich etwas suchten, wo sie allein wohnten. Seit sie der Music Hall Ladies' Guild beigetreten war, ihre Freundschaft mit Mrs Louise Smythson erneuert hatte und mit so ehrbaren Paaren wie den Nashs und den Martinettis bekannt geworden war, hatten ihr die bisherigen Wohnverhältnisse nicht mehr ausgereicht. Peinlich waren sie ihr geworden. Nicht eine der anderen Ladys musste sich das Haus mit anderen Leuten teilen, und den meisten gehörte ihr Haus nicht nur, sondern sie hatten Bedienstete, die für sie arbeiteten. Sie konnte unmöglich eine ihrer Freundinnen zum Tee einladen, dachte sie, solange auch nur die geringste Möglichkeit bestand, dass sie von den marodierenden Kindern unten in der Diele angegriffen wurde oder dem betrunkenen Tölpel in seiner Unterwäsche begegnete. Sie hatte sich selbst auf die Suche nach einem passenden Haus gemacht, ohne Hawley etwas zu sagen, und erst als alles unterschrieben war, sagte sie ihm, dass sie den South Crescent verließen.

Hawley fand die ganze Sache nur lästig. Es bedeutete einen längeren Weg abends von seiner Praxis nach Hause und morgens zur Arbeit bei Munyon's. Natürlich wurde das durch den Umstand aufgewogen, dass ihr neues Haus größer war und er und Cora gemeinsam zu Hause sein konnten, ohne sich begegnen zu müssen, dennoch war es unerträglich, dass sie einfach ein neues Haus mietete, ohne ihn zu fragen. Während er an diesem Abend die Straße entlangging und ihn der Gedanke, zu spät zu kommen, leicht ins Schwitzen brachte, klopfte er sich auf die Tasche, um sich zu vergewissern, dass das Geld noch da war. Er mochte Mr Micklefield auch nicht sonderlich und hätte ihm die Miete weit lieber vorbeigebracht, aber das wollte der Hauseigentümer nicht, und so blieb ihnen kaum eine andere Wahl, als ihn zu sich kommen zu lassen. Zuletzt war es nicht mehr so leicht gewesen wie früher, das Geld jede Woche zusammenzubekommen. Die Praxis lief nicht mehr so gut, weil nur fünf Minuten die Straße hinunter eine weitere Praxis aufgemacht hatte. Die Zahnärzte dort, das wusste er, waren richtige Zahnärzte, mit den nötigen Abschlüssen und so weiter, und er verlor nach und nach seine Patienten an sie. Das Gerede über seine schmerzhaften Behandlungsmethoden, seinen sparsamen Umgang mit Betäubungsmitteln, seine Liebe zur Chirurgie und seine unglaubliche Anzahl von Messern, Pinzetten und Zangen hatten seinen Patientenstamm ohnehin schon reduziert, doch jetzt ging er in einem Maß zurück, dass Hawley die drei Stunden abends oft allein in der Praxis verbrachte, ohne einen einzigen Patienten. Seit er für Munyon's arbeitete, hatte er über die Jahre immer wieder Gehaltsaufbesserungen bekommen, doch die konnten den plötzlichen Einkommensverlust kaum wettmachen, und das Geld wurde knapp.

»Endlich!«, rief Cora, die von ihrem Essen aufsah, als er durch die Tür kam. »Wie viel Uhr ist es jetzt, würdest du sagen?«

»Ich wurde aufgehalten, meine Liebe«, antwortete er ruhig, »aber jetzt bin ich hier.«

»Es ist zwanzig nach sieben, obwohl ich dir ausdrücklich gesagt habe, du sollst um sieben hier sein. Ehrlich, Hawley, warum gehorchst du mir einfach nicht?«

Er sagte nichts, zog nur den Mantel aus, hängte ihn an den Ständer, nahm das Geld aus der Tasche und legte es auf den Tisch.

»Und bitte den Mann heute Abend um Himmels willen nicht herein«, sagte sie. »Gib ihm die Miete draußen in der Diele. Ich ertrage es nicht, wie der Kerl mich ansieht. Er sorgt dafür, dass ich mich wie ein Objekt fühle.«

»Das ist leichter gesagt als getan«, sagte Hawley. »Du weißt, wie er ist.«

»Sag ihm einfach, ich bin indisponiert. Es ist lächerlich, wie er hereinspäht und seine Nase in alles steckt. Ich will das nicht, Hawley, verstehst du mich? Und morgen früh brauche ich sechs Shilling. Kannst du sie bitte neben mein Bett legen?«

Hawley starrte sie an. »Sechs Shilling?«, fragte er. »Wofür brauchst du sechs Shilling?«

»Wie bitte?«, sagte sie und klang ganz so, als hätte er sie gerade grob beleidigt. »Muss ich mich dir jetzt erklären?«

»Du musst dich nicht erklären, meine Liebe. Natürlich nicht. Ich habe mich nur gefragt, wofür du …«

»Wenn du es unbedingt wissen musst, bei Lacey's im Fenster ist ein Kleid, das ich kaufen will. Es ist wunderschön, Hawley, tiefrot, fast wie Blut. Es ist perfekt für den Dienstagabend.«

»Dienstagabend?«

»Das Majestic, Hawley«, seufzte sie. »Ich fange am Dienstag mit meinem neuen Repertoire an, und dafür brauche ich ein neues Kleid.« Cora trat zwei Abende in der Woche in einer Music Hall am Strand auf. Die acht Shilling, die sie dort bekam, betrachtete sie als ihr persönliches Einkommen und steuerte nichts davon zur gemeinsamen Kasse bei.

»Aber sechs Shilling, meine Liebe«, sagte er leise und zog an seinem Schnauzbart, als könnte er das Geld daraus hervorholen.

»Du wirst mir doch kaum sechs Shilling missgönnen? Bei all der Arbeit, die ich mir für dich mache? Was für ein Ehemann bist du überhaupt?«

Hawley ließ den Blick durch den Raum schweifen und runzelte die Stirn. In einer Ecke lag ein Haufen schmutzige Wäsche, seit Tagen schon. Die Spüle stand voller Geschirr, und über das Bücherregal hatte sich, seit er das letzte Mal sauber gemacht hatte, eine dünne Schicht Staub gelegt. »Natürlich nicht, Cora«, antwortete er. »Aber das Geld ist im Moment knapp, das weißt du. Neue Kleider sind da womöglich eine unnötige Ausgabe.«

»Es ist knapp, weil du dich weigerst zu arbeiten«, fuhr sie ihn an, stand auf und stellte ihren Teller auf den Stapel in der Spüle.

Er sah sich hoffnungsvoll um, ob irgendwo auch ein Teller für ihn war, wusste jedoch, wie unwahrscheinlich das war. Sein Magen knurrte enttäuscht.

»Ehrlich, Hawley, du führst ein Leben wie ein König, doch, das tust du. Du bist ein paar Stunden in dieser Apotheke, was kaum eine sehr anstrengende Arbeit ist, und dann sitzt du abends in deiner Praxis und starrst die Decke an. Wenn du eine etwas produktivere Art und Weise fändest, deine Zeit zu verbringen, würdest du auch mehr verdienen und nicht alles mir überlassen.«

»Ich habe dir erklärt, warum ich weniger einnehme, meine Liebe«, sagte er und bezog sich damit auf die Praxis. »Seit sich diese Zahnärzte …«

»Ich will das alles nicht hören«, sagte sie und hob die Hand.

»Die Einzelheiten deiner täglichen Existenz sind für mich ohne Bedeutung. Aber ich bin deine Frau, Hawley, und ich lasse mich nicht auf diese Weise behandeln. Das Majestic ist mein erster Schritt auf dem Weg zur Berühmtheit, das weißt du. Du solltest überglücklich sein, mit einer von Londons größten Gesangssensationen verheiratet zu sein. Wenn ich das Kleid nicht bekomme, kann ich mich auch gleich von meiner Karriere verabschieden.«

»Wegen dieses Kleides?«, fragte er skeptisch.

»Sechs Shilling, Hawley, ich meine es ernst. Sonst ...«

Was sonst geschehen würde, hörte er nicht, denn in diesem Augenblick klopfte es heftig an der Tür. Mr Micklefield war da. Ohne auf eine Antwort zu warten, steckte der Vermieter seinen Schlüssel ins Schloss und kam auch schon herein, während Hawley noch zur Tür eilte. Was Hawley besonders hasste, war, dass Micklefield ihnen nie die Zeit gab, ihm aufzumachen, sondern immer selbst aufsperrte. Er persönlich glaubte, dass der Mann darauf hoffte, Cora in einem nicht ganz bekleideten Zustand zu überraschen, weshalb sich Hawley normalerweise um halb acht in Türnähe platzierte, um schneller zu sein als er. Durch den Streit an diesem Abend hatte er das aber vergessen, und so stand ihr fetter Vermieter unversehens zwischen ihnen.

»'n Abend allerseits«, sagte er, zog sein Notizbuch heraus und leckte über die Spitze seines Bleistifts. »Schöner Abend dafür. Wie geht's Ihnen, Mrs C.?«, fragte er und zwinkerte Cora lüstern zu. Sie seufzte verzweifelt und wandte sich von den beiden ab, den zwei Männern in London, die sie am wenigsten mochte.

»Hier ist Ihr Geld, Mr Micklefield«, sagte Hawley, nahm den Umschlag, gab ihn ihm und schob den Vermieter zurück zur Tür. Auf Micklefields Nacken wuchsen unansehnliche Haarbüschel, Hawley starrte sie angewidert an. »Bis nächste Woche.«

»Ist im Haus alles in Ordnung?«, fragte der Mann, blieb stehen und sah sich um. Seine Augen schossen hin und her, wie die einer Ratte auf der Suche nach Käse. »Gibt's keinerlei Probleme?«

»Keine, Mr Micklefield. Wir lassen es Sie wissen, wenn es so sein sollte.«

»Läuft das Wasser richtig? Das Gas? Knarzen die Dielen nicht zu sehr?«

»Alles ist in Ordnung, Mr Micklefield. Mrs Crippen und ich hatten gerade etwas zu besprechen. Wenn Sie uns also vielleicht ...?«

»Sie sehen so hinreißend aus wie immer, Mrs C.!«, rief er zu ihr hinüber und versuchte, noch einen Moment länger zu bleiben. »Wenn Sie den Doktor hier je leid werden, wissen Sie, an wen Sie sich wenden können.«

»Wenn?«, antwortete sie und schnaubte kurz. »Was für ein Witz.«

»Danke, Mr Micklefield«, sagte Hawley, schob ihn durch die Tür und schloss sie hinter ihm. Einen Moment lang starrte er auf das Holz über der Klinke. Er wollte sich noch nicht umdrehen, machte die Augen kurz zu und genoss einen Moment des Friedens.

»Sechs Shilling, Hawley«, wiederholte Cora, als er sich endlich umwandte. Sie stand in der Tür zur Diele, sah ihn entschlossen an, und er wusste, es gab keine andere Möglichkeit. »Sechs Shilling liegen morgen früh neben meinem Bett, oder es gibt Ärger.«

Er nickte und sagte seine meistgenutzten Worte ihr gegenüber: »Ja, meine Liebe.«

Wenn Hawley dachte, seiner Frau seien ihre finanziellen Probleme gleichgültig, wenn er glaubte, dass sie annahm, sie könne beliebig weiter Geld ausgeben und es sei immer genug da, täuschte er sich. Cora war sich mehr als bewusst, dass sie den Gürtel enger schnallen mussten, oder genauer gesagt, dass Hawleys Gürtel enger geschnallt werden musste, wenn sie den Lebensstil aufrechterhalten wollte, den sie sich wünschte. Selbstverständlich lagen die sechs Shilling am nächsten Morgen auf ihrem Nachttisch, Hawley hatte sie dorthin gelegt, bevor er zur Arbeit gegangen war – während der nächsten Tage würde er auf sein Mittagessen verzichten. Aber in den Taschen ihres Mannes gab es nicht endlos Nachschub, das wusste sie, und es war sinnlos, darauf zu warten, dass er etwas unternahm, um ihre Situation zu verbessern. Das musste sie schon selbst tun, und noch vor Ende der Nacht war ihr eine Idee gekommen, und zwar eine sehr verlockende Idee, was das betraf.

Der folgende Dienstag war einer der mittlerweile seltenen Tage, da Hawley in seiner Praxis mehr als einen Patienten zu behandeln hatte. Als er um sieben Uhr kam, sah er sich einem Kind gegenüber, das ihn panisch anstarrte, einem kleinen Mädchen, das ganz und gar gegen seinen Willen von den streng aussehenden Eltern hergebracht worden war und mit festem Griff an der Flucht gehindert wurde. Die Zähne des Mädchens waren in einem üblen Zustand, und zwei mussten gezogen werden. Die Kleine war überzeugt, dass Dr. Crippen sie auf seinem Stuhl ermorden würde, denn zwei ihrer Klassenkameradinnen hatten bereits das Pech gehabt, ihn konsultieren zu müssen, und es bitter bereut. Noch Tage danach hatten sie den ganzen Schulhof mit ihren Erzählungen über seinen Sadismus unterhalten. Die Kleine hatte jedoch Glück, ihre Zähne lösten sich ohne Schwierigkeiten aus dem Mund, und sie hatte kaum angefangen zu weinen, als die Prozedur auch schon vorüber war, was sie unsäglich dankbar machte (was allerdings nicht bedeutete, dass sie ihren Freundinnen am nächsten Tag nicht eine grauenvolle Geschichte erzählen würde). Danach kamen ein Junge, dem im Streit mit einem anderen ein Stück Zahn abgeschlagen worden war, und eine ältere Frau, die eine Füllung brauchte. Alles in allem war es ein erfolgreicher Abend gewesen, und Hawleys Schritt hatte etwas Federndes, als er mit den Münzen in der Tasche, die seine harte Arbeit bezeugten, den Heimweg antrat. Vielleicht bekamen die guten Leute in Camden die neue Praxis doch langsam über, dachte er, ohne es wirklich zu glauben, aber es war ein angenehmer Gedanke. Vielleicht kamen jetzt alle wieder zu Dr. Crippen.

Er betrat das Haus, legte Mantel und Hut in der Diele ab und ging mit einem Seufzer in Richtung Wohnzimmer. Von drinnen konnte er Cora singen hören, aber nur leise, als sei sie bei einer ungewohnten Beschäftigung, beim Abspülen etwa. Als er ins Wohnzimmer trat, erstarrte er und dachte einen Moment lang, er wäre womöglich im falschen Haus, bevor ihm bewusst wurde, dass das ganz und gar unmöglich war. In der Mitte des Zimmers, in *seinem* Sessel, saß ein junger Mann, rauchte eine Zigarette und las die Zeitung, die er, als Hawley hereinkam, langsam senkte, um den Hereintretenden überheblich von Kopf bis Fuß zu mustern. »'n Abend«, sagte der junge Mann mit tiefer Stimme und nickte langsam.

Hawley sah an ihm vorbei zu seiner Frau, die sich geheimnisvollerweise tatsächlich in der Küche zu schaffen machte und mit einem Lächeln auf ihn zukam, was er schon seit Langem nicht mehr erlebt hatte. »O Hawley, Liebster«, sagte sie und hieß ihn mit einem Kuss auf die Wange willkommen. (Er zuckte überrascht zurück, als hätte er Angst, ihre Lippen wären mit Strychnin überzogen.) »Da bist du ja. Wie schön. Das Essen ist gleich fertig.«

»Cora«, sagte er und sah von ihr zu dem jungen Mann. »Ja«, murmelte er und bemühte sich, die Situation zu verstehen. »Darf ich fragen ...«

»Ach, du kennst Mr Heath noch nicht?«, fragte sie, obwohl sie doch genau wusste, dass er den Burschen noch nie gesehen hatte. »Das ist Mr Alec Heath, Hawley. Unser neuer Untermieter.«

»Unser neuer was?«

»Unser Untermieter, Liebling. Du erinnerst dich doch, dass ich dir von ihm erzählt habe?«

Hawley kniff überrascht die Augen zusammen. Er wusste sicher, dass Cora nie etwas von einem Untermieter gesagt hatte, und er fand es unerhört, dass sie jemanden ins Haus holte, ohne vorher mit ihm darüber zu sprechen.

Tatsächlich hatte Cora schon lange vor Mr Micklefields letztem Besuch über einen Untermieter nachgedacht. Das Haus am Hilldrop Crescent war ein wenig zu groß für die Crippens allein, was Cora ursprünglich für notwendig gehalten hatte, um ihre Freundinnen beeindrucken zu können. Im obersten Stock gab es ein angenehm großes Zimmer, das völlig ungenutzt war, und so hatte Cora beschlossen, es unterzuvermieten, wobei sie auch gleich gewusst hatte, an wen.

»Ich kann mich nicht erinnern«, sagte Hawley kläglich.

»Aber das musst du doch«, sagte sie mit einem Lachen. »Alec, das ist mein Mann, Dr. Hawley Harvey Crippen.«

Langsam, als wäre jede Bewegung eine Zumutung für ihn, faltete Alec Heath die Zeitung zusammen, Hawleys Zeitung, legte sie auf die Sessellehne, stand auf und streckte die Hand aus. Seine Gegenwart und Größe schüchterten Hawley ein. Alec war gut über einen Meter achtzig groß, von muskulöser, kräftiger Statur, und wo sich bei Hawley eine Glatze zu bilden begann, wuchs ihm ein dichtes Büschel dunkles Haar in die Stirn. Er hatte dunkle Haut, so als verbrächte er viel Zeit mit Sport und an der frischen Luft, und das Kinn war mit Stoppeln überzogen, da er sich heute offenbar noch nicht rasiert hatte. Der Ärmel des ausgestreckten Arms war aufgerollt und ließ einen starken Unterarm und einen vorspringenden Bizeps erkennen, der Hawley in Erstaunen versetzte. Dieser Alec war einer jener Männer, denen die Ladys auf der Straße hinterhersahen, aber er hatte graue kalte Augen, die verrieten, dass er für Romantik wenig übrighatte. »Hey«, sagte er, was seine Art eines Grußes zu sein schien.

Hawley schüttelte ihm die Hand. »Guten Abend, Mr Heath«, antwortete er.

»Alec ist ein Kollege aus dem Majestic«, erklärte Cora. »Er ist der Stellvertreter des Inspizienten. Er ist erst neunzehn und hat schon einen der verantwortungsvollsten Jobs in der Music Hall. Ist das nichts?«

»Neunzehn?«, fragte Hawley leise.

»Er kommt ursprünglich aus Wales, habe ich recht, Alec?«

Alec nickte, ohne Hawley auch nur einen Moment aus den Augen zu lassen, und der Ältere spürte, wie er für den Fall eines möglichen Konfliktes taxiert wurde und wie der Jüngere registrierte, dass er klar die Oberhand behalten würde.

»Aus Cardiff«, sagte er.

»Der arme Junge hat das ganze letzte Jahr in einer völligen Bruchbude wohnen müssen, in einer rattenverseuchten Wohnung in Colliers Wood. Schon der Weg zur Arbeit war lächerlich weit und seine Vermieterin offenbar ein Albtraum. Jedenfalls suchte er etwas Neues, und wir wollten jemanden für unser freies Zimmer oben. Also habe ich gleich an ihn gedacht.«

»Sicher«, sagte Hawley.

»Ich bin überzeugt, wir werden uns bestens vertragen«, fuhr sie fort, und er hatte sie seit kurz vor ihrer Heirat nicht mehr so froh gelaunt erlebt. »Warum setzt ihr zwei Männer euch nicht hin und lernt euch etwas besser kennen, während ich das Abendessen fertig mache?«

»Du kochst?«, fragte Hawley erstaunt.

»Aber sicher koche ich«, sagte sie mit einem Lachen in Alecs Richtung. »Wartet nicht immer ein schönes Essen auf dich, wenn du abends von der Arbeit kommst?« Er überlegte. Nein, wäre die richtige Antwort gewesen, doch er nahm an, dass sie keine Antwort erwartete. »In zehn Minuten bin ich so weit«, sagte sie und tanzte praktisch hinüber in die Küche.

Alec setzte sich zurück in den Sessel und überließ Hawley das Sofa. Die beiden sahen einander argwöhnisch an. Eine Weile lang hatten sie sich nichts zu sagen, aber nur Hawley fühlte sich unwohl, während er den gut gebauten Burschen studierte. Im Vergleich mit ihm kam er sich kümmerlich und fast feminin vor. Alec dagegen fühlte sich erleichtert. Er hatte sich Sorgen gemacht, wie er mit seinem neuen Vermieter wohl auskommen würde, aber jetzt, da er ihn vor sich sah, war ihm klar, dass seine Sorgen unbe-

gründet gewesen waren. Er holte eine weitere Zigarette aus einem silbernen Zigarettenetui und steckte sie sich an, ohne zu fragen, ob er rauchen dürfe, oder Hawley eine anzubieten. Das Etui schien teuer gewesen zu sein, und Hawley benutzte den Umstand, um das Schweigen zwischen ihnen zu brechen.
»Was für ein schönes Etui«, sagte er. »Ein Geschenk?«
Alec zuckte mit den Schultern. »Eine Frau, die ich mal in Chelsea kannte, hat es mir geschenkt«, sagte er mit einem schnellen Zwinkern. »Hübsch, wie?«
»Ja, sehr hübsch«, gab Hawley zu.
»Ich habe es mir verdient, glauben Sie mir.«
Hawley nickte. »Sie haben also für sie gearbeitet?«, fragte er. »Waren Sie bei ihr angestellt, bevor Sie zur Music Hall gekommen sind?«
»Gearbeitet habe ich nicht für sie«, sagte Alec in angewidertem Ton. »Bestimmt nicht.«
»Aber Sie sagten, Sie hätten es sich verdient?«
Alec steckte sich die Zigarette zwischen die Lippen, sog kräftig daran, blies eine dünne Rauchfahne in die Luft und beobachtete, wie sie sich auflöste, bevor er sich die Mühe machte zu antworten. »Das habe ich«, sagte er leise.
»Hawley, könntest du mir das bitte aufmachen?«, fragte Cora, die mit einem Glas Eingemachtem hereinkam, dessen Deckel nicht nachgeben wollte. »Ich bekomme diese Gläser nie auf«, sagte sie mit einem Lachen.
Hawley mühte sich mit dem Deckel ab, wusste aber gleich, dass auch er ihn nicht aufbekommen würde. Der Deckel war etwas fettig, und er bekam ihn nicht richtig zu fassen. Sein Gesicht lief vor Anstrengung rot an, aber er schaffte es nicht. Ohne ein Wort langte Alec zu ihm hin, nahm das Glas und legte seine große Hand um den Deckel. Völlig mühelos öffnete er ihn. Es war, als müsste er nur hinsehen, um das Ding vor Angst aufgehen zu lassen. Hawley sank auf dem großen Sofa in sich zusammen, sah Alec

Heath entspannt in seinem Sessel sitzen und begriff, dass er nicht länger der Herr in seinem eigenen Haus war – wenn er es denn überhaupt je gewesen war.

»Danke«, sagte Cora und nahm das Glas zurück. »Hawley, wird es nicht wunderbar sein, Alec im Haus zu haben?«, rief sie, bereits wieder aus der Küche. »Er wird all die kleinen Dinge tun können, die wir beide nicht schaffen. So eine Hilfe!«

»In der Tat«, sagte Hawley ohne jede Überzeugung.

»Alles, was Sie nicht schaffen«, sagte Alec zu Hawley und lächelte.

»Ich werde es im Hinterkopf behalten.«

»Es wird so nützlich sein, einen Mann im Haus zu haben«, rief Cora und kam zurück ins Wohnzimmer.

»Ich bin auch ein Mann, meine Liebe«, sagte Hawley.

»Einen jungen Mann«, korrigierte sie sich. »Schließlich schaffst du körperlich nicht mehr alles, was früher einmal ging, oder? Es wäre unfair, dich überhaupt darum zu bitten. Nein, jetzt, wo wir Alec bei uns haben, wird es besser.« Sie streckte den Arm aus, wuschelte dem jungen Mann durchs Haar und ließ ihre Finger etwas länger in seinem dichten schwarzen Schopf stecken, als es angemessen schien. Hawley sah Alec an. Lächelte er? Sein Gesicht war hinter einer dicken Rauchwolke verborgen, und Hawley konnte nur die kalten grauen Augen erkennen, die seinen Blick verächtlich erwiderten.

Es war ein Dienstagabend im Spätsommer, und Hawley spazierte allein durch den Garten ihres Hauses am Hilldrop Crescent. Die Hände in den Taschen, zog er mit der Schuhspitze Linien in die Erde. Cora war vor ein paar Stunden zu einem ihrer regelmäßigen Auftritte ins Majestic aufgebrochen, in dem roten Kleid, das ihn vor Monaten sechs Shilling gekostet hatte. In letzter Zeit hatte er es sich angewöhnt, die Praxis dienstags geschlossen zu halten und von Munyon's direkt nach Hause zurückzukehren. Mit der Praxis verdiente er sowieso kaum noch Geld, auch wenn das nicht der Grund für seinen freien Tag war. Tatsächlich war es der einzige Abend in der Woche, an dem er das Haus für sich hatte, und er liebte die Ruhe und den Frieden, den ihm das verschaffte. In den letzten zwölf Wochen war es mit seinem Leben immer weiter abwärtsgegangen, und mittlerweile konnte er es kaum noch abwarten, bis endlich Schlafenszeit war, schenkte ihm doch allein der Schlaf noch Erleichterung von der Tretmühle des Alltags. Nur die ersten paar Sekunden morgens waren friedvoll, wenn er langsam erwachte, bevor ihm bewusst wurde, wie erbärmlich sein Leben geworden war. Die Ehe mit Cora war zwar von Beginn an ein Fehlschlag gewesen, dennoch konnte er sich kaum erinnern, sich je so elend gefühlt zu haben. Coras Leben schien sich nur mehr um zwei Dinge zu drehen: die Music Hall und die Sorge um Alec Heath. Auf das Majestic war er nicht so eifersüchtig, wusste er doch, dass sie dank dessen immer noch glaubte, eine Zukunft im Showbusiness zu haben, was er schon lange für einen bloßen Wunschtraum hielt. Mit Alec jedoch war es etwas anderes. Der Bursche schien es darauf anzulegen, ihm auf die Nerven zu gehen, und alles darzustellen, was Hawley nicht mehr war. Ständig präsentierte er sich als klarer Gegensatz zum alternden Hawley, was den vor Wut und Eifersucht kochen ließ.

Morgens war es am schlimmsten. Alec saß rauchend und mit bloßem Oberkörper am Tisch, ohne jeden Anstand oder irgendeine Form von Manieren. Sein muskulöser Körper wirkte wie ein unausgesprochener Tadel auf Hawley, der auf seinem Stuhl kauerte, an seinem Toast knabberte, an seinem Tee nippte und sich wie ein Fremder im eigenen Haus fühlte. Alec schien die Aufmerksamkeit zu genießen, die Cora ihm schenkte. Ihre Koketterie war kaum auszuhalten, wenn sie die Hand auf eine seiner nackten Schultern legte und dabei mit Hawley redete, der dem Kerl gern befohlen hätte, sich etwas anzuziehen oder oben in seinem Zimmer zu bleiben. Aber Hawley hatte Angst, dass sie ihn auslachen würden und er nichts zu seine Verteidigung vorbringen konnte. Also blieb er stumm, kochte vor Wut und wünschte sich nichts sehnlicher, als dass der Junge sie verließ und ein anderes Paar fand, zwischen das er sich drängen konnte.

Immer noch hinten im Garten, hörte es Hawley vorn an der Tür klopfen und seufzte. Er sah auf die Uhr, es war erst Viertel nach acht. Weder seine Frau noch Alec sollten schon aus dem Majestic zurückkommen, es sei denn, sie wären plötzlich krank geworden und hätten ihren Schlüssel vergessen, was gleich ein doppelter Zufall wäre. Er hoffte, dass es nicht so war. Die Dienstagabende waren alles, was er noch hatte. Das Schicksal würde ihm doch nicht auch noch diesen kleinen Luxus nehmen?

Zu seiner Überraschung stand die zierliche Ethel LeNeve vor der Tür und sah in ihrem erst gestern gekauften neuen Mantel ordentlich und sittsam aus.»Ethel!«, sagte er und war überrascht, dass er sich so freute, sie zu sehen.»Ich hatte Sie nicht erwartet. Ist etwas passiert?«

»Nein, nichts, Hawley«, sagte sie.»Es tut mir leid, dass ich störe, aber als ich nach Hause kam, merkte ich, dass ich aus Versehen Ihren Ladenschlüssel eingesteckt hatte, und Sie sind morgens immer als Erster da, also brauchen Sie ihn.«

Sie fuhr mit ihrer kleinen Hand in die Manteltasche, fischte den Schlüsselbund daraus hervor und gab ihn ihm.»Ich habe ihn noch gar nicht vermisst«, sagte er und schüttelte den Kopf.»Allmählich werde ich alt und vergesslich. Möchten Sie einen Moment hereinkommen?«

»Nein, das sollte ich nicht«, sagte sie und schüttelte ihrerseits den Kopf.»Ich will Sie und Mrs Crippen nicht stören. Ich wollte nur den Schlüssel bringen, und jetzt lasse ich Sie wieder in Frieden.«

»Mrs Crippen ist nicht zu Hause, und mich stören Sie gewiss nicht. Nicht im Geringsten. Bitte kommen Sie herein. Ich koche uns einen Tee.«

Ethel überlegte und sah nervös die Straße hinauf und hinunter. »Also, wenn Sie meinen«, sagte sie zweifelnd, und Hawley machte einen Schritt zur Seite und ließ sie eintreten.

»Natürlich, natürlich«, sagte er. »Bitte. Kommen Sie herein.« Ethel ging ins Wohnzimmer, zog den Mantel aus und legte ihn über die Lehne des Sessels. »Wie hübsch Sie es hier haben«, sagte sie und sah sich um. Ausnahmsweise einmal war das Haus einigermaßen sauber und aufgeräumt, nachdem ihm Cora am vorangegangenen Abend einen Wischer und einen Eimer in die Hand gedrückt hatte. »Sind Sie sicher, dass ich Sie nicht bei der Arbeit störe?«

»Ganz und gar nicht. Ich war nur im Garten und habe etwas herumgewerkelt. Cora tritt dienstagabends in der Music Hall auf, und da bin ich allein.«

»Sicher«, sagte Ethel, die sich erinnerte, dass er ihr das schon einmal erzählt hatte. »Wie glamourös. Es überrascht mich, dass Sie nicht dort sind und ihr aus dem Publikum zujubeln.«

Hawley lächelte bedauernd. »Ich passe nicht in Music Halls«, gab er zu, »und um ehrlich zu sein, glaube ich nicht, dass mir Cora für mein Kommen dankbar sein würde. Sie hat ihre eigenen Freundinnen dort, und ihr Publikum. Das Letzte, was sie da braucht, ist, von mir geplagt zu werden.«

»Aber Sie sind ihr Mann.«

»Genau.«

Er goss eine Kanne Tee für sie beide auf und deckte den Tisch mit zwei Tassen. Es war schön, dachte er, jemanden zu bewirten, mit dem er befreundet war, und ihm kam der Gedanke, dass es noch nie zuvor getan hatte und Ethel wohl sein bester Freund war. In dem Jahr, seit sie zusammenarbeiteten, hatten sie eine enge Gemeinschaft entwickelt, sie vertrauten einander völlig und genossen die Gesellschaft und den Humor des anderen. Obwohl er nicht zu lange bei dem Gedanken verweilen wollte, wusste er, dass ihre Gegenwart einer der wenigen Lichtblicke in seinem Leben war.

»Es ist merkwürdig, Sie hier zu haben«, sagte er. »An meinem Tisch, beim Tee. Ich glaube, wir haben uns noch kein einziges Mal außerhalb des Ladens gesehen, oder? Es ist fast wie in einer anderen Welt.«

»Das stimmt«, sagte sie, nahm einen Schluck und hätte sich beinahe die Zunge verbrannt. »Wir haben eben beide noch ein Leben außerhalb von Munyon's. Sie sind ein verheirateter Mann. Das allein ist schon eine eigene Welt.«

»Haben Sie nie heiraten wollen?« Es war das erste Mal, dass er sie so etwas Persönliches fragte, aber hier in dieser Umgebung schien es ihm nur angemessen, es zu tun.

Die Frage war jedoch etwas befremdlich, war Ethel doch erst zwanzig Jahre alt und konnte kaum als alte Jungfer gelten. Ethel wurde rot und sah aufs Tischtuch hinunter. »Bis jetzt noch nicht«, sagte sie. »Es scheint sich kein Mann in mich verlieben zu wollen.«

»Das kann ich kaum glauben.«

»Es ist aber so«, sagte sie. »Manchmal spricht mich ein junger Mann bei einem Tanz oder auf der Straße an, aber …« Ihre Stimme versiegte, und sie berührte verlegen die Narbe auf der Oberlippe, so als wäre sie der Hinderungsgrund für jegliche Romantik. »Irgendwie scheint nie etwas daraus zu werden«, schloss sie.

»Eines Tages schon«, sagte er, »und zwar sehr bald. Daran habe ich keinen Zweifel.«

»Ich hoffe es«, sagte sie, und ein Lächeln breitete sich auf ihrem Gesicht aus, das er nur erwidern konnte. »Es muss schon etwas sein, so lange verheiratet zu sein wie Sie und Mrs Crippen. Und wie gemütlich Sie es haben. Wie lange sind Sie jetzt zusammen?«

»Elf Jahre«, sagte er mit einem Seufzen. »Jaja.«

»Das ist so eine lange Zeit. Da war ich erst neun. Noch ein Kind.«

»Guter Gott, aber das sind Sie immer noch!«

»Kaum.«

»Natürlich sind Sie das! Mit aller Zeit, Schönheit und Intelligenz auf Ihrer Seite. Wirklich, Ethel. Sie dürfen nicht schlecht über sich reden. Das ist nicht gut.«

Sie sah ihn an und legte den Kopf leicht zur Seite. Seine Worte schmeichelten ihr. Sie war immer schon froh gewesen, an jenem Tag zu Munyon's hineingegangen zu sein, als sie das »Mitarbeiter gesucht«-Schild im Fenster gesehen hatte. Sie konnte sich kaum einen besseren Vorgesetzten und Freund als Hawley vorstellen. Natürlich waren sie zunächst etwas reservierter miteinander umgegangen, und es hatte einige Zeit gedauert, sich näher kennenzulernen und einander zu vertrauen. Mit der Vertrautheit hatte sich jedoch auch eine Zuneigung herausgebildet, und das war ihm so wichtig wie ihr, das wusste sie. Sie war drauf und dran, alles zu riskieren und ihm zu sagen, wie sehr sie ihn wirklich mochte, als draußen eine Tür knallte. Es war die Eingangstür, und Cora Crippen stürmte herein wie ein Tornado, der unangekündigt über eine friedliche Stadt hereinbrach.

»Zum Teufel mit allem!«, schrie sie, warf den Hut quer durchs Zimmer, und ihre Stimme schnitt mit solchem Gift und solcher Lautstärke durch die Luft, dass die Fenster erzitterten. Hawley fuhr entsetzt zusammen, während Ethel diese Wahnsinnige, die da so urplötzlich aufgetaucht war, nur erschrocken und mit offenem Mund anzustarren vermochte. »Zum Teufel damit!«, schrie Cora wieder, jetzt noch lauter, ballte die Fäuste und brüllte wie ein tollwütiger Hund.

»Cora!«, sagte Hawley, sprang auf und lief zu ihr. »Was um alles in der Welt ist geschehen? Was ist dir zugestoßen? Hat man dich angegriffen?«

»Angegriffen? *Angegriffen?*«, fragte sie durch zusammengebissene Zähne hindurch. »Schlimmer. Ich bin übler beleidigt worden, als es je ein Mensch erleiden sollte. Ich sage dir, Hawley, ich nehme mir eine Schachtel Streichhölzer und brenne diese Music Hall bis auf die Grundmauern nieder, bevor ich so etwas noch einmal geschehen lasse.« Während sie sprach, schwoll ihre Stimme immer mehr an, und Hawley konnte sie nur wie gelähmt anstarren und vergaß völlig, dass er einen Gast hatte. Er hatte Cora schon wütend erlebt, aber nicht in dieser Form, und obwohl er wusste, dass er keinerlei Schuld daran trug, war er sicher, dass er den Preis dafür bezahlen würde.

»Himmel noch mal, Cora, sag mir, was ist passiert?«

Sie sah ihn an, und dann fiel ihr Blick auf Ethel, die am Tisch saß und sich nervös mit einer Hand an der Stuhllehne festhielt. Sie betrachtete die ältere Frau, als wäre sie nicht sicher, ob Cora gleich über sie herfallen und sie zerfleischen würde. »Wer ist das?«, wollte Cora wissen und sah ihren Mann an, bevor sie den Blick erneut auf die Person an ihrem Tisch richtete. »Wer sind Sie?«, fuhr sie Ethel an.

»Das ist Miss LeNeve, Cora«, erklärte Hawley. »Ich habe dir von ihr erzählt, und du hast sie auch schon gesehen. Sie ist meine Assistentin bei Munyon's.«

»*Miss* LeNeve?«, fragte Cora verächtlich. »Ich dachte schon, Sie seien ein Junge. Stehen Sie auf, damit ich Sie mir richtig ansehen kann.« Ethel stand gehorsam auf und starrte auf den Boden, die Hände fest vor dem Leib verschränkt. »Hm, vielleicht sind Sie doch eine Miss«, sagte Cora. »Nun, und was ist? Was tun Sie hier?«

»Ethel hat mir meine Schlüssel gebracht«, sagte Hawley. »Aber das ist unwichtig. Sag mir schon, was geschehen ist.«

Die Erinnerung daran ließ Cora erneut aufschreien. Hawley fuhr erschreckt zurück und fragte sich, ob sie womöglich einen Arzt brauchte. Einen *richtigen* Arzt. »Es ist *unerträglich!*«, schrie sie.

»Vielleicht sollte ich lieber gehen«, sagte Ethel, die nicht weiter Zeuge dieser Szene sein wollte.

»Ja, ja, vielleicht«, sagte Hawley, trat zu ihr, nahm ihren Arm und brachte sie zur Tür. »Sie müssen entschuldigen, Ethel«, flüsterte er, als er sie hinausließ. »Ich weiß nicht, was über sie gekommen ist. Ich verspreche Ihnen, dass sie normalerweise nicht so ist.«

»Sicher«, sagte Ethel wenig überzeugt. »Ich sehe Sie morgen, Hawley.«

»Ja, und noch einmal: Es tut mir leid, und danke für die Schlüssel.«

Sie standen einen Moment lang in der offenen Tür und sahen sich an. Ethel verspürte den Wunsch, ihm über die Wange zu streichen. Er sah blass und müde aus, und sie wollte die Hand auf sein Gesicht legen und es wärmen. Stattdessen drehte sie sich widerstrebend um und ging davon. Sie verspürte nichts als Mitgefühl für diesen armen Menschen, der das Pech hatte, mit solch einem Drachen verheiratet zu sein.

Ähnlich warme Gefühle für Ethel verspürte Hawley Harvey Crippen, als er zurück ins Wohnzimmer ging, hin- und hergerissen zwischen Wut und Angst, und seine Frau anstarrte, die wie ein werdender Vater den Raum durchmaß.

»Himmel noch mal jetzt, Cora«, rief er. »Sag mir endlich, was geschehen ist.«

»Dieser *Bastard*«, schrie sie.

»Cora!«

»Ich meine es so, Hawley. Dieser *Bastard!*«

»Wer? Von wem redest du?«

»Von dem Hurensohn, der das Majestic leitet, von dem rede ich«, schrie sie. »Diesem scheißefressenden Ungeheuer. Ich bringe ihn um! Ich reiße ihm die Innereien heraus und stopfe sie ihm ins Maul, ich schwöre es.«

»Cora, beruhige dich«, sagte Hawley. Nervös nahm er sie beim Arm und führte sie zum Sofa. »Du bist ja ganz außer dir. Atme. Atme eine Minute lang ganz ruhig durch.«

Ausnahmsweise einmal tat sie, was er sagte, sog die Luft tief in sich hinein, verdrehte die Augen und schnaubte auch schon wieder empört. »Mr Hammond«, sagte sie endlich. »Der Leiter der Music Hall.«

»Ja? Und was hat er getan?«

»Er hat mich in sein Büro gebeten«, erklärte sie. »Vor Beginn der Show. Zuckersüß hat er gelächelt und war so schleimig nett wie immer, und dann sagt er mir, dass er ein tolles neues Talent gefunden hat, so ein junges Ding, das Maisie Irgendwas heißt. Offenbar hat er sie singen hören und denkt, sie ist das Beste, was ihm je untergekommen ist. Er gibt ihr einen Platz auf dem Plakat, hat er gesagt. ›Das stört mich nicht‹, sage ich. ›Warum sollte es das?‹ Und dann sagt er mir, dass in der zweiten Hälfte der Show nur Platz für eine Sängerin ist, und dass ihre Stimme besser ist als meine, und dass es ihm leidtut, aber er kann nichts dran ändern.«

»O Cora«, sagte er traurig, da er wusste, was für ein Schlag das für sie sein musste.

»Und dann wirft er mich aus seinem Büro, gibt mir meine letzte Gage, und ich bin runter vom Plakat. Ohne Engagement. Ich! Die singende Sensation Bella Elmore! Und klar, als ich die Neue sehe, ist sie ein kleines blondes Ding mit großen Grübchen und einem Busen, der bis hier reicht. Kein Wunder, dass er mich loswerden will«, sagte sie, begann wieder, auf und ab zu laufen, und verschwand in der Küche. »Das ist eine Beleidigung, so eine Beleidigung!«

»Es gibt noch andere Engagements«, sagte er.

»Nichts gibt es!«, rief sie und griff nach einer Pfanne, um etwas in der Hand zu haben, das sie in ihrer Enttäuschung durch die Luft schwingen konnte. Ehe er sichs versah, marschierte sie damit herum und hielt das schwere Ding wie eine Waffe vor sich.

Er versuchte, sie zu beruhigen. »Cora, bitte. Du bist eine wundervolle Sängerin, das weißt du.«

»Ach, Hawley, gib dir keine Mühe. Du denkst, ich tauge nichts, genau wie alle anderen. Du hast mich nie unterstützt.«

»Das ist nicht fair! Ich tue nichts anderes.«

»Ha!«

»Doch«, sagte er und wurde jetzt auch wütend. »Jede Stunde des Tages arbeite ich für dich. Ich ernähre dich, ich putze für dich, ich helfe dir.«

»Ich muss alles allein machen«, murmelte sie und überhörte, was er sagte. »Absolut alles.«

»Wenn Mr Hammond eine bessere Sängerin gefunden hat, heißt das nur, dass du noch mehr arbeiten musst, um deine Stimme zu trainieren, das ist alles.«

Sie drehte sich langsam um und starrte ihn an. »Was hast du da gesagt?«, fragte sie leise.

Er dachte darüber nach. »Ich habe gesagt, dass du mehr arbeiten musst, um ...«

»Nein. Davor.«

»Ich ... ich weiß nicht mehr.«

»Du hast gesagt, dass sie eine bessere Sängerin als ich ist.«

»Ich meinte nicht *besser*«, sagte er und ruderte zurück, als ihm sein Fehler bewusst wurde. »Ich meinte frischer. Neuer. Jemand, den er noch nicht gehört hat.«

»Du hast ›besser‹ gesagt«, kreischte sie.

»Cora, bitte, ich ...«

Er konnte den Satz nicht beenden. Cora wandte sich kurz zur Seite, sammelte alle Kraft und Wut in ihrem Körper und lenkte beides in ihren rechten Arm. Dann schwang sie zurück, hob die Bratpfanne in die Höhe wie einen Tennisschläger und schlug sie ihrem Mann, ohne ihm die Chance zum Ausweichen zu geben, mit voller Wucht ins Gesicht. Hawley wurde nach hinten geworfen, seine Brille krachte gegen die Wand, und das halbe Gesicht fühlte sich sekundenlang wie taub an, bevor es von einem brennenden Schmerz erfüllt wurde. Das getroffene Auge schien wie geblendet, er schlug hin, lag fassungslos da, eine Hand auf die Wange gedrückt, und sah mit dem anderen, guten Auge die Rächergestalt seiner Frau über sich stehen. Die Pfanne immer noch in der Hand, wischte sie sich ein Rinnsal Speichel vom Mund und blickte angeekelt auf ihn herab.

»Du ... hast ... *besser* ... gesagt«, erklärte sie langsam und matt.

12   Die Jagd beginnt

Liverpool: Samstag, 23. Juli 1910

Inspector Walter Dew stieg in Liverpool aus dem Zug und sah sich unruhig nach Police Constable Delaney um, der ihn, wie ihm versprochen worden war, erwarten und zum Hafen fahren sollte. Er blickte auf die Uhr und schnaufte verdrossen. Es war neun Uhr vierzig, die *Laurentic* würde in zwanzig Minuten ablegen, und sein Fahrer war nirgends zu entdecken. Dew hatte den Liverpooler Behörden vor seiner Abfahrt aus London eindringlich erklärt, dass er unbedingt vom Bahnhof abgeholt werden müsse, aber bereits am Telefon gespürt, dass, wer immer da am anderen Ende der Leitung war, für einen Inspector von Scotland Yard wenig übrighatte. Die Ablehnung, ja, den Groll in der Stimme des Mannes hatte er förmlich hören können. Er beschloss, bis zwanzig zu zählen, und wenn dann immer noch niemand kam, würde er sich ein Hansom-Taxi nehmen. *Eins … zwei … drei …*

Kapitän Kendalls Nachricht war am Abend zuvor spät noch bei Scotland Yard eingegangen, gerade als Dew Feierabend machen wollte. Seine Schwester hatte Geburtstag, er war zum Abendessen bei ihr in Kensington eingeladen und hatte vor, unterwegs noch einen Schluck zu sich zu nehmen. Er brauchte eine Stärkung, bevor er zu ihr ging, denn sie hatte acht Kinder, von denen keines älter als neun Jahre war, und ihr Schreien und ihre Hysterie trieben ihn jedes Mal wieder an den Rand der Demenz.

»Inspector Dew«, sagte PC Milburn zu ihm, als er das Gebäude verließ. »Ich wollte gerade zu Ihnen.«

»Ich muss«, antwortete Dew und klopfte auf seine Uhr. »Es war ein langer Tag. Bis morgen, Milburn. Sie sollten ebenfalls versuchen, etwas Schlaf zu bekommen.«

»Ich glaube, das hier sollten Sie vorher noch lesen«, sagte der Beamte und hielt ihm ein Telegramm hin.

Dew legte die Stirn in Falten. »Kann das nicht warten?«, fragte er.

»Ich glaube nicht, Sir. Ich glaube, Sie wollen es lesen.«

Der Inspector zögerte nur kurz, griff nach dem Telegramm und überflog es. Seine Augen wurden größer, und er las es gleich ein zweites Mal.

»Wann ist das angekommen?«, fragte er.

»Vor ein paar Minuten, Sir. Mit dem Marconi-Telegrafen, es wurde uns von Poldhu übermittelt. Wie ich sagte, ich wollte es Ihnen gerade bringen. Damit hat er drei Tage Vorsprung, Sir.«

Dew sah erneut auf die Uhr und fasste einen schnellen Entschluss. »Gut«, sagte er. »Finden Sie die schnellste Möglichkeit heraus, wie ich den Atlantik überqueren kann.«

»Was?«, fragte Milburn erstaunt.

»Sie haben mich verstanden.«

»Aber, Sir, das ist …«

»Fragen Sie bei den Schifffahrtslinien nach«, sagte er, unwillig, Fragen zu beantworten. »Finden Sie heraus, welche Schiffe nach Kanada fahren und wann. Ich muss das nächstmögliche erreichen.« Er beugte sich vor und schaute um sich, um sicherzugehen, dass ihnen niemand zuhörte. »Es ist Crippen«, sagte er. »Er ist gesehen worden.«

Milburn nickte schnell und griff nach dem Telefon. Innerhalb von fünfzehn Minuten hatte er herausgefunden, dass ein Passagierschiff, die SS *Laurentic*, um zehn Uhr am nächsten Morgen von Liverpool aus in Richtung Kanada in See stechen würde, und hatte ein Ticket für Inspector Dew gebucht. Der erste Zug aus London kam um halb zehn in Liverpool an, was kaum eine Verspätung erlaubte. Dew selbst rief die Liverpooler Polizei an und verlangte einen Fahrer zum Hafen, dann schickte er eine Nachricht an Kapitän Kendall, dass er sich auf den Weg mache, und instruierte ihn, niemandem von seiner Entdeckung zu erzählen und auf weitere Anweisung zu warten.

Dew war bei *fünfzehn* angelangt und griff schon nach seiner Tasche, als er einen jungen Constable auf sich zurennen sah. Sie waren alle gleich, wie ihm schien: faul, unpünktlich und nachlässig, nicht so wie damals, als er noch ein junger Beamter gewesen war. Manchmal fragte er sich, was aus dem Yard werden sollte, wenn seine Generation pensioniert wurde und ihre Nachfolger am Ruder saßen. Chaos vermutlich, es würde im Chaos enden. »Kommen Sie schon!«, rief er dem jungen Mann entgegen, ohne sich um irgendwelche Formalitäten zu kümmern. »Wir haben keine Zeit zu verlieren, das Schiff legt ohne mich ab, wenn ich um zehn nicht da bin. Das habe ich Ihrem Sergeant gestern Abend genau erklärt.«

Sie rannten nach draußen und sprangen in den wartenden Wagen. »Tut mir leid, dass ich mich verspätet habe, Sir«, sagte der Police Constable, als sie losfuhren.

»Ich habe ausdrücklich jemanden für halb zehn bestellt«, sagte Dew verärgert. »Wenn das Schiff ohne mich ablegt …«

»Es sind nur ein paar Minuten bis dorthin«, antwortete der junge Mann eindringlich. Er war bereit, sich zu entschuldigen, würde sich aber von einem Großkotz aus London nicht schurigeln lassen. »Machen Sie sich keine Sorgen. Ich bringe Sie rechtzeitig hin.«

Dew grunzte und starrte aus dem Fenster auf die Straßen Liverpools. Er war noch nie in dieser Stadt gewesen, aber für eine Besichtigungstour hatte er keine Zeit. Er zog noch einmal Kapitän Kendalls Marconi-Nachricht aus der Tasche und las sie fasziniert. *… Komplize als Junge verkleidet. Nach Stimme, Verhalten und Statur eindeutig eine Frau. Bitte um Anweisungen.* Dew schüttelte den Kopf, er vermochte die Unverfrorenheit des Mannes kaum zu fassen. So ruhig und sympathisch hatte er gewirkt, als sie miteinander gesprochen hatten. Aber was er dann im Keller am Hilldrop Crescent entdeckt hatte, stellte alles auf den Kopf. Dew schloss die Augen und versuchte, die Erinnerung an den Fund beiseitezuschieben, was äußerst schwierig war. In all seinen Jahren bei der Polizei hatte er nichts vergleichbar Grausiges gesehen. Er würde es wohl nie vergessen können. Ethel LeNeve war ihm ebenfalls kaum so vorgekommen, als könnte sie in so etwas verwickelt sein, sie hatte eher verhuscht und schüchtern gewirkt. Dew war immer noch von sich selbst enttäuscht, es passte nicht zu ihm, sich so hinters Licht führen zu lassen. Vielleicht werde ich alt, dachte er, bevor er den Gedanken verdrängte. Oder die anderen werden besser. Scotland Yard war sein Leben, er kannte kein anderes und war auch an keinem anderen interessiert. Wenn er jedoch Crippen entkommen ließ, wenn der Kerl es unbehelligt nach Kanada schaffte, würde man seine Fähigkeiten infrage stellen.

»Da sind wir, Sir«, sagte PC Delaney kurz darauf und brachte den Wagen schlitternd zum Stehen. »Ich habe Ihnen doch gesagt, dass wir es schaffen.«

»In allerletzter Minute«, sagte Dew, öffnete die Tür und stieg aus, während das Nebelhorn der *Laurentic* verkündete, dass sie zum Ablegen bereit war und alle an Bord, die keine Passagiere waren, das Schiff sofort zu verlassen hatten. Dew nahm die *Laurentic* in ihrer ganzen Größe in den Blick und fühlte sich von ihren Ausmaßen gleichermaßen beeindruckt und eingeschüchtert. Sie war fast sechzig Meter lang, über zwanzig Meter breit, und ihr Name stand in riesigen schwarzen Lettern seitlich auf dem Rumpf. Dew schluckte nervös. Er hatte den Atlantik noch nie überquert und war nicht unbedingt ein Liebhaber der Seefahrt. Wie Tom DuMarqué auf der *Montrose* fühlte er sich nur sicher, wenn er mit beiden Füßen fest auf der Erde stand. Mit einem widerwillig hingemurmelten »Danke« zu PC Delaney, weil er nicht unhöflich erscheinen wollte, griff er nach seiner Tasche und ging hinüber zum Schiff.

An der Gangway stand eine Traube Menschen, der er nur einen kurzen Blick schenkte, während er darauf zueilte. Als er jedoch nur noch drei, vier Meter entfernt war, drehte sich einer der Männer um, sah ihn, deutete mit dem Finger auf ihn und ließ ein Brüllen hören, das Dew zusammenfahren ließ. Er drehte sich um, ob vielleicht jemand Bekanntes hinter ihm war. »Da kommt er!«, rief der Mann. »Das ist er!«

Darauf lief der ganze Trupp, es waren etwa fünfzehn Männer, auf ihn zu. Notizbücher und Stifte gezückt, überschütteten sie ihn mit einer Unzahl Fragen, und drei Fotografen blendeten ihn mit ihren Blitzlampen. Dew bekam kaum mit, was sie riefen, so überrascht war er von diesem plötzlichen Ansturm.

»Inspector, ist es wahr, dass Sie auf dem Weg sind, Dr. Crippen zu verhaften …?«

»Hat er seine Frau wirklich zerstückelt …?«

»Glauben Sie, Sie können die *Montrose* einholen …?«

»Zu wem will er da …?«

»Wollen Sie ihn hängen sehen …?«

»Wer ist die Frau bei ihm …?«

»Haben Sie den Kopf schon gefunden …?«

»Gentlemen, Gentlemen!«, rief Dew und hob überrascht und verärgert die Hände. »Einer nach dem anderen, bitte. Einer nach dem anderen.« Er drehte sich um und blitzte PC Delaney an, der ihm zum Schiff gefolgt war. »Reporter«, zischte er. »Wer hat die Geschichte an die Presse gegeben?«

»Niemand hat gesagt, dass es geheim bleiben soll«, sagte der Constable mit unbeteiligter Miene. »Tut mir leid.«

»Das wird es Ihnen tatsächlich, wenn da was schiefgeht.« Damit wandte er sich erneut der versammelten Presse zu und lächelte. »Nur ein, zwei Fragen«, sagte er. »Ich muss an Bord.«

»Inspector Dew«, sagte jetzt einer und trat wie ein Sprecher vor die anderen hin. »Können Sie uns sagen, warum Sie an Bord der *Laurentic* gehen? Stimmt es, dass Sie den Frauenmörder Dr. Crippen jagen?«

Dew fuhr sich mit der Zunge über die Lippen und dachte nach. Für die Passagiere an Bord der *Montrose* gab es im Grunde keine Möglichkeit zu erfahren, was an Land vor sich ging, und solange Kapitän Kendall den Mund hielt, konnten sie auch nicht wissen, dass er sich an die Verfolgung machte. Vielleicht ließ es Scotland Yard sogar in einem guten Licht dastehen, dass er bereit war, um die halbe Welt zu reisen, um diesen Mann zu verhaften.

»Uns ist zur Kenntnis gebracht worden«, sagte er, »dass ein Mann und eine Frau an Bord der *Montrose* nach Kanada unterwegs sind, die der Beschreibung nach Dr. Hawley Harvey Crippen und Miss Ethel LeNeve sein könnten, die wir beide im Zusammenhang mit dem Mord an Cora Crippen vernehmen wollen. Meine Aufgabe besteht darin, sie zu ergreifen, bevor sie ihr Ziel erreichen, und zurück nach England zu bringen, um dafür zu sorgen, dass der Gerechtigkeit Genüge getan wird.«

»Sir, das andere Schiff ist bereits seit drei Tagen unterwegs. Glauben Sie wirklich, Sie können …«

»Das ist alles, Gentlemen, fürchte ich«, sagte er und ging die Gangway hinauf, da sich der Seemann an ihrem oberen Ende daranmachte, den Zugang zu schließen. »Ich werde Scotland Yard per Telegraf über den Verlauf informieren, wenden Sie sich also dorthin, wenn Sie die Geschichte verfolgen wollen.«

Sie riefen ihm noch weitere Fragen hinterher, während er aus ihrem Blick verschwand. Er hatte keine Zeit mehr, sie zu beantworten. Der Seemann überprüfte sein Ticket und nickte. »Inspector Dew«, sagte er. »Ja, wir haben auf Sie gewartet.«

»Danke. Ich hatte schon Angst, Sie würden ohne mich fahren.«

»Der Kapitän hat darum gebeten, dass Sie direkt zu ihm kommen, sobald Sie an Bord sind. Wir legen jetzt ab, er ist auf der Brücke. Wenn Sie an Deck kommen, sehen Sie schon die Stufen, die hinaufführen.«

Dew nickte und ging in die angegebene Richtung. An der Reling standen Mengen von Passagieren und winkten den Menschen unten auf dem Kai zu, die gekommen waren, um sie zu verabschieden. Einen Moment lang kam ihm der komische Gedanke, sich mit dort einzureihen und den Reportern zuzuwinken, sodass sie vielleicht noch ein Foto schießen konnten, Dew auf der Jagd nach dem Mörder, doch er entschied sich dagegen. Dazu hätte er sich über die Reling lehnen müssen, und es war absolut möglich, dass ein ungebärdiges Kind vorbeigelaufen kam und ihn in die Tiefe stieß, was eine schreckliche Schlagzeile ergäbe.

Er fand die Brücke ohne große Schwierigkeiten, klopfte an die offene Tür und stellte sich den Männern drinnen vor. »Inspector Dew, Scotland Yard«, sagte er. »Ich bin hier, um mit dem Kapitän zu sprechen.«

»Inspector«, sagte ein großer Mann mit Brille, der jünger als erwartet war und auf ihn zukam. »Freut mich, Sie kennenzulernen, Sir. Ich bin Kapitän David Taylor. Willkommen an Bord der *Laurentic*.«

»Danke.«

»Die Reise von London hierher war gut?«

»Lang und ermüdend. Um ehrlich zu sein, bin ich froh, wenn ich mich in meiner Kabine etwas ausruhen kann.«

Taylor lachte. »Sie haben Glück«, sagte er. »Wir hatten in letzter Minute noch eine Absage für eine unserer Luxuskabinen, also habe ich Sie darin untergebracht. Es ist eine der schönsten Kabinen an Bord. Schöner noch als meine.«

»Ausgezeichnet«, sagte Dew und war froh, dass er, wenn er schon eine Seereise unternehmen musste, es wenigstens mit einigem Komfort tun konnte. »Ich bin Ihnen sehr dankbar für Ihre Hilfe, Kapitän.«

»Nicht der Rede wert. Absolut nicht. Wie ich gesehen habe, hat dort unten ein Empfangskomitee auf Sie gewartet. Tut mir leid.«

Dew nickte und schüttelte dann den Kopf, als missbillige er derlei Dinge, obwohl er das Licht der Öffentlichkeit durchaus genoss. »Verdammte Halunken«, sagte er. »Sobald sie eine Story wittern, sammeln sie sich um einen wie ein Schwarm Bienen um ein Glas Honig. Heutzutage lässt sich selbst bei der Polizei nichts mehr geheim halten, wie es scheint. Es ist einfach nicht mehr so wie früher. Ich weiß auch nicht, was aus dieser Welt noch werden soll.« »Ich würde annehmen, die Geschichte wird die ganze nächste Woche auf den Titelseiten zu finden sein«, sagte der Kapitän. »Sie werden unsere Reise sorgfältig verfolgen. Ein ganzer Trupp von denen war schon bei mir, um mir Fragen zu stellen. Ich habe natürlich nichts gesagt. Das überlasse ich Ihnen.«

»Kapitän Taylor?«, fragte Dew und beugte sich etwas vor, »realistisch betrachtet: Wie stehen die Chancen, dass wir die *Montrose* einholen?«

»Ich habe ein paar Berechnungen angestellt«, antwortete Taylor und griff nach einem Notizblock. »Es ist sicher möglich, aber wir müssen gut vorankommen. Die *Laurentic* macht sechzehn Knoten, die *Montrose* nur zwölf. Wir sind zwar etwas schwerer, haben jedoch den Vorteil, von Liverpool auszulaufen und nicht von Antwerpen. Die *Montrose* ist uns drei Tage voraus, Inspector, und wird wahrscheinlich am 31. Juli in Quebec festmachen. Planmäßig kommen wir am Tag darauf an.«

»Kapitän, es ist absolut zwingend, dass wir sie einholen, bevor sie Land erreicht. Wenn die beiden in Kanada von Bord gehen, wird es verteufelt schwer, sie noch zurückzubekommen.«

»Und die kanadischen Behörden?«, fragte der Kapitän. »Könnten die die beiden nicht einfach verhaften, wenn sie ankommen?«

Dew schüttelte den Kopf. »Das Verbrechen hat außerhalb ihres Zuständigkeitsbereichs stattgefunden«, erklärte er. »Sobald Crippen einen Fuß auf kanadischen Boden setzt, ist er uns entkommen. Wir müssen ihn vorher erwischen.«

Taylor nickte. »Nun, wie gesagt, Inspector, es ist möglich, aber wir müssen einen ganzen Tag gutmachen. Ich werde auf jeden Fall tun, was ich kann, um Sie rechtzeitig hinzubringen. Das verspreche ich Ihnen.«

»Ich danke Ihnen, Kapitän. Vielleicht gehe ich dann jetzt in meine Kabine und richte mich ein.«

Der Kapitän rief jemanden von der Mannschaft und bat ihn, dem Inspector den Weg zu zeigen. »Eines noch, Inspector«, sagte Taylor, als sie sich zum Gehen wandten. »Was genau hat der Mann getan? Ich habe Gerüchte gehört, weiß aber nichts Genaues.«

Dew zögerte. Natürlich war Crippen unschuldig, bis er überführt war, doch die Beweise waren erdrückend. »Er hat seine Frau umgebracht«, erklärte er. »Er hat sie umgebracht, zerstückelt und die einzelnen Teile unter den Bodenplatten in seinem Keller vergraben. Die Knochen hat er mit Säure übergossen, damit sie sich auflösten. Den Kopf haben wir noch nicht gefunden.«

Taylor schnappte nach Luft. »Sie bekommen Ihren Tag, Inspector«, sagte er entschlossen. »Auch wenn ich die *Laurentic* zu voller Leistung antreiben muss, Sie bekommen ihn. Wenn wir die *Montrose* bis Ende des Monats nicht in den Blick bekommen, werde ich das als mein persönliches Versagen betrachten.«

Dew lächelte. Er war froh, den Mann auf seiner Seite zu wissen. »Ich danke Ihnen, Kapitän«, sagte er. »Ich setze ganz auf Sie.«

13 Die Abendgesellschaft

London: 19. Januar 1910

In verschiedenen Londoner Stadtteilen bereiteten sich zehn unterschiedlich gespannte Menschen auf Cora Crippens Abendgesellschaft vor. Oben in ihrem Haus am Tavistock Square saß Mrs Louise Smythson an ihrem Ankleidetisch, sprühte sich etwas Parfüm auf den Hals und inspizierte die Haut unter ihren Augen auf Anzeichen des Alterns. Direkt unter dem Lid bildeten sich ganz eindeutig einige haarfeine, noch kaum sichtbare Fältchen, und Louise seufzte, wusste sie doch, dass das nur der Anfang war. Bald schon würden sie sich ausbreiten. Die Wangen würden einsinken, ihre Hände knotig und fleckig werden, die Beine bleich, von Venen durchzogen. Ihre Brüste würden ihre Fülle verlieren und nach unten sacken, und dann würde der Spiegel ein früher einmal guter Freund sein, den sie nicht länger sehen wollte. Sie konnte hören, wie ihr Mann Nicholas in seinem Ankleidezimmer nebenan vor sich hin pfiff.

Die Einladung zum Essen hatte sie überrascht. Es sei ein besonderer Anlass, hatte Cora Crippen gesagt, ihr fünfzehnter Hochzeitstag, und das wolle sie feiern. Cora hatte die Einladung beim Treffen der Music Hall Ladies' Guild in der vorangegangenen Woche ausgesprochen, und Louise hatte gleich zugesagt. Seit sie Cora kannte, hatte sie Dr. Crippen nur bei einer Handvoll Anlässe getroffen, sie kannte ihn kaum. Sie hielt ihn für einen Stockfisch, ohne jedes Talent für ein Gespräch in guter Gesellschaft, und kaum für einen angemessenen Tischnachbarn, doch er war Coras Mann, und so konnte sie ihre Kritik nicht laut äußern. Selbstverständlich wäre sie lieber in ein nobles Restaurant eingeladen worden, aber Cora hatte darauf bestanden, selbst zu kochen, was Louise äußerst merkwürdig vorkam und was sie dem exzentrischen Charme ihrer Freundin zurechnete. Sie hatte keine Ahnung, dass es für Cora nichts als eine finanzielle Notwendigkeit war, sich selbst an den Herd zu stellen. Louise sah auf die Uhr und ging nach nebenan, um ihren Mann zu holen. Es war Zeit aufzubrechen.

Hawley Crippen war den ganzen Tag damit beschäftigt gewesen, Vorbereitungen für das Essen zu treffen. Cora hatte ihm erst zwei Abende zuvor davon erzählt, als sie ihm ihre Anweisungen gegeben hatte. Dass sie sich an ihren Hochzeitstag erinnerte und ihn sogar feiern wollte, hatte ihn überrascht, aber er erhob keine Einwände. Er wusste nur zu gut, dass sie es allein deshalb tat, um ihre Freundinnen zu beeindrucken und sich noch mehr in die Gesellschaft hineinzudrängen, der sie so unbedingt angehören wollte. Mit ihm hatte das alles nichts zu tun. Es war offensichtlich, dass Paare wie die Smythsons und die Nashs ihre Dinnereinladung irgendwann erwidern mussten, und da er und Cora noch nie von einem der beiden Paare eingeladen worden waren, wäre es ein beträchtlicher Coup für sie, wenn ihr das gelang.

Er verharrte für einen Moment mitten in der Küche und ging durch die Liste in seinem Kopf. Der Tisch war gedeckt, der Wein stand auf der Anrichte, das Lamm brutzelte im Ofen, die Kartoffeln köchelten vor sich hin, und das Gemüse lag bereit, um im rechten Moment in den Topf gegeben zu werden. Den Teppich hatte er morgens gründlich gesäubert, wofür er fast zwei Stunden gebraucht hatte. Nicht gerade hilfreich war gewesen, dass Alec Heath mit völlig verdreckten Stiefeln hereingekommen war und seinen auf dem Boden knienden, sorgsam den Flor scheuernden Vermieter geflissentlich übersehen hatte. Hawley war sicher, dass noch etwas fehlte, konnte jedoch nicht sagen, was es war. Aber selbst wenn er sich täuschte, würde Cora ausreichend Gründe finden, sich zu beklagen. Das war er gewohnt, und sosehr es ihn auch zermürbte, überraschte es ihn doch längst nicht mehr. Er öffnete den Ofen, wich ein Stück zurück, als die heiße Luft mit einem Schwall daraus entwich, und warf einen Blick hinein. Das Fleisch sah wunderbar saftig aus und roch herrlich. Ja, eines musste er noch tun, bevor er sich entspannen konnte. Hawley holte zwei schwere Tranchiermesser aus dem Schrank und begann, sie zu schärfen. Die Klingen sollten ohne jede Schwierigkeit durch das Fleisch gleiten. Er musste an seine Zeit im Schlachthof von McKinley-Ross denken.

Fünfzehn Minuten zu Fuß entfernt stand Ethel LeNeve fertig angekleidet vor dem Spiegel, nahm die einfache Silberkette ab, die sie sich vor einem Monat gekauft hatte, um sich etwas aufzumuntern, und ersetzte sie durch die Perlen ihrer verstorbenen Mutter. In der letzten Nacht hatte sie kaum geschlafen, so aufgeregt war sie bei dem Gedanken an die heutige Abendgesellschaft. Die Einladung hatte sie völlig überrascht. Was sie nicht wusste, war, dass sich Cora Crippen einen ganzen Abend lang den Kopf zerbrochen hatte, welche alleinstehende Frau sie noch einladen konnte, denn sonst wäre das Verhältnis nicht ausgeglichen gewesen. Aber alle ihre Freundinnen waren verheiratet, und ihr wollte keine passende Kandidatin einfallen. Hawley hatte Ethel vorgeschlagen, und Cora hatte zunächst abwehrend reagiert. »Wen?«, fragte sie. »Welche Ethel?«

»Ethel LeNeve«, antwortete er geduldig. »Meine Assistentin bei Munyon's. Du hast sie verschiedentlich schon gesehen.«

»Was, das kleine, burschikos aussehende Ding mit der dicken blutroten Narbe auf der Lippe?«

»Meine Assistentin«, wiederholte er, ohne auf ihre Frage einzugehen. »Eine reizende Person.«

»Oh, ich glaube kaum, dass sie zu uns passt«, sagte Cora. »Ist sie nicht etwas gewöhnlich?«

Gewöhnlicher als du, die mich in einer Music Hall aufgelesen hat?, dachte er. Gewöhnlicher als Louise Smythson, die als Bedienung in einem Pub gearbeitet hat? »Nein«, sagte er. »Sie ist sehr gesellig.«

»Nun, allein wird sie sein, nehme ich an«, sagte Cora zweifelnd. »Ich meine, wer würde die hässliche Kleine schon haben wollen?«

Hawley überkam eine Welle des Hasses auf seine Frau, als sie das sagte, doch er hielt sich für den Moment zurück. Endlich gab sie ihr Einverständnis, und so hatte Hawley Ethel am nächsten Tag bei der Arbeit eingeladen. Natürlich sagte sie, sie komme nur zu gerne. Als sie jetzt die Straße zum Haus der Crippens hinunterspazierte und der Schirm neben ihr aufs Pflaster klopfte, hoffte sie, dass sie sich mit Cora Crippen an diesem Abend ein wenig besser verstehen würde als sonst. Sie hatte sie bisher nur wenige Male gesehen, das erste Mal vor Jahren, als sie morgens zu Munyon's hineingegangen war und ihren lieben Hawley kennengelernt hatte. Dann vor etwas mehr als einem Jahr, als sie dem guten Mann seine Schlüssel gebracht und das Pech gehabt hatte, eine wutentbrannte Cora erleben zu müssen, die, wie sie später erfuhr, gerade einen bösen Rückschlag in ihrer Karriere erlitten hatte. Einmal im Battersea Park an einem Sonntagnachmittag, als sie mit einem Buch auf einer Bank saß und die Crippens zufällig vorbeigekommen waren. Und schließlich war Cora eines Morgens in die Apotheke gekommen, hatte Geld von ihrem Mann gewollt und ausgesehen, als würde sie auf der Stelle der Schlag treffen, wenn sie es nicht bekäme. Cora war eine eigensinnige Frau, daran bestand kein Zweifel. Und sie mochte Ethel nicht.

Andrew und Margaret Nash überholten Ethel in einem Hansom-Taxi, ohne zu wissen, dass sie zur selben Einladung wollte. Die beiden schwatzten fröhlich miteinander, als sie sich dem Haus der Crippens näherten. Wie auch die Smythson waren sie ein wenig überrascht gewesen, zu deren Hochzeitstag eingeladen zu werden, konnten aus Anstandsgründen aber nicht ablehnen.

»Lass uns sehen, dass wir uns gegen elf wieder verabschieden«, sagte Andrew, als sie vor dem Haus vorfuhren. »Ich habe morgen in aller Frühe einen Termin und möchte nicht zu müde sein.«

»Natürlich, Liebster«, sagte Margaret, »ich bin sicher, da ist die Feier längst vorbei«, und fügte mit einem Blick nach draußen gleich noch hinzu: »Was für ein entzückendes Haus.«

»Kommt mir ein bisschen eng vor«, murmelte er. »Bist du sicher, diese Leute sind von unserem Stand?«

»Nun, *ihn* kenne ich nicht«, gab sie zu. »Aber Cora ist eine reizende Frau. Du könntest dir keine kultiviertere, elegantere Lady wünschen. Perfekte Umgangsformen. Entzückend. Ich bin sicher, du magst sie, und er ist schließlich Arzt.«

»Ich hasse Ärzte«, sagte Andrew. »Sie sehen dich immer an, als müsstest du im nächsten Augenblick umfallen und vor ihnen zusammenbrechen. Ich halte nichts von ihnen. Wenn du stirbst, dann stirbst du. Daran lässt sich nichts ändern. Es hat keinen Sinn, es zu versuchen.«

»Natürlich, Liebster. Oh, sieh dir nur die arme, unglückliche Frau an«, sagte sie mit einem Blick auf die näher kommende Ethel. »Diese Narbe auf der Lippe. Ich wette, sie trinkt.«

»Warum?«, fragte Andrew verblüfft und amüsiert.

»Wahrscheinlich hatte sie getrunken, es war zu viel, und sie ist gestürzt und hat sich die Lippe aufgeschlagen. Sie sieht ziemlich gewöhnlich aus, meinst du nicht?«

Er drehte sich ganz in Ethels Richtung, aber da war sie schon da und überraschte die beiden damit, dass sie offenbar ebenfalls eingeladen war.

Alec Heath kämpfte sich aus dem Bett und stand laut gähnend auf. Er war vor ein, zwei Stunden eingeschlafen, obwohl er doch vor dem Essen noch ein Bad nehmen wollte. In der letzten Nacht war es spät geworden, weil er mit einer der Tänzerinnen vom Majestic ausgegangen war, was Cora ernsthaft verletzt hatte. Bis zwei Uhr morgens hatte sie auf ihn gewartet. Endlich hatte sie erschöpft aufgegeben und war zu Bett gegangen, wo sie wach lag und auf seinen Schlüssel in der Tür lauschte, den sie zwei Stunden später endlich vernahm. Er war mit der Kleinen ein Bier trinken gegangen, und das Mädchen hatte ihn anschließend in eine Bar mitgenommen, wo es, wie sie wusste, in den frühen Morgenstunden noch Whisky für Twopence das Glas gab. Betrunken hatte sie sich danach von ihm in eine dunkle, nasse Gasse ziehen lassen, wo er unter einer Laterne schnell mit ihr kopuliert hatte, bevor er nach Hause ging. Morgens um elf hatte er wieder bei der Arbeit sein müssen, da sie ein neues Bühnenbild bauten. Für das Mädchen hatte er keinen Blick mehr übrig, denn für was brauchte er sie jetzt noch? Alecs Plan war gewesen, vor dem Essen ausgiebig zu baden, um wieder frisch zu werden, stattdessen war er eingeschlafen. Egal, dachte er, knöpfte sich die Manschetten zu, griff nach seiner Krawatte und studierte sein ruppiges Erscheinungsbild im Spiegel. Er strich sich über die Bartstoppeln, die ein wenig zu lang waren für eine Abendgesellschaft, entschied sich aber gegen eine Rasur. Sie konnten ihn nehmen, wie er war, oder gar nicht. Er warf sich nur ein wenig Wasser aus der Rosenschüssel ins Gesicht und sagte sich, das reiche aus. Sein Magen knurrte. Er wollte sein Dinner.

Cora kam erst dann aus den Höhen ins Wohnzimmer hinabgeschwebt, als sie wusste, dass alle Gäste eingetroffen waren. Bis dahin hatte Hawley sie unterhalten müssen, und er hatte sein Bestes gegeben, während sie oben an der Tür des Schlafzimmers saß und zählte, wer unten ankam. Irgendwo hatte sie gelesen, dass die Gastgeberin einer intimen Dinnerparty nicht erscheinen solle, ehe nicht alle Gäste anwesend waren, und wollte dem nicht zuwiderhandeln für den Fall, dass die Nashs oder die Smythsons es bemerken und sie dafür verachten würden. Langsam schritt sie in ihrem neuen Kleid nach unten, das Haar hoch auf dem Kopf aufgetürmt, die Schultern nackt. Sie waren viel zu maskulin, zu breit und muskulös, um öffentlich zur Schau gestellt zu werden, aber dafür war sie immer schon blind gewesen. *Jetzt bin ich eine Gastgeberin der* guten Gesellschaft, dachte sie voller Glück. Sie drückte die Tür auf und trat mit einem starren Lächeln ein.

Das Essen war köstlich, Hawley erwies sich als ausgezeichneter Koch. Cora bestimmte das Gespräch und schwatzte während der ersten Stunde freundlich mit allen am Tisch, bis mehr Wein in ihr System drang und sie zunehmend beschwingte.

»Mexiko«, rief sie, nachdem sie von Andrew Nashs Plänen gehört hatte, seine Bergwerke dort mit einer unterirdischen Verbindung zu versehen. »Wie aufregend!«

»Das wird es«, sagte er, »obwohl es mit der eigentlichen Arbeit erst in acht Monaten losgeht.«

»Waren Sie schon da?«

Er schüttelte den Kopf. »Noch nicht. Die Firma hat erst einmal Kundschafter und Ingenieure geschickt, um die entsprechenden Pläne zu entwickeln. Bis dahin gibt es für mich nicht viel zu tun, fürchte ich. Da stehe ich höchstens im Weg.«

»Andrew ist nicht wirklich jemand, der sich die Hände schmutzig macht«, sagte Margaret und lachte.

»Das wäre auch nicht sinnvoll«, sagte er. »Ich habe die Ideen und überlasse die harte Arbeit denen, die dafür gemacht sind. Nein, ich selbst werde wahrscheinlich im April oder Mai hinfahren, um dafür zu sorgen, dass alles rechtzeitig fertig wird, und die Arbeiter zu treten, falls nötig. Es ist eine Schande, aber wir werden ein Menge Mexikaner einstellen müssen.«

»Oh, doch sicher nicht«, sagte Cora erschüttert.

»Doch, doch, wir brauchen Hunderte von Männern und können kaum eine Schiffsladung Engländer hinüberschicken. Es ist einfacher, mit Mexikanern zu arbeiten. Obwohl es mir, wie ich zugeben muss, einige Sorge bereitet. Ich hoffe, sie sind der Aufgabe gewachsen. Billiger als Engländer sind sie allemal.«

»Sie müssen einen Engländer hinüberschicken, der ein Auge auf sie hat«, sagte Alec Heath. »Jemanden, der dafür sorgt, dass keiner aus der Reihe tanzt.«

»In der Tat. Selbstverständlich sind ein paar Firmenmitarbeiter da, die …«

»Ich meine jemanden, der die kleinen Dreckskerle in den Hintern tritt. Keinen Haufen vornehmer Pinkel.«

»Alec«, beschwichtigte Hawley ihn von der anderen Seite des Tischs, »es sitzen Ladys am Tisch.«

»Oh, keine Sorge«, sagte Louise Smythson. »Der junge Mr Heath hat ganz recht. Den Männern der Firma drüben geht es um Pläne und Zahlen. Sie sitzen den ganzen Tag im Büro, gehen Listen durch, rechnen Spalten rauf und Spalten runter, von innen nach außen und von außen nach innen, und keiner achtet darauf, ob die Leute ihre Arbeit tun. Und schon steigen die Kosten.«

»Da hast du recht«, sagte Andrew. »Ich werde darüber nachdenken.«

»Ich wüsste, was ich zu tun hätte, wenn sie ihr Soll nicht erfüllen«, sagte Alec, beugte sich vor und schlug unversehens mit der rechten Faust in die linke, geöffnete Hand. »Das.«

Rund um den Tisch war nervöses Lachen zu hören, nur von Ethel nicht, die neben Alec saß und bei seinem Schlag erschreckt zusammengefahren war. Schmächtig, wie sie war, fühlte sie sich neben diesem muskelbepackten Riesen wie ein Zwerg. Seit mehr als einer Stunde ignorierte Alec sie vollkommen, er starrte ihr nur verschiedentlich, wie sie bemerkt hatte, in den Ausschnitt, wenn er dachte, sie sähe in eine andere Richtung. Er war attraktiv, das war klar, doch er hatte auch etwas an sich, was ihr Angst machte.

»Vielleicht sollte ich Kaffee kochen«, schlug Hawley vor, aber Cora winkte ab.

»Keinen Kaffee, du Langweiler«, sagte sie lachend. »Warum machst du nicht noch eine Flasche auf? Mach dich ein einziges Mal in deinem Leben nützlich.«

»Ein weiteres Problem mit diesen Ausländern«, erklärte Margaret Nash, »besteht darin, dass sie schon beim leichtesten Anflug eines Kopfschmerzes die Arbeit Arbeit sein lassen. Sie sind so faul, dass sie einfach so tun, als wären sie krank. Und dann wollen sie dafür auch noch bezahlt werden.«

»Ich war noch nicht einen Tag in meinem Leben krank«, sagte Alec. »Was soll das? Steh einfach auf, tu, was zu tun ist, und benimm dich nicht wie ein Baby, so sehe ich das.«

»Manchmal geht das nicht«, erklärte Hawley. »Wenn jemand wirklich krank ist, meine ich, und nicht nur abends vorher zu viel getrunken hat.«

Alec starrte ihn an. »Was wissen Sie denn schon?«, sagte er.

»Hawley ist Arzt«, sagte Ethel. »Er behandelt viele Patienten. Sie sollten ihn manchmal bei uns in der Apotheke erleben. Obwohl wir eigentlich nur homöopathische Mittel verkaufen, gibt es viele Kunden mit Beschwerden, die Hawley beiseitenimmt, um ihnen einen Rat zu geben, und sie gehen los, und wir sehen sie nie wieder.«

»Vielleicht, weil sie dran gestorben sind«, sagte Cora. »Vielleicht kommen sie deshalb nicht wieder, und wenn er sie in Ruhe gelassen und ihnen verkauft hätte, was sie wollten, hätten sie's überlebt.«

»Sie sterben nicht«, sagte Ethel und nahm sie fest in den Blick. »Hawley weiß genau, was er tut.«

»Hört, hört«, sagte Andrew Nash, steckte sich eine Zigarre an und bot auch Nicholas und Alec eine an, Hawley aus unerklärten Gründen nicht. »Ich glaube, Sie haben da eine Bewunderin, Crippen. Ich sage nur, Cora, seien Sie auf der Hut.«

Ethel lief tiefrot an, starrte auf ihren Teller und spürte die Blicke der gesamten Runde auf sich. Hawley sah, wie unwohl sie sich fühlen musste, streckte die Hand aus und stieß absichtlich ein Weinglas um. Der dunkelrote Claret ergoss sich über das Leinentischtuch und zog alle Blicke auf ihn.

»Oh, Hawley, sieh doch nur, was du getan hast«, rief Cora verzweifelt, während Alec etwas zur Seite rutschte, näher zu Ethel hin, um nichts von dem verschütteten Wein auf die Hose zu bekommen. Sie mochte es nicht, dass er ihr so nahe kam. Sein massiger Körper nahm ihr den Blick auf Hawley, und ihr war, als verdunkelte der Mond plötzlich die Sonne.

»Macht nichts, macht nichts«, sagte Hawley und wischte den Wein mit ein paar Servietten auf. »Es ist doch nur etwas Wein.«

»Aber die gute Tischdecke«, jammerte Cora. »Oh, es ist hoffnungslos mit dir. Du taugst zu absolut gar nichts.«

Er seufzte und brachte die nassen Servietten in den Wäschekorb. Auf dem Weg zurück zum Tisch fragte er sich, wie lange sie alle noch dort sitzen und so tun mussten, als interessierten sie sich füreinander. »Soll ich Kaffee machen?«, fragte er wieder.

»Oh, du und dein Kaffee!«, rief Cora entnervt. »Man sollte denken, du besitzt Anteile an einer Plantage. Also gut, koch deinen Kaffee, wenn es dir so viel bedeutet.«

Er ging und setzte Wasser auf, hinter sich das unbehagliche Schweigen spürend, das Coras jäher, lauter Ausbruch hinterlassen hatte. Er warf einen Blick zurück ins Wohnzimmer und sah, wie Alec sich zu Ethel hinabbeugte und ihr etwas ins Ohr flüsterte. Sie starrte ihn ängstlich an.

»Ethel«, sagte Cora, die den privaten Austausch ebenfalls verfolgt hatte und daran denken musste, wie die junge Frau vor ein paar Minuten unverzeihlicherweise für Hawley eingetreten war, »ich bin so froh, dass Sie heute Abend auch kommen konnten.«

»Die Einladung hat mich sehr gefreut«, antwortete Ethel.

Cora lächelte. »Nun, es wäre schrecklich gewesen, wenn das Gleichgewicht nicht gestimmt hätte, und mir wollte keine andere alleinstehende Frau einfallen. Sie sind die einzige erwachsene Person, die ich kenne, die nicht verheiratet oder verlobt ist.« Ethel nickte und versuchte, nicht beleidigt zu wirken. »Sie sind aber doch sicher auf der Suche, oder?«

»Ich ... ich habe mir darüber noch keine Gedanken gemacht«, antwortete Ethel leise.

»Margaret, Louise, kennt ihr keine unverheirateten Männer,

die nach einer Frau Ausschau halten? Wir können doch nicht zusehen, wie die Ärmste ihr Leben lang eine Jungfer bleibt! Margaret, sagtest du nicht, du hättest einen verwitweten Gärtnergehilfen mit einem kleinen Kind?«

»Ja, in der Tat«, sagte Mrs Nash und nickte glücklich. »Dempsey heißt er. Ich bin nicht sicher, was für einen Vornamen er hat, wir sagen immer nur Dempsey. Ich meine, er ist ziemlich alt, um die fünfzig, aber seine Tochter ist noch klein. Er braucht ganz sicher jemanden, der sich um Haus und Kind kümmert. Soll ich ein Treffen arrangieren?«

»Nein!«, fuhr Ethel auf und wünschte sich, dass Hawley bald mit dem Kaffee kam. Der Wunsch wurde ihr erfüllt, in diesem Moment kam er zurück ins Wohnzimmer. »Nein, machen Sie sich nicht die Mühe«, fügte Ethel darauf etwas höflicher hinzu. »Mir geht es absolut gut so.«

»Was gibt's?«, fragte Hawley.

»Margaret wird ein Treffen zwischen Ethel und einem ihrer Gärtnergehilfen arrangieren. Es könnte sein, dass der Mann eine Frau braucht.«

»Ich möchte das wirklich nicht«, sagte Ethel.

»Ist er zu alt?«, fragte Alec mit einem Grinsen.

»Ernsthaft, Cora«, sagte Hawley und zog die Brauen zusammen. »Ich glaube nicht, dass das angemessen ist.«

»Die Ehe, meine Liebe«, sagte Cora, beugte sich vor und legte ihre Hand auf die von Ethel, »ist ein Segen. Wenn Sie wüssten, wie glücklich mein lieber Hawley und ich seit fünfzehn Jahren sind, würden Sie auf nichts anderes hoffen. Nein, es ist beschlossen«, sagte sie und nahm ihre Hand zurück. »Wir arrangieren das.«

»Es wäre mir lieber, Sie täten es nicht«, sagte Ethel mit fester Stimme. »Wirklich, Mrs Crippen, ich möchte das nicht.«

»Ich glaube, sie hat einen Liebsten«, sagte Louise Smythson, musterte sie aufmerksam und begann zu lächeln. »Ich glaube, die Ärmste hat eine heimliche Liebe, von der sie uns nichts sagen will.«

»Ist das so?«, fragte Cora überrascht. »Ich kann es mir nicht vorstellen, Louise. Aber ist es tatsächlich so?«

»Nein«, sagte Ethel.

»Cora!«, sagte Hawley.

»O Hawley, wir machen doch nur Spaß. Sieh sie nur an, ganz rot ist sie geworden. Sie hat ihr Herz an jemanden verloren, sie weiß es nur noch nicht. Es ist doch nicht Alec? Da würde ich mich nicht bemühen. Er ist von der ›Lieb-sie-und-lass-sie-sitzen‹-Sorte. So finden Sie niemals einen Ehemann.«

»Würden Sie mich einen Moment entschuldigen?«, fragte Ethel, wischte sich mit der Serviette über den Mund und stand auf.

»Gleich oben die Tür links«, sagte Cora und grinste der Gedemütigten hinterher. Das wird ihr eine Lehre sein, dachte sie. Meinen Mann zu verteidigen! Was für ein schreckliches kleines Ding!

Ethel stand im Bad, weinte leise und versuchte, die Tränen zu stoppen, bevor ihre Augen und Wangen zu rot wurden. Ihre Gefühle für Hawley waren stärker geworden, ohne dass es ihr bewusst geworden wäre. Sie hatte nie vorgehabt, sich in ihn zu verlieben, sondern ihn von Beginn an eher wie einen Vater betrachtet, jemanden, der den Menschen ersetzte, den sie nie kennengelernt hatte, und nicht als möglichen Liebhaber. Sie war noch ein Baby gewesen, als ihr Vater gestorben war, und ihre Mutter, eine gewalttätige Trinkerin, hatte ihr die Narbe auf der Lippe zugefügt, als sie Ethel als Kind ins Gesicht geschlagen hatte, mit einem kantigen Ring am Finger. Wie Jezebel Crippen hatte sie behauptet, eine gläubige, fromme Frau zu sein, und ihre Tochter zur Gottesfurcht erzogen, nur stand ihr Verhalten in völligem Gegensatz zu ihren Worten. Erwachsen geworden, hatte Ethel nie nach Liebe Ausschau gehalten, nie viel darüber nachgedacht, bis Hawley Crippen sie mit seiner Liebenswürdigkeit überrascht hatte. Mit ihm zusammenzuarbeiten, Seite an Seite, hatte ihr ein neues Gefühl von Sicherheit und Glück verschafft. Wenn er guter Laune war, hatte auch sie einen guten Tag. Aber manchmal kam er und war in gänzlich finsterer Stimmung, völlig unnahbar, dann machte er ihr mit seinem Verhalten fast Angst. Eines wusste sie sicher: Cora Crippen war ein herzloses, böses, gemeines, undurchschaubares Biest. Und scharfsichtig, denn sie hatte natürlich recht. Ethels Herz gehörte jemandem, aber sie konnte ihre Liebe zu Hawley wohl kaum beim Essen zur Feier seines fünfzehnten Hochzeitstages verkünden. Sie gab sich einen Ruck und beschloss, für nicht länger als zwanzig Minuten nach unten zurückzukehren. Dann würde sie sich entschuldigen, heimgehen und niemals mehr in dieses Haus zurückkehren, solange Cora Crippen darin wohnte.

Sie öffnete die Tür und zuckte erschreckt zusammen, denn der Weg zur Treppe wurde von Alec Heath versperrt.

»Hallo«, sagte er und zwinkerte ihr zu.

»Mr Heath«, sagte sie, überrascht, ihn dort zu sehen, so nahe bei der Tür zum Bad.

»Warum so eilig?«, fragte er. »Sie wollen doch nicht wieder nach unten?«

»Für eine kleine Weile«, sagte sie. »Was für ein schöner Abend, nicht wahr?«

»Mach mir nichts vor«, sagte er. »Ich würde Cora nicht weiter beachten. Im Prinzip ist sie ganz in Ordnung, aber sie kann ein ziemliches Biest sein, wenn sie will.«

»Ich bin sicher ...«

»Mit einem hat sie allerdings recht«, fuhr er fort und drehte sich dabei so, dass sie mit dem Rücken an die Wand gedrückt wurde. »Du solltest nicht so allein sein. Du bist ein hübscher Käfer, weißt du. Auch mit der Narbe.« Er hob die Hand und strich mit einem seiner dicken Finger darüber. Ethel zitterte nervös, sie konnte sich nicht von ihm losmachen.

»Mr Heath, bitte«, bettelte sie.

»Psst«, flüsterte er. »Genieß es einfach.« Seine rechte Hand fuhr von der Narbe den Hals hinunter, während er mit der Linken nach ihren Brüsten griff.

Sie wehrte sich gegen ihn. »Lassen Sie mich!«, rief sie. »Bitte, Mr Heath, lassen Sie mich!«

»Halt einfach für eine Minute den Mund«, zischte er und drückte sich gegen sie. Sie spürte, wie seine Erregung wuchs, sah zum Treppengeländer und fragte sich, was passieren würde, wenn sie sich da hinunterstürzte. Ob sie es wohl überleben würde. Er ließ einen Moment lang von ihr ab und trat einen Schritt zurück, um seine Hose zurechtzuziehen. Ethel sah die Lücke, die sich zwischen ihnen auftat, und wollte gerade losrennen, als Hawley unten an der Treppe erschien und verwirrt zu ihnen hinaufsah.

»Ethel«, sagte er, »ist alles in Ordnung?«

»Ja, Hawley«, sagte sie, machte sich von Alec Heath los und kam zitternd die Treppe herunter.

Alec schob wütend die Unterlippe vor, als sie ihn hinter sich ließ. »Ethel, kommen Sie zurück, damit wir unsere Unterhaltung beenden können«, sagte er.

»Nein danke, Mr Heath«, rief sie, ohne sich umzudrehen.

Hawley starrte Alec an und fragte sich, was geschehen war, aber der junge Mann blieb unbeeindruckt und beachtete ihn nicht weiter.

»Es war schön, Sie kennenzulernen«, rief sie zu ihm hinauf. »Hawley«, sagte sie mit leiser Stimme. »Ich muss jetzt gehen.«

»Aber, Ethel, wir ...«

»Hawley, ich gehe«, sagte sie noch einmal.

Sie sahen einander eine Weile lang an, und er wünschte, er könnte ihre Hand nehmen und sie könnten beide davonrennen, so schnell sie ihre Beine trugen, weit weg vom Hilldrop Crescent. »Sicher«, sagte er und nickte. »Ich muss mich entschuldigen. Es tut mir so leid.«

»Es ist nicht Ihre Schuld«, sagte sie und nahm ihren Mantel vom Garderobenständer. »Bitte sagen Sie den anderen Auf Wiedersehen von mir. Und danke für den schönen Abend.«

»Ethel, was kann ich sagen?«

»Sagen Sie nichts, Hawley. Ich muss gehen.«

Er beugte sich vor und wollte sich all seinen Schmerz von der Seele reden, aber Alec kam den Flur entlang, blieb bei ihnen stehen und erlaubte ihnen keinen Moment allein miteinander. »Ich sehe Sie morgen bei der Arbeit«, murmelte er, als sie die Klinke hinunterdrückte und nach draußen trat. Sie zog die Tür schnell hinter sich zu und ließ Dr. Crippen, der vor Wut und Hass bebte, allein.

Im Geschäft war es für einen Montag, der traditionell ihr geschäftigster Tag in der Woche war, recht ruhig gewesen. Den Morgen über war Hawley mit Mr Munyon die Bücher durchgegangen. Er war davon überzeugt, dass der alte Mann nicht mehr lange in dieser Welt weilen würde. Mr Munyons bucklige Gestalt war in letzter Zeit noch hinfälliger geworden, und er schien mit den einfachsten Rechnungen Schwierigkeiten zu haben. Obwohl er nur noch zweimal in der Woche ins Geschäft kam, montagmorgens und freitagnachmittags, versuchte Hawley ihn noch über die kleinsten Dinge informiert zu halten. Er tat es aus Respekt für ihn. Wenn Mr Munyons geistige Fähigkeiten zu sehr nachließen, war es nur eine Frage der Zeit, dass es auch körperlich bergab ging, und als Arzt wollte er das verhindern.

»Die Einnahmen sind gestiegen, Crippen«, sagte Mr Munyon und fuhr mit dem Finger über eine Zahlenreihe.

»Nein, Sir, sie sind zurückgegangen«, antwortete er. »Allerdings nicht viel, und heute haben wir gut zu tun.«

»Hm«, knurrte der alte Mann und ärgerte sich darüber, dass er nicht mehr gleich alles sah. »Und wie geht es mit der neuen Kraft? Macht sie sich nützlich?«

»Eine neue Kraft?«, fragte Hawley verdutzt. »Aber wir haben niemanden eingestellt.«

»Sie da draußen«, sagte der alte Mann, hob seinen Stock und deutete damit in Richtung von Ethel, die vorne einen Kunden bediente.

»Sie meinen Ethel?«, fragte Hawley. »Miss LeNeve, sollte ich sagen. Aber sie ist nicht neu, Sir. Sie ist seit zweieinhalb Jahren bei uns.«

»Wenn Sie siebenundachtzig Jahre alt sind und während zweiundsechzig davon ein Geschäft aufgebaut haben, kommt Ihnen das schon ziemlich neu vor«, antwortete Mr Munyon und blinzelte zu ihr hin, glücklich darüber, dass er eine gute Ausrede für seine Vergesslichkeit gefunden hatte.

»Ziemlich«, sagte Hawley.

Mr Munyon stand auf und sammelte seine Sachen ein, während Hawley das Hauptbuch und die Kontenbücher weglegte.

»Was ist mit Ihrem Auge?«, fragte Munyon nach einer Weile.

»Wie bitte?«

»Ihr Auge, Crippen. Was ist damit?«

Hawley legte einen Finger über den tiefen Schnitt über seiner Braue und berührte ihn vorsichtig. »Dümmer geht es nicht«, sagte er. »Ich bin mitten in der Nacht aufgestanden, habe nicht aufgepasst, wohin ich gehe, und ehe ich michs versah, war ich gegen den Türstock gelaufen. Hat mich ziemlich böse erwischt.«

Munyon nickte. »Ihnen passiert ständig was, Crippen«, sagte er. »Das habe ich noch bei niemand anderem so erlebt. Jede Woche haben Sie was Neues. Sie sollten mehr auf die Welt um sich herum achten. Ich bin halb blind, aber ich laufe nicht in halb so viele Dinge hinein wie Sie.«

Ethel blickte auf, als sie auf dem Weg zur Tür an ihr vorbeikamen, und wünschte ihrem Arbeitgeber höflich einen guten Tag. Als Hawley zurückkam, sagte sie nichts und hielt den Blick gesenkt, und er fragte sich, ob er sie irgendwie verletzt hatte. Seit Beginn des Tages schon war sie ihm gegenüber so verschlossen, sie antwortete auf seine Fragen, sagte von sich aus aber nichts. Er zermarterte sich das Hirn, womit er sie aufgebracht haben mochte, doch ihm wollte nichts einfallen. Das fürchterliche Essen lag jetzt einen Monat zurück, und seitdem schien sich etwas Missliches in ihr Verhältnis geschlichen zu haben. Dabei hatte sich zwischen ihnen so viel Zuneigung und Wärme gebildet, dass es schwierig geworden war, sich auf rein freundschaftlicher, kollegialer Ebene zu bewegen. Wäre er nicht verheiratet, könnte er Ethel, so dachte er, etwas über seine Gefühle ihr gegenüber sagen, Gefühle, die sie, da war er überzeugt, auch ihm gegenüber hegte, aber er war verheiratet und sie beide wussten das, und er würde sie nicht beleidigen, indem er ihr etwas Unmoralisches vorschlug. Solange die Verhältnisse waren, wie sie waren.

Er wartete bis zum Ende des Tages, als das Geschäft leer und die Tür abgeschlossen war, bevor er sie aufs Neue in ein Gespräch zu verwickeln versuchte. »Das war ein geschäftiger Montag«, begann er und bemühte sich um lockeres Geplauder. »Vielleicht haben wir in dieser Woche mehr zu tun als in der letzten.« Er sah zu ihr hinüber, doch sie nickte kaum und sagte nichts. Er seufzte. »Ethel?«, fragte er.

Sie drehte sich zu ihm um. »Ja, Hawley?«

»Ich sagte, vielleicht haben wir diese Woche ...«

»Ja, ich habe es gehört. Es tut mir leid, ich war in Gedanken. Ich denke, es könnte sein, ja.«

»Sie sind wegen irgendetwas aufgebracht.«

»Was?«

»Ethel, Sie sind aufgebracht. Sie haben heute kaum zwei Worte zu mir gesagt. Was ist los? Habe ich etwas falsch gemacht? Etwas gesagt?«

Sie lachte seine Frage weg. »Aber nein, seien Sie nicht albern. Was könnten Sie schon getan haben?«

»Ich weiß es nicht. Deshalb frage ich ja.«

»Es ist nichts, Hawley. Stören Sie sich nicht an mir. Ich bin nur etwas geistesabwesend.«

Er nickte und fragte fürs Erste nicht weiter nach, aber dann ertrug er das Schweigen nicht mehr, ging um die Theke und stellte sich vor sie hin. »Sagen Sie's mir«, sagte er. »Was ist es?«

»Hawley, ich …«

»Ethel, ich betrachte uns als Freunde. Falls es etwas gibt, was Sie ärgert oder verstört, würde ich es als verletzend empfinden, wenn Sie sich mir nicht anvertrauen könnten. Gibt es etwas bei Ihnen zu Hause, worüber Sie reden mögen?«

»Bei *mir* zu Hause gibt es nichts, was mir Sorgen macht«, sagte sie endlich und vermochte ihn dabei nicht anzusehen.

»Bei Ihnen nicht?«, fragte er verwirrt. »Aber bei wem denn?«

»Was denken Sie? Bei *Ihnen*, Hawley. Um *Sie* sorge ich mich.«

Er lachte. »Um mich?«, fragte er überrascht. »Aber warum denn, um Himmels willen? Warum müssen Sie sich um mich Sorgen machen?«

Sie überlegte, senkte den Blick und schloss die Augen einen Moment lang, bevor sie ihn ansah. »Hawley, gerade haben Sie gesagt, dass Sie uns als Freunde betrachten.«

»Das ist so.«

»Mir geht es ebenso. Und Sie sagten, dass Sie, wenn es ein Problem gäbe, möchten, dass ich Ihnen davon erzähle. Nun, auch da geht es mir ebenso.« Er starrte sie an und wusste nicht zu entschlüsseln, was sie damit meinte. »Hawley«, sagte sie endlich, »was ist mit Ihrem Gesicht?«

Sein Herz schien einen Schlag lang auszusetzen, er wandte den Blick ab und biss sich auf die Lippe. Das war kein Thema, über das er reden wollte. »Mit meinem Gesicht?«, fragte er. »Warum? Was soll damit sein?«

»Ich rede von Ihrem Auge, Hawley. Nein, laufen Sie jetzt nicht weg«, sagte sie und fasste nach seinem Arm. »Ich möchte, dass Sie es mir sagen. Sie haben einen tiefen Schnitt über dem Auge, und er scheint schmerzvoll zu sein. Ich wundere mich, dass er nicht genäht werden musste.«

»Ich bin Arzt, Ethel.«

»Wie ist es geschehen?«

»Dümmer geht es nicht. Ich bin nachts aufgewacht …«

»Nein«, sagte Ethel mit fester Stimme, »ich habe gehört, was Sie Mr Munyon erzählt haben, und es tut mir leid, aber ich glaube das einfach nicht. Es ist möglich, dass jemand alle Jubeljahre mal gegen einen Türstock läuft, aber nicht so oft wie Sie. Sie kommen ständig her und haben sich verletzt. Sie sagen, Sie sind gegen Türstöcke gelaufen und Treppen hinuntergefallen. Sie haben Weinflaschen geöffnet und den Korken ins Auge bekommen. Sie sind von einem Hansom-Taxi angefahren worden und haben so viele blaue Flecken, dass Sie kaum laufen können. Entweder sind Sie vom Pech verfolgt wie kein anderer Mann in diesem Land, oder es steckt mehr dahinter. Und ich will wissen, was es ist. Ich bin nicht Mr Munyon, ich will die Wahrheit.«

Hawley presste die Lippen aufeinander. Er sah die Sorge in ihren Augen und liebte sie dafür. »Wirklich«, sagte er endlich, »Ihre Fantasie geht mit Ihnen durch. Ich bin einfach nur unbeholfen.«

»Es ist sie, habe ich recht?«, sagte Ethel und war entschlossen zu sagen, was sie glaubte. »Sie tut Ihnen das alles an.«

»Sie? Wer?«

»Ihre Frau, Hawley. Dieser Drache, mit dem Sie verheiratet sind.«

»Ethel, ich ...«

»Es tut mir leid, Hawley. Ich hasse es, solche Dinge zu sagen oder solche Worte zu benutzen, doch es lässt sich nicht anders ausdrücken. Ich habe gesehen, wie Ihre Frau Sie behandelt. Ich habe gehört, wie sie mit Ihnen spricht, und ich glaube nicht, dass das schon alles ist. Sie schlägt Sie, habe ich recht? Sie behandelt Sie nicht besser als irgendeinen Straßenköter. Und Sie lehnen sich zurück und lassen es mit sich machen.«

»Ethel, so ist es nicht. Sie regt sich auf, sie ...«

»*Sie regt sich auf?*«, rief Ethel, die sich jetzt auch aufregte. »Ich bin sicher, das tun Sie auch, aber Sie schlagen sie nicht grün und blau, oder?«

»Selbstverständlich nicht. Ich habe aus Wut nie auch nur einen Finger gegen sie erhoben.«
»Weil Sie ein Gentleman sind.«
»Weil ich *Angst* habe«, rief er und sorgte damit dafür, dass sie einen Schritt zurückwich. Er schluckte und spürte die Tränen in seinen Augen. »Ich habe Angst vor ihr, Ethel«, sagte er. »Höre ich mich an wie ein Schwächling? Vielleicht schon. Höre ich mich an, als wäre ich nur ein halber Mann? Vielleicht bin ich das. Sie hat solche Stimmungsschwankungen, Sie würden es nicht glauben. Ich wache morgens auf, und das Erste, was ich denke, ist: Welche Laune wird sie heute haben? Wir sitzen abends zusammen und hören Musik vom Phonographen, und ich habe Angst, eine Bemerkung zu machen, überhaupt etwas zu sagen, denn sie wird mir widersprechen, egal, was es ist. Sie widerspricht und fängt einen Streit an. Scheinbar ist es das Einzige, was sie will: streiten. Nur so scheint sie eine Beziehung mit mir unterhalten zu können. Indem sie mich zu einem Nichts macht.«

»Weil sie selbst ein Nichts ist«, sagte Ethel bestimmt, »weil sie nichts in ihrem Leben hat. Dieser Unsinn, dass sie eine Sängerin ist. Daraus wird nie etwas. Das wissen Sie, ich weiß es, und sie weiß es auch. Sie ist so sehr von ihrem Leben enttäuscht, dass sie es an Ihnen auslässt. Sie sind das leichteste Ziel. Weil Sie gütig und sanftmütig sind. Und Sie lieben den Frieden. Sie sind alles, was sie nicht ist.«

»Was soll ich Ihrer Meinung nach denn tun?«, fragte er flehentlich. »Das geht schon so lange. Vielleicht, wenn ich mich ihr vor all den Jahren entgegengestellt hätte …«

»Es ist nie zu spät, Hawley. Geben Sie es zu. Sie schlägt Sie, richtig?« Er nickte. »Sie drischt auf Sie ein?« Er nickte. »Womit? Mit der Bratpfanne, mit Töpfen, den *Fäusten*?«

»Mit allem«, gab er zu, »und noch mehr.«

»Ich halte Sie deswegen nicht für einen geringeren Menschen«, sagte Ethel leise, schüttelte den Kopf und war ihrerseits

den Tränen nahe. »Ich denke, dass Sie in einer schrecklichen Ehe leben und sich daraus befreien müssen. Sie müssen von ihr weg. Bevor sie Sie umbringt, und das wird sie tun, Hawley. Wenn es so weitergeht, bringt Ihre Frau Sie eines Tages um.«
»Das wäre wohl das Beste«, sagte er so leise, dass sie ihn gerade noch verstand.
»Das wäre es nicht!«, rief sie und brach tatsächlich in Tränen aus. »O Hawley, wie können Sie das sagen? Wie können Sie das auch nur denken? Was wäre dann mit mir? Wie könnte ich ohne Sie weiterleben?«
Hawley sah sie erschrocken an. »Sie?«, fragte er. »Aber was ...?«
»Ich könnte es nicht«, sagte sie mit fester Stimme. »So einfach ist das. Ich habe nie einen Mann so geliebt wie Sie, Hawley, und zu sehen, dass Ihre Frau Sie so behandelt, weckt in mir den Wunsch, sie umzubringen.« Sie machte einen Schritt nach vorn, und bevor noch einer von ihnen recht wusste, was sie taten, trafen sich ihre Lippen, und sie küssten sich. Es dauerte nicht lange, nur ein paar Augenblicke, dann fuhren sie zurück und sahen sich mit einer Mischung aus Panik und Liebe an. Ethel schien kurz vor dem Zusammenbruch zu stehen. »Ich muss gehen«, sagte sie, griff nach ihrem Mantel und schloss die Tür auf.
»Ethel, warte. Wir sollten ...«
»Wir sehen uns morgen, Hawley«, rief sie, ohne sich noch einmal umzusehen. »Lass dir nur nicht mehr wehtun. Bitte. Wehre dich, für mich.«
Und dann war sie verschwunden. Hawley stieß sämtliche Luft aus, setzte sich auf einen Stuhl und kratzte sich staunend den Kopf. Sie liebt mich?, dachte er. Das ist zu unglaublich, um es mit Worten zu beschreiben. Er nahm seinen Mantel, schloss den Laden ab und hoffte, dass sie noch draußen auf der Straße war, doch sie war bereits außer Sichtweite. Es war sowieso nicht die richtige Zeit, ihr zu folgen, dachte er. Es war Zeit, nach Hause zu gehen,

Zeit, Cora zu sagen, wie es von jetzt an laufen würde. Dass er sich von ihr nicht mehr so behandeln lassen würde wie bisher. Dass es keine Schreierei mehr geben würde, keine Gewalt, keinen Ärger.

Er ging los, mit großen Schritten, gestärkt durch Ethels Worte und ihre Gefühle für ihn, und er empfand nur noch Wut, hauptsächlich auf sich selbst, weil er eine solche Behandlung zugelassen hatte. Normalerweise wäre er jetzt in die Praxis gegangen, heute nicht.

Als er ihr Haus am Hilldrop Crescent erreichte, erwartete er, seine Frau auf dem Sofa vorzufinden, Obst essend und ein Buch lesend, was abends ihre Lieblingsbeschäftigung war. Sie war aber nicht da, und doch spürte er ihre Anwesenheit. Zwei halb leere Teetassen standen auf dem Tisch, und er berührte eine von ihnen. Sie war noch warm. Er ging in die Küche, ohne wirklich zu erwarten, sie dort zu finden, und er hatte recht. Im Bad, dessen Tür offen stand, war sie auch nicht. Er ging ins Schlafzimmer, auch dort war niemand. Er strich sich über den Schnauzbart und wollte schon wieder nach unten gehen, als er ein Geräusch vernahm. Es kam von oben, aus dem Zimmer von Alec Heath. Er lauschte aufmerksam und war sich nicht sicher, ob er es sich nur eingebildet hatte. Aber nein, da war es wieder. Langsam ging er zur Treppe und stellte einen Fuß auf die unterste Stufe. Er war nicht mehr dort oben gewesen, seit Alec vor über einem Jahr eingezogen war, und hatte keine Vorstellung davon, in was für einem Zustand das Zimmer sein mochte. Im Grunde betrachtete er es nicht länger als Teil seines Zuhauses. So leise wie nur möglich stieg er die Treppe hinauf, und die Geräusche wurden lauter, je höher er kam. Stöhnen, Ächzen, einzelne Silben flammten zu kleinen Schreien auf, während die Bettfedern eine Art Hintergrundmusik bildeten. Er kam oben an, die Tür stand einen Spalt offen, und er legte die Hand daran und drückte sie geräuschlos weiter ins Zimmer hinein. Vor ihm, auf Alecs Bett, bot sich ein Anblick, den sein Verstand zunächst nicht zu fassen vermochte, so fremdartig kam er ihm vor. Auf dem

Bettzeug lag der junge Mann, dem sie das Zimmer vermietet hatten, nackt, wie er diese Welt erblickt hatte, die langen Beine ausgestreckt und die Augen halb geschlossen, während er genussvoll Coras Namen stöhnte, die rittlings auf ihm saß, ebenfalls nackt, mit hängenden Brüsten, schweißnass, und ihm mit einer Hand den Kopf ins Kissen drückte, so tief es ging. Der junge Mann seufzte lustvoll.

Am Abend des 19. Januar 1910 arbeitete Mr Henry Wilkinson, ein vierundzwanzigjähriger Apotheker in der Lewis & Burrow's Pharmacy in der Oxford Street. Er hatte Spätschicht und gähnte unaufhörlich, da es sein achter Arbeitstag in Folge war, was an der fortdauernden Krankheit von Mr Tubbs, seinem Arbeitgeber, lag. Henry war völlig erschöpft, und er wusste, sollte Mr Tubbs tags darauf immer noch krank sein, musste er die Apotheke mittags schließen, oder er riskierte, die Rezepte falsch zusammenzumischen. Er konnte kaum noch die Augen offen halten, so ging es nicht weiter.

Die Glocke über der Tür erklang, und er sah einen Mann mit Hut und einem dicken Mantel mit hochgeschlagenem Kragen eintreten. Der Mann trug eine Brille, hatte einen schwarzen Schnauzbart, trat schnell an die Theke und reichte Henry ein Rezept, wortlos und mit abgewandtem Blick. Henry öffnete das Rezept, las es und hob erstaunt eine Braue.

»Hyoscin-Hydrobromid«, sagte er. »Das ist eine kraftvolle Substanz. Hat Ihnen Ihr Arzt die damit verbundenen Gefahren erläutert?«

»Ich *bin* Arzt«, kam die Antwort.

»Oh. Verstehe«, sagte Henry. »Ich brauche allerdings eine Weile, um es fertig zu machen. Solche Gifte werden nicht oft gebraucht.«

»Wie lange?«, fragte der Mann mit gedämpfter Stimme.

»Etwa zehn Minuten, Sir«, sagte Henry. »Möchten Sie warten

oder lieber später noch einmal kommen? Wir haben bis um zehn geöffnet.«

»Ich warte.«

Henry ging ins Hinterzimmer, von wo aus er den Laden weiterhin im Blick hatte, und konsultierte ein Handbuch, ehe er die Zutaten vom Regal nahm und sie mit einer Pipette vorsichtig in eine mittelgroße Medizinflasche füllte. Der Mann draußen hatte etwas Eigentümliches an sich, dachte Henry. Er betrachtete eingehend die Regale und hielt ihm die ganze Zeit den Rücken zugewandt.

»Ein schöner Abend, Sir«, rief Henry in dem Versuch, ein Gespräch anzufangen. »Sind Sie auf dem Weg nach Hause zum Essen?« Der Mann antwortete nicht, sondern lief auch weiter hin und her und klopfte dabei mit seinem Stock auf den Boden. »Wie du willst«, murmelte Henry.

Zehn Minuten später war die Mischung bereitet, und er ging nach vorn und steckte die Flasche in eine Tüte.

»Also«, sagte er. »Ich muss Ihnen nicht eigens sagen, dass Sie damit vorsichtig umgehen müssen, Sir. Verdünnen Sie eine Flaschenkappe immer mit fünf Kappen Wasser, oder Sie wissen, was passiert. Steht auch auf dem Etikett.«

Der Mann gab ihm eine Pfundnote, Henry nahm sie und holte das Wechselgeld aus der Kasse. »Ich muss Sie noch bitten, den Erhalt zu quittieren, Sir«, sagte er, zog eine große schwarze Mappe hervor und blätterte sie durch, bis er die gesuchte Seite fand. »Das ist eine der Substanzen, die wir nicht ohne Unterschrift und Adresse herausgeben dürfen.«

Der Mann nickte, er kannte die Vorschriften und schrieb mit deutlichen Buchstaben: »James Middleton, 46 The Rise, Clerkenwell«. Henry warf einen Blick darauf und nickte. »Vielen Dank, Dr. Middleton«, sagte er. »Und einen guten Nachhauseweg noch.«

Draußen auf der Straße nahm der Mann die Flasche aus der Tüte und las das Etikett noch einmal. Eine Kappe auf fünf Kappen

Wasser. Einmal am Tag. Das Herz schlug schnell in seiner Brust, seine Lippen waren trocken, die Knie leicht zittrig. Er steckte die Flasche in die Manteltasche und ging nach Hause.

14 Inspector Dew besucht 39 Hilldrop Crescent – mehrere Male

London: Freitag, 17. Juni, bis Mittwoch, 13. Juli 1910

FREITAG, 17. JUNI

Inspector Walter Dew ging die Camden Road in Richtung Hilldrop Crescent entlang und ärgerte sich, dass er diesen Besuch machen musste. Vorschnelle Versprechungen zu vermeiden war ein wichtiger Teil seiner Aufgaben als Inspector von Scotland Yard. Wenn er all den wilden Behauptungen der Verrückten und Geschichtenerzähler nachgehen würde, mit denen er jeden Tag, den der Herr werden ließ, konfrontiert wurde, bliebe ihm absolut keine Zeit, die wirklichen Verbrechen zu verfolgen. Er hatte einen Constable schicken wollen, um ein paar notwendige Einzelheiten aufzunehmen. Ein Anruf des Londoner Polizeipräsidenten hatte seinen Plänen jedoch ein Ende gesetzt.

»Dew?«, rief der Mann so laut in den Apparat, als hätte er sich immer noch nicht an den Gebrauch von Telefonen gewöhnt. »Was hat es mit diesem Crippen auf sich, dem Sie auf den Zahn fühlen sollen?«

»Crippen?«, fragte Dew und wunderte sich, dass der Name bis zu seinem höchsten Vorgesetzten gedrungen war.

»Da gibt es eigentlich nichts, Sir. Nur ein paar Ladys mit überbordender Fantasie, die glauben, dass der Ärmste seine Frau ermordet hat. Das ist alles.«

»Das ist alles, sagen Sie? Sie halten einen Mord also nicht für eine ernste Sache?«

»Aber natürlich, Sir. Ich meinte nur, dass sich die Behauptungen nicht wirklich ernst anhören. Mir scheint, dass die Ladys einfach etwas zu viel Zeit haben und zu viele Kriminalgeschichten lesen.«

»Nun, das mag ja sein«, knurrte der Polizeipräsident. »Aber sehen Sie, ich bin gerade von Lord Smythson angerufen worden, der sagt, eine dieser Frauen sei seine Schwägerin, und dass sie ganz aufgebracht sei, weil Sie noch nichts unternommen hätten. Sie hat ihm ihr Leid geklagt, weil sie weiß, dass wir im selben Klub sind. Smythson ist ein kränklicher Mann, aber er hat mich gebeten, mich darum zu kümmern, und ich kann ihm das kaum verwehren. Ich muss ihm bald etwas dazu sagen, damit er Ruhe gibt. Gehen Sie also hin und finden Sie heraus, was an der Sache dran ist, okay? Seien Sie ein guter Junge.«

»Aber, Sir, ich habe im Moment eine Menge zu tun. Ich kann nicht einfach alles fallen lassen, weil ein …«

»Tun Sie's einfach, Dew«, sagte der andere entnervt. »Und stellen Sie nicht infrage, was ich Ihnen sage.«

»Ja, Sir«, antwortete Dew und legte den Hörer mit einem Seufzen auf die Gabel.

Die interne Politik des Yard war für den Inspector eine Quelle fortwährenden Ärgers. Täglich kam es in der Arbeiterklasse zu echten Verbrechen und Morden, aber kaum dass es eine Verdrießlichkeit unter den Reichen gab, zollte dem niemand mehr Beachtung. Allein an diesem Morgen hatte er einen Bericht über eine Leiche bekommen, die sie bei Bow aus der Themse gefischt hatten, und auf dem Leicester Square war eine Frau hinter ihrem Blumenstand erstochen worden. Und jetzt hatte er auch noch diese Sache auf dem Hals.

Er klingelte an der Tür von 39 Hilldrop Crescent, wartete und betrachtete die vertrocknenden Blumen im Vorgarten, die offenbar seit einiger Zeit nicht mehr gegossen worden waren. Eine Gruppe Kinder kam die Straße heruntergelaufen und jagte einem kleinen Hund hinterher. Der unterernährte Straßenköter bellte schwach und lahmte auf einem Bein. Dew zog die Brauen zusammen, und als die Kinder den Hund packten und in die Höhe rissen, wollte er schon hinübergehen und dafür sorgen, dass sie der armen Kreatur nicht noch mehr Schaden zufügten, doch da öffnete sich hinter ihm die Tür, und er drehte sich um.

»Kann ich Ihnen helfen?«, fragte Hawley und schob seinen Kneifer zurecht, um sich den gut gekleideten älteren Mann, der da vor ihm stand und den Hut in Händen hielt, genauer anzusehen. Noch bevor sein Besucher ein Wort sagte, ahnte er irgendwie, dass es um eine amtliche Sache ging.

»Dr. Crippen?«, fragte Dew.

»Ja.«

»Inspector Walter Dew«, sagte er, »von Scotland Yard.« Dew wusste genau, dass dieser Moment einer der wichtigsten bei jeder Untersuchung war. Typischerweise reagierten die Leute entweder verängstigt oder verwirrt, wenn sie sich einem Beamten vom Yard gegenübersahen. Dew konnte im Allgemeinen auf der Stelle sagen, ob jemand etwas zu verbergen hatte oder nicht. In diesem Fall jedoch gab es keine erkennbare Veränderung im Gesicht seines Gegenübers, was eine seltene Leistung war.

»Wie kann ich Ihnen helfen, Inspector?«, fragte Hawley und blockierte mit dem Arm den Zutritt zum Haus.

»Ich frage mich, ob Sie mir vielleicht ein paar Minuten Ihrer Zeit gewähren könnten?«, antwortete Dew. »Drinnen.«

Hawley zögerte nur einen Augenblick, bevor er die Tür weiter öffnete und den Inspector hereinbat. Im Haus war es totenstill und dunkel, Dew fühlte sich unbehaglich und sah sich in der Diele um.

»Bitte, kommen Sie ins Wohnzimmer«, sagte Hawley in entspanntem Ton. »Ich mache uns einen Tee.«

»Danke«, sagte Dew und ließ den Blick wandern. Er war darauf trainiert, seine Umgebung schnell abzuschätzen, bestand doch immer die Möglichkeit, dass sie einen Hinweis auf die Lösung eines Verbrechens bot. Das Wohnzimmer war makellos sauber, und mitten auf dem Tisch stand eine Schale mit Obst. Die Kissen auf Sofa und Sesseln waren ordentlich ausgerichtet, der Kamin kürzlich erst gesäubert worden. Es war auffallend, wie ordentlich das Haus im Vergleich zum Garten war. »Ich hatte darauf gehofft, Sie zu Hause vorzufinden«, sagte Dew mit erhobener Stimme, damit Hawley ihn auch in der Küche hören konnte. »Ich war mir nicht sicher, ob Sie bei der Arbeit sein würden oder nicht.«

»Normalerweise wäre ich um diese Zeit noch im Geschäft«, sagte Hawley, kam zurück ins Zimmer und stellte zwei Tassen auf den Tisch. »Ich fühle mich allerdings schon die ganze Woche nicht sehr gut, deshalb vertritt mich meine Assistentin.«

»Und wo ist das?«, fragte Dew.

»Wo ist was?«

»Ihre Arbeitsstelle.«

»Oh. Munyon's Homeopathic Medicines«, antwortete Hawley und schenkte den Tee ein. »Vielleicht kennen Sie uns? Eine Apotheke in der New Oxford Street.«

Dew nickte. Er hatte eine Anzahl solcher »Apotheken« überall in London aufmachen sehen, ohne sich weiter um sie zu kümmern. Als jemand, der sein ganzes Leben nicht einen Tag krank gewesen war, interessierten ihn Wundermittel und fernöstliche Medikamente nicht.

»Ich muss zugeben, dass ich noch nie von einem Mitglied der Polizei besucht worden bin«, sagte Hawley, als sie sich setzten. »Ich hoffe, es ist nichts Ernstes.«

»Nichts allzu Ernstes, hoffe ich«, sagte Dew, holte sein Notizbuch aus der Tasche und leckte aus Gewohnheit über die Spitze seines Bleistifts. »Ich möchte Ihnen nur ein paar Fragen stellen, das ist alles.«

»Sicher.«

»Es geht um Ihre Frau.«

Hawley blinzelte und zögerte einen Moment. »Meine Frau?«, fragte er.

»Ja. Uns liegt eine Anzeige vor und ...«

»Gegen meine Frau?« Er schien verwundert.

»Ihre Frau ist kürzlich gestorben, richtig?«, sagte Inspector Dew, der lieber Fragen stellte, als welche zu beantworten.

»Traurigerweise, ja.«

»Können Sie mir dazu Näheres sagen?«

»Natürlich. Was wollen Sie wissen?«

»Hauptsächlich Einzelheiten im Zusammenhang mit ihrem Tod. Wann es dazu kam? Wo? Alles, was Sie mir dazu erzählen möchten.«

Hawley überlegte. Er war darauf gefasst gewesen, dass eine solche Situation eintreten konnte, und hatte sich entsprechend vorbereitet, aber das kam jetzt trotzdem so unerwartet, dass ihm nicht gleich alles einfiel.

»Cora«, begann er, »Mrs Crippen, meine ich. Sie hatte einen Verwandten in Amerika. In Kalifornien. Einen Onkel. Und der schrieb, es gehe ihm sehr schlecht, und er habe nur noch einen oder zwei Monate zu leben. Das ist jetzt einige Monate her. Als Mädchen hatte sie ein sehr enges Verhältnis zu ihm, und so war sie äußerst bestürzt.«

»Verständlicherweise«, sagte Dew.

»Sie beschloss also, zu ihm zu fahren.«

»Den ganzen Weg nach Amerika?«, fragte Dew. »Das ist aber eine ziemliche Reise für einen kurzen Besuch. Hatte er denn keine Verwandten, die näher bei ihm wohnten?«

»Nicht einen. Er hatte nie geheiratet, verstehen Sie, und war völlig allein, und wie ich sagte, Inspector, die beiden hatten sich einmal sehr nahegestanden. Nur deshalb hatte er sich ja auch gemeldet. Sie ertrug den Gedanken nicht, dass er sterben sollte, ohne dass ihm jemand in seinen letzten Stunden Trost spendete. Also fuhr sie hin.«

»Ich verstehe«, sagte Dew, »und wohin musste sie da genau?«

»Nach Kalifornien.«

»Sie fuhr also nach Kalifornien, um sich um ihn zu kümmern, und dann …?«

»Ich denke, sie muss sich an Bord des Schiffes einen Virus eingefangen haben, denn sie fühlte sich schon bei ihrer Ankunft in New York krank. Sie telegrafierte es mir, meinte aber, es werde bestimmt besser werden, wenn sie erst bei ihrem Onkel sei.«

»Haben Sie das Telegramm noch?«

»Ich fürchte, nein. Ich bewahre solche Sachen nicht auf. Ich hatte ja keine Ahnung, dass ich es vielleicht noch brauchen könnte.«

»Sicher, sicher«, sagte Dew und machte sich eine Notiz. »Fahren Sie fort.«

»Nun, sie musste quer durch die Staaten, von der Ostküste an die Westküste. Das wird sie noch mehr erschöpft haben, denke ich. Ich habe ein, zwei Wochen nichts von ihr gehört, und dann kam eine Nachricht von den kalifornischen Behörden, dass sie gestorben sei. Ihr Onkel hat sie sogar noch um ein paar Tage überlebt, und sie sind zusammen begraben worden.«

Inspector Dew nickte und machte sich weiterhin Notizen, obwohl Hawley verstummt war. Der Inspector wollte noch nichts sagen. Es war seine Gewohnheit, die Person, die er befragte, möglichst lange reden zu lassen, in der Hoffnung, dass sie etwas Belastendes äußerte. Manchmal führte das drückende Schweigen dazu, dass die Leute mehr sagten, als sie vorgehabt hatten. Der Trick funktionierte, denn nach anderthalb Minuten ohne ein Wort fand Hawley schließlich seine Stimme wieder.

»Es war ziemlich niederschmetternd für mich«, sagte er. »Ich hätte sie nie gehen lassen, wenn ich gewusst hätte, was geschehen würde. Ich habe schon gehört, dass diese Transatlantikschiffe Todesfallen sein können. Ich bin einmal selbst auf einem gefahren, als ich Amerika verlassen habe und nach London gekommen bin, und ich würde es nicht noch einmal tun wollen.«

»Sie sind Amerikaner?«, fragte Inspector Dew überrascht.

»Ich stamme aus Michigan.«

»Das hätte ich nie gedacht. Sie haben nicht die Spur eines Akzents.«

Hawley lächelte. »Ich lebe seit langer Zeit hier«, sagte er. »Ich denke, ich habe ihn nach und nach verloren.«

»Es wurde berichtet, dass es keinen Hinweis darauf gibt, dass Ihre Frau in Kalifornien war«, sagte Dew nach einer Weile, schürzte die Lippen und studierte Hawleys Gesicht.

»Wie meinen Sie das?«

»Ausländer müssen sich bei ihrer Ankunft in einem Staat bei den Behörden melden«, erklärte der Inspector, »und wie es scheint, gibt es in Kalifornien keinerlei Vermerk über eine Cora Crippen.«

»Keinen Vermerk«, sagte Hawley und dachte nach.

»Es gibt auch keine Sterbeurkunde. Oder einen Hinweis auf ein Begräbnis.«

»Ich verstehe«, sagte Hawley und nickte.

Wieder trat Schweigen ein, aber diesmal war es der Inspector, der es brach.

»Vielleicht könnten Sie helfen, das aufzuklären?«, sagte er.

»Ich nehme an, Inspector«, sagte Hawley, »was Sie sagen, ist, dass es keinen Vermerk mit dem Namen Cora Crippen gibt, weder zu ihrer Einreise noch zu ihrem Tod. In Kalifornien.«

»Genau so ist es.«

»Nun, die Sache ist die, dass meine Frau schon deshalb recht ungewöhnlich war, weil sie, wie soll ich es sagen, gleich eine Reihe von Pseudonymen hatte.«

»Ach ja?«, sagte Dew und hob eine Braue. »Und warum? War sie Schriftstellerin?«

»Nein, ganz sicher nicht«, sagte Hawley mit einem Lachen.

»Sie war Künstlerin. Eine Music-Hall-Sängerin, und in der Welt der Bühne nannte sie sich Bella Elmore. Also hat sie den Namen vielleicht auch in Kalifornien verwendet. Oder ihren Mädchennamen: Cora Turner. Wobei es auch absolut möglich ist, dass sie in ihrem Pass Kunigunde Mackamotzki hieß.«
»Wie bitte?«
»Kunigunde Mackamotzki«, wiederholte er. »Das ist ihr Geburtsname. Sie war russisch-polnischer Herkunft, verstehen Sie? Den Namen Cora Turner hat sie angenommen, als sie etwa sechzehn war, weil sie das Gefühl hatte, ein so fremdartiger Name würde ihre Chancen im Leben mindern. Vielleicht hatte sie recht. Ich weiß es nicht. Aber es ist absolut möglich, dass das der Name in ihrem Pass war, denn er muss ja auch in ihrer Geburtsurkunde gestanden haben. Unglücklicherweise habe ich ihren Pass nie selbst in der Hand gehabt, also kann ich nicht sicher sein. Aber Sie sehen schon, sie hätte jeden dieser Namen drüben verwenden können, und um die Wahrheit zu sagen, ist Cora Crippen meines Erachtens der am wenigsten wahrscheinliche.«

Dew nickte und schloss sein Notizbuch. »Ich glaube, das war der einzige Name, nach dem sie gesucht haben«, sagte er und war mit Hawleys Antwort zufrieden. »Ich glaube, das reicht, und so verlasse ich Sie denn auch schon wieder. Es tut mir leid, dass ich Sie stören und Ihnen so persönliche Fragen stellen musste. Ich bin sicher, Sie sind noch in Trauer um Mrs Crippen.«

»Sie haben mich nicht gestört, Inspector«, sagte Hawley und ging nicht weiter auf Walter Dews letzten Satz ein.

»Und mein herzliches Beileid natürlich, zum Tod Ihrer Frau.«

Hawley bedankte sich mit einem Händeschütteln. »Danke«, sagte er. »Aber darf ich Sie etwas fragen?« Dew nickte. »Was ist der Grund, dass Sie hergekommen sind, um mir solche Fragen zu stellen? Wie hat Scotland Yard von Coras Tod erfahren?«

»Ich fürchte, das kann ich Ihnen nicht näher erläutern, Doktor«, antwortete er. »Ich kann nur sagen, dass sich gewisse Herrschaften Sorgen gemacht haben, Mrs Crippen könnte etwas zugestoßen sein. Seien Sie jedoch versichert, dass ich heute noch mit den Betreffenden sprechen werde. Ich bezweifle, dass wir der Sache weiter nachgehen.«

Sie gingen zur Tür, und Hawley öffnete sie, verblüfft, dass es so einfach gewesen war.

»Nur noch eine letzte Sache, bevor ich gehe«, sagte Dew.

»Inspector?«

»Das Telegramm.«

Hawley starrte ihn an. »Entschuldigen Sie?«

»Das Telegramm von den kalifornischen Behörden, mit dem Sie über den Tod Ihrer armen Frau unterrichtet wurden. Ich muss es für die Akte mitnehmen, um zu beweisen, dass da keine Tricks angewandt wurden. Sie verstehen.«

»Das Telegramm«, wiederholte Hawley, und er wurde ein wenig blasser, benetzte sich die Lippen und überlegte. »Ich bin nicht sicher, ob …«

»Oh, kommen Sie, Dr. Crippen«, sagte Inspector Dew in freundlichem Ton. »Ich kann ja verstehen, dass Sie das Telegramm Ihrer Frau aus New York nicht mehr haben, in dem sie Ihnen ihre sichere Ankunft mitteilt, aber so ein wichtiges Dokument wie die Todesnachricht würden Sie doch nicht wegwerfen.«

»Ja«, sagte er. »Ich nehme an, da haben Sie recht.«

»Wenn Sie es mir dann bitte holen würden«, sagte Dew und schloss die Tür noch einmal, sodass sie erneut in der Finsternis der Diele standen. Zum ersten Mal wurde Dew bewusst, dass dieser Mann vielleicht doch etwas zu verbergen hatte. So standen sie einen Moment lang da, bis Hawley den Blick vom Teppich hob und dem Inspector in die Augen sah.

»Ich glaube«, sagte er langsam. »Ich sage Ihnen wohl besser die Wahrheit.«

»Ja, Doktor«, antwortete Dew, den ein Schauer der Überraschung durchrieselte. »Das tun Sie wohl besser.«

»Sie haben mich bei einer Lüge ertappt, wissen Sie?«

»Vielleicht sollten wir noch einmal hineingehen«, schlug Dew vor, der jetzt doch langsam Interesse an dem Fall entwickelte. Hatte er ihr tatsächlich etwas angetan? Würde es zu einem plötzlichen, unerwarteten Geständnis kommen?

Sie gingen zurück ins Wohnzimmer und setzten sich. Hawley hatte seine Geschichte nie bis zu diesem Punkt durchdacht, doch als er jetzt dort saß, kam ihm ein Gedanke, und er ging, bevor er etwas sagte, die möglichen damit verbundenen Verwicklungen in seinem Kopf durch, um sicher zu sein, dass alles einen Sinn ergeben würde. Inspector Dew betrachtete ihn durchaus mit Mitgefühl. Wenn er ihn auch erst seit kurzer Zeit kannte, hatte er sich doch bereits eine Meinung über den Doktor gebildet. Er schien ihm ein harmloser, höflicher, umgänglicher Zeitgenosse zu sein, der kaum etwas mit dem degenerierten Abschaum zu tun hatte, mit dem er, Dew, sich täglich herumzuschlagen hatte. Er bezweifelte, dass dieser Mann zu einer Tat fähig war, wie sie ihm Mrs Louise Smythson und Mrs Margaret Nash unterstellten.

»Meine Frau«, begann Hawley, und er holte tief Luft, bevor er fortfuhr. »Sehen Sie, Inspector, meine Frau ist ganz und gar nicht tot.«

Dew hob eine Braue und holte sein Notizbuch wieder hervor. »Nicht tot«, sagte er mit flacher Stimme.

»Nein. Sie ist sogar ziemlich lebendig.«

»Verbessern Sie mich, wenn ich etwas Falsches sage, Dr. Crippen«, sagte Dew. »Aber haben Sie nicht ihren Freundinnen erklärt, sie sei tot?«

»Genau das habe ich.«

»Vielleicht können Sie mir das erklären?«

»Cora ist tatsächlich nach Amerika gefahren«, sagte Hawley. »Aber ob sie nun in Kalifornien ist oder nicht, weiß ich nicht. Wenn ich eine Vermutung äußern sollte, wäre ich geneigt, Florida zu sagen, doch das ist reine Spekulation.«

»Florida? Warum um alles in der Welt gerade Florida?«
»Weil er daher stammte, wissen Sie.«
»Er?«
Hawley biss sich auf die Lippe und wandte den Blick ab. Traurig schüttelte er den Kopf. »Es ist eine skandalöse Geschichte, Inspector«, sagte er. »Und deshalb wollte ich nicht, dass jemand davon erfuhr.«
»Bitte, Doktor, wenn Sie mir einfach die Wahrheit sagen könnten, das würde es um einiges leichter machen.«
»Sie hat mich wegen eines anderen Mannes verlassen. Wie ich Ihnen schon sagte, war meine Frau eine Music-Hall-Sängerin, und sie hat diesen Kerl eines Abends bei einer Aufführung kennengelernt. Er war ein wohlhabender Amerikaner, der die Welt bereiste. England war seine letzte Station vor der Rückkehr nach Hause. Auf jeden Fall hat sie mich mit ihm betrogen und wurde schwanger.«
»Verstehe.«
»Dann hat sie mir gestanden, dass sie in den Kerl verliebt sei und er sie mit nach Amerika nehme. Natürlich war ich am Boden zerstört. Ich habe meine Frau sehr geliebt, Inspector. Das habe ich wirklich. Wobei ich glaube, dass sie sich nach einem aufregenderen Leben gesehnt hat, als ich es ihr bieten konnte. Sie hat mir oft vorgeworfen, dass ich sie an ihrer Entfaltung hinderte, und dieser andere Mann hatte ihr mehr zu bieten, denke ich. Geld und Glanz, ein neues Leben in Amerika. Ich sagte, ich würde ihr vergeben und das Kind wie mein eigenes behandeln, aber sie war nicht interessiert. Am Abend war sie noch hier, und am nächsten Morgen packte sie ihre Taschen und kehrte London für immer den Rücken. Ich wusste nicht, was ich tun sollte. Wäre bekannt geworden, was geschehen war, hätte es einen Skandal gegeben. Aber ich bin Arzt und brauche meine Patienten. So eine Sache hätte meine Praxis über Nacht ruinieren können, und …« Hawley wischte sich eine Träne aus dem Augenwinkel und wirkte zunehmend ver-

loren.»Wenn ich ganz ehrlich sein soll, muss ich zugeben, dass es mir peinlich war. Ich hatte das Gefühl, es würde aussehen, als wäre ich nur ein halber Mann. Es war zu viel für mich, Inspector. Von jemandem aus meiner eigenen Heimat Hörner aufgesetzt zu bekommen. Das war einfach zu viel.«

Inspector Dew streckte den Arm aus und tätschelte Hawley den Ellbogen. Das Letzte, was er wollte, war, dem Mann die Tränen zu trocknen, aber er konnte sehen, wie unglücklich der Ärmste war, und das Leiden anderer Menschen ließ den Inspector nicht unberührt.

»Entschuldigen Sie, Dr. Crippen«, sagte er. »Das muss schmerzhaft für Sie sein.«

»Nein, ich muss mich entschuldigen«, antwortete Hawley und schüttelte den Kopf. »Ich hätte mir nie so eine komplizierte Geschichte ausdenken sollen. Es war falsch von mir. Ich glaube, irgendwo tief in mir habe ich mir tatsächlich gewünscht, sie wäre gestorben und hätte mich nicht verlassen. Klingt das schrecklich?«

»Es ist völlig verständlich, würde ich sagen«, antwortete Dew.

»Nein, es ist unverzeihlich. Vielleicht habe ich sie nicht glücklich gemacht.«

»Sie dürfen sich nicht die Schuld daran geben.«

»Aber das tue ich, Inspector. Und sehen Sie nur, was ich damit alles losgetreten habe. Scotland Yard verhört mich, und jetzt kommt die Wahrheit ans Licht. Alle werden es erfahren. Ich werde gleichermaßen bemitleidet und verachtet werden. Das habe ich allein mir selbst zuzuschreiben.«

»Ich fürchte, die Wahrheit kommt immer ans Licht, Doktor«, sagte Dew. »Einige der Freundinnen Ihrer Frau haben die Geschichte sowieso nicht ganz geglaubt. Vielleicht wäre es das Beste, wenn *Sie* ihnen die Wahrheit sagten? Vergessen Sie nicht, dass Sie der Betrogene sind. Vielleicht zeigen sie Mitgefühl.« Er glaubte selbst kaum, was er sagte, fand aber, es müsse gesagt werden. Er sah auf die Uhr. »Ich hatte vor, einen Happen zu mir zu nehmen, bevor ich zurück ins Büro gehe«, sagte er. »Haben Sie vielleicht Lust, mir Gesellschaft zu leisten?«

»Wirklich?«, fragte Hawley, überrascht, dass der Inspector so nett zu ihm war. »Sind Sie sicher?«

»Gewiss. Ich mag Befragungen wie diese nicht, wenn ich ehrlich bin. Mich so in die privaten Angelegenheiten von jemandem hineinzudrängen, da fühle ich mich schäbig.«

Hawley überlegte. Hätte man ihn vor die Wahl gestellt, wäre es ihm lieber gewesen, Inspector Dew hätte sich auf der Stelle verabschiedet und wäre nie wieder zurückgekommen, doch das schien keine Option. Der einzige Weg aus diesem Durcheinander bestand offenbar darin, seine Rolle bis zum Ende zu spielen.

»Ich möchte Sie nicht in dieser Verfassung zurücklassen«, sagte Dew, und in seiner Stimme klang echte Sorge mit.

»Gut, Inspector«, sagte Hawley schließlich. »Ich danke Ihnen, ich begleite Sie gern. Ich hole nur schnell meinen Mantel.«

Er ging hinaus, Dew trat ans Fenster und sah auf die Straße. Die Kinder waren verschwunden und mit ihnen auch der lahmende Hund. Er fragte sich, ob er früher schon in ihr Spiel hätte eingreifen sollen. Der arme Hund war wahrscheinlich längst tot. Dews Magen ließ ein leichtes Knurren hören, und der Inspector sah sich nach seinem Begleiter um. Der arme Mann, dachte er. Einem völlig Fremden all diese Dinge gestehen zu müssen. Er dachte an Mrs Margaret Nash und Mrs Louise Smythson und empfand einen gehörigen Groll auf die beiden. Hätten sie ihre Nasen nicht in Dr. Crippens Angelegenheiten gesteckt, dachte er, dann hätte er nicht all diese persönlichen Dinge offenbaren müssen. Es war eine Schande. Er wünschte, er könnte die beiden dafür verantwortlich machen, die Zeit der Polizei verschwendet zu haben, wusste jedoch, das war unmöglich.

»Sollen wir, Inspector?«, fragte Hawley und öffnete die Haustür.

»Aber ja«, sagte Dew und folgte ihm hinaus auf die Straße und hinein in die Dunkelheit und das Schweigen, die über das Geheimnis des Hauses wachten.

Sie aßen in einem kleinen Restaurant nicht weit von Hawleys Haus in Camden und fanden bald heraus, dass sie einiges gemeinsam hatten. Etwa, dass Inspector Dew, der nur ein Jahr älter war als Dr. Crippen, ähnliche Hindernisse überwinden musste, bevor er Polizist werden konnte, wie Crippen auf seinem Weg zum Doktortitel.

»Meine Eltern waren das Problem«, erzählte Dew, machte sich froh gelaunt über ein blutiges Steak mit Pilzen und Bratkartoffeln her und tauchte immer wieder ein Stück Brot in den Saft, sodass sich weiße Flecken auf dem Teller zeigten. »Nun, vor allem meine Mutter. Sie war überzeugt, Polizist wäre kein angemessener Beruf für einen achtbaren jungen Mann. Ich sollte Anwalt werden oder dem Klerus beitreten, was mir beides nicht behagte. Allein schon die Ausstaffierung mochte ich nicht. Perücken oder lange Röcke. Das war alles nichts. Also habe ich durchgehalten und bin so der geworden, der ich heute bin. Inspector Dew vom Yard. Sie hat sich nie ganz damit abgefunden. Selbst mein Aufstieg zum Inspector konnte an ihrer Enttäuschung nichts ändern.«

»Meine Mutter war ganz ähnlich«, gab Hawley zu. »Für sie war der Arztberuf eine Beleidigung Gottes. Sie dachte, dass jeder, der eine Krankheit zu heilen versuchte, sich in Sein Handwerk mischte. ›Gottes glorreiche Schöpfung‹ nannte sie es. Sie hat selbst niemals ein Medikament genommen und wollte nicht mal eine Wunde verbinden. Stellen Sie sich nur vor, meine Ausgaben vom *Scientific American* hat sie verbrannt.«

»Großer Gott. Aber sie muss doch stolz auf Sie gewesen sein, als Sie Ihren Abschluss gemacht haben? Nicht jeder Mann hat die Fähigkeit, Arzt zu werden.«

Hawley überlegte. »Ich glaube, das war sie nicht«, antwortete er, ohne sich um den Umstand zu kümmern, dass er tatsächlich nie einen Abschluss als Arzt gemacht hatte. (Wobei er sich schon vor langer Zeit selbst davon überzeugt hatte, dass es wohl doch so war. Wenn er sich nur genug anstrengte, konnte er sich sogar an einzelne Szenen dieses Tages erinnern: Wie er sein Zeugnis abgeholt hatte. Wie er dem Rektor der Universität die Hand geschüttelt hatte. Das alles existierte in seiner Vorstellung und gab vor, die Wirklichkeit zu sein.) »Wir haben seit Jahren nicht miteinander gesprochen.«

»Das sollten Sie nicht zulassen«, sagte Dew. »Ich meine, ich nehme es meiner Mutter immer noch übel, dass sie mir so viele Hindernisse in den Weg gelegt hat, aber bei Gott, ohne sie wollte ich auch nicht sein.«

»Sie lebt also noch?«

»O ja. Sie ist vierundachtzig und hat die Konstitution eines Ochsen. Ich gehe einmal in der Woche abends zum Essen zu ihr, und sie tut immer noch so, als könnte sie mich übers Knie legen, wenn ich mein Gemüse nicht esse.« Er lächelte und schüttelte den Kopf. »Ich mochte Gemüse noch nie. Trotzdem würde ich sie mir nicht anders wünschen.«

»Ich glaube, meine ist immer noch in Michigan«, sagte Hawley, den die Erinnerung wenig rührte. »Wenigstens habe ich nichts Gegenteiliges gehört.«

»Interessiert Sie denn nicht, wo sie ist und wie es ihr geht? Wollen Sie nicht den Kontakt halten?«

»Es scheint mir so, Inspector, dass mich die meisten Menschen, denen ich in meinem Leben vertraut habe, am Ende im Stich gelassen haben. Besonders die Frauen. Wenn ich Ihnen gegenüber ehrlich sein soll, nehme ich an, dass diese Menschen und einige Vorfälle im Zusammenhang mit ihnen meinen Charakter geformt haben, und auf den bin ich nicht immer stolz.«

Dew runzelte die Stirn, das klang ungewöhnlich. »Warum?«, fragte er.

»Ich glaube, ich bin ein schwacher Mann«, gab Hawley zu und

wunderte sich, dass er so offen mit dem Inspector sprechen konnte, doch er spürte in ihm eine verwandte Seele. »Ich habe Probleme, mich in schwierigen Situationen zu behaupten. Meine erste Frau war ein guter Mensch, aber lebte sie noch ...«

»Ihre erste Frau?«, fragte Dew überrascht. »Ich wusste nicht, dass Sie schon einmal verheiratet waren.«

»O ja. Drüben in Amerika. Vor vielen Jahren, als ich noch ein junger Mann war. Charlotte Bell hieß sie. Ein hübsches Mädchen und ein wirklich angenehmer Mensch. Wir waren erst ein paar Jahre verheiratet, als sie mir genommen wurde. Ein Verkehrsunfall. Es war eine ziemlich tragische Geschichte.«

»Es tut mir leid.«

»Das muss es nicht. Es ist so lange her, und ich hab vor langer Zeit schon meinen Frieden damit gemacht. Ich komme auch nur auf sie, um zu sagen, dass sie mich, hätte sie länger gelebt, wahrscheinlich sehr dominiert hätte. Sie war ganz anders als Cora, aber auch sie hätte gewisse ... Forderungen an mich gestellt, denke ich. Ich weiß nicht, was am Ende aus uns geworden wäre. Ich habe oft schon gedacht, dass es sicher schlecht ausgegangen wäre.«

»Wie zwischen Ihnen und Cora?«

»In der Tat«, sagte Hawley, nahm einen letzten Bissen und schob den Teller von sich. »Obwohl ich es natürlich hätte erwarten sollen. Darf ich Ihnen etwas sagen, Inspector? Etwas, das unter uns bleibt?«

Dew nickte. Er vergaß einen Moment lang, dass er Dr. Crippen ursprünglich aus beruflichem Anlass aufgesucht hatte, und hatte das Gefühl, dass sie in der Kürze der Zeit fast so etwas wie Freunde geworden waren. »Natürlich, Hawley«, sagte er und sprach sein Gegenüber zum ersten Mal mit dem Vornamen an. »Sie können mir völlig vertrauen.«

»Dieser Amerikaner, mit dem sie davongelaufen ist«, sagte er, »der war nicht der Erste, verstehen Sie? Ich weiß wenigstens von drei weiteren Männern, mit denen Cora eine Affäre hatte. Mit einem italienischen Musiklehrer, einem Schauspieler, den sie auf einer Party kennengelernt hatte, und einem zwanzigjährigen Jungen, der eine Weile bei uns zur Untermiete wohnte. Und ich bin sicher, es gab noch mehr. Sie war viel unterwegs. Sie arbeitete in der Music Hall, wissen Sie.«

»Ja, das sagten Sie.«

»Ich glaube, sie hat sich Bella Elmore genannt, weil ihr Cora Crippen nicht gut genug war. Der Name musste besonders klingen. Sie wollte immer jemand sein, der sie nicht war. Das war ihr Problem, wissen Sie. Sie konnte es nicht ertragen, auch nur einen Moment zu denken, dass sie ein normales, gewöhnliches menschliches Wesen war. Ohne Extras. Ohne Verzierungen. Nichts Besonderes. Einfach nur ein normaler Mensch, dessen Träume zerschellen und in die Gosse getreten werden, wie bei allen anderen auch.« Hawleys Ton war bitter geworden, was auch Dew nicht verborgen blieb, er verspürte jedoch nur Mitgefühl mit ihm, keinen Verdacht.

»Sie sind sehr ehrlich zu mir, Dr. Crippen«, sagte er. »Ich weiß das zu schätzen.«

»Es tut mir leid, wenn ich Sie in Verlegenheit bringe. Es ist nur, nachdem ich so vielen Leuten erzählt habe, sie sei tot, ist es eine Erleichterung, endlich die Wahrheit zu sagen. Es ist ein bemerkenswert befreiendes Gefühl.«

»Sie bringen mich nicht in Verlegenheit. Im Gegenteil.«

Hawley lächelte. Er überlegte einen Moment lang, ob er die Laufbahn eines Romanautors einschlagen sollte. Es war ihm nicht nur gelungen, aus dem Stand heraus eine glaubwürdige Geschichte zu erfinden, eine, auf die selbst ein erfolgreicher Inspector von Scotland Yard hereinfiel, nein, er schien damit sogar einen Freund gewonnen zu haben.

»Bevor ich es vergesse«, sagte Dew und kratzte sich am Kopf, »wobei, es tut mir leid, dass ich immer noch keine Ruhe gebe, aber eine Sache brauche ich noch.«

»Ja?«

»Den Namen des Mannes, mit dem sie davongelaufen ist, und wo er in London gewohnt hat. Nur, um die Akte schließen zu können, verstehen Sie? Es tut mir leid, aber meine Vorgesetzten können fürchterlich pedantisch sein, wenn es um solche Dinge geht.«

Hawley blinzelte. Hatte *er* Dew hinters Licht geführt oder Dew *ihn* mit seiner freundlichen Art? Er überlegte schnell, aber da kam er nicht heraus.

»Nun, den habe ich natürlich nicht dabei«, sagte er.

»Sicher, sicher, aber doch zu Hause?«

»Ich denke schon«, sagte Hawley zögernd. »Ja, ich müsste ihn mir irgendwo aufgeschrieben haben, nur für den Notfall.«

»Wenn Sie ihn mir geben, können wir den Fall zu den Akten legen.«

»Ja«, antwortete Hawley, nickte und hörte dem Inspector kaum zu, weil er nachdenken musste. Er sah Dew an und fragte sich, was er sagen sollte, wenn der Polizist begriff, wie sehr er die Geschichte ausgeschmückt und wie viel er erfunden hatte. »Sollen wir dann gehen?«

»Gewiss.«

Die beiden Männer erhoben sich, Inspector Dew bezahlte die Rechnung an der Theke und wollte nicht, dass Hawley sich beteiligte. Sie verließen das Restaurant. In der Zwischenzeit hatte es angefangen zu regnen, keiner der beiden hatte einen Schirm dabei und Dew fluchte leise, als er auf die Uhr sah. Er sah ein Hansom-Taxi näher kommen und winkte es heran. »Entschuldigen Sie, aber ich hatte vergessen, dass ich um drei einen Termin habe«, erklärte er. »Ich denke, bei diesem Wetter nehme ich besser ein Taxi und sehe zu, dass ich nicht zu spät komme. Kann ich in ein, zwei Tagen vorbeikommen und die Einzelheiten holen?«

»Aber sicher, Inspector«, sagte Hawley erleichtert und streckte die Hand aus. »Am besten abends. Nach der Arbeit.«

»Selbstverständlich. Also bis dann. Und noch einmal, Dr. Crippen ...«
»Hawley.«
»Noch einmal, Hawley. Ich entschuldige mich dafür, dass ich Ihnen diese Tortur nicht ersparen konnte. Ich weiß Ihre Offenheit zu schätzen, und ich versichere Ihnen, dass ich diese Sache so diskret wie nur möglich behandeln werde.«
»Ich danke Ihnen, Inspector. Bis bald dann.«
»Ja. Auf Wiedersehen.« Dew sprang in das wartende Taxi, fuhr davon und winkte mit der Hand aus dem Fenster. Hawley Crippen hatte ihn beeindruckt wie kaum je ein Verdächtiger in seiner Laufbahn. Hawley stand im Regen, sah ihm nach und war sich nicht so sicher. »Das«, murmelte er leise, als er sich umdrehte und den Weg nach Hause einschlug, »ist ganz und gar noch nicht vorbei.«

Montag, 20. Juni

Inspector Dew schaffte es erst drei Tage später wieder zum Hilldrop Crescent, und er ging erst abends. Nicht, weil Dr. Crippen gesagt hatte, das sei die beste Zeit, ihn zu Hause anzutreffen, sondern weil er da seinen Arbeitstag beendet hatte und darauf hoffte, Hawley für ein Glas in einem Pub in der Gegend interessieren zu können. Dew besaß nur wenige Freunde und glaubte, in diesem angenehmen Mann vielleicht einen weiteren gefunden zu haben. Es war völlig untypisch für ihn, eine neue Freundschaft anzustreben, aber das Gespräch bei ihrem gemeinsamen Essen hatte Erinnerungen in ihm wachgerufen und ihm frische Energie verliehen. Gleich am nächsten Tag hatte er angefangen, die Plagegeister, die ihn wegen des Verschwindens von Cora Crippen bedrängt hatten, zu beruhigen, und zum ersten Mal in seiner Laufbahn als Polizist tat er das ohne einen wirklichen Beweis für die Unschuld des Verdächtigten. Zu seinem Ärger schien sich der Polizeiprä-

sident, der darauf bestanden hatte, dass er der Sache nachging, kaum noch daran zu erinnern, als er ihn anrief.
»Crippen?«, schrie er ins Telefon. »Was für ein Crippen? Wovon zum Teufel reden Sie da, Dew?«
»Doktor Crippen«, antwortete er. »Sie haben gesagt, ich soll mich um das Verschwinden seiner Frau kümmern, erinnern Sie sich?«
»Ich habe Ihnen das gesagt? Wann soll das gewesen sein? Sind Sie verrückt geworden?«
»Vor ein paar Tagen«, sagte Dew mit einem Seufzen. »Lord Smythson hatte mit Ihnen darüber geredet.«
»Smythson? O ja, jetzt klingelt es irgendwo«, knurrte der Polizeipräsident. »Und, was ist damit? War er's oder war er's nicht?«
Dew lachte. »Er hat seine Frau genauso wenig ermordet wie ich meine«, sagte er. »Im Gegenteil, er ist ein ausnehmend angenehmer Mann. Hatte ein paar Probleme, aber nichts, was ihn so weit hätte treiben können.«
»Wo ist die Frau? Schon wieder zu Hause? Hat sie ihren Verstand wiedergefunden?«
»Das nicht, Commissioner. Wie es aussieht, ist sie mit einem anderen durchgebrannt. Es war ihm peinlich, und so hat er allen erzählt, sie sei gestorben. Das ist nicht unbedingt schlau, aber auch kein Vergehen.«
Am anderen Ende trat Schweigen ein. Dews Kollege hatte seinen Rang nicht ganz ohne eigene Spürhundqualitäten erreicht. »Das hat er Ihnen gesagt?«, fragte er. »Und Sie haben es ihm geglaubt?«
»Ja, ich glaube ihm«, antwortete Dew.
»Warum?«
»Weil ich etwas Menschenkenntnis besitze, Commissioner. Ich mache diesen Job lange genug, und ich kann Ihnen versichern, dass Dr. Crippen sich keines Verbrechens schuldig gemacht hat. Er weiß, er hat einen dummen Fehler gemacht, und ich habe ihm

gehörig den Kopf gewaschen«, log er. »Ich denke nicht, dass er es noch einmal tun würde.«

»Verstehe«, sagte der Polizeipräsident, ohne ganz überzeugt zu sein. »Nun, dann kontaktieren Sie diese Frau und sagen ihr, dass alles in bester Ordnung ist, okay?«

»Welche Frau?«

»Diese Mrs Smythson, die die ganze Geschichte angezettelt hat. Sagen Sie ihr, wir haben die Sache gründlich untersucht, und es gibt keinen Fall, der weiterzuverfolgen wäre. Hoffentlich lässt sie uns dann in Ruhe.«

»Ja, Sir«, sagte Dew, verärgert darüber, dass ihm das jetzt aufgeladen wurde, wo es doch der Polizeipräsident gewesen war, der ihr zugesagt hatte, der Sache nachzugehen. Er wollte schon vorschlagen, scherzend, aber doch hoffnungsvoll, die Frau dafür zu belangen, dass sie die Zeit der Polizei verschwendet hatte, doch da war die Verbindung bereits tot. Er blätterte durch die schmale Mappe, die er zu Dr. Crippen angelegt hatte, und griff nach dem Hörer, um Mrs Louise Smythson anzurufen.

Der Hilldrop Crescent war weit ruhiger als bei seinem letzten Besuch. Nicht ein einziges Kind war zu sehen, und die Straße vor Hawley Crippens Haus so gut wie menschenleer. Dew blickte auf die ordentlichen Reihenhäuser und fragte sich einen Moment lang, warum ihm sein Leben nicht so ein Zuhause verschafft hatte.

Er hielt kurz am Fenster von Nummer 39 inne und war überrascht, die Gestalt eines Jungen zu sehen, der die Küche aufräumte. Er kniff die Augen etwas zusammen, aber Genaueres war kaum zu erkennen. Hatte Dr. Crippen einen Sohn, von dem er ihm nichts erzählt hatte?, fragte sich Dew, ging zum Eingang und klopfte.

Als sich die Tür öffnete, war es ihm etwas peinlich zu sehen, dass der Junge kein Junge, sondern eine schmale junge Frau war. Sie trug eine alte, aufgekrempelte Männerhose, die lose an ihr herunterhing und ihr etwas von einem Straßenkind gab, was Dew seltsam anziehend fand. »Entschuldigen Sie bitte, Ma'am«, sagte er, nahm den Hut ab und wurde angesichts ihrer merkwürdigen Aufmachung ein wenig rot. »Entschuldigen Sie, dass ich störe. Inspector Walter Dew, Scotland Yard. Können Sie mir sagen, ob Dr. Crippen zu Hause ist?«

»Ich fürchte, nein«, sagte sie. »Er ist heute Abend in seiner Praxis. Kann ich Ihnen vielleicht helfen?«

»Oh«, sagte Dew, »und Sie sind …«

»Ethel LeNeve«, antwortete sie und lächelte ihn an, worauf ihm die Narbe auf ihrer Lippe auffiel. Sein Polizistenverstand ließ ihn gleich überlegen, woher die wohl stammte. Von einem Unfall als Kind? Einem gewalttätigen Vater? Einem streitsüchtigen Liebhaber?

»Oh, Miss LeNeve«, sagte er und nickte. »Ja, natürlich, ich habe Ihren Namen schon gehört.«

Sie legte überrascht den Kopf etwas zur Seite und sah ihn an. »Wirklich«, sagte sie. »Darf ich fragen, wo?«

Das war nicht unbedingt taktvoll von ihm gewesen, und er bedauerte seine Worte. Er konnte ihr kaum sagen, dass es ein paar Gesellschaftsladys gab, die sie für eine Hure und eine Diebin hielten, das wäre kaum höflich. Ausnahmsweise fehlten ihm die Worte, aber sie rettete ihn, indem sie nicht auf eine Antwort wartete.

»Vielleicht sollten wir hineingehen«, sagte sie, »statt auf der Straße zu reden.«

»Sicher«, stimmte er ihr zu. »Danke.«

Sie schob ihn ins Wohnzimmer, wo er vor ein paar Tagen schon mit Dr. Crippen gesprochen hatte. Er wartete, bis sie sich setzte, bevor auch er seinen alten Platz wieder einnahm.

»Sie müssen meinen Aufzug entschuldigen«, sagte sie, sah an ihren Männerkleidern hinunter und war sich des Schmutzes und Schweißes in ihrem Gesicht mehr als bewusst. »Ich wollte etwas sauber machen und habe mir ein paar von Hawleys alten Sachen ausgeliehen. Ich muss entsetzlich aussehen.«

»Ganz und gar nicht, Miss LeNeve«, sagte Dew. »Im Gegenteil. Arbeit hat noch niemanden schlimm aussehen lassen.«

Sie lächelte, seine Art nahm ihr ihre Befangenheit. »Hawley hat mir erzählt, dass Sie ihn besucht haben«, sagte sie nach kurzem Schweigen, bereit, zur Sache zu kommen. »Ich glaube, Sie haben ihn ziemlich beeindruckt.«

Dew war froh, dass er den Grund für seinen Besuch nicht verbergen musste. »Wirklich«, sagte er. »Nun, es freut mich, das zu hören. Ich muss zugeben, dass ich mir in all den Jahren als Polizist nie so dumm vorgekommen bin wie in dem Moment, als ich begriff, was für ein Mann Dr. Crippen ist. Ich musste nur einem Hinweis folgen, verstehen Sie?«

»Sicher. Aber darf ich fragen … Wer hatte denn so eine schreckliche Idee?«

Der Inspector überlegte. Streng genommen, sollte er ihr nichts sagen, aber er hatte bereits die Vorstellung, er und die Crippen-LeNeves würden bald schon Freunde werden. Er musste an sein Telefongespräch mit Mrs Louise Smythson denken, die er kaum ertragen konnte.

»Unschuldig?«, hatte sie entsetzt gerufen, als er ihr erklärt hatte, die Untersuchung gegen Dr. Crippen sei eingestellt worden. »Hawley Crippen unschuldig? Wahrscheinlich nur in einer Sprache, in der ›unschuldig‹ tatsächlich ›schuldig‹ bedeutet. Himmel noch mal, er hat sie umgebracht, Inspector. Die Kehle hat er ihr aufgeschlitzt, von links nach rechts, das ist so sicher wie das Amen in der Kirche. Ich täusche mich nicht.«

»Ich glaube nicht, Mrs Smythson«, antwortete er und versuchte, ruhig zu bleiben und gleichzeitig das Lachen über ihre ausschweifende Fantasie zu unterdrücken. »Ich habe mit Dr. Crippen gesprochen, und er hat mir versichert …«

»Oh, bitte«, unterbrach sie ihn. »Er hat Ihnen versichert, dass er es nicht getan hat, und damit ist die Sache erledigt? Sagen Sie mir, Inspector, wenn Sie jemals Jack the Ripper dabei erwischen sollten, wie er eine Hure aufschlitzt, und von seinen Händen tropft das Blut, und er sagt: ›Ehrlich, das war ich nicht‹, lassen Sie ihn dann auch laufen? Ist das die Art, wie heute bei Scotland Yard gearbeitet wird? Meine Güte! Vielleicht *ist* er ja Jack the Ripper!«

»Mrs Smythson, wir haben strenge Richtlinien, nach denen wir unsere Untersuchungen durchführen«, sagte Dew. »Unglücklicherweise kann ich Ihnen die im Moment nicht im Einzelnen darlegen, seien Sie jedoch versichert, dass ich mit Dr. Crippen gesprochen und einige Dinge erfahren habe, von denen Sie womöglich nichts wissen. Ich informiere Sie nur, dass er sich keiner Anklage stellen muss. Im Übrigen denke ich, dass Sie Ihrer Vorstellungskraft vielleicht ein wenig zu sehr die Zügel schießen lassen, was, das versichere ich Ihnen, durchaus gefährlich sein kann.«

»Inspector, schon als ich den Mann das erste Mal gesehen habe, wusste ich, dass an ihm etwas faul ist. Es steht in seinen Augen! So wie er Sie ansieht? Ihm ist eindeutig nicht zu trauen.«

»Wenn Sie dennoch …«

»Ha!«, sagte sie verzweifelt und äußerst enttäuscht, dass diese Geschichte kein grausigeres Ende finden sollte.

»Wenn Sie dennoch mehr erfahren wollen, Mrs Smythson, würde ich vorschlagen, Sie sprechen mit Dr. Crippen selbst und wenden sich nicht wieder an die Polizei.«

»Das würde ich niemals wagen«, sagte sie geringschätzig. »Wenn er erfährt, dass ich bei Ihnen war, lauert er mir wahrscheinlich mit einem Brotmesser auf. Himmel!«, rief sie bestürzt. »Sie haben ihm doch nichts erzählt? Sie haben ihm doch nicht erzählt, dass ich und Mrs Nash bei Ihnen waren?«

»Selbstverständlich nicht«, sagte er und wünschte, er hätte es getan. »Gespräche wie die, die wir geführt haben, sind immer streng vertraulich, und wenn Sie mich übergehen und Ihren Schwager bitten, mit einem meiner Vorgesetzten zu sprechen, ist auch das streng vertraulich. Da müssen Sie sich keine Sorgen machen.« Er betrachtete das als eine Art Rüge und den Hinweis, dass es unter den Beamten so etwas wie Solidarität gab. »Aber damit ist der Fall abgeschlossen, ein für alle Mal.«

»Cora Crippen ist ermordet worden«, sagte sie. »Sie werden von dieser Sache noch hören, Inspector.«

»Das glaube ich nicht, Mrs Smythson, und ich muss Sie dringend bitten, ihre Anwürfe fallen zu lassen. Weitere unberechtigte Anschuldigungen von Ihrer Seite könnten zu einer strafrechtlichen Verfolgung führen.«

»Aber genau das wollen wir doch!«

»Gegen Sie, Mrs Smythson. Sie können unschuldige Menschen nicht so einfach des Mordes bezichtigen, wenn Ihnen danach ist. Es gibt Gesetze gegen Verleumdung, wissen Sie?« Am anderen Ende der Leitung wurde es still, und schließlich sagte er: »Hallo?«, um zu hören, ob sie überhaupt noch da war. Als sie endlich wieder etwas sagte, klang ihre Stimme tief und verärgert.

»Ich hoffe, Sie drohen mir nicht, Inspector Dew.«

»Sicher nicht. Ich versuche Ihnen nur zu helfen, indem ich Sie darauf hinweise, dass …«

»Ihnen *ist* bewusst, wer mein Schwager ist?«

»Nur zu gut. Aber die Tatsachen sind nun mal Tatsachen, und ich fürchte, mehr kann ich Ihnen im Augenblick nicht anbieten.«

»Also gut«, sagte sie. »Aber wenn Sie herausfinden, dass Sie sich getäuscht haben und ich recht hatte und dieser hinterhältige Schurke schließlich doch am Strick baumelt, dann finden Sie vielleicht eine Möglichkeit, sich bei mir zu entschuldigen. Sie haben mich einmal zu oft enttäuscht, Inspector Dew.«

»Ich werde daran denken«, antwortete er erschöpft, »und danke für Ihr Interesse, Mrs Smythson. Auf Wiederhören.« Er legte auf und wich vom Telefon zurück, als könnte es nach ihm schnappen.

»Drücken wir es so aus«, sagte Inspector Dew und wählte seine Worte sorgfältig, »dass bestimmte Mitglieder aus dem Kreis von Cora Crippens Freundinnen nicht viel von Dr. Crippen halten.«
Ethel lächelte. »Dachte ich's mir doch«, sagte sie. »Genau das habe ich zu Hawley gesagt. Ich sagte, es muss eine von diesen schwatzhaften, gelangweilten Frauen sein. Sie haben nichts zu tun, und so erheben sie lächerliche Anschuldigungen und verschwenden jedermanns Zeit damit, ihnen nachgehen zu müssen.«
»Es wäre bestimmt nicht richtig von mir, wenn ich sagte, dass ich jedem Ihrer Worte von ganzem Herzen zustimme«, antwortete er mit einem Lächeln, »also sage ich nichts.«
Ethel lachte, sah auf den Tisch und kratzte mit dem Fingernagel an einem kleinen Klecks Kerzenwachs. »Ich glaube, wir verstehen uns, Inspector«, sagte sie. »Mögen Sie einen Tee?«
Er schüttelte den Kopf. »Ich bleibe nicht lange«, sagte er. »Wann, denken Sie, kommt Dr. Crippen nach Hause?«
»Er müsste eigentlich jeden Moment kommen«, sagte sie und sah auf die Uhr. »Ach, bleiben Sie doch noch. Ich weiß, er fände es schade, wenn er Sie verpassen würde.«
»Vielleicht noch ein paar Minuten«, sagte er, fuhr sich mit der Zunge über die Lippen und fragte sich, ob es zu unhöflich wäre, ihr die Frage zu stellen, die ihm schon die ganze Zeit durch den Kopf ging. Er entschied sich dafür, schließlich schienen sie sich zu verstehen, und sie hatte offenbar nichts zu verbergen. »Sagen Sie mir ruhig, dass es mich nichts angeht«, fing er an, »aber was für eine Position haben Sie in diesem Haushalt?«
»Was für eine Position?«
»Ja«, sagte er und spürte, wie ihm die Röte ins Gesicht stieg, war es doch eine sehr persönliche Frage. »Helfen Sie Dr. Crippen, das Haus in Ordnung zu halten, seit seine Frau ihn verlassen hat?«
Sie sah ihn an und entschied sich, ehrlich zu sein. »Hawley und ich arbeiten schon seit vielen Jahren zusammen«, erklärte sie ihm. »Bei Munyon's, wissen Sie?«

»Ja, das ist mir bekannt.«
»Ich war seine Assistentin dort. Nun, das bin ich immer noch, wir sind gute Freunde geworden, und seit Cora weg ist, nun, es stimmt, dass wir auf unserer Freundschaft aufgebaut haben.«
»Sie wohnen hier also?«
»Er bedeutet mir sehr viel, Inspector.«
»Natürlich. Sonst hätte ich nicht gefragt.«
»Ich glaube, ich kann ihn glücklich machen«, sagte sie und zuckte mit den Schultern. »Und er mich. Wobei, angesichts des Verhältnisses, das er zu seiner Frau hatte, ist schon sehr wenig eine Verbesserung.«
Dew hob eine Braue. »Kannten Sie Cora Crippen gut?«
»Nicht sehr«, antwortete sie und bedauerte ihre letzten Worte. »Aber gut genug. Gut genug, um zu wissen, dass sie den Teufel im Leib trug. Und dass sie allein deshalb auf dieser Welt zu sein schien, um das Leben des armen Hawleys zu einem Albtraum zu machen.« Inspector Dew nickte und schob die Lippen vor. »Entschuldigen Sie, Inspector. Ich weiß, es klingt, als würde ich übertreiben und melodramatisch werden, aber Sie haben sie nicht erlebt. Sie hat ihm das Leben zur Qual gemacht. Jeden einzelnen Augenblick des Tages hat sie ihn misshandelt.«
»Er hat mir gegenüber sehr liebevoll von ihr gesprochen«, sagte Dew zweifelnd.
»Nun, so ist Hawley nun mal«, erklärte sie. »Er würde nichts Böses über sie sagen, nicht einmal mir gegenüber. Er ist diese Art Mann. Die alte Schule. Egal, was sie tat, er vergab ihr. Sie hat ihn betrogen, beleidigt, geschlagen ...«
»Sie hat ihn *geschlagen*?«
»Sehr oft. Ich habe die Wunden selbst gesehen. Einmal war ich sicher, er müsste an der Braue genäht werden, aber er wollte nichts davon wissen. Es hat Monate gedauert, bis alles wieder richtig verheilt war. Oh, ich glaube, da ist er«, sagte sie, reckte den Hals und sah zu Hawley hinaus, der die Straße herunterkam.

Dew schüttelte den Kopf. »Das war mir nicht bewusst«, sagte er. »Er hat mir anvertraut, dass sie ihm ... untreu war, aber nicht, dass sie ihn geschlagen hat.«

»Wenn wir gute Christen sein wollen«, sagte Ethel, »können wir natürlich unterstellen, dass sie nicht ganz richtig im Kopf war und sich, ohne es wirklich zu wollen, so verhalten hat. Ich bin allerdings nicht sicher, ob ich eine gute Christin sein will. Lässt mich das hart klingen?«

»Er bedeutet Ihnen etwas«, sagte Dew. »Ich verstehe Sie schon.«

»Ehrlich gesagt, glaube ich nicht an so eine Erklärung«, sagte sie. »Ich denke, sie war so unzufrieden mit ihrem Leben, dass sie es nur aushielt, indem sie ihm seines zur Hölle machte. Sie wollte unbedingt ein Star sein, verstehen Sie? Eine Gesangssensation, wie sie allen sagte. Ihr größtes Ziel im Leben war es, ihren Namen groß auf den Titelseiten der Zeitungen zu sehen. In die Geschichte einzugehen. Es sollten Bücher über sie geschrieben werden. Sie lebte in einer Illusion.«

»Sie glauben nicht, dass sie Erfolg haben könnte?«

»Natürlich nicht, Inspector. Sie war, sie ist in jeder Hinsicht zweitklassig. Sie kann einen Ton halten, ja, aber wenn ich ein bisschen malen kann, macht mich das noch nicht zu Monet.«

Dew lachte und sah sich um. Er fragte sich, warum die Tür noch nicht aufgegangen war. »Ist er noch auf dem Weg?«, fragte er.

Ethel sah aus dem Fenster, konnte ihren Geliebten jedoch nirgends mehr erblicken. »Oh!«, sagte sie und klang überrascht. »Ich war sicher, ich hätte ihn gesehen. Ich muss mich getäuscht haben. Aber warten Sie bitte, Inspector, ich bin sicher, er ist gleich da.«

Dew sah auf die Uhr und schüttelte den Kopf. »Hören Sie«, sagte er. »Warum richten Sie ihm nicht aus, dass ich am Mittwochabend wieder herkomme. Sagen wir, um acht? Wenn er dann hier sein könnte, wüsste ich das zu schätzen.«

Er stand auf, griff nach seinem Hut, und sie brachte ihn zur Tür. »Sicher«, sagte sie. »Ich sorge dafür, dass er hier ist. Es wird ihm sehr leidtun, dass er Sie verpasst hat.«

»Ist schon gut«, sagte Dew. »Aber wenn er dann hier sein könnte, würde ich das zu schätzen wissen.«

»Sicher.«

Er ging die Stufen hinunter und war schon fast auf der Straße, als sie ihn noch einmal aufhielt. »Inspector«, rief sie, und er sah sich zu ihr um und wartete, dass sie fortfuhr. »Sie sehen es, nicht wahr?«, fragte sie. »Sie sehen, was für ein guter Mensch er ist? Was für ein liebenswürdiger Mann? Dass ich nicht die Einzige bin, die ihn so sieht, meine ich.«

Er sah sie an und beneidete Hawley um die Liebe dieser Frau. Er zögerte nur einen Moment, lächelte und nickte. »Ja, ich glaube, das tue ich.«

Sie lächelte jetzt auch, erleichtert, ging zurück ins Haus und schloss die Tür hinter sich. Das Herz pochte ihr in der Brust. Sie überlegte, ob sie noch einmal in den Garten hinausgehen sollte, aber es wurde spät und sie fühlte sich zu müde zum Arbeiten, und so ging sie nach oben, um sich umzuziehen.

Keine fünf Minuten später hörte sie, wie sich unten die Tür öffnete, und trat auf den Treppenabsatz hinaus. »Hawley«, sagte sie, voller Freude, ihn zu sehen. »Du hast unseren Besucher verpasst.«

»Ach ja? Wen?«, fragte er.

»Inspector Dew von Scotland Yard. So ein netter Mann.«

»Ach ja?«

»Er sagte, du wolltest ihm noch etwas geben.«

»Das stimmt«, sagte er. »Das habe ich ihm gesagt.«

»Er sagt, er kommt am Mittwochabend. Um acht. Er würde dann gerne mit dir sprechen.«

Hawley nickte, ging ins Wohnzimmer und setzte sich in seinen Sessel. Er zitterte. Ihm war kalt, denn er hatte die letzte Viertelstunde hinter einem Baum auf der anderen Straßenseite gestanden, außer Sichtweite von Ethel und Dew, hatte das Fenster beobachtet und darauf gewartet, dass der Inspector ging. Mittwochabend, dachte er, das gibt uns nicht viel Zeit zu verschwinden.

Mittwoch, 22. Juni

Der Nachmittag des 22. Juni 1910 zog sich für Inspector Walter Dew endlos zäh dahin. Er saß in seinem Büro und erwischte sich immer wieder dabei, wie er aus dem Fenster auf den Fluss hinaussah und sich nicht auf seine Arbeit zu konzentrieren vermochte. Drei Aktenmappen lagen vor ihm und wollten bearbeitet werden, und er hatte es mit jeder einzelnen versucht, war aber nicht weitergekommen. In der ersten Mappe ging es um die Frau, die vor einer Woche bei Bow in der Themse treibend gefunden worden war. Die Autopsie deutete darauf hin, dass sie erwürgt und erst danach in den Fluss geworfen worden war, da sie kein Wasser in der Lunge gehabt hatte. Sie war zweiundsechzig Jahre alt gewesen, und er verdächtigte ihren Mann. Bei älteren Frauen war es immer der Mann, der nach Jahren der Nörgelei endlich genug gehabt hatte. Die zweite Mappe enthielt einen Bericht über eine Einbruchserie in Kensington. Die Einbrüche fanden stets spätabends statt, und das Merkwürdige war, dass sich in keinem Fall Hinweise auf ein gewaltsames Eindringen finden ließen. Im letzten Fall ging es um einen jungen Mann, der von einer eleganten, von einem edlen Pferd gezogenen Kutsche mit dem, wollte man dem Opfer glauben, Wappen des Prinzen von Wales angefahren worden war, die sich schnellstens aus dem Staub gemacht hatte. Dew legte die Mappe ans Ende, denn der Fall war fraglos der schwierigste. All seine diplomatischen Talente würde er dafür aufwenden müssen. Doch im Moment machte das alles nichts, denn er würde gleich schon zu einem weiteren Besuch am Hilldrop Crescent aufbrechen. Er trug seinen besten Anzug und hatte morgens sogar von einem Mädchen auf der Straße eine Blume gekauft, die er sich ins Knopfloch seines Jackenaufschlags zu stecken gedachte, wenn er das Büro verließ. Damit sie frisch blieb, hatte er sie in ein Glas Wasser auf seinem Schreibtisch gestellt, wo sie ziemlich verloren wirkte und sich verzweifelt mühte, einen Anflug von Duft zu bewahren. Er betrachtete sich im Spiegel und war zufrieden mit dem, was er da sah. Er wirkte beschwingt und wach, ein willkommener Tischgenosse, sollte er von den Crippen-LeNeves zum Essen eingeladen werden, worauf er sehnlich hoffte. Hinterher würde er mit Hawley vielleicht noch einen Abstecher in den örtlichen Pub machen, während Ethel das Geschirr spülte. Sie würden über Männerdinge reden, ohne weiter bei den Schwierigkeiten der Vergangenheit zu verweilen, und nach anderen Gemeinsamkeiten suchen, auf die sie ihre Freundschaft gründen konnten. Wieder sah er auf die Uhr. Er wollte nicht zu früh kommen, doch es war jetzt Viertel nach sieben, und wenn er sich Zeit ließ, würde er absolut pünktlich kommen.

»Haben Sie was Nettes vor, Inspector?«, fragte PC Milburn, als Dew durch den Wachraum kam.

»Wie bitte?«, fragte der Inspector schroff, der kaum richtig zugehört hatte.

»Ich fragte, ob Sie etwas Nettes vorhaben«, wiederholte Milburn. »Es ist nur, weil Sie Ihren besten Anzug tragen und auch noch eine Blume im Knopfloch. Normalerweise sehen Sie nicht so gut aus, Sir.«

»Normalerweise sehe ich …?«

»Oh, ich wollte Sie nicht beleidigen, Inspector Dew«, sagte PC Milburn hastig. »Ich meine nur, normalerweise tragen Sie keinen so teuren Anzug. Selbstverständlich sehen Sie immer gut aus.« Er holte tief Luft. »Sie sind ein sehr gut aussehender Mann, Sir, wissen Sie«, fügte er verwirrt hinzu und bereute seine Worte sofort.

»Gehen Sie an Ihre Arbeit, Milburn«, sagte Dew.

»Ja, Sir«, antwortete der Constable und setzte sich wieder.

»Wie es sich trifft«, sagte Dew und wandte nach einem Moment den Kopf, um den jungen PC von seinen Plänen zu unterrichten, was er für gewöhnlich niemals tat, »habe ich vor, heute Abend mit ein paar engen Freunden essen zu gehen. Einem Dr. Crippen und seiner Freundin. Ich dachte, da ist es nur angebracht, sich etwas zu bemühen. Nehmen Sie sich ein Beispiel, Milburn, für den Fall, dass Sie und ihre junge Freundin einmal irgendwo eingeladen werden sollten.«

Dew war überrascht, dass er Milburn all das sagte, doch das war nichts im Vergleich dazu, wie Milburn staunte. Der Inspector hatte sich ihm gegenüber noch nie so gesprächig gezeigt. Vielleicht, überlegte er, denkt er daran, mich für eine Beförderung vorzuschlagen? Das wäre eine willkommene Überraschung.

»Dr. Crippen?«, fragte er und zog die Nase beim Nachdenken kraus. »Der Name kommt mir bekannt vor, Sir. Wo habe ich ihn schon gehört?«

»Nirgends, sollte ich meinen«, sagte Dew, der seinen neuen Freund nicht mit einem einfachen Constable gemeinmachen wollte.

»Doch, jetzt erinnere ich mich«, sagte der PC, der sich an die Besuche von Mrs Smythson erinnerte. »Das ist der, von dem diese Mrs Soundso sagte, er hat seine Frau umgebracht.«

»Ach, machen Sie sich nicht lächerlich, Milburn. Der Mann ist ein absoluter Gentleman. Er hat seine Frau nicht umgebracht, das kann ich Ihnen versichern.«

»Aber die Lady ...«

»Die *Lady*, wenn das denn tatsächlich ein Begriff ist, den wir für diese Art Frau benutzen können, kam mit einer fadenscheinigen Anschuldigung, die sich als völlig haltlos erwiesen hat. Ich bin mit dem Doktor persönlich bekannt und kann Ihnen versichern, dass er ein Mann von höchstem Format ist.«

»Ah ja?«, fragte Milburn argwöhnisch. »Und wie geht es seiner Frau? Lebt sie noch?«

»Sie lebt noch, und zwar höchst angenehm in Amerika, in Florida, um genau zu sein. Das Ganze war ein Irrtum von Seiten dieser Mrs Smythson, und die Akte wurde geschlossen.«

»Ich bin froh, das zu hören, Sir«, sagte Milburn mit einem breiten Grinsen, als sich Dew umdrehte, um zu gehen. »Ich wünsche Ihnen einen schönen Abend, Sir.«

Inspector Dew hob grüßend die Hand, ging hinaus und sog die frische Luft in sich hinein, von Glück und Vorfreude auf den vor ihm liegenden Abend erfüllt. Es war Mitte Juni und in den Straßen noch ziemlich hell. Er kam an einem Park vorbei und sah eine Gruppe Männer auf dem Rasen Kricket spielen. Ihre froh gelaunten Stimmen wehten zu ihm herüber, und er verspürte eine ungewohnte Lebensfreude, eine Woge der Begeisterung für seine Mitmenschen, den Wunsch zu lieben und von allen geliebt zu werden. Solche Gefühle waren ihm eigentlich fremd, und er schwelgte in seiner neuen Verfassung. Auf dem Weg an der Themse entlang empfand er den untypischen Drang, auf eine leere Bank zu springen und laut loszusingen, doch er hielt sich zurück, weil er nicht in eine Anstalt eingeliefert werden wollte, noch bevor er die Brücke erreichte.

Gänzlich ungezwungen schlenderte er dahin, warf einem Obdachlosen, der an der Ecke zum Morning Crescent campierte, einen Penny hin und tippte sich mit zwei Fingern an den Hut, als ihm ein paar Ladys entgegenkamen. Sein Magen knurrte ein wenig, und er hoffte erneut, dass er zum Essen eingeladen würde. Er hatte sich entschieden, Dr. Crippen nicht nach weiteren Informationen über den Mann zu befragen, der ihm Hörner aufgesetzt hatte. Was Dew anging, konnten diese Cora und ihr Geliebter für den Rest ihres Lebens in Florida bleiben, ihn ging das alles nichts an. Er würde Hawley gleich bei der Ankunft sagen, dass der Fall abgeschlossen sei und er weder den Namen noch die Adresse brauche.

Worauf sie ihm ihre Gesellschaft und Freundschaft sicher nicht vorenthalten würden. »Sie müssen sich nie wieder an den Namen Cora Crippen erinnern«, würde er sagen. Er fühlte sich wie ein Mann, der einem anderen die beste Nachricht seines Lebens überbrachte und wusste, dass er dafür auf die eine oder andere Weise belohnt werden würde. Als er Police Constable Milburn erklärt hatte, die Akte sei geschlossen, hatte er es ernst gemeint.

An diesem Abend waren wieder überall auf dem Hilldrop Crescent Kinder zu sehen, doch diesmal spielten sie friedlich miteinander und quälten keine Tiere. Der Anblick freute ihn. Missratene Kinder disziplinieren zu müssen, wäre das Letzte gewesen, was er heute gebraucht hätte. »Guten Abend«, sagte er zu ihnen, und sie sahen ihn ungläubig an, denn es war selten, dass so ein gut angezogener Gentleman Notiz von ihnen nahm, geschweige denn sie ansprach.

»'n Abend, Sir«, murmelte eines von ihnen und wurde gleich von seinen Freunden mit höhnischen Blicken bedacht.

Zu seiner Überraschung und Enttäuschung war das Wohnzimmerfenster von 39 Hilldrop Crescent dunkel, aber er sagte sich, dass seine Freunde sicher noch oben waren und sich zum Essen ankleideten, oder vielleicht saßen sie auch hinten im Garten. Schließlich hatten sie eine Verabredung, und es war genau acht Uhr. Es war nicht so, als wären sie nicht zu Hause. Er tanzte praktisch die Stufen zur Tür hinauf, klopfte dreimal, und als seine Knöchel das letzte Mal auf das Holz trafen, stellte er überrascht fest, dass die Tür nachgab und sich ein paar Zentimeter öffnete. Licht von der Straße ergoss sich in Dr. Crippens dunkle Diele.

Dew blinzelte, lauschte auf Geräusche, und als er nichts hörte, drückte er die Tür langsam auf. Die Angeln quietschten wie in einer Schauergeschichte, und Dew musste an Jonathan Harkers Ankunft im Schloss des Grafen Dracula denken. Aber er ging nicht hinein, sondern beugte sich nur vor und rief: »Hawley? Miss Le-Neve?«

Er bekam keine Antwort und sah nervös die Straße hinauf und hinunter. Obwohl er einer der leitenden Beamten von Scotland Yard war, konnte er sich vorstellen, dass jemand, der ihn dabei beobachtete, wie er ein Haus betrat, das ihm nicht gehörte, den örtlichen Constable rief, um ihn verhaften zu lassen, was für alle eine peinliche Sache wäre und ganz sicher ärgerlich für seine Gastgeber. Allerdings schien im Moment niemand zu ihm herzusehen, und so schlüpfte er schnell hinein und schloss die Tür hinter sich.

Düsternis umfing ihn, und er zitterte. Es war kalt hier drinnen, obwohl sie doch Hochsommer hatten. »Hawley?«, rief er wieder. »Walter Dew ist hier, von Scotland Yard. Miss LeNeve?« Seine Worte wanderten durch die Luft und verloren sich in der Ferne. Dew runzelte die Stirn, seine Enttäuschung verschwand einen Moment lang hinter dem Mysterium ihrer Abwesenheit. Er öffnete die Tür zum Wohnzimmer, in dem er bereits mehrfach gesessen hatte, und sah hinein. Es war makellos sauber wie immer, aber etwas schien heute anders. Er ging in die Küche und legte die Hand auf die Teekanne. Kalt. Er sah in die Spüle, die völlig trocken war, was darauf hindeutete, dass sie wenigstens einen Tag nicht benutzt worden war. Er biss sich auf die Lippe, ging zurück in die Diele, stieg die Treppe hinauf und sah hinter die Türen, bis er Dr. Crippens Schlafzimmer fand. Er öffnete den Schrank. Er war noch halb voller Kleider, aber auf einer Seite hing eine ganze Anzahl leerer Bügel und die verbliebenen Sachen waren ganz zur Seite gedrückt. Er überlegte, warum das so sein mochte, und ging zurück nach unten, um sich genauer umzusehen. Auch nicht eine Sekunde lang wollte er sich vorstellen, dass es unheilvolle Gründe für das alles gab, obwohl klar war, dass hier etwas Ungewöhnliches vorging.

Er stand in der Diele, die Hände in die Hüften gestützt, und fragte sich, wohin er sich wenden sollte, als sein Blick auf eine Tür unter der Treppe fiel, die ihm bisher nicht aufgefallen war. Er betrachtete sie eine Weile, dann trat er auf sie zu und fasste die

Klinke so fest, als hätte er Angst, sie könnte sich ihm entwinden. Hinter der Tür führte eine Treppe hinunter in den Keller, die er vorsichtig hinabstieg. Er schaltete die einzelne Glühbirne ein, die unten neben den Stufen hing und den Raum mit einem dürftigen Lichtschein erfüllte. »Hawley?«, sagte er erneut, diesmal eher flüsternd und ohne tatsächlich mit einer Antwort zu rechnen.

Der Keller war etwas feucht, und die Luft roch modrig. Überall stand Gerümpel herum, und er senkte den Blick auf den schmierigen Steinboden. Der Raum ließ ihn frösteln, und er überlegte, ob er wieder nach oben gehen sollte, als ihm der Zustand des Steinbodens hinten in der Ecke auffiel, etwa drei, vier Meter von ihm entfernt. Die Steinplatten dort waren sauber und die Fugen klar zu erkennen, so als hätte jemand den Boden erst vor einiger Zeit entfernt, die Platten für eine Weile zur Seite gestellt und anschließend neu verlegt. Dew schluckte nervös, trat näher und ging in die Hocke.

Der Geruch drang ihm in die Nase, noch bevor er die erste Platte berührte, und er würgte angewidert. Trotzdem fuhr er mit den Fingern, den Kopf leicht abgewandt, in eine der Fugen und konnte eine Platte anheben, die in drei Teile zerbrochen war. Er schaffte sie zur Seite und betrachtete das, was darunter zum Vorschein kam. Es stank fürchterlich, sah aber völlig normal aus. Es war eine schwere braune, erdige Masse, die, wie er annahm, auf dem Betonfundament verteilt worden war, um den Boden darauf zu verlegen. Er fuhr mit der Schuhspitze hinein und erwartete, auf harten Widerstand zu treffen, stieß stattdessen aber auf etwas Weiches, Nasses, das ein schmatzendes Geräusch von sich gab, auf etwas, das *unnatürlich* klang, und er fuhr zurück und sah sich entsetzt im Keller um. Dann atmete er tief ein, hielt die Luft an, kniete sich auf den Boden und schob mit den Händen vorsichtig etwas von der erdigen Masse zur Seite. Darunter kamen ein paar dick mit Zeitung umwickelte und mit Bindfaden verschnürte Pakete zum Vorschein. Sie stanken bestialisch, und sein Mund verzog sich angeekelt, aber nachdem er schon so weit war, konnte er jetzt nicht aufhören. Sein Magen wand sich, und er zog eines der Pakete heraus. Es löste sich problemlos, und er legte es ein Stück entfernt auf den Boden. Mit seinem Taschenmesser durchschnitt er den Bindfaden, ergriff das Zeitungspapier und öffnete es langsam.

Zum Vorschein kam ein Stück menschliches Gewebe, mit Knochen und geronnenem Blut, sorgsam zerlegt und ordentlich in dickes Papier gepackt, aus dem eine zähe schwärzliche Flüssigkeit zu rinnen begann. Seitlich schien ein Daumen zu erkennen zu sein. Es war ein sehr ordentlich verpacktes Paket und enthielt wie alle anderen verschiedene Teile eines menschlichen Kadavers, der bereits zu verwesen begann.

15 Die Jagd

Atlantischer Ozean: Sonntag, 24. Juli, bis Dienstag, 26. Juli 1910

Kapitän Taylor saß mit Inspector Dew im Funkraum der *Laurentic*, nachdem sie mit dem Marconi-Telegrafen eine weitere Nachricht an Kapitän Kendall auf der *Montrose* geschickt hatten. Vier Worte, die wenig sagten, aber viel besagten: »Beeilen uns, Schweigen bewahren.« Anschließend gingen sie in den privaten Speiseraum des Kapitäns, wo es Räucherlachs mit einer Gemüseauswahl und Kartoffeln gab, angerichtet vom Koch der *Laurentic*.

»Ich bestehe immer darauf, ihn dabeizuhaben«, erklärte Taylor seinem Gast. »Diese Reisen können mitunter ein ganz schönes Durcheinander mit sich bringen, dann ist es ein Trost, einen verdammt guten Koch an Bord zu haben. Wenn ich die Mannschaftsliste bekomme, sehe ich als Erstes nach, wer der Koch ist, und wenn er mir nicht gefällt, bleibt das Schiff im Hafen.«

»Ich bin sicher, Ihre Passagiere wissen das zu schätzen«, sagte Dew, dem das Essen ausnehmend gut schmeckte.

»Die Passagiere?«, sagte der Kapitän und stotterte verblüfft. »Zum Teufel mit den Passagieren, Mann. Sie glauben doch nicht, dass ich solch ein Können an so eine Bagage verschwende? Der Mann hat in Paris gearbeitet, Himmel noch mal. Er hat für Sarah Bernhardt gekocht. Nein, der bleibt allein für die Offiziere und mich reserviert. Die Reederei denkt, er kocht für alle, aber darüber bewahren wir ebenfalls Stillschweigen.«

»Sie sind ein glücklicher Mann«, sagte Dew lachend. »Ich muss mich zu Hause abends meist selbst versorgen.«

»Hier nicht«, sagte der Kapitän. »Und Ihre Kabine? Ist sie Ihnen bequem genug?«

»Sie ist äußerst bequem. Danke, dass Sie mir ein so schönes Zimmer gegeben haben.«

»Eine *Kabine*, Inspector. Eine *Kabine*.«

»Natürlich.«

»Dieser Crippen, hinter dem wir her sind«, sagte Taylor nach einer Weile, während er versuchte, eine zwischen zwei Zähnen klemmende Gräte zu fassen zu bekommen, weshalb seine Worte etwas gedämpft klangen. »Ich habe in der Zeitung von ihm gelesen, bevor wir Liverpool verlassen haben. Es heißt, er hat seine Frau umgebracht.«

Dew nickte. »So sieht es aus«, sagte er. »Eine erschreckende Geschichte. Ich war es, der ihre Überreste entdeckt hat.«

»Ach ja?«

»Er hatte sie zerlegt und im Keller vergraben. Das war schlimmer als alles, was ich bisher gesehen habe.«

»Erzählen Sie, Inspector«, sagte der Kapitän, der eine Vorliebe für das Makabre hatte.

Dew seufzte. In den wenigen Wochen seit Crippens Verschwinden war er zu so etwas wie einer Berühmtheit geworden, trotzdem redete er nicht gerne mit Außenstehenden über die Sache. Nachdem er die Pakete mit den Leichenteilen von Cora unter dem Steinfußboden im Keller von 39 Hilldrop Crescent entdeckt hatte, war eine ganze Mannschaft von Polizeiärzten und Wissenschaftlern angereist und hatte alles auseinandergenommen. Sie hatten fast alle Steinplatten des Kellerbodens aufgehoben und mehr und mehr Pakete entdeckt. Das grausige Puzzle wurde in der Leichenhalle des örtlichen Krankenhauses zusammengetragen, innerhalb weniger Tage lagen mehr als zweihundert Teile auf den Tischen ausgebreitet, damit die Ärzte und Polizisten sie untersuchen konnten.

»Es ist eine schmutzige Arbeit«, erklärte Dr. Lewis, der Chefpathologe, als Dew nach unten kam, um sich die grausige Sache selbst anzusehen. »Wenn er wirklich ein ausgebildeter Arzt ist, sollte man meinen, dass er ein besseres Verständnis des menschlichen Körpers hätte. Einige der Teile sind an den schwierigsten Stellen abgetrennt worden. Wie von einem Grünschnabel, der zum ersten Mal ein Hähnchen zerlegt. Wobei Mrs Crippen eindeutig tot war, als er sich ans Zerteilen gemacht hat, was als ein Segen betrachtet werden muss. Es war nicht leicht, alles wieder richtig zusammenzusetzen, so viel Spaß es mir auch gemacht hat, wenn Sie die Wahrheit wissen wollen. Hat mich sehr an meine Zeit an der Uni erinnert. Mein Gott, was für Streiche wir uns da haben einfallen lassen. Einmal haben mein Freund Angus und ich ...«

»Das scheint mir kaum die Situation für Scherze zu sein, Doktor«, ermahnte Dew ihn, der nicht in der Stimmung war, sich Geschichten über Studentenspäße anzuhören.

»Jaja. Obwohl ich zugeben muss, dass ich einige von meinen Studenten hergeholt habe, damit sie sich das ansehen, und auch ein paar von den Kollegen. Ich habe gehört, der Mann hat in einem Schlachthof gearbeitet, ist das richtig?«

»Ich weiß nur, was auch Sie in der Zeitung gelesen haben«, antwortete Dew. »Mehr nicht.«

»Nun, es überrascht mich, das ist alles. Ob Sie es glauben oder nicht, ein Schlachthof ist ein ausgezeichneter Ort, um die Kunst des Sezierens zu erlernen. Einige von den Leuten dort könnten sich in der Harley Street niederlassen, wenn sie es wollten.«

»Wahrscheinlich war er nervös. Das würde die mangelnde Genauigkeit erklären.«

»Das nehme ich an.«

»Haben Sie sie wieder zusammengesetzt?«

»Fast vollständig.«

»Fast?«

Lewis sah ihn verwirrt an. »Sie wissen doch, dass man den Kopf noch nicht gefunden hat, oder?«, fragte er.

Der Kopf. Während der letzten paar Wochen war es für die

Londoner Zeitungen zu so etwas wie einer Obsession geworden, Licht in den Verbleib von Cora Crippens Kopf zu bringen. Nur er war im Keller von 39 Hilldrop Crescent nicht zu finden gewesen und so zum letzten fehlenden Puzzleteil geworden, das benötigt wurde, bevor ihre Überreste in einen Sarg gegeben und begraben werden konnten. Jedes einzelne Straßenkind Londons durchsuchte Mülleimer und Gullys nach ihm, und entlang der Themse standen Männer und behielten Wasser und Ufer im Blick, für den Fall, dass der Kopf irgendwo angeschwemmt wurde. Das Gerücht ging, der *Express* würde demjenigen, ob Mann, Frau oder Kind, hundert Pfund zahlen, der den Kopf fand und ihn in der Redaktion ablieferte. Offenbar hatte sich daraufhin eine Gruppe Cockney-Salomes gleich auf die Pirsch begeben.

»Ich habe den ganzen Tag über mein Riechsalz bei mir«, sagte Mrs Louise Smythson zu ihrem Ehemann Nicholas und den Nashs, als sie Tage später im Savoy saßen und ihren Tee einnahmen. »Jedes Mal, wenn ich daran denke, werde ich ganz schwach. Wie wir da in dem Haus gesessen und gegessen haben! Er hätte uns alle umbringen können.«

»Louise, bitte!«, bettelte Mrs Nash.

»Ich muss immer überlegen, was er uns wohl ins Essen getan hat«, sagte Nicholas Smythson. »Meint ihr, es war vielleicht ein langsam wirkendes Gift, und wir alle wachen eines Morgens als Tote auf?«

»O Nicholas!«

»Nun, es ist schwer, nicht auf einen solchen Gedanken zu kommen«, protestierte er. »Was, wenn er noch andere Leute umgebracht und irgendwo vergraben hat? Was, wenn er aus ihren Knochen Suppe gekocht hat? Was, wenn er genau das mit uns allen vorhatte?«

»Smythson-Cremesuppe«, sagte Andrew Nash todernst, »nicht für mich, danke. Ich bleibe lieber bei Consommé.«

»Mir wird schlecht«, sagte Louise. »Nicholas, wenn du nicht sofort mit diesen Reden aufhörst, muss ich spucken.«
»Meine Liebe«, sagte Margaret, beugte sich vor und tätschelte ihr die Hand. »Die Belastung muss schrecklich für dich gewesen sein. Und all diese fürchterlichen Reporter.«
»Die sind eine Plage«, gab sie entzückt zu. »Jedes Mal, wenn ich die Tür öffne, steht ein anderer davor.«
»Hast du gestern den Leserbrief in der *Times* gesehen, Andrew?«, fragte Nicholas lachend und sah seinen Freund an. »Da hat doch einer geschrieben, es würde langsam Zeit, dass wir die Ladys zum Polizeidienst zulassen, und wo wir schon dabei seien, warum machten wir Louise Smythson nicht zu einem Inspector von Scotland Yard! Wie es scheine, könne sie denen, die es bereits gäbe, mehr als nur das Wasser reichen.« Er verschluckte sich vor Lachen, so absurd schien ihm die Idee.
»Ich würde sagen, das klingt sehr gut«, sagte Margaret Nash. »Inspector Smythson. Kannst du dir das vorstellen, Louise?«
»Was? Um in London herumzustreifen und in Kellern kopflose Leichen zu finden?«, fragte Louise erschaudernd. »Ich glaube nicht.« Tatsächlich war sie äußerst stolz auf sich und genoss die öffentliche Aufmerksamkeit und das Rampenlicht, in dem sie stand, über alles. Sie wurde als Heldin gefeiert, vom Besitzer des örtlichen Lebensmittelladens genauso wie von der Prinzessin von Wales, die sie in einem vertraulichen Gespräch gepriesen hatte, was von der entsprechenden Zeitung pflichtgemäß berichtet worden war.

»Trotzdem kam er mir wie ein sehr angenehmer, umgänglicher Mensch vor«, sagte Inspector Dew.
»Angenehm?«, fragte Kapitän Taylor ungläubig. »Ein Mann, der seine Frau in kleine Stücke schneidet und isst? Was würden Sie dann um Himmel willen grob nennen?«
»Nun, ich wusste ja nicht, dass er das getan hatte, oder?«, ant-

wortete Dew. »Er wirkte ziemlich umgänglich. Und *gegessen* hat er sie auch nicht.«

»Man muss immer auf die Ruhigen achten.«

»Das ist eigentlich nicht so«, sagte Dew. »Es ist nicht leicht für einen Mann, seinen Charakter so zu verstecken. Ich denke, er ist eines Abends einfach durchgedreht, weil er genug von ihrer brutalen Art hatte.«

»Wenn er einfach nur durchgedreht wäre, Inspector, hätte er sich kaum vorher das Gift besorgt, oder? Riecht das nicht nach Vorsatz? Ich meine, so steht es in den Zeitungen. Dass er in einer Apotheke in der Oxford Street vorher eine Flasche Hydro-Soundso gekauft hat.«

»Sicher, sicher«, gab Dew zu. »Ich denke nur, sie hat es übertrieben, das ist alles. Er sah keinen Ausweg mehr. Und es war Hyoscin-Hydrobromid, eines der wirksamsten und schnellsten Gifte überhaupt.«

»Sie klingen fast so, als hätten Sie Verständnis für ihn.«

»Tatsächlich?«, fragte der Inspector überrascht. »Nein, das habe ich nicht, wirklich nicht. Es war eine schreckliche Tat. Trotzdem muss ich mich fragen, was ihm heute durch den Kopf geht. Ob er es bereut? Ob er keinen Schlaf findet? Es kann nicht leicht sein, so etwas zu tun und anschließend zu vergessen. Jemanden umzubringen und dann so beiseitezuschaffen. Schrecklich.«

Dew selbst hatte während der letzten Wochen an nichts anderes denken können. Nach der Entdeckung von Coras Überresten konnte er, erfüllt von Selbstzweifeln und Elend, tagelang nicht schlafen. Die Zweifel rührten aus der Erkenntnis, dass er vielleicht doch nicht so ein guter Spürhund war, wie er gedacht hatte. Nie in seiner gesamten Laufbahn hatte er sich so von jemandem düpiert gefühlt, so hinters Licht geführt. Elend fühlte er sich aber vor allem, weil er wusste, dass Dr. Crippen diese schreckliche Tat begangen hatte. Er versuchte zu glauben, dass es nicht so war, dass alles nur ein Irrtum war, doch die Wahrheit ließ sich nicht verleugnen. Dieser Mann, dessen Freundschaft er für sich erhofft, mit dem er sich menschlich so eng verbunden gefühlt hatte, befand sich jetzt mitten auf dem Atlantik und wusste nicht, dass jemand, der ihn bis vor Kurzem noch respektiert hatte, nicht mehr weit hinter ihm war, ihn jagte und sich nichts mehr wünschte, als ihn zurück nach London zu bringen und ihn dort am Seil des Henkers baumeln zu sehen.

»Ich glaube«, sagte Margaret Nash und schluckte das letzte Stückchen Gebäck hinunter, »die einzigen Menschen auf der Welt, die im Moment nicht über den berüchtigten Dr. Crippen reden, sind die, die ihm am nächsten sind, und *die* bedauere ich. Die Erste-Klasse-Passagiere an Bord der *Montrose*. Gott allein weiß, wann er das nächste Mal zuschlägt. Der Mann hat Blut geleckt und wird niemals aufgeben«, fügte sie noch dramatisch hinzu, mit loderndem Blick. Ein wenig Speichel hing an ihren scharlachroten Lippen.

Beide Nachrichten kamen innerhalb von fünfzehn Minuten über den Marconi-Telegrafen. Seit dem Nachmittag vor ein paar Tagen, seit Kapitän Kendall ihn mit in den Funkraum genommen hatte, um ihm zu sagen, was er über Mr Robinson und seinen vermeintlichen Sohn herausgefunden hatte, seit Carter auf Kendalls Geheiß die Nachricht an Scotland Yard geschickt und die Herrschaften dort über dessen Verdacht informiert hatte, seitdem hatte Billy Carter mehr und mehr Zeit seines Arbeitstages im Funkraum verbracht, und auch einen nicht gerade kleinen Teil seiner Freizeit. Der Kapitän hatte ihm zwischendurch immer wieder klargemacht, dass niemand sonst etwas davon erfahren dürfe, nicht einmal einer der anderen Offiziere, und so waren entweder Kendall selbst oder der Erste Offizier ständig, zu jeder Tages- und Nachtzeit, in dieser Kabine zu finden, vor dem Marconi-Telegrafen sitzend und darauf wartend, dass er zum Leben erwachte und sein piepsendes

Signal hören ließ. Die fortgesetzte Anwesenheit der beiden dort verwirrte die anderen Mannschaftsmitglieder zwar, aber sie waren zu gut trainiert, um Fragen zu stellen.

Billy Carter mochte den Funkraum. Es war friedlich dort, und er war für sich, es war warm, ohne so stickig zu sein wie in seiner winzigen Kabine, die nicht mal ein eigenes Bullauge hatte. Kapitän Kendall hatte ihm untersagt, Mr Sorensons angestammten Schlafplatz zu benutzen. Carter konnte stundenlang im Funkraum sitzen, die Füße auf dem Tisch, und einen Kaffee trinken, ein Buch lesen oder einfach nur darüber sinnieren, wie das Leben zu Hause war und wie es sich ändern würde, wenn erst das Kind da war. Insgeheim dankte er Mr Robinson dafür, dass er seine Frau zerstückelt hatte. Es bedeutete, dass es keine Verzögerung geben würde, da die *Montrose* und die *Laurentic* sich noch vor Ende des Monats kurz vor der kanadischen Küste treffen sollten. Da es unbedingt wichtig war, den Zeitplan einzuhalten, würde er bereits am 3. August sein Schiff zurück nach Europa und in die Arme seiner Familie besteigen können.

Die erste Nachricht kam um achtzehn Uhr fünfzehn, und es war eine Antwort auf Kapitän Kendalls Funktelegramm, das dieser spät am Abend zuvor nach Antwerpen geschickt hatte. Carter empfing sie, schrieb sie stirnrunzelnd auf und fragte sich, wie er dem alten Mann die Neuigkeiten beibringen sollte. Er lief auf und ab, versuchte, sich Kendalls wahrscheinliche Reaktion auszumalen, und wollte gerade los, um ihm die Nachricht zu überbringen, als die Tür aufging und der Kapitän den Funkraum betrat.

»Mr Carter«, dröhnte er. »Wieder ohne Mütze. Ich denke doch, ich habe Ihnen erklärt ...«

»Aber doch nicht hier drinnen«, protestierte der jüngere Mann. »Schließlich gibt es hier keine Passagiere, die es bemerken könnten.«

Kendall hob eine Braue. Sie waren alle gleich, diese jungen Leute. Immer eine schnoddrige Bemerkung auf den Lippen, eine leichte Ausflucht. Niemals taten sie das, was man ihnen sagte, das wäre viel zu einfach. »Kommando zurück«, seufzte er, weil er den Punkt nicht länger verfolgen wollte.

»Übrigens, Käpt'n, ich wollte gerade zu Ihnen«, sagte Carter und biss sich nervös auf die Lippe.

»Ja?«

»Gerade eben kam eine Nachricht.«

»Und? Was sagen sie?«, fragte er und sah seinen Ersten Offizier argwöhnisch an. Was war bloß los mit dem Kerl? Hüpfte wie ein Känguru mit Verdauungsstörungen von einem Fuß auf den anderen. »Sollen wir ihn einsperren?«

»Wen einsperren?«

»Wen? Wen? Sind Sie verblödet, Mann? Was glauben Sie denn? Jimmy, den Schiffsjungen? Crippen natürlich! Sie haben gesagt, wir sollen fürs Erste nichts unternehmen, um keine Panik auszulösen, aber was ist geschehen? Haben sie ihre Meinung geändert?«

Carter schüttelte den Kopf. Er begriff, dass der Kapitän beim falschen Thema war. »Nein, Sir«, sagte er. »Es geht nicht um Mr Robinson, Sir. Sondern um Mr Sorenson.«

Kendall schnappte nach Luft und erstarrte. Er sah so erschrocken aus wie ein großer Schauspieler, dem seine Zeilen abhandengekommen waren und der feststellen musste, dass er sonst nichts zu sagen hatte. »Mr Sorenson?«, fragte er atemlos. »Was ist mit ihm?«

»Es ist eine Antwort auf Ihr Funktelegramm von gestern Abend, Sir«, sagte Carter, »in dem Sie sich nach seinem Zustand erkundigt haben.«

»Nun lesen Sie schon vor, Mann«, fuhr Kendall ihn an und wusste kaum die Fassung zu bewahren.

»*Sorenson in kritischem Zustand*«, las er. »*Unerwartete Komplikationen. Die nächsten Tage entscheidend für Erholung. Im Moment im Koma, aber Doktor hoffnungsvoll.*«

Er sah den Kapitän nervös an.

»Weiter«, sagte Kendall mit scharfer Stimme.
»Das war es, Sir. Das war alles.«
»Das war es?«, fragte der Kapitän. Er riss Carter den Block aus der Hand und starrte auf die Worte, wollte sie ändern, ergänzen, wollte mehr Information, etwas, was ihn beruhigte. »Das ist alles, was sie telegrafiert haben?«
»Sir, Sie wissen, dass sie die Funksprüche kurz halten müssen.«
»Kurz? Kurz!«, rief Kendall. »Ein wichtiges Mitglied unserer Mannschaft stirbt, und die versuchen, ihre Nachrichten kurz zu halten! Das ist ungeheuerlich!« Er wandte sich ab und las die Worte noch einmal, legte Daumen und Zeigefinger auf die Nasenwurzel und drückte sie fest zusammen. Mr Sorenson lag im Koma, und er, sein engster Freund, fuhr Tausende von Meilen entfernt über den Atlantik und saß auf diesem Schiff fest mit einem idiotischen Ersten Offizier und einem Mörder, der seine als Jungen verkleidete Geliebte zur Gesellschaft dabeihatte. Kapitän Bligh musste so etwas nie durchmachen, dachte er.
»Es tut mir leid, Sir«, sagte Carter. »Ich weiß, er ist ein guter Freund von Ihnen, aber ...«
»Ein Freund?«, bellte Kendall. »Ich bin sein Vorgesetzter, Carter, sonst nichts. Es gibt keine Freundschaften in der Handelsmarine.«
»Aber die Nachricht bestürzt Sie ganz offenbar.«
Kendall beugte sich zu ihm hin, das Gesicht rot angelaufen. »Ich bin ganz und gar nicht bestürzt«, sagte er. »Ich bin nur gerne darüber informiert, wen ich in Zukunft zu meiner Mannschaft rechnen darf, das ist alles. Das hier ist nicht meine letzte Reise, Mr Carter. Wenn es auch Ihre sein mag.«
Billy Carter starrte ihn staunend an. Er hatte noch nie erlebt, dass jemand so plötzlich einer Hysterie so nahekam, und er fragte sich, was genau das für eine Beziehung zwischen Kapitän Kendall und seinem Ersten Offizier Sorenson war. Waren sie womöglich entfernte Verwandte? Waren sie zusammen zur Schule gegangen?

Er wollte schon fragen, als ein Piepsen hinter ihnen eine weitere eingehende Nachricht ankündigte, und beide Männer schlagartig herumfuhren.

»Das sind sie wieder«, rief Kendall und stürzte zum Empfänger. »Er ist tot. Ich weiß es. Er ist ohne einen Freund an seiner Seite aus dem Leben geschieden.«

»Käpt'n, bitte«, bat Carter und versuchte, ihm den Empfänger aus der Hand zu nehmen. »Lassen Sie mich die Nachricht annehmen. Ich gebe sie Ihnen sofort weiter.«

Kendall gab nach, ließ sich auf das kleine Sofa fallen, das an der Wand stand, und vergrub das Gesicht in den Händen, während sein Erster Offizier die eingehenden Worte direkt unter die letzte Nachricht schrieb. Der Kapitän wurde von Bildern seiner gemeinsamen Zeit mit Sorenson an Bord der *Montrose* überflutet. Wie sie zusammen gegessen, sich unterhalten und abends Schach gespielt hatten. An die Nächte, da sie draußen vor der Brücke gesessen, zu den Sternen hinaufgesehen und einander versichert hatten, dass die See und nur die See ihre Geliebte sein konnte, denn beide hatten nie eine Frau getroffen, die sie dieser Weite hätte abspenstig machen können. Würde es diese Abende und Nächte nie mehr geben? War das jetzt das vorzeitige Ende ihrer Freundschaft? Er sah durch einen Tränenschleier zu Billy Carter hinüber und wartete auf die Schreckensnachricht.

»Immer mit der Ruhe, Sir«, sagte Carter und sah ihn an, etwas verlegen, ihn so mitgenommen zu erleben. »Die Nachricht ist nicht vom Krankenhaus.«

»Nein?«

»Nein, sondern von der *Laurentic*.«

»Der was?« Kendall war mit den Gedanken anderswo und fand nicht gleich zurück.

»Der *Laurentic*. Dem Schiff, auf dem Inspector Dew ist.«

Kendall nickte langsam. »Richtig«, sagte er. »Sicher. Nun, was sagen sie? Wie lautet die Nachricht?«

Carter las das Telegramm noch einmal, als wüsste er nicht bereits, was es enthielt, und paraphrasierte diesmal den Inhalt, statt ihn wörtlich vorzulesen. »Sie sagen, sie sind schneller geworden und sollten uns am 27. erreichen. Vielleicht schicken sie Dew gleich herüber oder warten erst noch. Bis dahin sollen wir ausharren und im gegenwärtigen Tempo weiterfahren. Und nichts verlauten lassen. *Schweigen bewahren*, heißt es wieder.«

»*Schweigen bewahren*«, schimpfte Kendall angewidert. »Das schreiben sie jetzt zum zweiten Mal. Was, zum Teufel, denken die eigentlich, was wir hier die letzten Tage getan haben? Wir haben so viel Schweigen bewahrt, dass wir ein Heim für ältliche Witwen eröffnen könnten.«

Carter starrte ihn an und fragte sich, ob da noch mehr Theatralisches kommen würde.

Kendall stand auf. Er riss sich zusammen, wischte sich über die Augen und zog seine Jacke glatt.

»In Ordnung, Carter«, sagte er, hüstelte und wich dem Blick seines Ersten Offiziers aus. »Gut, gut. Machen Sie weiter. Wenn noch weitere Nachrichten kommen, dürfen Sie sie mir in die Kabine bringen. Sofort.«

»Natürlich, Sir.«

»Sorgen Sie sich nicht wegen der Zeit.«

»Nein, Sir.«

»Ich bleibe lange auf, wissen Sie.«

»Ich verstehe, Sir.«

»Wahrscheinlich lese ich ein Buch«, murmelte Kendall und öffnete die Tür. »Oder schreibe mein Tagebuch. So oder so, ich werde wach sein.«

»Sobald es Neues gibt, komme ich direkt zu Ihnen.«

Kendall nickte und schloss die Tür hinter sich. Sein Erster Offizier lehnte sich auf seinem Stuhl zurück und schüttelte staunend den Kopf. Dann brach er in ein kurzes Lachen aus, fasste sich und schüttelte wieder den Kopf.

Sein Blick blieb an etwas auf dem Sofa hängen, und er sah zur Tür, aber die war längst zu und der Kapitän verschwunden.
»Hier«, sagte er laut in die Leere, »Sie haben Ihre Mütze vergessen.«

»Sie wollten mich sprechen, Kapitän?« Mr John Robinson stand neben der Brücke der *Montrose* und spähte herein, wo ein besorgt aussehender Kapitän Kendall stand und ein Fernglas in Händen hielt. Kendall war mit den Gedanken bei seinem kranken Freund, holte sich aber zurück in die Gegenwart, als er den Mann, den er für den berüchtigten Hawley Harvey Crippen hielt, vor sich stehen sah.

»Sie sprechen?«, fragte er leicht benommen.

»Einer von ihren Männern kam zu meiner Kabine. Er sagte, Sie hätten mir etwas zu sagen.«

»O ja, natürlich«, antwortete der Kapitän und bat ihn herein.

»Entschuldigen Sie. Ich habe geträumt.«

Mr Robinson lächelte. Er war ein wenig überrascht gewesen, als der Seemann ihm die Nachricht überbrachte, und hatte sich gleich Sorgen gemacht. Hatten sie die Wahrheit herausgefunden? Wollte der Kapitän ihn mit ihrer Entlarvung konfrontieren? Er zitterte ganz leicht, als der ältere Mann auf ihn zutrat.

»Hallo?« Eine Stimme von hinten ließ beide zusammenfahren, und sie sahen Mrs Drake auf sie zueilen. »Mr Robinson«, sagte sie. »Ich sah Sie hier heraufsteigen und dachte, ich folge Ihnen. Ich hoffe, es stört Sie nicht.« Sie wandte sich dem Kapitän zu, dessen Gesicht ein fahles Lächeln überzog.

»Aber natürlich nicht, Mrs Drake«, sagte Kendall. »Ich hatte Mr Robinson eingeladen, sich die Ruderanlage anzusehen. Ich dachte, das könnte ihn interessieren.«

»Ach, wie reizend«, rief sie.

»Sie dachten, die Anlage könnte *mich* interessieren?«, fragte der Passagier verblüfft.

»Ja. Sie sind doch ein echter Mann, oder? Zeigen Sie mir einen Mann, der sich nicht dafür interessiert, wie Steuerungsanlagen und Maschinen funktionieren, und ich zeige ihnen einen, der gerne die Peitsche spürt, sage ich immer. Nicht, dass wir in der Navy noch Auspeitschungen vornehmen«, fügte er hinzu. »Gott sei's geklagt.«

»Aber, Kapitän, das ist hier doch sowieso nicht die Navy«, warf Mrs Drake ein. »Wir fahren auf einem zivilen Schiff.«

»Das ist in der Tat so. Wie gut von Ihnen, dass Sie darauf hinweisen, Mrs Drake.«

Kendall hatte mit der Einladung Mr John Robinsons auf die Brücke zwei Absichten verfolgt: Einmal wollte er sich von den Geschehnissen in Antwerpen ablenken, wo, soweit er wusste, Mr Sorenson bereits die Sterbesakramente gespendet bekam und der Bestatter Maß an ihm nahm, um den richtigen Sarg auszuwählen, und dann wollte er die Wahrheit über Mr Robinson beweisen, indem er ihn dazu brachte, sich in seinen Lügen zu verfangen. Seit dem zweiten Funktelegramm von der *Laurentic* war ihm bewusst geworden, dass seine Annahme auf ein paar sehr einfachen Hinweisen basierte, die leicht missinterpretiert werden konnten: die Verkleidung Edmund Robinsons … die leidenschaftliche Umarmung zwischen Vater und Sohn … der Umstand, dass die Beschreibung, die er in der Zeitung gelesen hatte, sehr ungefähr auf Mr Robinson passte. Sollte sich herausstellen, dass er einen Fehler gemacht hatte und es eine unschuldigere Erklärung für das Spiel der Robinsons gab – aber was konnte an so einer Sache unschuldig sein?, fragte er sich –, sollte das *tatsächlich* der Fall sein, wäre er blamiert und würde womöglich von Inspector Dew wegen leichtfertiger Irreführung der Polizei verhaftet. Was, wenn sich der Mann weigerte, ohne einen Verhafteten nach Scotland Yard zurückzukehren?, dachte er. Ohne *irgendeinen* Verhafteten? Er würde niemals zurück nach Antwerpen kommen, wenn das der Fall war. Wie auch immer, jetzt stand er hier, und er würde seine Fragen stellen, auch wenn Mrs Drake dabei war.

»Ist es nicht interessant?«, sagte sie und ließ ihren gierigen Blick über die Anlagen und Kontrollinstrumente gleiten. »Ich weiß nicht, wie Sie das alles im Auge behalten können. So viele Knöpfe, Farben und Hebel. Ich bin sicher, ich würde vergessen, was da alles zu tun ist.«

»Es wird einem zur zweiten Natur«, sagte der Kapitän, griff nach einem Buch über das Schiff, das er auf dem Tisch hatte liegen lassen, stieß einen leisen Schmerzensschrei aus und griff sich an die Schulter.

»Kapitän, ist alles mit Ihnen in Ordnung?«, fragte Mrs Drake.

»Es ist nur meine Schulter«, sagte er. »Eine alte Verletzung. Ich verrenke sie mir immer wieder.«

»Sie sollten sie von einem Arzt behandeln lassen.«

»Wir haben einen Arzt an Bord, aber der scheint nichts daran ändern zu können. Ich habe immer ein, zwei Tage Schmerzen, und dann beruhigt sich die Sache wieder.« Das war natürlich eine Lüge, doch er hoffte darauf, dass Mr Robinson nach den genaueren Symptomen fragen würde, und beobachtete den Mann hoffnungsvoll, wurde aber enttäuscht. Mr Robinson schien mehr daran interessiert, aus dem Fenster zu sehen, als über eine erfundene medizinische Frage zu diskutieren.

»Mögen Sie das Meer, Mr Robinson?«, fragte er nach einer Weile.

»Nicht sehr«, gab der zu.

»Ach, nein? Sind Sie schon mit einem Schiff gereist? Sie kommen aus London, richtig?«

»Ja, das ist richtig.«

»Sind Sie dort geboren?«

»Ja.«

»Und haben Ihr ganzes Leben dort verbracht?«

»Ja.«

»Verstehe«, sagte der Kapitän. Wieder kein Treffer. »Und Ihr Sohn?«, fragte er, wobei er das Wort fast ausspuckte, weil er sich damit an der Maskerade beteiligte. »Ihr Sohn kommt auch aus London?«

Mr Robinson wandte sich dem Kapitän zu, hob eine Braue und musterte den Fragenden. Warum all diese Fragen, überlegte er. Wollte der Kapitän eine Art Geständnis, dass Edmund nicht sein Sohn war? Wollte er darauf hinaus?

»Ich habe das Meer immer gemocht«, ertönte eine Stimme zwischen ihnen. »Mr Drake hat eine Jacht, die in der Nähe von Monaco parkt.«

»Liegt«, sagte Kapitän Kendall.

»Wie bitte?«

»Die Jacht *liegt* in der Nähe von Monaco«, sagte er. »Man parkt ein Automobil oder ein Fahrrad. Aber kein Boot.«

»Ja, sicher«, sagte sie kichernd. »Ich Dummerchen. Aber ich genieße unsere Tage darauf. Genau wie Victoria. Ich finde die Seeluft so erfrischend. Diese langen Reisen können einen allerdings etwas ermüden, wobei ich zugeben muss, es ist komisch, weil ich, so erschöpft ich bin, doch nicht gut schlafen kann. Ist das nicht ungewöhnlich?«

»Nehmen Sie Schlaftabletten?«, fragte der Kapitän.

»Hin und wieder. Aber sie helfen nicht immer. Manchmal wache ich mit ganz schrecklichen Kopfschmerzen auf.«

»Ich selbst ziehe natürlichere Mittel vor«, sagte Kendall und mied dabei bewusst Mr Robinsons Blick. »Pflanzliche Mittel. Fernöstliches. Homöopathisches.«

»Wirklich?«, fragte Mrs Drake, und ihre Mundwinkel gaben Zeugnis von ihrem Widerwillen, so als hätte sie einen Schluck saure Milch genommen. »Wie ungewöhnlich.«

»Sie können sehr hilfreich sein«, schaltete sich Mr Robinson in die Diskussion ein, ohne zu erkennen, dass Kendalls Einwurf bewusst auf ihn ausgerichtet gewesen war, »und sie werden immer beliebter. Nicht alles muss mit schweren Medikamenten und Elixieren behandelt werden.«

»Interessieren Sie sich für Homöopathie, Mr Robinson?«, fragte Kendall.

»Ein wenig.«

»Wissen Sie viel darüber?«

»Ein wenig.«

»Haben Sie je Homöopathisches probiert?«

»Ein wenig.«

Kendall ballte wütend die Fäuste. Dieser Mann war entweder schlau wie ein Fuchs oder unschuldig wie ein Lamm. Er vermochte ihn nicht zu durchschauen.

»Kapitän, liegen wir im Zeitplan? Was würden Sie sagen?«, fragte Mrs Drake. »Werden wir Kanada zum Ende des Monats erreichen?«

»O ja, damit rechne ich fest«, sagte er. »Ich bin noch nie in meinem Leben zu früh oder zu spät in einen Zielhafen eingelaufen und habe nicht vor, auf dieser Reise etwas anderes zu tun. Ganz gleich, was geschieht.«

»Ganz gleich, was geschieht? Warum, womit rechnen Sie denn?«

»Mit gar nichts. Ich meinte nur, dass man immer auf jede Eventualität gefasst ist und bereit, damit umzugehen.«

»Natürlich.«

In diesem Moment kam einer der Seeleute mit einer Notiz, die besagte, dass Billy Carter den Kapitän im Funkraum sprechen müsse. Kendalls Herz setzte einen Schlag lang aus, vielleicht war das die gefürchtete oder herbeigesehnte Nachricht. Er war enttäuscht, dass er nicht mehr aus Mr Robinson herausbekommen hatte. Wenn sich nur diese verwünschte Mrs Drake nicht an dessen Hacken gehängt hätte. »Ich muss mich entschuldigen«, erklärte er seinen Gästen. »Aber ich muss Sie leider verlassen.«

»Nun, danke, dass Sie uns diesen Teil des Schiffes gezeigt haben«, sagte Mr Robinson, der immer noch nicht recht wusste, warum er herbestellt worden war. »Es war äußerst interessant.«

»Ja, ganz herzlichen Dank, Kapitän«, sagte Mrs Drake.

»Aber bitte doch. Ich bin sicher, wir sehen uns später noch.« Er wollte sich schon abwenden, hielt aber noch einmal inne und sah Mr Robinson an. »Sie tragen so einen ungewöhnlichen Bart«, sagte er. »Mit rasierter Oberlippe. Ist das in London die neueste Mode?«

»Ganz und gar nicht«, sagte Mr Robinson. »Es ist allein meine Verschrobenheit.«

»Das ist fast wie bei den Amish in Amerika. Sie sind doch kein Amish?«

Mr Robinson ließ ausnahmsweise einmal ein Lachen hören. »Nein, Kapitän«, sagte er, »das bin ich nicht.«

»Tragen Sie ihn immer schon so?«

»Nein.«

»Haben Sie vor, sich auch wieder einen Schnauzbart wachsen zu lassen?«

»Nein.«

Ist es eine Lüge, dass Sie Mr John Robinson sind?, dachte Kendall. Sind Sie nicht eigentlich Dr. Hawley Harvey Crippen, der Mann, den die halbe Welt wegen Mordes an seiner Frau sucht, weil er sie zersägt und ohne Kopf im Keller seines Hauses vergraben hat?

»Kapitän, Sie sehen aus, als hätten Sie noch eine letzte Frage«, sagte Mr Robinson mit einem Lächeln. »Ist es so?«

Kendall überlegte. Ein Schweigen breitete sich zwischen ihnen aus, das Mr Robinson, das schwor er sich, nicht brechen würde. Er hielt Kendalls Blick mit einer Entschlossenheit stand, wie dieser sie nur selten verspürt hatte. »Nein«, murmelte der Kapitän schließlich und ging davon.

Abends saßen Mr Robinson, Miss Hayes und Monsieur Zéla an einem kleinen Tisch im Billardraum, tranken einen Brandy und genossen ihre Dreisamkeit. Es war ihnen gelungen, Mrs Drake und die jungen Leute abzuschütteln, und sie hatten eine Stunde lang

Rommé gespielt, um Pennys. Martha Hayes hatte fast immer gewonnen.

»Ich habe das Gefühl, Mrs Drake wittert Skandale, wohin immer sie blickt«, sagte Martha. »Es ist fast so, als könnten wir kein Gespräch führen, ohne dass sie von einer Verlobung spricht, hinter der ich her bin. Sie hat mich auch schon mit Ihnen in Verbindung gebracht, Matthieu. Seien Sie auf der Hut. Offenbar bin ich hinter allem her, was ich kriegen kann, und wild entschlossen, mir noch vor Ende dieser Reise einen Ehemann an Land zu ziehen.«

»Wirklich?«, fragte er amüsiert. »Und wer wirft Ihnen das vor?«

»Die Tochter. Ernsthaft, die beiden sind so ein schreckliches Paar. Haben sie denn nichts Besseres zu tun, als sich ständig über andere Menschen die Mäuler zu zerreißen?«

»Wahrscheinlich nicht«, sagte Matthieu. »Glauben Sie mir, ich habe in meinem Leben schon viele Frauen wie Antoinette Drake erlebt. Ihr Leben ist ziemlich leer, weil sie nichts haben, wonach sie streben können. Sie haben mehr Geld, als sie brauchen, und deshalb keine Träume oder Ziele mehr. Ihre Ehen sind lange schon leidenschaftslos, und ihre Kinder verachten sie, wie sie selbst auch ihre Kinder. Ich war einmal mit so einer Frau verheiratet. Vor langer Zeit. Sie hat mich so frustriert, dass ich manchmal das Gefühl hatte, sie erwürgen zu müssen.«

»Und, haben Sie?«, fragte Martha lächelnd.

»O nein. Ich habe mich von ihr scheiden lassen. Darauf steht nicht so viel Gefängnis.«

»Es ist keine Antwort, wissen Sie«, sagte Mr Robinson, dem nicht bewusst war, was der Alkohol auf leeren Magen in ihm auslöste. »Seine Frau umzubringen. Das löst keine Probleme.«

»Natürlich nicht, John«, sagte Martha. »Wir machen nur Spaß.«

»Trotzdem tun es die Leute immer wieder«, sagte er, »und sie kommen damit davon.«

»Ich mag keine Gewalt«, sagte Matthieu Zéla, steckte sich eine Zigarre an und lehnte sich in seinen Sessel zurück. »Ich habe in meinem Leben schon viele Leute einen gewaltsamen Tod sterben sehen, und es wird nicht leichter.«

»Was machen Sie eigentlich genau?«, fragte Martha neugierig. »Sie spielen auf so vieles an und sagen doch so wenig.«

»Ich arbeite im Kulturbereich«, antwortete er mit einem Lächeln. »Das waren über die Jahre immer wieder andere Dinge. Theater, Opernhäuser … die Kulturverwaltung. Sie dürfen mich einen ›internationalen Kultur-Söldner‹ nennen. Die Leute an den Schaltstellen scheinen meinen Namen zu kennen, und sie setzen sich mit mir in Verbindung, wenn sie eine Aufgabe haben, die erledigt werden muss. Sagen wir einfach, ich weiß mich zu beschäftigen.«

»Was ist mit Ihnen, Martha?«, fragte Mr Robinson. »Wenn Sie in Kanada ankommen, was tun Sie dann?«

Sie lächelte. »Ich weiß es noch nicht«, sagte sie. »Ich denke, vielleicht gehe ich in die Juristerei.«

»Die Juristerei?«, fragte er überrascht.

»Ja. Ich wollte schon immer Anwältin werden, ohne dass ich sagen könnte, warum. Ich bin nur nie dazu gekommen. Aber welche Fehler Monsieur Brillt auch gehabt haben mag, in einem hat er mir die Augen geöffnet: dass mir alles offensteht. Ich bin schließlich noch jung. Ich glaube, ich suche mir eine Arbeit und gehe nebenher zur Universität.«

»Da wünsche ich Ihnen Erfolg«, sagte Matthieu. »Nur vergessen Sie nicht, dass Sie noch vor Ende der Reise Ihre Wahl treffen müssen.«

»Meine Wahl?«

»Mrs Drake ist so überzeugt, dass Sie mich oder John hier heiraten wollen, da werden Sie sich schon entscheiden müssen, wen denn nun.«

Sie lachte und schüttelte den Kopf. »Das ist eine unmögliche

Wahl, Gentlemen«, sagte sie, »obwohl ich weiß, wen Mrs Drake für mich wählen würde.«

Die beiden Männer sahen einander an, bevor ihr Blick zurück zu Miss Hayes ging. »Wen?«, fragten sie wie aus einem Mund.

»Natürlich Sie, Matthieu«, sagte sie. »Schließlich bewohnen Sie die Präsidentensuite, und ich bin der Welt größte Goldgräberin. In Mrs Drakes Vorstellung wären Sie fraglos meine erste Wahl. Tut mir leid, John.«

»Schon gut«, sagte er, dem bewusst war, dass sie scherzte, der sich aber dennoch zurückgesetzt fühlte.

»Auf gewisse Weise sind Sie natürlich auch gewählt worden«, sagte Martha nach einer Weile. »Von Victoria Drake. Über Ihren Sohn«, fügte sie hinzu und sah von einem zum anderen.

»Wie geht es Edmund heute?«, fragte Matthieu und sah Mr Robinson an. »Ich habe ihn noch gar nicht gesehen. Er ist doch nicht krank?« Seit er sicher war, dass Edmund Robinson in Wahrheit ein Mädchen war, hatte er ihn an Deck beobachtet und an diesem Nachmittag vermisst. So richtig war er noch nicht hinter das Verhältnis der beiden gekommen und damit auch noch nicht so weit, seine Erkenntnisse der Öffentlichkeit preiszugeben.

»Es geht ihm gut«, sagte Mr Robinson. »Er ist bestimmt irgendwo unterwegs.«

»Wenn Sie mich fragen«, sagte Martha, »sollten Sie beide Ihren Jungs raten, sich von Victoria fernzuhalten. Sie ist kein angenehmes Mädchen.«

»Ich persönlich glaube, ihr sollte geraten werden, sich von meinem Neffen fernzuhalten«, sagte Matthieu. »Ich habe ihn erst vor Kurzem unter meine Fittiche genommen, und seine Kanten sind noch, wie soll ich sagen, etwas rau.«

»Edmund hat kein Interesse an ihr«, sagte Mr Robinson. »Schon der Gedanke ist lächerlich.«

»Dem stimme ich zu«, sagte Matthieu mit einem Lächeln. »Mir scheinen die beiden auch nicht zusammenzupassen.«

»Dann sind wir ja einer Meinung«, sagte Martha. »Die Drakes sind nicht wirklich unser Fall.«

»So ist es«, sagten die beiden Männer und stießen mit ihr an.

»Es sind sowieso nur noch ein paar Tage«, fügte sie hinzu, »dann haben wir wieder festen Boden unter den Füßen. Allzu viel Reibereien wird Victoria in der Kürze der Zeit zwischen den beiden schon nicht entfachen können.«

Matthieu Zéla hob eine Augenbraue. Obwohl er seinen Neffen noch nicht so gut kannte, wusste er seinen Charakter doch einzuschätzen, gestützt auf ausreichend Erfahrung mit dessen Seite der Familie. Er glaubte zu wissen, dass bei ihm immer Ärger am Horizont lauerte. Sollte die *Montrose* ohne weitere Zwischenfälle in Quebec festmachen, dann wäre er froh, doch irgendwie bezweifelte er, dass es so kommen würde.

Inspector Dew spürte ihre brennenden Blicke auf seinem Körper, während er über das Deck der *Laurentic* spazierte. Die Passagiere starrten ihn flüsternd an, tauschten Blicke und fragten: »Ist er das? Ist das Dew?« Er fing an, sich wie eine Berühmtheit zu fühlen, wie ein bekannter Theaterschauspieler oder gar ein Regierungsmitglied, und stellte fest, dass es ihm gefiel. Aus der relativen Anonymität seines Inspector-Daseins wurde, wenn auch sicher nur vorübergehend, Aufgeregtheit und Glanz, wobei er sich fragte, ob er die Leute nicht enttäuschte. Ob sie nicht einen größeren, jüngeren, besser aussehenden Mann erwartet hatten. Oder ob er genau das war, was sie wollten: ein älterer, sie durch seine bloße Anwesenheit beruhigender Gentleman mit scharfem Verstand und dem Wunsch, der Gerechtigkeit Genüge zu tun.

Besonders die Kinder beobachteten ihn. Er spürte, wie sie rattengleich übers Deck huschten, sich hinter Rettungsbooten versteckten und hinter Liegestühle krochen, zugleich begeistert und voller Angst. Manchmal blieb er plötzlich stehen und fuhr herum, sah drei oder vier von ihnen beisammen, bleckte die Zähne und zischte. Darauf rissen sie beglückt und entsetzt die Augen auf und stoben kreischend auseinander. In ihrer Unschuld wussten sie noch nicht zwischen dem Verbrecher und seinem Jäger zu unterscheiden, für sie gehörten beide zu einem unheimlichen Zweierspiel, das sie nachts nicht in Schlaf fallen ließ.

Einer der Seeleute hatte die Nachricht von seiner, Inspector Dews, Anwesenheit an Bord in Umlauf gebracht, und sie hatte sich in Windeseile unter den Passagieren verbreitet. Die meisten von ihnen hatten die Geschichte von Dr. Hawley Harvey Crippen und seiner ermordeten Frau Cora während der letzten Wochen in der Zeitung verfolgt. Landesweit war nach Crippen gefahndet worden, und jetzt unerwartet den Höhepunkt der Geschehnisse mitzuerleben, war eine aufregende Sache. Zunächst hatte Inspector Dew das fast schon besessene Interesse der Passagiere verunsichert, weil er fürchtete, es könnte bei der Verhaftung hinderlich sein, doch diese Sorge hatte sich schnell verloren. Dr. Crippen und seine Komplizin befanden sich auf einem anderen Schiff mitten auf dem Atlantischen Ozean; sie hatten keine Möglichkeit zu entfliehen, selbst wenn sie herausfänden, dass sie verfolgt wurden. Der einzige Grund, warum er Kapitän Kendall aufgefordert hatte, nichts zu unternehmen, bestand darin, dass er eventuellen Schwierigkeiten auf der *Montrose* vorbeugen wollte, bevor sie Kanada erreichte. Dass die Passagiere der *Laurentic* wussten, worum es ging, schadete niemandem. Schließlich verfolgte mittlerweile die ganze Welt den Fall, und er, Inspector Dew, wurde zu einem gefeierten Mann.

»Haben Sie das gesehen?«, fragte Kapitän Taylor, nachdem er Dew in der kleinen Kabine, die ihm als Büro überlassen worden war, aufgestöbert hatte. Die Wände hingen voll mit den Seiten aus der Akte Crippen, darunter eine Polizeifotografie des Tisches in der Leichenhalle, auf dem man die verschiedenen ausgegrabenen Teile Cora Crippens wieder zusammengesetzt hatte. Tags zuvor hatte der Kapitän den Fehler gemacht, herausfinden zu wollen, was da eigentlich zu sehen war. Als es ihm dämmerte, spürte er seine Knie schwach werden. Heute vermied er jeden Blick in diese Richtung. »Es ist ein Funktelegramm aus London. Wie es aussieht, sind Sie ein ziemlicher Held. Die Zeitungen machen alle mit der Geschichte auf.«

»Wirklich?«, fragte Dew erfreut staunend. »Was schreiben sie?«

»Die *Times* sagt, es ist die abenteuerlichste Verbrecherjagd der Geschichte. Sie sollten zum Ritter geschlagen werden, wenn Sie Ihren Mann fassen, und der *Star* nennt Sie wegen Ihres Wagemuts den besten Polizisten Englands.«

»Wegen meines Wagemuts?«, sagte er und strich sich zufrieden den Bart. »Nun, ich nehme an, das stimmt.«

»*Le Monde* meint, man wird Sie nach Ihrer Rückkehr nach Paris einladen, um der Polizei dort zu erklären, wie man entflohene Mörder fängt.«

»Eine Gratisreise nach Paris. Wie schön. Die werde ich genießen.«

»Der *Michigan Daily Record* berichtet lang und breit über uns, weil Crippen da offensichtlich geboren ist. Denen scheint die Hoffnung zu gefallen, dass wir ihn vielleicht nicht mehr rechtzeitig erreichen.«

»Aber natürlich werden wir das. Sie haben es mir doch versprochen, oder?«

»Wir werden es schaffen, keine Sorge. Und die *Quebec Gazette* widmet der Sache gleich mehrere Seiten, mit Diagrammen, die erklären, wann genau Sie ihn verhaften werden. Sie scheinen zu denken, dass es eine große Ehre für Kanada ist. Ein riesiges Polizeiaufgebot wird dafür sorgen, dass es im Hafen zu keinen Ausschreitungen kommt, wenn die *Laurentic* und die *Montrose* ankommen.«

»Danke, Kapitän«, sagte Dew. »Es ist gut zu wissen, dass das alles nicht umsonst ist.«

»Hoffen wir nur, dass Sie den richtigen Mann im Visier haben«, sagte der Kapitän. Die spontan hingesagten Worte erfüllten Dew mit Sorge.

»Sicher habe ich das«, sagte er. »Er muss es sein.«

Je näher sie ihrer Beute kamen, desto öfter wurde Dew von finsteren Befürchtungen heimgesucht, dass dieser Mr John Robinson nicht der Mann war, mit dem er, Dew, am Hilldrop Crescent in Camden eine erste Freundschaft geschlossen hatte. Sosehr ihn das weltweite Interesse an der Geschichte auch freute, so sehr fürchtete er doch die Demütigung, die es bedeuten würde, sollte sich herausstellen, dass er den Falschen gejagt hatte. Das würde kaum zu ertragen sein. So gut wie sicher würde er dann vom Polizeipräsidenten degradiert werden, weil er den Yard in den Augen der Öffentlichkeit zum Narren gemacht hatte. In den Augen der *Welt*. Dann würde es keinen Ritterschlag geben, keine Einladung nach Paris, und auf der Rückreise nach England würde er den Spott der übrigen Passagiere ertragen müssen, statt ihren Applaus zu hören. Ich jage einfach nur einen mutmaßlichen Mörder, dachte er, und doch scheint meine ganze Zukunft davon abzuhängen.

Um sich dem Zentrum der spannenden Jagd näher zu fühlen, traten einige Passagiere mit lächerlichen Fragen an ihn heran. Andere wollten Einzelheiten wissen über den bisherigen Gang der Ermittlungen, die er natürlich nicht preisgeben durfte, auch wenn er ihnen ein paar Krumen hinwarf, um die Quälgeister bei Laune zu halten. Wieder andere lechzten nach schauerlichen Erläuterungen, wie genau dieser Dr. Crippen seine Frau zerstückelt hatte, oder hatten Vorschläge zu machen, was das Auffinden des fehlenden Kopfes betraf.

»Haben Sie in den Mülleimern nachgesehen?«, fragte einer.

»Da würde ich den Kopf meiner Frau hineinwerfen, wenn ich ihn ihr abgeschlagen hätte.«

»Und der Ofen?«, fragte ein anderer. »Vielleicht hat er ihn darin gekocht.«

»Was ist mit dem Kamin?«

»Oder unter einem Baum vergraben?«

»Ich habe gehört, er hat ihn gegessen«, verkündete eine Frau, die das Makabre ganz besonders liebte, und machte auch keinen Rückzieher, als ihre Mitpassagiere sie sprachlos anstarrten. »Überlegen Sie doch mal«, sagte sie. »Nur so konnte er sicher sein, dass ihn niemand je finden würde. Wenn er den ganzen Körper einer Frau, ohne sich groß Gedanken zu machen, in kleine Teile zersägen kann, schafft er das sicher auch mit dem Kopf, kocht sich einen Eintopf daraus und isst ihn auf. In so einem Kopf ist viel gutes Eisen, das sage ich Ihnen.«

»Bitte«, sagte Inspector Dew, dessen Magen sich bei dem bloßen Gedanken umzudrehen drohte. »Ich glaube, jetzt geht Ihre Fantasie etwas mit Ihnen durch.«

Darauf aus, Zeit mit dem Inspector zu verbringen und ein wenig vom Glanz der Geschichte abzubekommen, berichteten ihm einige Leute von kleineren Vergehen an Bord der *Laurentic*. Halsketten verschwanden, Mäntel wurden aus Liegestühlen gestohlen, Geldscheine aus Brieftaschen entwendet.

»Das fällt nicht in meinen Zuständigkeitsbereich«, sagte Dew, wann immer ihm jemand von solch einem Geschehnis berichtete. »Da müssen Sie mit Kapitän Taylor reden.«

»Aber Sie sind von Scotland Yard«, protestierten sie. »Da können Sie doch sicher etwas tun.«

»Ich bin auf der Jagd nach einem Mörder«, beschied er sie dann. »Für anderes bin ich an Bord dieses Schiffes nicht zuständig. Ich fürchte, ich kann Ihnen nicht helfen.«

Das befriedigte die Leute nicht, doch er gab nicht nach. Ein spätabendlicher Besuch bei Kapitän Taylor am 25. Juli hob seine Laune dann wieder erheblich.

»Wir sind auf dem besten Weg«, bestätigte ihm der Kapitän, der gerade seine Karten studierte. »Wie mir scheint, passieren wir die *Montrose* am Abend des 27., also übermorgen. Sollen wir Kapitän Kendall telegrafieren, dass Sie zu ihm an Bord kommen?«

Dew überlegte. »Wie würde das gehen?«, fragte er.

»Wir können ein Boot zu Wasser lassen, einer meiner Männer rudert Sie hinüber, und Sie gehen drüben an Bord.«

Dew schüttelte den Kopf. »Ich denke, nein«, sagte er. »Worauf es ankommt, ist, dass wir sie überholen. Das Letzte, was ich brauche, sind drei Tage an Bord der *Montrose* mit Kurs auf Kanada, um dort dann wieder umzudrehen. Ich glaube, es ist das Beste, Dr. Crippen bis zum letztmöglichen Zeitpunkt in Sicherheit zu wiegen.«

»Was sollen wir also machen?«

»Wir warten bis zum Tag ihres Einlaufens in den Hafen. An dem Morgen, kurz bevor sie es tut, bitte ich Kapitän Kendall, sein Schiff zu stoppen, und gehe an Bord. Ich verhafte Crippen, wir legen an, und ich nehme das Schiff am 3. August und bringe ihn zurück nach England.«

Taylor nickte. »Ich telegrafiere es ihm«, sagte er. »Wenn es erlaubt ist.«

»In der Tat. In der Tat. Aber wiederholen Sie noch einmal, dass bis zum allerletzten Moment niemand etwas erfahren darf. Dr. Crippen mag zu allem Möglichen fähig sein, und ich will nicht, dass er plötzlich verschwindet oder Geiseln nimmt, bevor ich ihn erreichen kann. Das Letzte, was ich brauche, ist noch eine Leiche.«

Taylor nickte und schaltete den Telegrafen ein.

Abends schallte laute Musik vom Zwischendeck der *Montrose*, während im Speisesaal der ersten Klasse elegantes Geigenspiel erklang. An den meisten Abenden hätte Ethel das Zwischendeck vorgezogen, um zu sehen, wie sich die billiger reisenden Passagiere unterhielten. Es schien dort weit kurzweiliger zuzugehen als in der gestelzten Atmosphäre der ersten Klasse. Victoria Drake dagegen war sich allenfalls vage bewusst, dass es im unteren Teil des Schiffes auch noch Menschen gab. Natürlich hatte sie schon von den Armen gehört, und sie war sicher, dass es bei ihnen äußerst unangenehm war, aber das alles hatte doch kaum etwas mit ihr zu tun, oder?

Es war elf Uhr, und Mr Robinson hatte sich in seine Kabine zurückgezogen, um sich der Lektüre eines erbaulichen Buches zu widmen. Mrs Drake war schlafen gegangen, sie hatte über Kopfschmerzen geklagt und auch über Übelkeit, nachdem Matthieu Zéla sie einmal zu oft auf der Tanzfläche im Kreis gedreht hatte. Das hatte er bewusst getan, um sie für den Rest des Abends loszuwerden und sich in Ruhe mit Miss Hayes unterhalten zu können, ohne dabei ständig beobachtet zu werden oder am Ende des Abends erleben zu müssen, wie ihre Verlobung verkündet wurde.

Ethel war es allmählich leid, die Rolle von Edmund zu spielen. Sie hatte ein paar Abende zuvor eine ruhige Stelle gefunden, wo sie allein sitzen und die Sterne beobachten konnte. Auch jetzt saß sie dort, als junger Mann gekleidet, lehnte mit dem Rücken an einem Rettungsboot, streckte die Beine von sich und genoss das Geräusch der gegen den Rumpf des Schiffes schlagenden Wellen. Sie dachte an Hawley Crippen, nicht John Robinson, schüttelte den Kopf und sah sich mit einem kleinen Lachen die Kleider an, die sie aus Liebe tragen musste. Es hatte sie immer schockiert zu sehen, wie so ein guter Mensch so gefühllos und mit so viel Verachtung behandelt wurde, und das von einer Frau, die ihm in keiner Hinsicht das Wasser reichen konnte und so gar nicht zu seiner Ehefrau taugte. Sie fragte sich, wie Cora Hawley dazu gebracht hatte, sie zu heiraten. Aber jetzt ist sie weg, dachte Ethel mit einem Lächeln.

Victoria Drake hatte beschlossen, an diesem Abend endlich Edmunds Ablehnung zu überwinden oder bei dem Versuch unterzugehen. Sie kamen Kanada näher und näher, und es wäre unerhört, dort anzukommen, ohne Edmund erobert zu haben, nachdem sie sich ihm praktisch an den Hals geworfen hatte und jedes Mal aufs Neue zurückgewiesen worden war. So etwas war ihr noch nie passiert, und sie wollte verflucht sein, wenn sie es zuließe. Wenn erst einer damit durchkam, gelang es auch anderen.

Was, wenn Edmund davon erzählte? Dann läge ihr Ruf in Scherben. Und sie bekäme womöglich nie wieder die Oberhand. Vor dem Zubettgehen am Abend zuvor hatte sie Edmund in seinem Versteck bei den Rettungsbooten gesehen und den Tag damit verbracht, ihr Vorgehen zu planen. Sie würde eine völlig neue Taktik anwenden und ihn dadurch für sich gewinnen, indem sie ihr wahres Ich verleugnete und ihm all das vorspielte, was ein gefühlvoller Junge wie er sich ihrer Einschätzung nach von einem Mädchen wünschte. Kurz, sie würde nett zu ihm sein. Der Gedanke widerte sie an, aber was blieb ihr übrig?

Vorsichtig ging sie zu ihm, behutsam einen Fuß vor den anderen setzend, denn sie wollte nicht, dass die Gläser gegeneinanderstießen. Erst als sie praktisch neben ihm stand, sah er aus seiner Träumerei gerissen auf und starrte sie an.

»Victoria«, sagte er. »Du hast mich erschreckt.«

»Entschuldige«, sagte sie. »Ich habe deinen Namen gerufen, aber du hast mich nicht gehört.« Eine Lüge.

Er sah die Flasche und die Gläser in ihren Händen und seufzte. Sie hatte doch nicht schon wieder vor, ein romantisches Stelldichein mit ihm zu inszenieren?

»Ich störe dich doch nicht?«, fragte sie sanft.

»Nein«, antwortete er ohne große Begeisterung, aber doch gewillt, die allgemeinen Umgangsformen zu wahren. »Nein, setz dich ruhig. Wie ich sehe, hast du etwas zu trinken mitgebracht.«

Sie lachte. »Das war mal wieder so ein Tag«, sagte sie, »und ich hatte Lust auf etwas Champagner, ganz für mich, ohne sonst jemanden. Eigentlich wollte ich mich hier etwas verstecken und hatte nicht damit gerechnet, dass schon jemand da ist.«

»Aber du hast zwei Gläser dabei.«

»Ich habe dem Steward gesagt, der Champagner sei für meine Mutter und mich, sonst hätte er ihn mir vielleicht nicht gegeben. Aber nimm«, sagte sie und gab ihm eines der Gläser, »wo ich schon mal zwei habe.«

Edmund überlegte einen Moment lang, lächelte schließlich und nahm das Glas. Die Flasche, die sie dabeihatte, war riesig, eine veritable Magnum-Flasche. »Wenn du Champagner willst, machst du keine halben Sachen, wie?«, sagte er. »Wolltest du die ganz alleine austrinken?«

Sie zuckte mit den Schultern und sah aufs schwarze Meer hinaus. Die Wellen glitzerten im Mondlicht. »Ich dachte, ich trinke ein Glas«, sagte sie, »und dann vielleicht noch eins. Und wenn mir danach wäre, noch eins, und dann würde ich schon sehen, wie es sich entwickelt.«

Edmund lachte. »Dann lass uns anfangen«, sagte er, nahm die Flasche, ließ den Korken knallen und hielt sie ein Stück von sich weg, während etwas Schaum aus dem Hals quoll.

Victoria liebte Champagner. Seit ihrem vierzehnten Lebensjahr war das ihr Lieblingsgetränk. Edmund füllte die beiden Gläser und stellte die schwere Flasche hinter sich in eine Lücke zwischen zwei Stützen, wo sie nicht umfallen konnte.

»Prost«, sagte er und stieß mit ihr an.

»Prost«, sagte Victoria. »Auf Kanada.«

»Auf Kanada.«

Schweigend sahen sie eine Weile aufs Wasser hinaus und lauschten dem melodischen Rhythmus, mit dem es gegen das Schiff schlug. Edmund gefiel es, dass Victoria endlich einmal in ruhigerer Verfassung war. Es sah nicht so aus, als wollte sie aufs Neue versuchen, ihn zu verführen, und so entspannte er sich und genoss den Champagner umso mehr.

»Wenn du an dieser Reise etwas verändern könntest«, fragte sie schließlich, »was wäre es?«

Edmund dachte darüber nach. »Es mag komisch klingen«, sagte er, »aber ich glaube, ich würde einen anderen Kapitän wollen.«

»Einen anderen Kapitän?«, fragte sie überrascht. »Warum denn das?«

»Ich weiß nicht«, antwortete er. »Der Mann hat etwas an sich, dem ich nicht traue. Jedes Mal, wenn ich mich umdrehe, scheint er dazustehen und mich zu beobachten. Ich komme aus unserer Kabine, und er drückt sich draußen herum. Ich sitze im Speisesaal, und er lässt sich ganz in der Nähe nieder. Ich spaziere übers Deck und sehe zur Brücke hinauf, und da steht er, und sein Fernglas deutet in meine Richtung. Er wendet sich natürlich gleich ab, aber ich finde es trotzdem verunsichernd.«

Victoria zog die Brauen hoch und wischte sich ein paar Haarsträhnen aus dem Gesicht. »Er ist mir bisher kaum aufgefallen«, sagte sie. »Obwohl ich ihn einmal draußen auf dem Gang vor unseren Kabinen gesehen habe, wo er sich äußerst komisch verhielt.«

»Wahrscheinlich leide ich nur unter Verfolgungswahn«, sagte Edmund. »Was ist mit dir? Was würdest du ändern?«

»Das ist leicht zu beantworten«, sagte sie. »Ich hätte gern eine eigene Kabine. Glaub mir, du weißt nicht, was schlaflose Nächte sind, bevor du nicht meine Mutter hast schnarchen hören.«

Edmund lachte. »Das ist ein Vergnügen, auf das ich gerne verzichte«, sagte er.

»Ehrlich, ich wollte ja eine getrennte Kabine, aber sie sagte, die sei zu teuer. Was ein Witz ist, weil sie wollte, dass mein Vater die Präsidentensuite für uns bucht, und die ist ungefähr doppelt so teuer wie unsere. Aber er wollte nicht, weil *er* sagte, *die* sei zu teuer. Ich stamme aus einer Familie voller Geizkragen, Edmund.«

Sie tranken ihren Champagner, und Edmund fühlte zum ersten Mal eine gewisse Nähe zu Victoria. Er füllte ihre Gläser auf und dachte, dass sie vielleicht gar kein übles Mädchen war, nur ein bisschen zu sehr darauf bedacht, den eigenen Kopf durchzusetzen. War er da anders? Wahrscheinlich nicht. Wenn er überlegte, was er in letzter Zeit alles getan hatte, stellte er Victoria fraglos in den Schatten.

Als Victoria früher am Abend Edmund hinterherspioniert und auf den richtigen Moment gewartet hatte, um in Erscheinung zu treten, war ihr nicht bewusst gewesen, dass auch sie beschattet wurde. Tom DuMarqué, der seit Tagen zum ersten Mal wieder gebadet hatte, beobachtete sie aus der Ferne und fragte sich, was ihr seltsames Verhalten sollte. Sie hatte sich eine Flasche und zwei Gläser besorgt, und jetzt stand sie da im Halbschatten und schien etwas oder jemanden im Blick zu haben und zunächst noch abzuwarten. Oh, wie er sich wünschte, dass sie sich die Flasche mit ihm teilen würde. Als sie sich endlich wieder in Bewegung setzte, folgte er ihr, hielt sich aber auf der anderen Seite der Rettungsboote, und als sie sich setzte und mit dem Rücken gegen eins davon lehnte, ließ er sich auf der anderen Seite nieder und lauschte auf jedes einzelne Wort, das sie sagte. Es empörte ihn, zu wem sie gegangen war, und er hatte Mühe, sich davon abzuhalten, um die Boote herumzugehen und die kleine Party für beendet zu erklären. Seine Hand glitt in die Hosentasche, in der er sein Taschenmesser hatte. Er fuhr mit den Fingerspitzen darüber; es zu fühlen, erleichterte ihn. Wenn Edmund Robinson heimlich etwas versuchte, würde er seinen Schürzenjägerallüren ein für alle Mal ein Ende setzen. Er hatte den Kerl gewarnt.

»Ich glaube, ich sollte mich bei dir entschuldigen«, sagte Victoria und musste innerlich würgen, als ihr das Wort über die Lippen kam.

»Dich entschuldigen? Wofür?«

»Meinen lästigen Verführungsversuch in unserer Kabine kürzlich. Ich weiß nicht, was da mit mir war.«

»Ach, Victoria, denk doch nicht mehr darüber nach.«

»Ich dachte, du wolltest dich zieren, verstehst du?«

»Nein.«

»Das ist eine Taktik, die ich noch nicht oft erlebt habe.«

»Natürlich nicht.«

»Die Sache ist die, dass ich es nicht gewohnt bin, zurückgewiesen zu werden.«

Edmund sah sie an. Im Mondlicht wirkte ihre blasse Schönheit weit verletzlicher, besonders angesichts dessen, was sie gerade gesagt hatte. »Das hätte ich auch nicht vermutet«, sagte er. »Du bist zu schön, als dass dich jemand zurückweisen würde.«

»Und doch hast du es getan.«

Er seufzte. »Wenn du es nicht gewohnt bist, zurückgewiesen zu werden«, erklärte er ihr, »dann lass dir von mir sagen, dass ich es nicht gewohnt bin, dass sich mir schöne Mädchen an den Hals werfen.«

»Das kann ich jetzt wieder kaum glauben«, sagte sie lachend.

»Aber es ist so.«

»Du unterschätzt dich, Edmund. Ich habe mich vom allerersten Moment an zu dir hingezogen gefühlt.«

»Ehrlich?« Es erstaunte ihn, das zu hören, doch es machte ihn auch neugierig. »Darf ich fragen, warum?«

»Du hörst wohl gerne Komplimente, was?«

»Nein«, sagte er verlegen. »Nein, ich meinte nur …«

»Ist schon gut. Ich mache nur Spaß. Aber da du schon fragst: Du hast einen gefühlvollen Ausdruck, der bei Jungs eher selten ist. Deine Haut ist so glatt und dein Knochenbau … Jetzt hör dir mich nur an«, sagte sie und lief in der Dunkelheit rot an, voller Staunen darüber, dass sie ihre Rolle so gut zu spielen verstand. »Ich klinge wie ein Liebesroman.«

»Du überraschst mich«, sagte er. »Und es überrascht mich, dass ich mich so geschmeichelt fühle.«

»Du hast doch sicher irgendwo eine Freundin, oder?«

»Ich?«, fragte er und schüttelte den Kopf. »Nein.«

»Aber du musst doch mal eine gehabt haben. Du kannst nicht … Ich meine, du bist doch sicher nicht … Du hast doch bestimmt schon mal irgendwann eine Freundin gehabt.«

»Ich war verliebt, wenn du das meinst«, gab er zu. »Ein Mal. Ich hatte wirklich Glück, ich habe jemand ganz Besonderes kennengelernt, jemanden … nun, diese Person war gerade ziemlich verletzt worden, und ich habe ihr geholfen, weil ich Gefühle in mir fand, die mir bis dahin unbekannt gewesen waren. Ich wusste nicht, was man aus Liebe alles tun kann.«

»Was ist mit ihr?«, fragte Victoria. »Sie ist doch nicht gestorben, oder?«

»Nein«, sagte er lächelnd. »Nein, nichts dergleichen. Sagen wir einfach, wir haben große Hoffnungen auf die Zukunft.«

Victoria nickte. Edmund verwirrte sie immer noch, aber seine Nähe hier auf Deck brachte ihre Haut zum Kribbeln.

»Der Champagner steigt mir langsam zu Kopf«, sagte er und schenkte ihnen das vierte Glas ein. »Ich bin bald betrunken.«

»Wir haben noch die halbe Flasche vor uns«, sagte sie mit einem Lächeln, zufrieden damit, dass ihr Plan Früchte zu tragen schien. Ihn betrunken zu machen, um ihn verführen zu können, war ein billiger Trick, aber das war es wert. Wenn es erst einmal geschehen war, konnte er sie wenigstens nicht mehr so von oben herab behandeln.

Eine gute Armlänge von ihnen entfernt, presste Tom DuMarqué die Nägel in seine Handballen und musste alles tun, um nicht vor Wut aufzuheulen. Edmunds Worte fachten den Hass auf seinen Rivalen immer noch weiter an, dieses fruchtlose Gerede über Schönheit, Liebe und *Gefühle* ekelte den Jungen an. Das war dummes, romantisches Zickengeschwafel und passte nicht zu einem normalen, gesunden Kerl. Hätten er und seine Freunde diesen Laffen in den Straßen von Paris in die Finger bekommen, hätten sie gewusst, was sie mit ihm machen sollten. Und was Victoria anging: Was redete sie da von seinem Knochenbau? Ich geb dir Knochenbau, dachte er. Was für eine grausame Welt war das eigentlich, die ein so schönes Mädchen wie sie an eine so nutzlose Niete wie Edmund Robinson verschwendete, obwohl er, Tom DuMarqué, ein starker, männlicher, athletischer Kerl, sie so sehr wollte? Es war im Grunde nicht auszuhalten, aber er konnte nicht einfach davonlaufen und auch ihr Gespräch nicht unterbrechen.

»Die Sache mit diesem Schiff ist«, sagte Edmund und fing bereits an, die Worte leicht zu verschleifen, »die Sache ist, dass es zu langsam ist. Ich wette, in fünfzig Jahren packen sie größere Maschinen in die Schiffsbäuche, und dann geht es in ein paar Stunden quer über den Atlantik.«

»Glaubst du wirklich?«

»Natürlich. Es ist unvermeidlich. Die Technologie schreitet immer weiter fort. Wenn du denkst, dass die Transatlantikschiffe zum Ende des zwanzigsten Jahrhunderts immer noch nicht schneller sind ... nun, du wärst dumm, das zu glauben, weil es nämlich nicht so sein wird.«

»Du solltest Ingenieur werden«, murmelte Victoria, rückte näher an ihn heran und sehnte sich danach, ihm mit dem Finger über die Wangenknochen zu fahren. »Oder Erfinder.«

»Vielleicht sollte ich das«, sagte er.

»Ich bin sicher, du wärst sehr gut«, fuhr sie fort und ermutigte ihn. »Du hast einen so starken Willen und bist so voller Ideen. Ich sehe mich in ein paar Jahren schon die Zeitung aufschlagen und lesen, dass du irgendwas wundervolles Neues entdeckt hast, das die Welt verändert. Ich wäre so stolz auf dich.«

»*Du* wärst stolz auf *mich*?«

»Klar.«

»Aber warum? Du kennst mich doch kaum.«

»Ich wäre stolz, weil ich dich überhaupt kenne«, sagte sie, und ihre Worte drangen sanft in sein Ohr, wärmten und faszinierten ihn. »Ich bin stolz, dass ich dich heute kenne.«

Edmund wandte langsam den Kopf und sah seine Trinkgenossin an. Er war etwas benommen und hatte das Gefühl, seinen Körper nicht mehr ganz im Griff zu haben. Er hatte schon lange nicht mehr so viel Alkohol getrunken, und es bestand die Gefahr, dass er die Kontrolle verlor. Er sah Victoria in die Augen und fragte sich, wie er sie je hatte irritierend finden können. Was sie sagte, war so überlegt und einfühlsam. Fast nie hatte er solchen Zuspruch erfahren, nicht einmal von Hawley.

»Du bist lieb, Victoria«, flüsterte er, aber sie legte ihm einen Finger auf die Lippen und ließ ihn ein Weile dort liegen. Das Gefühl, diese vollen roten Lippen zu berühren, schickte Wellen des Verlangens durch ihren Körper, und es fiel ihr schwer, sich nicht auf ihn zu stürzen, aber ihre Strategie schien Erfolg zu haben, und sie war entschlossen, es nicht auf dem letzten Meter wieder zu verderben.

»Sag jetzt nichts, Edmund«, flüsterte sie, nahm den Finger weg und brachte ihr Gesicht so nahe an seines, dass er nichts anderes tun konnte, als sich vorzubeugen und sie zu küssen. Ihre Lippen trafen sich, und Edmund schloss die Augen und verlor sich an den Moment. Der Champagner pulsierte durch seinen Körper, erregte seine Nerven, stimulierte seine Sinne, und sie küssten sich und küssten sich, und ihre Münder öffneten sich weiter, während sie ihre Zungen den Mund des Gegenübers erkunden ließen.

Fast eine Minute ging das so, bis Edmund die Augen öffnete und begriff, was er da tat. Überrascht und verblüfft, als wäre er nicht Teil des Ganzen, sondern nur ein Zuschauer, fuhr er zurück, bewegte sich ein Stück von ihr fort und sah sie verwundert an.

»Edmund«, sagte sie, und ihre Lippen bogen sich genussvoll vor, hatte sie doch endlich die Oberhand bekommen. »Was ist?«

»Es tut mir leid«, stotterte er. »Ich ... ich sollte das nicht tun.«

»Warum nicht? Es ist doch nichts Falsches daran.«

»*Alles* ist daran falsch«, sagte er, stand auf, strich sich die Hose glatt und fuhr sich mit der Hand an die Stirn. »Du verstehst nicht. Ich sollte nicht ... Ich kann es nicht erklären, es ist ...«

»Edmund, was zum Teufel ist los?«, fragte sie und wurde langsam wütend. Es war lächerlich. Sie hatte noch nie erlebt, dass jemand so auf eine Intimität reagierte. Was um alles in der Welt stimmte mit diesem Kerl nicht? War er religiös oder so etwas? »Um Himmels willen, wir haben uns doch nur geküsst«, sagte sie.

»Ja, aber ich sollte dich nicht küssen. Ich bin nicht ... du bist nicht mein Typ.«

»Das kam mir gerade aber nicht so vor. Es hat sich ganz so angefühlt, als würde es dir gefallen.«
»Das hat es auch. Ich meine, nein. Ich könnte nicht ... Ich ...«
Er ließ verwirrt den Blick kreisen, stieg dann über sie hinweg und machte ein paar große Schritte, um möglichst weit von ihr wegzukommen. »Es tut mir leid, Victoria«, sagte er. »Ich muss gehen.«
»Aber das darfst du nicht!«, rief sie, jetzt wirklich wütend auf ihn, weil er so dumm war. »Wir haben doch erst angefangen. Es ist niemand hier, niemand kann uns sehen. Ich kann dich sehr glücklich machen, Edmund«, schnurrte sie, »wenn du mich nur lässt.«
»Ich *muss*«, sagte er. »Es tut mir leid.« Er drehte sich um, sodass sie sein Gesicht nicht mehr sehen konnte, wäre beinahe über ein Tau gestolpert und rannte das Deck hinunter. Seine Stiefel schlugen schwer auf die Planken.

Fast gleichauf mit ihm blieb Tom DuMarqué, der alles gehört und gesehen hatte und der kurz davor gewesen war, über das Rettungsboot zu springen und Edmund zu Brei zu schlagen, als der sich von Victoria frei gemacht hatte und davongelaufen war. Tom folgte Edmund, er würde ihn nicht so einfach davonkommen lassen. Als Edmund sich nach links zum Hauptdeck wandte, um zu den Kabinen zu kommen, fing Tom ihn ab und sprang ihm in den Weg.

Edmund hielt verdutzt inne, als er ihn da vor sich sah. Er erkannte ihn und wollte davonlaufen, aber der Jüngere war zu schnell für ihn, packte ihn bei der Kehle und schob ihn zurück, bis er ihn mit dem Rücken vor den Aufbauten um die Erste-Klasse-Kabinen hatte.

»Tom«, rief Edmund, aber seine Worte waren kaum mehr als ein Kieksen, weil die Hände seines Angreifers ihm die Luft abdrückten. »Was machst du ...?«

»Du kannst nicht sagen, dass ich dich nicht gewarnt hätte«, zischte Tom ihn an. »Ich habe dir gesagt, du sollst die Hände von ihr lassen.«

»Ich habe nicht ...«, sagte Edmund unter größten Mühen, aber er kam nicht weiter. Tom lockerte den Griff um seinen Hals ein wenig, hielt ihn mit seinem Körper jedoch am Platz und sah ihn an. »Hast du gedacht, ich mache Witze, als ich dich gewarnt habe? Hast du das?«, fragte er, zog das Messer aus der Tasche, öffnete es und fuhr mit der Klinge vor Edmunds entsetztem Gesicht hin und her. »Da werde ich dir wohl eine kleine Lehre erteilen müssen«, sagte er und fuhr mit der rechten Hand zwischen Edmunds Beine. Er wollte ihn bei den Hoden packen, gegen die Wand drücken und ihm ein Stückchen Haut vom unteren Rand der Wandung zwischen den beiden Nasenlöchern schneiden. Den Trick hatte er aus *Tom Sawyer*. Seine Hand drückte sich zwischen Edmunds Beine, fand dort aber nichts, was er hätte packen können, und er suchte und suchte, bis er begriff, dass dort nichts war. Verblüfft und sich fragend, was da nicht stimmte, sah er Edmund ins Gesicht, seine Augen wurden größer, sein Kinn sank herunter, und sein Griff um das Messer lockerte sich einen Moment lang, der ausreichte, dass es ihm aus der Hand gerissen und quer über das Deck geworfen wurde.

Innerhalb einer Sekunde, bevor ihm bewusst wurde, was da geschah, wurde er über das Deck der *Montrose* zur Reling hinübergezerrt. Seine Füße schabten über die hölzernen Planken, suchten nach Halt, damit er sich aufrichten und zur Wehr setzen konnte, aber es war unmöglich, schon wurde er gegen die Reling gedrückt. In heller Panik drehte er den Kopf, sah das Wasser unter sich vorbeirauschen, wandte den Blick gleich wieder ab und starrte flehend in Mr John Robinsons Gesicht, der zu unerwarteter Kraft gefunden hatte und den Jungen dem Tod entgegendrückte.

»Bitte«, rief Tom, dem es fast unmöglich war, auch nur einen Ton herauszubringen, solche Angst hatte er, ins Meer geworfen zu werden. »Bitte, es tut mir leid ...«

»Leid?«, schrie Mr Robinson, drehte sich um und sah zu Edmund hinüber, der auf dem Boden saß, sich den Hals rieb und laut hustete. »Ich werde dir zeigen, was es heißt, etwas zu bereuen. Das wirst du nie wieder tun, das versichere ich dir.«

Er griff nach unten, um den Jungen beim Hosenboden zu packen, bereit, ihn hochzuheben und über Bord zu werfen, doch da legte sich eine Hand auf seine Schulter, holte ihn aus seiner Wut und brachte ihn zur Vernunft.

»Lassen Sie ihn, Mr Robinson, bitte«, sagte Matthieu Zéla besorgt. »Lassen Sie ihn los. Ich werde mich um ihn kümmern.«

Mr Robinson fuhr herum, sah Martha Hayes mit schreckverzerrtem Blick in der Nähe stehen und gab nach. Er wandte sich Tom wieder zu und stieß ihn in Richtung seines Onkels. »Er hätte ihn umgebracht«, sagte er und sah Monsieur Zéla an. »Er hatte ein Messer an Edmunds Kehle.«

Tom zitterte am ganzen Leib, völlig durcheinander und erfüllt mit neuer Angst vor dem Wasser. »Ich werde das regeln, keine Sorge«, sagte Matthieu und sah seinen Neffen voller Verachtung an. »Er wird Sie beide nicht mehr belästigen.«

»Der ist nicht normal«, sagte Tom und zeigte auf Edmund, der sich mühte, die Tränen zurückzuhalten. »Da ist was …«

»Sei still, Junge«, sagte Matthieu. »Es tut mir leid, Edmund«, fügte er hinzu und sah zu ihm hinüber. »Ich möchte mich für ihn entschuldigen.«

»Ist schon gut. Ich will nur zurück in die Kabine«, flüsterte Edmund, dessen Kehle sich noch ganz wund anfühlte. Er lief die Stufen hinunter, gefolgt von Martha. Sein Vater blieb mit Monsieur Zéla und Tom DuMarqué zurück.

»Wenn du ihn noch einmal anrührst«, sagte Mr Robinson, »schneide ich dir beide Hände ab, darauf kannst du dich verlassen. Hast du mich verstanden?« Seine Stimme war so klar und so eindringlich, dass Tom nichts blieb, als schnell zu nicken. Matthieus Augen verengten sich verblüfft, er hätte Mr Robinson nicht eine solche Stärke zugetraut. »Nur, damit wir uns verstanden haben«, fügte Edmunds Vater noch hinzu, drehte sich um und ging davon.

»Du Idiot«, murmelte Matthieu und hob seinen Neffen von den Planken. »Du bist nicht besser als dein Vater. Was hast du dir nur dabei gedacht?«

»Da ist was ... dieser Edmund ... er hat keine ...« Er schien seinen Satz nicht beenden zu können, offenbar war er zu verwirrt. Matthieu nahm ihn beim Ellbogen und brachte ihn voller Abscheu zurück in die Präsidentensuite.

Und genau, wie Victoria Edmund beobachtet hatte, und Tom Victoria, hatte auch Kapitän Kendall alles von der Brücke aus gesehen und gehört, ohne einzuschreiten, und war mehr als erfreut über Tom DuMarqués Entdeckung, die nur bestätigte, was er längst wusste. Nicht mehr lange, dachte er und wandte sich lächelnd um.

Edmund lief in seine Kabine, ohne auf Martha Hayes zu achten, die nur ein paar Schritte hinter ihm war, und verschloss die Tür. Er ließ sich aufs Bett fallen und vergrub das Gesicht in den Händen. Ihm war leicht schwindelig vom Alkohol. Wie ein Kind bei einem Wutanfall trat er sich die Schuhe von den Füßen, riss sich die Perücke vom Kopf, warf sie quer durch den Raum und schüttelte sich die Haare aus.

»Edmund!«, rief Martha Hayes und klopfte an die Tür. »Bitte, lass mich rein.«

»Ich will eine Weile lang allein sein«, rief er.

»Ist alles in Ordnung mit dir? Bist du nicht verletzt? Hat er dir wehgetan?«

»Nein.«

»Bist du sicher? Ich kann einen Arzt holen. Du schienst oben an Deck große Schmerzen zu haben.«

»Es geht mir gut. Es wird schon wieder«, sagte er. »Bitte, lassen Sie mich ... lassen Sie mich etwas allein.«

Martha schwieg einen Moment lang und überlegte. »Nun, du weißt, wo du mich findest, wenn du mich brauchst. Ich möchte, dass du mich rufst, wenn etwas ist.« Sie hatte Mitleid mit ihm. Es musste demütigend für ihn sein, von einem Vierzehnjährigen so überwältigt zu werden, und es überraschte sie auch. Denn obwohl Edmund eher klein und schlank war, hätte sie doch vermutet, dass er in solch einer Situation eine Art sehnige Stärke gezeigt hätte. Offensichtlich besaß er die aber nicht.

Endlich allein, brach Ethel in Tränen aus. Sie hatte das Gefühl, nie wieder damit aufhören zu können. Der Abend war so schnell vorbeigegangen, so viel war geschehen, dass sie kaum alles begreifen konnte. Der Kampf mit Tom war eine Sache, dass sie Victoria geküsst hatte, eine ganz andere. Sie war nicht sicher, ob das Mädchen sie bewusst betrunken gemacht hatte oder nicht, doch ganz gleich, wie es sich verhielt, Ethel hatte sie geküsst, und es hatte ihr gefallen. Das erschreckte sie. Sie konnte sich nicht vorstellen, wie sie Victoria das nächste Mal, wenn sie sich trafen, in die Augen blicken sollte. Sie sah schon ihr hochmütiges Lächeln vor sich, weil sie Edmund endlich so weit bekommen hatte. Ethel würde Hawley nichts davon erzählen, das war sicher. Und was war mit Tom und seinem offensichtlichen Verdacht, dass Edmund womöglich kein Junge war? Was würde daraus entstehen? Würde er etwas sagen? Würde ihm einer glauben?

Ein Schlüssel drehte sich im Schloss, und Hawley kam durch einen schmalen Spalt in den Raum geschlüpft, damit keinesfalls jemand in die Kabine sehen konnte und den wahrscheinlich zu Ethel gewordenen Edmund erblickte. Ethel sah erschreckt auf, als fürchtete sie, Tom DuMarqué käme herein, um das Unterbrochene zu Ende zu bringen. Sie war erleichtert, dass dem nicht so war.

»Wie geht es dir?«, fragte Hawley bang, setzte sich neben sie aufs Bett und legte ihr einen Arm um die Schultern. »Was war denn da los?«

»Es geht mir gut«, sagte Ethel, die sich zusammenriss und dem Verlangen widerstand, völlig zusammenzubrechen und zu weinen, zu weinen und zu weinen. »Ich habe nur einen Schreck bekommen, das ist alles.«

»Aber was war denn? Warum hat er dich so angegriffen?«

»Ich weiß es nicht«, log sie. »Ich habe dagesessen und mich mit Victoria unterhalten ...«

»Ah«, sagte er wütend. »Ich hätte wissen sollen, dass das kleine Biest mit der Geschichte zu tun hat.«

»Sie war nicht schuld daran«, sagte Ethel und verteidigte sie. »Wir haben nur geredet. Es war nett, und am Ende sagte ich, ich gehe zurück in unsere Kabine, und ich war ja schon fast hier, als er plötzlich auf mich losgegangen ist.«

»Was für ein grässlicher Kerl«, zischte Hawley. »Ich hätte ihn über Bord werfen sollen.«

»So etwas könntest du nicht.«

»Doch, das könnte ich. Es hätte mir gefallen, ihn für das, was er dir antun wollte, ertrinken zu sehen.«

Ethel schüttelte den Kopf. »Du könntest niemals jemanden umbringen, egal, wie wütend du bist«, sagte sie. »Ich kenne dich, Hawley, das wäre gegen deine Natur. Du bist Arzt. Du rettest Leben und beendest sie nicht.«

Er runzelte die Stirn und sagte nichts.

»Mein Hals tut weh«, sagte Ethel nach einer Weile.

»Lass mich mal sehen«, antwortete er und untersuchte sie im Licht. »Das gibt vielleicht einen blauen Fleck«, sagte er, »aber sonst ist nichts.« Er roch an ihrem Atem. »Hast du Alkohol getrunken?«

»Nur etwas Champagner.«

»Etwas? Das riecht mir nach einer ganzen Menge.«

»Das war es nicht. Aber darauf kommt es jetzt auch nicht an. Etwas weit Wichtigeres ist geschehen«, sagte sie. »Ich glaube, er hat etwas gemerkt.«

»Wer hat was gemerkt?«

»Tom. Er weiß, dass ich kein junger Mann bin. Er weiß, ich bin eine Frau.«

Hawley öffnete verblüfft den Mund. »Er weiß es?«, sagte er.
»Du hast es ihm gesagt? Warum?«
»Nein, natürlich habe ich es ihm nicht gesagt«, schimpfte sie. »Aber er hat mich gegen die Wand gedrückt, und ich weiß nicht, was er vorhatte, aber er hat mir zwischen die Beine gegriffen. Du hast ihn dann zwar gleich weggezogen, aber ich habe in seinen Augen gesehen, dass er es gemerkt hat.«
»Bestimmt nicht.«
»Hawley, ich sage es dir, er hat es gemerkt.«
Hawley stand auf, lief durch die Kabine und dachte darüber nach. »Das ist schrecklich«, sagte er. »Was, wenn er es seinem Vater erzählt?«
»Das könnte er, aber ich glaube es nicht.«
»Warum nicht?«
»Tom DuMarqués Problem ist, dass er in Victoria Drake vernarrt ist, die ihrerseits unfähig zu sein scheint, die Finger von mir zu lassen. Deshalb hasst er mich so. Nein, wenn er es jemandem erzählt, glaube ich, ist es Victoria.«
»Die es ihrer Mutter weitererzählen wird.«
»Genau.«
»Und die erzählt es dem ganzen Schiff.«
»So ist es.«
»Das geht nicht. Er muss aufgehalten werden.«
Ethel zuckte mit den Schultern. »Ich wüsste nicht, wie«, sagte sie. »Er scheint durch nichts aufzuhalten zu sein. Ich glaube, er will mich kriegen, auf die eine oder andere Weise. Besonders jetzt. Besonders nach dem, was heute Abend geschehen ist. Er will mein Blut sehen.«
Hawley überlegte. »Vielleicht sollte ich mit Monsieur Zéla sprechen«, sagte er, »und ihm sagen, dass es eine Art Missverständnis gegeben hat.«
»Denkst du, er wird dir glauben?«
»Ich weiß es nicht. Würdest du es glauben?«

Sie seufzte. »Nicht so leicht«, gab sie zu. »Aber ich denke nicht, dass Monsieur Zéla irgendeinen Grund hat, uns wehzutun, und er scheint auch nicht der Mann dafür zu sein. Er ist ein Gentleman von der Sorte ›Leben und leben lassen‹. Er mischt sich nicht in anderer Leute Angelegenheiten. Aber selbst wenn er es täte, hätten wir die Schuld ganz allein bei uns zu suchen. Diese Sache war von Anfang an falsch. Was für ein Unsinn, mich so zu verkleiden.« Ihr Unwille über ihre Situation wuchs immer weiter. »Ich meine, *warum* konnten wir nicht einfach als Mann und Frau reisen? Unsere Namen hätten wir ja durchaus ändern können, aber dieses Versteckspiel …« Sie schüttelte verdrossen den Kopf. »So etwas wie das *musste* doch früher oder später geschehen.«

»Ich habe es dir erklärt«, sagte Hawley. »Man muss die gesellschaftlichen Konventionen beachten. Ein unverheiratetes Paar könnte sich niemals eine Kabine teilen, so wie wir es tun. Wir würden von allen gemieden, und bisher war es doch eine sehr angenehme Reise, oder?«

»Abgesehen davon, dass ich mich ständig eines männerfressenden Mädchens erwehren und aufpassen muss, nicht von einem minderjährigen Strolch ermordet zu werden? Ja, davon abgesehen ist es eine Traumreise.«

»Wir hätten nichts anderes tun können. Denk an die Konventionen.«

»Ach, diese dummen Konventionen«, sagte Ethel wütend, »die bringen mich zur Weißglut.«

»Es gibt sie nun einmal. Ich habe dir doch gesagt, wenn wir erst in Kanada sind, können wir unsere wahre Identität wieder annehmen, und niemand wird sich darum kümmern, ob wir verheiratet sind oder nicht.«

Ethel seufzte. »Das ist alles, was ich will«, sagte sie. »Ich will einfach nur, dass wir glücklich sind. Nur wir zwei.«

»Und das werden wir sein«, antwortete er und setzte sich zurück zu ihr aufs Bett. »Ich verspreche es dir.« Sie küssten sich, und

Hawley hielt sie lange in den Armen, tröstete sie und sprach ihr Mut zu. Ihr neues Leben würde allen Widrigkeiten der letzten Zeit ein Ende setzen.

Ethel war sich da nicht so sicher. Kanada kam zwar immer näher, aber ein paar Tage würde es noch dauern, bis sie dort waren.

Nur ein paar Meter entfernt in der Präsidentensuite führte Matthieu Zéla ein Wortgefecht mit seinem Neffen Tom.

»Du dummer Kerl«, rief er. »Dir ist doch klar, wenn ich nicht gekommen wäre, hätte er dich so gut wie sicher über Bord geworfen?«

»Das hätte er nicht«, sagte Tom, der sich gedemütigt fühlte, weil er überwältigt worden war. »Ich kann schon auf mich aufpassen.«

»Auf dem Grund des Ozeans nicht.«

»Ich hätte ihn zu Boden strecken können.«

»Ach, mach dich nicht lächerlich. Im nächsten Moment schon wärst du über Bord gegangen, und das wäre dein Ende gewesen. Noch ein sinnloser Tod in der Familie. Du hast doch in letzter Zeit nicht sonst noch was getan, was du nicht hättest tun sollen?«

Tom hob die Brauen. »Was meinst du?«

»Gibt es in Antwerpen Mädchen, denen du etwas zu nahe gekommen bist?«

Tom schien überrascht. Er wusste nicht, warum ihn sein Onkel das fragte. »Nein«, sagte er. »Ich verstehe dich nicht. Wovon redest du da?«

»Ach, schon gut«, sagte Matthieu schroff und schüttelte den Kopf. »Als ich eingewilligt habe, mich um dich zu kümmern, war ich einfach nur davon ausgegangen, dass es irgendeine Art von Anstand in dir gibt, das ist alles. Und was habe ich mir eingehandelt? Einen Raufbold, der so wütend wird, wenn er ein Mädchen, das er will, nicht kriegt, dass er dem, der mehr Glück hat, die Kehle aufschlitzen will.«

»Hör zu, Onkel Matthieu«, sagte der Junge. »Es gibt da was, das du wissen solltest.«

»Ich weiß alles, was ich wissen muss, glaube mir«, rief Matthieu. »Und ich verspreche dir, Tom, wenn du in Kanada so weitermachst, setze ich dich ohne Umschweife vor die Tür. Ich habe mein eigenes Leben zu führen und werde mich nicht von einem von euch DuMarqués in Schwierigkeiten bringen lassen, verstehst du mich? Ich bin zu alt, um mich mit solchem Unsinn auseinanderzusetzen.«

»Ja, ich verstehe«, sagte Tom ruhig. »Aber hörst du mir bitte nur einen Moment lang zu? Ich muss dir etwas sagen.«

»Was? Was sollte das sein?«

Tom überlegte kurz und benetzte sich die Lippen. Er fragte sich, wie er es in Worte fassen sollte, ohne dass er verrückt erschien. »Dieser Edmund«, sagte er, »mit dem ist etwas nicht in Ordnung.«

»Nicht in Ordnung? Wie meinst du das?«

»Er ist ... Ich kann es nicht erklären. Er scheint nicht zu haben, was alle anderen haben.«

Matthieu starrte ihn an und fragte sich, ob sein Neffe bemerkt hatte, was ihm schon vor Tagen aufgefallen war. Falls es so war, würde es ihn überraschen. »Und das wäre?«

»Er hat keine Eier!«, rief Tom und stand auf. »Ich schwöre es. Es mag ja komisch klingen, aber zwischen seinen Beinen ist nichts!«

»Hör mir zu, Tom«, sagte Matthieu und legte ihm eine Hand auf die Schulter. »Leute, die herumlaufen und ihre Nase unerwünscht zwischen anderer Leute Beine stecken, können böse Überraschungen erleben. Weshalb es unhöflich ist, das zu tun.«

»Ich mache keine Witze, Onkel Matthieu.«

»Ich weiß. Aber du kannst nicht sicher sein.«

»*Doch*, das bin ich.«

Matthieu sah ihn an. »Nun, zufällig bin ich es auch«, sagte er schließlich mit ruhiger Stimme. »Ich bin schon vor Tagen dahintergekommen.«

»Du?«

»Ja. Ich sah nur keinen Grund, darüber zu reden.«

»Was ist also mit ihm? Sind sie ihm abgeschnitten worden?«

Matthieu lachte. »Nein, du dummer Kerl«, sagte er. »Sie sind ihm nicht abgeschnitten worden. Er hat nie welche gehabt.«

Tom legte die Stirn in Falten. Er begriff nicht. »Wie kann er keine ...«

»Er ist kein Er«, sagte Matthieu. »Er ist eine Sie. Edmund Robinson ist kein Junge. Dein Konkurrent auf der Jagd nach Victoria Drake ist ein Mädchen.«

Toms Augen wurden immer größer, sein Mund öffnete sich, und er registrierte verblüfft, wie er von Verlangen erfüllt wurde. Er musste an den Kuss zwischen Victoria und Edmund denken.

»Das kannst du nicht ernst meinen«, sagte er endlich.

»Doch, doch.«

»Aber warum? Warum sollte sich jemand ...?«

»Ich weiß es nicht«, sagte Matthieu. »Mit den beiden hat es etwas Merkwürdiges auf sich, ich bin nur noch nicht dahintergekommen, was. Aber das werde ich noch, ich versichere es dir. Bis dahin musst du mir versprechen, dass du niemandem gegenüber auch nur ein Wort darüber sagst.«

»Oh, das verspreche ich dir«, sagte der Junge und rieb sich genüsslich die Hände. »Nicht ein Wort kommt über meine Lippen.«

16 Der Mörder

London: 31. Januar 1910

Am Abend des 31. Januar 1910 zog sich Cora Crippen ein letztes Mal an und betrachtete sich niedergeschlagen im Spiegel. Das Kleid, das sie trug, war über zwei Jahre alt. Hawley hatte es ihr zu ihrem fünfunddreißigsten Geburtstag geschenkt, und es hatte ihr gut gefallen, mittlerweile jedoch kam es ihr veraltet und viel zu vertraut vor. »Warum muss ich immer dieselben Dinge tragen?«, fragte sie ihr Spiegelbild. »Warum kann mir Hawley nicht geben, was andere Männer ihren Frauen geben?« Es war für sie eine fortdauernde Quelle des Unmuts, obwohl sie doch beträchtliche persönliche Ersparnisse angehäuft hatte, aber damit verwöhnte sie lieber ihre männlichen Freunde. Sie fand, es war Hawleys Aufgabe, sie mit den Dingen zu versorgen, die sie brauchte. Cora war überzeugt, dass Louise Smythson genau wusste, wie häufig sie, Cora, dieses Kleid schon getragen hatte, und sie deswegen verachtete. Wie oft schon hatte sie die wenig schmeichelhaften Bemerkungen gehört, die Louise über andere Frauen machte, wenn sie wieder einmal dasselbe Kleid trugen, und sie selbst hatte sich kräftig daran beteiligt. Wenn Cora in ihrem Herzen auch spürte, dass sie Louise in jeder Hinsicht überlegen war – schließlich hatte *sie* nie hinter dem Tresen eines Pubs gearbeitet! –, konnte sie doch nicht abstreiten, dass Louise mit einem Mitglied der Aristokratie verheiratet war, während ihr eigener Mann lediglich ein Teilzeit-Zahnarzt und Verkäufer war.

Ihre Freundschaft zu Louise hatte in letzter Zeit gelitten, und sie war sich bewusst, dass sie mehr und mehr aus dem Kreis der anderen Frauen hinausgedrängt wurde. Etliche von ihnen hielten sie mittlerweile für grob und affektiert, sahen mit Verachtung auf sie herab und machten klar, dass sie von Coras Unfähigkeit, sich weiterzuentwickeln, enttäuscht waren. Natürlich hatte sie das zum großem Teil ihrem eigenen Verhalten zuzuschreiben. Vor zwei Wochen erst hatte sie bei einem Abend mit dem berühmten Pianisten Leopold Godowsky in der Music Hall Ladies' Guild zu viel getrunken, war während seines Spiels eingeschlafen und hatte so laut geschnarcht, dass sie eines der älteren Mitglieder der Gilde mit juwelengeschmücktem Finger in den Rücken gestoßen und mit einem lauten »Pssst!« zur Ruhe gerufen hatte. Schon eine Woche danach hatte sie bei einer der regelmäßigen Cocktailabende wieder zu viel getrunken und mit einem jungen Kellner geflirtet, der am Ende nicht umhin konnte, ihr vor allen anderen zu erklären, dass er frisch verheiratet und ganz und gar nicht an ihren Annäherungsversuchen interessiert sei, was für sie äußerst peinlich gewesen war und ihm Bewunderung eingebracht hatte.

Seitdem waren die Teeeinladungen ausgeblieben, und ihre Teilnahme an den Treffen der Gilde wurde zunehmend unangenehm. Ihr war bewusst, dass Nicholas Smythson ein Geburtstagsdinner plante, und noch bewusster war ihr, dass sie bislang nicht dazu eingeladen war. Wenn sie nicht aufpasste, würde sie aus der Music Hall Ladies' Guild ausgeschlossen werden, und was blieb ihr dann noch? Nichts als Hawley.

Im Licht dieser Umstände hatte Cora die Smythsons zu einem Bridgeabend eingeladen, obwohl sie nicht sonderlich an einem Zusammensein mit ihnen interessiert war. Aber da Mrs Louise Smythson sie ursprünglich in die Music Hall Ladies' Guild gebracht hatte, blieb Cora nur, sie ein weiteres Mal mit ihrem beispielhaften Verhalten zu beeindrucken. Daher die Einladung ins Haus am Hilldrop Crescent.

»Die beiden sind so ein merkwürdiges Paar«, beschwerte sich Nicholas, als er und Louise sich dem Haus näherten. »Jedes Mal, wenn wir sie sehen, geraten sie am Ende in Streit. Es ist so außerordentlich peinlich.«

»Du hast ja recht, Liebling«, stimmte ihm Mrs Louise Smythson zu. »Aber es ist so gut wie unmöglich, dieser Frau mit einem Nein zu kommen. Sie lässt nicht locker. Doch ganz unter uns, ich glaube, sie wird bald schon aus unserer Gruppe entfernt werden.«

»Wirklich?«

»Ja«, sagte sie und nickte. »Aber sage noch niemandem etwas davon. Margaret Nash und ich haben darüber gesprochen, und einige andere auch. Wir denken, sie ist zu vulgär.«

»Nun, du warst diejenige, die sie in euren Kreis eingeladen hat, meine Liebe. Daran kannst du nur dir die Schuld geben.«

»Ich habe sie eingeladen, weil ich dachte, sie wäre wirklich jemand. Sie hat so viele außergewöhnliche Dinge behauptet. Aber ich habe mich geirrt. Die Frau ist eindeutig verrückt. Sie lebt im Irrglauben einer Größe, die sie niemals erreichen wird. Zum Beispiel dieser Unsinn, dass sie eine Sängerin ist. Angeblich steht sie immer kurz davor, zu einem internationalen Star zu werden, doch wird das je geschehen? Nein. Es ist nichts als lächerlich. Einmal hat sie mir erzählt, sie werde im Buckingham Palace vor der Königin singen. Reine Hirngespinste. Nein, ich fürchte, die Zeit ist gekommen, Cora Crippen und ihren langweiligen Mann für immer aus unserem Leben zu entfernen. Ich verspreche dir, das ist heute der letzte Abend mit ihnen.«

»Warum gehen wir dann überhaupt noch hin?«, fragte Nicholas gereizt. »Warum konnte die neue Politik nicht schon gestern anfangen?«

»Weil es einer gewissen Zeit bedarf, Nicholas, deshalb. Bisher sind erst zwei Ladys aus der Gilde ausgeschlossen worden, die sich ähnlich schlimm verhalten haben. Natürlich können wir jemanden nicht ohne Grund hinauswerfen. Das Ganze vollzieht sich über Andeutungen und ist weit subtiler, als du es dir vorstellst. Ich habe vor, damit zu beginnen, dass ich sie nicht zu deinem Geburtstagsdinner am nächsten Wochenende einlade. Sie weiß davon und lauert schon lange auf eine Einladung. Ich glaube, deswegen veranstaltet sie heute diesen Kartenabend überhaupt. Sie hofft, dass ich mich erkenntlich zeige, was ich nicht tun werde. Sonst würde sie sich wahrscheinlich nur wieder betrinken und versuchen, Alfred zu verführen.«

»Alfred ist noch ein Kind, meine Liebe.«

»Du kennst die Geschichte nicht, die ich gehört habe, Nicholas«, antwortete sie wissend. »Pass nur auf. Sie wird den ganzen Abend verzweifelt versuchen, unsere Gnade wiederzuerlangen.«

Nicholas nickte. Es war ihm ziemlich egal, ob sie zu seinem Geburtstagsdinner kam oder nicht. Er war gegen den Charme der meisten Freundinnen seiner Frau immun und hatte wenig Interesse, sich mit ihnen zu unterhalten. Wenn sie kamen, okay, wenn nicht, ebenfalls. Für gewöhnlich redete er sowieso nur mit ihren Ehemännern. Nicht, dass Hawley Crippen sehr gesprächig gewesen wäre. Der verdammte Narr bekam kaum die Zähne auseinander, es sei denn, man stellte ihm eine direkte Frage, und selbst dann wurde er ständig von seiner Frau untergebuttert. Nicholas konnte nicht verstehen, dass sich ein Mann so herumstoßen ließ.

»Lass dich nicht so hängen, wenn du gehst, Nicholas«, schalt ihn Louise. »Du kriegst einen Buckel, wenn du nicht vorsichtig bist.«

»Cora, wie schön, dich zu sehen«, sagte Louise, als sie ankamen, küsste sie auf die Wange und trat ein. Sie warf einen schnellen Blick auf Coras Kleid und hob eine Braue, sagte aber nichts. Ihre Gastgeberin hatte ihren Blick jedoch bemerkt und verfluchte ihren Mann, dass er sie nicht ausreichend ausstaffierte.

»Louise«, sagte sie. »Nicholas. Ich freue mich so, dass ihr kommen konntet. Hawley und ich haben eben noch gesagt, dass wir uns viel zu selten sehen.«

»Wirklich?«, fragte Louise und sah Hawley an, der es vorzog, die Behauptung weder zu bestätigen noch ihr zu widersprechen. »Ja, wir haben alle zu viel zu tun, nicht wahr?«

Cora nahm ihre Mäntel, und sie gingen ins Wohnzimmer, wo ein paar Naschereien und Getränke vorbereitet waren. Sie setzten sich und spielten eine Partie Bridge, doch die Karten bildeten nur den Hintergrund für ein Gespräch, das von Beginn an unbeholfen verlief.

»Wo ist denn der gut aussehende Junge, der bei euch gewohnt hat?«, fragte Louise. »Wie hieß er noch? Euer Untermieter?«

»Alec Heath«, sagte Hawley leise, ohne von seinen Karten aufzusehen.

»Ja, genau der. Was ist mit ihm? Ist er ausgezogen?«

»Er ist nach Mexiko gegangen«, erklärte Cora. »Andrew Nash hat ihm dort einen Job gegeben.«

»Das hat er nicht!«, rief Louise überrascht. »Ich wusste gar nicht, dass die beiden sich kannten.«

»Nun, sie kannten sich auch nicht«, sagte Cora. »Sie haben sich hier bei uns kennengelernt und über Andrews Arbeit drüben gesprochen. Ein paar Tage später ist Alec zu ihm gegangen und hat sich um eine Stelle in Andrews Firma beworben. Irgendwie müssen sie sich gleich verstanden haben, denn bevor ich noch wusste, wie mir geschah, packte er schon seine Sachen und war verschwunden. Seitdem haben wir nichts mehr von ihm gehört oder gesehen, habe ich recht, Hawley?«

»Ja«, sagte er. Selbstverständlich war er froh gewesen, dass Alec das Haus verließ. Hawley hatte nicht die Kraft besessen, ihm die Affäre mit seiner Frau vorzuhalten, genauso wenig, wie er Cora darauf anzusprechen vermochte. Nicht, dass es ihm egal gewesen wäre: Auch wenn es schon lange keinerlei Intimitäten mehr zwischen ihm und Cora gab, ertrug er den Gedanken doch nicht, dass sie mit einem anderen Mann schlief. Dass es ein so junger Kerl gewesen war, der ihm Hörner aufgesetzt hatte, erhöhte das Gefühl der Demütigung noch. Cora ihrerseits empfand keine Scham wegen des Vorfalls. Sie hatte weder versucht, es zu erklären, noch sich dafür entschuldigt. Im Gegenteil, für sie gehörten die Nachmittage mit Alec Heath zu den angenehmeren ihres Lebens.

»Es war so nützlich, ihn im Haus zu haben«, sagte sie und wollte das Thema noch nicht wieder fallen lassen, genoss sie es doch, dass es Hawley wahrscheinlich böse verdross. »Er war immer bereit zu helfen, wenn ich etwas brauchte.«

»Ach ja«, sagte Louise.

»Da er so viel jünger war, konnte er sich um Dinge kümmern, die Hawley nicht mehr schafft. Ist es nicht so, Liebling?« Hawley warf ihr einen hasserfüllten Blick zu, doch sie genoss ihre *double entendres* und wollte noch nicht damit aufhören. »Er hat sich um Dinge im Haus gekümmert, die seit Jahren vernachlässigt worden waren. Er hat gleichsam eine Menge alte Spinnweben entfernt. Ich muss zugeben, dass ich ihn vermisse.«

»Meine Frau findet meine Gesellschaft unendlich weniger stimulierend als die ihrer jüngeren Freunde«, sagte Hawley ruhig.

Nicholas Smythson rutschte auf seinem Stuhl hin und her. Da ging es schon wieder los. Er hatte es bereits mehrfach erlebt. Sobald die Sprache auf Hawley kam, nahm dessen Frau jede Möglichkeit wahr, ihn anzugreifen.

»Vergib mir, dass ich Schwierigkeiten habe, mich für die gezogenen Backenzähne von jemandem zu begeistern«, sagte sie, ohne Hawley anzusehen. Stattdessen lächelte sie den Smythsons zu. »Das ist es, was ich mir anhören muss, wenn er abends nach Hause kommt. Genaueste Beschreibungen der Zahnruinen halb Londons. Er ist so ein Romantiker. Ist es da ein Wunder, dass wir nie Kinder bekommen haben?«

»Hatte vor ein paar Jahren Ärger mit den eigenen Zähnen«, sagte Nicholas, um die Unterhaltung von den gegenseitigen Beleidigungen ihrer Gastgeber wegzusteuern. »Die Lösung war, sie alle zu ziehen und durch falsche zu ersetzen. Hab seitdem nichts mehr damit zu tun gehabt, was, Louise? Es war natürlich schmerzvoll, aber seitdem zwickt nichts mehr.«

»Nicholas«, sagte Louise leise und legte ihre Hand auf seine. »Ich glaube wirklich nicht, dass die Crippens das hören wollen.«

»Wirklich nicht?«, fragte er und sah zwischen den beiden hin und her, als würden ihm die Regeln der Etikette erst langsam bewusst. »Entschuldigung«, sagte er, als er den gereizten Blick seiner Frau bemerkte. »Wir Jungs, was?«, sagte er zu Hawley, wandte sich ihm zu und wollte ihn in eine Zweier-Verschwörung ziehen. »Wir können nichts richtig machen, oder?«

»Hawley ganz sicher nicht«, sagte Cora. »Er ist völlig unbrauchbar. Schlimmer noch als unbrauchbar.« Sie sagte das mit einem aufgesetzten Lächeln, als wäre das alles ein riesiger Scherz, nur lachte niemand darüber.

Nicholas hustete, um das Schweigen zu brechen. »Ich dachte, dass Alec hinter dem jungen Ding vom letzten Mal her war«, sagte Louise. »Er schien an ihr Gefallen zu finden.«

»An was für einem jungen Ding?«

»Dem Mädchen, das für Hawley arbeitet. Diese unscheinbare Kleine mit der hässlichen Narbe auf der Lippe. Wie hieß sie noch?«

»Ethel ist eine anständige, respektable junge Frau«, sagte Hawley tonlos. »Ich wage sehr zu bezweifeln, dass sie an jemandem wie Alec Heath interessiert sein könnte.«

»Mein Mann hat die armselige Kreatur unter seine Fittiche genommen«, sagte Cora verärgert. »Ich glaube, er denkt, es lässt ihn gütig und großzügig erscheinen, wenn er einem Nichts wie ihr erlaubt, sich mit uns in Verbindung zu bringen. Er hat sogar vorgeschlagen, wir sollten sie in die Music Hall Ladies' Guild einladen.«

»Oh, das finde ich nicht«, sagte Louise schnell, die keinesfalls eine weitere nicht standesgemäße Person auf ihren Vorschlag hin zugelassen sehen wollte. Cora hatte ihr schon genug geschadet.

»Warum nicht?«, fragte Hawley beleidigt. »Wäre sie nicht für jede Gesellschaft eine würdige Ergänzung?«

»Ich glaube einfach nicht, dass sie die Art Frau ist, nach der wir suchen«, sagte Louise, die sich keinesfalls zu irgendetwas drängen lassen wollte. »Und wahrscheinlich sieht sie es umgekehrt genauso.«

»Sie gehört nicht zu uns«, sagte Cora.

Louise leckte sich die Lippen und sah eine seltene Gelegenheit. »Wenn dir natürlich daran liegt, Cora, solltest du mit ihr zusammen vielleicht eine eigene Gruppe bilden. Eine neue Gesellschaft, wenn ihr mögt.«

»Aber mir liegt nichts daran. Ich stimme dir völlig zu. Wie ich schon sagte, sie gehört ganz und gar nicht zu uns.«

»Zu *uns* sicher nicht«, sagte Louise. »Sie ist ganz offensichtlich niemand, den ich meinem Schwager Lord Smythson vorstellen könnte ...«

»Louise«, warnte Nicholas sie, der sah, worauf sie abzielte.

»Aber *ich* habe Lord Smythson auch nie kennengelernt«, sagte Cora.

»Nein, das hast du tatsächlich nicht.«

»Und Ethel LeNeve und ich gehören kaum derselben Klasse an.«

Louise nickte und sagte eine Weile lang nichts. »Natürlich arbeitet sie mit deinem Mann«, fuhr sie endlich fort. »Sie nehmen dieselbe Stellung im Leben ein. Was bedeuten würde, dass du dich ihr gegenüber alles in allem etwas herablassend verhältst.«

Cora spürte, wie ihr das Blut aus dem Gesicht wich. Obwohl ihr bewusst war, dass das Verhältnis zwischen ihr und den Mitgliedern der Music Hall Ladies' Guild zunehmend abkühlte, war ihr doch unerfindlich, warum Louise sie plötzlich so provozierte. Sicher, sie hatte sich in letzter Zeit unvorteilhaft benommen, aber das lag doch nur daran, dass sie zu viel Wein getrunken hatte. Sie hatte sich entschuldigt und versprochen, dass so etwas nie wieder vorkommen würde. Sie sah Nicholas an, der schnell in seine Karten starrte, und dann Hawley.

Louise war selbst etwas verblüfft, wie herausfordernd sie so früh am Abend schon war. Die Worte schienen aus ihrem Mund zu fliegen, bevor sie etwas daran ändern konnte.

»Willst du nicht etwas sagen?«, verlangte Cora nach einer Weile und starrte Hawley an, als wäre er der Grund für die Beleidigung, wofür sie ihn aufgrund seiner Verbindung zu Ethel LeNeve auch hielt. »Willst du mich nicht verteidigen?«

»Doch, das will ich«, sagte er mit fester Stimme, beugte sich vor und deutete mit dem Finger auf Louise. »Ich finde, das ist sehr unfair, was Sie da sagen, Louise, das denke ich wirklich. Es tut mir leid, ich weiß, Sie sind unser Gast, aber das muss ich sagen.«

»Also«, sagte Cora selbstgefällig und zufrieden mit ihm.

»Zu sagen, dass Ethel LeNeve eine minderwertige Person ist, ist einfach falsch. Nur, dass Sie es wissen: Sie ist eine gebildete, intelligente, geistreiche und angenehme junge Lady.«

»Ethel LeNeve?«, rief Cora außer sich. »*Ethel LeNeve? Du verteidigst sie?* Was ist mit mir?«

»Jetzt bitte, Cora«, sagte Louise und lachte sanft. »Es gibt keinen Grund, sich aufzuregen. Ich wollte niemanden beleidigen. Vielleicht liest du mehr in meine Worte, als ich tatsächlich ausdrücken wollte.«

»Was wolltest du denn ausdrücken?«, fragte Cora. »Es ist schwer für mich, mich nicht beleidigt zu fühlen, wenn du mich im selben Atemzug mit diesem Gossenkind nennst. Dazu behauptest du, dass ich nicht gut genug für deine wertvolle Familie bin. Und wo wir schon dabei sind: Glaube nicht, dass ich mich nicht von bestimmten gesellschaftlichen Feiern ausgeschlossen fühle.«

»Gesellschaftlichen Feiern? Zum Beispiel?«

»Nicholas' Geburtstagsfeier. Ich habe immer noch keine Einladung und weiß doch sicher, dass die anderen Ladys dabei sind.«

»Es ist nur eine kleine Party«, protestierte Louise, die ihr genug Seil geben wollte, an dem sie sich aufhängen konnte. »Nur für die Familie und enge Freunde.«

»Was bin ich denn?«, kreischte Cora.

»Eine sehr enge Freundin«, sagte Louise und brach angesichts von Coras Hysterie ein. »Natürlich müsst ihr kommen. Ihr wärt uns willkommen. Alle beide.«

Nicholas stimmte ihr zu und seufzte innerlich.

Das schien Cora etwas zu beruhigen, und sie spielten weiter Karten, doch die Stimmung war vergiftet und das Schweigen ohrenbetäubend.

Endlich, im Glauben, dass im Grunde sowieso alles verloren war, und vom Alkohol beflügelt, wuchs der Unmut in Cora aufs Neue an und kochte schließlich über. »Natürlich bin nicht ich es, die dir peinlich ist«, sagte sie. »Es ist Hawley. Er ist es, den du loswerden willst. Er ist es, der uns alle nach unten zieht. Aber ich muss ihn ja nicht mitbringen. Wenn es dir lieber ist, lasse ich ihn zu Hause.«

»Cora!«, sagte Hawley beleidigt.

»Nein, jetzt spreche ich es einmal aus. Ich habe es lange genug ertragen müssen, von dir und deinesgleichen hinabgezogen zu werden«, fauchte sie ihn an, »von einem nutzlosen Schwachkopf ohne ein Gramm Ehrbarkeit im Körper. Ist es ein Wunder, dass ich im Leben nicht weiterkomme, wenn ich dich am Hals hängen habe und du mich wie ein Albatros in die Tiefe ziehst?«

»Cora, bitte. Unsere Gäste …«

»Die wissen, dass ich recht habe«, schrie sie und sah die beiden um Zustimmung heischend an, doch die Smythsons saßen mit versteinerten Gesichtern da. »Tatsache ist doch, dass ich mich deinetwegen in dieser Situation befinde. Ich komme mit meiner Karriere nicht voran, weil ich von dir keinerlei Unterstützung erfahre.« Sie sah Louise an. »Weißt du, warum Alec Heath gegangen ist? Er ist gegangen, weil er es leid war, Hawley Tag und Nacht jammern zu hören. Er hat mich geliebt. Wir haben es die ganze Nacht miteinander getrieben, weißt du, wenn Hawley eingeschlafen war.«

»Cora!«, sagte Hawley.

»Aber es stimmt«, sagte sie, und ihre Worte verschleiften. »Du weißt, dass es stimmt, du willst es bloß nicht wahrhaben.« Sie kicherte und beugte sich näher zu Louise hin. »Einmal hat er uns erwischt, weißt du«, sagte sie und zwinkerte ihr zu. »Stand in der Tür, während Alec in mir drin war, und hat nur zugesehen. Wahrscheinlich hat er ihn selbst da nicht hochgekriegt, weil er auch als Voyeur eine Niete ist.«

»Ich denke, wir sollten gehen, Nicholas«, sagte Louise mit scharfer Stimme und stand auf. »Bitte hole mir meinen Mantel.«

»Nein, ihr sollt bleiben«, sagte Cora und starrte sie an, als könnte sie sich überhaupt nicht denken, warum die beiden wegwollten. »Er ist derjenige, der gehen sollte: Hawley. Komm schon, verschwinde. Louise, Nicholas, ihr bleibt. Ich verspreche, dass uns Hawley nichts mehr verdirbt.«

»Wir *gehen*, Cora«, sagte Louise, »und ich denke, es ist eine Schande, wie du dich vor ehrbaren Leuten benimmst. Ich habe solche Obszönitäten in meinen Leben noch nicht gehört.«

»Als wenn mich das störte, was du denkst, du emporgekommene Schlampe!«, rief Cora und änderte unversehens den Kurs. »Himmel noch mal, ich weiß noch gut, wie du hinter der Theke vom Horse and Three Bells Bier gezapft und für jeden, der ein paar Shilling in der Tasche hatte, die Unterhose heruntergelassen hast.«

»Nicholas! Meinen Mantel! *Sofort!*«

»Klar doch. Lauf nur davor weg. Ihr alle lauft vor der Wahrheit weg. Haut doch alle ab, raus hier, zum Teufel!«, schrie sie.

Die Smythsons rissen die Haustür auf und stürmten hinaus. Louise schob Nicholas mit aller Kraft die Stufen hinunter.

»Deine Mitgliedschaft in der Music Hall Ladies' Guild kannst du vergessen«, rief Louise, als sie endlich auf der Straße stand und ihren Mantel anzuziehen versuchte, den rechten Arm aber versehentlich in den linken Ärmel steckte und durcheinandergeriet. »Betrachte sie als aufgehoben!«

»Verschwinde schon, alte Schlampe«, rief Cora. »Wahrscheinlich hockt da draußen irgendwo 'n dreckiger Besoffener in der Gosse, der bereit ist, ein paar Shilling für dich zu berappen. So kannst du dir das Geld fürs Taxi verdienen.«
Sie ging zurück ins Wohnzimmer, wischte sich den Speichel vom Kinn und sah ihren Mann zitternd dastehen. »Was machst du denn noch hier?«, fragte sie, ging zu ihm und schlug ihm brutal ins Gesicht. »Komm schon. Verschwinde. *Raus mit dir!*« Sie schlug und boxte ihn, bis auch er auf der Straße stand und entsetzt zu ihr hinaufblickte. »Komm bloß nicht zurück«, schrie sie, »ich bin fertig mit dir!«

Sie knallte die Tür zu und brach zusammen. Sie hasste ihr Leben. Sie hasste ihren Mann. Sie hasste London. Aber jetzt würde alles anders werden. Ihre Freundinnen hatte sie verloren, doch was machte das schon? Morgen früh, beschloss sie, würde sie aufstehen, ihre Taschen packen und Hawley für immer verlassen. Sie würde London den Rücken kehren und an einen Ort ziehen, wo man ihr Talent zu schätzen wusste. Sie marschierte die Treppe zum Schlafzimmer hinauf, warf sich aufs Bett und konnte lange nicht einschlafen, so sehr wurde sie von ihrer Wut geschüttelt.

Wie immer hatte sie ein Glas Wasser neben dem Bett stehen, weil sie etwas trinken musste, wenn sie nachts aufwachte. Sie wusste nicht, dass sie den Morgen nicht mehr erleben würde.

Um drei Uhr morgens fiel leichter Nieselregen auf London, und er trug denselben langen Mantel und Hut wie beim Kauf des Gifts an jenem Nachmittag. Seitdem hatte er sich auch noch ein Paar passende Handschuhe gekauft. Er konnte es kaum glauben, dass er seinen Plan jetzt tatsächlich ausführen würde. Bis zuletzt war er nicht sicher gewesen, ob er es je tun würde, aber doch, jetzt war es so weit. Zu viel war geschehen, als dass er seine Meinung noch einmal ändern würde. Es war zu viel geworden. Die Schläge, das Geschrei, die Demütigungen, und er wollte die wahre Liebe, die er gefunden hatte, nicht verlieren. Wie konnten sie je zusammenkommen, wenn ihnen diese Frau im Wege stand? Es gab nur eine Möglichkeit. Er musste sie loswerden.

Etwas an seinem Anblick, während er langsam in Richtung 39 Hilldrop Crescent ging, ließ selbst die durch die Straßen streunenden Hunde in ihrem Gebell innehalten und ihm nachsehen. Seine Haltung schien ihnen zu sagen, dass es ein Fehler wäre, ihn mit ihrem Lärm zu provozieren. Er war entschlossen, da bestand keine Frage. Er griff in seine Taschen. Links waren die Flasche und ein Taschentuch, rechts drei feste, scharfe Messer, um die Tat zu vollenden. Das Herz schlug ihm schnell in der Brust, doch er hatte keine Angst. Trotz seiner religiösen Erziehung fürchtete er Gott und seine Strafe nicht. Cora Crippen, so sagte er sich, war ein Teufel, sie hatte auf dieser Erde nichts mehr verloren. Das Glück zweier Menschen hing von ihrem Tod ab. Sie brachte nur Qual und Elend über alle um sie herum, und so war es nichts als eine lohnende Tat, wenn er sie aus der Welt entfernte.

Er blieb nur kurz vor dem Haus stehen, um sich zu versichern, dass drinnen kein Licht mehr brannte. Die Schlüssel hielt er bereits in der Hand. Erst steckte er den falschen ins Schloss, mühte sich damit ab, fand dann aber den richtigen und öffnete die Tür. Einen Moment lang hielt er inne und lauschte auf Geräusche von drinnen. Es war nichts zu hören, und so trat er ein und machte die Tür leise hinter sich zu. Er überlegte, ob er den Mantel ausziehen und in die Diele hängen sollte – schließlich konnte er sich Zeit lassen –, entschied sich aber dagegen. Je weniger Lärm er machte, umso besser.

Langsam ging er die Treppe hinauf, hörte den eigenen Atem und war so gut wie überzeugt, dass er sie wecken musste. Vor ihrer Schlafzimmertür blieb er stehen, nahm die Flasche aus der Tasche, schraubte den Deckel ab und achtete darauf, nicht zu tief einzuatmen, während er das Gefäß fest in der Hand hielt. Dann legte er eine behandschuhte Hand auf die Klinke, öffnete die Tür langsam, stand in der Dunkelheit und betrachtete die daliegende Gestalt.

Cora hatte die Decke halb von sich gestoßen, lag mit freiem Oberkörper da, warf sich von einer Seite auf die andere und murmelte ein paar Worte. Die Aufregung des Abends hatte sie lange nicht einschlafen lassen, sie war eben erst weggedämmert und befand sich immer noch in unruhigem Schlummer.

Ein Strahl Mondlicht fiel durch die leicht geöffneten Vorhänge und tauchte Coras Ellbogen in ein gespenstisch blasses Licht. Das war sie, die letzte Möglichkeit, umzudrehen und sich dagegen zu entscheiden, doch er bewegte sich vorsichtig weiter vor, sah das halb leere Glas Wasser neben dem Bett, nahm es, schüttete den gesamten Inhalt der Flasche hinein und stellte es zurück auf den Nachttisch. An der Tür hustete er laut, um ihren Schlaf zu stören.

Ihre Augen öffneten sich langsam, sie rieb sie und richtete sich im Bett auf. Gähnend sah sie zu seiner kaum erkennbaren Gestalt in der Tür hinüber.

»Hawley?«, sagte sie mit verschlafener Stimme. »Bist du das?« Anstatt zu antworten, räusperte er sich nur leise, und bevor sie ihn noch richtig ausmachen konnte, verschwand er aus ihrem Blickfeld. »Mach bloß nicht so einen Krach, du Narr«, schimpfte sie. »Ich versuche zu schlafen.« Das waren ihre letzten Worte.

Bevor sie sich zurück in die Kissen sinken ließ, griff sie nach ihrem Glas Wasser und leerte es in einem Zug. Er hörte, wie sie plötzlich nach Luft schnappte, das abgehackte Keuchen, mit dem sie zu atmen versuchte und es nicht konnte, ging zurück in ihr Schlafzimmer und sah, wie sie ihre Kehle gepackt hielt. Mit schmerzverzerrten, weit aufgerissenen Augen sah sie ihn über sich stehen und schüttelte den Kopf, staunend und konfus, während das Leben langsam aus ihrem Körper wich. Gefühllos sah er zu, wie sie zurück in die Kissen fiel und ein paar Versuche unternahm, stoßweise zu Atem zu kommen. Dann lag sie still da, die Augen zur Decke gerichtet, und ein kleines Rinnsal Wasser lief ihr aus dem Mundwinkel. Verwundert, dass es endlich vorbei war – dass sie endlich *tot* war –, ließ er die Luft aus seiner Lunge entweichen und fühlte eine große Stärke in sich aufsteigen. Nervös und gleichzeitig staunend über seinen Mut, bückte er sich, atmete tief durch und hob ihren Körper vom Bett hoch.

Sie war schwerer, als er gedacht hatte, und es war nicht leicht, sie die Treppe hinunterzuschaffen. Mehr als einmal dachte er, er verlöre den Halt und müsste sie fallen lassen, sah sie auf dem Boden aufschlagen und sich selbst das Genick brechen. Er überlegte einen Moment lang, ob er sie nicht einfach nach unten werfen sollte, schließlich war sie schon tot, und er konnte ihr keinen zusätzlichen Schaden zufügen. Er entschied sich jedoch dagegen, hätte der Lärm doch womöglich die Nachbarn geweckt und auf den Plan gerufen. Die Treppe war schmal, und als er die Diele erreichte, schwitzte er heftig und musste sie ablegen, um Kraft zu schöpfen.

Er öffnete die Kellertür, sah in die Tiefe und suchte nach dem Schalter für die einzelne Glühbirne, die den Weg ausleuchtete. Sie war nicht sehr hell, und so holte er Kerzen aus dem Wohnzimmer, die er an die hintere Wand des Kellers stellte. Endlich ging er zurück nach oben, nahm Cora hoch und trug sie mit schmerzenden Armen die steinernen Stufen hinunter, erreichte sein Ziel, ließ sie zu Boden fallen und rang nach Luft.

Er zog die Handschuhe und den Mantel aus, setzte den Hut ab, holte einen kleinen Meißel aus der Tasche und begann, die Steinplatten aufzuhebeln. Sie lagen auf einer Schicht Sand, unter der Holzlatten zum Vorschein kamen und schließlich ein Zementboden. Zwischen den Latten und dem Zement gab es einen etwa zwanzig Zentimeter tiefen Leerraum, und er hob so viel Platten zur Seite, wie er an Platz zu benötigen glaubte. Dann wandte er sich erneut der Leiche von Cora Crippen zu.

Er legte sie der Länge nach in den freigeräumten Bereich und überlegte, wie er anfangen sollte. Verblüfft bemerkte er, dass er keinerlei Grauen empfand, nur den Druck, möglichst schnell voranzukommen. Er holte seine Messer aus der Tasche und breitete sie auf dem Boden aus. Währenddessen schien ein leises Murmeln aus Coras Kehle zu dringen, und er starrte sie entsetzt an. Bildete er sich das nur ein? Ihre Lippen schienen sich zu bewegen und etwas zu flüstern, und so griff er, ohne zu zögern, nach dem schärfsten seiner Messer und schlitzte ihr die Kehle auf. Überrascht sah er zu, wie sich die Wunde öffnete und dann plötzlich mit Blut füllte, das ihr links und rechts am Hals hinunterlief. Ein saugendes Geräusch, mit dem ihr Körper ein allerletztes, verzweifeltes Mal um Luft bettelte, kam unter dem Kehldeckel hervor, verklang jedoch rasch. Er hielt sie einige Minuten so fest, bis kein Blut mehr aus der Kehle kam, und machte sich anschließend an die Aufgabe, die er am meisten fürchtete, die jedoch die einzige Möglichkeit darstellte, den Körper ein für alle Mal loszuwerden.

Er holte stapelweise Zeitungen von der anderen Seite des Kellers herüber, platzierte sie in Reichweite, um den grausigen Inhalt hineinzuwickeln, und machte sich daran, Beine und Arme zu amputieren. Es war ein schwieriges Unterfangen, da die Knochen und Muskeln an Hüften und Schultern mehr Widerstand boten, als er erwartet hatte. Seine Messer waren scharf, aber er musste große Kraft aufwenden. Dennoch lag nach einer Stunde Cora Crippens Torso ohne die neben ihm aufgehäuften Gliedmaßen vor ihm. Nach dem Abtrennen des ersten Armes hatte ihm die bizarre Brutalität der Situation keine Schwierigkeiten mehr gemacht, und er hatte sich ohne Scheu oder Grausen ganz seiner Tätigkeit gewidmet.

Als Nächstes musste der Kopf vom Rumpf. Die Kehle war bereits aufgeschlitzt, und so reichten ein paar überlegte Stiche und Schnitte, um ihn vom Körper abzutrennen. Der Boden unter der Leiche war voller Blut, das hinunter auf den Zement sickerte und dort eine große Lache bildete. Der Kellerboden war völlig eben, und so blieb das Blut, wo es war, und bildete ein dünne dunkelrote Fläche. Er zerteilte Arme und Beine an den Ellbogen und Knien, schnitt Hände und Füße ab und wickelte die Einzelteile in Zeitungspapier, bevor er sie sorgfältig im Boden verstaute. Kurz darauf ging es nur noch um den Rumpf. Er schnitt ein großes X hinein, zog die Haut zurück und legte die Eingeweide frei. Mit einem Sägemesser trennte er die Hauptorgane heraus, Herz, Leber, Nieren, verpackte sie einzeln und verstaute auch sie im Boden. Dann kam der Brustkorb an die Reihe, der eingedrückt werden musste, da er sonst zu viel Raum benötigt hätte. Die Reste des Torsos schnitt er in vier gleich große Teile, verpackte auch sie ordentlich und vergrub sie. Zuletzt holte er einen Sack Sand von der anderen Seite des Kellers und verteilte ihn gleichmäßig über den Paketen, bis das blutgetränkte Zeitungspapier darunter verschwunden war, ehe er die Platten zurücklegte und sie stampfend in ihre alte Position brachte. So lag, ein paar Stunden, nachdem er ins Haus am Hilldrop Crescent gekommen war, der Großteil von Cora Crippen sicher im Keller begraben, dem kaum etwas von der Unternehmung anzusehen war.

Er blies die Kerzen aus und brachte sie weg, schaltete die einzelne Glühbirne aus, verließ den Keller und schloss wenig später die Haustür von Nummer 39 Hilldrop Crescent hinter sich ab.

Ihren Kopf trug er in einer Tasche mit sich.

»Nun, das wär's dann wohl«, murmelte er und ging die Straße hinunter.

17 Schiffe, die am Morgen vorbeiziehen

Atlantischer Ozean: Mittwoch, 27. Juli 1910

Den Berechnungen nach würde die *Laurentic* die *Montrose* am 27. Juli morgens um elf Uhr überholen, und alle an Bord von Kapitän Taylors Schiff hofften darauf, einen Blick auf den berüchtigten Dr. Crippen zu erhaschen. Seit Inspector Walter Dew vor vier Tagen auf die *Laurentic* gekommen war, schienen die Passagiere des Schiffes wie besessen von der fortschreitenden Dramatik der Ereignisse, die Verbrecherjagd war eindeutig der unterhaltsamste Teil der Reise. Ihre Reaktionsweise jedoch unterschied sich je nach Geschlecht, Alter und Klassenzugehörigkeit. Die männlichen Erste-Klasse-Passagiere wetteten auf den genauen Termin, zu dem ihr Schiff das andere passieren würde. Tausende von Pfund waren zu gewinnen und zu verlieren. Die Frauen warnten ihre unartigen Kinder, dass sie, wenn sie nicht lieb seien, hinüber zu Dr. Crippen auf das andere Schiff geschickt würden, sobald die *Laurentic* es erreichte. Die Kinder auf dem Zwischendeck spielten grausige Spiele, bei denen sie so taten, als würden sie sich gegenseitig zerteilen und die einzelnen Pakete in den Rettungsbooten verstecken. Rachel Bailey, eine junge Braut in den Flitterwochen, die einem neuen Leben in Kanada entgegenfuhr, wo ihr Mann Conor die Stelle eines Lehrers antreten sollte, war von dem Geschehen ganz besonders fasziniert. Sie schien ein fast schon sadistisches Vergnügen daran zu haben, Inspector Dew mit Fragen zu überschütten, wann immer sie ihn sah.

»Sie haben die Leiche selbst gefunden, oder?«, fragte sie mit großen Augen, nahm seine Hand und zog ihn auf einen Liegestuhl. Die Hand hielt sie vorsorglich fest, damit er ihr nicht davonlief.

»In der Tat«, gab er zu, »obwohl man es kaum noch eine Leiche nennen konnte.«

Sie schnappte nach Luft und legte sich die freie Hand auf den Mund. Ihre unschuldige Miene im Verbund mit ihrem enormen Verlangen, auch noch die letzten grausigen Einzelheiten der Tat dieses Dr. Crippen zu erfahren, amüsierten und erschreckten Dew gleichermaßen. Dennoch mochte er diese junge Frau weit mehr als die älteren lüsternen Passagiere, denn sie wusste, wie sie es anstellen musste, damit er sich wichtig fühlte.

»Wie unerschrocken Sie sein müssen! Und diese arme Frau«, sagte sie. »Denken Sie, die beiden waren einmal glücklich, Inspector?«

»Glücklich?«

»Die Crippens. Ich meine, sie haben geheiratet, also müssen sie sich doch einmal geliebt haben.«

Er überlegte. »Das geht nicht notwendigerweise zusammen«, sagte er. »Auch wenn es bei Ihnen zweifellos so ist.«

»Natürlich!«, sagte sie. »Ich hätte nie geheiratet, wenn ich meinen Mann nicht lieben würde. Meine Eltern wollten mich schon vor zwei Jahren mit einem anderen verheiraten, aber ich habe es rundweg abgelehnt. Sein Vater war bei einer Handelsbank, und mein Vater dachte, eine Verbindung unserer beiden Familien wäre gut fürs Geschäft, aber ich konnte nicht. Schließlich war der Junge kaum größer als einen Meter fünfzig und hatte Warzen im Gesicht. Wie hätte ich so jemand heiraten können?«

»Da haben Sie recht«, sagte Dew mit einem kleinen Lächeln, denn er hatte ihren frischgebackenen Ehemann gesehen, einen großen, schneidigen Kerl mit schöner, sauberer Haut, der ein Tagebuch über das Leben an Bord führte. »Es ist gut, dass Sie gewartet haben.«

»Wollten Sie denn nicht davonlaufen?«, fragte sie.

»Davonlaufen? Wovor?«

»Weg aus diesem Keller. Als Sie ihre ... Stücke gefunden haben. War das nicht zu widerwärtig, um es mit Worten zu beschreiben?«

»Angenehm war es nicht«, gab er zu. »Aber ich habe meinen Beruf gelernt«, erklärte er und genoss die Atmosphäre von Heldentum, die er verbreitete. »Ich bin seit vielen Jahren bei Scotland Yard. Da gibt es wenig, was mich noch erschrecken kann, meine Liebe.«

»Und das Blut?«, fragte sie. »Da muss so viel Blut gewesen sein.«

»Der Großteil war vom Sand aufgesaugt worden. Es stank nur entsetzlich. Aber wirklich, Mrs Bailey, das ist kaum ein passendes Gesprächsthema. Sie werden heute Nacht nicht schlafen können.«

»Ich muss zugeben, dass mich allein schon der Gedanke entsetzt«, sagte sie und beschloss, den erregenden Schauer zu verschweigen, den sie gleichzeitig empfand. »Stellen Sie sich vor, Conor würde mich leid werden, in kleine Stücke zerschneiden und im Keller vergraben. Das könnte ich ihm niemals verzeihen.«

»Ich bin überzeugt, das ist völlig unmöglich«, sagte Dew und sorgte sich plötzlich, es könnte zu einer Welle von Nachahmerfällen kommen, in London und vielleicht sogar der ganzen Welt, und dass er dann gerufen würde, um sie alle zu lösen. »Ich bin sicher, Sie sind in besten Händen.«

Sie war sich da nicht so sicher. Wie auch einige andere Passagiere schlief sie immer schlechter, je näher sie der *Montrose* kamen. Einer, ein sechzigjähriger Verwaltungsbeamter namens Bellows, ging sogar zum Kapitän, um gegen ihre Fahrtroute zu protestieren.

»Hören Sie«, sagte er, und sein Gesicht drohte in der Masse seiner Falten unterzugehen. »Das geht doch nicht. Das Schiff hatte eine klare Route, und jetzt weichen wir davon ab, um diesen Crippen zu fangen. Das darf doch nicht sein, oder?«

»Ich fürchte, uns bleibt keine Wahl, Mr Bellows«, sagte Kapitän Taylor. »Wir handeln auf ausdrückliche Anweisung von Scotland Yard, und wir weichen ja nicht weit von unserer Route ab, nur ein wenig. Wir kommen auf jeden Fall pünktlich in Kanada an. Ich gebe Ihnen mein Wort darauf.«

»Aber was ist mit unserer Sicherheit? Wir sind eine Gruppe normaler Passagiere, die ihr Ziel erreichen wollen. Da kann doch nicht von uns erwartet werden, dass wir wahnsinnige Mörder fangen. Wir werden ganz gegen unseren Willen in diese Sache hineingezogen.«

»Es ist nur *ein* wahnsinniger Mörder, Sir«, korrigierte ihn der Kapitän. »Und vielleicht ist er nicht einmal wahnsinnig.«

»Er hat seine Frau umgebracht, oder? Er hat sie in kleine Stücke zersägt und ihr Herz gegessen, wie ich gehört habe.«

Der Kapitän machte große Augen. Er hatte schon an alle möglichen Übertreibungen gehört, was Dr. Crippen und sein Verbrechen betraf, aber offensichtlich gehörte die Kannibalismusgeschichte zu den hartnäckigsten. »Ich glaube nicht, dass er das getan hat«, sagte er zweifelnd, »doch selbst wenn es so wäre, wäre das nur ein zusätzlicher Grund, ihn zu fassen, meinen Sie nicht?«

»Nein, das meine ich nicht«, sagte Bellows. »Der Kerl ist ein hinterhältiger Psychopath. Natürlich muss er gefasst werden, aber mir gefällt der Gedanke nicht, dass gerade dieses Schiff die Aufgabe auf sich nimmt. Es ist gut möglich, dass sich der Kerl umdreht und uns alle umbringt.«

»Es sind mehr als sechzehnhundert Menschen an Bord der *Laurentic*«, sagte Taylor. »Das wäre für ihn wohl äußerst schwer zu bewerkstelligen.«

»Das sagen Sie jetzt«, widersprach ihm der andere, »Sie haben ja keine Ahnung, zu was dieser Mann fähig ist.«

»Vielleicht nicht. Aber sechzehnhundert Menschen ...«

»Ich muss trotz allem protestieren, Kapitän Taylor, und ich möchte, dass das im Logbuch vermerkt wird.«

Der Mann hatte zu viele Schauerromane gelesen, das war klar. Dennoch stimmte Taylor zu, den geforderten Eintrag zu machen, und Mr Bellows ging wieder, immer noch unzufrieden, doch für den Augenblick beschwichtigt. Trotz aller Spannung und all der Ängste vor dem, was vor ihnen lag, konnte niemand die *Laurentic* davon abhalten, ihren gegenwärtigen Kurs beizubehalten, und so versammelten sich am Morgen des 27. Juli Hunderte von Passagieren an Deck des Schiffes und säumten mit einer Mischung aus Angst und Faszination die Reling, um einen ersten Blick auf die *Montrose* zu erhaschen.

»Denken Sie, das ist klug?«, fragte Kapitän Taylor den Inspector, während sie auf der Brücke standen und abwechselnd den Horizont vor sich absuchten. »Ich könnte die Passagiere auch in ihre Kabinen schicken, wenn es Ihnen lieber ist.«

»Das sähe noch merkwürdiger aus«, sagte Dew. »Dann wirkten wir für jeden, der zu uns herübersähe, wie ein Geisterschiff. Nein, so wie es ist, werden sie auf der *Montrose* nur denken, dass ihnen unsere Passagiere zuwinken wollen. Es ist ja nicht so, als könnten sie über die Wellen hinweg verstehen, was hier gesagt wird.«

»Nein«, sagte der Kapitän, »das ist richtig. Und Sie sind ganz sicher, dass wir kein Boot zu Wasser lassen sollten, um Sie damit hinüberzubringen?«

»Ganz sicher. Ich werde damit warten, bis sie kurz vor der Landung stehen«, antwortete Dew. »Je weniger wir den Betrieb der *Montrose* stören, desto besser. Ich traue diesem Crippen nicht. Er ist zu allem fähig, und an Bord könnte eine Panik ausbrechen, wenn bekannt wird, wer er ist.«

Ein Seemann kam mit einem Bündel Papiere zum Kapitän. »Käpt'n«, sagte er und hielt sie in die Höhe. »Das ist alles während der letzten Stunde über den Marconi-Telegrafen gekommen. Sieht so aus, als wollte jede Zeitung auf dieser Welt wissen, was vorgeht. Alle wollen sie mit Ihnen sprechen, Inspector.«

Dew lächelte. Er genoss das Gefühl, ein berühmter Mann zu sein. »Ich warte, bis wir sie überholt haben«, sagte er. »Vielleicht könnten Sie mir dann einen Funker zur Verfügung stellen, Kapitän? Damit ich ein paar der Fragen beantworten und den letzten Stand an den Yard durchgeben kann.«

»Gewiss, gewiss«, sagte Taylor etwas schroff, klopfte dem Inspector auf die Schulter und deutete in die Ferne. »Sehen Sie«, sagte er und wurde wider alle Erwartung von einem Gefühl von Angst und Schrecken erfüllt. »Das ist sie. Die SS *Montrose*.«

Applaus, durchsetzt mit ein paar hysterischen Schreien, war vom Deck der *Laurentic* zu hören, als mehr und mehr Passagiere die *Montrose* in den Blick bekamen. Kapitän Taylor hatte vor, sein Schiff noch etwas näher an das andere heranzubringen, bevor sie es überholten, und er gab seinem Steuermann die entsprechenden Anweisungen.

Die Passagiere, die an Deck der *Montrose* die Morgensonne genossen, waren überrascht, ein anderes Schiff am Horizont auftauchen zu sehen. »Sehen Sie nur, Mr Robinson«, sagte Martha Hayes und beschattete die Augen mit einer Hand, als die *Laurentic* sich näherte. »Da kommt ein anderes Schiff. Was für eine Überraschung.«

»Ein anderes Schiff?«, fragte er, wachte aus seinem Dämmerschlaf auf und sah aufs Meer hinaus. »Unmöglich.«

»Doch. Da drüben.«

Er blinzelte in die Sonne und sah, dass sie recht hatte. »Himmel«, sagte er. »Ich staune, dass es uns so nahe kommt. Man sollte nicht denken, dass man mitten auf dem Ozean ein anderes Schiff zu sehen bekommt. Aber wahrscheinlich kreuzen dieser Tage immer mehr Passagierdampfer den Atlantik.«

»So wird es sein«, sagte sie. Etliche Passagiere versammelten sich entlang der Reling, als sich die Nachricht vom Näherkommen der *Laurentic* an Bord verbreitete. Nach mehr als einer Woche auf See war es eine willkommene Abwechslung für die Leute, ein fremdes Schiff zu sehen, und sie wedelten mit ihren Taschentüchern durch die Luft und riefen Grüße über das Wasser, obwohl sie durch das Rauschen der Wellen und den Lärm der Maschinen unmöglich zu hören sein würden.

»Das Schiff muss um einiges schneller sein als unseres«, sagte Mr Robinson. »Es muss die ganze Zeit hinter uns gewesen sein und scheint uns tatsächlich zu überholen. Wahrscheinlich kommt es ein oder zwei Tage vor uns in Kanada an.«

»Die Glücklichen«, sagte Miss Hayes. »Ich kann es kaum erwarten, wieder festen Boden unter die Füße zu bekommen. Geht es Ihnen nicht ähnlich, Mr Robinson?«

Er stimmte ihr zu, aber insgeheim genoss er das Leben an Bord der *Montrose* mittlerweile. Es gab seinen Tagen eine einfache Struktur und verlief ohne Störungen. Er und Edmund hatten schon viele schöne gemeinsame Augenblicke erlebt, und trotz der Ereignisse des vorangegangenen Abends, als er beinahe Tom DuMarqué über Bord geworfen hatte, war die Reise alles in allem äußerst angenehm verlaufen. Was die Zukunft in Kanada für ihn bereithielt, wusste er nicht. Nach zwei Ehen war er nicht sicher, ob eine Heirat für ihn überhaupt das Richtige war, auch wenn er glaubte, dass ihn Ethel (im Gegensatz zu Charlotte und Cora) tatsächlich liebte.

»Sehen Sie nur all die Menschen an Deck drüben«, sagte Martha Hayes und wunderte sich, wie viele Passagiere der *Laurentic* sich an der Reling drängten und ihnen zuwinkten. »Haben die nicht genug Kabinen?«

Mr Robinson kniff leicht die Augen zusammen. »Denen muss noch langweiliger sein als uns hier«, sagte er. »Ein anderes Schiff zu sehen, hat sie alle hervorgeholt. Ich werde allerdings nicht gerne so begafft, wie ich zugeben muss. Da komme ich mir vor wie auf einer Bühne.«

»Die scheinen ganz begeistert zu sein«, sagte Martha.

»Können Sie ihn sehen?«, fragte Kapitän Taylor. »Können Sie ihn an Deck ausmachen?«

»Nein«, sagte Inspector Dew und starrte durch das Fernrohr. »Nein, aber das hatte ich auch nicht erwartet. Das wäre zu viel verlangt. Da sind viel zu viele Menschen an Bord.«

»Wir sind nahe genug, Steuermann«, rief Taylor. »Halten Sie uns auf Kurs und immer geradeaus.«

»Ich warte auf meine Gelegenheit«, sagte Dew und nickte. »Er ist da drüben irgendwo. Ich spüre es. Er wird mir nicht entkommen, ich erwische ihn.«

»Ich habe noch nie eine solche Aufregung erlebt«, sagte Martha Hayes und wunderte sich über die wild herumhüpfenden Gestalten, die sich benahmen, als hätten sie noch nie ein anderes Schiff und andere Menschen gesehen. Eine ganze Reihe von ihnen tat so, als würden sie aufgehängt, reckten die Hälse und drückten die Zungen aus dem Mund, als baumelten sie am Ende einer Schlinge. »Das ist wirklich seltsam«, sagte sie. »Wenn Sie mich fragen, sieht es aus, als wäre es ein Schiff voller Verrückter. Sehen Sie das?«

»Das Meer hat sie verrückt werden lassen«, sagte Mr Robinson, legte sich zurück in seinen Liegestuhl und schloss die Augen, um sein kleines Schläfchen fortzusetzen. »Das Beste ist, sie zu ignorieren. Sie sind wie Tiere im Zoo. Je mehr Beachtung sie bekommen, desto verrückter werden sie.«

»Hm«, sagte Martha Hayes wenig überzeugt. »Es ist schon sehr komisch. Ich habe so etwas ehrlich noch nicht gesehen.«

»Ich würde mir wegen denen keine Gedanken machen, meine Liebe«, antwortete Mr Robinson. »Sie werden uns hinter sich zurücklassen, und wir sehen sie nie wieder. Aber was meinen Sie, ob uns einer der Schiffsjungen etwas zu trinken bringen würde?«

Kapitän Kendall befand sich auf der Brücke und sah zusammen mit dem Ersten Offizier Billy Carter zur vorbeifahrenden *Laurentic* hinüber. Am Steuer der *Montrose* stand Mannschaftsmitglied Mark Dawson, der schon seit fünfzehn Jahren auf den Schiffen der Canadian Pacific fuhr und sich achtmal um eine Beförderung bemüht hatte, die ihm aber jedes Mal verweigert worden war. Das hatte ihn bitter werden lassen, und er hasste Carter dafür, dass er den kranken Mr Sorenson ersetzte, hätte die Position doch seiner Meinung nach ihm zugestanden. Den Großteil der Reise hatte er mürrisch schweigend auf der Brücke zugebracht und sich geweigert, seinem direkten Vorgesetzten mit mehr als einem kurzen Knurren oder Grunzen zu antworten. Das war heute jedoch anders, denn ihm war mehr als bewusst, wie außergewöhnlich es war, dass sich zwei Schiffe bei einer Atlantiküberquerung so nahe kamen, es sei denn, es gab dafür einen besonderen Grund. Das Meer war ein riesiger leerer Raum, und jedes Schiff bekam eine spezielle Route, um möglichen Kollisionen vorzubeugen. Sowohl die *Montrose* wie auch die *Laurentic* waren von ihrer eigentlichen Route abgewichen, und er wollte wissen, warum.

»Das kann doch nicht in Ordnung sein, Sir?«, fragte er und sah Kapitän Kendall dabei an und nicht den Ersten Offizier. »Warum, denken Sie, kommt die uns so nahe?«

»Keine Ahnung, Dawson«, sagte Kendall und dachte gar nicht daran, ihn ins Bild zu setzen. »Aber ich würde mir keine Sorgen machen. Sie halten Abstand. Es ist nicht so, als wären wir auf Kollisionskurs. Behalten Sie nur unseren Kurs weiter bei, und alles ist in Ordnung.«

»Vielleicht wollen sie uns eine Nachricht zukommen lassen«, wandte Dawson ein, der unbedingt mehr erfahren wollte. »Sollten wir vielleicht nach dem Telegrafen sehen?«

»Steuern Sie einfach nur das Schiff, Mann«, sagte Billy Carter gereizt, »und verschonen Sie uns mit Ihrer Fragerei.«

Dawson schickte einen bösen Blick in seine Richtung, der andeutete, dass er seinen jüngeren Vorgesetzten am liebsten aufknüpfen würde, doch dann presste er die Lippen aufeinander und wandte sich von den beiden ab. Nach einer angemessenen Weile stieß der Kapitän seinen Ersten Offizier an und bedeutete ihm, ihm in den Funkraum zu folgen.

Wie immer schlossen sie die Tür hinter sich ab, und Kendall sah hoffnungsvoll zu der Maschine hinüber, doch da lag keine Nachricht über den Zustand von Mr Sorenson. Der Kapitän hatte in der Nacht geträumt, sein ehemaliger Erster Offizier wäre allein und verlassen in seinem Bett gestorben und ohne einen einzigen Freund begraben worden. Kurz nach sechs Uhr morgens war er aufgewacht, das Gesicht tränennass, das Bett verschwitzt, mit ausgetrocknetem Mund und schmerzendem Schädel. Warum schicken sie bloß keine Nachricht?, fragte er sich. Er selbst hatte schon sieben Mal telegrafiert.

»Inspector Dew hat sich heute schon gemeldet«, sagte Kendall, setzte sich und lud Carter mit einer Geste ein, es ihm nachzutun. »Er fährt direkt nach Quebec, damit die *Laurentic* anlegen und die Passagiere von Bord lassen kann.«

»Verstehe«, sagte Carter, »und er erwartet uns, wenn wir ankommen?«

»Ich denke, ja«, sagte der andere. »Obwohl er sich wegen der Menschenmengen Sorgen zu machen scheint.«

Carter hob eine Braue. »Wegen der Menschenmengen?«, fragte er. »Was für Menschenmengen?«

»Offenbar füllen wir weltweit die Titelseiten der Presse.«

»Sie machen Witze!«

»Nun, diese Crippen-Geschichte stand schon vor unserem Ablegen in Antwerpen recht weit oben, und die Jagd hat sie noch interessanter gemacht. Seit der Inspector an Bord der *Laurentic* gegangen ist, scheint jede Zeitung der Welt ihr zu folgen. Ihnen sind doch die Leute an Deck aufgefallen, als wir überholt wurden?«

»Aber ja«, sagte Carter. »Ich dachte allerdings, die wären nur so begeistert, weil sie einem anderen Schiff begegnet sind. Wie auch unsere Passagiere. Manch einer findet die See sehr isolierend.«

»Ich denke, es war mehr als das, wobei es uns hier bestens gelungen ist, die Sache für uns zu behalten. Allerdings wird sich das bald ändern müssen. Wir sollten die übrigen Offiziere einweihen, bevor wir in Kanada festmachen.«
»Verstehe.«
»Damit sie auf das Empfangskomitee gefasst sind.«
»Natürlich. Soll ich mich darum kümmern?«
»Wenn Sie das könnten?«
Für eine Weile kehrte Schweigen zwischen den beiden ein. In den letzten Tagen hatte sich ihr Verhältnis etwas verbessert. Der Ältere hatte sich innerlich mit dem Verlust von Mr Sorenson abgefunden und mit der Vorstellung, Mr Carter könnte in den nächsten Jahren zum festen Inventar der *Montrose* werden. Der Gedanke gefiel ihm zwar nicht sonderlich, doch ihm blieb wenig anderes übrig, als das Beste aus der Situation zu machen. Kendall war immer zufrieden mit seinem Schiff gewesen, und das durfte sich nicht ändern. Im Übrigen hatte Carter in der Sache mit Mr Robinson sachlich und hilfreich reagiert, seine, Kendalls, Einschätzung gleich ernst genommen und offenbar sogar zusätzlichen Respekt vor seinem Kapitän entwickelt. Zudem hatte er bewiesen, dass ihm zu trauen war, denn bisher hatte niemand von der Mannschaft oder den Passagieren etwas von den Vorgängen mitbekommen. Aber konnte er Schach spielen? War er bereit, bis spät in die Nacht mit ihm wach zu bleiben? Konnte er jemals ein so enger Freund werden, wie Mr Sorenson es für ihn geworden war?

»Sie sollten wissen, Mr Carter«, sagte Kendall, als er endlich seine Stimme wiederfand, dem Jüngeren jedoch nicht in die Augen sah, »dass ich denke, Sie haben auf dieser Reise gute Arbeit geleistet. Unter durchaus schwierigen Bedingungen.«

»Vielen Dank, Sir«, sagte Carter verblüfft.

»Mir ist bewusst, dass wir nicht den besten Start miteinander hatten, aber Sie haben mich mit Ihrer Arbeit beeindruckt, und ich bin nicht jemand, der so etwas ungewürdigt lassen würde.«

»Es ist sehr gütig, dass Sie das sagen, Sir, aber nicht wirklich nötig. Ich weiß, dass es sehr schwer sein kann, einen vertrauten Kollegen durch einen Neuling ersetzen zu müssen.«

»Ja«, murmelte der Kapitän und wollte schon sagen, dass Carter niemanden ersetzt, sondern nur die Lücke gefüllt hatte, die durch eine Krankheit entstanden war.

»Noch nichts Neues über Mr Sorenson, Sir?«

Kendall schüttelte den Kopf. »Nichts«, sagte er. »Aber Sie werden sich zweifellos auf die Rückkehr zu Ihrer Frau freuen«, fügte er noch hinzu, da er das Gefühl hatte, ein freundliches Wort sei als Antwort angebracht.

Carters Gesicht wurde von einem breiten Lächeln überzogen. »Ja, ich würde gern das Schiff am 3. August nehmen, wenn Sie nichts dagegen haben. Ich meine, jetzt, wo klar ist, dass wir definitiv pünktlich ankommen.«

»Ja, das ist in Ordnung.«

»Dann sollte ich einen Monat oder so vor der Geburt wieder zu Hause sein. Ich möchte auf jeden Fall sichergehen.«

Kendall stand auf, er wollte das Thema nicht weiter vertiefen. Familiengeschichten interessierten ihn genauso wenig wie Inspector Dew. Beide waren Männer, die ihr Leben ganz dem Beruf widmeten. »Sagen Sie der Mannschaft vor morgen Abend noch nichts«, sagte er. »Damit bleibt den Männern noch genug Zeit, sich vor unserer Ankunft in Kanada an den Gedanken zu gewöhnen. Und alle müssen wissen, dass die Passagiere nichts erfahren dürfen, sonst kommt es hier zu einem Hexentanz. Wenn auch nur irgendetwas nach außen dringt, werde ich herausfinden, wer dafür verantwortlich war, und derjenige wird nie wieder mit einem Schiff der Canadian-Pacific-Flotte fahren.«

»Verstanden, Sir«, sagte Carter, stand auf und ging zur Tür. Er war froh, dass der Kapitän endlich mit einer Art Friedensangebot kam, hatte er doch vom allerersten Augenblick an alles getan, um Kendalls peinlich genauen Standards gerecht zu werden. Es konnte ihm kaum zur Last gelegt werden, dass Mr Sorensons Blinddarm geplatzt war.«»Man kann nie sicher sein, Sir, oder?«, sagte er und drehte sich vor dem Hinausgehen noch einmal um.

»Wie bitte?«

»Ich sagte, dass man sich nie sicher sein kann. Was die Leute angeht. Ich meine, dieser Mr Robinson, nun, der sieht aus, als könnte er keiner Fliege etwas zuleide tun, und was seinen ›Edmund‹ angeht ... im richtigen Licht sieht sie wirklich wie ein Junge aus. Ziehen Sie ihr einen Männermantel an, setzen Sie ihr den entsprechenden Hut auf, und Sie sind sicher, sie ist ein Mann. Glauben Sie, sie weiß, was er getan hat?«

Kendall zuckte mit den Schultern. »Schwer zu sagen«, antwortete er. »Wenn ja, muss sie unglaublich dumm sein. Welche Frau würde bei einem Mann bleiben wollen, der seine Ehefrau zerstückelt hat? Da müsste sie ja Angst haben, ihn falsch anzugucken, weil er vielleicht gleich wieder die Messer zückt. Wenn sie es nicht weiß, könnte sie in Gefahr sein. Sie behalten die beiden doch genau im Auge, hoffe ich?«

»O ja.«

»Es sind nur noch ein paar Tage. Dann wissen wir mit Sicherheit, woran wir sind.«

Der Kapitän wandte sich von seinem Ersten Offizier ab, der die Geste verstand und hinausging. Kendall blieb allein zurück, starrte den Telegrafen an und versuchte, ihn mit reiner Willenskraft zum Leben zu erwecken. Schickt eine Nachricht, dachte er. Irgendetwas. Schickt einfach eine Nachricht.

Nachdem er den ganzen Morgen in seinem Liegestuhl gesessen hatte, kehrte Mr Robinson in seine Kabine zurück, um sich vor dem Mittagessen noch etwas frisch zu machen. Sein Magen rumorte ganz leicht, und sein Gesicht fühlte sich rau und trocken an, weil er zu lange in der Sonne gesessen hatte, und so beschloss er, nachmittags in der Kabine zu bleiben. Er wusch sich, wechselte das Hemd und wollte gerade in den Speisesaal gehen, um Edmund dort zu treffen, als es heftig an der Tür pochte. Überrascht blickte er auf. Das war nicht das respektvolle Klopfen eines Schiffsjungen oder Stewards mit einer Nachricht von Edmund oder einer Information zum Reiseverlauf, und es waren sicher auch keine Kinder vom Zwischendeck, die den Erste-Klasse-Passagieren regelmäßig einen Streich spielten, indem sie an ihre Türen klopften und jauchzend davonliefen. Nein, es musste etwas Ernsteres sein. So klopften Polizisten, Leute, die einem die Tür eintraten, wenn man nicht gleich aufmachte. Das Beste hoffend, öffnete Mr Robinson nervös und war überrascht, Mrs Antoinette Drake vor sich stehen zu sehen, die Hand erhoben, um erneut zu klopfen, die Wangen hochrot und die Knöchel weiß, so verkrampft ballte sie die Finger zur Faust.

»Mrs Drake«, sagte er. »Was kann ich für …?«

»Mr Robinson«, verkündete sie und drängte an ihm vorbei in die Kabine. »Ich muss sofort mit Ihnen sprechen. Bitte schließen Sie die Tür.«

Er starrte sie perplex an. »Verzeihen Sie?«

»Mr Robinson, ich denke, Sie sollten die Tür schließen, oder Sie erlauben jedem Passagier auf diesem Schiff zu hören, was ich Ihnen zu sagen habe. Lassen Sie mich Ihnen versichern, dass Sie das nicht wollen.«

Eingeschüchtert durch ihre schroffe Unhöflichkeit, schloss er die Tür und blieb daneben stehen. »Möchten Sie sich nicht setzen?«, fragte er.

»Ich bleibe lieber stehen.«

Sie schien keine Eile zu haben, ihm zu sagen, was ihr auf der Seele lag, und so standen sie fast eine Minute da, taxierten einander und warteten darauf, dass der andere anfing.

»Mr Robinson«, begann sie endlich, und ihre Stimme verriet nur etwas Nervosität. »Mir ist bewusst, dass ich eine Frau bin, die allein und ohne ihren Ehemann reist, aber lassen Sie mich Ihnen versichern, dass mich das nicht zum Ziel von Beleidigungen und Schmähungen macht.«

»Natürlich nicht«, sagte er und hatte immer noch keine Ahnung, worum es ihr ging.

»Und lassen Sie mich Ihnen weiterhin versichern, wenn Mr Drake hier wäre, stünde er jetzt vor Ihnen und nicht ich, und was die Frage möglicher Gewaltanwendung betrifft, so sollten Sie wissen, Mr Robinson, dass Mr Drake als junger Mann Juniorenmeister im Boxen war und immer noch mit den Fäusten umzugehen weiß.« Sie beugte sich leicht vor. Die Augen schienen ihr aus den Höhlen treten zu wollen, und ihr Tonfall verriet, dass sie im Londoner East End aufgewachsen war, ehe ihre Heirat sie dazu gezwungen hatte, ihre Vergangenheit zu fiktionalisieren.

»Mrs Drake, ich weiß nicht, was geschehen ist, aber …«

»*Haben* Sie den Anstand, mich ausreden zu lassen, Sir«, sagte sie und hob eine Hand, um ihn zum Schweigen zu bringen. »Ich sage, was ich zu sagen habe, dann dürfen Sie sich entschuldigen, wie immer Sie wollen. Aber ich warne Sie, die Angelegenheit kann immer noch dem Kapitän zur Kenntnis gebracht werden.«

»Mrs Drake, ich denke, Sie sollten sich setzen. Ich habe wirklich keine Ahnung, warum Sie so erregt sind.«

Endlich ließ sie sich schwer auf einen Stuhl fallen, und Mr Robinson setzte sich ihr gegenüber, hielt aber immer noch Abstand.

»Vielleicht möchten Sie von vorn beginnen«, sagte er.

»In den letzten Jahren ist mir klar geworden«, sagte sie, »dass meine Tochter Victoria, seit sie zur Frau aufblüht, für viele junge Männer zu einem Objekt der Zuneigung geworden ist. Es stimmt, sie ist ein schönes Mädchen, aber sie stammt auch aus einer Familie, die viele Schönheiten hervorgebracht hat. Ich selbst war in ihrem Alter eine außergewöhnliche Debütantin und musste mich einer Vielzahl von Verehrern erwehren, weshalb ich mir der Schwierigkeiten, denen sie sich gegenübersieht, nur zu bewusst bin.«

»Aber ja«, sagte Mr Robinson und versuchte, sich diese massige, zudringliche Frau als jungfräuliche Blume vorzustellen, die ihre Tugend auf edle Weise gegen die lüsternen jungen Männern Londons verteidigte. Es war keine leichte Aufgabe.

»Victoria hat in London und Paris eine ganze Anzahl Verehrer, aber sie hat sich ihnen gegenüber selbstverständlich immer mit makelloser Würde verhalten und sich nie auch nur einen Augenblick lang kompromittiert, so viele Schönlinge auch versucht haben, sich Freiheiten mit ihr zu erlauben. Sie ist ein anständiges, ehrbares Mädchen, Mr Robinson. Täuschen Sie sich da nicht.«

»Sicher. Das bezweifle ich nicht. Aber was, wenn ich fragen darf, hat das mit mir zu tun?«

»Gestern Abend, Mr Robinson, kam Victoria spät in die Kabine zurück. Ich muss gestehen, dass ich bereits schlief, nachdem ich zuvor einen medizinischen Brandy getrunken hatte, um den Symptomen einer leichten Verkühlung entgegenzuwirken, die ich mir hier an Bord zugezogen habe. Ich habe Mr Drake *ausdrücklich* gesagt, er soll die Präsidentensuite buchen, aber er wollte nicht hören. Nein. Er bestand darauf, dass die Suite bereits vergeben sei, auch wenn ich mir dessen nicht mehr sicher bin.«

»Mrs Drake, geht es um eine Krankheit, an der Sie leiden? Soll ich Ihnen einen Arzt holen?«

»Das sollen Sie nicht!«, rief sie. »Und es geht hier auch nicht um eine Krankheit, wie Ihnen wohl bewusst sein wird. Victoria kam in unsere Kabine zurück und weckte mich mit ihrem Weinen wegen etwas, was gestern Abend an Deck dieses Schiffes vorgefallen ist.«

»Ach«, antwortete er. Am Morgen war er mit der Hoffnung aufgewacht, dass diese ganze Geschichte bis zum Nachmittag vergessen sein würde. Zwar schien es nötig, heute noch einmal mit Monsieur Zéla zu sprechen, aber der war ein verständiger Mann. Mr Robinson hoffte nur, dass sein schrecklicher Neffe während dieses Gesprächs in sein Zimmer gesperrt blieb. Als Mr Robinson am Abend zuvor noch spät die Kabine verlassen hatte, um nach Edmund zu suchen, den er schon seit einer halben Stunde erwartete, hatte er, nachdem sich seine Augen an die Dunkelheit auf Deck gewöhnt hatten, erst angenommen, dass sich dort zwei junge Leute umarmten, dann aber begriffen, dass das genaue Gegenteil der Fall war. Er erkannte Edmunds Stimme, sah das Messer aufblitzen, sprang vor, packte ohne einen weiteren Gedanken Tom DuMarqués Hand und zerrte ihn von seinem Opfer weg. Ihn über die Reling zu werfen, war keine bewusst getroffene Entscheidung gewesen, sondern ein wütender Reflex auf das, was er gesehen hatte. Er hatte gar nicht anders gekonnt, und er war sicher, wäre Monsieur Zéla nicht in genau diesem Moment gekommen, läge Tom DuMarqué jetzt auf dem Grund des Ozeans, und er, Mr John Robinson, hätte ein gewissenloses Verbrechen begangen. Zum Glück war jedoch alles ohne eine Verletzung ausgegangen, und es war sein sehnlichster Wunsch, dass die Sache nicht weiter verfolgt wurde.

»Was soll dieses ›Ach‹ bedeuten?«, fragte Mrs Drake, und der Zorn trieb ihr kleine Speichelbläschen aus den Mundwinkeln. »Ich würde gerne wissen, was Sie in dieser Angelegenheit zu tun gedenken.«

»Dann hat Victoria Ihnen also alles erzählt?«, fragte er.

»Sie hat mir kaum etwas erzählt. Sie war viel zu aufgebracht und ist es immer noch. Ich habe jedoch eine ziemlich klare Vorstellung von den Vorgängen. Von der Sekunde an, da wir an Bord dieses Schiffes gegangen sind, Mr Robinson«, sagte sie wütend, »hat Ihr Sohn meiner Tochter gegenüber unangemessene Annäherungsversuche unternommen. Er ist ihr hinterhergelaufen wie ein kleines Hündchen und hat sich nach allem, was ich über den letzten Abend weiß, eine unentschuldbare Freiheit herausgenommen.«

Mr Robinson musste gegen seinen Willen lächeln und fragte sich, was für eine Geschichte Victoria wohl zusammengesponnen hatte, um ihre Haut zu retten.

•

»Sie lächeln, Mr Robinson?«, sagte Mrs Drake. »Finden Sie das etwa amüsant?«

»Nein, Mrs Drake, natürlich nicht«, antwortete er. »Es ist eine unglückliche Situation, aber ich glaube, Sie sind da womöglich, wie man so sagt, auf dem falschen Dampfer.«

»Wie bitte?«, fragte sie, da sie den Ausdruck nicht kannte.

»Ich glaube, Sie täuschen sich da ein wenig«, erklärte er. »Edmund hat ganz sicher kein anderes Interesse an Victoria als ein rein freundschaftliches. Das kann ich Ihnen versichern.«

»Ich fürchte, meine Augen bringen mich zu einem anderen Schluss, Sir«, sagte sie hochnäsig. »Ihnen kann doch nicht entgangen sein, wie viel Zeit die beiden miteinander verbracht haben, die lauschigen Gespräche, die gemeinsamen Spaziergänge an Deck?«

»Ja, allerdings glaube ich, das alles geht hauptsächlich auf Victorias Betreiben zurück.«

»Was für eine beleidigende Bemerkung!«

»Ich will keineswegs etwas Unangemessenes unterstellen, glauben Sie mir. Es ist nur so, dass Ihre Tochter an meiner ... an Edmund Gefallen gefunden hat, und wenn sie glaubt, dass er ihre romantischen Gefühle erwidert, fürchte ich, täuscht sie sich, wie sie sich kaum mehr täuschen könnte.«

Mrs Drakes Mund öffnete und schloss sich vor Staunen mehrfach. Sie glaubte ernsthaft, noch nie so beleidigt worden zu sein. Schon die Andeutung, ihre Tochter könne jemandem hinterherlaufen, war unerhört, und dass sie, sollte es doch so sein, überdies vom Objekt ihrer Zuneigung, zurückgewiesen wurde? Nun, das überstieg alles Denkbare.

»Mr Robinson«, sagte sie endlich und versuchte, die Gefühle aus ihrer Stimme zu halten. »Ich bin gezwungen, Ihnen jetzt etwas Unangenehmes zu sagen, und ich muss Sie bitten, dass es diesen Raum nicht verlässt.«

»Natürlich«, sagte er neugierig.

»Meine Tochter hat mir sehr wenig über die Geschehnisse des

gestrigen Abends erzählt, doch es gibt eines, was ich sicher weiß, und das ist, dass die beiden jungen Leute ...« Sie suchte nach den richtigen Worten, voller Angst davor, sie womöglich zu finden. »... dass die beiden jungen Leute einen gemeinsamen Moment hatten«, sagte sie schließlich und schloss voller Scham die Augen.

»Einen Moment? Ich verstehe Sie nicht. Ich weiß, die beiden haben sich unterhalten, aber ...«

»Sie sind sich nähergekommen, Mr Robinson.«

»Nun, ich denke, dass sie einiges gemeinsam haben. Es ist nicht ungewöhnlich für zwei junge Leute, dass sie ...«

»Ach, Himmel noch mal!«, rief sie und warf die Hände in die Luft. »Sie haben sich *geküsst*, Mr Robinson. Ihr Sohn Edmund hat Victoria geküsst.«

Er starrte sie ungläubig an und wusste nicht, was er sagen sollte. »Sie haben sich geküsst«, sagte er tonlos.

»Ja. Das entehrt uns natürlich beide, aber es gibt keinen Grund, warum es weitergehen sollte. Edmund muss klargemacht werden, dass er sich solche Freiheiten nicht wieder herausnehmen darf. Das ist völlig unannehmbar.«

»Sie glauben, Edmund hat sie geküsst?«, fragte Mr Robinson und versuchte, sich vorzustellen, wie so etwas hätte zustande kommen können.

»Ja!«, rief sie. »Oh, wachen Sie endlich auf, Mr Robinson. Sie tun, als hätten Sie Ihr Leben lang geschlafen. Das ist Ihnen doch sicher keine ganz fremde Vorstellung? Sie haben diesen Jungen gezeugt, da müssen Sie doch etwas von den Lüsten wissen, von denen sich die Männer getrieben fühlen. Nach allem, was ich aus Victorias Worten schließen kann, hat er sie recht leidenschaftlich geküsst, und sie hat sich von seinen zügellosen Annäherungsversuchen befreien müssen, bevor sie in Tränen aufgelöst zurück in unsere Kabine kam.«

»Ich verstehe«, sagte Mr Robinson, stand auf und zwang sie damit, es ebenfalls zu tun. »Falls Edmund getan hat, was Sie sagen, Mrs Drake, möchte ich mich für ihn entschuldigen und Ihnen versichern, dass es nie wieder vorkommen wird. Allerdings glaube ich, dass sich die Dinge am gestrigen Abend etwas anders zugetragen haben mögen.«

»Nennen Sie Victoria eine Lügnerin, Mr Robinson?«

»Nein, weil sie, wie Sie selbst so klar gesagt haben, Ihnen eigentlich nicht erzählt hat, was geschehen ist. Wie könnte sie da gelogen haben? Auf jeden Fall wissen auch Sie nichts Genaues. Wir stückeln hier nur zusammen, was Sie sich in Ihrer äußerst lebhaften Fantasie zusammenreimen.«

»Nun, dazu ist keine große Fantasie nötig, oder? Wir sind beide Menschen von Welt. Wir wissen, was in den Köpfen der jungen Leute vorgeht.«

»Wozu auch Ihre Tochter gehört, nicht nur Edmund.«

»Meine Tochter ist eine Lady!«

»Genau wie Edmund!«, dröhnte Mr Robinson wütend, der den Charakter seiner Geliebten nicht länger in den Schmutz gezogen sehen wollte.

Mrs Drake tat einen Schritt zurück und zog überrascht die Brauen hoch.

»Ein Gentleman, meine ich«, verbesserte er sich. »Edmund ist genauso ein Gentleman, wie Victoria eine Lady ist, und es gibt keinen Grund, warum Sie ihn für schuldiger halten als sie.«

»Ich sehe, dass Sie diese Sache nicht angemessen betrachten«, sagte sie und grunzte wie ein hungriges Schwein, als sie die Tür öffnete und sich an ihm vorbeidrängte. »Aber lassen Sie mich Ihnen sagen, sollte es noch einen solchen Vorfall geben, werde ich nicht mehr zu Ihnen kommen, sondern direkt zu Kapitän Kendall gehen. Und ich werde darauf bestehen, dass Ihr sogenannter *Gentleman* von diesem Schiff entfernt wird.«

»Mitten auf dem Atlantik?«, fragte er mit einem Lächeln.

»Treiben Sie keine Spielchen mit mir, Mr Robinson«, fauchte sie. »Sagen Sie Edmund einfach, er soll Victoria in Ruhe lassen, oder es nimmt ein böses Ende, das verspreche ich Ihnen.« Damit stürmte sie den Gang hinunter, verschwand in ihrer Kabine und knallte wütend die Tür hinter sich zu.

Er sah ihr noch einen Moment lang hinterher, schüttelte den Kopf und ging zurück nach drinnen. Als er die Tür gerade wieder schließen wollte, kam Ethel und sah ihn fragend an.

»Ich wollte dich holen«, sagte sie. »Ich dachte, wir wollten gemeinsam essen? Was ist? Ist was passiert?«

»Ich hatte gerade Besuch von Mrs Drake«, antwortete Mr Robinson und zog sie nach drinnen, »wegen gestern Abend.«

»O nein. Will sie Tom DuMarqués Blut sehen? Ich würde heute nicht gern in seinen Schuhen stecken.«

»Im Gegenteil, Liebes«, sagte er mit ruhiger Stimme. »Hinter dir ist sie her. Sie scheint es für eine gute Idee zu halten, dich über Bord zu werfen, den Haien zum Fraß.«

Ethel kniff die Augen zusammen. »Mich?«, fragte sie und zog sich die Perücke vom Kopf. »Warum mich? Was habe ich getan?«

»Offenbar hast du Victoria geküsst.«

Ethel blieb der Mund offen stehen. Diesen Teil des letzten Abends hatte sie den ganzen Morgen über aus ihren Gedanken verdrängt. Die Erinnerung daran, die Länge des Kusses, den Umstand, dass sie ihn durchaus genossen hatte. »Hawley ...«, sagte sie und schüttelte den Kopf.

»Es ist unerhört, ich weiß«, sagte er. »Ich meine, schon die Idee ist absurd.«

»Du *weißt*, dass sie hinter mir her ist, seit wir Antwerpen verlassen haben«, protestierte Ethel.

»Ja, das weiß ich.«

»Gestern Abend hat sie versucht, mich in die Enge zu treiben. Sie hat mir Champagner gegeben und wollte mich küssen, aber ich habe sie natürlich zurückgewiesen. Deshalb ist sie so aufgebracht davongelaufen.«

»Ethel, es ist nicht so, dass ich ihr glauben würde«, sagte Hawley. »Du musst dich nicht verteidigen.«

»Hauptsache, du weißt, wie es war«, antwortete sie ihm mit einer klaren Lüge. In den wenigen Augenblicken, die sie zur Verfügung gehabt hatte, um darüber nachzudenken, ob sie ehrlich sein sollte oder nicht, hatte sie begriffen, dass mit der Wahrheit nichts zu gewinnen wäre. Es war das Beste für alle, bei einer einfachen Lüge zu bleiben.

»Auf jeden Fall will Mrs Drake, dass du dich für den Rest der Reise von Victoria fernhältst«, fuhr er fort, »und ich denke auch, das wäre das Vernünftigste. So weit wie nur möglich.«

»Sicherlich, aber hast du ihr von Tom erzählt? Hast du ihr erzählt, wie er mich angegriffen hat?«

Er schüttelte den Kopf. »Es hat keinen Sinn, ihr das alles zu erklären«, sagte er. »Sie glaubt sowieso nur, was sie glauben will. Es gibt kaum einen Grund, sie in die Einzelheiten einzuweihen. Ich meine, als wir an Bord gekommen sind, haben wir beschlossen, uns möglichst bedeckt zu halten, aber stattdessen sind wir in alles Mögliche verwickelt worden. Wir haben die Leute viel zu nahe an uns herangelassen, und ich muss sagen, ich habe genug davon. Können wir die letzten paar Tage nicht einfach für uns bleiben?«

»Ja«, antwortete Ethel, nahm seine Hand und setzte sich mit ihm auf den Rand des Betts. »Natürlich können wir das. Wir bleiben in der Kabine, wenn du magst. Wir können hier essen, schlafen und uns lieben. Nichts anderes ist wichtig, verstehst du. Nur, dass wir zusammen sind, du und ich.«

Hawley nickte, schien aber dennoch betrübt. »Ich möchte dich verstehen«, sagte er leise, »und ich möchte dir ein guter Mann sein. Wirklich. Aber es darf diese Unannehmlichkeiten nicht mehr geben.«

»Ich weiß doch, dass du das möchtest, und natürlich hast du recht.«

»Ich möchte, dass es keine Geheimnisse zwischen uns gibt. Manchmal denke ich, wenn ich versucht hätte, Cora von Beginn an besser zu verstehen, hätten wir vielleicht zusammen glücklich werden können.«

Ethel zog die Brauen zusammen. Sie dachte nicht gern an die ehemalige Mrs Crippen. »Sie war eine schreckliche Frau«, sagte sie, »das weißt du. Du musst dir keine Vorwürfe machen, was sie betrifft.«

»Vielleicht habe ich sie zu dem Menschen gemacht, der sie am Ende war«, sagte er. »Vielleicht habe ich sie vertrieben, vielleicht war alles mein Fehler. Mit dir darf das nicht geschehen. Ich könnte es nicht ertragen, dich zu verlieren.«

»Hawley, das wirst du nicht«, sagte sie und fasste sein Gesicht mit beiden Händen. »Du kannst mich nicht vertreiben. Ich bin völlig anders als Cora.«

»Oh, das weiß ich. Aber anfangs hat auch sie geschworen, sie würde mich lieben.«

»Ich meine es ehrlich, und ich werde mich nicht ändern.«

»Am Ende hasste sie mich. Deshalb hat sie mich verlassen, und obwohl ich sie kaum mehr ertragen konnte, schmerzt es zu denken, dass sie es wegen eines anderen Mannes getan hat. Klingt das lächerlich?«

Ethel schluckte und wandte den Blick ab. Sie konnte ihm nicht in die Augen sehen. »Das ist nur zu verständlich«, sagte sie. »Du musst aufhören, an sie zu denken. Was sie getan hat, war unverzeihlich.«

»Wir haben keine Geheimnisse voreinander, oder?«, fragte er.

»Nein, Hawley.«

»Du weißt, du kannst mir alles sagen«, setzte er noch einmal nach. »*Alles*, und ich würde dir vergeben, ganz gleich, wie schrecklich es ist.«

Ethel schluckte wieder, den Blick erneut abgewandt. »Ich habe keine Geheimnisse vor dir«, sagte sie mit tonloser Stimme.

Hawley nickte und wirkte ein wenig enttäuscht. »Wahrscheinlich macht Cora jetzt dem anderen armen Teufel die Hölle heiß«, sagte er endlich mit einem Lachen, wischte sich aber eine Träne aus dem Augenwinkel. »Geschieht ihm recht. Trotzdem«, er stand auf, »ich wünsche ihr Glück, von ganzem Herzen. Ich habe es bei dir gefunden, warum sollte sie es nicht auch finden?«

Ethel schüttelte den Kopf und staunte über die Fähigkeit ihres Geliebten, selbst jemandem wie Cora zu vergeben. Er war wirklich der gütigste Mensch dieser Welt. War es da ein Wunder, dass sie ihn so liebte? Er werde ihr alles vergeben, hatte er gesagt. Ethel zählte darauf.

»Wohin willst du?«, fragte sie, als er zur Tür ging.

»Ich habe noch etwas zu erledigen«, sagte er und sah in den Spiegel, um sich zu versichern, dass seine Augen nicht gerötet waren. Sie sahen normal aus, nur seine Wangen hatten zu viel Sonne abbekommen.

»Ich dachte, wir wollten hierbleiben?«, sagte sie.

»Das werden wir auch, das werden wir. Aber ich habe noch eine letzte Sache zu erledigen. Ich bin in etwa einer Stunde wieder zurück. Bis dann.«

Ethel nickte und sah zu, wie er hinausging. Liebe und Furcht erfüllten ihr Herz, und sie wusste, sie hatte noch eine Aufgabe vor sich, die sich nicht länger hinausschieben ließ. Seit sie an Bord der *Montrose* gegangen waren, hatte sie es vor sich hergeschoben, doch das ging nun nicht mehr. Sie waren fast in Kanada, und so, wie es klang, würden sie den Rest dieser Reise in ihrer Kabine verbringen, also musste sie es jetzt tun. Sie stand auf, ging zum Schrank, zog einen Stuhl heran, stellte sich darauf und griff nach der Hutschachtel, die sie vor einer Woche dort oben hingestellt hatte. Sie hielt sie vorsichtig, aber ohne ein Gefühl von Grauen. Es war einfach nur der letzte Akt, der vollendet werden musste, bevor sie endgültig Glück und Sicherheit fanden.

Ethel versicherte sich, dass die Schachtel fest versiegelt war, setzte Edmund Robinsons Perücke auf, öffnete die Tür, sah nach, ob jemand im Gang war, und trat hinaus, die Schachtel eng an den Körper gedrückt.

»Mr Robinson«, sagte Monsieur Zéla und öffnete seinem Besucher die Tür, »ich habe Sie bereits erwartet.«
Er trat ein, ohne darauf zu warten, hereingebeten zu werden, und war gleich überwältigt von der Pracht der Präsidentensuite. Seine und Edmunds Erste-Klasse-Kabine war äußerst angenehm, Monsieur Zélas Suite war jedoch etwas ganz anderes. Sein Blick glitt über das große Sofa, die Sessel und die völlig unbeengte Weite des Raumes. Er konnte die Dusche im Bad rauschen hören, das hinten in der Ecke des Wohnzimmers lag. Gegenüber führten zwei Türen wahrscheinlich in die Schlafzimmer.

»Monsieur Zéla«, sagte er höflich und versuchte, allen Neid aus seiner Stimme zu halten, »ich hoffe, ich störe sie nicht.«

»Matthieu bitte, und nein, Sie stören ganz und gar nicht. Früher oder später scheint das ganze Schiff hier anzuklopfen. Ich glaube, die Leute wollen sehen, was sie verpassen. Bitte setzen Sie sich doch.«

»Ist Ihr Neffe hier?«, fragte Mr Robinson, und Matthieu nickte in Richtung des Bades.

»Er duscht gerade«, sagte er. »Was selten genug vorkommt, also wollen wir es ihm nicht verderben. Er hat heute Morgen lange geschlafen, und ich dachte, es ist das Beste, ihn nicht zu wecken. Schließlich kann er im Schlaf keinen Ärger machen, oder?«

Mr Robinson erlaubte sich ein kleines Lächeln und rieb sich dann erschöpft das Gesicht. »Um ehrlich zu sein, bin ich hier, um mit Ihnen über ihn zu sprechen.«

»Das habe ich mir schon gedacht. Niemand erinnert sich gern an den gestrigen Abend. Ich muss sagen, John, ich werfe es Ihnen nicht vor, dass Sie ihn über Bord werfen wollten. Wenn er versucht hätte, mein ...« Er suchte nach dem richtigen Wort, entschloss sich dann aber, bei der offiziellen Version zu bleiben.«... meinen Sohn mit dem Messer anzugreifen, hätte ich wahrscheinlich das Gleiche getan. Nur hätte ich mich von niemandem aufhalten lassen.«

»Ich wollte ihn nicht verletzen«, erklärte Mr Robinson. »Ich bin von Natur aus kein gewalttätiger Mensch, obwohl wir alle unsere Schmerzgrenze haben. Aber ich muss eines klarmachen: Es darf keine Wiederholung des gestrigen Vorfalls geben.«

»Natürlich nicht.«

»Wissen Sie, Mrs Drake war gerade bei mir ...«

»Sie haben mein Mitgefühl.«

»Sie weiß nichts von Toms Beteiligung an den Geschehnissen gestern Abend, und ich finde, es wäre das Beste, es dabei zu belassen. Sie glaubt, es gab einen kleinen Streit zwischen Victoria und Edmund, und sie verlangt von mir, ihn von ihr fernzuhalten, wogegen Edmund nichts einzuwenden hat. Allerdings dachte ich, Sie sollten davon wissen, denn wenn Mrs Drake erfährt, was wirklich geschehen ist, läuft sie zweifellos zum Kapitän.«

Matthieu Zéla nickte. »Und Sie, Mr Robinson«, fragte er nach kurzem Nachdenken, »warum lassen Sie sie nicht?«

»Wie bitte?«

»Nun, Edmund war ganz offenbar ohne jede Schuld an den Geschehnissen. Mein Neffe hat ihn eindeutig angegriffen, vielleicht hätte er ihn sogar getötet. Und er hätte auch Victoria Drake ernsthaft verletzen können, hätte er nur die Gelegenheit dazu bekommen. Warum also wollen Sie nicht, dass der Kapitän davon erfährt? Sie könnten gut als eine Art Held in der Sache erscheinen.«

»Ich dachte, ich überlasse diese Geschichte besser Ihnen«, sagte Mr Robinson. »Schließlich sind Sie der Vormund des Jungen. Ich dachte, zusätzliche Unannehmlichkeiten wären da nicht auch noch erforderlich.«

»Das ist nett von Ihnen«, antwortete Matthieu, obwohl er keinen Moment lang glaubte, dass das der wahre Grund für Mr Robinsons Schweigen war.

Die Badtür öffnete sich, und Tom DuMarqué trat in den Raum, ein Handtuch um die Hüften gebunden, mit einem zweiten trocknete er sich das nasse Haar. So ohne Hemd wirkte er eindeutig muskulöser, als Mr Robinson gedacht hatte, und er begriff, in wie großer Gefahr Edmund tatsächlich gewesen war. Tom blieb überrascht mitten im Raum stehen, als er ihren Besucher sah, und starrte ihn verächtlich an, bevor er sich an seinen Onkel wandte.

»Was macht *der* hier?«, fragte er, ohne sich einen Schritt weiterzubewegen.

»Er spricht mit mir, du junger Schläger«, sagte Matthieu munter. »Im Übrigen denke ich, du solltest dich bei Mr Robinson entschuldigen. Das ist jetzt die perfekte Gelegenheit.«

Tom schnaubte, sah auf seine nackten Füße und murmelte etwas in sich hinein.

»Tom, wir haben darüber gesprochen«, sagte Matthieu mit strenger Stimme. »Ich habe dir erklärt, was passiert, wenn du dich *nicht* entschuldigst.«

»Es tut mir *leid*«, rief Tom mit der Stimme des bockigen Teenagers, der er war. »Aber er hat versucht, mich umzubringen.«

»Vielleicht hat er beim nächsten Mal ja Erfolg damit.«

»Hast du ihn nach …?«

»Tom, geh und zieh dich an.«

»Aber ich will wissen, warum Edmund …«

»Geh und zieh dich an«, wiederholte Matthieu Zéla mit scharfer Stimme. »Auf der Stelle. Ich kümmere mich um alles Weitere. Und tropf uns nicht den ganzen Teppich voll.«

Tom zog die Brauen zusammen, enttäuscht, dass er seine Frage nicht stellen durfte. Einen Moment lang murmelte er etwas in sich hinein und verschwand endlich in seinem Zimmer.

Matthieu sah ihm hinterher und wandte sich wieder seinem Besucher zu. Er lächelte. »Ich muss versuchen, ihm die rauen Kanten zu nehmen«, sagte er entschuldigend, »davon hat er einige. Immer angenommen, ich werde es nicht irgendwann leid. Er hat eine Schwäche für Frauen und eine Tendenz zur Gewalttätigkeit, und diese Mischung macht mir Sorgen. Besonders, da er noch so jung ist. Die DuMarqués scheinen aus ihren Fehlern nicht zu lernen.«

»Das muss er aber«, sagte Mr Robinson. »Er mag ja noch jung sein, aber solche Burschen wachsen auf und werden womöglich Mörder und Verbrecher. Wenn Sie sicher sind, Sie können ihn von Victoria fernhalten, bin ich beruhigt, mehr wollte ich nicht wissen. Ich danke Ihnen für Ihre Zeit.«

»Einen Augenblick noch«, sagte Matthieu und drängte ihn, sitzen zu bleiben. »Sie haben meine Frage immer noch nicht beantwortet.«

»Welche Frage?«

»Warum Sie den Kapitän nicht informiert sehen wollen und auch Mrs Drake nichts gesagt haben. Über Tom, meine ich.«

Mr Robinson zuckte mit den Schultern. »Ich habe Ihnen doch geantwortet«, sagte er. »Ich hielt es für das Beste, mit Ihnen zu sprechen und Ihnen alles Weitere zu überlassen, als Vormund des …«

»Ja, aber ich glaube Ihnen kein Wort«, sagte Matthieu. »Ich glaube, Sie haben Ihre eigenen Gründe, um sich nicht tiefer in die Sache verwickeln zu lassen. Vielleicht hat es damit zu tun, dass Sie es sich nicht erlauben können, in eine verletzliche Position zu geraten.«

»Matthieu, ich weiß nicht, worauf Sie hinauswollen …«

»Darf ich Sie etwas fragen, John?«, sagte Monsieur Zéla nachdenklich. Sein Gegenüber nickte. »Warum sollte ein Mann in Begleitung einer jungen Frau von Antwerpen nach Kanada reisen und sie als Jungen verkleiden, damit er sie als seinen Sohn ausgeben kann? Was könnte ein mögliches Motiv dafür sein?«

Mr Robinson fühlte, wie ihm das Blut aus den sonnenverbrannten Wangen wich. Er starrte Matthieu Zéla erschrocken an. »Sie wissen Bescheid?«, fragte er.

»Ich bin ein aufmerksamer Mensch, wie ich zugeben muss. Ich wusste es vom allerersten Moment an.«

»Aber Sie haben niemandem etwas gesagt?«

Matthieu schüttelte den Kopf. »Nein«, sagte er, »es geht mich schließlich nichts an. Ich bin nur verwirrt, und das mag ich nicht. Was ist der Sinn dahinter? Was gewinnen Sie durch diese Maskerade?«

Mr Robinson sah ihn an und beschloss, reinen Tisch zu machen. Er hatte Monsieur Zéla von Beginn an als einen ehrbaren Mann kennengelernt, der keinerlei Interesse daran hatte, sich unnötig in das Privatleben anderer einzumischen. Wenn es jemanden gab, dem er sich anvertrauen konnte, dann ihm. Und wo sie Kanada so nahe waren, warum sollte er da nicht endlich die Wahrheit sagen?

»Sie müssen mir versprechen, dass das, was ich Ihnen jetzt sage, unter uns bleibt«, begann er.

»Ich bin kein Klatschweib, John.«

»Dann werde ich Ihnen die Wahrheit sagen, und urteilen Sie darüber, wie Sie wollen. Edmund ist weder mein Sohn noch ein Junge. Er ist eine junge Frau, die ich möglichst bald zu heiraten gedenke.«

»Aha«, sagte Matthieu, dem der romantische Aspekt gefiel. »Erzählen Sie weiter.«

»Ich war in London verheiratet«, fuhr Mr Robinson fort, »mit einer äußerst unangenehmen Frau. Wir haben viele Jahre zusammengelebt, und sie hat mir das Leben, offen gesagt, zur Hölle gemacht. Sie war mir zahllose Male untreu, manchmal mit jungen Männern, die gerade erst den kurzen Hosen entwachsen waren, so verdreht war sie. Darüber hinaus war sie ausfallend, respektlos und hatte ein übles Naturell. Manchmal habe ich ernsthaft gedacht, unsere Ehe würde damit enden, dass ich sie umbrächte. Ich übertreibe nicht oder schildere das zu dramatisch. Ich glaube tatsächlich, dass es möglich gewesen wäre.«

»Das bezweifle ich keinen Moment. Mir ist bewusst, wie sehr eine Ehe danebengehen kann, John«, sagte Matthieu. »Ich war selbst mehrfach verheiratet. Einmal hätte ich fast mit dem Leben dafür bezahlt, weil ein anderer kam und behauptete, der Mann meiner Frau zu sein. Sie hatte vergessen, sich von ihm scheiden zu lassen, das kleine Biest, und er wollte mich umbringen.«

»Das habe ich nicht vor: Sie müssen wissen, dass mich meine Frau vor Kurzem wegen eines anderen Mannes verlassen hat und ich mich selbst in die junge Frau verliebt habe, die Sie als Edmund Robinson kennen. Zu meiner Überraschung hat sie sich auch in mich verliebt und mir versichert, sie würde alles für mich tun und ihr Leben dafür geben, mich glücklich zu machen. Nun, ich muss zugeben, so eine Hingabe habe ich noch nicht erlebt, und ich glaube, ich kann zum ersten Mal in meinem Leben glücklich werden. Als meine Frau mich verlassen hat, haben wir beschlossen, uns zueinander zu bekennen, und nun fahren wir nach Kanada, um dort ein neues Leben zu beginnen. Natürlich muss ich erst offiziell von meiner Frau geschieden werden, was einige Monate in Anspruch nehmen wird, aber bis dahin wollten wir nicht getrennt voneinander sein.«

»Aber warum sie verkleiden? Warum so tun, als wäre sie ein Junge?«

»Monsieur Zéla, ich weiß nicht, wie vertraut Sie mit der Gesellschaft sind, aus der ich stamme, aber deren Konventionen würden es einem Mann und einer Frau, die nicht verheiratet sind, niemals erlauben, gemeinsam eine Kabine an Bord eines Schiffes zu bewohnen. Das heißt, als Paar würden wir von allen gemieden und ausgesondert, was ein schrecklicher Anfang für unser neues Leben wäre. Als Vater und Sohn haben wir, mit Ausnahme des gestrigen Abends, unsere Reise bisher jedoch sehr genossen. Ich weiß, es ist eine aufwendige Maskerade, aber sie hat durchaus auch etwas Aufregendes, und es ist ja bald vorbei. Sobald wir in Kanada sind, werden wir niemandem mehr etwas vormachen müssen. Da können wir wieder wir selbst sein.«

Matthieu Zéla nickte bedächtig. »Ich nehme an, Sie wissen, was Sie tun«, sagte er zweifelnd. »Es scheint mir ein schrecklicher Aufwand, nur um ein paar Moralaposteln zu entgehen. Wenn Sie es allerdings für nötig halten, will ich Sie dafür nicht kritisieren. Glauben Sie mir, auch ich habe zu meiner Zeit aus Liebe merkwürdige Dinge getan, und ich habe dafür bezahlt.«

»Sie werden uns also nicht verraten?«, fragte Mr Robinson hoffnungsvoll.

Matthieu schüttelte den Kopf. »Ihr Geheimnis ist bei mir sicher«, sagte er. »Sie haben mein Wort darauf.«

Mr Robinson stand lächelnd auf und schüttelte seinem Gastgeber dankbar die Hand. »Im Lichte der jüngsten Ereignisse haben wir beschlossen, die letzten Tage an Bord in unserer Kabine zu bleiben«, sagte er. »Also werden wir uns wohl nicht mehr so oft sehen. Im Übrigen denke ich, ist es das Beste, wenn Sie Ihren Neffen von meiner lieben Verlobten fernhalten, ehe es noch mehr Ärger gibt.«

»Sicher«, sagte Matthieu. »Da stimme ich Ihnen völlig zu.« Er öffnete die Tür, und die beiden Männer schüttelten sich ein weiteres Mal die Hand. »Ich wünsche Ihnen alles Gute, Mr Robinson«, sagte Matthieu. »Wirklich. Aber denken Sie daran: Was die Gesellschaft über Sie denkt, ist nichts im Vergleich zu Ihrer eigenen Selbstachtung. Seien Sie in Kanada wieder Sie selbst und genießen Sie das Leben als Sie selbst. Was hat das alles sonst für einen Sinn?«

»Ich versichere Ihnen, Matthieu«, sagte der andere mit einem breiten Lächeln, »dass wir genau das vorhaben. Unser Leben fängt gerade erst an. Vor uns liegen wunderbare Zeiten.«

Ethel LeNeve stieg über eine Taurolle und verschwand hinter einem Rettungsboot, wo sie vor ein paar Tagen eine abgeschiedene Stelle entdeckt hatte. In ihrer Vorstellung war sie in diesem Moment weder sie selbst noch Edmund, sondern Dr. James Middleton, die Person, in die sie sich verwandelt hatte, um das Gift zu kaufen. Nervös ließ sie den Blick schweifen, doch hier hinter dem Boot konnte sie niemand sehen.

Sie hielt die Hutschachtel vor sich hin und schüttelte sie vorsichtig. Cora Crippens Kopf, sorgfältig in Zeitungspapier gewickelt, bewegte sich darin hin und her. Ethels Hände zitterten ein wenig, als sie die Hutschachtel übers Wasser hielt. In letzter Minute hatte sie sich entschieden, den Kopf nicht ebenfalls zu zerteilen und mit dem Rest des hässlichen Körpers zu vergraben. Sie hatte gedacht, sollte Cora je entdeckt werden, könnte der Umstand, dass der Kopf fehlte, dazu führen, dass sie niemals einwandfrei identifiziert werden würde. Natürlich hatte sie den Kopf nicht so einfach irgendwo in London verstecken können, und der Themse traute sie nicht, sie hätte ihn vielleicht irgendwo ans Ufer spülen können. Also war er mit ihr nach Antwerpen gekommen, und sie hatte beschlossen, ihn im Meer zu versenken, im dunklen Wasser des Atlantischen Ozeans, auf dessen Grund er sinken würde, um nie wieder aufzutauchen.

Sie zwang die Hände auseinander und ließ die Schachtel mit einem leisen Aufschrei fallen, schnappte nach Luft, als sie aufs Wasser schlug und dort ein Weile trieb, auf den Wellen tanzend, bevor sie langsam unter die Oberfläche sank und unsichtbar wurde.

»Möge Gott mir vergeben«, flüsterte Ethel und wandte den Blick vom Ozean zu den Wolken hinauf, als flehte sie den Himmel selbst an. »Die Liebe lässt einen die unverzeihlichsten Dinge tun.«

Inspector Dew stand mit offenem Mund am Bug der *Laurentic* und starrte ungläubig auf die Szenerie vor sich. Er schüttelte den Kopf, spürte sein Herz in der Brust schneller schlagen und fragte sich, was er da vom Zaun gebrochen hatte. Der Hafen von Quebec war voller Menschen, lautstarker Jubel stieg von ihnen auf und wehte übers Wasser zu ihm herüber. Es waren Tausende, so weit das Auge reichte, und die Farben ihrer Kleidung spannten einen Regenbogen durch den Hafen.

»Das ist zu viel«, sagte er und sah bestürzt Kapitän Taylor an.

»Wie können da so viele Menschen warten?«

»Sie sind mittlerweile eine Berühmtheit, Inspector«, antwortete der Kapitän und grinste ihm zu. »Und ich vielleicht auch«, fügte er noch hoffnungsvoll an.

»Aber ich habe noch nichts *getan*.«

»Das macht nichts. Was zählt, ist, was Sie tun werden. Sie werden den übelsten Verbrecher zur Strecke bringen, der je auf dieser Welt sein Unwesen getrieben hat.«

Dew hob eine Braue. »Ich glaube kaum, dass er der Beschreibung gerecht wird, Kapitän«, sagte er.

»So gut wie. Frauenmörder. Kannibale.«

»Ach, Himmel noch mal«, sagte Dew mürrisch. »Wer setzt solche Gerüchte in die Welt? Dr. Crippen ist kein Kannibale. Der Gedanke ist völlig grotesk.«

»Ach ja? Und was hat er mit dem Kopf gemacht?«

»Der Kopf fehlt, also nehmen alle an, er hat ihn gegessen«, sagte Dew tonlos. »Was für eine wundervolle Logik. Ich bewundere Ihren Spürsinn, Kapitän.«

»Ich sage nur, was ich gehört habe«, antwortete Taylor und überhörte den Sarkasmus in Dews Stimme. »So zu tun, als wäre es nicht so, ändert nichts daran.«

Dew seufzte. Er fühlte sich wie zweigeteilt, als das Schiff in den Hafen einfuhr und er gezwungen war, den Massen zuzuwinken, die ihm ohne Unterlass zujubelten. Ein Teil von ihm genoss die Aufmerksamkeit ungeheuer. Als Inspector von Scotland Yard hatte er sein ganzes Leben lang hart gearbeitet und einige wichtige Fälle gelöst, aber noch nie öffentliche Anerkennung für seine Anstrengungen erfahren. Das jetzt war eine Ausnahme: Dr. Crippen hatte mit seinem Verbrechen die öffentliche Fantasie derart angeregt, dass der Mann, der ihn dingfest machte, als Held gefeiert und zum berühmtesten Polizisten der Welt wurde.

»Ich bin nicht der wahre Held«, gab er Kapitän Taylor gegenüber zu, als sie über die Gangway zum auf sie wartenden Polizeifahrzeug hinübergingen. Die Menge links und rechts wurde von zwei Reihen kanadischer Polizeibeamter zurückgehalten. »Die Ehre gebührt eigentlich Kapitän Kendall.«

»Von der *Montrose*?«, fragte Taylor überrascht, während er trotz seines Ärgers, dass Dew so etwas sagte, breit lächelnd der Menge zuwinkte. »Aber warum denn nur? Was hat dieser Kendall damit zu tun?« Er musste schreien, um den Lärm der Menge zu übertönen.

»Kapitän Kendall ist derjenige, der entdeckt hat, dass Crippen und die verkleidete Ethel LeNeve an Bord seines Schiffes sind. Nicht jeder hätte diese Verbindung gezogen. Hätte er uns nicht kontaktiert, hätte ich die beiden niemals aufgespürt. Crippen wäre sicher nach Kanada gelangt und auf Nimmerwiedersehen verschwunden. Wir hätten ihn nie bekommen. Alles, was ich getan habe, ist, an Bord eines Schiffes zu gehen und auf ein anderes zu warten. So heldenhaft ist das nicht, wenn Sie genau darüber nachdenken.«

»Unsinn«, sagte Taylor, unwillig, dem Kapitän der *Montrose* auch nur ein bisschen etwas von der Anerkennung abzutreten. »*Wir* sind es, die die Verfolgung aufgenommen haben. *Wir* sind die, die Leib und Leben für die Ergreifung eines Wahnsinnigen aufs Spiel gesetzt haben. Sie und ich, Inspector. Und hätte ich nicht alles aus der *Laurentic* herausgeholt, nun, dann wäre die *Montrose* womöglich als Erste hier angekommen, und er wäre uns entwischt. Ich will mich ja selbst keinen Helden nennen, aber andere werden es tun.«

»Trotz der Menschenmengen hier?«, fragte Dew skeptisch und überhörte die Aufschneiderei des anderen Mannes. »Ich glaube nicht, dass er da so einfach hätte entkommen können. Er wäre auf der Stelle verhaftet worden.«

Nachdem er den versammelten Horden von Zeitungsfotografen erlaubt hatte, ihn abzulichten, wurde Inspector Dew ins

Hauptquartier der Polizei von Quebec gebracht, wo er Inspecteur Alphonse Caroux vorgestellt wurde, seinem kanadischen Kollegen, der den Weg der beiden Schiffe seit Beginn der Jagd verfolgt hatte.

»Sie haben sich beeilt, Inspector«, sagte Caroux und musterte ihn interessiert von Kopf bis Fuß. Seit einer Woche hatte er sich gefragt, wie der berühmte Walter Dew wohl aussehen mochte. Sehr englisch, entschied er. Übergewichtig und teigig. »Wir waren erst nicht sicher, ob Sie es rechtzeitig schaffen würden. Aber natürlich hätten wir diesen Crippen für Sie verhaftet, wenn Sie noch nicht hier gewesen wären.«

»Das ist jetzt nicht mehr nötig«, sagte Dew und begriff plötzlich, dass alle etwas von der Anerkennung für die Festnahme abbekommen wollten. »Allerdings muss ich möglichst bald mit Kapitän Kendall in Kontakt treten. Wie weit ist er noch entfernt?«

Caroux sah in eine Mappe auf seinem Tisch und fuhr mit dem Finger eine Zahlenkolonne entlang. »Weniger als vierundzwanzig Stunden. Es ist jetzt vier Uhr nachmittags. Die *Montrose* wird morgen Nachmittag um drei einlaufen.«

»Verstehe«, sagte Dew. »Nun, ich muss Kapitän Kendall sofort telegrafieren.«

»Selbstverständlich.«

»Ich muss ihm sagen, dass er sein Schiff morgen Mittag um zwölf stoppen soll, drei Stunden vor seiner Ankunft in Quebec.«

»Stoppen?«, fragte Caroux argwöhnisch.

»Ich werde dem Schiff entgegenfahren und Crippen verhaften, bevor er kanadischen Boden betritt. Ich brauche ein Boot und einen Seemann, der mich hinbringt.«

Inspecteur Caroux runzelte die Stirn. »Das ist keine gute Idee«, sagte er. »Ich habe schon einige Zeitungen alarmiert. Die Fotografen kommen morgen Nachmittag, um den großen Moment einzufangen. Es ist das Beste, sie verhaften ihn auf kanadischem Boden.«

»Das ist kein öffentliches Spektakel, Inspecteur«, sagte Dew gereizt. »Der arme Mann muss hier keine Zirkusnummer abgeben, ganz gleich, was er getan hat. Nein, ich fahre zur *Montrose*, verhafte ihn und komme dann mit ihm her. Hier wird er sofort in Ihr Gefängnis gebracht, wo er bis zum 3. August bleibt, wenn, wie ich glaube, das nächste Schiff nach England ablegt.«

Enttäuscht, aber nicht in der Position, seinen Willen durchzusetzen, nickte Caroux, schrieb Dews Anweisungen auf ein Blatt Papier und gab es einem seiner Beamten, der sich um alles Nötige kümmern sollte.

»Machen Sie sich keine Sorgen, Inspecteur«, sagte Dew, dem die Enttäuschung seines Gegenübers bewusst war. »Die Fotografen werden ihre Bilder schon bekommen. Sagen Sie ihnen, sie sollen sich bereithalten, wenn ich Dr. Crippen morgen Nachmittag in Handschellen vom Schiff bringe. Dann bekommen sie ihre Titelgeschichte.«

»Sie haben ihn schon einmal getroffen, richtig?«, fragte Caroux. »Diesen Dr. Crippen?« Er betonte den Titel, als nehme er ihm den keinesfalls ab.

»Zwei Mal«, gab Dew zu.

»Ohne ihn jedoch zu verhaften?«

»Ich habe nicht geglaubt, dass er ein Verbrechen begangen hatte.«

»Aha. Aber Sie waren es, der die Leiche gefunden hat?«

Dew seufzte. »Ich ging noch einmal hin, um ein paar letzte Fragen zu klären, und musste feststellen, dass Dr. Crippen und Miss LeNeve ausgeflogen waren. Bei der Suche nach ihnen bin ich auf sie gestoßen. Um die Wahrheit zu sagen, er wäre davongekommen, wenn sie nicht geflohen wären. Er muss gedacht haben, dass ich etwas wusste.«

»Aber dem war nicht so.«

»Nein«, gab er zu, ohne in Verlegenheit zu geraten. »Ich hatte keinerlei Verdacht.«

»Das sollten Sie ihm auf jeden Fall sagen«, lachte Caroux. »Da stirbt er vor Lachen, der arme Narr. Wie fanden Sie ihn sonst so?«

»Wie ich ihn gefunden habe?«

»Vom Charakter her. Was hielten Sie von ihm, als Sie ihn getroffen haben?«

Inspector Dew überlegte. Trotz all der Fragen, die er seit dem Auffinden der unschönen Überbleibsel Cora Crippens beantwortet hatte, für seine persönliche Meinung zum Charakter des Mannes hatte sich noch niemand interessiert, weder seine Vorgesetzten bei Scotland Yard noch all die Nachrichtenreporter und auch nicht die neugierigen Passagiere an Bord der *Laurentic*. Sie alle hatten nur die grausigen Einzelheiten gewollt, den Stoff für Albträume. »Er kam mir sehr angenehm und sanft vor«, sagte er, »gebildet, freundlich, höflich. Ehrlich gesagt, dachte ich, er könnte keiner Fliege etwas zuleide tun.«

18 Das Leben nach Cora

London, Paris, Antwerpen: 1. Februar bis 20. Juli 1910

1. FEBRUAR

Hawley schlief nach dem schrecklichen Kartenabend mit Mr und Mrs Smythson bis spät in den Morgen hinein, aber er wachte nicht in seinem Bett auf.

Nach Coras hysterischem Anfall und nachdem sie ihn aus dem Haus geworfen hatte, war er eine Stunde lang durch die Straßen geirrt, ohne zu wissen, was er tun und wohin er sich wenden sollte. Er hatte Angst, wieder nach Hause zu gehen, weil er mit weiteren Tätlichkeiten rechnete. Dass es leicht nieselte, schien er nicht zu spüren, obwohl Cora ihn ohne Mantel, Hut oder einen Schirm vor die Tür gesetzt hatte. Er lief durch die Straßen und Gassen West-Londons, achtete nicht auf die Obdachlosen, die Prostituierten und die Blumenmädchen, die ihre Sträuße zusammenpackten, machte einen Bogen um alle Pubs, da er nicht wusste, was Alkohol jetzt bewirken mochte, und am Ende, ohne dass er es bewusst geplant hätte, trugen ihn seine Füße zum Haus von Ethel LeNeve. Es war ein Uhr morgens, als er bei ihr läutete, und es dauerte ein paar Minuten, bis das Licht im Korridor anging, dann aber öffnete sie die Tür einen Spaltbreit. Sie trug ihren Morgenmantel und hielt ihn fest um den Hals gezogen, als sie nach draußen linste, um zu sehen, wer da so spät noch zu ihr wollte.

»Hawley«, sagte sie erstaunt und öffnete die Tür ein Stück weiter. »Was um alles in der Welt machst du hier?«

»Es tut mir leid«, antwortete er leise, da ihm erst jetzt bewusst wurde, wie spät es war. »Ich hätte um diese Zeit nicht mehr kommen sollen. Ich habe dich aufgeweckt.«

»Ist schon gut. Ich habe noch nicht geschlafen. Aber was ist geschehen? Du bist ja völlig durchnässt. Komm herein, komm herein.« Sie öffnete die Tür jetzt ganz und wich zur Seite, als er langsam eintrat, den Kopf gebeugt, geschwächt durch Verlegenheit und Demütigung. »Sieh dich nur an«, murmelte sie und schüttelte den Kopf. »Komm nach oben. Schnell, bevor wir die Nachbarn aufwecken.«

Er folgte ihr die Treppe hinauf in den oberen Stock des Hauses, das sie nach dem Tod ihrer Eltern geerbt hatte, nahm kaum etwas wahr, sondern fiel in einen Sessel und verbarg das Gesicht hinter einer Hand. Er spürte, wie ihm Tränen des Selbstmitleids die Augen füllten, und wollte sie vor ihr verbergen.

Ethels Zuhause bestand aus einem Flur und vier kleinen Räumen, alle hübsch eingerichtet, nichts, das fehl am Platz gewesen wäre, einem Schlafzimmer, einer Küche, einem Bad und dem gemütlichen Wohnzimmer, in dem sie saßen.

»Es tut mir so leid«, wiederholte er, »dich um diese Zeit zu wecken. Es ist unverzeihlich. Aber mir wollte nichts einfallen, wo ich sonst hätte hingehen können. Du bist der einzige Freund, den ich auf dieser Welt noch habe.«

»Hawley, ich habe dir gesagt, du kannst jederzeit herkommen, und das war ernst gemeint. Wir *sind* Freunde, also hör auf, dich zu entschuldigen, und sag mir, was geschehen ist. Aber lass mich dir erst ein Handtuch holen und Wasser für einen Tee aufsetzen. Du holst dir doch den Tod, wenn du zu dieser Nachtzeit ohne Mantel durch die Stadt läufst.«

Er nickte und ließ sich nur zu gerne von ihr bemuttern. Während sie kurz im Schlafzimmer verschwand, sah er sich ein wenig um. Sie musste am Abend den Kamin angemacht haben, denn die Kohlen glühten noch und strahlten Wärme ab, auch durch das

Funkengitter, das sie vorm Schlafengehen davorgestellt hatte. Über dem Sims hing das Bild eines bärtigen Mannes mit dunklen Augen, der neben einer erschrockenen Frau mit hochgesteckten Haaren stand. Die beiden sahen aus, als bereiteten sie sich darauf vor, einander umzubringen. Hawley nahm an, dass es sich um Ethels verstorbene Eltern handelte, über die sie nur wenig Gutes zu sagen hatte. Tatsächlich war das einzige Lob, das er je aus ihrem Mund über sie gehört hatte, der Hinweis, dass sie den Anstand besessen hatten, früh genug zu sterben, um ihrer Tochter ein Leben ohne sie zu ermöglichen. Auf den Regalen standen verschiedene Teekannen und Schmuckteller, Familienerbstücke, die nach dem Tod der Eltern in Ethels Besitz übergegangen waren. Plötzlich spürte er die Kälte, zitterte in seinem Sessel, rieb die Hände gegeneinander und hielt sie in Richtung der glimmenden Kohlen. Ethel kam mit einer Teekanne und zwei Tassen, und sie hatte ein Handtuch dabei, mit dem sie ihm die Haare trocknete.

»Es ist so lächerlich«, begann er und nippte an seinem Tee. »Ich weiß nicht, warum ich mir das gefallen lasse. Die Frau muss den Verstand verloren haben, dass sie sich so benimmt.«

»Was hat sie diesmal angestellt?«

Er seufzte. »Sie hatte Freunde für den Abend eingeladen. Ein Paar, von dem ich nicht viel halte, und ich weiß, den beiden geht es mit mir genauso. Die Frau gehört zu Coras Music Hall Ladies' Guild.«

»Zu ihrer was?«

»Das ist eine Gesellschaft, zu der sie geht, und die ihr, wie sie denkt, einen besonderen sozialen Stand verleiht. Es sind Ladys, die sich treffen, zu Konzerten gehen und hinterher zusammensitzen, um über die Musik zu sprechen und gemeinsam Tee zu trinken.«

»Das klingt schrecklich langweilig«, meinte Ethel.

»Ich bin sicher, das ist es«, sagte Hawley. »Aber sie glaubte schon immer, dass sie für Besseres taugt als das, was ich ihr zu bieten habe, und irgendwie geben ihr diese Frauen das Gefühl, wichtig zu sein. Zum einen sind sie reich, und dann tragen einige von ihnen Titel, was für Cora bedeutet, dass sie was Besseres sind. Allerdings scheint in letzter Zeit nicht alles gut gegangen zu sein. Ich habe den Eindruck, es hat eine Szene gegeben, als sie zu viel getrunken hatte. Jedenfalls klang es heute Abend so, als würde sie nicht mehr lange dazugehören.«

»Oje«, sagte Ethel, die das freute. »Das muss sie aber geärgert haben.«

»Wenn sie nur einen Funken Ehre im Leib hätte«, sagte Hawley und ballte wütend die Fäuste, »hätte sie einfach auch noch die andere Wange hingehalten und das Thema fallen lassen. Sie sollte diesen Frauen nicht zeigen, dass sie ihr etwas antun können. Ich meine, wer sind die denn? Nichts als ein Haufen ungebildeter Hyänen, die es geschafft haben, sich ein paar verblödete Ehemänner mit einem Erbe und einem Haus auf dem Land einzufangen. Cora sieht das natürlich nicht so. Sie wurde nur immer wütender und wütender, und am Ende gab es einen großen Knall, und bevor irgendeiner von uns wusste, wie ihm geschah, beleidigte sie Louise Smythson und ihren Mann, und die beiden stürmten aus dem Haus. Ein paar Minuten später hat sie mich hinausgeworfen.«

»Was hattest du ihr getan?«, wollte Ethel wissen.

»Nichts Besonderes«, sagte er und hätte beinahe gelacht, so verrückt war das alles. »Ich bin einfach ein bequemes Ziel für sie, wenn sie einen ihrer Anfälle hat. Sie packte mich beim Ohr, öffnete die Tür und warf mich hinaus.«

»Als wärst du ein Kind.«

»Ich habe mir den Rücken angeschlagen«, sagte er. »Ich bin die Stufen hinuntergefallen. Mir tut alles weh.«

Ethel schüttelte den Kopf und spürte, wie die Wut in ihr hochkochte. Sie hatte nie einen sanfteren, bedächtigeren Menschen als Hawley Harvey Crippen erlebt, und eine scheußlichere Furie als seine Frau Cora. Sie konnte nicht verstehen, wie eine Frau ihren Mann mit einer solchen Unmenschlichkeit behandeln konnte.

»Es tut mir leid, Hawley«, sagte sie und vermochte ihre Gefühle nicht länger für sich zu behalten. »Ich hasse es, das sagen zu müssen, aber diese Frau ist ein Teufel, und du bist nicht verpflichtet, bei ihr zu bleiben.«

»Ich weiß, ich weiß«, seufzte er, den Tränen nahe. »Aber …« Er suchte nach den richtigen Worten, wusste, was er sagen wollte, schämte sich jedoch, es zuzugeben. »Die Wahrheit ist, Ethel, dass sie mir Angst macht.«

»Sie tut *was*?«, fragte sie ungläubig.

»Sie macht mir Angst. Ich weiß, es ist lächerlich, doch es ist die Wahrheit. Ihre Launen, ihre Wut, alles an ihr. Ich glaube nicht, dass ich von Natur aus ein schwacher Mensch bin, aber Cora hat etwas an sich, was mich zu einem Nichts werden lässt. Ich bin in ihrer Gegenwart völlig kraftlos, und ich habe das sichere Gefühl, dass ihre Gewalttätigkeit eines Tages außer Kontrolle gerät.«

Ethel nickte. Es war schlimm. Was er voraussagte, sah sie seit Langem schon drohen. Zu oft hatte sie miterleben müssen, wie ihr Freund böse zugerichtet zur Arbeit kam. Manchmal, wenn er sich verspätete, fürchtete sie das Schlimmste. Tränen strömten Hawley über das Gesicht, und sie legte einen Arm um ihn. »Hawley«, flüsterte sie und küsste ihn auf die Wange, »du musst nicht bei ihr bleiben, das weißt du.«

»Ich kann sie nicht verlassen. Sie würde es nie erlauben«, sagte er mit einem hohlen Lachen und schluchzte gleich wieder. »Wenn nur *sie* wegginge.«

Ethel trocknete ihm die Wangen mit der Hand, und sie sahen sich an und küssten sich.

»Ich kann nicht zurück zu ihr«, murmelte er, »und doch muss ich. Ich habe keine Wahl.«

»Aber nicht heute Nacht«, sagte sie leise und küsste ihn wieder. »Heute Nacht musst du nicht zurück.«

»Ich würde mein Leben riskieren, wenn ich jetzt zurückginge«, gab er zu und lachte matt über die Absurdität der Situation.

»Also bleibst du hier«, sagte sie entschlossen. Er wich ein Stück zurück und sah sie unsicher an. »Du bleibst bei mir.«

»Ich kann nicht«, sagte er. »Es ist nicht richtig, mich dir aufzudrängen.«

»Hawley«, sagte sie, hielt seine Hand und machte klar, was sie meinte. »Ich möchte, dass du bleibst. Bei mir.«

Er schluckte nervös und nickte. »Bist du sicher?«, fragte er.

»Ich war mir nie sicherer«, antwortete sie wahrheitsgemäß. »Du solltest nie wieder zu ihr zurück. Du verdienst etwas Besseres als sie. Ich würde dich nie so behandeln, das weißt du. Ich würde dich schätzen, für dich sorgen.«

Hawley verzog das Gesicht. »Warum habe ich dich nicht zuerst kennenlernen können?«, fragte er bitter. »Warum musste ich überhaupt erst an Cora geraten?«

Ethel nahm ihm die Tasse aus der Hand und stellte sie auf den Tisch. Sie stand auf, streckte eine Hand aus, und er nahm sie und folgte ihr ins Schlafzimmer, wo sie sich, bedächtig und leise, zum ersten Mal liebten. Ethels Körper überraschte Hawley, sie war klein, mit schmalen Hüften, winzigen Brüsten und einer fast jungenhaften Figur. Cora dagegen hatte sich zu einer übergewichtigen, schweren Frau entwickelt, die schon seit Langem keine körperliche Anziehung mehr auf ihn ausübte. Mit ihren massigen Brüsten und ihrer für gewöhnlich leicht anzüglichen Aufmachung zog sie auf der Straße zwar noch immer Blicke auf sich, aber nicht seine. Im Bett neben Ethel liegend, musste er wieder und wieder mit der Hand über ihren ebenen Körper fahren. Endlich dann, erschöpft vom Streit mit seiner Frau, dem Umherwandern durch die Straßen Londons und seinem romantischen Abend mit Ethel, drehte er sich auf die Seite und fiel in tiefen Schlaf, atmete schwer und träumte von einem Leben, in dem es keine Cora Crippen mehr gab.

Ethel hatte vor dieser Nacht noch nie mit einem Mann geschlafen, auch nicht neben einem gelegen, und war fasziniert von seinen Atemgeräuschen. Sie war jetzt hellwach und hatte nur einen Gedanken im Kopf. Bei seinen ersten Tränen hatte sie bereits entschieden, dass es an der Zeit war, ihren Plan umzusetzen. Sie hatte nur auf den Moment gewartet, da er eingeschlafen war und sie sich unbemerkt hinausschleichen konnte.

Sie kroch aus dem Bett, zog sich schnell an und holte einen Männermantel und einen Hut aus dem Schrank. Beides hatte sie sich vor ihrem Besuch bei Lewis & Burrow's besorgt, der in der Oxford Street gelegenen Apotheke, wo sie ein Fläschchen Hyoscin-Hydrobromid gekauft hatte. Das dafür nötige Rezept hatte sie sich selbst auf dem Block ausgestellt, der in einer Schublade bei Munyon's verschlossen lag. Niemand sollte einen anderen Menschen so behandeln dürfen, dachte sie sich und sah ihr Vorgehen damit gerechtfertigt. Diese Frau steht zwischen Hawley und meinem Glück, so einfach ist das.

Leise schloss sie die Tür des Schlafzimmers und ging ins Bad, wo sie das Fläschchen im Medizinschrank versteckt hatte. Sie steckte es in die Tasche, holte den falschen Schnauzbart hervor und klebte ihn sich auf die Oberlippe, über die Narbe aus ihrer Kindheit. Die Wunde war damals ewig lang nicht richtig verheilt. Ethel betrachtete sich im Spiegel und musste lächeln. Sie war wirklich ein ziemlich überzeugender Mann.

Sie brauchte nicht lange bis zum Hilldrop Crescent und versuchte, sich geistig von den Vorgängen zu lösen, als sie die Stufen zu Coras Schlafzimmer hinaufstieg. Sie fürchtete, wenn sie alles noch einmal ernsthaft überdachte, könnte sie das Selbstvertrauen verlieren und einen Rückzieher machen. Tatsächlich in Panik geriet sie nur während des kurzen Moments, als sich ihr Opfer im Bett aufsetzte, zu ihr herüberblinzelte und Hawleys Namen rief. Jetzt gab es keine Umkehr mehr, aber zum Glück hatte die Frau das vergiftete Wasser gleich getrunken, und der Tod war schnell eingetreten. Anschließend trug Ethel sie in den Keller und zerstückelte ihren Körper. Den Kopf wickelte sie in Zeitungspapier und legte ihn in eine Hutschachtel aus Coras Schlafzimmer.

Bevor sie ging, griff sie in die Innentasche des Mantels, holte den Brief hervor, den sie vor einer Woche für eine Situation wie diese geschrieben hatte, und lehnte ihn gegen den Salzstreuer auf dem Wohnzimmertisch. Sie vergewisserte sich noch einmal, dass sie nichts vergessen hatte, verließ das Haus und kehrte nach Hause zurück, wo sie ihre Verkleidung im Flurschrank versteckte und die Schachtel oben auf den Schrank stellte. Als sie zurück zu Hawley ins Bett schlüpfte, ging draußen bereits die Sonne auf. Zu ihrer Überraschung war das Bett alles andere als warm. Sie legte die Hand auf Hawleys Schulter, aber auch die war kalt.

Als er aufwachte, war es bereits nach neun Uhr morgens, und im ersten Augenblick wusste er nicht, wo er war. Dann aber kam die Erinnerung an die letzte Nacht zurück, und er fragte sich, wie es weitergehen sollte. Er zog sich schnell an und ging ins Wohnzimmer, wo Ethel gerade den Frühstückstisch deckte.

»Guten Morgen«, sagte sie mit leichter, fröhlicher Stimme, trat zu ihm und küsste ihn auf die Wange, voller Freude, dass ihr neues Leben schon bald beginnen würde. »Hast du gut geschlafen?«

»Wie ein Toter.«

»Ich liebe dich«, sagte sie plötzlich und unerwartet, und er spürte, wie sein Herz einen Schlag aussetzte. Er konnte sich nicht erinnern, wann jemand ihm gegenüber zuletzt ein solches Gefühl ausgedrückt und er es wirklich geglaubt hatte.

»Ich liebe dich auch«, antwortete er.

Sie trennten sich eine Stunde später. Ethel wollte Munyon's aufsperren, während er noch nach Hause ging, um sich umzuziehen. Sein Schritt auf dem Weg zum Hilldrop Crescent hatte etwas Beschwingtes, Hawley fühlte sich wie ein neuer, mit frischer Kraft versehener Mensch. Je näher er jedoch seinem Haus kam, desto mehr verließ ihn seine Hochstimmung.

Schweren Herzens drehte er den Schlüssel im Schloss, hatte beim Eintreten dann aber das unerwartete Gefühl, dass sie gar nicht zu Hause war. Irgendwie kam ihm die Luft im Haus ohne ihre

Gegenwart leichter vor. »Cora!«, rief er, um sich zu versichern, bekam jedoch keine Antwort. Das gefiel ihm, und er trat ins Wohnzimmer, um zu sehen, ob sie nicht einfach nur auf dem Sofa eingeschlafen war, doch auch da war sie nicht, und er beschloss, nach oben zu gehen und ein Bad zu nehmen. Da zog ein auf dem Wohnzimmertisch stehender, an ihn adressierter Brief seine Aufmerksamkeit auf sich, und er sah ihn verblüfft an, bevor er ihn nahm und öffnete.

Mein lieber Hawley,
ich habe mich entschieden, Dich zu verlassen. Ich glaube nicht, dass wir noch länger zusammenleben können. Ich habe einen anderen Mann kennengelernt. Es tut mir leid, Dir das auf diesem Weg zu sagen, aber wir lieben uns, und er hat mich gefragt, ob ich mit ihm nach Amerika kommen will. Wir fahren heute ab. Bitte versuche nicht, mich zu finden, es wäre das Beste, wenn wir uns so verabschieden. Wir werden uns nie wiedersehen. Es tut mir leid, was ich Dir alles angetan habe. Du bist ein netter, anständiger Mann und verdienst mehr Glück, als ich Dir habe geben können. Zögere nicht, es zu ergreifen, wenn Du es vor Dir siehst.
Deine Cora

Hawley schnappte nach Luft und sank auf einen Stuhl. Der Brief fiel zu Boden. »Ich glaube es nicht«, sagte er laut, starrte das Blatt an, las ihn noch einmal und versuchte, die verschiedenen Gedanken zu ordnen, die ihm durch den Kopf rasten. Über allem jedoch lag ein Gefühl tiefen Glücks.

3. FEBRUAR

»Nicholas!«, rief Mrs Smythson die Treppe hinauf nach ihrem Mann, der sich gerade für einen weiteren Morgen geschäftigen

Nichtstuns ankleidete. »Komm schnell nach unten! Es ist so lustig, du glaubst es nicht!«

Sie kehrte zum Sofa zurück, auf dem sie gesessen und ihren Morgentee genossen hatte, und las den Brief mit wachsendem Entzücken und ebensolcher Überraschung noch einmal von Anfang bis Ende. Seit dem schrecklichen Abend bei den Crippens vor ein paar Tagen hatte sie sich hin- und hergerissen gefühlt zwischen dem Wunsch, ihre ehemalige Freundin zu besuchen und ihr für das, was sie ihr alles an den Kopf geworfen hatte, jedes Haar einzeln auszureißen, und der Notwendigkeit, angesichts der unglaublichen Provokation Contenance zu wahren, denn sollten die anderen Smythsons davon erfahren und glauben, öffentlich von ihr blamiert worden zu sein, wäre Ärger im Verzug. Aber jetzt war sie aus ihrem Zwiespalt erlöst, denn Cora hatte die Sache in die eigenen Hände genommen.

Nicholas kam herein, zupfte an seiner Krawatte und setzte sich seiner Frau gegenüber. »Was ist es?«, fragte er, zupfte immer noch weiter und knurrte: »Verdammtes Ding. Ich verstehe sowieso nicht, warum ich so was tragen muss.«

»Ein Brief«, sagte sie, ohne den Schwierigkeiten ihres Mannes Beachtung zu schenken. »Ein Brief von Cora Crippen.«

»Eine Entschuldigung, hoffe ich. Einer solchen Unverschämtheit bin ich in meinem ganzen Leben nicht begegnet, und ich war schon auf der Besuchertribüne im Parlament.«

»Durchaus«, sagte sie. »Hör zu. Ich lese ihn dir vor.«

Liebe Louise,
zunächst möchte ich mich für mein schreckliches Verhalten an dem Abend entschuldigen, als Du und Dein Mann uns am Hilldrop Crescent besucht habt. Ich bin eindeutig eine kranke Frau und unfähig, mich in der Öffentlichkeit zu kontrollieren. Es gibt Leute, die mich für einen gestörten, ja, wahnsinnigen Drachen halten, aber das lehne ich als übertrieben ab. Vielleicht bin ich einfach nur

ein schlechter Mensch, dem es unmöglich ist, anderen, selbst noch den ehrbarsten, gegenüber den Anschein von Höflichkeit zu wahren. Wie dem auch sei, ich entschuldige mich bei Euch beiden und würde zudem gerne klarmachen, dass mein Mann Hawley in dieser Sache ohne Schuld ist. Der arme Mann leidet unter meinen Launen und Marotten schon länger, als es einem Menschen zugemutet werden sollte. Es ist schändlich, wie ich ihn behandelt habe. Wirklich, dafür sollte ich die Peitsche zu spüren bekommen. Aber das wird sich jetzt alles ändern. Der Hauptgrund, aus dem ich Dir schreibe, ist der, dass ich meinen Verzicht auf die Mitgliedschaft in der Music Hall Ladies' Guild anbieten möchte, mit sofortiger Wirkung. Ich habe Nachricht von einem Verwandten in Amerika, einem lieben alten Onkel, der krank geworden ist und nicht mehr lange zu leben hat. Es ist schrecklich traurig. Er bittet mich, ihn in Kalifornien zu besuchen und mich während seiner letzten Tage um ihn zu kümmern. Ich betrachte das als eine Möglichkeit, mein schreckliches Verhalten in der letzten Zeit wiedergutzumachen, und habe vor, seiner Bitte nachzukommen. Wenn Du diesen Brief bekommst, werde ich bereits unterwegs sein, und so werde ich Dich vorher nicht mehr sehen. Sei jedoch versichert, dass ich bei meiner Rückkehr nach London die Dinge mit Dir und Nicholas geraderücken will, und meinen gütigen, rücksichtsvollen und wunderbar einfühlsamen Ehemann Hawley so behandeln werde, wie ich es immer schon hätte tun sollen. Mit Achtung und Liebe. Ich hoffe, Du bleibst gesund, und freue mich darauf, Dich und Nicholas bald wiederzusehen.

Mit den besten Grüßen
Cora Crippen (Mrs)

Während seine Frau den Brief vorlas, hatte Nicholas aufgehört, an seiner Krawatte herumzufummeln. Staunend starrte er sie an. Ein solches Stück Prosa hatte er noch nie gehört, er war völlig sprachlos. Endlich blickte Louise von den Seiten auf, immer noch staunend wie auch er, doch dann brachen beide unwillkürlich in Lachen aus und wussten sich für mehrere Minuten vor Heiterkeit kaum zu halten.

»Oh, ich mach mir in die Hose«, rief Louise schließlich und kehrte mit dem Versuch, dem Gelächter ein Ende zu setzen, in die Gosse zurück, in der sie aufgewachsen war.

»Hat diese Frau denn völlig den Verstand verloren?«, fragte Nicholas. »Oder hat sie zu viele Romane mit einer Überdosis Schmalz gelesen? Das muss die merkwürdigste Entschuldigung aller Zeiten sein.«

»Und nicht nur das: Was sie über ihre plötzliche Bekehrung zur pflichtbewussten Ehefrau sagt, übersteigt alles Dagewesene. Wie nennt sie ihn? *Gütig, rücksichtsvoll und wunderbar einfühlsam?* Denkst du, sie war betrunken, als sie das geschrieben hat?«

Nicholas schüttelte den Kopf und zuckte mit den Schultern. »Schwer zu beurteilen«, sagte er. »Sie kam mir sowieso nie ganz richtig im Kopf vor. Vielleicht ist sie jetzt endgültig hinüber. Jedenfalls erspart sie dir eine Unannehmlichkeit.«

»Mir?«

»Na, jetzt musst du nicht mehr dafür sorgen, dass sie offiziell aus eurem Klub ausgeschlossen wird, oder?«

»Nein, das wohl nicht«, sagte Louise und wurde wieder ernst. »Aber es ist schon sehr komisch, oder? Ich wusste nicht mal, dass sie Verwandte in Amerika hat. Und dass sie so schnell aufbricht! Ich habe sie eigentlich nie für eine Florence Nightingale gehalten. Und diese Selbstverdammung ... Das klingt so gar nicht nach ihr.«

»Also, wenn du mich fragst, ist es so das Beste«, sagte Nicholas, stand auf und überprüfte seine Krawatte im Spiegel. »Gut«, sagte er, froh darüber, dass der schwierige Akt des Ankleidens endlich hinter ihm lag. »Damit bin ich für den Tag gerüstet. Wenn du mich brauchst, ich bin im Arbeitszimmer und lese die Zeitung.«

»Ist gut, mein Lieber«, sagte Louise gedankenverloren, als er den Raum verließ, setzte sich wieder hin und las den Brief noch einmal, jetzt mit weniger Heiterkeit. Trotz ihrer neu entdeckten Verachtung für Cora Crippen konnte sie nicht anders, als die Situation für mehr als merkwürdig zu halten. Ihrer Erfahrung nach verhielten sich die Menschen nur äußerst selten derart untypisch, und in diesem Brief schien kein einziger Satz zu Cora zu passen. Normalerweise warf sie ihre Korrespondenz weg, nachdem sie sich damit beschäftigt hatte, in diesem Fall jedoch entschloss sie sich, den Brief zunächst einmal zu behalten.

20. FEBRUAR

Mrs Margaret Nash hatte Shakespeare nie verstanden und würde ihn auch nie verstehen, und ihr Mann Andrew fand Theater sowieso fürchterlich langweilig. Aber Señor Eduardo del Poco, der Chef der mexikanischen Firma, die viele der Arbeitskräfte für Nashs Unternehmungen auf der anderen Seite des Atlantiks bereitstellte, betrachtete sich als gebildeten Menschen und hatte ausdrücklich darum gebeten, während seines Urlaubs in London in eine Shakespeare-Produktion eingeladen zu werden. So hatte Andrew denn vier Karten für den *Sommernachtstraum* gekauft, für sich und seine Gattin sowie Señor del Poco und seinen Reisebegleiter, einen achtzehnjährigen Muskelprotz mit einem Menjoubärtchen, der nur Ramon genannt wurde. Die Aufführung fand im Garrick Theatre statt, und die Nashs durchlitten die ersten drei Akte zunehmend angeödet. Margaret lenkte sich irgendwann damit ab, dass sie versuchte, für jeden Buchstaben des Alphabets Namen von englischen Orten zu finden, kam bis Newcastle und blieb beim O stecken. Als endlich der Vorhang zur Pause fiel, ließ Andrew Nash einen erleichterten Seufzer hören und freute sich auf den nun folgenden Barbesuch.

»Ein wunderbares Stück, wie?«, sagte er, schlug Señor del Poco herzlich auf den Rücken und schob ihn in Richtung Gang.

»Margaret und ich gehen viel zu wenig ins Theater. Es wird Zeit, dass sich das ändert. Hat mir sehr gefallen, war natürlich immer schon ein großer Shakespeare-Fan. *Der Kaufmann von Verona*, *Richard IV.*, *Die gespenstische Lähmung*, alles wundervolle Stücke, jedes einzelne. Wenn wir uns beeilen, kommen wir gerade noch rechtzeitig zum Dinner ins Savoy.«

»Aber das ist doch erst die Pause«, sagte Señor del Poco, sah Andrew Nash misstrauisch an und erkannte in ihm den ungebildeten Narren, der er war. »Es kommen noch zwei Akte.«

»Natürlich, natürlich«, antwortete Andrew nach kurzem Zögern niedergeschlagen, »ich wollte Sie nur testen. Bei so wundervoller Unterhaltung kommt kein Hunger auf. Sie sind noch lang, richtig, die zwei anderen Akte?«

»Vielleicht sollten wir uns während der Pause etwas zu trinken besorgen, Andrew«, schlug Margaret Nash vor und überging den Fauxpas ihres Mannes. »Oben gibt es eine Bar. Ramon sieht aus, als würde er vor Durst sterben.«

»Achten Sie nicht weiter auf ihn«, sagte Señor del Poco und betrachtete den Jungen mit einer Mischung aus Lust und Verachtung. »Er ist weniger wert als der Schmutz unter den Sohlen der Eidechsen, die sich von den Fliegen der Sierra Madre ernähren.«

»Verstehe«, sagte Andrew fröhlich. »Dann also nichts für ihn. Aber Sie trinken doch sicher einen Whisky mit mir?«

»Sicher. Mein Mund fühlt sich an wie ein Blatt, das über Tausende von Jahren von einer Sanddüne zur anderen geweht wurde, immer in Sichtweite einer Oase, das aber dank der Grausamkeit des Schirokkos nie in einer landen durfte.«

»Bin selbst auch etwas durstig, mein Guter«, sagte Andrew.

Die vier Gefährten schlugen also den Weg Richtung Bar ein, freundlich miteinander schwatzend, bis auf den jungen Ramon, der nur zwei englische Worte beherrschte. (Señor del Poco hatte ihn nicht wegen seiner Konversationskünste mit nach London gebracht.)

»Zwei Whisky und einen Sherry, Barmann«, sagte Andrew, lehnte sich an die Theke und sah sich zerstreut unter den Anwesenden um. Er hatte nicht zu viel übrig für Leute, die ins Theater gingen. Sie kamen ihm schrecklich verweichlicht vor, und etwas Schlimmeres als weibische Männer gab es für ihn nicht. Andrew hatte sein Geld im Baugeschäft gemacht, das er für durch und durch männlich hielt, ehrliche Arbeit, die gut für die Muskeln und fürs Bankkonto war. In Mexiko war er mit seiner Firma jetzt seit anderthalb Jahren tätig, und in dieser Zeit hatte er sein Vermögen fast verdoppelt. Ein Sechstel des Einkommens aus seinen mexikanischen Unternehmungen floss in die Taschen von Señor del Poco, der sich die Dienste der mexikanischen Bauern zu einem Bruchteil ihres tatsächlichen Wertes sicherte und sein Geld für Auslandsreisen und bezahlte Begleiter wie den Zwei-Worte-Ramon ausgab.

»Andrew, sieh doch!«, sagte Margaret Nash und zupfte ihren Mann am Arm, weil sie jemanden auf der anderen Seite des Raumes entdeckt hatte. »Sieh mal da drüben!«

»Was?«, fragte er, während sich die drei Männer umdrehten und in die Richtung sahen, in die sie deutete. »Was ist denn?«

»Ist das nicht Dr. Crippen?«, sagte sie.

»Doktor wer?«

»Crippen. Oh, du erinnerst dich an ihn. Wir haben vor einiger Zeit diesen schrecklichen Abend in seinem Haus verbracht. Mit Nicholas und Louise. Seine Frau konnte nicht aufhören, vor uns allen mit ihm zu streiten.«

»Eine Frau, die ihrem Mann widerspricht, sollte aus dem Haus gejagt und am höchsten Punkt der Stadt aufgehängt werden, die Leute sollten sie mit Steinen bewerfen, damit sie den Tag verflucht, da ihr Vater das Pferd bestieg, das ihre Mutter war«, sagte Eduardo. »An ihr sollte ein Exempel statuiert werden.«

»Ach ja, Crippen«, sagte Andrew, der sich allerdings nur ungenau an ihn erinnerte. »Was ist mit ihm? Warum starrst du ihn so an?«, fragte er genervt und gar nicht glücklich darüber, dass seine

Rede über die Probleme Englands von seiner Frau unterbrochen worden war.

»Ihn starre ich nicht an«, verteidigte sich seine Frau, wandte sich den drei Männern wieder zu und tat gleichzeitig einen Schritt vor, um die Gruppe verschwörerischer wirken zu lassen. »Es geht darum, wer da bei ihm ist. Seine Frau hat ihn verlassen, weißt du. Offenbar ist sie nach Amerika gefahren, um sich um einen kranken Verwandten zu kümmern, aber Louise Smythson und ich, wir denken, dass mehr dahintersteckt. Und jetzt ist er mit einer anderen Frau hier im Theater.«

»In meinem Land können Männer viele Frauen haben«, sagte Señor del Poco mit triumphierender Miene. »Es gibt so viele Schönheiten wie Sterne am Himmel.« Tatsächlich war es etliche Jahre her, dass er eine Frau auch nur berührt hatte, aber das hätte er niemals zugegeben. »Für einen mexikanischen Mann gibt es nur eine Sache, die wichtiger ist als Frauen. Geld. Weil man sich mit Geld alles kaufen kann.«

»Es ist eine Schande«, sagte Margaret, die einen weiteren Blick auf die andere Seite des Raumes warf. »Er hat die Frau dabei, die an dem Abend mit am Tisch saß. Ich kann mich an ihren Namen nicht erinnern, doch es war etwas Gewöhnliches. Und hässlich ist sie auch noch, mit dieser abscheulichen Narbe auf der Lippe. Sieh sie nur an, aufgeputzt, als wäre sie jemand, und das, während sich seine Frau einer so wunderbar mildtätigen Aufgabe widmet. Schändlich. Denkst du, ich sollte hinübergehen und etwas sagen?«

»Nein, lass ihn in Ruhe«, sagte Andrew. »Er ist ein schrecklicher Langweiler, wenn ich mich recht erinnere.«

Sie wartete, bis sie es nicht mehr aushielt und ihre Wut die Oberhand gewann. Trotz Andrews Drängen, die beiden nicht zu behelligen, entschuldigte sie sich bei ihren Begleitern, und lief hinüber in die Ecke des Raumes, wo Hawley und Ethel miteinander schwatzten. Sie standen nahe beieinander, und seine Hand hielt liebevoll ihren Ellbogen.

»Dr. Crippen?«, sagte Margaret, stellte sich zu ihnen und reckte den Hals vor wie ein Truthahn.

Er sah sie an, leicht verwirrt, und das Lächeln wich aus seinem Gesicht. »Ja«, sagte er.

»Margaret Nash«, sagte sie. »Mein Mann und ich haben vor einiger Zeit einen netten Abend in Ihrem Haus verbracht.«

Hawley nickte und wartete ein paar Augenblicke, bis er begriff, dass ihm nichts übrig blieb, als zu antworten. »Ich erinnere mich«, sagte er. »Wie geht es Ihnen?«

»Sehr gut«, sagte sie. »Andrew und ich lieben das Theater so sehr. Wir kommen, so oft es geht. Sind Sie ein regelmäßiger Theatergeher?«

»Eigentlich nicht«, antwortete er und sah hinüber zum Zuschauersaal. »Nun ja, wir müssen zurück zu unseren Plätzen.«

»Oh, nur noch einen Moment«, sagte Margaret, stellte sich ihm in den Weg und sah Ethel an. »Hallo«, sagte sie und setzte ein falsches Lächeln auf. »Wir kennen uns doch auch, oder?«

»Ich glaube nicht«, sagte Ethel.

»Doch, natürlich kennen wir uns. Ich erinnere mich an Ihr Gesicht. Die Narbe, sie ist unverwechselbar.«

»Miss LeNeve ist eine Kollegin von mir«, sagte Hawley schroff, »und jetzt müssen wir wirklich zurück zu unseren Plätzen.«

»So eine schöne Halskette«, sagte Margaret, hob die Hand und griff nach dem blauen Saphiranhänger, der auf Ethels Brust hing. Hätte sie noch fester zugegriffen, hätte sie ihr die Luft abgedrückt. »Aber die kenne ich doch auch, oder?«

»Das bezweifle ich«, sagte Hawley und versuchte verzweifelt, von ihr wegzukommen.

»Natürlich kenne ich die. Sie gehört Cora. Genau wie die schönen Ohrringe, die Sie tragen. Wie nett von ihr, sie Ihnen zu überlassen, während sie weg ist. Das passt so zu ihrer Gutherzigkeit.«

Sie musterte Ethel mit einem kalten Lächeln, und ihre oberen Schneidezähne schoben sich ganz leicht über die Unterlippe. Ethel erwiderte ihren Blick und weigerte sich, ihr in die Karten zu spielen. »Ja, das ist nett, nicht wahr?«, sagte sie. »Sie ist eine sehr großzügige Frau.«

»In der Tat«, sagte Margaret und öffnete ihren Fächer.

»Auf Wiedersehen«, sagte Hawley jetzt unvermittelt und drängte an ihr vorbei, wobei er Ethels Hand fasste, um sie zurück zu ihren Plätzen zu führen.

Margaret Nash sah ihnen hinterher und kehrte vor Wut kochend zu ihren Begleitern zurück.

»Es ist infam«, verkündete sie und unterbrach ihr Gespräch. Die drei Männer sahen sie an. »Die Frechheit dieser Frau.«

»Was hat sie gemacht?«, fragte Andrew, der sich wunderte, dass seine Frau so tiefrot angelaufen war. Es war lange her, dass ihre Leidenschaft solche Höhen erklommen hatte.

»Dieses kleine Flittchen stolziert an Hawley Crippens Arm herum und trägt den Schmuck seiner Frau, was, wenn du mich fragst, mehr als nur etwas merkwürdig ist. Ich kenne keine Frau, die länger verreist und ihren schönsten Schmuck zu Hause lässt.«

»Ich würde mich da an deiner Stelle nicht einmischen«, sagte Andrew, nicht besonders am Tun und Treiben von Menschen interessiert, die ohne Bedeutung für ihn waren. »Das geht dich nichts an.«

»Aber ich muss mich da nicht erst einmischen, Andrew. Cora Crippen ist meine Freundin. Nein, das lasse ich nicht so einfach auf sich beruhen, das verspreche ich dir.«

Die Klingel verkündete den bevorstehenden Beginn des nächsten Akts, und sie gingen wieder hinein, wobei nur einer von ihnen wirkliche Vorfreude verspürte. Bevor die Lichter ausgingen, sah sich Margaret Nash um und versuchte zu sehen, wo Dr. Crippen und Miss LeNeve saßen, doch sie konnte die beiden nirgends entdecken. Sie sah nur zwei leere Plätze ein paar Reihen vor sich, und sie war sicher, dass sie vor der Pause noch besetzt gewesen waren.

30. März

Sie beschlossen, einen kurzen gemeinsamen Urlaub zu machen, und verbrachten vier Tage in Paris. Es war ihre erste Gelegenheit, ihr altes Leben hinter sich zu lassen und sich auf eine glücklichere Zukunft zu freuen. Sie stiegen in einem Hotel in der Nähe des Arc de Triomphe ab, und der Mann an der Rezeption zuckte mit keiner Wimper, als Ethel sie beide mit verschiedenen Namen vorstellte.

»Das sind die Franzosen«, sagte sie glücklich. »Denen sind solche Dinge egal. Nur die Engländer verbrämen ihre Scheinheiligkeit mit solcher Entrüstung.«

Hawley war sich da nicht so sicher. Er hatte sie zu überreden versucht, sich für die Dauer der Reise Ethel Crippen zu nennen, da er überzeugt war, sonst würden sie von allen gemieden, die sahen, dass sie unverheiratet waren. Aber sie weigerte sich und sagte, sie werde sich niemals so nennen, solange es nicht tatsächlich stimmte.

»Es kann noch lange dauern, bis Cora in eine Scheidung einwilligt«, sagte er. »Vor allem muss ich zunächst einmal herausfinden, wo sie überhaupt ist.«

»Bis dahin bleibe ich Ethel LeNeve«, sagte sie. »Der Name war die letzten fünfundzwanzig Jahre gut genug für mich, dann wird er es auch bis zu meiner Heirat sein.« Sie hatte noch keinen Plan, wie sich auch dieses Hindernis überwinden ließ, schließlich bestand wenig Chance, dass eine Tote ihre Scheidungspapiere unterschrieb, aber natürlich konnte sie Hawley nicht gestehen, was sie getan hatte.

Die nächsten paar Tage verbrachten sie mit Besichtigungen. Als Erstes ging es zum Eiffelturm, der vor ein paar Jahren errichtet worden war und über den sie schon viel in der Zeitung gelesen hatten. Als sie unter ihm standen und in die Höhe blickten, erfasste Hawley ein Schwindel, und er musste sich auf den Boden setzen und den Kopf zwischen die Knie nehmen, was ihm peinlich war. Sie besuchten Notre-Dame und Sacré-Cœur und lagen vor Letzterer stundenlang im Gras und genossen die Frühlingssonne. Kinder rannten um sie herum, und alte Leute mühten sich die Stufen zur Kirche hinauf. Ethel hatte alles Nötige für ein Picknick gekauft, und so saßen sie da und fühlten sich weit, weit entfernt von der Gewalt, mit der sie in London zu tun gehabt hatten. Ein Stück weiter saß ein alter Mann mit einer großen Tüte Brotkrumen auf einer Bank. Reglos wie eine Statue saß er da, streute sich Krumen auf Schultern, Kopf und Knie und erlaubte den Tauben um ihn herum, ihn zu umschwärmen und von ihm zu speisen. Er zuckte kein einziges Mal und schien die amüsierten Blicke der Passanten nicht zu bemerken.

»Hawley«, sagte Ethel, während sie dort saßen, nachdem sie eine Weile nachgedacht und den Gedanken in ihrem Kopf so formuliert hatte, dass er nicht zu verdächtig erscheinen würde. »Ich habe eine Idee.«

»Ja?«

»Es geht um Cora.«

Er stöhnte. »Es ist so schön hier«, sagte er. »Müssen wir da über sie reden?«

»Es ist wichtig«, sagte sie. »Es hat mit dem zu tun, was du über die Scheidung von ihr gesagt hast.«

Hawley seufzte und legte sein Sandwich zurück in die Tüte. »Also los dann«, sagte er.

»Ich denke mir, es wird sehr schwer sein, Cora in Amerika zu finden. Schließlich hat sie dir nicht mal den Namen des Mannes gesagt, mit dem sie davon ist, oder?«

»Nein.«

»Und du hast keine Ahnung, wer er gewesen sein könnte?«

Er schüttelte den Kopf. »Ich wusste über die Jahre von einigen ihrer Seitensprünge«, gab er zu, »und auch, mit wem sie zusammen war. Aber das jetzt war eine völlige Überraschung. Ich wusste nicht, dass sie sich mit jemandem traf. Im Gegenteil, eigentlich dachte ich, ein Großteil ihrer schlechten Laune hätte damit zu tun, dass es im Moment *niemanden* gäbe.«

»Was es umso schwieriger macht«, sagte sie. »Vielleicht ist sie nicht mal mehr in Kalifornien, wenn sie überhaupt wirklich dorthin ist.«

»Was versuchst du zu sagen, Ethel?«

»Nur, dass wir, wenn wir uns irgendeine Hoffnung darauf machen, zu heiraten, es womöglich ohne Coras Zustimmung tun müssen. Du weißt schließlich, wie sie ist. Glaubst du wirklich, wenn wir sie aufspüren und ihr sagen, dass du dein Glück gefunden hast, wird sie dich einfach so ziehen lassen? Es ist gut möglich, dass sie versuchen wird, dir jedes nur erdenkliche Hindernis in den Weg zu legen.«

Er nickte. »Das stimmt«, sagte er. »Aber ich sehe nicht, wie …«

»Ich denke, wir sollten einfach so tun, als existierte Cora nicht mehr.«

»Wie soll das …?«

»Wir könnten sagen, sie ist gestorben.«

»Ethel!«

»Ich meine es ernst, Hawley. Wem müssen wir es denn sagen? Nicht vielen Leuten. Sie hat keine Verwandten, niemand wird nach ihr suchen. Freundinnen hat sie kaum, und wir wollen keine weiteren Vorfälle wie mit dieser schrecklichen Nash im Theater. Jedes Mal, wenn wir zusammen gesehen werden, setzen wir uns ähnlichen Grobheiten aus, und es ist nicht so, als könnten wir uns unser ganzes Leben hinter den Türen des Hauses am Hilldrop Crescent verstecken. Das würden wir sowieso nicht wollen. Wir wollen unser Leben genießen.«

Hawley sah sie an. »Es stimmt, dass es leichter wäre«, sagte er. »Aber wie sollen wir damit durchkommen?«

»Das ist einfach«, sagte sie. Sie hatte bereits alles durchdacht. »Wir schicken einer ihrer Freundinnen ein Telegramm und sagen, du hättest Nachricht aus Amerika bekommen, Cora sei tragischerweise gestorben. Daraufhin hättest du dich entschlossen, ein paar Tage wegzufahren, um den Verlust zu verarbeiten. Natürlich nimmt dich die Sache sehr mit. Dann kommen wir zurück und gehen ihren Freundinnen bewusst aus dem Weg. Wir brauchen sie nicht. Glaube mir, ich habe keine Ambitionen, in die Music Hall Ladies' Guild aufgenommen zu werden.«

»Aber wenn wir es auch verkünden«, sagte er, »ist es doch noch lange nicht so. Deshalb können wir immer noch nicht heiraten.«

»Nein, aber du könntest in aller Ruhe versuchen, sie zu finden, und wenn du es nicht schaffst, müssen wir sehen, was wir machen. Jedenfalls kann niemand etwas dagegen einzuwenden haben, dass wir einander Gesellschaft leisten, wenn wir doch offenbar beide unverheiratet sind.«

Er war skeptisch, doch Ethel gab nicht nach. Sie beugte sich zu ihm und nahm seine Hand.

»Liebst du mich, Hawley?«, fragte sie.

»Das weißt du doch.«

»Dann vertraue mir. Als trauernder Witwer wirst du viel Mitgefühl erfahren, und bald schon können wir uns zusammen in der Öffentlichkeit zeigen. Der feinen Gesellschaft wird es egal sein, denn zu der gehören wir nicht. Wir leben einfach nur unser Leben, du und ich. Ohne von jemandem verdammt zu werden.«

Sie diskutierten noch eine ganze Weile hin und her, bis Ethel ihn endlich überzeugen konnte, und am Abend gingen sie zur Gare du Nord und setzten ein Telegramm an Mrs Louise Smythson in London auf.

Tragische Nachricht STOP Cora in Amerika gestorben STOP mit krankem Verwandten begraben STOP ein großer Verlust für uns alle STOP muss mich von dem Schock erholen STOP Hawley Crippen (Dr.)

»Perfekt«, sagte Ethel und zahlte die paar Franc, die es kostete, das Telegramm abzuschicken, aus ihrer eigenen Tasche.
»Ich hoffe es.«
»Vertraue mir, Hawley. Ich weiß, es ist das Beste so. Diese Freundinnen von ihr können sie sowieso nicht ausstehen. Sie werden so tun, als träfe sie der Verlust schwer, und dann vergessen sie Cora und uns, und kümmern sich um ihre eigenen Angelegenheiten.«

Unglücklicherweise war Louise Smythson mit einer besonderen Art von Argwohn ausgestattet. Das Telegramm schockierte sie, obwohl sie nach Coras schändlichem Verhalten ein paar Monate zuvor nicht die Absicht gehabt hatte, weiter Kontakt mit ihr zu pflegen, und so besprach sie die Angelegenheit umgehend mit ihrer Freundin Mrs Margaret Nash, die sie über das zufällige Treffen mit Hawley und Ethel in der Pause des *Sommernachtstraums* informierte, und über die Sache mit dem Schmuck. Da Louise eine Frau war, die über jeden schlecht denkt, bis ihr das Gegenteil bewiesen wird, entschied sie, Hawleys Telegramm auch nicht einen Moment lang zu glauben. Ihre lebhafte Fantasie sagte ihr, dass ihrer ehemaligen Freundin etwas angetan worden war.

Louise beendete ihr Zerwürfnis mit Cora und beschloss, (vorübergehend) wieder ihre beste Freundin zu sein und schon am nächsten Tag Scotland Yard einen Besuch abzustatten, wo sie zum ersten Mal auf Walter Dew traf und dem ungläubigen Inspector von ihrer Besorgnis erzählte.

In der Zwischenzeit beendeten Hawley und Ethel ihren Paris-Aufenthalt und kehrten nach London zurück, ohne eine Ahnung zu haben von den Verschwörungstheorien, die in ihrer Abwesenheit aufgekommen waren.

28. Mai

Sie besaß nicht viel, aber was sie besaß, hatte sie mit nach 39 Hilldrop Crescent gebracht. Dazu gehörten zwei Koffer, ihre Sammlung Souvenir-Teekannen und eine fest verschlossene Hutschachtel, die, wie sie Hawley erklärte, ihre persönlichsten Dinge enthielt und nicht für seine Augen bestimmt war.

Hawley hatte mehrere Wochen gewartet, bevor er ihrem Vorschlag zustimmte, die Wohnung in dem Haus, in dem sie aufgewachsen war, aufzugeben und zu ihm zu ziehen. Er machte sich Sorgen, was die Nachbarn sagen könnten und wie sich ein möglicher Skandal auf das Geschäft von Munyon's Homeopathic Medicines auswirken mochte.

»Aber sie ist in Amerika, Hawley«, protestierte Ethel. »Mit ihrem neuen Geliebten. Es tut mir leid, es so unverblümt zu sagen, aber so ist es. Sie hat in ihrem Brief selbst geschrieben: *Bitte versuche nicht, mich zu finden, wir werden uns nie wiedersehen.* Du musst sie beim Wort nehmen. Wenn sie das tun kann, warum du nicht?«

»Die alte Königin mag ja seit zehn Jahren tot sein«, sagte er, »aber wir leben immer noch in einer Zeit viktorianischer Werte. Es würde einen Skandal geben.«

»Hawley, ich verbringe jetzt schon praktisch jede Nacht hier. Es würde sich nicht viel ändern, ich würde nur meine Sachen herbringen, damit ich nicht alle paar Tage nach Hause muss, um mir was Frisches zum Anziehen zu holen.«

Er seufzte. Er wusste, sie hatte nicht ganz unrecht. Seit er Coras Brief bekommen und Ethel von seinem Inhalt erzählt hatte, fühlte er sich viel entspannter, was ihre neue Beziehung betraf, trotzdem machte er sich noch Sorgen. Wenn es auch kein Geheimnis gewesen war, dass sie eine unglückliche Ehe geführt hatten, hatte er doch darauf bestanden, ihre Freundinnen darüber zu informieren, dass sie nach Amerika gegangen war, um sich um ihren kranken Onkel zu kümmern. Später dann hatte er ihren

Tod verkündet. Nur so, glaubte er, konnte er seine Ehre bewahren. Über Coras Untreue während ihrer Ehe hatte er hinweggesehen, dass sie ihn wegen eines anderen verlassen hatte, war mehr, als er ertrug.

»Wir dürfen jetzt glücklich sein, Liebling«, versuchte Ethel ihn zu überzeugen. »Ohne sie. Und bald kannst du dich von ihr scheiden lassen, und wir können heiraten.«

»Ich wünsche mir das mehr als alles andere«, sagte er. »Das weißt du. Also, wenn du wirklich hier einziehen und dir das Unglück antun willst, mit einem ältlichen Griesgram zusammenzustecken, wie soll ich dich dann davon abhalten?«

Überglücklich zog sie am nächsten Tag ein.

Sie genossen eine harmonische Zeit. Bei Munyon's behielten sie alles bei wie gehabt, nur fing Ethel an, früher zu gehen als Hawley, um zu Hause für ihn zu kochen. Ihr gefiel der Gedanke, eine pflichtbewusste Hausfrau zu sein, und sie genoss ihre neue Rolle.

Seine Zahnarztpraxis hatte er schon vor Monaten aufgegeben, als endgültig keine Patienten mehr gekommen waren. Stattdessen hatte er den Trost der Wirtshäuser gesucht und stundenlang getrunken, bevor er sich Coras Beschimpfungen und Geschrei ausgesetzt hatte.

Das war jetzt anders. Jetzt verließ er Munyon's um Punkt sechs und rannte praktisch nach Hause. Alles dort schien verändert. Ethel öffnete abends die Fenster, um frische Luft hereinzulassen, und schaltete das Licht in allen Räumen ein, selbst in denen, die sie nicht benutzten. Wenn sie in der Küche arbeitete, hörte sie auf dem kleinen Grammofon, das er ihr gekauft hatte, Musik und sang mit ihrer süßen Stimme mit (sie war viel süßer als Coras, die sich für eine professionelle Sängerin gehalten hatte). Auf dem Wohnzimmertisch standen immer frische Blumen, deren Duft Hawley schon beim Eintreten roch. Zum ersten Mal in seinem Leben hatte er das Gefühl, wirkliches Glück gefunden zu haben.

Eine erste Unstimmigkeit kam auf, als der Vermieter Mr Micklefield eines Abends kam, um die Miete zu kassieren. Er betrat das Haus ohne Anklopfen und überraschte Hawley und Ethel in der Küche, wo sie gemeinsam abwuschen und sich gerade küssten.

»Dr. Crippen!«, rief Mr Micklefield in übertriebenem Ton. »Ich kann es nicht glauben!«

»Mr Micklefield«, sagte Hawley, drehte sich überrascht um und verfluchte sein Pech. Zu Anfang der Woche hatte er noch daran gedacht, dass die Miete in ein paar Tagen fällig war, und beschlossen, Ethel während der Zeit zu einer Besorgung in die Stadt zu schicken. Allerdings hatte er es dann wieder völlig vergessen und sah sich nun einem wütenden Vermieter gegenüber, der Ethel mit kaum verhohlener Verachtung betrachtete.

»Darf ich fragen, was hier vorgeht?«, fragte der Mann mit gespielter Entrüstung, und seine Stimme nahm etwas Gestelztes an, um seine Betroffenheit noch zu unterstreichen. »Diese Frau ist nicht Mrs Crippen.«

»Mrs Crippen ist im Moment nicht anwesend«, sagte Hawley und warf einen nervösen Blick auf die blass gewordene Ethel.

»Ist sie das nicht? Und während sie fort ist, verhalten Sie sich so? Schämen Sie sich, Doktor. Ich hätte wirklich anderes von Ihnen erwartet.«

»Darf ich fragen, wer Sie sind?«, sagte Ethel, die sich langsam erholte und einen Schritt näher trat. Sie fragte sich, was ein völlig Fremder da plötzlich in ihrem Wohnzimmer machte, der gleich auch noch den Stab über sie brach.

»Das dürfen Sie ganz gewiss, Miss«, antwortete er. »Mein Name ist Joseph Micklefield, mir gehört dieses Haus, und wenn ich mich recht erinnere, habe ich es an Dr. und Mrs Crippen vermietet und an niemanden sonst.«

»Mrs Crippen ist in Amerika«, sagte Hawley.

»Das sagen Sie.«

»Mr Micklefield, ich muss mich entschuldigen«, fuhr er fort. »Meine Frau ist in Kalifornien, um sich um einen kranken Verwandten zu kümmern. Ich denke, sie wird noch eine Weile dort sein.«

»Und das rechtfertigt so etwas?«, fragte der Vermieter. »Es tut mir leid, Doktor, doch ich kann das in einem meiner Häuser nicht billigen. Ich besitze eine ganze Reihe Häuser in dieser Straße, wie Sie wissen, Sir, und wenn das hier bekannt wird, nun, dann weiß ich nicht, ob ich am Ende überhaupt noch einen einzigen Mieter habe. Die Leute werden glauben, ich heiße diese Spielereien gut.«

»Ach, kommen Sie«, sagte Ethel, die sein Puritanismus reizte. »Als wenn das irgendwem etwas ausmachen würde.«

»*Mir* macht es etwas aus, vielen Dank auch«, sagte Micklefield mit erhobener Stimme, da ihm der Ton nicht gefiel, den sie anschlug.

»Genau wie mir«, sagte Hawley und hoffte, ihn beschwichtigen zu können. »Miss LeNeve ist einfach eine Freundin, die mir …«

»Sie kommt mir aber schon wie eine *sehr* gute Freundin vor, wenn Sie mich fragen«, sagte Mr Micklefield. »Das war nicht gerade eine reine Freundschaftsgeste, bei der ich Sie bei meinem Hereinkommen überrascht habe.«

»Wenn Sie es mich nur erklären lassen würden …«

»Da muss nichts erklärt werden, Sir«, sagte der Vermieter und hob eine Hand, um ihn zu unterbrechen. »Ich habe eine Liste so lang wie mein Arm, voll mit Namen von Leuten, die meine Häuser mieten wollen. Es tut mir leid, Sir, aber ich muss Ihnen kündigen.«

»Doch sicher nicht?«, sagte Ethel, die bei dem Gedanken ganz blass wurde. Was würde geschehen, wenn die neuen Mieter den Keller benutzen wollten? Hawley hatte in all den Jahren keinen Fuß hineingesetzt, doch es gab keine Garantie, dass es seine Nachfolger genauso halten würden. Vielleicht wollten sie dort unten etwas abstellen? Es würde sie sicher überraschen, eine zerstückelte Leiche unter den Bodenplatten zu finden.

»Ich bin ein guter Christ«, antwortete Mr Micklefield, »und

mein Schwager ist zufällig der Bischof von Wakefield. Wenn er davon erführe, nun, ich möchte nicht sagen, was dann passieren würde.«

»Mr Micklefield, meine Frau und ich wohnen hier seit Jahren, und wir haben Ihnen nie Probleme bereitet. Sie können diese kleine Indiskretion doch sicher übersehen.«

»Nein, Sir, es tut mir leid. Wenn Sie Ihren Vertrag lesen, werden Sie sehen, dass ich Ihnen jederzeit kündigen kann, und das tue ich hiermit. Sie haben zwei Monate, etwas Neues zu finden. Das heißt, Sie haben Zeit bis … lassen Sie mich rechnen …«, er dachte kurz nach, »bis Ende Juli. Womit ich äußerst großzügig bin, schließlich haben wir erst Mai. Das heißt, Sie haben Zeit genug, etwas anderes zu finden. Sie und Ihr hübsches Ding.«

»Ich bin kein hübsches Ding von jemandem«, sagte Ethel zwischen zusammengebissenen Zähnen hindurch. »Hawley und ich, wir lieben uns und wollen heiraten.«

»Das ist Ihre Sache, die Sie Mrs Crippen bei ihrer Rückkehr erklären können. Für die Ärmste tut es mir leid. Sie pflegt einen kranken Verwandten, und Sie nutzen die Situation hinter ihrem Rücken aufs Schändlichste aus. Ja, genau das ist es, eine Schande.«

»Bitte, Mr Micklefield«, bettelte Hawley. »Wir sind wirklich sehr …«

»Ich will nichts weiter hören«, sagte der Vermieter und ging zur Tür. »Ende Juli und keinen Tag später. Und seien Sie dankbar, dass ich Mrs Crippen nicht persönlich verständige. Einen guten Tag noch, Sir.« Damit stürmte er hinaus. Die beiden Liebenden blieben zurück und starrten sich traurig an.

»Nun, das war eine klare Aussage«, sagte Hawley. Er hielt es für reichlich scheinheilig von Mr Micklefield, so hohe moralische Grundsätze zu predigen, nachdem der Vermieter Cora in der Vergangenheit immer wieder zweideutige Angebote gemacht hatte.

»Warum hast du gesagt, sie sei in Amerika?«, fragte Ethel.

»Wo wir ihren Freundinnen doch erzählt haben, dass sie tot ist?«

»Ich weiß, ich weiß«, sagte er und schüttelte den Kopf. »Ich habe nicht daran gedacht. Ich komme mit den Lügen nicht mit, das bringt mich alles durcheinander. Aber vielleicht ist es das Beste so, schließlich wollen wir neu anfangen, und warum muss das in diesem Haus sein?«

»Weil ich es hier mag«, sagte Ethel, der bei der Aussicht auf das, was damit vor ihnen lag, ganz schlecht wurde.

»Ich mag das Haus auch, aber es ist für mich auch mit vielen unangenehmen Erinnerungen verbunden. Was immer du auch tust, Ethel, es wird immer mehr Coras Zuhause sein als deines. Ich verstehe ja, dass das gerade nicht schön war für dich, und dafür entschuldige ich mich, aber in einem neuen Haus wird es uns besser gehen. Vertraue mir. Wenigstens werden wir Cora damit endgültig hinter uns lassen.«

Sie nickte, hörte ihm aber kaum mehr zu, sondern war ganz mit dem Problem im Keller beschäftigt. Erst nach einer ganzen Weile fuhr sie aus ihren Gedanken auf. »Was?«, fragte sie. »Was hast du gesagt?«

»Ich sagte, das Ganze hat zumindest ein Gutes«, wiederholte er. »Er hat vergessen, seine Miete mitzunehmen.«

17. JUNI

»Das«, murmelte er leise, als er sich umdrehte und den Weg nach Hause einschlug, »ist ganz und gar noch nicht vorbei.« Hawley Crippen ging von seinem Essen mit Inspector Walter Dew nach Hause und machte sich Sorgen über die Zukunft. Zunächst war er überrascht gewesen, als der Inspector vor der Tür gestanden und sich nach dem Verbleib von Cora erkundigt hatte. Wenn Dew es auch nicht zugegeben hatte, bestand für Hawley doch kein Zweifel daran, dass Mrs Louise Smythson mit ihrer lächerlichen Fantasie bei ihm gewesen war. Wer wusste, was sie ihm gegenüber an Vermutungen vorgebracht hatte? Allerdings glaubte Hawley, in Inspector Dew eine verwandte Seele gefunden zu haben, die nach nichts anderem als einer vernünftigen Erklärung suchte, und darum hatte ihm Hawley am Ende die Wahrheit anvertraut: dass Cora nicht nach Amerika gefahren war, um einen kranken Verwandten zu pflegen, sondern dass sie ihn für einen anderen Mann verlassen hatte. Es war demütigend, aber es war die Wahrheit. Zum Glück schien der Inspector seine ursprüngliche Notlüge nicht weiterzuverfolgen, sondern Hawleys Erklärung zu akzeptieren.

Aus einem ihm unverständlichen Grund jedoch hatte er dem Inspector gesagt, er kenne den Namen des Mannes, mit dem Cora durchgebrannt sei, und Dew hatte klargemacht, dass er ihn brauche, um die Akte schließen zu können. Das brachte Hawley in eine Zwickmühle, wusste er doch weder den Namen des Mannes noch hatte er den Brief aufbewahrt, in dem Cora ihm ihre Pläne mitgeteilt hatte. Er überlegte, was er am besten tun sollte, und fragte Ethel abends, was sie davon halte.

»Von Scotland Yard?«, fragte sie und schluckte nervös. »Was wollte er?«

»Offenbar hat Louise Smythson ihm erzählt, sie glaube die Geschichte nicht, dass Cora in Amerika gestorben sei. Ich vermute, es hat damit zu tun, dass Margaret Nash uns im Theater gesehen hat und du Coras Schmuck trugst.«

»Das war ein Fehler«, gab Ethel zu. »Das hätte ich nicht tun dürfen.«

»Nun, es lässt sich nicht rückgängig machen. Auf jeden Fall müssen sich die beiden Frauen besprochen haben und zu dem Schluss gekommen sein, dass mehr hinter der Geschichte steckt, worauf eine von ihnen – Louise, nehme ich an – zu Scotland Yard gelaufen ist und die Sache angezeigt hat.«

Ethel überlegte und bedauerte, dass sie bei der Befragung nicht dabei gewesen war. »Wie wirkte er?«, fragte sie. »Hat er dir geglaubt?«

»Bis zu einem gewissen Punkt. Aber dann wollte er Einzelheiten, wer der Verwandte sei und wo er gewohnt habe. Es wurde viel zu kompliziert, und so habe ich ihm am Ende die Wahrheit erzählt.«

»Du hast *was* getan?«, fragte sie entsetzt.

»Ist schon gut. Er hat es genau verstanden. Ich habe ihm gesagt, dass mich meine Frau wegen eines anderen Mannes verlassen hat, was mir zu peinlich war, um es unseren Freunden zu erzählen, und dass ich deswegen diese lächerliche Geschichte mit dem kranken Verwandten erfunden hätte. Dass es eine Notlüge gewesen sei, um mein Gesicht zu wahren, und ich es bedauern würde.«

»Was hat er dazu gesagt?«, fragte sie. »Das muss ihn doch noch argwöhnischer gemacht haben.«

»Im Gegenteil, ich glaube, dadurch ist eine Art Verbindung zwischen uns entstanden. Bevor ich michs versah, hatte er mich schon zum Essen eingeladen. Wir hatten eine sehr angeregte Unterhaltung. Er scheint mir ein ziemlich einsamer Mensch zu sein. Ich denke, ich war ihm ganz sympathisch.«

»O Hawley, du bist so naiv. Wahrscheinlich versucht er, dich in eine Falle zu locken, damit du ihm irgendwas gestehst.«

»Damit ich ihm etwas gestehe?«, fragte er und hob eine Braue. »Aber was denn? Ich habe nichts Unrechtes getan. Das haben wir beide nicht.«

»Trotzdem machst du dir immer Sorgen, was die Leute wohl von uns denken. Weil wir in Sünde leben.«

»Ja, aber das ist doch kein Verbrechen und sicherlich kaum etwas, was Scotland Yard interessiert. Der Inspector wollte sich nur versichern, dass es nichts Verdächtiges im Zusammenhang mit Coras Verschwinden gibt. Ich glaube wirklich, es war richtig, dass ich ihm gegenüber aufrichtig war. Wenn du dich erst in Lügen verfängst, kannst du dich nie wieder befreien.«

Ethel war da nicht so überzeugt. Es gefiel ihr nicht, wie sich die Dinge entwickelten. Zunächst einmal mussten sie das Haus bald schon verlassen, was sie nachts wach liegen ließ, wenn sie an die grausigen Beweise dachte, die dann womöglich im Keller entdeckt wurden, und jetzt war auch noch ein Inspector von Scotland Yard mit von der Partie. Das alles konnte nur Ärger bedeuten.

»Mach kein so besorgtes Gesicht, Liebste«, sagte er, überrascht darüber, dass er plötzlich derjenige war, der die Welt positiver sah. »Wir haben nichts Unrechtes getan, und ich glaube auch nicht, dass der Inspector das denkt. Im Gegenteil, ich denke, wir haben uns sogar etwas angefreundet.«

»Also wirklich, Hawley«, sagte sie verzweifelt, »das kann nicht dein Ernst sein. Du hast ihn gerade erst kennengelernt.«

»Ich weiß, aber man erkennt eine verwandte Seele, wenn man ihr gegenübersteht.«

»Und du denkst, er ist eine?«

»Vielleicht. Übrigens hast du die Chance, ihn kennenzulernen. Er kommt in ein paar Tagen wieder her.«

»Warum?«

»Er will den Namen und die Adresse des Mannes, mit dem Cora durchgebrannt ist.«

Ethel sah ihn an, als wäre er verrückt geworden. »Hawley«, sagte sie mit einer Stimme, als spräche sie zu einem Kind, »verbessere mich, wenn ich mich täusche, aber du hast weder das eine noch das andere.«

»Ja, ich weiß, aber …«

»Hast du ihm gesagt, du hättest beides?«

»Ja.«

»Warum denn das, um Himmel willen?«

»Ich weiß es nicht«, sagte er und hob die Stimme, während er mehr und mehr durcheinandergeriet. »Es schien mir in dem Moment das Richtige zu sein. Er hat so beiläufig danach gefragt, dass ich gesagt habe, kein Problem, er könne kommen und sich den Namen holen.«

Ethel seufzte. »Und wenn du ihn nicht hast«, sagte sie, »was wird er dann denken?«

»Dass ich ihn verloren habe.«

»Nein, Hawley, er wird denken, dass du von Beginn an gelogen hast. Er wird denken, dass Cora weder in Amerika gestorben noch mit einem anderen Mann dorthin durchgebrannt ist. Er wird glauben, dass du ihm nichts als Lügen auftischst und alles stimmt, was ihm diese grässliche Smythson über uns erzählt. Und bevor du dichs versiehst, schnüffelt er in unseren Angelegenheiten herum, bis er uns am Kragen hat.«

»Am Kragen?«, fragte er. »Wegen was?«

Sie zögerte. »Mir gefällt das einfach nicht«, sagte sie. »Ich denke mittlerweile so wie du. Was unsere Lebenssituation angeht. Der einzige Grund, warum diese dummen Frauen über uns reden, ist, weil wir im Theater wie ein Paar aufgetreten sind. Das empört die scheinheiligen alten Schlampen.«

»Ethel!«

»Aber so ist es, und wenn wir es ihnen erlauben, werden sie uns das Leben noch mehr vermiesen, als es Cora je konnte. Sie mögen sie am Ende ja verachtet haben, aber sie hat zu ihnen gehört, und sie werden alles tun, um unser Glück kaputt zu machen. Und der Inspector wird ihnen berichten müssen, was er hier bei uns herausgefunden hat.«

»Ethel, ich glaube, jetzt übertreibst du wirklich.«

Sie griff nach seinem Arm. »Willst du etwas für mich tun, Liebster?«, fragte sie.

»Alles.«

»Du musst versuchen, Inspector Dew nicht wiederzusehen. Es ist absolut möglich, dass er sich gar nicht die Mühe macht, zurückzukommen und den Namen zu holen. Besonders, wenn ihr zwei euch so gut verstanden habt, wie du sagst. Vielleicht lässt er die Sache einfach fallen. Wenn er aber tatsächlich kommt, musst du mich mit ihm reden lassen.«

»Dich?«, fragte er überrascht. »Warum würdest du mit ihm reden wollen?«

»Weil ich mit solchen Leuten zurechtkomme. Leuten, die sich einmischen. Du lässt mich mit ihm reden und hältst dich selbst aus der Sache heraus.«

Er sah sie an. Ihre Inbrunst verblüffte ihn, aber sie bewegte ihn auch.

»Vertrau mir, Hawley, bitte. Ich weiß, was ich tue.«

»Wenn es dir so viel bedeutet, Liebste …«, sagte er zweifelnd.

»Das tut es. Mehr, als du denkst.«

Er zögerte einen Moment lang, zuckte mit den Schultern und nickte.

Einige Abende später hatte er die Möglichkeit, sein Versprechen zu halten, denn als er sich dem Haus am Hilldrop Crescent näherte, sah er Inspector Dew im Wohnzimmer stehen und mit Ethel reden. Sein erster Impuls war, hineinzugehen und seinen neuen Freund zu begrüßen, ihn womöglich zum Essen einzuladen und danach noch auf ein Glas, doch da erinnerte er sich an Ethels Worte und blieb draußen. Es regnete, und er versteckte sich hinter einem Baum und beobachtete die beiden. Dew blieb noch eine Weile und wirkte enttäuscht, als er sich endlich verabschiedete. Kaum dass er um die Ecke gebogen war, überquerte Hawley die Straße und lief vor Kälte zitternd ins Haus.

»Hast du ihn gesehen?«, fragte Ethel. Hawley nickte. »Er kam mir tatsächlich recht angenehm vor«, gab sie zu, »aber es ist schwer, sicher zu sein. Vielleicht will er uns übertölpeln.«

»Und wenn es so ist?«, sagte Hawley. »Sagen wir ihm einfach die Wahrheit. Wir haben nichts zu verbergen. Wir müssen hier sowieso bald ausziehen. Nicht mehr lange, und wir verlassen den Hilldrop Crescent. Wir ziehen weg und lassen das Ganze hinter uns.«

»Ich habe gerade genau das Gleiche gedacht«, sagte Ethel.

»Wirklich?«

»Ja.«

»Vielleicht könnten wir nach Chiswick ziehen oder nach Kent, oder weiter südlich, wenn du möchtest.«

Ethel lächelte. »Ich habe an etwas Exotischeres gedacht«, sagte sie.

»Zum Beispiel?«

»An Kanada.«

Hawley sah sie überrascht an. »Kanada?«, fragte er. »Meinst du das ernst?«

»Absolut.«

»Aber warum? Warum um alles in der Welt würdest du da hinwollen?«

»Weil ich mein ganzes Leben in London verbracht habe, Hawley, und ich habe diese Stadt über. Wir *beide* haben hier Böses erlebt, nicht nur du. Jetzt fangen wir gemeinsam ein neues Leben an – warum nicht irgendwo weit weg, wo uns niemand kennt? Und da drüben können wir einfach so tun, als wären wir verheiratet. Vergiss nicht, es gibt keinerlei Garantie, dass du Cora ausfindig machen kannst, und wenn es dir nicht gelingt, kannst du dir die Scheidung aus dem Kopf schlagen.«

»Das stimmt, aber deswegen gleich bis ans andere Ende der Welt zu fahren …«

»Es wird ein Abenteuer. Hör zu, ich habe mich erkundigt, wir könnten zuerst nach Antwerpen fahren. Dort gibt es eine ganze Flotte, die zwischen Kanada und Europa hin- und herfährt, die Canadian Pacific Line. Wir könnten eines ihrer Schiffe nehmen und all unsere Probleme hinter uns lassen.«

Er überlegte. Eine gar so schlechte Idee war es nicht. Die Vorstellung, England zu verlassen, gefiel ihm durchaus, auch wenn er selbst noch nicht ernsthaft darüber nachgedacht hatte. »Aber warum Antwerpen?«, fragte er. »Warum nicht in Liverpool ein Schiff nehmen?«

»Weil es ein größeres Abenteuer ist«, log sie. Für den Fall, dass der Inspector ihnen nachspürte, wollte sie kein englisches Schiff.

»Und wir könnten erst einen kleinen Urlaub machen. Es war so wunderschön in Paris, und ich wollte immer schon mehr von Europa sehen. Wir könnten noch einmal nach Paris fahren und eine kleine Rundreise machen, bevor wir nach Kanada in See stechen. In eine neue Welt. Ein neues gemeinsames Leben. O bitte, Hawley, sag, dass wir es tun. Wir müssen das Haus sowieso verlassen.«

Sie hielt seine Hände und sah ihn flehentlich an, und er begriff, dass er ihr niemals etwas würde abschlagen können. Er liebte sie viel zu sehr.

»Also gut«, sagte er. »Lass es uns so machen.«

19. JULI

Sie reisten drei Wochen lang durch Europa, bis sie endlich Antwerpen erreichten. Eine Woche verbrachten sie in Prag auf einem umgebauten Schiff auf der Moldau, einem »Botel«, wie es genannt wurde. Es war die erste Stadt, in der sie sich wirklich allein und ungestört fühlten. Die Luft war frisch, und sie machten lange Spaziergänge über die Karlsbrücke und durch die Altstadt, hielten sich untergehakt und hatten rote Wangen und Nasen von der Sommersonne. Nachmittags saßen sie am Fenster eines Cafés und blickten auf den großen Platz. Ethel sah hinauf zur astronomischen Uhr und ihren dramatischen Stundenwechseln. Der Tod konsultierte sein Stundenglas und zog langsam an der Glockenschnur, während hinten Christus erschien. Der Hahn krähte, die Stunde wechselte, und die Menge unten zerstreute sich.

Anschließend fuhr sie nach Antwerpen, wo sie noch ein paar Tage warten mussten, bis die *Montrose* in See stach. Am Nachmittag des 17. Juli spazierte Ethel allein durch die Straßen und setzte sich in ein kleines Café, um einen Tee zu trinken und ein Sandwich zu essen. Sie hatte im Hotel eine schon etwas ältere Ausgabe der

Londoner *Times* gefunden, die sie neben sich auf den Tisch legte. Wie Hawley war auch sie nicht der Typ Mensch, der regelmäßig die Nachrichten verfolgte, aber sie hatte feststellen müssen, dass sie als unbegleitete Frau in Europa oft belästigt wurde, wenn sie nicht von vornherein klarmachte, dass sie an Annäherungsversuchen nicht interessiert war. Ein Buch oder eine Zeitung boten eine gute Möglichkeit, das zu erreichen.

Schließlich war das Sandwich verspeist, und sie schenkte sich eine zweite Tasse Tee ein, breitete die Zeitung vor sich aus, überflog die Schlagzeilen und blätterte um. Als ihr Blick auf die Seite drei fiel, bekam sie einen Moment lang keine Luft. Ganz oben auf der Seite prangten Bilder von Hawley und Inspector Walter Dew. Sie spürte, wie ihr das Blut aus dem Gesicht wich, und setzte vorsichtig die Tasse ab, die sie vor Schreck beinahe hätte fallen lassen. Die Schlagzeile unter den Fotos lautete: »Leiche in Londoner Keller gefunden«. Es war vorbei. Sie waren ihr auf die Schliche gekommen. Voller Angst davor, was als Nächstes kommen würde, las sie den Artikel von Anfang bis Ende.

Ein widerlicher Mord wurde im Haus eines angesehenen Londoner Arztes aufgedeckt. Am späten Nachmittag des 22. Juni betrat Inspector Walter Dew von Scotland Yard das Haus Nr. 39 am Hilldrop Crescent in Camden, das Heim eines gewissen Dr. Hawley Harvey Crippen, um besagten Mann zum Verschwinden seiner Frau Cora zu befragen, die einigen als der beliebte Bühnenstar Bella Elmore bekannt ist. Mrs Crippen war seit einigen Monaten verschwunden, sollte aber nach Amerika gereist sein, um dort einen kranken Verwandten zu pflegen. Weil sie wegen Mrs Crippens fortdauernder Abwesenheit Verdacht schöpfte, alarmierte Mrs Louise Smythson, eine enge Freundin von Mrs Crippen, Scotland Yard, wo sogleich eine Untersuchung eingeleitet wurde.
Als er das Haus Dr. Crippens betrat, schloss Inspector Dew

schnell, dass weder der Hausherr selbst noch seine Lebensgefährtin, eine gewisse Ethel LeNeve, anwesend waren. Eine kurze Durchsuchung der Räumlichkeiten führte ihn in den Keller, wo er eine äußerst grausige Entdeckung machte. Unter den Steinplatten des Bodens fand er die zerstückelten Überbleibsel einer Toten, von der angenommen wird, dass es sich um Mrs Crippen handelt. Wie die Times in Erfahrung brachte, fehlt von ihrem Körper lediglich der Kopf.

»Weder Dr. Crippen noch Miss LeNeve sind nach Camden zurückgekehrt, und wir gehen davon aus, dass sie sich auf der Flucht befinden«, erklärte Inspector Dew unserem Reporter heute. »Im Augenblick haben wir keine bestätigten Hinweise zu ihrem Aufenthaltsort, und wir bitten die gesamte Bevölkerung, nach ihnen Ausschau zu halten. Dr. Crippen ist ein Mann mittleren Alters und von durchschnittlicher Größe, er trägt einen Schnauzbart und macht einen verlorenen Eindruck. Miss LeNeve ist Mitte zwanzig, ein Meter fünfundsechzig groß und hat eine Narbe auf der Lippe.«

Sie las den Artikel noch bis zum Schluss, er enthielt jedoch nur noch eine sensationslüsterne Beschreibung von Cora Crippens Tod. Der einzige Lichtblick war, dass niemand wusste, wo sie und Hawley sich gerade aufhielten, und es war unwahrscheinlich, dass man in Antwerpen nach ihnen suchte. Vorerst, dachte sie, sind wir sicher. Wir müssen es nur nach Kanada schaffen.

Sie überredete Hawley, sich seinen Schnauzbart abzunehmen und stattdessen einen Backenbart wachsen zu lassen.

»Das ist die neueste Mode«, erklärte sie ihm. »Du hast doch sicher bemerkt, dass die europäischen Gentlemen ihn so tragen.«

»Nein«, gab er zu. »Das habe ich nicht.«

»Du solltest die Augen offen halten. Sie tun es.«

Er gab nach und griff zu seinem Rasiermesser.

Sich an Bord der *Montrose* als Vater und Sohn auszugeben, war jedoch Hawleys Idee und hatte ein weiteres Mal mit seinen puritanischen Überzeugungen zu tun. Erst protestierte sie, weil sie dachte, dass da eine leichte Verirrung seinerseits mitschwinge, gab aber schnell nach, als ihr bewusst wurde, es könnte eine hilfreiche List sein. Schließlich war es doch möglich, dass sich an Bord der eine oder andere rege Zeitungsleser befand. Hawley kleidete sie neu ein, kaufte ihr eine Perücke, und am Morgen des 20. Juli verließen sie ihr Hotel zum letzten Mal und gingen das kurze Stück zum Hafen.

»Sieh nur, da liegt sie«, sagte er, sah zur *Montrose* hinüber und fühlte in seiner Tasche nach den zwei Erste-Klasse-Tickets, die er gekauft hatte. »Noch kannst du deine Meinung ändern.«

»Ich will sie nicht ändern«, sagte Ethel. »Das ist der Beginn unserer Zukunft. Wir werden glücklich sein, oder?«

»Natürlich werden wir das«, antwortete er mit einem breiten Lächeln. »Was sollte dem entgegenstehen? Wir haben noch ein ganzes Leben vor uns, auf das wir uns freuen können. Ein neues Leben. Das Leben zweier Menschen, die sich lieben. Was mehr könnte einer von uns sich wünschen?«

Ethel sah ihn an und fühlte sich sicher und glücklich. Ihr altes Leben lag hinter ihnen. Sie waren entkommen. Ihre Koffer waren bereits in ihrer Kabine. Einer davon enthielt die Hutschachtel, die sie während der Überfahrt beseitigen wollte. »Ich liebe dich«, flüsterte sie und hätte sich gerne zu ihm hingereckt und ihn geküsst, wusste aber, dass ihnen das in ihrer gegenwärtigen Verkleidung unmöglich war.

Hawley öffnete den Mund, um ihr zu antworten, was jedoch von einer Autohupe verhindert wurde, die direkt hinter ihm ertönte, der Hupe von Bernard Leejik, dem flämischen Taxifahrer, der Mrs Antoinette Drake und ihre Tochter Victoria zum Schiff brachte. »Diese neuen Automobile werden uns noch den Tod bringen«, sagte er, fand das Gleichgewicht wieder, das er kurz verloren hatte, und wandte sich seinem jugendlichen Begleiter zu.

»Ich denke, jemand sollte etwas gegen sie unternehmen, bevor wir alle überfahren und getötet werden. Meinst du nicht auch?«

»Ich bin nie in einem gefahren ... *Vater*«, antwortete Edmund.

19 Die Gefangennahme

Nahe Quebec: Sonntag, 31. Juli 1910

Inspector Walter Dew wachte in der kleinen Pension auf, in der Inspecteur Caroux ihn untergebracht hatte. Es war noch früh, obwohl er abends nicht gleich in sein Zimmer gekonnt hatte, da die Pensionswirtin erst noch sein Bett frisch beziehen musste. Das war ein Trick, vermutete er, schließlich hatte sie den ganzen Tag schon gewusst, dass er kommen würde. Aber so musste er während der endlos langen Zeit, die sie brauchte, in den Salon zu den übrigen Gästen, die ihn allesamt mit einer Mischung aus Ehrfurcht und Angst anstarrten und mit Fragen zu Dr. Crippen bombardierten. Im Gegensatz zu den Passagieren der *Laurentic* jedoch, die sich zumeist für die Methode interessiert hatten, mit der Crippen seine Frau beseitigt hatte, und für den grausigen Fund im Keller, schienen die Kanadier unbedingt wissen zu wollen, was mit ihm nach seiner Rückkehr nach London geschehen würde.

»Er wird natürlich gehängt«, sagte einer.

»So gut wie sofort«, meinte ein anderer.

»Einen Prozess braucht der nicht, würde ich denken.«

»Ein Prozess ist immer nötig, Madame«, sagte Dew, dem die Vorstellung nicht recht behagen wollte, dass Hawley Crippen am Ende eines Seiles baumelte, ganz gleich, was er getan haben mochte. »Wir leben in einem Land, in dem jeder als unschuldig gilt, bis man ihm seine Schuld bewiesen hat. Wie Sie, wie ich glaube, auch.«

»Aber, Inspector, wenn einer ein so grässliches Verbrechen

begangen hat, hat es doch keinen Sinn, lange herumzutun.« Wenn Sie sich überlegen, jemandem auf eine solche Weise das Leben zu nehmen ...«

»Was ein Grund mehr für uns ist, uns mit dem Urteil Zeit zu lassen«, antwortete er. »Ein Mord ist ein Kapitalverbrechen, welches zwingend die Todesstrafe fordert. Wenn wir da nicht sicher sind, ob das, was wir tun, richtig ist, machen wir uns mit Mördern gemein.«

Seine Antwort schien sie zu enttäuschen, offenbar hatten sie auf etwas Drastischeres gehofft. »Wird er erschossen oder aufgehängt?«, fragte eine uralte Hexe mit einem so faltigen Gesicht, wie Dew es noch bei keinem Menschen gesehen hatte.

»Aufgehängt, würde ich sagen. *Wenn* er für schuldig befunden wird. Aber ich kann nicht eindringlich genug darauf hinweisen, dass ...«

»Waren Sie schon einmal dabei, wenn einer aufgehängt wurde, Inspector?«

»Mehrfach.«

»Ist es sehr aufregend?«

Er schüttelte den Kopf. »Nein«, sagte er, »ganz und gar nicht. Es ist tragisch. Nachdem bereits jemand sein oder ihr Leben verloren hat, kommt nun noch jemand zu Tode. Es ist nichts, was einem Freude oder Befriedigung verschaffen könnte.« Allmählich war er überzeugt, dass die Gäste sich zusammengetan und die Pensionswirtin dafür bezahlt hatten, sich bei der Vorbereitung seines Zimmer ausgiebig Zeit zu lassen, um ihn gehörig ausfragen zu können.

»Wann gehen Sie morgen zum Hafen?«, meldete sich die menschliche Falte wieder. »Seit langer, langer Zeit hat es in Quebec keine solche Aufregung mehr gegeben. Wir können es nicht erwarten zu sehen, was geschieht.«

»Ich werde Dr. Crippen nicht auf kanadischem Boden verhaften«, stellte Dew bestimmt fest. »Es tut mir leid, Sie da enttäuschen zu müssen. Was heißt, dass die Zeit meines Aufbruchs ohne oder nur von geringer Bedeutung ist.«

»Sie verhaften ihn hier nicht? Ja, wo denn dann?«

Er überlegte. Wenn er es ihnen sagte, war damit nichts verloren. Die *Montrose* hatte ihre Instruktionen erhalten und war bis zum Anlegen praktisch vom Rest der Welt abgeschnitten. »Ich werde mit einem Boot zu Dr. Crippens Schiff fahren und ihn an Bord verhaften«, sagte er.

»O nein! Das doch sicher nicht!«, riefen sie enttäuscht.

»Ich fürchte, doch.«

»Aber damit verderben Sie es für alle.«

»Madame, es geht hier nicht um ein Bühnenstück, das zur allgemeinen Unterhaltung aufgeführt wird, sondern um die Verhaftung eines Mannes, dem ein Mord vorgeworfen wird. Ich entschuldige mich dafür, dass ich es nicht kurzweiliger gestalten kann, aber so ist es nun einmal.«

»Nun, das ist für uns alle sehr schade«, sagte die Wirtin und drängte herein, nachdem sie offenbar im Flur gestanden und zugehört hatte. »Ihr Zimmer ist fertig«, fügte sie endlich noch gereizt hinzu, als habe ihr das alles viel zu viele Umstände gemacht.

»Danke«, sagte er. »Dann wünsche ich Ihnen allen eine gute Nacht.«

Trotz der frühen Stunde hatte sich am nächsten Morgen, als er durch den Salon kam, längst wieder exakt die gleiche Gruppe versammelt. Er sah sie überrascht an, sie schienen sich seit dem Abend nicht bewegt zu haben. Allerdings befragten sie ihn diesmal nicht, sondern folgten ihm nur mit Blicken, als er zur Polizei aufbrach – als wäre er keinen Deut besser als dieser Dr. Crippen selbst.

Inspecteur Caroux war ebenfalls früh aufgestanden und hatte seine beste Uniform angelegt, wusste er doch, dass er später fotografiert werden würde. Seinen Schnauzbart hatte er mit ein wenig Wachs und das Haar mit einem eleganten Tonikum geglättet. Die

Duftwolke, die ihn umgab, war so überwältigend, das Rasierwasser so kräftig, dass Dew ein Stück zurückwich und husten musste.
»Was für ein Tag da vor uns liegt, Inspector«, sagte Caroux.
»Darf ich Sie Walter nennen?«
»Wenn Sie mögen.«
»Ich habe für zehn Uhr ein Boot bestellt, das uns hinausbringt. Die *Montrose* hat bereits telegrafiert, dass sie die Maschinen rechtzeitig stoppen wird.«
»Das *uns* hinausbringt?«, fragte Dew. »Wer ist *uns*?«
»Na, Sie und mich, Walter, als oberste Repräsentanten von Scotland Yard und der kanadischen Polizei in Quebec. Ich habe natürlich angenommen, Sie wollten …«
»Nein«, sagte er mit fester Stimme und schüttelte den Kopf. »Das wird nicht nötig sein. Ich fahre allein. Geben Sie mir nur einen Mann, der das Boot steuert, das ist genug.«
»Aber Walter!«, rief Caroux voller Enttäuschung. »Der Mann ist ein wahnsinniger Killer. Sie wissen doch gar nicht, in was Sie sich da hineinbegeben.«
»Er ist kein wahnsinniger Killer«, sagte Dew streng, »und er ist auch kein Kannibale, bevor Sie auch das noch andeuten.«
»*Mon Dieu!* Ich wusste nicht, dass er sie gegessen hat …«
»Hat er auch nicht.«
»Warum sagen Sie es dann?«
»Er ist ein absolut vernünftiger Mann, der womöglich einen Fehler in seinem Leben gemacht hat, das ist alles. Ich versichere Ihnen, dass ich absolut nicht in Gefahr kommen werde. Schließlich wird auch Kapitän Kendall da sein und so viele seiner Offiziere, wie ich brauche. Auch wenn ich Dr. Crippen nur flüchtig kenne, glaube ich nicht, dass er Schwierigkeiten machen wird.«
»Ich hoffe, Sie haben recht«, sagte Caroux und klang dabei wie ein kleiner Junge, dem sein Eis verwehrt wurde. »Aber wenn er Sie ebenfalls zerteilt und verspeist, haben Sie es allein sich selbst zuzuschreiben.«

»Ich werde daran denken.«

Zahlreiche Menschen standen am Kai, als er in ein kleines zweimotoriges Boot stieg und aus dem Hafen hinausfuhr. Der alte Seebär, der das Boot steuerte, schien der einzige Mensch in ganz Quebec zu sein, der ohne jedes Interesse an den Geschehnissen war. Er wirkte allenfalls genervt durch die große Zahl schreiender und applaudierender Neugieriger, die ihnen hinterhersahen, und hatte kaum ein Wort für Inspector Dew übrig, der mehr als zufrieden mit dem Schweigen war, sich auf die Seite des Bootes setzte, die Arme ausstreckte und das Gefühl des Windes und den Geruch des Meeres genoss. Seine Angst vor dem Wasser schien er auf der Überfahrt hinter sich gelassen zu haben. Etwas mehr als eine Stunde später erschien die *Montrose* am Horizont, Dew drückte den Rücken durch, und in seinem Magen machte sich Nervosität bemerkbar. Das letzte Kapitel seiner Jagd auf Dr. Hawley Harvey Crippen begann.

»Dort drüben«, sagte der Seemann und deutete auf das Schiff, bevor er erneut in Schweigen verfiel. Endlich wurden sie langsamer und gingen längsseits der *Montrose*. Einer der Offiziere war abgestellt worden, um nach ihnen Ausschau zu halten, und dirigierte sie zu der Leiter, die, für die Passagiere unsichtbar, am Schiffsrumpf herunterhing. Dew dankte seinem schweigsamen Seemann, setzte einen Fuß auf die unterste Sprosse und kletterte an Bord des großen Schiffes.

»Inspector Dew?«, fragte der Offizier, als könnte er jemand anders sein.

»Ja, hallo. Ich würde gern Kapitän Kendall sprechen.«

»Sicher, Sir. Hier entlang, bitte.«

Der Erste Offizier Billy Carter hatte die Offiziere am vorhergehenden Abend über ihre geheimnisvollen Passagiere informiert und zu striktem Stillschweigen verpflichtet, bis die Verhaftung vollzogen war. Sich der Strafen bewusst, die Kapitän Kendall zu verhängen imstande war, wenn er sich in der entsprechenden Stimmung befand, hatten sie nichts nach außen dringen lassen.

Dew wurde sogleich in die Kapitänskabine gebracht, wo Kendall und Billy Carter schon seit einer Weile saßen und Tee tranken. Die beiden waren bester Laune, und Kendall konnte seine Freude kaum für sich behalten.

»Es tut mir leid, Sie zu verlieren, Carter«, sagte er, ohne es wirklich zu meinen, doch er wollte sich großmütig zeigen. »Sie waren mir auf dieser Reise ein guter Erster Offizier. Haben unser kleines Geheimnis bestens gehütet. Ich werde es, wie schon gesagt, Ihren Vorgesetzten gegenüber erwähnen.«

»Vielen Dank, Sir«, sagte Carter. »Ich nehme an, Sie werden froh sein, Mr Sorenson zurückzubekommen. Freut mich übrigens sehr, von seiner Gesundung zu hören.«

»Ja, das sind ausgezeichnete Neuigkeiten«, sagte der Kapitän strahlend, die Wangen gerötet. Früh am Morgen war eine Nachricht von Mr Sorenson persönlich über den Marconi-Telegrafen gekommen, er sei wiederhergestellt, aus dem Krankenhaus entlassen und stehe bereit, seine Pflichten auf der *Montrose* wiederaufzunehmen, sobald sie in Antwerpen eintreffe. Die Nachricht war alles, worauf Kapitän Kendall gewartet hatte, und er hatte seitdem kaum aufhören können, auf dem Schiff herumzumarschieren, um all die zusätzliche Energie zu verbrennen, mit der ihn seine Begeisterung versorgte.

»Sie sind enge Freunde, nicht wahr?«, sagte Carter, der gern mehr über die Beziehung zwischen den beiden erfahren hätte.

»Er ist ein ausgezeichneter Erster Offizier, müssen Sie wissen«, sagte Kendall geistesabwesend, als schenkte er der Sache kaum Beachtung und als hätte ihn der Gedanke an Mr Sorensons Gesundheitszustand nicht seit dem Morgen ihrer Abreise ständig verfolgt. »Nicht, dass Sie schlechter wären, aber wir fahren seit langer Zeit zusammen. Wir sind wie ein altes Ehepaar, wir kennen unsere Eigenarten so gut, dass wir ohne einander verloren sind.«

»Tatsächlich«, sagte Carter und versuchte, ein Lächeln zu unterdrücken. Natürlich hatte das Verhältnis der beiden nichts mit dem eines Ehepaares zu tun, zumindest nicht so, wie er und seine Frau es verstanden, aber Carter sagte nichts weiter dazu, denn vielleicht hatte Kendall ja am Ende doch nicht ganz unrecht. »Feiern Sie auch Ihre Hochzeitstage?«, fragte er verschmitzt. »Mit gegenseitigen Geschenken? Zur papiernen, silbernen und so weiter Hochzeit?«

Kendall hob argwöhnisch die Brauen und fragte sich, ob er verspottet wurde, doch bevor er noch etwas sagen konnte, klopfte es an der Tür. »Herein«, dröhnte er, und die Tür öffnete sich und gab den Blick auf den Besucher frei. »Ah, Sie müssen Inspector Dew sein«, sagte der Kapitän, stand auf und schüttelte Dew die Hand. »Endlich lernen wir uns auch persönlich kennen.«

»Ja, das bin ich«, sagte der Eintretende. »Die Freude ist ganz meinerseits, Kapitän.«

»Das ist mein Erster Offizier, Mr Carter.«

»Mr Carter«, sagte Dew, nickte und schüttelte auch dessen Hand.

»Nun, das ist der Moment der Wahrheit, wie?«, sagte Kendall. »Stellen Sie sich vor, ich hätte mich von Beginn an geirrt.«

Dew lachte schnell. »Hoffen wir, dass es nicht so ist«, antwortete er. »Haben Sie eine Vorstellung davon, wie die Welt diesem Augenblick entgegenfiebert? Wir sind alle Berühmtheiten, und Sie, Kapitän Kendall, gelten als Held, weil Sie ihn entdeckt haben.«

Kendall drückte die Brust vor und strahlte. »Es ist nett, dass Sie das so sagen, Inspector, aber ich habe nur meine Pflicht getan. Wie also gehen wir am besten vor? Sie sind in einer der Erste-Klasse-Kabinen. Geben sich als Mr John Robinson und sein Sohn Edmund aus. Sollen wir hinuntergehen?«

Inspector Dew schüttelte den Kopf. »Ich hätte sie lieber nicht beide gemeinsam«, sagte er. »Wäre es möglich, jemanden hinzuschicken und Dr. Crippen – Mr Robinson, meine ich – hier in Ihre Kabine zu bitten? Dann kann ich ihn verhaften, ohne dass

Miss LeNeve bei ihm ist oder einer der anderen Passagiere in Gefahr geraten könnte.«

»Kendall zuckte mit den Schultern. »Wie Sie mögen, Inspector«, sagte er. »Jetzt?«

»Jetzt.«

»Mr Carter, wären Sie so nett, Mr Robinson herzubitten?«

»Unter welchem Vorwand, Sir?«

»Ich weiß es nicht«, sagte der Kapitän gereizt. »Denken Sie sich etwas aus. Benutzen Sie Ihre Fantasie. Sagen Sie ihm nur nicht die Wahrheit und kommen Sie so schnell wie möglich mit ihm her. Und sagen Sie ein paar Offizieren, sie sollen die Augen offen halten. Wenn Sie mit ihm hier hereinkommen, sollen sie sich draußen auf dem Gang bereithalten, falls es Schwierigkeiten gibt.«

»Ja, Sir.« Carter ging hinaus. Er war ziemlich aufgeregt, als er in Richtung der Erste-Klasse-Kabinen ging.

»Nervös, Inspector?«, fragte Kendall.

»Nicht besonders«, antwortete der. »Hoffnungsvoll wäre das bessere Wort.«

Allerdings konnte Dew nicht genau sagen, worauf er hoffte: dass dieser Mr Robinson wirklich Dr. Crippen war, oder dass er unschuldig war und er, Dew, die Wahrheit über Coras Tod doch noch nicht kannte? Sie warteten, Seite an Seite, dass Billy Carter mit ihm zurückkam.

Hawley und Ethel waren damit beschäftigt, ihre Sachen zu packen, als es an der Tür klopfte. Sie hatten nur drei Koffer mit auf die *Montrose* gebracht, in denen sich ihre gesamte weltliche Habe befand. Sonst hatten sie nichts mitnehmen wollen. Fast alles Mobiliar im Haus am Hilldrop Crescent hatte dem Vermieter Mr Micklefield gehört, und Hawley Crippen war noch nie sehr an materiellen Besitztümern gelegen gewesen. Ethel hatte ebenfalls beschlossen, den Großteil ihrer Sachen zurückzulassen. Als sie darüber nachdachte, war ihr bewusst geworden, dass fast alles, was sie besaß, von ihren Eltern stammte, und sie bisher aus einer merkwürdigen Sentimentalität daran festgehalten hatte. Alles, was sie wirklich brauchten, waren Kleidung und Geld, und von Letzterem hatten sie glücklicherweise genug. Hawley hatte über die Jahre eisern gespart und einen großen Teil seines Geldes vor Cora versteckt, und auch Ethel hatte gespart und ihr Erbe nicht angerührt. Es bestand keine Frage, dass sie sich in Kanada ein hübsches Haus kaufen und ihr neues Leben in aller Behaglichkeit beginnen konnten.

»Ich kann kaum glauben, dass wir fast da sind«, sagte Ethel und sah auf die Uhr, während sie einen der Koffer verschloss. »Es kommt mir vor, als hätte diese Reise ewig gedauert.«

»Gott sei Dank werden wir nach dem heutigen Tag keinen dieser Menschen je wiedersehen müssen«, sagte Hawley. Er war Ethel den ganzen Morgen über etwas abwesend vorgekommen, so als sei er mit seinen Gedanken ganz woanders.

»Und ich kann wieder eine Frau werden«, sagte sie. »Es war wirklich ganz unterhaltsam, so zu tun, als wäre ich ein Junge, aber jetzt habe ich genug davon. Ich glaube, ich werde meine Befreiung damit feiern, dass ich mir in Quebec ein paar neue Kleider kaufe.«

»Wir werden dort glücklich sein, oder?«, fragte er. »Ich kann dir vertrauen?«

»Natürlich kannst du das, Hawley. Warum stellst du nur so eine Frage?«

Er sah sie an und begriff, dass der Augenblick endlich gekommen war. All die Zeit hatte er gewartet und gebetet, dass sie ihm die Wahrheit sagte, doch seine Hoffnung hatte sich nicht erfüllt. Er liebte sie so sehr und musste Klarheit schaffen, bevor sie kanadischen Boden betraten. Lange hatte er überlegt, ob es lohnte, diese Büchse der Pandora zu öffnen, schließlich bestand die Möglichkeit, dass das, was sie freigab, irgendwann einmal zwischen sie trat. Aber war es besser, so zu tun, als kenne er die Wahrheit nicht?

»Wir müssen ehrlich miteinander sein, Ethel«, sagte er.»Das verstehst du doch? Von dem Moment an, da wir festes Land betreten, dürfen wir einander nie wieder belügen. Nur so kann unsere Beziehung überleben, und alles, was in der Vergangenheit war, nun, das *ist* jetzt Vergangenheit. Wir müssen nach dem heutigen Tag nicht wieder darauf zurückkommen. Aber wenn es vorher noch etwas gibt, was du mir erzählen willst, ist das jetzt der richtige Zeitpunkt.«

Sie sah ihn verblüfft an und zog die Nase kraus, so unverständlich erschienen ihr seine Worte. Sie hatte keine Ahnung, worauf er hinauswollte.»Ich weiß nicht, wovon du redest, Hawley«, sagte sie.»Ich habe keine Geheimnisse vor dir.«

»Ich auch nicht vor dir, Ethel, und ich glaube, ich kenne alle deine Geheimnisse. Aber ich würde sie dennoch gern von deinen Lippen hören.«

Sie erschauderte.»Du machst mir Angst, Hawley«, sagte sie und konnte ihm nicht in die Augen sehen.»Was ist mit dir? Bist du krank?«

»Nein, es geht mir gut«, sagte er, lächelte und legte die Arme um sie.»Denke nur immer daran, dass ich weiß, du liebst mich, und dass ich dich auch liebe und nichts uns trennen kann. Du hast so viel für mich getan. Wenn es sein müsste, würde ich mein Leben für deines geben.«

»Uns wird nichts trennen, Hawley«, sagte sie verwirrt.

Er legte die Arme fester um sie und drückte sie an sich, neigte den Kopf und hielt sie mit solcher Kraft, dass sie kaum mehr atmen konnte. Er drückte die Lippen auf ihr Ohr und flüsterte klar und schnell:»*Ich weiß, was du getan hast, Ethel. Ich weiß, was du mit Cora gemacht hast.*«

Es dauerte eine Weile, bis sie begriff, was er da sagte, und sie riss die Augen weit auf, kämpfte gegen seine Umarmung an und versuchte, sich von ihm frei zu machen, aber er ließ sie nicht los. Sie konnte es nicht glauben und hatte fast Angst vor ihm, ganz so, als wäre er der Mörder von Cora Crippen und nicht sie, und bereitete sich gerade darauf vor, seiner Tat ein zweites Opfer hinzuzufügen.

»Hawley«, sagte sie, den Mund gegen seine Brust gedrückt. »Hawley, lass mich los.«

Endlich kam sie frei und stolperte rückwärts durch die Kabine. Sie war blass, ihr Haar rutschte unter Edmunds Perücke hervor, und sie schaffte es kaum, ihm ins Gesicht zu sehen. Sie hatte Angst, dass er sie nun hasste, doch dann endlich wanderte ihr Blick zu ihm, und sie sah sein Lächeln. Sein Verständnis. Seine Dankbarkeit.

»Ist schon gut«, sagte er. »Ich habe es die ganze Zeit gewusst.«

»Woher?«, fragte sie und schnappte nach Luft. »Wie bist du dahintergekommen?«

Er zuckte mit den Schultern. »Cora und ich waren lange verheiratet«, sagte er, »und du und ich, wir haben so viele Jahre in der Apotheke zusammengearbeitet. Glaubst du nicht, ich kenne den Unterschied zwischen euren Handschriften?«

»Ich verstehe nicht«, sagte sie und spürte, wie ihr die Beine schwach wurden.

»Der Brief, Ethel«, sagte er. »Der Brief, vorgeblich von Cora, in dem sie mir mitteilte, sie werde mich verlassen. Ich wusste, dass du ihn geschrieben hattest. Die ganze Zeit habe ich es gewusst.«

»Aber du hast nie etwas gesagt.«

»Weil ich hoffte, du würdest es mir von dir aus erzählen. Ich hoffte, du würdest mir genug trauen. Jetzt *sage* ich dir, dass du es kannst.«

Ethel schluckte. Er hatte es die ganze Zeit gewusst und für sich behalten? Es war unglaublich. »Seit wann?«, fragte sie endlich und setzte sich aufs Bett, um nicht zusammenzubrechen. »Seit wann genau weißt du es?«

»Seit dem ersten Abend, als ich bei dir geblieben bin, dem Abend, als du sie umgebracht hast. Ich bin aufgewacht, als du weggingst, habe gesehen, wie du dich anzogst und den Mantel und den Hut nahmst, und als du am Schlafzimmer vorbeikamst, sah ich auch den falschen Schnauzbart. Das war der erste Auftritt von Master Edmund Robinson, glaube ich. Wenn auch in einer älteren Version.«

»Hawley, nein ...«

»Ich begriff nicht, was du vorhattest, also habe ich mich selbst schnell angezogen und bin dir gefolgt. Das Türschloss habe ich nicht einschnappen lassen, damit ich wieder hineinkonnte. Bis zum Hilldrop Crescent bin ich dir gefolgt und habe draußen gewartet. Ich sah, wie du noch auf der Straße ein Fläschchen herauszogst – es muss das Gift gewesen sein –, ganz offenbar dachtest du, niemand würde dich sehen. Ich begriff sofort, was du vorhattest, es war, als könnte ich deine Gedanken lesen.« Er neigte bedauernd den Kopf und setzte sich neben sie aufs Bett. »Ich wollte dich aufhalten«, sagte er, »aber gleichzeitig wollte ich, dass du es vollbrachtest. Ich wusste, nur so konnten wir zusammenkommen, und ich wusste auch, dass ich selbst niemals dazu fähig wäre.«

Tränen strömten Ethel über das Gesicht. »Ich habe es für dich getan«, sagte sie. »Für uns.«

»Ich weiß, und ich habe dich gelassen. Ich bin ebenso schuldig wie du.«

»Aber du hast nie etwas gesagt.«

»Ich hoffte, du würdest es mir von dir aus erzählen. An die Geschichte, Cora hätte mich verlassen, habe ich mich nur gehalten, weil ich darauf wartete, dass du mir die Wahrheit sagst. Inspector Dew habe ich belogen. Ich habe ihm gegenüber so getan, als wäre ich unschuldig, bin es aber nicht. Vielleicht war ich nicht der, der Cora getötet hat, Ethel, aber bei Gott, ich war so glücklich, sie tot zu sehen.«

»Hasst du mich nicht?«

»Wie könnte ich das?«

»Wegen dem, was ich getan habe. Es ist so ungeheuerlich.«

Hawley lachte. »*Sie* war das Ungeheuer«, sagte er und knirschte mit den Zähnen. »Sie hatte den Tod verdient. Ich dachte, du würdest vielleicht ahnen, dass ich Bescheid wusste.«

»Nein.«

»Wirklich, Ethel«, sagte er und neckte sie sanft, »die Sache mit der Hutschachtel. Das war schon etwas makaber, oder? Irgendwann dachte ich, ihr Kopf würde uns den Rest unseres Lebens begleiten.«

Ethel starrte ihn an und spürte, wie sie erschauderte. Auch wenn sie die Mörderin war, die Cora Crippen zerstückelt und vergraben hatte, kam ihr Hawley plötzlich noch unheimlicher und unheilvoller vor. Sie hatte ein Verbrechen aus Leidenschaft begangen, um mit dem Mann zusammen sein zu können, den sie liebte. Sie hatte ihn vor der Wahrheit beschützt … und er hatte sie von Anfang bis Ende getäuscht und bewiesen, dass er ein noch besserer Lügner war als sie. Mit fast so etwas wie Amüsement hatte er ihren Schwindel verfolgt, so als wäre das Ganze kaum mehr als ein Spiel. Sie sah sich um, ob das Bullauge offen stand, weil es sich mit einem Mal anfühlte, als wäre die Kabine mit Eis gefüllt.

»Ich weiß nicht, ob ich dich verstehe«, sagte sie nervös. »Wie konntest du dein Wissen so für dich behalten?«

»Weil ich dich liebe, Ethel«, sagte er. »Und weil ich glaube, dass wir zusammen glücklich sein können. Wie ich weiß, dass auch du es glaubst. Wir sind füreinander die einzige Chance, glücklich zu werden, und ich würde mit Freuden mein Leben für dich geben, wenn ich müsste. Ich hatte nur gehofft, du würdest mir genug vertrauen, um mir die Wahrheit zu sagen. Die ganze Reisezeit habe ich dir gegeben. Heute Morgen erst habe ich begriffen, dass du es für dich behalten würdest, und ich möchte keine Geheimnisse zwischen uns.«

»An dem Tag, als Inspector Dew da war«, sagte sie, »und du draußen unter dem Baum standest. Da wusstest du Bescheid?«

»Gezittert wie Espenlaub habe ich, weil es so kalt war im Regen, und ich musste so tun, als verstünde ich, warum du ihn allein sehen wolltest. Ich dachte die ganze Zeit, dass uns nur noch ein paar Tage blieben, um aus London zu verschwinden. Hättest du es nicht vorgeschlagen, hätte ich es getan. Wir haben immer in die gleiche Richtung gedacht, Ethel, nur, dass du es nicht wusstest. Wir sind gleich, du und ich. Es beweist, wie sehr wir zusammengehören.«

Sie schluckte. Zum ersten Mal fühlte sie so etwas wie Schuld wegen dem, was sie getan hatte. Einem anderen Menschen das Leben zu nehmen. In ihrem Magen rumorte es, und sie spürte Übelkeit in sich aufsteigen. Sie dachte an die Art, wie sie die Tat begangen hatte, an ihre Gefühllosigkeit und die grausige Weise, wie sie sich der Leiche entledigt hatte. Das ist aus mir geworden? So etwas kann ich aus Liebe tun? Die Wände der Kabine schienen näher zusammenzurücken, und sie dachte, wenn sie noch einen Augenblick länger mit Hawley hier drinbliebe, müsste sie ohnmächtig werden. Sie stand auf, um auf Deck hinauszugehen, an die frische Luft, wurde aber durch ein Klopfen an der Tür aufgehalten. Hawley sah sich gereizt um.

»Wer kann denn das jetzt sein?«, murmelte er. »Hallo?«

»Mr Robinson, ich bin's, der Erste Offizier, Carter«, rief es von draußen. »Kann ich Sie bitte kurz sprechen, Sir?«

»Im Moment ist es etwas ungünstig«, rief Hawley. »Kann es nicht warten?« Er sah Ethel an und wurde sich bewusst, wie sehr sich ihr Gesicht verändert hatte. Sie schien sich nicht länger auf Kanada zu freuen, sondern sah aus, als fühlte sie sich betrogen. »Was ist?«, fragte er.

»Ich fürchte, nein, Sir«, rief Carter. »Wenn Sie bitte die Tür öffnen könnten.«

Er seufzte. »Ich erledige das wohl besser«, sagte er zu Ethel. »Bist du in Ordnung?«

Sie zuckte mit den Schultern und zog ihre Perücke zurecht. »Jaja«, sagte sie mit völlig tonloser Stimme. »Lass uns in Kanada ankommen und dort alles besprechen.«

Er sah sie an, und sein Gesicht füllte sich mit Sorge. »Ich habe das Richtige getan, oder?«, fragte er. »Dass ich es dir gesagt habe, meine ich.«

»Ich nehme es an«, sagte sie und war völlig verunsichert.

»Mr Robinson!«

»Ich komme ja schon«, rief er und sagte zu Ethel gewandt: »Sehen wir, was er will. Wir reden hinterher weiter.«

Er ging zur Tür und öffnete sie. »Ja?«, fragte er. »Was kann ich für Sie tun?«

»Es tut mir leid, dass ich störe, aber Kapitän Kendall möchte Sie sprechen.«

»Geht das denn nicht später? Mein Sohn und ich sind mitten in einem wichtigen Gespräch.«

Billy Carter blickte in die Kabine und sah Edmund Robinson dastehen, das Gesicht tränennass und völlig verloren, so als nehme er kaum etwas um sich herum wahr. Wie sehr er doch wie eine Frau aussieht, dachte Carter. Es war so offensichtlich. Hinweise darauf hatte es genug gegeben, dennoch war es ihm nie bewusst geworden. Alle nahmen an, dass Edmund Robinson ein junger Mann war, also hatte es so sein müssen.

»Ich fürchte, nein, Sir«, sagte er. »Wenn Sie bitte mit mir kommen könnten.«

Mr Robinson zögerte, sah ihn einen Moment lang unwillig an und gab dann nach. »Ich ziehe nur schnell meinen Mantel an«, sagte er und nahm ihn vom Haken hinter der Tür. »Ich bin gleich wieder da, Edmund. Wir reden später weiter.«

Ethel nickte und sah zu, wie er hinausging. Zum ersten Mal, seit sie Hawley kannte, wusste sie nicht zu sagen, ob sie ihm trauen konnte, und wünschte sich tausend Meilen von diesem Ort weg. »Was habe ich getan?«, fragte sie sich laut. »Was habe ich getan?«

Im Gang wurden sie von Mrs Antoinette Drake und ihrer Tochter Victoria aufgehalten, die Mr Robinson angewidert ansah, selbst noch, als sie stehen blieben, um mit dem Ersten Offizier zu sprechen.

»Oh, einen guten Tag, Mr Carter«, sagte Mrs Drake. »Wie schön, Sie zu sehen.«

»Mrs Drake«, sagte er mit einem kurzen Nicken und hoffte, schnell an ihr vorbeizukommen.

»Wir müssen Kanada mittlerweile ziemlich nahe sein.«

»Ein paar Stunden noch, und wir sind da. Das Beste ist, Sie packen Ihre Sachen schon einmal zusammen, würde ich sagen.«

»Aber wir haben angehalten«, knurrte Victoria.

»Wie bitte?«, fragte Mr Robinson.

»Wir haben angehalten«, wiederholte sie. »Das Schiff fährt nicht weiter.«

»Sie hat recht«, sagte Mrs Drake, die allein zu Billy Carter sprach. Sie hatte Mr Robinson sein Verhalten ihr gegenüber vor ein paar Tagen immer noch nicht vergeben, und es ärgerte sie, dass er ihr seitdem aus dem Weg gegangen war und sich noch nicht einmal entschuldigt hatte.

»Wir sind nur langsamer geworden«, sagte Carter schnell. »Das ist normal, wenn man sich einem Hafen nähert.«

»Wir sind nicht nur langsamer geworden«, sagte Victoria. »Wir fahren nicht weiter. Wozu das denn wohl?«

Sie standen einen Moment lang da und sahen sich an, während Carter versuchte, sich einen plausiblen Grund einfallen zu lassen. Zum Glück sprangen genau in diesem Moment die Maschinen wieder an, und das Schiff setzte sich mit einem Zittern in Bewegung, was es problemlos konnte, da Inspector Dew sicher an Bord war. »Sehen Sie?«, lächelte er. »Es war nur ein kurzer Stopp, nichts sonst. Schon geht es weiter.«

Er wollte ebenfalls weitergehen, aber Mrs Drake hielt ihn am Arm fest. »Und wohin bringen Sie Mr Robinson?«, wollte sie wissen, weil sie fürchtete, von etwas ausgeschlossen zu werden.

»Zum Kapitän.«

»Warum?«

»Ich fürchte, es handelt sich um eine Privatangelegenheit, Mrs Drake«, sagte er. »Nichts, weswegen Sie sich Sorgen machen müssten.«

Mr Robinson runzelte die Stirn. Er war vorhin noch ganz bei seinem Gespräch mit Edmund gewesen und fragte sich jetzt selbst, warum Kapitän Kendall ihn sehen wollte. Wahrscheinlich wollte er ihn nur bei sich haben, während sie sich Quebec näherten. Kendall hatte sich während der Reise bemüht, Zeit mit Hawley zu verbringen, was dem mehr und mehr auf die Nerven gegangen war. Er hielt den Kapitän für einen öden Langweiler, den nur zwei Dinge zu interessieren schienen: das Meer und der Gesundheitszustand eines ehemaligen Offiziers der Besatzung, über den er ständig reden musste.

»Nun, ich würde annehmen, dass wir Sie später noch an Deck sehen, Mr Carter«, sagte Mrs Drake zweifelnd und fragte sich, wovon sie da wohl ausgeschlossen wurde.

Sie gingen weiter, und Mr Robinson war sich bewusst, dass ihm sowohl Mrs Drake als auch Victoria argwöhnisch hinterherblickten. Als sie die Stufen zum Deck hinaufkamen, sah er Martha Hayes bei Matthieu Zéla sitzen und wandte schnell den Blick ab, da er mit den beiden jetzt nicht reden wollte. Doch so viel Glück war ihm nicht vergönnt. Sie kamen so nahe an ihnen vorbei, dass Martha sich umdrehte und sie ansprach.

»Ist es nicht aufregend?«, sagte sie. »Wir sind nur noch ein paar Stunden von unserem neuen Leben entfernt. Ich kann es kaum abwarten, kanadischen Boden zu betreten.«

»Ja«, sagte Mr Robinson. »Wir alle warten darauf, denke ich.«

»Gibt es ein Problem, Mr Carter?«, fragte Matthieu und sah den Ersten Offizier an, der unbedingt weiterzuwollen schien und von einem Fuß auf den anderen trat, als wäre seine Blase übervoll.

»Nein, es ist alles in Ordnung«, sagte Carter genervt. »Wir müssen nur zum Kapitän, das ist alles.«

»Mr Robinson, was ganz wundervoll ist«, sagte Martha und nahm seine Hand. »Monsieur Zéla und ich, Matthieu, meine ich, nun, er hat mich eingeladen, ein paar Wochen bei ihm und Tom in Quebec zu bleiben. Er braucht eine Assistentin bei einer Unternehmung und hat mir die Stelle angeboten. Bis ich auf eigenen Füßen stehen kann, verstehen Sie.«

»Meinen Glückwunsch«, sagte Mr Robinson. »Dann scheint es ja tatsächlich so zu sein, dass Sie auf dieser Reise Ihr Glück gefunden haben.«

»Wie auch ich«, sagte Matthieu. »Ich bin froh, einen erwachsenen Menschen an meiner Seite zu haben, da ich annehme, dass mir Tom mehr und mehr Schwierigkeiten bereiten wird. Mir graut bei dem Gedanken, was die nächsten ein, zwei Jahre seines Lebens mit sich bringen werden.«

»Damit habe ich nichts zu tun.« Martha lachte. »Ich habe nicht vor, den Mutterersatz für jemanden zu spielen.«

»Mr Robinson, wir sollten wirklich sehen, dass wir zum Kapitän kommen«, sagte Billy Carter.

»Natürlich. Ich sehe Sie beide später.«

»Auf Wiedersehen, Mr Robinson«, sagte Martha, sah wieder in Richtung Land und wartete darauf, dass der Hafen in Sicht kam.

»Wenn Sie mich fragen«, sagte Matthieu leise, als die beiden weggingen, »haben sie ihn endlich erwischt.«

»Erwischt?«, fragte sie. »Wobei erwischt?«

»Nun«, sagte er, »wo wir fast in Quebec sind, dürfte es keinen Schaden anrichten, wenn ich es Ihnen verrate.« Sie beugte sich vor, als er ihr eröffnete, was er wusste.

»Gehen wir nicht auf die Brücke?«, fragte Mr Robinson überrascht, als Billy Carter ihn nicht zum gewohnten Aufenthaltsort des Kapitäns führte.

»Heute nicht, Sir, nein«, sagte der Erste Offizier. »Der Kapitän ist in seiner Kabine.«

»Er will mich in seiner Kabine sprechen? Kommen Sie, Mr Carter, können Sie mir nicht sagen, was das alles zu bedeuten hat?«

»Das kann ich wirklich nicht, Sir. Aber wir sind fast da. Wir müssen nur noch diesen Niedergang hinunter.«

Sie gingen hinunter zu den Mannschaftsquartieren, aber vorher sah Mr Robinson noch Tom DuMarqué, der sich in einer Ecke herumdrückte und zu ihm herüberblickte wie ein Geier, der wartet, dass ein Tier endgültig zu Boden geht, um sich daraufzustürzen und sich an dem noch warmen Fleisch gütlich zu tun. Seine dunklen Augen trafen sich mit denen von Mr Robinson, und der Mund des Jungen verzog sich zu einem Knurren, das erkennen ließ, wie sehr er ihn verabscheute. Aber das war nichts im Vergleich zu der Wut, die Mr Robinson verspürt hatte, als er Tom Edmund hatte angreifen sehen. Er wandte den Blick ab und ging weiter.

Mr Robinson war überrascht, zwei kräftige Besatzungsmitglieder vor der Kabine des Kapitäns stehen zu sehen, sagte aber nichts dazu. Sie traten zur Seite, als Billy Carter an die Tür klopfte. Es dauerte nur ein paar Sekunden, bis von drinnen die Aufforderung kam, einzutreten. Carter öffnete die Tür und ging hinein, gefolgt von Mr Robinson, der freundlich an ihm vorbeisah.

»Kapitän«, sagte er, »Sie wollten mich sprechen.«

Kapitän Kendall nickte, und die Tür schloss sich hinter Mr Robinson. Kendall nickte erneut, diesmal zu einer Gestalt hinüber, die sich hinter seinem Besucher befand. Mr Robinson drehte sich um, um zu sehen, wer dort stand, und einen Moment lang erkannte er das Gesicht nicht. Natürlich erinnerte er sich, aber es kam so unerwartet und ohne jeden Zusammenhang, dass er ein paar Sekunden brauchte, um zu begreifen, wen er da vor sich hatte. Als er es tat, verspürte er eine Mischung aus Schrecken und Ruhe, so als wäre das Schlimmste eingetreten, und er fände endlich seinen Frieden.

»Dr. Hawley Crippen«, sagte Inspector Dew, trat vor und streckte die Hand höflich aus, als wären sie alte Bekannte. Auf seinem Gesicht war eine große Erleichterung zu erkennen, dass er den Mann endlich gefunden hatte. »Ich hoffe, Sie erinnern sich an mich. Ich bin Inspector Walter Dew von Scotland Yard.«

»Ich erinnere mich an Sie«, antwortete Hawley ruhig, »und in gewisser Weise bin ich froh, dass es vorbei ist.«

Epilog

London: 16. August bis 23. November 1910

Auf dem Schiff zurück nach England wurden sie in getrennten Kabinen festgehalten. Unter den Passagieren befand sich auch Billy Carter, der von seinen Pflichten an Bord der *Montrose* entbunden worden war und zur Geburt seines Sohnes nach Hause zurückkehrte. Es war höchste Zeit, denn das Kind sollte das Licht der Welt verfrüht erblicken, nur sechs Tage nach Carters Heimkehr. (Die Ärzte und Schwestern hielten den jungen Mann für gestört, aber er bestand darauf, bei der Geburt seines Sohnes anwesend zu sein.) Inspector Dew sorgte dafür, dass sein Gefangener nur spätabends hinaus an Deck durfte, um sich die Beine zu vertreten, wenn die anderen Passagiere längst schliefen. Einige von ihnen hatten sich besorgt gezeigt, dass er überhaupt mit an Bord war, und wiesen darauf hin, dass sie nicht von Londons schändlichstem Kannibalen gefressen werden wollten, aber da er nun mal zurückmusste, damit ihm der Prozess gemacht werden konnte, und es keine andere Möglichkeit als den Seeweg gab, blieb ihnen wenig anderes, als es zu akzeptieren.

Am Tag, bevor sie in Liverpool ankamen, ging Inspector Dew in Dr. Crippens Kabine und befreite ihn von seinen Handschellen. Er brachte dem Beschuldigten sein Mittagessen und beschloss, ihm dabei Gesellschaft zu leisten, denn es gab einige Dinge, die er ihm über die vor ihm liegende Tortur erklären musste.

»Ah, Inspector, wie schön, dass Sie mich besuchen«, sagte Hawley. Er freute sich, ihn zu sehen, hatte er doch den Großteil der

Zeit allein in seiner Kabine zugebracht und dürstete geradezu nach Unterhaltung.«Wir essen also heute zusammen, wie ich sehe«, fügte er gleich noch hinzu, weil auf dem Tablett zwei Teller standen.

»Zum zweiten Mal«, sagte Dew in Erinnerung ihres gemeinsamen Essens an jenem Nachmittag in London.

»Ja«, sagte Hawley, blickte leicht enttäuscht auf seinen nur dürftig gefüllten Teller und spürte den tadelnden Unterton in der Stimme des anderen Mannes.»Ich muss gestehen, dass ich bei der Gelegenheit nicht ganz aufrichtig mit Ihnen war. Dafür sollte ich mich entschuldigen.«

»Nun, Sie haben mir nicht gesagt, dass Sie Ihre Frau zerstückelt und in Ihrem Keller begraben hatten, wenn Sie das meinen«, sagte Dew.»Wobei ich zugeben muss, dass Sie mich komplett an der Nase herumgeführt haben.«

»Habe ich das? Dafür scheine ich ein Talent zu haben.«

»Was mich erstaunt, und in Bezug auf meine Fähigkeiten enttäuscht, ist der Umstand, dass ich Sie bereits bei einer Lüge ertappt hatte, als Sie sagten, Ihre Frau sei nach Amerika gefahren, um sich um einen kranken Verwandten zu kümmern, dann aber auf Ihre Nachfolge-Lüge hereingefallen bin. Das lässt mich ziemlich töricht aussehen. Und so fühle ich mich auch.«

»Ich würde mir deswegen keine Gedanken machen, Inspector«, sagte er.»Schließlich bin ich nach allem, was ich höre, so etwas wie ein kriminelles Superhirn. Wie hätte mich da einer durchschauen sollen?« Hawley war während der letzten Woche zwar in seiner Kabine eingesperrt gewesen, hatte durch einige Besatzungsmitglieder aber mitbekommen, was unter den Passagieren geredet wurde und an Berichten über ihn in den Zeitungen stand. Alles in allem betrachtete er das mit einer ausgesprochen düsteren Art von Humor.

»Wirklich?«, sagte Dew.»Sehen Sie sich selbst auch so?«

Hawley lächelte. Er wollte die Sache nicht noch schlimmer machen, als sie sowieso schon war.

Sie aßen eine Weile schweigend, bevor sich der Inspector an den Grund für sein Kommen erinnerte.

»Wenn wir in Liverpool ankommen«, sagte er, »wird, wie ich annehme, eine ansehnliche Menschenmenge auf uns warten. Werden Sie deswegen nicht nervös. Ich habe ausreichend Verstärkung bestellt, um die Leute zurückzuhalten und Sie zu beschützen.«

»Bin ich tatsächlich so sehr in Gefahr?«, fragte Hawley und schien fast amüsiert.

»Nicht, wenn wir Sie beschützen. Aber die Gemüter sind erregt, das müssen Sie verstehen. Was Sie getan haben, scheint die Fantasie der Öffentlichkeit überschäumen zu lassen.«

»Werde ich verachtet?«

»Gefürchtet. Verachtet. Missverstanden.«

Hawley nickte. Der Inspector schien Mitgefühl mit ihm zu haben. Warum sonst sollte er »missverstanden« sagen?

»Wir bringen Sie direkt mit dem Zug nach London, wo Sie auf Kosten seiner Majestät untergebracht werden und Ihren Prozess erwarten.«

»Wann wird der stattfinden?«

»Sehr bald, denke ich. Vermutlich im Oktober.«

»Gut«, sagte Hawley. »Je eher wir die Sache hinter uns gebracht haben, desto besser.«

Dew sah ihn verblüfft an. »Aber, Dr. Crippen«, sagte er, »Ihnen ist doch klar, dass das Ergebnis offensichtlich ist? Die Beweislast gegen Sie ist überwältigend. Ganz zu schweigen davon, dass Sie Ihre Schuld zugegeben haben. Es besteht praktisch keine Chance, dass Sie von der Anklage freigesprochen werden.«

»Natürlich ist mir das klar.«

»Auch, dass Sie der Strick des Henkers erwartet?«

»Das wird eine süße Erleichterung.«

Von dem Augenblick an, da er von Inspector Dew in Kapitän Kendalls Kabine verhaftet worden war, hatte sich Hawley damit abgefunden, schon bald zu sterben. Wenn er den Mord auch nicht begangen hatte, so hatte er doch seinen Anteil daran. Er war entschlossen, die alleinige Verantwortung an Coras Tod zu übernehmen und Ethel LeNeves Unschuld und damit ihr Leben zu bewahren.

»Was ist mit Ethel?«, fragte er, wobei er versuchte, seine Sorge in Bezug auf sie zu verbergen. »Sie wird doch sicher freigelassen werden?«

»Ganz sicher nicht«, antwortete Dew. »Sie wird sich ebenfalls verantworten müssen, aber in einem eigenen Prozess.«

»Ist das so?«, fragte er und legte seine Gabel ab. »Aber warum? Sie hat nichts Unrechtes getan, das habe ich Ihnen schon mehrfach versichert. Sie hat nichts gewusst.«

»Das behaupten Sie beide. Trotzdem hat das Gericht darüber zu entscheiden.«

»Aber mein lieber Inspector, ich habe alles gestanden. Ich gestehe meine Schuld ein, und ich versichere Ihnen, dass Ethel LeNeve nichts von dem wusste, was ich getan habe. Ihr einziges Verbrechen besteht darin, sich in mich verliebt zu haben.«

Dew zuckte mit den Schultern. »Ich kann wie gesagt nicht entscheiden, ob sie schuldig oder unschuldig ist. Das ist Sache des Richters und der Geschworenen. Sie können es mir gegenüber wieder und wieder beteuern, aber ich bin nicht der, den Sie überzeugen müssen.«

Was Walter Dew anging, so war er sich nicht wirklich sicher, dass das, was Hawley ihm sagte, die ganze Wahrheit war. Er hatte Ethel LeNeve mehrfach in ihrer Kabine verhört, sich aber noch kein klares Bild machen können. Wenn sie schwor, Hawley über alles zu lieben, schien sie die Wahrheit zu sagen, das war offenbar ihre alles bestimmende Motivation. Was den Mord an Cora Crippen betraf, wies sie alle Schuld von sich. Dass Hawley längst alles auf sich genommen hatte, wusste sie nicht.

»Miss LeNeve bestätigt Ihre Geschichte«, sagte Dew. »Sie sagt, sie sei unschuldig.«

»Na, sehen Sie«, sagte Hawley erleichtert.
»Wenn es nicht so wäre, nun, dann könnte es noch eine Chance für Sie geben. Dann könnte das Ganze als ein Verbrechen aus Leidenschaft gesehen werden. Wenn Sie von jemand anderem dazu angetrieben worden wären ...«

»Inspector, Sie verschwenden Ihre Zeit. Ich werde keinesfalls erlauben, dass Ethel die Schuld gegeben wird, falls es das ist, wozu Sie mich drängen wollen. Sie ist die einzige Frau, die mich je wirklich geliebt hat, verstehen Sie? Sie hat mich gerettet und hätte alles für mich geopfert. Wie könnte ich jetzt dazu beitragen, dass sie getötet wird?«

»Was geopfert, Dr. Crippen?«, fragte Dew und beugte sich vor. »Was hat sie tatsächlich für Sie geopfert?«

»Ihr Zuhause, ihr Leben, England. Sie war bereit, alles hinter sich zu lassen und mit mir davonzulaufen, auch wenn sie deswegen als sündhaft und liederlich gebrandmarkt würde, denn sie wusste ja nicht, dass Cora tot war. Wenn Sie denken, dass ich mich jetzt gegen sie wende, irren Sie sich gewaltig.«

Dew seufzte. Er wusste nicht, was er glauben sollte, und war froh, dass seine Verantwortung – abgesehen davon, dass er seine Aussage machen musste – damit endete, wenn er seinen Gefangenen dem Gericht übergab. »Was für ein Mensch war sie eigentlich?«, fragte er schließlich noch, bereits im Aufstehen. »Ihre verstorbene Frau, meine ich. Was für eine Art Mensch war sie?«

»Sie war ein Teufel«, antwortete Hawley nach einigem Nachdenken. »Ganz gleich, was mit mir geschieht: Die Welt ist ohne sie ein besserer Ort.«

»Kein Bedauern also?«

»Nein.«

Das, dachte Walter Dew, könnte sich alles bald ändern.

Mrs Louise Smythson und Mrs Margaret Nash saßen am Nachmittag des 25. Oktober 1910 zusammen mit ihren Ehemännern in der ersten Reihe der Zuschauergalerie, als das Urteil verkündet wurde. Das Gericht war bis zum Rand mit Juristen und Verteidigern, Journalisten gefüllt und mit so vielen Zuschauern, wie nur hineinpassen wollten. Selbst auf der Straße draußen drängten sich die Leute und warteten aufgeregt auf die Entscheidung. Die Smythsons und die Nashs hatten ihre Plätze in der ersten Reihe wegen ihres Anteils an der Ergreifung des Mörders bekommen. Mrs Louise Smythson selbst war zu einer gewissen Bekanntheit gekommen und von mehreren Zeitungen interviewt worden, die ihr Foto prominent auf der ersten Seite abdruckten. Es ging sogar das Gerücht von einer möglichen Belobigung durch den Polizeipräsidenten, wobei es das erste Mal wäre, dass ein Mitglied der Öffentlichkeit eine solche Ehrung erfahren würde, und dazu noch eine Frau.

»Nicholas, habe ich diese Woche etwas über deinen Bruder in der Zeitung gelesen?«, fragte Margaret Nash und sah zu Louises Mann hinüber. »Ich bin sicher, das habe ich.«

Nicholas nickte und musste lächeln. »Das hast du in der Tat, Margaret«, sagte er. »Und mit was für einer Schlagzeile: ›Lord Smythson erklimmt das Matterhorn!‹ Ich hätte niemals gedacht, so etwas mal in der Zeitung lesen zu können.«

»Ich auch nicht«, sagte Louise bitter. Aus dem schlechten Gesundheitszustand ihres Schwagers Martin, der sie so lange mit Hoffnung erfüllt hatte, war eine anhaltende Enttäuschung geworden. Vor ein paar Tagen hatte Martins Frau Elizabeth einen Sohn geboren, aber schon zuvor, von dem Moment an, da sie ihrem Mann gesagt hatte, dass er Vater werden würde, war der kränkelnde Lord Smythson zum Erstaunen seiner Ärzte auf wundersame Weise genesen. Er hatte nicht nur seine Lungenprobleme überwunden, sondern überhaupt einen stark gesundheitsorientierten Lebensstil angenommen, der ihn zu immer abenteuerlicheren Unternehmungen trieb. Seine letzte Eskapade, die Besteigung eines berühmten Berges, hätte ihn vor ein paar Jahren noch umgebracht. Jetzt machte sie ihn zu einem Helden.

»Es ist erstaunlich, wie er sich erholt hat«, sagte Andrew.
»Ich glaube, es war der Gedanke, Vater zu werden«, meinte Nicholas. »Er wollte einfach nicht mehr krank sein. Es ist reine Charakterstärke, wenn ihr mich fragt.«
»Und das nach all den Jahren der Krankheit.«
»Elizabeth sagt, sie will noch ein Dutzend weiterer Kinder«, sagte Nicholas mit einem Lachen. »Nur, um Martin gesund zu halten.«

Mit jedem neuen Kind schmolz die Chance für Louise, selbst Lady Smythson zu werden, weiter dahin. Tatsächlich hatte sie die Hoffnung mittlerweile aufgegeben und wünschte sich statt des Todes ihres Schwagers nun den Tod ihres eigenen Mannes. Sollte Nicholas einer unerwarteten Krankheit zum Opfer fallen, so überlegte sie, würde sie als wohlhabende Gesellschaftswitwe sicher einen unverheirateten oder verwitweten Lord finden, der sie ehelichen wollte. Sie beobachtete ihren Mann ständig, konnte zu ihrem Bedauern jedoch keinerlei Hinweise auf eine Krankheit entdecken. Nicholas schien in bester Form. Eine Zeit lang hatte sie es damit versucht, nachts das Schlafzimmerfenster zu öffnen, damit er sich eine Lungenentzündung holte, stattdessen aber hatte er erklärt, nun umso besser zu schlafen, während sie selbst von einer Influenza ereilt wurde.

»Ist es nicht wunderbar zu sehen, dass die Gerechtigkeit am Ende die Oberhand behält?«, sagte Louise, die spürte, wie viele Blicke auf ihr ruhten, und das Gefühl ihrer Berühmtheit genoss. »Und dass man so maßgeblich daran beteiligt war?«

»Was für eine Schande nur, dass es überhaupt so weit kommen musste«, sagte Margaret. »Unsere arme, liebe Cora. So ein tragisches Ende.«

»Wohl wahr. Ohne sie ist nichts wie früher. Unsere Music Hall Ladies' Guild hat ein wertvolles Mitglied verloren«, stimmte ihr Louise zu und wiederholte damit die Worte, die sie ein paar Tage zuvor einem Reporter der *Times* gegenüber auf den Stufen zum Gericht geäußert hatte. »Wir werden uns immer an sie erinnern.«

»An eine gute Freundin«, sagte Margaret Nash.

»Und eine wundervolle Frau«, sagte Louise Smythson.

»Unsinn, ihr konntet sie beide nicht ausstehen«, polterte Andrew Nash. »Etwas weniger Heuchelei bitte, Ladys.«

»Andrew, das ist eine unerhörte Lüge«, sagte seine Frau. »Du weißt ganz genau, wie nahe uns Cora gestanden hat.«

»Wenn du darauf bestehst, meine Liebe«, antwortete ihr Mann mit einem Seufzen. »Aber jetzt ist diese Geschichte bald vorbei und erledigt, und wir können endlich wieder normal werden. Obwohl ich zugeben muss, dass es für das Geschäft sehr gut war. Seit unsere Namen immer wieder in der Zeitung standen, ist das Interesse an meinen Bergbauprojekten in Mexiko außerordentlich gestiegen. Ich hoffe, eine ganze Reihe neue Investoren an Bord holen zu können. Wenn alles gut geht, gibt das einen hübschen Gewinn. Gestern habe ich von Alec Heath gehört, der auch zu so etwas wie einer örtlichen Berühmtheit geworden ist.«

»Pssst, Andrew, die Geschworenen kommen zurück.«

Fünftausend Kilometer entfernt in Kanada standen Matthieu Zéla und Martha Hayes in der Redaktion der *Quebec Gazette*, wohin das Urteil gleich nach seiner Verkündigung übermittelt werden würde. Seit dem Morgen, da Dr. Crippen an Bord der *Montrose* verhaftet worden war, hatten sie den Fall aufmerksam verfolgt. Es war ein Schock für sie gewesen.

»Er schien ein so angenehmer Mensch zu sein«, sagte Martha, die mit Tränen in den Augen Trost an der Schulter ihres neuen Arbeitgebers und Freundes suchte. »So etwas Grausiges zu tun, das gegen alle Menschlichkeit geht.«

»Vielleicht *ist* er ja ein angenehmer Mensch«, sagte Matthieu. »Ich meine, dass er ein Verbrechen begangen hat, heißt noch lange nicht, dass er kein gutes Herz hat.«

»Oh, Matthieu, wie kannst du so etwas sagen?«

»Ich meine nur, dass uns die Umstände zu allem Möglichen bringen können, ohne dass wir notwendigerweise dafür verantwortlich gemacht werden sollten. Wer weiß, was diese Cora für ein Mensch war?«

»Selbst wenn sie der schrecklichste Mensch auf Erden war, rechtfertigt das kein so grausames Ende.«

»Natürlich nicht. Ich sage ja nur, dass eine böse Tat jemanden nicht automatisch zu einem Ungeheuer macht. Wir mochten Dr. Crippen – oder Mr Robinson, wie immer du ihn nennen willst –, und wir sollten nicht gleich annehmen, dass wir unrecht damit hatten, nur wegen dieser Sache.«

»Du bist ein sehr nachsichtiger Mann, Matthieu«, sagte Martha mit einem warmen Lächeln.

»Nun, *mir* hat er nichts getan«, antwortete Zéla mit einem Schulterzucken, »also kann ich ihn auch nicht verurteilen.«

»Aber ich«, sagte Tom DuMarqué, der ein paar Schritte entfernt stand, ihnen zuhörte und an die Ereignisse jenes späten Abends an Bord der *Montrose* dachte. »Ich bin froh, wenn er hängt. Schließlich hätte ich gut sein nächstes Opfer sein können.«

»Na ja, wahrscheinlich hättest du es verdient gehabt«, sagte Matthieu.

»Er wollte mich über Bord werfen! Er wollte mich ertränken!«

»Nur, weil du seinen … seinen …«, Matthieu suchte nach den richtigen Worten, »… Edmund. Ethel. Seine Freundin«, sagte er endlich und wusste im Moment nicht weiter.

»Seine Verlobte«, sagte Martha.

»Das ist so krank und verdreht«, sagte Tom, der immer noch nicht darüber hinwegkam, dass es ihm nicht gelungen war, Victoria Drake auch nur zu küssen, was diese Ethel LeNeve, eine *Frau*, geschafft hatte. Das war seinem Selbstbewusstsein nicht zuträglich. »Ich hoffe, sie veröffentlichen Fotos von seiner Hinrichtung. Die hänge ich mir an die Wand.«

»Bitte, Tom«, sagte Martha. »Wie kannst du nur so gefühllos sein?«

»Er stammt von einer ganzen Reihe gefühlloser Männer ab«, sagte Matthieu und sah seinen Neffen mit kaum verhohlener Ablehnung an. »Ich glaube, nur meine Seite der Familie ist von ihren Genen verschont worden«, sagte er.

»Na klar«, sagte Tom. »Du bist wunderbar. Du hättest mich ertrinken lassen. Das ist äußerst ehrbar.«

»Aber das habe ich nicht, oder?«

»Du hättest es zugelassen«, wiederholte Tom gereizt.

Matthieu zuckte mit den Schultern. »Das ist genau das, was ich meine«, sagte er. »Wir wissen nicht, wozu wir fähig sind. Es kommt auf die Situation an. Und den Mann. Oder die Frau, die so tut, als wäre sie einer. Im Namen der Liebe sind wir zu den merkwürdigsten Dingen fähig.«

In New York freuten sich zwei weitere Menschen auf das Urteil. Mrs Antoinette Drake und ihre Tochter Victoria beendeten ihre viermonatige Reise nach Nordamerika mit einem zweiwöchigen Aufenthalt in Manhattan, wo Mrs Drake alle, die ihren Geschichten zuhören wollten, an ihrem detaillierten Wissen über den schrecklichen Dr. Crippen teilhaben ließ.

»Der Mann war wie besessen von mir«, sagte sie Freunden bei einer Abendgesellschaft. »Überallhin ist er mir gefolgt. Ich glaube, er sah bereits sein nächstes Opfer in mir, und was Victoria betrifft, nun, hinter ihr war dieser üble Kerl, dieser Edmund, her. Oder Ethel, wie er jetzt genannt werden will. Diese ganze Sache ist äußerst schändlich.«

Victoria hörte kaum zu. Jemand unter den Gästen hatte ihre Aufmerksamkeit auf sich gezogen, und sie vermochte kaum den Blick abzuwenden. Natürlich hatte sie die Erkenntnis, dass Edmund tatsächlich eine Frau war, zunächst schockiert. Es war ihr peinlich, wie sehr sie ihm an Bord des Schiffes nachgestellt hatte, und wenn sie an einige ihrer Gespräche dachte, konnte sie vor Beschämung nur rot werden. Und doch, je länger sie darüber nachdachte, desto mehr musste sie sich selbst eingestehen, dass sie sich noch nie so sehr zu jemandem hingezogen gefühlt hatte wie zu ihm, also ihr. Die Erinnerung an jenen Kuss hinter den Rettungsbooten in jener schrecklichen Nacht der Gewalt war fest in ihrem Kopf verankert. Niemand hatte sie jemals so geküsst, weder vorher noch nachher. Nichts ließ sie so erschaudern wie das Gefühl von Ethel LeNeves Fingern auf ihrer Haut.

»Wirklich, Victoria«, sagte Mrs Drake später an diesem Abend, als sie in ihr Hotelzimmer zurückkamen. »Du warst heute Abend so abgelenkt. Was war nur mit dir?«

»Nichts«, antwortete sie mit verträumter Stimme, mit den Gedanken immer noch anderswo.

»Und wie du die junge Miss Hartford angesehen hast. Ich gebe ja zu, sie ist ein hübsches Mädchen, aber warum um alles in der Welt musstest du sie so anstarren?«

»Ich habe niemanden angestarrt«, protestierte Victoria. »Ich habe mich nur für ihre Unterhaltung interessiert. Sie scheint ein faszinierendes Mädchen zu sein.«

»Das würde ich auch sagen«, antwortete ihre Mutter, der das ziemlich gleich war. »Aber hast du ihren Bruder gesehen, Luke Hartford? Ich glaube, dem hast du sehr gefallen, und er ist wohlhabend und sieht gut aus, meinst du nicht auch?«

Victoria runzelte die Stirn und versuchte, sich den Erwähnten vor Augen zu rufen.

»Ich kann mich nicht an ihn erinnern«, sagte sie. »Er ist mir nicht aufgefallen. Aber ich habe mich für morgen mit Miss Hartford zum Mittagessen verabredet.«

»Ach, Victoria!«, sagte Mrs Drake voller Enttäuschung über das mangelnde Interesse ihrer Tochter an potenziellen Ehekandidaten.

»Da kommen sie«, sagte Louise Smythson, beugte sich auf ihrem Platz vor und erwartete aufgeregt das Urteil.

Im Gerichtssaal wurde es still.

»Sprecher der Jury«, intonierte der alte Richter, dessen Perücke das gesamte Gesicht verschattete. »Sind Sie zu einem Urteil gekommen, dem Sie alle zustimmen?«

»Das sind wir, Euer Ehren.«

»Und wie lautet Ihr Urteil: schuldig oder nicht schuldig?«

Der Sprecher schluckte und räusperte sich. Er war sich bewusst, dass die ganze Welt auf seine Worte wartete. Er verspürte den überwältigenden Drang zu singen, dem er, das muss ihm zugutegehalten werden, widerstand. Die Luft war voller Spannung, und niemand atmete, während alle auf die Antwort warteten.

»Nicht schuldig«, sagte er zur Überraschung aller.

Einige Wochen später, am Morgen des 23. November 1910, ging Ethel LeNeve in einem schwarzen Kleid und mit einem Schleier, die Hände in einem Muff, den Gang des Pentonville-Gefängnisses hinunter zu der Zelle, in der Dr. Hawley Harvey Crippen festgehalten wurde. Sie hatte die ganze Nacht geweint und konnte sich kaum vorstellen, wie der Rest des Tages werden würde. Zu ihrer Überraschung waren die Zellen sauberer, als sie gedacht hatte. Als die Tür zu Hawleys Zelle geöffnet wurde, sah sie ihn entspannt in einer Ecke sitzen und ein Buch lesen. Er stand auf, als er sie sah, lächelte sie voller Wärme an, schloss sie in die Arme und küsste sie zärtlich. Er war dünner geworden, das bemerkte sie gleich, schien aber keine Angst vor dem Kommenden zu haben.

»Mein Liebster«, sagte sie, setzte sich mit ihm hin und brach in Tränen aus, »sie sagen, ich habe nur ein paar Minuten.«

»Ethel«, sagte er und umarmte sie wieder. »Weine nicht, sonst fange ich auch noch an. Das ist heute ein guter Tag.«

»Wie kann er das sein?«, fragte sie verzweifelt. »Was habe ich dir bloß angetan?«

»Gar nichts hast du mir angetan«, sagte er, und sie staunte, wie ausgeglichen er schien. »Der glücklichste Augenblick meines Lebens war, als ich hörte, dass man dich für nicht schuldig erklärte.«

»Aber ich bin die Schuldige«, protestierte sie, »nicht du.«

»Ich bin genauso schuldig«, sagte er und schüttelte den Kopf. »Ich war so froh, dass Cora tot war. Mir hat sogar gefallen, wie sie gestorben ist.«

»Ja, aber du hast sie nicht getötet. Ich könnte mich immer noch schuldig bekennen, weißt du, ich könnte ihnen sagen …«

»Das darfst du nicht«, sagte er bestimmt. »Du musst mir versprechen, das nicht zu tun. Ich sterbe sowieso. Wenn du etwas zugibst, führt das nur dazu, dass du mich auf meinem Weg begleitest, und das würde ich nicht ertragen.«

»Aber ich *will* mit dir kommen.«

»Du bist eine junge Frau, Ethel. Du hast dein ganzes Leben noch vor dir, und du kannst dich an mich erinnern. Ich bin glücklich, weil ich als jemand sterbe, der geliebt wird, und ich erinnere mich nicht, während meines *Lebens* geliebt worden zu sein, ehe ich dich kennengelernt habe.«

Ethel schüttelte verzweifelt den Kopf. »Es kommt mir so unfair vor«, sagte sie, »dass du für mein Verbrechen sterben sollst.«

»Ich habe keine Angst vor dem Tod«, sagte er. »Aber wenn ich wüsste, dass dich das gleiche Schicksal ereilte, würde ich verzweifelt sterben. So wie die Dinge stehen, habe ich ein reines Gewissen, und ich bin vorbereitet.«

Der Wärter erschien und bedeutete Ethel, dass ihre zwei Minuten abgelaufen waren. Sie konnte kaum mehr weinen, und sie hielten sich noch einen Moment umschlungen, bevor Ethel weggeführt wurde, aus Liebe protestierend.

Hawley drehte sich um und sah zu dem vergitterten Fenster über sich, durch das Licht hereinströmte. Wenn er sich auf Zehenspitzen auf das Bett stellte, konnte er hinaussehen, und das tat er jetzt. Er beobachtete, wie Ethel das Gebäude verließ und langsam die Straße hinunterging. Sie blieb einen Moment stehen und drehte sich noch einmal um, sah jedoch nicht, wie er zu ihr hinblickte, winkte ein Taxi heran und blies einen Kuss in seine Richtung, bevor sie einstieg und davonfuhr.

Später am Abend stand Ethel allein am Bug der *Mercurial*, ließ Liverpool hinter sich und war auf dem Weg nach Amerika. Sie hielt die Reling gefasst, schloss die Augen und dachte an ihren teuren, toten Geliebten. Sie wollte die anderen Passagiere während der Überfahrt meiden und mit niemandem reden, wusste aber, dass das schwierig werden würde, da sie sich ihre Zwischendeckkabine mit drei anderen jungen Frauen teilte. Es war nur eine Frage der Zeit, bis die herausfanden, wer sie war, und Ethel graute vor dem Aufruhr, der dann entstehen würde. Aber das alles war im Moment noch weit weg.

Stattdessen erinnerte sie sich an den Tag ihrer Ankunft im Antwerpener Hafen, kurz bevor sie an Bord der *Montrose* gegangen waren. Wie aufgeregt sie gewesen waren, wie voller Liebe. Und dass sie tatsächlich beinahe davongekommen wären. Aber Hawley hatte recht: Sie war noch jung, sie konnte überleben. Sie hatte die Zukunft noch vor sich und war es ihm schuldig, das Beste daraus zu machen. Schließlich hatte er sein Leben geopfert, um ihr das ihre zu schenken. Sie hatte ihn wirklich geliebt, daran bestand kein Zweifel, aber er war auch der erste Mann gewesen, den sie je so kennengelernt hatte. Vielleicht, dachte sie, war es einfach nur eine Obsession gewesen, eine Romanze, die sie genossen und von der sie sich hatte davontragen lassen. Und wenn sie solche Gefühle für Hawley Crippen gehabt hatte, dann musste das doch auch mit einem anderen gehen?

Sie lächelte und sah aufs Meer hinaus. Vor ihr lag Amerika.

Anmerkung des Autors

Wenn ich während der Arbeit an diesem Buch erzählte, dass es von Dr. Crippen handelte, fand ich mich oft in der recht merkwürdigen Situation wieder, ihn mit dem Kommentar zu verteidigen, er habe doch »nur eine« Person ermordet, seine Frau Cora. Im allgemeinen Bewusstsein scheint er ein scheußlicher Serienmörder zu sein, der sich seinen ewigen Platz in der Kammer des Grauens redlich verdient hat. Ganz offenbar ist der Hawley Crippen meines Romans jedoch nicht so, wie man ihn uns über die Jahre nahegebracht hat. Aber mein Crippen ist ja auch eine Erfindung, und die Vorgänge in jener Nacht, als Cora Crippen ihr blutiges Ende fand, entspringen allein meiner Fantasie.

Etliches in diesem Buch entspricht den Tatsachen des Falles. So ist Inspector Dew tatsächlich »Mr Robinson« und »Edmund« über den Atlantik gefolgt, Louise Smythson war wirklich die Erste, die hinter Cora Crippens Verschwinden ein Verbrechen vermutete, und Kapitän Kendall hat in der Tat zufällig das Geheimnis von »Vater« und »Sohn« gelüftet und Scotland Yard mithilfe des neu installierten Marconi-Telegrafen alarmiert. Vieles andere jedoch wurde erfunden, um der Geschichte Spannung zu geben.

Dennoch mag es einige Leser interessieren, dass Ethel LeNeve nach ihrem Freispruch England verließ und sich schließlich in Toronto niederließ. Sie änderte ihren Namen, fand eine Stelle als Sekretärin, heiratete, wurde Mutter und sprach nie wieder von den Geschehnissen, die sie in Munyon's homöopathischen Laden, auf die *Montrose* oder zu Dr. Hawley Harvey Crippen gebracht hatten. Sie starb 1967 im Alter von vierundachtzig Jahren.

Dr. Crippens letzte Bitte war, ihn mit einem Foto seiner Geliebten zu begraben. Ethel bat in ihrem Testament ebenfalls darum, ein Bild von Crippen in den Händen zu halten, wenn ihr Sarg geschlossen würde. Beiden Bitten wurde entsprochen.

Danksagung

Besonderer Dank gilt meinen Freunden im Wexford Bookshop, die mir, während ich dieses Buch geschrieben habe, ein wunderbares Jahr lang Gesellschaft geleistet haben, vor allem Angie Murphy, Conor Dunne, Joanne O'Leary, John Harper, Linda Cullen, Lindsay Tierney, Luke Kelly, Maggie Niotis und Paula Dempsey.

Dank auch an Ann Geraghty, Anne Griffin, Bob Johnston, James Lowry, Shane Duggan und Tim Hendy für all die Besuche und ihre treue Freundschaft, und an Paul O'Rourke, der mich die ganze Zeit begleitet hat.

Ein intensiver Roman über den Rhythmus des Lebens und die Kraft der Natur

Amanda Coplin
Im Licht von Apfelbäumen
Deutsche Erstausgabe
Aus dem Amerikanischen
von Bettina Abarbanell
448 Seiten
Gebunden mit Schutzumschlag
22,95 € [D] / 23,60 € [A]
ISBN 978-3-7160-2684-7

Amanda Coplins poetisch-tragische Geschichte über das Schicksal einer ungewöhnlichen Familie erzählt von Einsamkeit und Liebe und von der Fürsorge für das, was uns anvertraut ist.
Dieses erstaunliche Debüt hat in den USA die Leserherzen im Sturm erobert und stand wochenlang auf der *New York Times*-Bestsellerliste.

ARCHE

»Kelle Groom hat sowohl das Leuchten als auch die Last des Lebens auf Papier gebannt.«

Nick Flynn, Autor von *Bullshit Nights*

Kelle Groom
Ich trug das Meer in Gestalt eines Mädchens
Deutsche Erstausgabe
Aus dem Amerikanischen
von Susanne Höbel
320 Seiten
Gebunden mit Schutzumschlag
22,95 € [D] / 23,60 € [A]
ISBN 978-3-7160-2682-3

In ihrem betörend poetischen Erinnerungsbuch *Ich trug das Meer in Gestalt eines Mädchens* erzählt die amerikanische Lyrikerin Kelle Groom, wie sie Sucht und Lebensangst überwindet, als sie schließlich beginnt, nach ihrem verlorenen Kind zu suchen und sich dazu bekennt, seine Mutter zu sein.

ARCHE